MAXIMES

DU DROIT PUBLIC

FRANÇOIS.

TOME PREMIER.

MAXIMES
DU DROIT PUBLIC
FRANÇOIS

TOME PREMIER.

MAXIMES

DU DROIT PUBLIC

FRANÇOIS.

Tirées des Capitulaires, des Ordonnances du Royaume, & des autres
monumens de l'Histoire de France.

SECONDE EDITION.

Double de la précédente.

TOME PREMIER.

AMSTERDAM,

Chez MARC-MICHEL REY,

MDCCLXXV.

TABLE

DES

MATIERES

DU TOME I.

TABLE DES MATIERES.

TABLE DES MATIERES.

* 2

TABLE DES MATIERES.

SUITE DU CHAP. IV.

FIN DE LA TROISIEME PARTIE DU TOME I.

MAXIMES
DU DROIT PUBLIC
F R A N Ç O I S.

INTRODUCTION.

LA fituation préfente du Royaume ne pourroit paroître indifférente qu'à des cœurs infenfibles; à des citoyens peu touchés du bien public, de la fidélité qu'ils doivent à leur Prince, du fort de leurs concitoyens, de l'intérêt général de la Nation.

Nous fommes témoins d'une guerre auffi effrayante que tragique entre le miniftere d'un côté, & le corps de la Magiftrature de l'autre. Le miniftere accufe les Magiftrats de fe livrer à *un efprit de fyftême auffi incertain dans fes principes, qu'il eft hardi dans fes entreprifes*; efprit qui, après avoir porté des atteintes funeftes à la Religion & aux mœurs, a fait *enfanter fucceffivement de nouvelles idées, hazarder des principes,... capables de troubler l'ordre public,... des nouveautés dangereufes, dont le bien des Sujets, & l'intérêt même de la Magiftrature, plus encore que celui de la puiffance royale, exigent qu'on en étouffe le germe* (a). On reproche aux Magiftrats de vouloir changer leur état; de vouloir, de fimples *Officiers* du Monarque, fe rendre *fes maîtres, affujettir la volonté du Roi à la leur*; „ enforte que la Ma-
„ jefté du Trône ne réfideroit plus que dans leurs Affemblées, & que
„ le Roi, dépouillé des droits les plus effentiels de la Couronne, dé-
„ pendant dans l'établiffement des loix, dépendant dans leur exécution,
„ ne conferveroit que le nom & l'ombre vaine de la Souveraineté (b)".

Les Magiftrats prétendent que rien ne fut moins mérité de leur part
„ que l'imputation d'un complot criminel & infenfé pour affoiblir les
„ droits inviolables de l'autorité fouveraine; qu'ils ont travaillé dans tous
„ les temps à affermir & étendre cette autorité facrée qu'ils regardent
„ comme l'ame de l'Etat, & le principe de leur propre exiftence (c);
„ qu'au contraire ceux qui les accufent ont un projet trop réel, caché
„ fous de fauffes apparences,... d'exciter un trouble univerfel dans le
„ Royaume, & de profiter de cette crife pour arracher du Sanctuaire de
„ la Juftice les miniftres des loix (d); que l'Edit du mois de Décembre

(a) *Edit du mois de Décembre 1770.*
(b) *Difcours de M. le Chancelier prononcé au Lit de Juftice du vendredi 7 Décembre 1770.*
(c) *Remontrances du Parlement de Paris, du 3 Décembre 1770.*
(d) *Ibid.*

Tome I.   A

„ 1770 compromet évidemment les droits les plus précieux des Sujets,
„ leur propriété, leur liberté, leur vie & leur honneur; qu'il compromet
„ encore les intérêts du Roi, en altérant la conftitution de la Monar-
„ chie, en détruifant les formes folemnelles conftamment obfervées pour
„ l'établiffement des loix (a)".

Cette funefte conteftation a eu des fuites proportionnées à l'importance
de fon objet. Le Parlement de Paris a perfifté dans fon refus d'enrégiftrer
l'Edit du mois de Décembre 1770; M. le Chancelier a engagé le Roi
à déclarer qu'il *maintiendroit toujours l'exécution de fon Edit* (b), & à mena-
cer le Parlement de fon indignation s'il n'obéiffoit à fes ordres. Le Parlement, perfuadé „ que les Magiftrats fe rendroient coupables envers le
„ Roi, s'ils obtempéroient à un Edit effentiellement contraire au bien de
„ fon fervice, autant qu'aux loix de l'Etat, & aux droits de fes Sujets,
„ a chargé M. le Premier-Préfident de repréfenter au Roi que dans la
„ trifte alternative de mériter d'être puni en trahiffant fon devoir, ou
„ d'être puni fans l'avoir mérité pour y être demeuré fidele, fa confcien-
„ ce, fon honneur & fon attachement au Roi ne lui permettoient pas d'hé-
„ fiter; que prêt de tout facrifier,... pour prouver fa fidélité, il s'eftime-
„ ra heureux que le dernier foupir des Magiftrats qui le compofent, foit
„ encore un témoignage de leur attachement à la vérité, aux loix, aux
„ intérêts de leur Souverain, & à ceux de leurs Concitoyens (c)".

Cette réfiftance perfévérante a paru une défobéiffance criminelle. Tous
les membres du Parlement de Paris ont été exilés; un Arrêt du Confeil du
20 Janvier a même prononcé la confifcation de leurs Charges en leur faifant „ défenfes de s'immifcer dans les fonctions defdits Offices, fous peine
„ de faux, & de prendre dans aucuns Actes la qualité de Préfidens ou Con-
„ feillers de Sa Majefté en fa Cour de Parlement de Paris".

MM. les Confeillers d'Etat & Maîtres des Requêtes qui forment le
Confeil privé, ont été commis par *interim*, par des Lettres-Patentes du
23 Janvier pour rendre la juftice en corps de Cour Souveraine, & conformément à l'établiffement de la Cour du Parlement, jufqu'à ce qu'il en
eût été autrement ordonné. „ Nous devions nous attendre (c'eft ainfi que
s'exprime le préambule de ces Lettres-Patentes) „ que les Officiers de
„ notre Parlement de Paris fe foumettroient à une loi qui les rappelloit
„ aux fonctions de leur état, & au miniftere auquel ils étoient liés par
„ leurs fermens, par l'obéiffance qu'ils nous avoient jurée, & par les en-
„ gagemens qu'ils avoient contractés envers nos Sujets, autant que par
„ l'attachement à notre perfonne; mais nous les avons vu oppofer à nos
„ volontés une réfiftance continue & fans motif, & fe livrer à l'in-
„ fraction la plus caractérifée à notre Edit. Nous avons inutilement
„ épuifé pour les ramener à leurs devoirs, toutes les voies de douceur
„ & d'autorité, & leur défobéiffance nous a enfin forcé, malgré nous, à
„ punir des excès que notre intention avoit été de prévenir".

(a) *Arrêté du Parlement de Paris, du 4 Décembre 1770.*
(b) *Réponfe du Roi à fon Parlement, le 13 Janvier 1771.*
(c) *Arrêté du mercredi 16 Janvier 1771.*

On trouve les mêmes plaintes contre la défobéissance du Parlement, dans un Edit du mois de Février destiné à diviser l'ancien territoire de cette premiere Cour du Royaume, & à y créer six Conseils Supérieurs. „ Ce n'est qu'avec le regret le plus sensible que nous avons vu les Offi- „ ciers du Parlement de Paris se livrer à une défobéissance également con- „ damnée par les loix, par leurs fermens, par l'intérêt public, ériger en „ principe la suspension arbitraire de leurs fonctions, & s'attribuer enfin „ ouvertement le droit d'empêcher l'exécution de nos volontés: pour co- „ lorer leurs prétentions d'un prétexte spécieux, ils ont tenté d'allarmer „ nos Sujets sur leur état, sur leur honneur, sur leurs propriétés, sur le „ fort même des loix qui établissent la succession à la Couronne; comme si „ un *Réglement de discipline* avoit pu s'étendre sur ces objets sacrés, sur ces „ institutions que nous sommes dans l'heureuse impuissance de changer, & „ dont la stabilité sera toujours garantie par notre intérêt, inséparablement „ lié avec celui de nos Peuples. Nous avons long-temps suspendu l'exerci- „ ce de notre autorité, dans l'espérance que la réflexion les rameneroit à „ leur devoir; mais notre bonté même n'a servi qu'à encourager leur rési- „ stance, & à multiplier des actes irréguliers qui ne nous ont enfin laissé „ que l'alternative ou de les punir, ou de sacrifier les droits les plus essen- „ tiels de notre Couronne.

Les différentes Cours de Magistrature du Royaume allarmées du trai- tement qu'avoit éprouvé le Parlement de Paris, & plus encore des motifs qui l'avoient occasionné, ont adressé au Roi les plus fortes Représenta- tions sur ce double objet. Elles ont respectueusement réclamé contre *la terreur qu'on vouloit inspirer à tous les Ordres de l'Etat* (a). Elles ont soute- nu que l'Edit du mois de Décembre 1770, est *une loi destructive de toutes les loix* (b); que *les droits nationaux ne sont assurés que par les loix,* & que ces loix, réputées jusqu'à présent immuables, n'auront plus de stabilité (c); „ qu'à l'aspect d'un événement aussi triste qu'effrayant, & de toutes „ les circonstances qui l'ont accompagné & suivi, on ne pouvoit plus „ douter qu'il n'y eût un plan pris pour anéantir les Parlemens, & pour „ changer la constitution du Gouvernement par la subversion des loix & „ des formes qui jusqu'à présent en avoient assuré & perpétué la douceur „ & la durée (d).

Que l'Edit du mois de Décembre „ est le signal du renversement de la „ constitution Françoise;... qu'il ouvre la porte à tous les excès du pou- „ voir arbitraire;... qu'il rend possible & facile la subversion de toutes „ les loix;..... qu'il est impossible aux Magistrats de consentir à l'exé- „ cution d'un Edit aussi funeste, d'y prêter en aucun temps leur ministe- „ re, & que la fidélité leur fait un devoir rigoureux d'une résistance „ indéfectible (e); que cet Edit enfin met en danger les droits les plus

(a) *Remontrances de la Cour des Aides de Paris, du 18 Février 1771.*
(b) *Ibid.*
(c) *Remont. de la Cour des Aides, &c.*
(d) *Arrêté du Parlement de Dijon du 4 Février 1771.*
(e) *Lettre du Parlement de Toulouse au Roi du 9 Février 1771.*
Arrêté du même Parlement du 8 Mars suiv.

„ facrés des citoyens;.... que les principes conftitutifs de l'Etat,..... y
„ font ébranlés (a); qu'il menace de fubverfion les loix, les formes & la
„ conftitution de la Monarchie (b), & tous les Ordres de l'Etat, d'une
„ effrayante révolution (c).

Ces Repréfentations n'ont eu d'autre effet que d'attirer aux Magiftrats
de nouveaux orages. La Cour des Aides de Paris a été fupprimée, fon
Chef & plufieurs de fes membres ont été exilés. Un Edit publié en Lit
de Juftice a prononcé l'extinction du Parlement de Paris, & la création
d'un nouveau Tribunal deftiné à le remplacer. Toutes, les autres Cours
du Royaume ont eu le même fort. Ces rigueurs ont donné lieu à des actes
de Proteftations de la part de prefque tous les Princes du Sang, & d'un
grand nombre des Pairs du Royaume: des difgraces ont été la fuite & la
punition de cette démarche.

Tant de coups portés à la Magiftrature du Royaume, & fa conftante
oppofition à l'Edit du mois de Décembre, offrent aux citoyens étonnés
des événemens qui les touchent, qui les occupent, qui les inquietent:
leur inviolable fidélité pour le Prince, leur refpectueux dévouement à fes
volontés contrebalancent les fentimens de confiance qui les avoient attachés depuis fi long-temps au corps de la Magiftrature. Les accufations réciproques des Miniftres contre les Magiftrats, & des Magiftrats contre les
Miniftres font naître dans les efprits & dans les cœurs des mouvemens
oppofés qui fe combattent, & qui les agitent fucceffivement. On héfite
fur le jugement qu'on en doit porter: on ne fçauroit fe diffimuler l'importance ni les dangers de cette révolution dont l'hiftoire de la Monarchie n'avoit point encore d'exemples.

On craint également, & pour les droits de la Couronne, & pour les
droits nationaux, qu'ils ne foient compromis les uns par la réfiftance des
Magiftrats, les autres par les entreprifes du Miniftere. L'incertitude &
les allarmes s'augmentent par la variété des opinions qui partagent les citoyens entr'eux: tout le monde fe rend attentif à ce grand événement, &
c'eft à jufte titre que tout le monde y prend part; mais, parmi ceux qui
fe décident, peu le font par lumiere, en connoiffance de caufe, après un
examen réfléchi: la prévention, les préjugés, les vues particulieres, l'intérêt de l'état où l'on eft, de la fociété qu'on fréquente, n'influent que
trop dans le parti que l'on préfere, dans le fyftême qu'on embraffe.

Au milieu de ce cahos, un citoyen, que fa fituation obligeoit de fixer
fon jugement, parce qu'il devoit déterminer fa conduite, s'eft fait un devoir de remonter aux principes, &, pour marcher avec fûreté, de les pui-
fer dans les faits conftans de notre hiftoire, dans les ouvrages les plus
connus; il a confulté les Auteurs de tous les ordres, Philofophes, Jurifconfultes & Théologiens; & c'eft des maximes recueillies du concert de
leurs fuffrages, qu'a été formé l'Ouvrage qu'on préfente aujourd'hui au
Public. Des perfonnes fenfées qui en ont pris la lecture, ont eftimé qu'un

(a) *Arrêté du Parlement de Rouen, du 5 Février 1771.*
(b) *Lettre du même Parlement au Roi, du 8 Février.*
(c) *Lett. du même Parl. au Roi, du 26 Fév.*

travail entrepris par des motifs si purs, dirigé par des vues d'équité & de prudence, & fait avec impartialité, ne pourroit qu'être utile, & mériter l'approbation des citoyens instruits & judicieux; il sera divisé en six chapitres.

On établira dans le premier, que les Rois sont pour les Peuples, & non les Peuples pour les Rois.

On prouvera dans le second que le Despotisme, ou le pouvoir arbitraire sont contraires au Droit divin, au Droit naturel, à la fin même du Gouvernement.

Dans toute Monarchie bien réglée, les Sujets ont la propriété de leurs biens, & la liberté de leur personne. L'usage du pouvoir souverain est borné par des loix fixes; il y a enfin un Corps dépositaire des loix, chargé de veiller à leur conservation. On démontrera, dans le troisieme chapitre, que la France est une Monarchie, & non un Etat despotique; que les Citoyens ont la propriété de leurs biens, la liberté de leur personne.

Dans le quatrieme, on fera voir que la France est une Monarchie tempérée par des loix fixes.

Le cinquieme présentera les Cours Souveraines comme ces Corps dépositaires des loix, où toutes les loix nouvelles doivent être librement vérifiées.

Toutes ces vérités acquerront un nouveau degré de certitude par la réponse à quelques objections, qui formera le dernier chapitre.

Les Princes & les Sujets ont des obligations réciproques: le Sujet doit à son Souverain le respect, la fidélité, l'obéissance; & le Souverain doit aux Sujets la protection & la justice. Mais jusqu'où va l'étendue de ces devoirs mutuels? Quelles sont en particulier les bornes de l'obéissance du Sujet & de l'exercice de la puissance souveraine? C'est une matiere trop épineuse pour entrer dans la vaste carriere qu'elle ouvre. On la laisse aux sçavans, qui par une méditation profonde du droit naturel & du droit des gens, par une longue étude de l'histoire & du gouvernement, ont acquis les lumieres, l'expérience & le discernement nécessaire pour établir des principes sûrs, proposer des regles sages, & tirer les justes conséquences qui peuvent en résulter.

Comme, dans l'occurrence actuelle, on n'a qu'un seul objet à discuter, on écartera toute question étrangere; & sans prétendre former un corps de Maximes propres à fixer les idées sur toutes les difficultés que peut faire naître la conciliation des Droits du Prince, avec les Privileges Nationaux; on se bornera à quelques vérités générales, dont la certitude ne pourra être raisonnablement contestée, & qui suffiront pour conduire à la décision de la question qui tient aujourd'hui les esprits en suspens.

CHAPITRE PREMIER.

Les Rois font pour les Peuples, & non les Peuples pour les Rois.

Preuves de cette vérité par les Phi- losophes.

LA premiere de ces vérités dérive de l'inftitution même de la puiffance Royale. Eft-ce pour l'utilité perfonnelle du Monarque, ou pour l'avantage des Sujets qu'a été établie cette puiffance. Qui peut douter que l'intérêt des Peuples n'ait été le fondement & l'origine du Trône? Il n'eft point de Pafteur fans Ouailles; il n'eft pas davantage de Roi fans Etats. L'autorité du gouvernement fuppofe des hommes à gouverner, & le gouvernement a pour fin la paix & la tranquillité publique, l'intérêt des Citoyens, le bonheur de la fociété dont le Prince eft le chef.

C'eft ce que la droite raifon dicte à ceux qui la confultent; c'eft ce qu'elle apprit aux anciens Philofophes. Sçachez, difoit Séneque à l'Empereur, que la République ne vous appartient pas, mais que vous appartenez à la République (a). Cicéron comparoit le Prince qui tient les rênes du gouvernement à un tuteur dont l'adminiftration ne tend point à fon utilité propre, mais doit être pleinement dirigée pour l'avantage des perfonnes qui lui font commifes (b). Le Monarque & les Sujets ne font, fuivant Pline, qu'un feul tout dont les parties font fi liées qu'on ne fçauroit les divifer; leur bonheur eft tellement inféparable, que l'avantage particulier du chef ne peut pas fe concevoir fans celui du corps entier (c).

Pourquoi les citoyens font-ils en fûreté, difoit encore Séneque? c'eft parce que le Prince veille. C'eft à fon activité qu'ils font redevables de leur repos, comme ils le font de leur félicité à fa prévoyance induftrieufe (d). C'eft en effet le caractere propre de la grandeur des Rois d'être confacrés au bien public, & l'inftant qui les éleve fur le Trône les dévoue à l'oubli d'eux-mêmes, pour ne plus penfer qu'à la charge qui en eft indivifible (e).

Les Princes font des tuteurs donnés aux peuples pour les défendre, & non pour les réduire en efclavage (f).

(a) *Scias Rempublicam tuam non effe, fed te Reipublicæ.* De Clement. l. 10.]

(b) *Omninò, qui Reipublicæ præfuturi funt, duo Platonis præcepta teneant; unum, ut utilitatem civium fic tueantur, ut quidquid agunt, ad eam referant, obliti commodorum fuorum... Ut enim tutela, fic procuratio Reipublicæ ad utilitatem eorum qui commiffi funt, non ad eorum quibus commiffa, gerenda eft.* Cicer. De Officiis, lib. I, cap. 25. *Mihi quidem videntur huc omnia effe referenda ab iis qui præfunt aliis, ut ii qui erunt eorum in imperio, fint quàm beatiffimi.... Eft autem non modo ejus, qui fociis & civibus, fed etiam ejus, qui fervis, qui mutis pecudibus præfit, eorum quibus præfit, commodis, utilitatique fervire.* Idem. Epift. lib. I. ad Q. Fratr. Epift. I.

(c) *Unus tu, in quo & refpublica & nos fumus;... nec magis fine te nos effe felices, quàm tu fine nobis potes.* [Paneg. de Trajan. pag. 208.]

(d) *Omnium domos illius vigilia defendit, omnium otium illius labor, omnium delicias illius induftria, omnium vacationem illius occupatio.* [Seneca de confolatione ad Polybium. cap. 26.]

(e) *Ex quo fe Cæfar orbi terrarum dedicavit, fibi eripuit.* [Ibid.]

(f) *Civium non fervitus, fed tutela Principi tradita eft.* Seneca de Clement. lib. I. cap. 18.

La raifon étant de tous les temps, la différence & l'éloignement des fiecles n'ont pu altérer ces idées primitives.

Un Roi, en tant que Roi, n'a rien proprement fien; parce que *la Jurifdiction ne fe donne point en faveur du juridiciant, mais en faveur du juridicié.* Ce font les expreffions d'un Philofophe affez moderne (a).

L'auteur fi eftimé des caractères de Théophrafte peint les Rois fous la double image d'un pere qui ne refpire que pour fes enfans, & d'un berger qui ne ceffe pas de veiller fur fon troupeau. „ Nommer un Roi pere du „ peuple, c'eft moins faire fon éloge que l'appeller par fon nom, ou faire „ fa définition.... Le berger foigneux & attentif eft debout auprès de fes „ brebis, il ne les perd pas de vue :... il les nourrit, il les défend ; l'auro-„ re le trouve déjà en pleine campagne, d'où il ne fe retire qu'avec le „ foleil. Quels foins! quelle vigilance! quelle fervitude! Quelle condi-„ tion vous paroît la plus délicieufe & la plus libre, ou du berger ou des „ brebis? *Le troupeau eft-il fait pour le berger, ou le berger pour le troupeau?* „ Image naïve des peuples & du Prince qui les gouverne, s'il eft bon „ Prince ". La Bruyere trace le tableau des devoirs du Roi & des Su-jets, & le termine par le contrafte du langage de la flatterie. „ Dire que „ le Souverain eft *maître abfolu des biens de fes Sujets,* fans égards, fans „ compte, ni difcuffion; c'eft le langage de la flatterie; c'eft l'opinion „ d'un favori qui fe dédira à l'agonie (b) ".

L'ingénieux auteur de Télémaque avoit puifé dans la même fource les maximes de Politique qu'il enfeignoit à un grand Prince fous le voile agréa-ble des fictions. „ Les loix confient (au Souverain) les peuples comme „ le plus précieux de tous les dépôts, à condition qu'il fera le pere de fes „ Sujets. Elles veulent qu'un feul homme ferve, par fa fageffe & fa „ modération, à la félicité de tant d'hommes, & non pas que tant „ d'hommes fervent, par leur mifere & par leur fervitude lâche, à flat-„ ter l'orgueil & la molleffe d'un feul homme..... Ce n'eft point pour „ lui-même que les Dieux l'ont fait Roi, il ne l'eft que pour être l'hom-„ me des peuples; c'eft aux peuples qu'il doit tout fon temps, tous fes „ foins, toute fon affection, & il n'eft digne de la Royauté qu'autant qu'il „ s'oublie lui-même pour fe facrifier au bien public (c) ".

Ce que la raifon a découvert aux Philofophes, les Jurifconfultes l'ont approfondi dans l'étude de la premiere loi, de la loi naturelle, qui eft la fource de toutes les autres. Le droit primitif gravé dans le cœur de tous les hommes leur a fait connoître la nature du gouvernement, & le mo-tif fondamental de fon inftitution. Les hommes voulant vivre en fociété n'ont pu fe diffimuler les inconvéniens néceffaires d'une égalité parfaite qui les réuniroit dans une indépendance réciproque. Il a fallu choifir un chef, dépofer dans fa main les intérêts du corps. C'eft donc pour fe ga-rantir des maux qui euffent été les fuites inévitables de l'anarchie; c'eft pour vivre tranquilles & heureux fous l'empire d'un feul qu'ils ont choifi

Preuve par les Jurif-conful-tes.

(a) *Montagne.*
(b) *Chap. du Souverain ou de la République, tom. 2. pag. 47, 48. Edit. de 1700.*
(c) *Télémaque, tom. x. pag. 198. Edit. de la Haye 1700.*

parmi eux un monarque, chargé du poids de l'adminiftration générale. Voilà, felon les Jurifconfultes, la caufe premiere des engagemens mutuels du Prince & de fes Sujets.

Les peuples, voyant qu'ils ne pourroient vivre en paix, lorfqu'il y auroit entre tous les hommes une égalité entiere, ont élu l'un d'entre eux, qu'ils ont fait Roi, qu'ils ont établi fur eux-mêmes, auquel ils ont donné pouvoir de punir les crimes, de faire des loix, *afin qu'ils puffent vivre en paix*; & ils ont promis de lui obéir, & de l'aider de tout leur pouvoir (a).

L'auteur du fonge du Vergier dans la dédicace de fon livre à Charles cinq, lui remontre l'obligation où font les Princes d'oublier leur propre intérêt pour ne penfer qu'au falut public.

„ Chacun doit naturellement douter le Roi & amer, comme dit l'Apô-
„ tre, car celui plus fingulierément tend au bien commun & au gouverne-
„ ment de la chofe publique, & non pas à fon privé & fingulier proufit:
„ car autrement fon Roiaulme ne feroit pas jufte ne raifonnable. Et par-
„ le notre Seigneur par le Prophête Ezéchiel contre tels Princes qui ten-
„ dent à leur proufit fingulier, & non pas au proufit commun, en difant:
„ *De paftoribus qui feipfos pafcebant quafi fua propria commoda quærentes.* Eze-
„ chielis 24 capitulo. Triftes & dolans foient les Princes & les Pafteurs
„ qui quierent leurs propres & finguliers proufits. Et fi ont tous Rois &
„ Seigneurs féculiers très notables exemples des anciens, comme ils doi-
„ vent amer la chofe publique: car comme raconte *Valerius libro nono*, le
„ Roi d'Athenes, qui étoit appellé Codrius, aima tant la chofe publique,
„ que quant une dure & groffe bataille dût être entre ceux d'Athenes &
„ ceux de Poulonne, celui Roi Codrius demanda confeil aux dieux, la-
„ quelle partie devoit avoir victoire, lefquels lui répondirent que cette
„ partie fi auroit victoire, de laquelle le Roi feroit occis au champ. A
„ doncques Codrius fe mit en habit d'un poure homme, & fe tranfporta à
„ fes ennemis pour être tué, afin que fon peuple eut victoire. *Maluit mori
„ ut fui vincerent quàm fuis vivere fuperatis.* Il aima mieux mourir, & que
„ fon peuple eut victoire, que vivre & qu'il eut été vaincu.

„ Derechief il appert comme les anciens Princes fi n'épargnoient pas
„ leurs propres enfans pour la chofe publique, comme raconte *Valerius
„ libro octavo* & *Auguftinus de civitate Dei Lib. V, cap.* 18. de Brut, qui fit
„ trancher la tête à fes enfans, pour ce qu'ils faifoient contre la chofe pu-
„ blique ''. (b).

Le caractere & les effets du Gouvernement doivent répondre au motif de fon inftitution, (c'eft la remarque de Domat); & par conféquent *le Souverain doit fe confidérer comme pere du peuple qui compofe le corps dont il eft le chef.*

(a) *Beaumanoir*, Coutume de Beauvoifis, ch. 45. pag. 257.
(b) *Dans l'Edition Latine il n'eft rien dit de l'obligation d'aimer & de craindre le Roi.* On y marque feulement fon devoir avec des expreffions plus fortes.
Confidero etiam quòd hæc materia, Princeps Sereniffime, concernit Principes temporales, & præcipuè Vos, Princeps Principum Sæcularium Illuftriffime. Qui quidem Principes & Domini temporales ad bonum commune debent intendere, non privatum. Alioquin enim regimen ipforum effet injuftum & perverfum.

chef (a). La premiere regle que le vrai Monarque confulte, c'eſt, dit Heïneccius, l'intérêt & la ſûreté des peuples. Le partage des tyrans eſt au contraire de rapporter à leur utilité propre l'empire qu'ils ont ſur les Sujets, & qu'ils ne doivent exercer que leur avantage (b). C'eſt la loi naturelle, ſuivant Bœhmer, qui lie le Prince au ſoin de la choſe publique, & qui l'oblige de s'occuper du bien commun, par préférence à ce qui peut l'intéreſſer perſonnellement (c).

Un autre Jurifconfulte, chargé du Miniſtere public aſſure que ,, la fin ,, du Royaume & de l'Empire, eſt l'utilité & le ſalut des Sujets ; à quoi ,, s'accorde Platon qui dit que le vrai & bon Prince ne s'étudie à ſon ,, profit particulier, mais de ſes Sujets, car il eſt leur paſteur ; & la Sen- ,, tence de Trajan qui diſoit que la cauſe du Fiſc n'eſt jamais mauvaiſe ,, que ſous un bon Prince. Mais ſi ſuivant l'avis de Platon, le Royaume ,, eſt comme une tutelle ou curatelle, laquelle comme elle ne ſe doit ad- ,, miniſtrer au profit des Tuteurs & Curateurs, ains des Mineurs, auſſi *le* ,, *Royaume n'eſt pour le profit des Rois, mais de leurs Sujets* ; ... ce qui ne ſe ,, peut ignorer ſi nous regardons l'origine des Rois, & la cauſe pour la- ,, quelle ès temps héroïques, ils ont été premiérement inſtitués. Ils ont ,, été créés par le peuple (comme diſent Platon & Ariſtote) pour diverſes ,, cauſes: les uns pour les bienfaits au peuple, empêchant qu'il ne tombât ,, en ſervitude, comme Codrus ; d'autres, mettant le peuple en liberté, ,, comme Cyrus ; les autres, pour avoir édifié une Cité, comme Romulus, ,, furent volontairement créés Rois, & tranſmettoient par ſucceſſion les ,, mêmes Royaumes à leur poſtérité. Cicéron dit qu'ils furent créés pour ,, départir juſtice ; car, étant les peuples foibles opprimés du plus fort ,, ſans qu'ils puſſent réſiſter, ils furent contraints avoir recours à perſon- ,, nes vertueuſes auxquelles ils ſe ſoumirent pour les gouverner & les ,, défendre contre la foule des oppreſſeurs. Pour ce, ils furent nommés ,, Rois & paſteurs du peuple, non pour ſignifier haute puiſſance ſouve- ,, raine, mais pour faire entendre qu'ils étoient élus comme forts, prudens ,, & équitables, pour régir & défendre les peuples contre les oppreſ- ,, ſeurs (d).

,, Les Princes qui deviennent Rois, ſe font incontinent publics, ſe ,, vouent, ſe conſacrent, & ſe jettent entiérement ès bras de la choſe ,, publique, ne ſont plus à eux-mêmes, pour du tout & en tout ſe donner ,, au public". Ce ſont les propres termes de M. de Belloi Avocat Géné- ral au Parlement de Touloufe (e).

(a) *Du Droit public*, l. 1. tit. 2. Sect. 3. n. 3.
(b) *Ut populi ſecuritas & ſalus, ſuprema Monarchæ lex eſſe debeat, eoque ipſo hic diffe- rat à tyranno, qui ad ſuam tantùm ſecuritatem utilitatemque omnia refert.* Heineccius, Ele- menta Juris naturæ & gentium, lib. 2. §. 122.
(c) *Ut non primariò privata commoda quærant* (imperantes), *ſed ut toti reipublicæ quoque bene fit, in cujus gratiam imperium exercent.*
Principes ſunt peculiariter per pacta, & ita lege naturali obligati, ut communis utilitatis rationem habeant, adeòque illam negligere nequeant. Bœhmer, Introd. ad jus publ. univerf. pag. 286.
(d) *Oeuvres de Grimaudet, Avocat du Roi à Angers*, pag. 519.
(e) *Maynard Arrêts du Parlement de Touloufe*, liv. op. chap. 60, tom. 2. p. 486. Edit. de 1751.

On lit dans un ouvrage compofé par les ordres du feu Roi, pour établir les droits de la Reine fur quelques Etats de la Monarchie d'Efpagne,
que ,, Dieu n'a pas donné les Couronnes aux Rois pour l'amour d'eux-mê-
,, mes, mais bien pour le gouvernement & la conduite des peuples (a).

Le Bret penfe qu'on ne fçauroit trop infifter fur cette vérité ,, que l'au-
,, torité fouveraine fe doit propofer pour fa fin principale de procurer par
,, toutes fortes de moyens le bien de fes Sujets (b).

,, La bonté & la clémence, dit Burlamaqui, font des vertus néceffaires
,, à un Prince; fon office eft de faire du bien; *c'eft pour cela qu'il a la puif-*
,, *fance en la main;* c'eft auffi principalement par là qu'il doit fe diftinguer.

,, La libéralité bien entendue & bien appliquée eft d'autant plus effen-
,, tielle à un Prince, que l'avarice eft honteufe à celui à qui il ne coûte
,, prefque rien d'être libéral. A le bien prendre, un Roi, en tant que Roi,
,, n'a rien à lui, car il fe doit lui-même aux autres,.....

,, Il y a une regle générale qui renferme tous les devoirs du Souverain,
,, & au moyen de laquelle il peut aifément juger de tout ce qu'il doit fai-
,, re dans toutes les circonftances: c'eft que le bien du peuple doit tou-
,, jours être pour lui la fouveraine loi. Cette maxime doit être le principe
,, & le but de toutes fes actions. *On ne lui a confié l'autorité fouveraine que*
,, *dans cette vue, & fon exécution eft le fondement de fon droit & de fon pouvoir.*
,, Le Prince eft proprement l'homme du Public: il doit, pour parler ainfi,
,, s'oublier lui-même, pour ne penfer qu'à l'avantage & au bien de ceux
,, qu'il gouverne. Il ne doit regarder comme avantageux pour lui-même,
,, que ce qui l'eft pour l'Etat. C'étoit l'idée des Philofophes Payens. Ils
,, définiffoient un bon Prince, celui qui travaille à rendre fes Sujets heu-
,, reux; & un Tyran au contraire, celui qui ne fe propofe que fon utilité
,, particuliere.

,, L'intérêt même des Souverains demande qu'ils rapportent toutes leurs
,, actions au bien public: ils gagnent par cette conduite le cœur de leurs
,, Sujets, ce qui feul peut faire leur folide bonheur, & leur véritable
,, gloire.

,, Les pays, où la domination eft la plus defpotique, font ceux où les
,, Souverains font moins puiffans. Ils prennent tout, ils poffedent feuls
,, tout l'Etat; mais auffi l'Etat languit, il s'épuife d'hommes & d'argent,
,, & cette premiere perte eft la plus grande & la plus irréparable. On
,, fait femblant de l'adorer, on tremble à fes moindres regards: mais at-
,, tendez quelque révolution; cette puiffance monftrueufe, pouffée juf-
,, ques à un excès trop violent, ne fçauroit durer, parce qu'elle n'a aucu-
,, ne reffource dans les cœurs du Peuple. Au premier coup qu'on lui por-
,, te, l'idole tombe, & elle eft foulée aux pieds. Le Roi qui dans fa
,, profpérité ne trouvoit pas un feul homme qui ofât lui dire la vérité,
,, ne trouvera dans fon malheur aucun homme qui daigne ni l'excufer,
,, ni le défendre contre fes ennemis. Il eft donc également & du bonheur

(a) *Traité des droits de la Reine fur divers Etats de la Monarchie d'Efpagne*, pag. 120,
Edit. in-fol. *Imprimerie Royale* 1667.
(b) *Traité de la Souveraineté*, l. I, c, I.

,, des Peuples, & de l'avantage des Souverains, que ces derniers ne fui-
,, vent d'autre regle dans leur maniere de gouverner, que celle du bien
,, public (a) ".

Il eſt donc vrai que le Monarque n'a reçu la puiſſance ſouveraine que
pour le bien commun de la ſociété confiée à ſes ſoins. Il eſt à ſon Royaume ce que la tête eſt au corps humain: chaque Etat eſt une grande famille, protégée & défendue par un pere. Le Prince doit ſa vigilance &
ſon affection au peuple qui lui eſt ſoumis, & le Prince qui connoît ſes devoirs, les lui conſacre ſans réſerve. C'eſt par cette ſollicitude infatigable
que Pibrac a défini la Royauté (b); tant cette vérité eſt profondément
gravée dans le cœur de tous les hommes, que l'autorité ſouveraine n'exiſte que pour le bonheur du genre humain.

Ceux qui ont donné aux Princes des leçons de conduite, leur ont impoſé envers leurs Sujets les devoirs d'un pere envers ſes enfans. Un Auteur moderne a recueilli pluſieurs témoignages que préſente ſur ce point
l'antiquité. (c).

(a) *Principes du Droit Politique*, part. 2. ch. 7. n. 17, 18, 23 *& ſuiv.*

(b) *De jour, de nuit, faire la ſentinelle;*
Pour le ſalut d'autrui toujours veiller;
Pour le Public ſans nul gré travailler;
C'eſt en un mot ce qu'Empire j'appelle.

(Quatrains de Pibrac. 103.)

(c) *Imperantes rectè vocantur patres patriæ; cùm, judice Cyro, nihil inter principem bo-*
num, & patrem bonum interſit. *Xenoph. lib. 8. de Inſtit. Cyr. ab init. Notabile exemplum*
eſt in hiſtoria Theodorici Marchionis Brandenb. adducta Tom. VIII. obſerv. Hall. obſ. 16, qui.
cum a Vandalis, quibus imperitabat, tandem eſſet dejectus in miſeriam, dixiſſe fertur: ex-
citavi ego iram Dei adverſus me, cum impoſui nimium operis populo meo, cujus me cu.
ratorem, non afflictorem Deus conſtituerat. Plutarchus, tom. 2. Apophtegm. pag. 182. litt-
C, refert: dicente quodam omnia honeſta & juſta eſſe regibus, ſubjeciſſe Antigonum, om-
nino barbarorum quidem regibus; nobis, ſola honeſta pro honeſtis, ſola juſta pro juſtis ha-
benda ſunt. Tullius de ſe provocatione ad ipſum populum factâ, apud Dionyſium Halicar-
naſſ. lib. IV. pag. 239. profitetur, quòd verſetur in populo non ſecus ac pater inter filios
fuerit. Herodotus in Thaliâ refert Perſas dixiſſe, Darium Regem, quoniam res omnes quæſ-
tui habebat, & conſtituit tributi ordinationem, fuiſſe inſtitorem: Cambyſem, dominum, quia
aſper & moroſus erat: Cyrum verò patrem, quoniam mitis erat, & omni ratione de iis
mereri ſtudebat. Undè & Eraſmus de Inſtit. Princ. huc reſpexit aiens: Bonus princeps non
alio animo debet eſſe in ſuos cives, quam bonus pater-familias in ſuos domeſticos. Quid
enim aliud eſt regnum, quàm magna familia? Quid rex, niſi plurimorum pater? Et Liba-
nius Orat. 12, idem confirmat, aſſerens: oportet regem patri ſimilem eſſe. Expreſſius Se-
neca lib. I. de Clement. ch. 14. hoc quod parenti, ait, etiam principi faciendum eſt, quem
appellamus patrem patriæ, non adulatione vanâ adducti: patrem quidem patriæ appellavi-
mus, ut ſciret datam ſibi poteſtatem patriam quæ eſt temperatiſſima, liberis conſulens, ſua-
que poſt illos ponens, &c. Hinc Ovidius Auguſtum eleganter admonet lib. 2. Triſt.

Tu quoque cum patriæ rector dicare, paterque,
Utere more Dei, nomen habentis idem.

Propterea hujus appellationis honor apud Romanos in magno pretio habitus fuit, ut non qui-
busvis Imperatoribus, ſed dignis tantùm tribueretur, & quidem publico decreto, ut ab-
ſolutæ virtutis teſtimonium, teſte Appiano, lib. II. de bello civil. pag. 715. Boehmer Intro-
ductio in Jus publicum univerſale, pag. 284.

B 2

Ce n'eſt ſurement pas dans l'Empire Chinois qu'on auroit cru trouver cette relation de paternité entre le Prince & ſes ſujets. Il feroit cependant impoſſible de la trouver ailleurs plus fortement exprimée.

,, Les Chinois ont fait du premier ſentiment de la nature, le premier ,, principe de l'adminiſtration publique. Le gouvernement de la Chine a ,, ſon modele dans l'empire paternel, porté ſi loin dans ce pays là, que ,, les peres peuvent vendre leurs enfans à des étrangers. C'eſt un prin- ,, cipe né avec la Monarchie que l'Etat eſt une grande famille; qu'un Prin- ,, ce doit être à l'égard de ſes Sujets ce qu'un pere de famille eſt à l'égard ,, de ſes enfans, & qu'il doit les gouverner avec la même affection. Cet- ,, te idée eſt gravée naturellement dans l'eſprit de tous les Chinois, &. ,, tous leurs livres en ſont pleins. Ils ne jugent du mérite du Prince & ,, de ſes talens, que par les marques qu'il leur donne de ſa tendreſſe, & ,, par le ſoin qu'il prend d'eux. Il doit être le pere & la mere du peu- ,, ple; & il ne mérite d'être eſtimé des citoyens, qu'autant qu'ils ſont ,, heureux. Tous les ſujets de l'Empire lui doivent une obéiſſance abſo- ,, lue, comme les enfans la doivent à leur pere. De la même maniere ,, que l'Empereur eſt le pere de tout l'empire, le Viceroi eſt le pere de ,, la province qui lui eſt ſoumiſe, & le Mandarin celui de la ville qu'il ,, gouverne. De-là ce profond reſpect & cette prompte obéiſſance que ,, les Chinois rendent aux Officiers qui aident l'Empereur à porter le faix ,, du gouvernement.

,, Un Empereur de la Chine s'applique continuellement à conſerver ,, cette réputation de pere. Si quelque Province eſt affligée de calami- ,, tés, il s'enferme dans ſon Palais, il jeûne, il s'interdit tout plaiſir, il ,, décharge la Province du tribut ordinaire, il donne ſes ordres pour lui ,, procurer des ſecours abondans. Ses Edits publient juſqu'à quel point ,, il eſt touché des miſeres de ſon peuple. Je la porte dans mon cœur, ,, y eſt-il dit, je gémis nuit & jour ſur ſes malheurs, je penſe ſans ceſſe ,, aux moyens de le rendre heureux". C'eſt ainſi qu'en parle l'auteur de la deſcription de la Chine. (a)

Les Chinois ont emprunté ces idées de Confucius qui s'étend beau- coup ſur les obligations des Souverains.

,, Selon lui la vertu eſt la baſe des Empires, & la ſource d'où décou- ,, le tout ce qui peut les rendre floriſſans. Il rapporte la belle réponſe ,, d'un Ambaſſadeur du Royaume de Cſi, a qui l'on avoit demandé ſi ,, dans les Etats de ſon maître il y avoit de grandes richeſſes & beaucoup ,, de pierres précieuſes. Il n'y a rien, dit ce miniſtre, qu'on eſtime pré- ,, cieux dans le Royaume de Cſi, que la vertu.

,, Un Roi, ſelon Confucius, doit agir avec circonſpection; il doit ,, avoir de la bonté pour ſon peuple, aimer ſes ſujets comme ſes enfans, ,, & faire reſſentir les effets de ſon amour au moindre comme au plus ,, grand. Par cette conduite il remplira ſon peuple d'amour & de véné- ,, ration pour lui. Que ſi au contraire il abandonne la vertu pour ſe ,, plonger dans le vice, il s'attirera l'averſion de ſes peuples. Ah! s'é-

(a) *Science du gouvernement.* Tom. I. p. 405.

„ crie ce Légiſlateur, que les Rois ont un grand intérêt de pratiquer la
„ vertu! ils doivent s'en faire une habitude. Leur mouvement détermi-
„ ne celui de leurs ſujets, comparable à celui d'un grand tourbillon, qui
„ entraîne avec lui tous les globes inférieurs. Leurs défauts ſont comme
„ les Eclipſes du ſoleil; ils viennent à la connoiſſance de tout le mon-
„ de, & leurs crimes ſont toujours plus grands que ceux des autres hom-
„ mes. Cheu, le dernier Empereur de la famille de Kam, eut une fort
„ mauvaiſe conduite, ſes déſordres étoient ceux de ſon ſiecle; & néan-
„ moins lorſqu'on parle à la Chine de quelque action lâche, criminelle,
„ ou infame, on dit: c'eſt le crime de Kam, parce que Kam étoit Em-
„ pereur & méchant, & que les mauvaiſes actions des Princes ſont con-
„ tagieuſes. Un Roi qui veut inſpirer l'amour de la vertu à ſes ſujets,
„ doit la pratiquer, & n'élever aux dignités que des gens véritablement
„ vertueux. Les grandeurs ſont des biens que tous les hommes deſi-
„ rent naturellement; pour les poſſéder, chacun tâchera de s'en rendre
„ digne. L'Etat en retirera encore une autre utilité. Le peuple ſe
„ ſoumet ſans peine aux impoſitions, lorſque le Prince s'eſt fait une gran-
„ de réputation de bonne foi; ſans quoi il croit qu'on l'opprime. Un
„ Roi qui veut être ſervi fidélement, doit manifeſter à ſes ſujets, par
„ ſa conduite, qu'il ne penſe qu'à les rendre heureux, jamais la crain-
„ te toute ſeule n'a fait de bons ſujets. Il faudroit, s'il étoit poſſible,
„ qu'ils ne s'aperçuſſent point qu'ils ont un maître. Le Prince doit prin-
„ cipalement travailler à gagner leur confiance; il doit leur demander
„ quelquefois conſeil, & les accoutumer par là à lui donner de tems en
„ tems des avertiſſemens avec liberté. Le moyen le plus ſûr de s'atti-
„ rer l'amour des ſujets, c'eſt de diminuer les impôts & le nombre des
„ perſonnes qui vivent aux dépens du public. Le Prince, qui les ſur-
„ charge, loin d'en devenir plus riche, s'apauvrit tous les jours" (a).

Les plus grands Princes, même dans le Paganiſme, ont été convaincus qu'ils devoient tous leurs ſoins à la félicité des Peuples.

Preuve par la reconnoiſſance & les Loix de pluſieurs Souve-rains.

Cyrus s'entretenant avec les Grands de ſa Cour ſur les devoirs de la
Royauté, leur diſoit qu'un Prince doit ſe regarder comme un paſteur;
qu'il doit en avoir la vigilance, l'attention, la bonté. Telle eſt, ajou-
toit-il, la véritable idée, l'image naturelle d'un bon Roi. S'il eſt juſte
que les Sujets lui rendent tous les ſervices dont il a beſoin, il eſt encore
plus raiſonnable qu'il s'applique à les rendre heureux, parce que *c'eſt pour
cela qu'il eſt Roi*; de même que le paſteur ne l'eſt que pour paître ſon
troupeau.

Ce qui contribua ſur-tout à affermir la puiſſance de Séleucus, fut la
douceur de ſon Gouvernement, ſa juſtice, ſon équité, ſon humanité.
Il entra dans Babilone avec une poignée d'hommes, mais l'amour des
peuples lui tint lieu d'une armée, & bientôt en amaſſa une autour de lui,
non ſeulement très-nombreuſe, mais invincible par l'affection qu'elle lui
portoit (b).

(a) *Ibidem.* p. 423, 424.
(b) *Diodor.* pag. 726.

B 3

Au jugement de Marc-Aurele, il faut que le Prince foit intimement perfuadé que, par fa qualité, il eft né pour les autres, & que les autres ne font pas nés pour lui (a).

Plufieurs Loix du Code nous préfentent les Empereurs comme convaincus de cette vérité, qu'ils doivent uniquement s'occuper à découvrir & à procurer l'intérêt des Peuples (b).

Juftinien ne croiroit pas avoir des fentimens dignes de l'Empire, s'il ne préféroit pas le bien public à celui du fifc; ou plutôt, s'il ne regardoit pas l'avantage de fes Sujets comme le fien propre (c).

Des Souverains qui n'ont aucune idée de leurs devoirs, peuvent chercher à groffir leur fortune particuliere aux dépens de leurs peuples. Ceux qui ont toujours devant les yeux la fin à laquelle doit tendre leur autorité, voudroient pouvoir enrichir leurs Sujets à leurs propres dépens: ils ne defirent que de les décharger, & de les rendre plus opulens (d).

Les Capitulaires font pleins de textes où les Rois regardent leur autorité comme un miniftere qui leur a été confié pour le bien des peuples. On ne citera que celui de Louis le Débonnaire en 823 (e).

(a) *Marc-Aurele. Réflexions.*
(b) *Imperfalis benevolentiæ proprium hoc effe judicantes, ut omni tempore fubjectorum commoda tam invefligare, quàm eis mederi procuremus, l. 23. Cod. de nuptiis.*
(c) *Tantùm etenim nobis fupereft clementiæ quod fcientes etiam fifcum noftrum ultimum ad caducorum vindicationem vocari, tamen nec illi profpeximus, nec auguftum privilegium exercemus: fed quod communiter omnibus prodeft, hoc privatæ noftræ utilitati præferendum effe cenfemus; noftrum effe proprium fubjectorum commodum imperialiter exiftimantes. L. unic. Cod. de caducis tollendis.*
(d) *Atque ut hæc ita caveremus lege, ex eo nobis in mentem venit, quòd pluris à nobis fit fubditorum opulentia & medela quàm reditus qui exindè inferuntur Imperio. Contrahimus enim unà cum largitionibus Præfidum in arctum, ipfa etiam fuffragia, quæ imperialibus inferebantur rationibus: & magnum reddebant pecuniarum cumulum; quo magis hæc caufa & refpublica meliores fucceffu potiatur, & locupletior redeat aliquot retrò temporalibus à nonnullis excogitatis præflationibus liberata. Una enim hæc res potentiæ noftræ ftudio eft, ut provinciæ & boni gubernentur legibus, & tutò inhabitentur, neque non ex Præfidum juftitiâ fructum capiant, & tributa publica fine querelâ inferantur. Novella 161. cap. 2.*
(e) *Sed quoniam complacuit divinæ Providentiæ noftram mediocritatem ad hoc conftituere, ut fanctæ fuæ Ecclefiæ & Regni hujus curam gereremus, ad hoc certare & nos & filios ac focios noftros diebus vitæ noftræ optamus, ut pax & juftitia in omni generalitate populi noftri confervetur. In his quippe maximè fludere & de iis in omnibus Placitis quæ vobifcum, Deo auxiliante, habituri fumus, vos admonere optamus, ficuti debitores fumus.*
Sed quanquam fumma hujus minifterii in noftrâ perfonâ confiftere videatur, tamen, & divinâ auctoritate, & humanâ ordinatione ita per partes divifum effe cognofcitur; ut unufquifque veftrûm in fuo loco & ordine, partem noftri minifterii habere cognofcatur. Undè apparet quòd ego omnium veftrûm admonitor effe debeo, & omnes vos noftri adjutores effe debetis. Nec enim ignoramus quid unicuique veftrûm in fibi commiffâ portione conveniat; & ideò prætermittere non poffumus quin unumquemque juxtà fuum ordinem admoneamus. Balufe Capitul. Tom. 1. col. 633 & 636.
Ce Capitulaire a été cité dans quelques Ouvrages, comme adreffé à toute la Nation, avec laquelle le Roi reconnoiffoit partager fon autorité, mais il n'y eft parlé que des Evêques & des Comtes. Divinâ autoritate fe rapporte aux premiers; humanâ ordinatione regarde les feconds. Cela eft évident par le chap. 12. du même capitulaire, où parlant encore de ceux qui font affociés à fon miniftere, le Roi déclare que pour fçavoir comment ils s'en acquitteront, il emploiera le témoignage des Evêques contre les Comtes, & celui des Comtes contre les Evêques. Par-là tombe la réflexion de Dumoulin fur ce capitulaire. Stil. Parlam. part. 3. tit. 50.
Ce qui en réfulte clairement, c'eft que nos Rois fe regardoient comme chargés d'un minif-

Quels hommages , quelle reconnoiffance ne s'attirent pas les Princes qui font un auffi digne ufage de la puiffance royale , & qui , comme Philippe-Augufte, font bien plus occupés de leurs Sujets que d'eux-mêmes (a) ! En confidérant S. Louis, comme nous le dépeint Joinville, affis au pied d'un chêne où il accordoit une audience fi facile à tous les Sujets qui fe préfentoient, ne croit-on pas voir un pere de famille environné de fes enfans? Ce grand Monarque *gouverna fon Royaume bien & loyaument felon Dieu* (b).

L'empereur Frédéric II. faifoit confifter la gloire d'un Souverain à gouverner avec fageffe & piété, à n'établir des loix que pour l'avantage des Sujets; eftimant que les loix équitables font la fauve-garde des Empires (c).

Henri IV fe montra pénétré des mêmes fentimens, lorfqu'il répondit au Parlement le 5 Mai 1597 ,, que les plaies de fes Sujets étoient les ,, fiennes; qu'il faudroit qu'il eût perdu le foin qu'il devoit avoir de lui-,, même, s'il oublioit celui qu'il devoit avoir d'eux ; que fes Sujets lui ,, étant doublement acquis, & par la nature qui les lui avoit donnés, & ,, par fes travaux qui les lui avoient confervés, ils lui étoient auffi d'au-,, tant plus chers, qu'il ne défiroit pas moins employer fon autorité pour ,, leur foulagement, qu'expofer fa vie pour leur confervation (d).

Si nous en croyons nos Hiftoriens, Louis XII. verfoit des larmes, lorfqu'il fe voyoit contraint d'exiger quelque impôt (e).

Le Cardinal Mazarin écrivoit lui-même à Louis XIV , ,, que Dieu avoit établi les Rois pour veiller au bien, à la fûreté & au repos de leurs Sujets, & non pas pour facrifier ce bien-là & ce repos à leurs paffions

tere qui leur avoit été confié par conféquent pour l'intérêt des peuples. C'eft auffi ce qu'on peut conclure des leçons qu'ils donnent à leurs Comtes. Monemus veftram fidelitatem ut memores fitis fidei nobis promiffæ, & in parte minifterii noftri vobis commiffi, in pace fcilicet & juftitiâ faciendâ, vofmetipfos coram Deo & coram hominibus tales exhibeatis, ut & noftri veri adjutores, & populi confervatores jufté dici & vocari poffitis; & nulla quælibet caufa, aut munerum acceptio, aut amicitia cujuslibet, vel odium aut timor, vel gratia ab ftatu rectitudinis vos deviare compellat quin inter proximum & proximum femper jufté judicetis.

(a) *Officium Regium eft Subjectorum commodis, modis omnibus, providere, & fuæ utilitati privatæ publicam anteferre.* Teftam. de Philippe Augufte. Ordonnances du Louvre, Tom. I. p. 19.

(b) *Vie de Saint Louis*, pag. 21, 22, 23; Edit. de 1617.

(c) *Ad pacem & juftitiam populorum & gentium fubditarum conftitutæ funt in orbe terrarum, difpenfatione cælefti, regalis unctio & dignitas principalis, ut commiffa fibi Regna pio & jufto regimine moderentur, condant leges, & jura conftituant, & proficiant fibi fubditis ad falutem; gloriofius reputantes fulciri legibus principatum.* Dom Martene, ampliff. Collec. veter. monument. Tom. II. Col. 1187.

(d) *Régiftres du Parlement, Remontrances de* 1753. *p.* 7.

(e) ,, *Louis XII. regrettoit infiniment jufques à larmes verfer de compaffion, quand il étoit* ,, *quelquefois contraint par la néceffité du temps de faire quelques petites levées de deniers, pour* ,, *s'en démêler; car il avoit réduit les tailles ordinaires à fi peu qu'elles n'y pouvoient fuffire.* ,, *Quant aux dons qu'il faifoit, c'étoit avec jugement & certaine connoiffance de mérites, &* ,, *fi à point & libéralement, qu'il y en avoit affez pour tous: tellement que le peuple con-* ,, *noiffant que fes finances étaient totalement employées aux affaires publiques, & récompenfe* ,, *de bons Seigneurs & Gentilshommes, ne plaignoit rien à ce bon Roi".* Recueil des chofes mémorables advenues en 1567, imprimé en 1568, pag. 73. Mezeray, Abrégé in-4to. t. II. p. 644. c. 2. édit. Paris, 1717.

particulieres. Quand (ajoutoit ce Miniftre) il s'eft trouvé des Rois affez malheureux qui aient obligé, par leur conduite, la Providence de Dieu à les abandonner, les hiftoires font pleines des révolutions & des accablemens qu'ils ont attirés fur leur perfonne & fur leurs Sujets. C'eft pourquoi je vous dis hardiment qu'il n'eft plus temps d'héfiter, & quoique vous foyiez le maître, en certains fens, de faire ce que bon vous femble, néanmoins vous devez compte à Dieu de vos actions, pour faire votre falut, & au monde pour le foutien de votre gloire & de votre réputation : car, quelque chofe que vous faffiez, il en jugera felon que vous lui en donnerez occafion " (a).

„ Puifque les loix fondamentales de notre Royaume," dit le Roi dans le préambule de l'Edit du mois de Juillet 1717, „ nous mettent dans une „ heureufe impuiffance d'aliéner le Domaine de notre Couronne, Nous „ faifons gloire de reconnoître qu'il nous eft encore moins libre de difpo- „ fer de notre Couronne. Nous fçavons qu'*elle n'eft à nous, que pour le bien* „ *& pour le falut de l'Etat* ".

La même vérité eft encore confignée dans la Lettre très édifiante écrite par Philippe V, Roi d'Efpagne, le 14 Janvier 1724, au Prince des Afturies fon fils en faveur duquel il abdiquoit la Couronne (b).

„ Je remets la Couronne, dit le Roi d'Efpagne, à un fils que j'aime ten- „ drement, qui eft digne de la porter, & dont les qualités m'affurent qu'il „ remplira les devoirs de cette dignité, qui font beaucoup plus pénibles „ que je ne puis l'exprimer. Ainfi, mon cher fils, connoiffez bien le „ poids de vos obligations, & ayez foin de vous acquitter de tous vos „ engagemens, fans vous laiffer détourner par la fplendeur éblouiffante „ qui va vous environner. Penfez que *vous n'êtes Roi, que pour faire glori-* „ fier Dieu, & *rendre votre peuple heureux*.

„ Bien loin de me laiffer éblouir par l'éclat faftueux d'une Couronne, répond le Prince des Afturies au Roi fon pere le 22 Février 1724, „ j'en fens le poids, & j'en connois les obligations. Je fçais que Dieu, en „ nous mettant au-deffus des autres hommes, nous remet le pouvoir fu- „ prême entre les mains, moins pour leur commander que pour les défen- „ dre en cas de befoin, & les protéger. Nous ne fommes pas moins leur „ pere que leur Souverain ; nous devons les regarder moins comme nos „ Sujets que comme nos enfans, & nous devons plutôt fonger à régner fur „ eux par l'amour que par la crainte, puifque la véritable gloire des Rois „ confifte à être aimés de leurs Sujets, & qu'ils ne fçauroient élever des „ trophées plus magnifiques que dans leurs cœurs (c) ".

Que les peuples feroient heureux, fi dans l'ufage de leur autorité, les Souverains conferveroient toujours ces belles idées de leur qualité! Ceux qui préfident à leur éducation les leur laiffent fouvent ignorer, & ne les entre-

---

(a) *Lettre du 6 Juillet 1659. Recueil des Lettres du Cardinal Mazarin*, t. I, pag. 75, édition d'Amfterdam en 1745.
(b) *Mémoires de l'Abbé de Montgon*, tom. I. pag. 30.
(c) *Ibid.* pag. 35.

entretiennent même que de leur autorité & de leur grandeur. On ne fera sûrement pas ce reproche au sçavant Evêque de Meaux. Il apprenoit, sous les yeux de Louis XIV, à l'héritier présomptif de la Couronne, „ que le vrai caractere du Prince est de pourvoir aux besoins du peuple dont il est le pere par sa charge; qu'il n'est pas possible de penser ni qu'on puisse attaquer le Roi sans attaquer le peuple, ni qu'on puisse attaquer le peuple sans attaquer le Roi, & qu'*il n'y a que* LES ENNEMIS PUBLICS *qui séparent l'intérêt du Prince de celui de l'Etat* " (a).

L'histoire ne nous a que trop laissé d'exemples de ces *ennemis publics* qui, divisant des intérêts essentiellement uns, ont joui du plus grand crédit dans les Cours des Princes. Ces hommes artificieux, si naïvement dépeints par un de nos plus grands Poëtes (b) s'emparoient de la confiance du Monarque, se faisoient un travail de lui déguiser la vérité, & de lui inspirer les plus funestes préventions contre les Sujets fideles & vertueux; de-là ce déluge de maux qui inonderent leurs Etats. Au milieu des malheurs dont les peuples étoient accablés, le Prince encensé par ces flatteurs, jouissoit d'une fausse sécurité: il n'eût été besoin pour le détromper, que de le faire réfléchir sur l'étendue de ses engagemens, sur les véritables prérogatives de la Royauté. Bientôt la lumiere de la raison lui eût fait sentir tout le poids d'un sceptre, & le prestige eût été dissipé: alors, discernant la voix perfide du courtisan intéressé, il eût été convaincu de cette vérité précieuse, & il l'eût prise pour la regle invariable de sa conduite, *que ce n'est point pour l'avantage personnel, ou pour le plaisir du Souverain, que la Royauté a été établie, & qu'elle subsiste, mais qu'ayant été instituée pour l'intérêt & la félicité des peuples, elle ne sçauroit avoir d'autre objet ni d'autre fin.*

Mais ce qui doit mettre le dernier sceau à l'autorité de cette doctrine, qui a réuni le suffrage des Jurisconsultes, des Politiques, des Philosophes, c'est que la Religion l'approuve & la confirme.

Preuve par l'Ecriture Ste.

On la trouve clairement exprimée dans les Ecritures divines, où elle est une conséquence évidente des enseignemens qu'elles renferment.

Quel peut être en effet l'objet des anathêmes terribles que les livres divins prononcent contre les Princes vains & superbes, qui ne voient dans la multitude de leurs Sujets que des victimes de leurs caprices, sinon de leur faire connoître la véritable nature de la puissance royale, le motif essentiel & primordial de son institution? En même temps que les livres saints apprennent aux Rois que c'est par l'ordre de Dieu qu'ils regnent (c), ils leur mettent sous les yeux les conditions sous lesquelles ils ont reçu le

(a) *Politique de l'Ecriture Sainte*, pag. 97, 249 & 250. *Edit.* in-4. 1709.

    (b) *Détestables flatteurs, présent le plus funeste*
        Que puisse faire aux Rois la colere céleste.
                               (*Racine* Athal.)
(c) *Per me reges regnant.* Prov. c. 8. v. 15.

    Data est à Domino potestas vobis & virtus ab altissimo. (Sapient. VI. 4.)

    In unamquamque gentem præposuit rectorem (Ecclesiast. XVII. 4.)

Tome I.   C

pouvoir fuprême dont ils font revêtus, ils leur montrent l'ufage qu'ils font obligés d'en faire: ils les avertiffent que leur puiffance eft moins une pro-priété qu'une adminiftration; qu'elle eft un *miniftere* établi pour le bien, deftiné à procurer la félicité des peuples, qui doit être réglé par la fa-geffe, éclairé par la juftice, & qu'ils rendront un compte rigoureux au Roi des Rois qui leur a confié ce miniftere (a).

    C'eft dans cette fource fi pure que les Auteurs Eccléfiaftiques & les Ora-teurs Evangéliques avoient puifé les folides inftructions qu'ils ont don-nées aux Princes. Tertullien y avoit appris ce qu'il repréfentoit à un Em-pereur, que le nom de pere de la patrie devoit le flatter davantage que les titres faftueux de grand, d'augufte, de vainqueur (b); qu'en montant fur le trône il étoit devenu le pere de fes Sujets, & qu'ayant acquis ce titre, cette qualité, il devoit en avoir l'éfprit, en remplir les engagemens (c). S. Irénée enfeigne que c'eft pour le bien des peuples que le Gouver-nement a été établi, & que ceux qui en font chargés, rendront compte à Dieu de tout ce qu'ils auront fait contre la loi par puiffance abfolue (d). Saint Chryfoftôme concluoit de cette parole de Jéfus-Chrift: *le bon Pafteur donne fa vie pour fes brebis*, qu'il eft du devoir d'un bon Prince de facrifier la fienne pour fes Sujets (e).

    En quoi confifte le bonheur des Princes Chrétiens? Eft-ce dans l'éclat de la grandeur qui les environne, dans les victoires qu'ils remportent, dans l'heureux fuccès de leurs entreprifes? Non; répond Saint Auguftin: ils ne font véritablement heureux que lorfqu'ils gouvernent avec Juftice, qu'ils ne fe laiffent point furprendre à la flatterie, qu'ils n'oublient point qu'ils font hommes; lorfqu'ils fçavent que leur puiffance eft foumife à cel-le de Dieu; lorfque plus enclins à la douceur qu'à la févérité, lorfqu'éloi-gnés de fatisfaire leurs vengeances propres, ils ne puniffent que pour

---

  (a) *Dei enim minifter eft in bonum.* (Rom. XII. 14.)
  Un quietam & tranquillam vitam agamus. 1. Epift Timoth. II. 2.
  Quoniam data eft à domino poteftas vobis, & virtus ab altiffimo qui interrogabit opera veftra & cogitationes fcrutabitur. Quoniam cum effetis miniftri regni illius, non rectè judicaftis, nec cuftodiftis legem juftitiæ, neque fecundùm voluntatem Dei ambulaftis, horrendè & citò apparebit vobis. Quoniam judicium duriffimum his qui præfunt fiet, exiguò enim conceditur mi-fericordia, potentes autem potenter tormenta patientur. (Sapient. VI. 4, 7.)
  Et nunc reges intelligite, erudimini qui judicatis terram . . . . apprehendite difciplinam. (Pfalm 2. v. 10, 12)
  (b) *Gratius nomen pietatis (pater patriæ) quàm poteftatis.* (Apologet. c. 34.)
  (c) *Quod ergò officium ejus eft? Quod bonorum parentum . . . . hoc quod parenti, hoc etiam principi faciendum eft, quem appellavimus patrem patriæ, non adulatione vanâ adducti.* (Ibid.)
  (d) *Ipfi Magiftratus indumentum juftitiæ leges habentes, quæcumque juftè & legitimè fecerint, de his non interrogabuntur, neque pœnas dabunt. Quæcumque autem ad everfionem jufti, iniquè & impiè contra legem, & more tyrannico exercuerint, in his & peribunt, jufto judicio Dei ad omnes æqualiter perveniente, & in nullo deficiente. Ad utilitatem ergò genti-lium terrenum regnum pofitum eft à Deo. . . . ut timentes regnum humanum, non fe alteru-trum homines, vice pifcium, confumant, fed per legum pofitiones repercutiant multiplicem gentilium injuftitiam.... Cujus enim juffu homines nafcuntur, hujus juffu & reges confti-tuuntur, apti his qui illo tempore ab ipfis regantur;* S. Irenæus adverfûs Hærefes, lib. v. cap. XXIV.
  (e) *Regis eft pro fubditis mori: bonus paftor animam fuam dat pro ovibus. Ergò bonus rex animam ponit pro fubditis.* (Homil. de cruce & latr. tom. 2. n. 1. edit. Bened.)

l'exemple, pour l'intérêt de la République, & qu'ils font confifter leur gloire, moins à commander aux hommes qu'à fe commander à eux-mêmes, en réprimant leurs paffions (a).

Le Prince n'a pas une jufte idée de fa dignité, lorfqu'il fe regarde comme une perfonne privée. Gerfon veut qu'il ne voie en lui-même que la puiffance publique toute dirigée vers le falut de la fociété. Il eft au corps politique ce qu'eft au corps humain la tête, d'où dérive fa vie & fa force (b).

Rien n'eft fi touchant que ce que le Pape Martin V. écrivoit à Charles VII. au fujet de la mort de Charles VI. fon pere: après avoir rappellé à ce Prince qu'il ne devoit pas une moindre affection à fes peuples qu'à fon pere, qu'à fes enfans, qu'à lui-même; il le conjuroit d'avoir fans ceffe préfent à l'efprit qu'un Roi eft un pere, & qu'il doit le prouver par la douceur de fon gouvernement, & en s'occupant uniquement du bonheur de fes Sujets (c).

Arnoul, Evêque de Lizieux, ne s'exprimoit pas avec moins d'énergie dans une lettre adreffée à Henri, Roi d'Angleterre. Il faut, difoit ce Prélat, que les Princes Chrétiens connoiffent parfaitement leurs obligations: il faut qu'ils fçachent que ce n'eft point pour dominer, mais plutôt pour garder les Sujets & procurer leur fûreté, qu'ils ont reçu la puiffance royale; & que fi Dieu les a placés au faîte de la grandeur, l'autorité & les prérogatives qui l'accompagnent ne font à leur égard qu'un miniftere dont ils rendront le compte le plus exact au Souverain Juge. Mais ce qu'ils doivent fur-tout imprimer dans leur mémoire, c'eft qu'ils ont à gouverner des hommes leurs femblables, des Chrétiens rachetés comme eux du Sang de J. C., délivrés de la même fervitude, deftinés au même bonheur, appellés à la même récompenfe: un Prince qui confidere ainfi fes Sujets, n'eft point tenté de fe glorifier de fon élévation; il n'y apperçoit au contraire que plus de danger, une charge plus redoutable (d).

(a) *Non ideò felices dicimus, quia vel diutiùs imperarunt.... vel hoftes Reipublicæ domnerunt.... fed felices dicimus fi jufte imperant, fi inter obfequia non extolluntur, fed fe homines effe meminerint; fi fuam poteftatem... Majeftati (Dei) famulam faciunt,... fi tardiùs vindicant, facilè ignofcunt; fi vindictam pro neceffitate regenda tuendæque Reipublicæ, non pro faturandis inimicitiarum odiis exerunt.... fi malunt cupiditatibus pravis quàm quibuslibet gentibus imperare.* (De civit. Dei, lib. 5. cap. 24.)

(b) *Rex aliquis perfona privata non eft, fed eft una poteftas publica ordinata pro totius communitatis falute; ficuti ab uno capite defcendit & dependet totius corporis vita, & ad hoc reges ordinati fuerint & principes.* (tom. 4. col. 597.)

(c) *Verùm, fili cariffime, quoniam tu debitor es non minoris pietatis in patriam quàm in patrem, rogamus excellentiam tuam, ut omnes curas & cogitationes tuas convertas ad populi tui quietem, & patriæ tuæ falutem quam non debes minùs amare quàm patrem, quàm filios, quàm teipfum. Et cum te regem effe cogitas, neceffe eft, fi rectè confideras, fate021s te publicum patriæ patrem effe oportere, quod paternæ caritatis officium cum gentibus & nationibus quæ in tuo regno continentur, prestare tenearis in omni ftatu omnique fortunâ.* (Thefaur. anecdot. tom. 1. col. 1758.)

(d) *Qui præfunt, officii fui debitum arctiùs tenentur agnofcere, ut fe dominium potiùs ad euftodiam quàm ad violentiam accepiffe cognofcant;... nec putent (Deum) ob aliam caufam eis faftigium dignitatis, copiam divitiarum, potentiæ gloriam contuliffe, nifi ut eos in opus*

C 2

Le célebre M. Boffuet, Evêque de Meaux, qui avoit puifé dans les textes facrés les principes de la vraie politique, enfeignoit à un grand Prince, deftiné à porter la couronne, que le Souverain ,, eft un perfonnage
public, né pour le bien de l'univers. Puiffent les Princes entendre que
leur vraie gloire eft de n'être pas pour eux-mêmes,.... C'eft un droit Royal de pourvoir aux befoins du peuple. *C'eft pour cela que la Royauté eft établie*, & l'obligation d'avoir foin du peuple eft le fondement de tous les
droits que les Souverains ont fur leurs fujets..... La premiere idée de
puiffance qui ait été parmi les hommes, eft celle de la puiffance paternelle.
On a fait les Rois fur le modele des peres..... La bonté eft leur caractere
le plus naturel...... leur grandeur a pour objet le bien des peuples foumis;
& Dieu, qui a formé tous les hommes d'une même terre pour le corps, &
a mis également dans leur ame fon image & fa reffemblance, n'a pas établi
entre eux tant de diftinction pour faire d'un côté des orgueilleux, & de
l'autre des efclaves & des miférables. Il n'a fait des grands que pour protéger les petits; il n'a donné fa puiffance aux Rois que pour procurer le
bien public, & pour être le fupport du peuple (a).

Le Duc de Bourgogne reçut des inftructions femblables du Prélat chargé de fon éducation. L'Archevêque de Cambray lui propofoit la conduite de S. Louis pour modele. ,, Enfant de S. Louis, imitez votre pe-
,, re! Soyez comme lui, doux, humain, acceffible, affable, compa-
,, tiffant & libéral. Que votre grandeur ne vous empêche jamais de
,, defcendre avec bonté jufqu'aux plus petits, & que cette bonté n'affoi-
,, bliffe jamais votre autorité ni leur refpect..... Ne vous laiffez point
,, obféder par des efprits flatteurs & infinuans: faites fentir que vous
,, n'aimez ni les louanges ni les baffeffes. Ne montrez de la confiance
,, qu'à ceux qui ont le courage de vous contredire avec refpect, & qui
,, aiment mieux votre réputation que votre faveur (b).''

Cette leçon paroiffoit fi importante à M. de Fenelon, qu'il la rappelle,
qu'il y infifte dans un ouvrage qu'il compofa pour diriger la confcience
de fon illuftre Eleve. ,, Un Prince fage & pénétrant méprife ceux qui
,, trouvent tout facile, qui applaudiffent à tout ce qu'il veut, qui ne
,, confultent que fes yeux ou le ton de fa voix, pour deviner fa penfée
,, ou pour l'approuver. Il recule loin des emplois ces hommes qui n'ont
,, que des dehors fans fond.... Ne vous laiffez point éblouir par ces
,, hommes vains & hardis, qui ont l'art de fe faire valoir..... Le mé-
,, tier d'adroit courtifan perd tout dans un Etat; les efprits les plus courts
,, & les plus corrompus font fouvent ceux qui apprennent le mieux cet
,, indigne métier.... L'art de faire fa cour gâte les hommes de toutes les

minifterii collocaret, reddituros nimirum de fingulis.... fub fevero diftricti judicis examine rationem.... meminiffe debent ab eo fibi commiffos effe qui eos proprii fanguinis redemit impen- dio.... à quo ejufdem fubftantiæ naturam, idem redemptionis pretium perceperunt, & ejufdem gratiam mercedis: unde fi omnium eadem natura, omnium idem præmium, omnium eadem con- fummatio & merces eft, non eft de quo alii adverfus alios poffint privilegio gloriari, nifi quia qui præfunt, graviori ruinæ & majori periculo funt objecti. (Spicileg. in-fol. tom. 3. pag. 516.)
(a) *Politique tirée de l'Ecriture Sainte.* L. III. art. 3. propofition 1ere, 2 & 3.
(b) *Lettre rapportée à la fin des Directions pour la confcience d'un Roi:* pag. 92.

„ profeſſions & étouffe le vrai mérite: rabbaiſſez donc ces hommes dont
„ tout le talent ne conſiſte qu'à plaire, qu'à flatter, qu'à éblouir, qu'à
„ s'inſinuer pour faire fortune (a) ”.

Quel contraſte entre cette Politique ſublime & Chrétienne, dont la vérité eſt la baſe, & la conduite artificieuſe de ces courtiſans, qui, jaloux
de régner ſeuls ſous le nom du Souverain qu'ils trahiſſent ou qu'ils trompent, ne ſçavent employer que la terreur ou la ruſe, & font dégénérer
le grand art de gouverner les hommes en l'art funeſte de les ſubjuguer par
la violence ou la ſéduction!

„ Quelque lâche & corrompu flatteur, diſoit au même Prince cet habile inſtituteur, ne vous a-t-il point dit,.. que les Rois ont beſoin de ſe
gouverner pour leurs Etats par certaines maximes de hauteur, de dureté,
de diſſimulation, en s'élevant au deſſus des Regles communes de la juſtice
& de l'humanité?.... Avez-vous travaillé à vous inſtruire des loix, coutumes & uſages du Royaume? Le Roi eſt le premier juge de ſon Etat:....
C'eſt lui qui doit redreſſer tous les autres juges;.... c'eſt ſa fonction naturelle, eſſentielle, ordinaire.... Bien juger, c'eſt juger ſelon les loix, &
pour juger ſelon les loix, il les faut ſçavoir... Avez-vous étudié la vraie
forme du gouvernement de votre Royaume?.. Avez-vous étudié les loix
fondamentales & les coutumes conſtantes qui ont force de loi pour le gouvernement de votre nation particuliere? Avez-vous cherché à connoître,
ſans vous flatter, *quelles ſont les bornes de votre autorité?*.. Sçavez-vous ce
que c'eſt que l'anarchie; ce que c'eſt que la puiſſance arbitraire, & ce que
c'eſt que la Royauté réglée par les loix; milieu entre ces deux extrêmi-
tés?... Avez-vous cherché les moyens de ſoulager les peuples, & de ne
prendre ſur eux que ce que les vrais beſoins de l'Etat vous ont contraints
de prendre pour leur propre avantage? Le bien des peuples ne doit être
employé qu'à la vraie utilité des peuples mêmes..... Vous ſçavez qu'autrefois le Roi ne prenoit jamais rien ſur ſes peuples par ſa ſeule autorité:
c'étoit le Parlement, c'eſt-à-dire, l'aſſemblée de la Nation qui lui accordoit les fonds néceſſaires pour les beſoins extraordinaires de l'Etat. Hors
de ce cas, il vivoit de ſon domaine. *Qui eſt-ce qui a changé cet ordre, ſinon
l'autorité abſolue que les Rois ont priſe?*... Il ne ſuffit pas de garder les Capitulations à l'égard des ennemis, il faut encore les garder religieuſement
à l'égard des peuples conquis..... Qui pourra ſe fier à vous, ſi vous y
manquez? Qu'y aura-t-il de ſûr, ſi une promeſſe ſi ſolemnelle ne l'eſt
pas? C'eſt un contrat fait avec ces peuples pour les rendre vos ſujets:
commencerez-vous par violer votre titre fondamental? Ils ne vous doivent l'obéiſſance que ſuivant ce contrat; & ſi vous le violez, vous ne
méritez plus qu'ils l'obſervent.... D'ordinaire le grand défaut des Princes eſt d'être foibles, moux & inappliqués.... Bientôt le Prince ſe laſſe
de protéger celui qui ne tient qu'à lui ſeul.... Après cela méritez-vous
d'être averti? Pouvez-vous eſpérer de l'être? Quel eſt l'homme ſage qui
oſera aller droit à vous, ſans paſſer par le Miniſtre dont la jalouſie eſt

---

(a) *Directions pour la conſcience d'un Roi.* Direct. 36, pag. 65.

implacable? Ne méritez-vous pas de ne plus voir que par fes yeux? N'ê-
tes-vous pas livré à fes paffions les plus injuftes & à fes préventions les
plus déraifonnables? Vous laiffez-vous quelque remede contre un fi grand
mal (a) "?

Ces maximes fi cheres à l'humanité, fi conformes à la raïfon & à la
Religion, font autant de conféquences du principe primordial, que le
bonheur des Princes eft inféparable de celui des fujets, & que les Rois
exiftent pour les peuples. M. de Fénelon développe admirablement ce
principe dans un fupplément au même ouvrage. „ Toutes les Nations de la
„ terre ne font que fes différentes familles d'une même République, dont
„ Dieu eft le pere commun. La loi naturelle & univerfelle, felon laquelle
„ il veut que chaque famille foit gouvernée, eft de préférer le bien public
„ à l'intérêt particulier.... *L'amour du peuple, le bien public, l'intérêt général*
„ *de la fociété eft la loi immuable & univerfelle des Souverains.* Cette loi eft an-
„ térieure à tout contrat; elle eft fondée fur la nature même: elle eft la
„ fource & la regle fûre de toutes les autres loix. Celui qui gouverne doit
„ être le premier & le plus obéiffant à cette loi primitive, il peut tout fur
„ les peuples; mais cette loi doit pouvoir tout fur lui. Le pere commun de
„ la grande famille ne lui a confié fes enfans que *pour les rendre heureux.* Il
„ veut qu'un feul homme ferve par fa fageffe à la félicité de tant d'hommes,
„ & non que tant d'hommes fervent par leur mifere à flatter l'orgueil d'un
„ feul. Ce n'eft point pour lui-même que Dieu l'a fait Roi. *Il ne l'eft que*
„ *pour être l'homme des peuples*; & il n'eft digne de la Royauté, qu'autant
„ qu'il s'oublie réellement lui-même pour le bien public..... Le defpo-
„ tifme tyrannique des Souverains eft un attentat fur les droits de la fra-
„ ternité humaine; c'eft renverfer la grande & fage loi de la nature, dont
„ ils ne doivent être que les confervateurs... On ne trouvera pas le bon-
„ heur de la fociété humaine en changeant, en bouleverfant les formes
„ déja établies; mais en infpirant aux Souverains que la fûreté de leur em-
„ pire dépend du bonheur de leurs fujets; & aux peuples, que leur fo-
„ lide & vrai bonheur demande la fubordination.... D'un côté, on doit
„ apprendre aux Princes que le pouvoir fans bornes eft une frénéfie qui
„ ruine leur propre autorité. Quand les Souverains s'accoutument à ne
„ connoître d'autre loi que leurs volontés abfolues, ils fappent les fonde-
„ mens de leur puiffance.... D'un autre côté on doit enfeigner aux peu-
„ ples que les Souverains étant expofés aux haines, aux jaloufies,... il
„ faut plaindre les Rois & les excufer. Les hommes font à la vérité mal-
„ heureux d'avoir à être gouvernés par un Roi qui n'eft qu'un homme
„ femblable à eux..... Mais les Rois ne font pas moins infortunés, n'é-
„ tant qu'hommes, c'eft-à-dire foibles & imparfaits, d'avoir à gouver-

(a) *Directions* 2, *pag.* 4.
. . . . . 7, . . . 7.
. . . . . 8, . . . 9.
. . . . .17, . . 26.
. . . . .29, . . 48.
. . . . .35, . . 64.

,, ner cette multitude innombrable d'hommes corrompus & trompeurs.
,, Par ces maximes,... & en conſervant ainſi la ſubordination des rangs,
,, on peut concilier la liberté du peuple avec l'obéïſſance due aux Souve-
,, rains, & rendre les hommes... ſoumis ſans être eſclaves, & libres ſans
,, être effrénés. Le pur amour de l'ordre eſt la ſource de toutes les vertus
,, politiques, auſſi bien que de toutes les vertus divines (a) ".

Il eſt peu d'auteurs qui aient parlé avec plus de force du reſpect & de
l'obéïſſance due aux Souverains, que celui des Eſſais de Morale. ,, Nous
,, apprenons de l'Ecriture que Dieu a confirmé par ſon autorité ces éta-
,, bliſſemens humains [des Empires], & qu'il approuve que les hommes
,, ſe lient enſemble par des Loix & des Polices; qu'il leur donne pou-
,, voir de choiſir quelques-uns d'entr'eux pour les faire obſerver, &
,, qu'il communique ſon pouvoir à ces perſonnes choiſies pour gou-
,, verner ceux qui leur ſont ſoumis. Ce ne ſont pas là de vaines ſpécu-
,, lations; ce ſont des vérités décidées par l'Ecriture; car c'eſt l'Apôtre
,, S. Paul qui nous enſeigne que toute puiſſance vient de Dieu, *non eſt*
,, *poteſtas niſi à Deo*; qu'elles ſont établies de Dieu: *quæ autem ſunt, à*
,, *Deo ordinatæ ſunt*; que quiconque leur réſiſte, réſiſte à l'ordre de
,, Dieu: *qui reſiſtit poteſtati, Dei ordinationi reſiſtit*; que ceux qui gou-
,, vernent les peuples ſont les Miniſtres de Dieu pour récompenſer le
,, bien, & punir le mal: *Dei miniſter eſt tibi in bonum, Dei miniſter eſt*
,, *vindex in iram* (b).

Cet Auteur n'en étoit pas moins perſuadé ,, qu'un Prince n'eſt pas à lui,
,, qu'il eſt à l'Etat; que Dieu le donne aux peuples en le faiſant Prince, &
,, qu'il leur eſt redevable de tout ſon temps (c). Dieu ne communique
,, point ſa puiſſance aux hommes afin qu'ils aſſujettiſſent les autres à leur
,, volonté, puiſque cette domination de la volonté d'un homme ſur celle
,, d'un autre homme, eſt naturellement & eſſentiellement injuſte. Il ne
,, la leur communique point afin qu'ils ſe regardent avec complaiſance,
,, comme étant la fin des autres hommes, puiſqu'ils ne le ſont point en
,, effet, & qu'il eſt impoſſible qu'ils le ſoient; mais la fin unique de Dieu
,, dans cette part qu'il leur donne de ſa puiſſance eſt de les établir minis-
,, tres & exécuteurs de ſes volontés, en leur donnant le droit & le pou-
,, voir non de ſe faire obéïr, mais de faire obéïr à Dieu; non de régner
,, eux-mêmes, mais de faire régner Dieu; non de faire ſervir les hommes
,, à leur gloire & à leur grandeur, mais d'employer leur puiſſance *pour ſer-*
,, *vir les hommes, & pour leur procurer, autant qu'ils peuvent, toute ſorte de*
,, *biens temporels & ſpirituels.*

,, Ainſi la grandeur eſt un pur *miniſtere*, qui a pour fin l'honneur de
,, Dieu & l'avantage des hommes, qui ne les rapporte point à elle-même.
,, *Elle n'eſt point pour ſoi, elle eſt pour les autres*; & par-là il eſt viſible que
,, pour en uſer dans l'ordre de Dieu, il faut que les grands, bien loin de
,, conſidérer les peuples comme étant à eux, ſe regardent eux-mêmes

(a) *Supplément, pag. 86. & ſuiv.*
(b) *Traité de la grandeur.* I. *part. ch.* 2. *t.* 2.
(c) *Traité de l'éducation d'un Prince.* I. *part. n.* 3. *Eſſais de Morale, tom.* 2.

„ comme étant aux peuples, & qu'ils foient fermement perfuadés que
„ leur qualité ne leur donne aucun droit ni de fuivre eux-mêmes leur vo-
„ lonté, ni de la faire fuivre aux autres; qu'ils ne peuvent point comman-
„ der pour commander, & qu'il faut que dans tous les commandemens
„ qu'ils font aux autres, ils puiffent répondre véritablement à Dieu....
„ que c'eft pour lui qu'ils le font (a).

L'Abbé Duguet part du même principe pour établir les excellentes regles qu'il propofe dans fon inftitution d'un Prince. „ C'eft la même chofe
„ d'être à la République & d'être Roi, d'être pour le peuple & d'être
„ Souverain. On eft né pour les autres, dès qu'on eft né pour les com-
„ mander, parce qu'on ne doit leur commander que pour leur être utile....
„ Il en eft des Princes comme de la lumière qui n'eft placée fur un lieu
„ éminent que pour fe répandre partout.... L'Apôtre S. Paul appelle
„ jufqu'à trois fois dans un même lieu, les Princes, *miniftres* de Dieu *pour
„ le bien du peuple*.... Il les charge de la protection des gens de bien,....
„ & leur défend de fe rendre terribles à d'autres qu'aux méchans (b) ".

Terminons cette tradition refpectable par ce beau texte de l'un de nos
plus grands Prédicateurs. Maffillon, prêchant devant notre Monarque
dans fa jeuneffe, lui enfeignoit avec un zêle vraiment Apoftolique, qu'un
„ grand, qu'un Prince n'eft pas né pour lui feul. Il fe doit à fes Sujets:
„ les peuples en l'élevant, lui ont confié la puiffance & l'autorité, & fe
„ font réfervés en échange fes foins, fon temps, fa vigilance. Ce n'eft
„ pas une idole qu'ils ont voulu faire pour l'adorer; c'eft un furveillant
„ qu'ils ont mis à leur tête pour les protéger & les défendre. Ce n'eft pas
„ de ces Divinités inutiles qui ont des yeux & ne voient point, une lan-
„ gue & ne parlent point, des mains & n'agiffent point. Ce font ces
„ Dieux qui les précedent, comme parle l'Écriture, pour les conduire
„ & les défendre. Ce font les peuples qui, par l'ordre de Dieu, les ont
„ fait tout ce qu'ils font; c'eft à eux à n'être ce qu'ils font, que pour
„ les peuples.

„ Oui, Sire, c'eft le choix de la Nation qui mit d'abord le fceptre
„ entre les mains de vos ancêtres, c'eft elle qui les éleva fur le bouclier
„ militaire, & les proclama Souverains. Le Royaume devint enfuite
„ l'héritage de leurs fucceffeurs, mais ils le dûrent originairement au
„ confentement libre des Sujets. Leur naiffance feule les mit enfuite en
„ poffeffion du Trône, mais ce furent les fuffrages publics qui attache-
„ rent d'abord ce droit & cette prérogative à leur naiffance. En un mot,
„ comme la première fource de leur autorité vient de Nous, *les Rois n'en
„ doivent faire ufage que pour nous.*

„ Les flatteurs, Sire, vous diront fans ceffe que vous êtes le maître,
„ & que vous n'êtes comptable à perfonne de vos actions: il eft vrai
„ que perfonne n'eft en droit de vous en demander compte, mais vous
„ vous le devez à vous-même, & fi j'ofe le dire, vous le devez à la
                                                                „ France

(a) *Ibid. Traité de la grandeur,* 2. part. chap. 1.
(b) *Inftitution d'un Prince.* Part. 1. ch. 2. art. 2. n. 2. *&* ch. 3. art. 1. n. 3.

,, France & à toute l'Europe qui vous regarde. Vous êtes le maître de
,, vos Sujets, mais vous n'en aurez que le titre si vous n'en avez pas les
,, vertus. Tout vous est permis, mais cette licence est l'écueil de l'auto-
,, rité, loin d'en être le privilege: vous pouvez négliger les soins de la
,, Royauté, mais comme ces Rois fainéans si déshonorés dans nos his-
,, toires, vous n'aurez plus qu'un vain nom de Roi, dès que vous n'en
,, remplirez pas les fonctions augustes (a).

Opposons au langage bas d'une vile adulation les instructions publiées
par les Etats de Suede en 1756, pour servir de guide au Gouverneur du
Prince Royal & des Princes héréditaires.

Le Comité secret, chargé de dresser ces instructions, expose ainsi ses
vués.

,, La sureté la plus grande, & qui surpasse, non seulement l'autorité
,, des Loix, mais même les idées que la Nation s'est formées de la liber-
,, té, consiste en ce que ceux qui sont destinés à régner un jour, soient
,, élevés dans les principes suivans, sçavoir, qu'ils n'ont aucun droit d'en-
,, freindre & de violer les droits des sujets ; que les Rois ne sont pas faits
,, d'une autre matiere que le reste des hommes; qu'ils leur sont égaux en
,, foiblesse dès leur entrée dans ce monde ; égaux en infirmités pendant
,, tout le cours de leur vie, égaux à l'égard du sort commun des mortels,
,, vils comme eux devant Dieu au jour du jugement, condamnables tout
,, comme eux pour leurs vices & crimes, que le choix du peuple est la
,, base de leur grandeur, & un moyen nécessaire pour sa conservation;
,, qu'en un mot l'Etre suprême n'a point créé le genre humain pour le
,, plaisir particulier de quelques douzaines de familles.

,, Mais ces principes ne feront qu'une impression très foible sur ces
,, Enfans, si, hors de la présence de ceux qui sont chargés de leur in-
,, struction, ils voient la réfutation des meilleures maximes, dans tout
,, ce qui se passe à la Cour, ou, par des démonstrations séduisantes d'hon-
,, neur, & par une vaine pompe, ils apprennent à penser tout le contrai-
,, re de ce qu'on leur a enseigné, & à se persuader qu'ils sont plus que
,, les autres hommes, & que ceux-ci sont moins que des insectes. . . .
,, Pourquoi les Etats se sont-ils attribués le soin principal de l'éducation ?
,, Le Comité secret croit pouvoir en alléguer deux raisons,

,, 1°. Parce que tous les Rois abandonnés à leurs propres inclinations,
,, cherchent toujours à étendre les limites de leur pouvoir; que c'est en
,, cela qu'ils font consister la grandeur & la Majesté Royale, & que par
,, conséquent, leur intérêt est toujours opposé à celui de la Nation.

,, 2°. Parce que l'amour, que la nature inspire aux peres & aux meres
,, pour leurs enfans, les engagent à leur procurer tout ce qu'ils envisa-
,, gent comme un bonheur, & tout ce qu'ils recherchent eux-mêmes.
,, Par cette raison une éducation qui dépendroit de leur approbation, se-
,, roit toujours contraire au bien que la Nation s'est proposé en se don-
,, nant un Chef soumis aux Loix, & non pas régnant selon son bon plai-

(a) *Petit Carême, sermon du Dimanche des Rameaux.*

„ fir, ou felon le génie d'une Cour corrompue par la flatterie. Dans un
„ Etat defpotique un Roi eft néceffaire; mais, quel qu'il foit, fon juge-
„ ment eft indifférent pour des efclaves qui ne connoiffent point la liber-
„ té, & qui ne poffedent rien pour eux, pas même leurs propres per-
„ fonnes.

„ Dans des Gouvernemens libres, il eft néceffaire que celui qui occu-
„ pe le Thrône foit plus homme que Roi. Le Comité fecret entend par
„ là les vertus qu'un homme doit avoir, & non pas des qualités dont les
„ Defpotes font parade, & dans lefquelles la flatterie fait confifter leur
„ gloire.

„ Chez un Prince Souverain, le défir de faire des conquêtes paffe pour
„ une vertu: ce n'en eft point une chez une nation libre; car les con-
„ quêtes inutiles s'accordent moins avec les principes d'un gouvernement
„ libre qu'avec ceux de la Souveraineté.

„ La pompe & la répréfentation, ordonnées à l'occafion de certaines
„ folemnités, plus pour la dignité du Royaume que pour la perfonne qui
„ repréfente, plus par rapport aux étrangers que pour les fujets, ont été
„ jufques ici un abus introduit par l'orgueil & la politique, afin d'impri-
„ mer plus de refpect & de crainte, d'abord, pour la perfonne du Roi,
„ enfuite pour fes volontés. Par ce moyen les fujets ont contracté un gé-
„ nie fervile, & fe font accoutumés au joug.

„ Chez les Princes Souverains le fafte & la repréfentation font plus né-
„ ceffaires & moins dangereux que dans notre forme de Gouvernement.
„ Un Roi d'un peuple libre ne s'eft jamais avili en fe mettant au niveau
„ de fes fujets, & en évitant de les éloigner, pour ainfi dire, de fa per-
„ fonne, par des repréfentations vaines & journalieres. C'eft une crainte
„ mal fondée de croire qu'un jeune Prince ne pourroit jamais figurer
„ avec dignité en qualité de Roi, s'il n'y étoit élevé de bonne-heure.
„ Cette idée n'eft fondée que fur un principe de fouveraineté. Dans un
„ gouvernement libre le Roi ne repréfente jamais que dans fon Sénat;
„ tandis qu'un Souverain repréfente ordinairement dans fa Cour, & laiffe
„ quant au refte, repréfenter par fon Miniftre ou par fon favori, ce qui
„ eft plus fupportable dans un Gouvernement Monarchique, que dans une
„ nation libre.

„ Par cette raifon le fentiment du Comité fecret, eft que les Princes
„ foient élevés dans les vertus qui ornent l'homme & que la Religion, la
„ Morale & l'Hiftoire nous offrent:

„ Que par conféquent on les éloigne de toutes les occafions féduifantes,
„ qui font inévitables à la Cour.

„ Qu'ils foient entretenus médiocrement en habits & en nourriture,
„ afin que leur propre économie ferve d'exemple aux fujets; ce qui eft
„ une chofe très utile chez une nation qui eft pauvre, mais libre: qu'ils
„ faffent fouvent des voyages à la campagne; qu'ils entrent dans les ca-
„ banes des payfans pour voir par eux-mêmes la fituation des pauvres, &
„ que par là ils apprennent à fe perfuader que le peuple n'eft pas riche,
„ quoique l'abondance regne à la Cour, & que les dépenfes fuperflues de

,, celle-ci diminuent les biens & augmentent la misere du pauvre Payſan
,, & de ſes enfants affamés (a).

On pourroit faire quelques obſervations ſur la diſtinction du Souverain
d'un peuple libre, & du Souverain Deſpote, ſur la diſpenſe qu'on accorde
à celui-ci, des devoirs qu'on impoſe à l'autre. Mais ſans s'y arrêter, on
cede au plaiſir de tranſcrire quelques articles des inſtructions mêmes adop-
tées par le Sénat.

,, La connoiſſance de Dieu eſt le premier objet de l'inſtruction qu'on
,, doit donner aux Princes & aux ſujets, & la crainte de cet Etre Suprê-
,, me eſt le premier devoir qu'on doit leur inſpirer. Cette connoiſſance
,, ne doit pas être ſeulement idéale, il faut que le cœur ſoit conſacré à ce-
,, lui qui eſt le maître de cet Univers, & qui a donné au cœur même la
,, vie & le mouvement. Plus S. A. R. ſera excitée à reſpecter l'Etre Su-
,, prême, & plus elle reconnoîtra ſon propre néant, & ſon égalité avec
,, les autres hommes, qui, dès leur entrée dans ce monde, pendant le
,, cours de leur vie, & juſqu'à la révolution générale, ſont tous égale-
,, ment méchans & dignes de la condamnation, ſans la grace divine.

,, Par cette raiſon, on conduira S. A. R. par la morale qu'on lui en-
,, ſeignera, à la pratique de tous les devoirs civils & chrétiens. Main-
,, tenant le Prince doit remplir ceux qui regardent tous les hommes dans
,, la ſociété, & hors de la ſociété. Par la ſuite il aura auſſi à obſerver
,, ceux qui ont une relation particuliere à la Royauté. Dans cette der-
,, niere vue, il eſt néceſſaire qu'on donne à S. A. R. des principes é-
,, purés au ſujet de la Majeſté & de ſes droits, & que ces principes ſe
,, rapportent à la forme du gouvernement établie. Cette partie de l'in-
,, ſtruction demande d'autant plus de ſoin, que pluſieurs Moraliſtes, ſoit
,, par crainte, ſoit par des vues particulieres, ſoit enfin par préjugé pour
,, le gouvernement ſous lequel ils ont vêçu, ont établi des principes, ou
,, entiérement faux, ou du moins trop peu étendus pour tenir lieu de
,, principes.

,, De cette maniere, S. A. R. ſera convaincue que, ſelon le Droit Di-
,, vin & de la nature, nul homme ne naît eſclave, que les Rois naiſſent
,, hommes, & non pas Rois, que leur dignité tire ſa premiere origine du
,, bon plaiſir du peuple, que par conſéquent la nation a un droit inconte-
,, ſtable de conſerver, du pouvoir ſouverain & des prérogatives qui y ſont
,, attachées, telle portion qu'elle juge néceſſaire pour ſa conſervation &
,, pour l'avantage de la République.

,, La Religion même donne à ces vérités morales une force nouvelle,
,, puiſqu'on peut dire que Dieu qui eſt Tout-puiſſant ne veut point gou-
,, verner avec violence, mais ſur des volontés libres: & que vouloir ren-
,, dre les hommes eſclaves, c'eſt commettre une témérité contre l'Etre
,, Suprême, & exercer une tyrannie ſur les hommes (b).

(a) *Actes de ce qui s'eſt paſſé de remarquable à la Diete de Suede en* 1755. *&* 1756. *pag.*
78. *& ſuiv.*
(b) *Ibid. pag.* 88 *& ſuiv.*

D 2

Il eſt tellement vrai que les Souverains ne ſont plus à eux, qu'ils ſont entiérement conſacrés au bien de leurs ſujets, en acceptant le Thrône, qu'ils perdent une partie de leur liberté, & ne peuvent pas conſulter uniquement leur inclination dans leurs mariages. Auſſi les femmes héritieres d'un Royaume ne peuvent-elles pas choiſir un mari ſans le conſentement des Etats?

Lorſque Marie Reine d'Ecoſſe, voulut en 1564. contracter de ſecondes nôces, elle aſſembla les Grands du Royaume à Sterlin pour avoir leur conſentement. ,, La plupart étoient d'avis, dit M. de Thou, qu'il n'en ,, étoit pas des héritiers d'un Royaume comme des héritiers particu-,, liers; parce qu'une Reine en prenant un mari, donnoit un Roi à tout ,, un peuple, qu'ainſi il étoit beaucoup plus juſte que le peuple donnât ,, un mari à une femme, qu'une femme donnât un Roi à tout un peu-,, ple (a).

On objecteroit envain que dans ces Royaumes féminins le mari de la Reine n'a que le titre de Roi, comme en Angleterre & en Ecoſſe.

L'exemple de Ferdinand & d'Iſabelle Roi de Caſtille prouve qu'il y a dans certain pays un uſage différent. D'ailleurs quand le mari de la Reine ſeroit réduit dans le droit au vain titre de Roi, il y a tout lieu de craindre qu'il n'abuſe de l'autorité maritale pour engager la Reine à violer les droits auxquels il eſt étranger. (b).

Ce n'eſt pas ſeulement ſur le mariage des Reines que les peuples ont des droits, ils en ont auſſi ſur ceux des Rois. Quelquefois ils leur ont impoſé la condition d'épouſer une certaine perſonne. Les Etats de Pologne choiſirent pour Roi Etienne Bathori Prince de Tranſilvanie, à condition d'épouſer la fille de Sigiſmond Auguſte ſon prédéceſſeur.

Auſſi l'Auteur qu'on vient de citer croit-il que le mariage des Souverains indiſtinctement, a trop de rapport à l'intérêt public, pour être fait ſans le conſentement de la Nation (c)?

On ſçait combien les François ont été autrefois ſcandaliſés de ce que Théodebert abandonnoit Viſigarde avec laquelle il étoit fiancé, pour

(a) *Hiſtoire de Thou, Traduction Françoiſe, Tom. 5. pag. 6.*

(b) *Neque obſtat quod in hiſce regnis, in quibus fæminæ ſuccedunt, mariti ipſi vel omni-no nihil regii juris ſibi vindicare poſſint, aut tantum titulo tenùs, ut in Angliæ Scotiæque Regnis obſervatum. Illud enim perpetuum non eſt, ut in Caſtilliæ Regibus Ferdinando & E-liſabethâ liquet; & ut maximè ſit, tamen individua illa vitæ ſocietas, conjugalis amor & autoritas mariti, facilè Reginas eò perpellunt, ut in gratiam obſequiumque maritorum multa faciant Regni Legibus contraria, præcipuè ſi ipſi Reges ſuâ potentiâ ſubnixi, donis, muneribus, vel etiam aperto bello ſibi ad oppreſſionem populorum viam facere non pertimeſcant. Philippus Hiſpaniarum Rex, Mariæ Angliæ Reginæ novus maritus, quamvis Legibus Regni titulo regis contentus eſſe debuiſſet, ab omni regni adminiſtratione excluſus, quantum tamen intra breve tempus autoritatis in eo regno ſibi acquiſierit, multi exitiabili ſuo damno experti ſunt, & niſi Regina, eo abſente, improviſâ morte ex hac vitâ migraſſet, ſerò forte experta fuiſſet univerſa Anglia. Beiſius de Statutis, Pactis & Conſuetudinibus familiarum illuſtrium. Cap. VI. §. 18.*

(c) *Cum itaque à matrimoniis Principum utriusque ſexus ſalus & utilitas Regnorum & Rerumpublicarum pendeat, ut ea promiſcuè ſine concilio atque conſenſu ordinum populive contrahantur, præſertim ſi de Principibus fæminis maritandis agatur, fas non exiſtimo. Betſius ibid.*

épouser Deuterie. Il fut obligé de répudier celle-ci & de s'allier à Vi-
sigarde; & après sa mort il n'osa pas reprendre l'objet de sa premiere inclination (a).

Mézerai dit, en rapportant ce fait, que les François dans les deux premieres Races & bien avant dans la troisieme, ont eu droit de se mêler
des mariages de leurs Rois (b). Quelle est la Loi qui auroit pu le leur faire
perdre?

Ne pourroit-on pas regarder le couronnement des Reines comme l'exercice de ce droit? Le sacre des Rois renferme une élection implicite, une
reconnoissance de la Nation, que rien n'empêche l'héritier présomptif
de monter sur le Thrône, & l'acceptation que fait le peuple d'un tel pour
son Roi: on le verra dans la suite. Le couronnement des Reines étoit
peut-être de même le consentement du Corps entier de l'Etat, à ce que le
Roi contractât une alliance avec elle.

Toute la différence du Roi & du Tyran consiste en ce que l'un se propose pour but le bien public, l'autre son avantage particulier; l'un gouverne les peuples pour eux-mêmes, l'autre les gouverne pour lui. C'est
ce qu'on n'a cessé de représenter aux Rois eux-mêmes. C'est ce qu'on lit
dans des ouvrages composés par leur ordre. C'est l'enseignement commun
de tous ceux qui leur ont tracé les regles de conduite.

Suivant le sixieme Concile de Paris tenu en 829, pour mériter le nom
de Roi, il faut gouverner avec justice & avec clémence. Les Princes
qui se conduisent autrement, ne peuvent avoir d'autre titre que celui de
Tyran (c).

Gilles de Rome fut chargé de haranguer Philippe le Bel au nom de
l'Université lors de son entrée dans Paris, au retour de son sacre. Il s'é-
tonne de ce que, de tous les Princes qui avoient regné jusques-là, aucun
n'avoit eu le surnom de Juste. Il en attribue la cause à l'opinion de ceux
qui pensent qu'un homme juste est plus utile aux autres qu'à lui-même.
C'est précisément par cette raison, continue l'orateur, que ce titre devroit être recherché par les Souverains, qui ne sont pas établis pour
eux, mais pour l'Etat, & qui ne peuvent négliger l'intérêt public sans
mériter une qualification fort différente de celle de Roi (d).

Selon Almain, toutes les vues du Prince doivent être dirigées vers le

(a) *Recueil des Historiens de France*, Tom. 2. pag. 198, 199.
(b) *Abregé Chronologique de l'Histoire de France*, Tom. 1. pag. 119. Edit. de 1698. In-12.
(c) *Rex a rectè agendo vocatur. Si enim piè, & justè, & misericorditer regit, meritò
Rex appellatur. Si his caruerit, non Rex, sed tyrannus est. Antiqui autem omnes Reges tyrannos vocabant, sed postea piè & justè & misericorditer regentes, Regis nomen sunt adepti;
impiè verò, injustè crudeliterque principantibus, non Regis, sed tyrannicum aptatum est
nomen. Quia ergo Rex a regendo dicitur &c.* Conc. Labbe T. 7. Col. 1636.
(d) *Satis mirari nequeo id quod multis antè sæculis admirationi summis Sapientiæ Professo-
ribus fuisse video: post hominum memoriam summos reges maximosque imperatores ex rebus
gestis, vitæve instituto, aut fortunâ aliquâ præclara sibi cognomina peperisse; alios expu-
gnatores, alios illustres, alios magnos, alios felices, alios augustos, alios pios dictos, alios
alio decore nobilitatos: nullum Regum, nullum illorum imperatorum, qui rerum potiti sunt,
justi cognomen ad hanc diem promeruisse: eam unam justi Regis palmam cognominisque dignitatem, cæteris occupatis, reliquam esse quæ petatur, quam primam omnium summâ contentio-*

bien commun, & c'eſt à ce caractere qu'on le diſcerne du Deſpote. (a)

Dominique Soto Confeſſeur de Charles - Quint poſe le même principe. Le Roi eſt fait pour le Royaume & le Royaume n'eſt pas fait pour lui. Le Roi tourne tout à l'utilité publique. Le Tyran ſacrifie le royaume entier à ſon intérêt perſonnel. Voilà la différence. (b)

On trouve les mêmes idées ſur la nature & les devoirs de la Royauté dans Bracton.

On ſe tromperoit lourdement en regardant une couronne comme un Bénéfice ſans charge, qui confere gratuitement une grande puiſſance, de grandes richeſſes, de grands honneurs.

Le Chancelier de l'Hôpital dans ſon diſcours au Parlement de Rouen lors de la déclaration de la Majorité de Charles IX. dit que „ ce Prince ne „ faiſoit que commencer ſa quatorzieme année, mais que l'année com- „ mencée eſt regardée comme complette, lorſqu'il s'agit d'acquérir des „ honneurs. (c)

„ Je n'ai garde, dit à ce ſujet Monteſquieu, de cenſurer une diſpoſition „ qui ne paroit pas avoir eu juſqu'ici d'inconvénient ; je dirai ſeulement „ que la raiſon alléguée par le Chancelier de l'Hôpital n'étoit pas la vraie. „ Il s'en faut bien que le gouvernement des peuples ne ſoit qu'un hon- „ neur " (d).

Les peuples n'ont penſé qu'à eux - mêmes, en choiſiſſant une forme de gouvernement plutôt qu'une autre. Ils l'ont fait pour leur ſureté, pour leur tranquilité, pour leur bonheur. L'avantage qui doit réſulter du gouvernement, n'eſt que pour eux. Le Gouverneur n'a qu'un pur miniſtere, il a pris ſur lui le fardeau le plus peſant. Il n'a rien à lui ni pour lui. Tout eſt au peuple & pour le peuple. Il a été établi chef pour faire régner la paix & la tranquillité, pour rendre la juſtice la plus exacte, pour conſerver à chacun ſon bien, pour réprimer & punir les crimes, pour défendre l'Etat contre les ennemis du dehors. En un mot il eſt le repréſentant, le mandataire du peuple, pour conſacrer au bien public ſes

ne peti oportuiſſet ; cùm cætera privatorum hominum , & multò minus ſalutaria munera ſint. Cujus rei cauſſam quis aliam crediderit, quam quod ſunt qui ferant juſtum hominem majori aliis quam ſibi uſui eſſe ? quaſi Reges loco cæleſtium inſtituti datique idcircò ſint, ut ſibi, non Reipublicæ ſaluti commodeque proſpiciant ; cùm contrà res habent, Regesque divinitùs generi humano dati ſint, ut in commune conſulant, juſtitiaque ſit ea animi dos quæ, univerſâ utilitate conſervatâ, ſuam cuique tribuit dignitatem ; a quâ qui deſciſcunt, quamvis in Regio ſolio ſedeant, Regesque in præſentiâ vocitentur, tamen adeò ab regio nomine, judicio ſapientum (quo quid majus, quid gravius?) abſunt ut ne Latino quidem nomine nuncupari poſſint ; externo & peregrino, & temporibus, auribusque tuis, ac voce picteque noſtrâ indigno nominantur. Paul Emil. de rebus geſtis Francorum, Lib. 8. pag. 164. Edit. de 1539.

(a) Principes imperantes debent intendere bonum commune, & non proprium ; & hoc habetur ex Ariſtotele ponente differentiam inter deſpotem, & Regem, ſive Principem ; quia deſpotes intendit bonum proprium, & Princeps bonum commune. Nam deſpotes principatur aliquibus tanquam ſervis intendendo ſolum bonum particulare. Geſto, T. 2. Col. 1095.

(b) Regnum non eſt factum propter Regem, ſed Rex propter regnum. Et in hoc Rex differt a Tyranno, quod ille omnibus ad publicum bonum utitur, hic verò regno propter ſe abutitur. De juſtitiâ & jure, Lib. 10. Quæſt. 3. Art. 1.

(c) Vie du Chancelier de l'Hôpital, p. 306.

(d) Eſprit des Loix, L. 29. Chap. 16.

foins, ses veilles, & sa vie même. Toute la charge est sur lui, le bénéfice est pour le Royaume.

Il ne sera plus possible sans doute d'élever des nuages sur la certitude
de cette vérité premiere, que le Souverain ne pouvant être sans Sujets, c'est pour eux qu'il a été établi; que leur félicité doit faire la
sienne; qu'il doit à son peuple son temps & son affection; que toutes
ses entreprises dirigées vers le bien public, ne doivent avoir d'autre but
que la sûreté & le bonheur des peuples qui lui sont confiés; que ce
devoir inséparable de la Couronne n'est pas moins commandé par la loi
de la conscience que par l'impression du droit naturel, & par la lumiere
de la raison.

Mais de quelle fécondité n'est pas ce principe qui consacre le Prince
entier au bonheur de ses Sujets, qui le dévoue sans réserve au service de
la société dont il est le Chef, & dont il réunit tous les intérêts, à peu près
comme un tuteur qui n'agit que pour ses pupilles, ou plutôt comme un
pere qui ne s'occupe que de ses enfans? Il n'est aucune partie du Gouvernement dont ce lumineux principe ne doive être le ressort & le mo-
bile. Il doit déterminer la guerre & la paix, il doit présider à toutes les
opérations de l'administration générale; il doit sur-tout influer sur ce
qui concerne la législation & l'administration de la Justice.

Mais ce n'est point assez que cette précieuse vérité soit gravée dans
le cœur du Monarque; il faut que tous ceux qu'il honore de sa confiance, la regardent comme la condition essentielle du ministere qui leur est
départi; redevables au Prince d'acquitter sa conscience, ils ne le font
pas moins à leurs concitoyens, à tous les Ordres de l'Etat, de remplir,
dans l'objet de leur ministere particulier, ce que les peuples ont droit d'attendre du cœur paternel de leur Roi.

CHAPITRE II.

Le Gouvernement Despotique est contraire au Droit naturel, au Droit Divin, à la fin du Gouvernement.

Dès qu'on conçoit la différence du gouvernement Monarchique au gouvernement despotique; on est autant satisfait des avantages du premier, qu'on est effrayé de la nature de l'autre. L'Etat Monarchique, selon la définition des auteurs, est celui *où un seul gouverne, mais par des loix fixes & établies;* le Despotique au contraire est celui, *où un seul, sans loi, sans regle, entraîne tout par sa volonté & par ses caprices* (a). Le Monarque gouverne des sujets; le Despote commande à des esclaves: la puissance du Despote est fondée sur la terreur qu'il inspire; & l'amour est le principal lien qui attache les sujets à leur Roi.

Est-il donc conforme à la raison que des êtres doués d'intelligence, susceptibles de sentimens & de vertus, soient conduits par la crainte à peuprès comme des animaux stupides? La raison peut-elle approuver que la volonté d'un seul homme, & d'un homme sujet aux miseres de l'humanité, soit la seule loi d'une multitude d'hommes ses semblables, qu'il en dispose en propriétaire absolu, qu'il soit maître de se jouer de leur état, de leur liberté, de leur vie même? Se persuadera-t-on que les hommes, qui, dans le principe, n'ont déféré le commandement à leur égal, que pour se garantir des funestes inconvéniens de la licence, aient été assez aveugles pour s'abandonner à toutes les horreurs de la servitude? Qu'il y a de distance du Prince qui appartient à la République, au Despote à qui la République appartient! Quelle comparaison peut-on faire entre la souveraineté, ce Ministere établi pour l'avantage de la Nation, & qui subsiste pour son bonheur, & cette puissance sans bornes, dont l'essence est de n'avoir aucun frein, & qui dégenere nécessairement en une tyrannie proprement dite?

Le Despotisme, si nous en croyons les auteurs les plus éclairés, offense tout à la fois la nature & la raison.

L'auteur de la Science du Gouvernement a donné une idée exacte du Despotisme considéré dans ses effets.

,, Quatre caracteres, dit-il, distinguent le despotisme d'avec les for-
,, mes du gouvernement de l'Europe. 1°. Les peuples gouvernés des-
,, potiquement naissent esclaves; il n'y a point parmi eux de person-
,, nes libres. 2°. On n'y possede rien en propriété, & il n'y a point de
,, droit de succession, pas même du pere au fils. Le domaine du Prin-
,, ce a la même étendue que son empire. Simples usufruitiers & com-
,, me fermiers des terres qu'ils possedent, ces esclaves n'en jouissent que
,, pen-

(a) *Esprit des Loix.* Liv. 2. ch. 1.

„ pendant leur vie & par la conceſſion du Souverain, à qui les fonds re-
„ tournent comme à l'unique propriétaire, ces fonds ne paſſent jamais
„ aux deſcendans de ceux qui les ont poſſédés, ſi le Souverain ne leur en
„ fait une nouvelle conceſſion. 3°. Le Prince diſpoſe à ſon gré non ſeu-
„ lement des biens, mais encore de l'honneur & de la vie de ſes ſujets.
„ 4°. On n'y connoit de loi que la volonté du Prince, & cette volonté
„ s'éleve au - deſſus des loix naturelles & poſitives, divines & humai-
„ nes " (a).

Après avoir ainſi défini le deſpotiſme, il en fait ſentir fortement l'injuſtice, & même les inconvéniens pour le Prince qui gouverne.

„ Le gouvernement arbitraire ou deſpotique eſt une continuation de
„ la loi tyrannique du plus fort. Très éloigné de nos mœurs, il eſt
„ inconnu parmi nous, & comme il n'a ni regles ni principes, il n'a au-
„ cune forme. Anciennement la plupart des grandes Monarchies, ſur-
„ tout celles qui avoient été formées par les armes, étoient deſpotiques,
„ & aujourd'hui encore la Turquie, la Perſe & le Mogol, diſons plus,
„ preſque tous les peuples de l'Aſie, de l'Afrique & de l'Amérique, gé-
„ miſſent ſous le Deſpotiſme, & n'ont jamais connu d'autres loix, que la
„ volonté & les caprices de leurs maîtres.

„ Ce n'eſt pas uniquement par le droit de conquête porté trop loin que
„ le deſpotiſme a été établi dans le monde, il s'eſt introduit auſſi à la fa-
„ veur de la ſoumiſſion volontaire des peuples. Quelques nations ſe vo-
„ yant ſur le penchant de leur ruine, ſe livroient à la bonne foi, ou à la
„ diſcrétion d'un autre peuple avec leurs villes, leurs terres, leurs tem-
„ ples, & tous les droits divins & humains ; & les vainqueurs abuſant des
„ droits de la victoire, donnoient à ces termes un ſens contraire à celui
„ qu'ils préſentent naturellement.

„ N'examinons point ſi une ſoumiſſion portée à cet excès & enten-
„ due d'une maniere barbare, peut valoir contre la loi éternelle qui ſe
„ propoſe toujours la conſervation & l'utilité des hommes ; ſi le dernier
„ des malheurs peut être la condition d'un traité de paix ; & ſi un hom-
„ me, qui n'a aucun droit ſur ſa propre vie, puiſque Dieu & l'intérêt de
„ ſon pays lui ordonnent de la conſerver, peut ſe ſoumettre au pouvoir
„ arbitraire d'un autre, qui l'en privera au gré de ſes deſirs. La conſidé-
„ ration d'un plus grand malheur à éviter eſt une eſpece de remede contre
„ un moindre, & lorſqu'on ſouhaite le mal, ce n'eſt pas comme tel, mais
„ comme une choſe où l'on ſe figure moins de déſavantage, que dans un
„ autre mal dont on veut ſe délivrer. Qu'il nous ſuffiſe que, dans la par-
„ tie du monde que nous habitons, le deſpotiſme eſt inconnu ; ſi l'on en
„ excepte la portion des Etats du grand Seigneur qui y eſt ſituée, &
„ peut-être la Ruſſie Européenne. Faiſons néanmoins quelques réflexions
„ ſur les inconvéniens du pouvoir arbitraire, pour ôter à jamais à tous
„ les Princes de l'Europe le deſir de l'uſurper.

(a) Tom. 1. pag. 299.

Tome I. E

„ Si ce defpotifme malheureux dégrade ceux, qui y font foumis, de la
„ dignité naturelle de l'homme; & s'il rend les citoyens comme étrangers
„ dans leur propre patrie, il expofe auffi à d'étranges revers ceux qui
„ l'exercent. L'intérêt commun unit ceux qui fouffrent; & après avoir
„ gémi chacun en particulier, ils cherchent tous enfemble à fe venger.
„ Tout ce qui eft exceffif, dure peu, & un empire odieux ne fut jamais
„ établi. Les Princes de l'Orient expriment leur puiffance par des titres
„ qui ne conviennent qu'à Dieu, & les plus foibles en ufurpent qui les
„ fuppofent les dominateurs de tout l'univers. Mais ces ombres de Dieu,
„ ces Rois du ciel & de la terre, ces Rois des Rois, ces héritiers du fir-
„ mament, ces freres du Soleil & de la Lune, ces diftributeurs des cou-
„ ronnes aux plus puiffans Princes de la terre, deviennent fréquemment le
„ jouet de la plus vile populace. Ils font regardés par leurs peuples comme
„ les enfans adoptifs du Ciel; on croit que leurs ames font céleftes &
„ furpaffent les autres en vertu, autant que leur condition les éleve au-
„ deffus de celle des autres mortels. Mais lorfqu'une fois un de leurs
„ efclaves fe révolte, le peuple met en doute quelle eft l'ame la plus
„ eftimable, ou celle du Souverain impitoyable, ou celle de l'efclave
„ révolté, & fi l'adoption célefte n'a pas paffé de la perfonne du Roi à
„ celle du fujet. Le meurtrier monte fur le trône, pendant que le Mo-
„ narque en defcend, tombe & expire aux pieds de l'ufurpateur.

„ Les peuples efclaves doivent tous fubir le même joug. Sous quel-
„ que Prince qu'ils vivent; on ne fauroit leur en faire porter un plus
„ péfant, & ils ne prennent par conféquent jamais aucune part à la
„ fortune de leur Souverain. Le trône devient donc le prix du coura-
„ ge de celui qui ofe s'en emparer. On fait les révolutions fréquentes
„ qui arrivent à la Cour du Grand-Seigneur & à celle du Czar. Il ne
„ faut pas remonter bien haut dans l'hiftoire des Turcs pour trouver
„ des Empereurs étranglés. En moins d'un an, on a vu autrefois fucceffi-
„ vement trois ou quatre Empereurs dans cette Cour orageufe; & déja
„ dans le fiecle où nous vivons, le Trône de Conftantinople a été ren-
„ verfé deux fois. Nous venons de voir auffi une milice infolente difpo-
„ fer au gré de fes caprices, plufieurs fois coup fur coup, de la couronne
„ de Ruffie.

„ Les hommes, qui ont perdu l'efpérance de la vie, perdent auffi la
„ crainte de la mort. Un Turc, qui par imprudence, ou par malheur,
„ eft tombé dans la difgrace de fon Souverain, eft fûr de mourir, quel-
„ que légere que puiffe être fa faute. La feule reffource qui lui refte,
„ pour échapper au fupplice, c'eft de confpirer contre le Prince. Parmi
„ nous au contraire la difgrace n'ôte aux Grands que la faveur du Sou-
„ verain; & comme il ne les fait gueres périr que pour le crime de Leze-
„ majefté, ils craignent d'y tomber, par la confidération de ce qu'ils ont
„ à perdre, & du peu qu'ils ont à gagner.

„ Si les Princes Orientaux, dans cette autorité illimitée, n'apportoient
„ mille précautions pour mettre leur vie en fureté, & s'ils n'avoient à
„ leur folde un nombre prefqu'innombrable de troupes pour tyrannifer le

„ reſte de leurs ſujets, leur empire ne ſubſiſteroit pas un mois; Celui
„ des Princes d'occident eſt au contraire établi très ſolidement.

„ Le Deſpotiſme eſt toujours le même en Orient parce que les change-
„ mens ne peuvent être faits que par les Princes ou par les peuples. Les
„ Princes Orientaux, malheureuſement prévenus comme ils ſont, n'ont
„ garde d'en faire; parce que dans un haut degré de puiſſance, ils ont
„ tout ce qu'ils eſperent avoir, & qu'ils ne s'imaginent pas qu'il puiſſe
„ arriver du changement que ce ne ſoit à leur préjudice. Pour les eſ-
„ claves, ſi quelqu'un d'eux forme quelque réſolution, il ne ſauroit l'exé-
„ cuter ſur l'Etat; il faudroit qu'il contrebalançât tout-à-coup une puiſ-
„ ſance redoutable & toujours unique; le tems lui manque comme les
„ moyens. Mais s'il va à la ſource de ce pouvoir, il ne lui faut qu'un
„ bras & un inſtant.

„ Les Potentats orientaux, pour ſe conſerver les reſpects du peuple
„ trouvent à propos de lui dérober la vue de leurs perſonnes, & de
„ laiſſer une vaſte diſtance entre les hommages & leur trône. Renfer-
„ més dans l'intérieur de leur ſérail, ils ſe montrent rarement à leurs
„ ſujets; & quand ils le font, c'eſt toujours avec une ſuite & un appa-
„ reil propres à imprimer la terreur. Ils veulent ſe rendre plus reſ-
„ pectables; mais ils font reſpecter la royauté & non pas le Roi, & at-
„ tachent l'eſprit des ſujets à un certain trône & non pas à une cer-
„ taine perſonne. Cette puiſſance inviſible, qui gouverne, eſt toujours
„ la même pour le peuple. Quoique dix Princes, qu'il ne connoit que
„ de nom, ſe ſoient égorgés l'un après l'autre, il ne ſent aucune diffé-
„ rence dans ſa condition. Si le déteſtable Parricide de notre Grand Hen-
„ ry IV. avoit porté ce coup ſur un Roi des Indes, maître dans l'inſtant
„ du ſceau royal, auquel la puiſſance eſt attachée dans ce pays-là, &
„ d'un tréſor immenſe qui auroit ſemblé avoir été amaſſé pour lui, il
„ auroit pris tranquilement les rênes de l'Empire, ſans qu'un ſeul hom-
„ me eut penſé à venger ſon Roi, à réclamer le fils du Roi & la famille
„ Royale " (b).

Loyſeau appelle les Deſpotes, „ *des Monarques ſeigneuriaux*, parce qu'ils
ont toute principauté, & quant & quant, toute propriété & ſeigneurie
privée tant ſur les perſonnes que ſur les biens de leurs ſujets, qui par conſéquent ne ſont pas ſeulement ſujets, mais eſclaves tout-à-fait, n'ayant ni
la liberté de leurs perſonnes, ni aucune propriété de leurs biens. Telle
Monarchie ſeigneuriale, ajoute ce ſçavant Juriſconſulte, eſt directement
contre la nature qui nous a tous fait libres „ (c). Ailleurs il traite ces ſortes de Gouvernement, de *Barbares & contre-nature* (d). Il n'en eſt pas
ainſi des autres Monarchies ou Seigneuries. „ C'eſt le propre de la Sei-
„ gneurie publique d'être exercée par juſtice & non à diſcrétion (e) ".

(b) *Science du gouvernement de Réal*, T. I. p. 294.
(c) *Loyſeau:* Des Seigneuries, ch. 2, n. 51, & ſuivans.
(d) *Ibid.* n. 58 & 62.
(e) *Ibid.* n. 9.

„ M. Boſſuet appelle le Gouvernement un ouvrage de raiſon & d'in-
„ telligence..... N'eût-on qu'un cheval à gouverner, & des troupeaux
„ à conduire, on ne le peut faire ſans raiſon: combien plus en a-t-on
„ beſoin pour mener les hommes, & un troupeau raiſonnable (f)? ".

Ce grand Prélat trace ainſi les principaux caractères du Deſpotiſme ou
du Gouvernement arbitraire. 1º. „ Les peuples ſujets ſont nés eſclaves,
„ & parmi eux, il n'y a point de perſonnes libres. 2º. On n'y poſſede
„ rien en propriété, tout le fond appartient au Prince, & il n'y a point
„ de ſucceſſion, pas même de fils à pere. 3º. Le Prince a droit de diſpo-
„ ſer à ſon gré non ſeulement des biens, mais encore de la vie de ſes ſu-
„ jets...... 4º. Enfin il n'y a de loix que ſa volonté...... Voilà, pour-
„ ſuit M. Boſſuet, ce qu'on appelle puiſſance arbitraire..... Il y a des
„ peuples & de grands Empires qui s'en contentent, & nous n'avons
„ point à les inquiéter ſur la forme de leur Gouvernement: il nous ſuffit
„ de dire que celle-ci *eſt barbare & odieuſe*. Ces quatre conditions ſont
„ bien éloignées de nos mœurs, & ainſi le Gouvernement arbitraire n'y a
„ point lieu (g) ".

Quoiqu'il ſoit de la nature de la Monarchie qu'un ſeul ait le commandement, & même que le Gouvernement ſoit abſolu, ce n'eſt pas une

*Différen-
ce du pou-
voir ab-
ſolu &
du pou-
voir arbi-
traire.*

raiſon pour qu'il ſoit arbitraire. „ C'eſt autre choſe que le commande-
„ ment ſoit abſolu, autre choſe qu'il ſoit arbitraire. Il eſt abſolu par rap-
„ port à la contrainte; n'y ayant aucune puiſſance capable de forcer le
„ Souverain, qui, en ce ſens, eſt indépendant de toute autorité humai-
„ ne; mais il ne s'enſuit pas de là que le Gouvernement ſoit arbitraire.....
„ *Il y a des loix dans les Empires, contre leſquelles tout ce qui ſe fait,*
„ *eſt nul de droit;* & *il y a toujours ouverture à revenir contre, ou*
„ *dans d'autres occaſions, ou dans d'autres temps,...* perſonne ne
„ pouvant croire qu'il puiſſe jamais rien poſſéder au préjudice des
„ loix, *dont la vigilance & l'action contre les injuſtices & la violence eſt*
„ *immortelle.... C'eſt là ce qui s'appelle le Gouvernement légitime, oppoſé*
„ *par ſa nature au Gouvernement arbitraire* (h) ". Ailleurs M. Boſſuet répete
qu'il n'y a point de force coactive contre le Prince; mais c'eſt en ajoutant, que „ le Roi eſt ſoumis comme les autres à l'équité des loix;
*il y eſt ſoumis, non quant à la puiſſance coactive, mais quant à la puiſſan-
ce directive* (i) ".

Le célebre Richer a ſoutenu fortement que le Deſpotiſme combattoit
la fin même du gouvernement. Il puiſe cette maxime dans les loix de
la nature : on verra avec plaiſir le développement de ſes idées.

Suivant le goût de l'Ecole, il diſtingue deux ſortes de droit naturel,
le premier & principal qui renferme les principes gravés dans le cœur de
tous les hommes, l'autre qu'il nomme ſecondaire, contient les conſéquences évidentes des principes. Celui-ci ſe ſubdiviſe encore en ſimple

(f) *Politique tirée de l'Ecriture Sainte*. L. 5. art. 1. première Propoſition.
(g) *Ibid*. L. 8. art. 2. première Propoſit.
(h) *Ibid*. L. 8. art. 2. même Propoſition.
(i) *Ibid*. L. 4. art. 1. Propoſition quatrieme, in fine.

& compofé, fuivant que ces conféquences font plus ou moins évidentes, plus ou moins faciles à tirer. Voici felon lui, des maximes
qui appartiennent à ce droit naturel fecondaire de la premiere claffe.

Tous les hommes defirent leur confervation & leur bonheur. Delà
trois conféquences néceffaires.

1°. Les hommes font nés pour la fociété, hors de laquelle ils ne peuvent ni fe conferver eux‑mêmes, ni être heureux.

2o. Il eſt contraire à la nature qu'il y ait des peuples efclaves, comme font ceux de Turquie & des autres Royaumes Orientaux, puifqu'ils
ne peuvent pas être heureux.

3°. Il faut un Gouvernement (k).

Richer établit encore la même vérité dans un autre endroit. Il y enfeigne que les Empires Defpotiques font contraires non feulement au droit
naturel, mais au droit divin pofitif & à la Religion chrétienne (l).

Il ne faut donc pas confondre le pouvoir *abfolu* avec le pouvoir arbitraire; ce feroit fe précipiter dans l'un de ces deux écueils, ou méta-
morphofer la Monarchie en Defpotifme, c'eſt-à-dire, changer un Gou-

(k) *Dato univerfos homines naturæ inductione amantes effe fuæ confervationis, infurgit illos pariter naturali magifterio beatos effe percupere. Quo ex proloquio, hæc alia, ceu rami à
trunco & radice arboris pullulant. Primùm homines natos effe ad civilem focietatem, extra
quam nullus fe naturaliter tueri aut beatus effe poteft. Quæ occafio fuit Ariftoteli afferendi
primo Politicorum illos qui extra focietatis civilis commercium vitam degunt, aut Deos effe,
aut beftias. Alterum confectarium eft naturæ repugnare aliquam effe Rempublicam fervorum,
qualis eft hodie Turcicum imperium cum omnibus fermè Dynaftiis & Principatibus orientis,
ubi Reges defpoticè regnant; & continuo nullus fubditorum ibidem beatus effe poteft, fi ad
naturæ & civilis focietatis propofitum attendas, quoniam animus benè à naturâ informatus
fervire recufat. Tertium confectarium, ad civilem vitam fecundum naturæ ductum feliciter
degendam, aliquo opus effe principatu, & confequenter electiones juris effe naturalis fecundarii.
Nam cuncti homines etiam in extremâ Barbariâ nati, imò ipfimet pueri, folâ naturæ propenfio-
ne: Rex eris, aiunt, fi benè feceris.* Apologia pro Gerfone p. 18.

(l) *Quando defiderium fui confervandi primum atque fupremum eft legis naturæ principium,
& cuncti homines naturali inftinctu & inductione beati & liberi effe defiderant, atque Chriftus
Dominus legem naturalem & Politicas poteftates legitimè conftitutas confecravit, ut anteceden-
tibus proloquiis docuimus: profectò & naturæ & gratiæ repugnat aliquam effe Rempublicam
fervorum, atque etiam aliqua fit defpotica & planè abfoluta poteftas regendi homines ad merum
& folùm imperantis arbitrium, nullo prorfus quæfito confenfu fubditorum. Nam falus populi
fuprema lex eft; & finis regendi beata eft vita populorum: atque initio eadem omninò fuit
regum & legum conftituendarum caufa. Jus enim femper quæfitum eft æquabile, ait Marcus
Tullius fecundo de officiis. Quo circa Dominus qui pofuit fines fuos pacem,* Pfalm CXLVII.
*illis graviter fuccenfet, qui populum habent pro mancipiis: nonne cognofcent omnes qui operan-
tur iniquitatem, qui devorant plebem meam ficut efcam panis? Idque pariter confirmat Apofto-
lus Roman. 13 afferens: Principem effe Dei miniftrum in bonum; & qui proximum diligit,
legem impleviffe. Deinde Cap. 13. pofterioris ad Corinthios perhibet omnem poteftatem pro
veritate, non adverfus veritatem, atque in bonum & ædificationem, non in deftructionem datam: & prioris ad Timotheum Cap. 1. finem præcepti effe charitatem; & Cap. 3. ad Romanos, nunquam effe facienda mala ut eveniant bona. Quibus ex oraculis Theologi rectè inferunt
finem & propofitum omnium Politiarum, Statuum, dignitatum, legum, Magiftratuum, infti-
tutorum, atque etiam actionum hominis Chriftiani, effe pacem, unionem, dilectionem, &
bonum publicum, confequenterque omnes humanas leges & inftituta tantumdem habere firmitatis, bonitatis & juftitiæ, quantum & charitatis, dilectionis & pacis; quia, ut fupe-
rius oftendimus, lex civilis jufta femper eft conclufio vel determinatio legis divinæ moralis.*
Ibid. pag. 38.

E 3

vernement fage & raifonnable en un Gouvernement *barbare & odieux*, ou contefter au Monarque la puiffance abfolue, fous prétexte qu'elle doit être exercée conformément aux loix.

Loyfeau définit la puiffance du Souverain *une puiffance parfaite & entiere de tout point, fans dégré de fupériorité*; car celui qui a un Supérieur, ne peut être Suprême ou Souverain: *fans limitation de temps*, autrement ce ne feroit plus puiffance abfolue, mais une puiffance en garde ou en dépôt: *fans exception de perfonnes*, parce que ce qui en feroit démembré ne feroit plus de l'Etat (m). Mais cette puiffance, quelque *abfolue* qu'elle foit, n'eft pas *arbitraire*, parce qu'elle doit être *exercée par juftice, & non à difcrétion*.

Les Jurifconfultes qui ont traité des droits de la puiffance publique, font une autre diftinction entre cette puiffance confidérée en elle-même, & la même puiffance envifagée dans fes effets extérieurs.

Ce n'eft que fous ce dernier point de vue que la puiffance publique leur paroît illimitée, parce que le Souverain déterminé à employer la contrainte, peut tout ce qu'il veut, fes Sujets n'ayant pas le droit d'oppofer la force à la force (n). Quelle barriere feroit en effet capable d'arrêter un Prince, qui croyant fon pouvoir fans bornes, ne craint point d'en abufer (o)? C'eft ainfi que Caligula difoit familiérement: *tout m'eft permis, & contre tous*; qu'Hiéron tyran de Syracufe affectoit un fouverain mépris pour fes Sujets, qu'il les écoutoit avec hauteur, & leur répondoit en termes durs & offenfans. Des excès, dont on n'avoit point vu d'exemple, & la cruauté la plus outrée caractériferent le regne de ce Prince; trifte, mais naturelle image des Souverains qui ufant de leur pouvoir fans frein, font les fleaux de leurs Etats (p).

Mais lorfque les Jurifconfultes ne mettent aucunes bornes aux effets extérieurs de la puiffance fouveraine, ils ne prétendent pas approuver le pouvoir illimité dans fon exécution, ni en faire un droit de la fouveraineté; ils entendent feulement que les Sujets obligés de fouffrir ces excès, n'ont pas le pouvoir de réfifter (q). Encore faut-il diftinguer, comme on pourra l'expliquer dans la fuite, la réfiftance active qui confifte dans la

---

(m) *Des Seigneuries*, chap. 2. n. 8.

(n) *Jura Imperantium duplici modo confiderari poffunt : quoad externum effectum, quem producunt in Republicâ, quo fenfu omnia Imperanti licita effe dicuntur, quatenus eidem refifti à fubditis non poteft.* ... Boehmer, Introd. ad jus public. univ. pag. 260.

(o) *Fruftrà eifdem limites ponimus, quippe limites omnes refpuentibus & fua poteftate infigniter abutentibus*, &c. Ibid. pag. 263.

(p) *Quemadmodum Caligula (apud Suet. in vita ejus, cap. XXIX.) ait: memento omnia mihi & in omnes licere. Hanc poteftatem illimitatam, fed malo fuo, quoque affectabat Hyero Syracufanus Rex, quam initio fuperbo admodum apparatu expreffit. Hunc convenientes fequebantur mores, contemptus omnium hominum, fuperbæ aures, contumeliofa dicta, aditus non altenis modò, fed tutoribus etiam difficiles, libidines novæ, inhumana crudelitas.... En genuinam imaginem imperantis illimitatâ poteftate utentis, quem potius peftem reipublicæ dixiffes.* (Ibid. pag. 263.)

(q) *Effectum habent quatenus fubditi patienter omnia mala ferre debeant. Per fe itaque non pertinent ad jura imperantis, fed planè per accidens, quatenus imperanti refifti non poteft.* (Ibid. pag. 270.)

révolte, [réſiſtance qui n'eſt jamais permiſe aux Sujets] & la réſiſtance paſſive qui ſe borne à refuſer d'obéir, refus qui non ſeulement eſt quelquefois licite, mais peut même être de devoir en certain cas.

A l'égard de la puiſſance publique conſidérée en elle-même, il eſt évident qu'elle a des bornes néceſſaires. Elle eſt limitée par le droit naturel, par les regles de l'équité, par le droit divin, & même par les loix particulieres de la Nation ſur laquelle s'exerce la puiſſance publique.

On a vu par l'établiſſement du premier principe, que le Souverain ne peut rien contre le véritable intérêt de l'Etat, & que c'eſt pour le bonheur des Sujets que l'autorité royale eſt inſtituée. Or, ſeroit-ce pour la félicité des peuples qu'un ſeul homme jouiroit d'une autorité arbitraire? Un tel pouvoir laiſſe-t-il appercevoir autre choſe que l'avantage de celui qui commande, & le malheur de ceux qui obéiſſent?

Quand les peuples ſe ſont réunis en corps d'Etat, & qu'ils ont choiſi un Roi, ils étoient libres, & avoient la propriété de leurs perſonnes & de leurs biens: s'ils ont volontairement abdiqué quelque portion de ces heureuſes facultés, ils n'en ont fait le ſacrifice que dans la vue d'en être dédommagés, & qu'autant que ce ſacrifice pouvoit être néceſſaire pour la formation de la République, pour le bien commun de ceux dont elle devoit être compoſée.

Dans une Monarchie le Monarque a autorité ſur ſes ſujets. Ils demeurent cependant libres, & ne ſont pas eſclaves. Partout où les Sujets ont perdu entiérement la liberté, & ſont réduits en eſclavage, ils n'ont pas un Roi, mais un Deſpote (r).

,, L'effet du Gouvernement [c'eſt une obſervation de M. Boſſuet]
,, eſt que toutes les forces de la Nation concourent en un, & le Magi-
,, ſtrat Souverain a droit de les réunir.... Toute la force lui eſt tranſ-
,, portée, & chacun l'affermit au préjudice de la ſienne.... *on y gagne*;
,, car on retrouve en la perſonne de ce ſuprême Magiſtrat plus de force
,, qu'on n'en a quitté pour l'autoriſer, puiſqu'on y retrouve toute la for-
,, ce de la nation réunie enſemble pour nous ſecourir. Ainſi, un parti-
,, culier eſt en repos contre l'oppreſſion & la violence, parce qu'il a en
,, la perſonne du Prince un défenſeur invincible, & plus fort ſans com-
,, paraiſon que tous ceux du peuple qui entreprendroient de l'opprimer...
,, Dans un Gouvernement réglé, les veuves, les orphelins, les pupilles,
,, les enfans même dans le berceau ſont forts: leur bien leur eſt conſervé,
,, le public prend ſoin de leur éducation, leurs droits ſont défendus, &
,, leur cauſe eſt la cauſe propre du Magiſtrat (s) ".

Mais ce n'eſt point par hazard que le Gouvernement a procuré cet im-

Intention des peuples lorſqu'ils ſe ſont réunis. Ils avoient la liberté de leurs perſonnes, la propriété de leurs biens. Ils n'ont renoncé à ces deux avantages qu'autant que cela étoit néceſſaire à la formation de la Société. Ils ont conſervé tout le reſte. Ils ont voulu conſerver la liberté & la propriété.

(r) *Quamvis habeat poteſtatem etiam in homines, illi tamen non ſunt ejus ſervi, ſed manent liberi. Ariſtoteles dicit quod Rex eſt qui dominatur aliquibus tanquam liberis; & deſpotes qui dominantur aliquibus tanquam ſervis, & talem ponit differentiam inter deſpotem & regem. Unde de ratione Regalis Dominii eſt, quod Rex dominetur aliquibus tanquam liberis; & de ratione deſpotis, quod dominetur aliquibus tanquam ſervis.* Almain circa deciſiones Guillelmi Ocham. Gerſo, T. 2. Col. 1029.
(s) *Polit. &c. l. 1. art. 3. Propoſ. 5.*

portant avantage aux Citoyens. Le regarder comme un effet fortuit, dont on a profité, fans avoir pu y compter, fans avoir pu l'atteindre & fe le promettre de l'établiffement de la puiffance publique, ce feroit fe tromper groffiérement. Cet avantage eft la fuite propre & naturelle du Gouvernement, il en eft l'objet & la fin ; c'eft le principal fruit que les hommes fe font flattés d'en recueillir. Imagineroit-on qu'en déférant originairement l'autorité fouveraine à un Monarque, qu'en cherchant à prévenir les violences & les maux, qu'on avoit à craindre en reftant dans l'état de nature, on ait été affez dépourvu de fens pour s'abandonner à la difcré-tion d'un Prince, pour lui céder les droits que l'homme exerce fur les animaux, pour confentir à ce qu'il appliquât à fon feul profit le produit des travaux & de l'induftrie des Citoyens, pour l'autorifer en un mot à les *tondre*, à les *égorger*, à les *dévorer*? Jamais cette idée n'entrera dans l'efprit d'aucun homme fenfé. Les Jurifconfultes décident que rien ne feroit plus oppofé à la droite raifon & à la loi de nature ; *abfit : non id ratio, non communis fenfus, non lex naturæ patitur* (t).

Avant la formation des Cités & des Empires, chaque particulier fe voyoit expofé aux infultes & aux violences, lorfqu'il n'avoit pas des forces capables de les repouffer : la loi du plus fort étoit la feule qui pût terminer les différens, régler les propriétés, fixer leurs limites; ou fi les loix de la juftice & de l'équité préfidoient quelquefois aux traités que le voifinage, que la fociété rendoient indifpenfables, ces loix étoient in-fuffifantes, parce qu'elles avoient peu d'empire fur les hommes remplis de paffions, & aveuglés par l'amour & l'intérêt propre. Dans cette fâcheufe pofition, les hommes n'eurent d'autre parti à prendre que de fe foumettre à l'autorité d'un Gouvernement, que de réunir dans une feule main toutes les forces de la fociété; & parce que cet établiffement exigeoit que chaque membre du Corps perdît quelque portion des prérogatives natu-relles de fes droits, tant de propriété que de liberté, les hommes y renoncerent volontiers pour le bien public, pour l'intérêt commun; ils en céderent tout ce que peut demander le bonheur & la confervation de la fociété.

C'eft auffi une maxime établie par les Publiciftes, que la liberté pri-mitive des citoyens eft néceffairement reftreinte par rapport aux actes que l'ordre public rend indifpenfables (v). La raifon qu'ils en donnent eft

_____

(t) *At quis crederet in hoc eos primario confenfiffe, cum ei imperium detulerint ad fecuri-tatem & pacem confervandam? An præfumendum erat, ait clariffimus Noodtius..... homines mentis fanæ, qui in civitatem ac fub imperium coibant, ne per aliorum vim atque injuriam, naturæ beneficia amitterent, eò dementiæ veniffe. ut conftitutâ civitate atque imperio, ejus finem everterent, ac naturæ bona in fui honorem Magiftratus projicerent; ita ut exemplo pecu-dum ratione carentium, deinde non in fuum, fed alterius ufumfructûs ferre, ejufque arbitrio pafci, agi, mulgeri, tonderi, jugulari, deglubi ac devorari vellent: Abfit; non id ratio, non communis fenfus, non lex naturæ patitur* (Boehmer, ibid. p. 271).

(v) *In civitate fingulorum libertas reftringitur quoàd eas actiones quæ ad bonum publicum promovendum faciunt.* Wolff, Jus naturæ. part. 1. §. 47.

eſt évidente. Le but de la ſociété eſt de faire vivre les hommes dans la paix & dans la ſécurité : tout doit être ſubordonné à cet objet capital. Il faut donc que les citoyens s'abſtiennent de toutes les actions qui ne ſe concilieroient pas avec ce point eſſentiel; & la loi du bien public qui les leur interdit, gêne & reſſerre leur liberté (x).

Mais il n'eſt pas moins certain que le ſacrifice de cette liberté n'ayant d'autre principe que l'intérêt général qui le commande, il ne ſçauroit s'étendre au-delà de ce que le bien public exige, & que par conſéquent les citoyens conſervent leur liberté pleine & entiere ſur tout le reſte (y). Combien n'eſt-il pas ſenſible que, ſi en ſe mettant en ſociété, chacun contracte des obligations envers le corps & pour l'avantage commun, le corps ne peut étendre ces obligations au-delà de l'engagement pris; & que, puiſque le particulier n'a conſenti à perdre ſa liberté qu'autant que l'utilité de la ſociété, ſon existence & ſon bonheur, en rendoient la diminution néceſſaire, ce ſeroit le vexer, commettre une entrepriſe injuſte, que de lui enlever l'uſage de ſes droits naturels, & la franchiſe de ſa liberté à l'égard de tout ce qui n'eſt pas compris dans ſon ſacrifice (z)?

Déduiſons avec les Juriſconſultes les conſéquences qui naiſſent de ce principe avoué.

Ils ſont donc toujours libres, toujours propriétaires.

Il y a une différence totale entre la puiſſance publique, & le domaine ou la propriété. La puiſſance publique, ou l'empire civil n'eſt autre choſe que le droit de déterminer ce qu'il faut pour le bien général, de régler en conſéquence les actions des citoyens; cet empire n'atteint, pour ainſi dire, les actions libres des citoyens, qu'autant qu'elles doivent être dirigées vers l'ordre public: le domaine au contraire donne le droit de diſpoſer de la ſubſtance, des fruits, de l'uſage de la choſe que l'on poſſede. Or, ce pouvoir du propriétaire n'a rien de commun avec l'empire de la puiſſance publique. Donc la Souveraineté, la puiſſance publique ne défere point au Magiſtrat Suprême le domaine, la propriété des fonds, ou des choſes mobiliaires qui appartiennent aux citoyens (a).

(x) *Quoniam enim in ſocietate quâlibet libertas ſociorum reſtringitur quoad actiones ad conſequendum finem ſocietatis requiſitas; finis autem civitatis eſt vitæ ſufficientia, tranquillitas & ſecuritas, conſequenter bonum publicum; ſingulorum in civitate libertas reſtringitur quoad eas actiones quæ ad bonum publicum promovendum faciunt.* (Ibid.)

(y) *Quoàd cæteras (actiones) illa illibata manet.* (Ibid.)

(z) *Enim verò quando civitas conſtituitur, ſinguli ſe obligant univerſis, quod commune bonum promovere velint. Quamobrem cum nemo alterum ſibi obligare poſſit ultrà voluntatem ipſius, ſingulorum obligatio in civitate extendi nequit ultrà eos actus qui ad bonum publicum promovendum requiruntur: libertas igitur naturalis quoàd cæteras actiones illibata manet.* (Ibid.)

(a) *Imperium non includit dominium fundorum vel rerum quarumcumque civium. Imperium enim civile ſeu publicum conſiſtit in jure determinandi ea quæ ad bonum publicum requiruntur, & in genere imperium nullum eſt niſi jus quoddam determinandi actiones liberas alterius; conſequenter imperium civile non eſt niſi jus quoddam in actiones civium quatenus nimirum eædem ad bonum publicum promovendum faciunt. Quamobrem cùm dominium ſit jus diſponendi de rerum ſingularium ſubſtantiâ, fructu & uſu, hoc cum imperio nihil commune habet. Imperium igitur non includit dominium fundorum, vel rerum quarumcumque civium.* (Ibid. §. 103.)

Comment confondroit-on des chofes fi diftinguées? Comment attribue-
roit-on au Prince la propriété avec la puiffance publique, comme fi l'une
étoit la fuite & la dépendance de l'autre, pendant que d'une part les
hommes n'ont pas renoncé à leurs propriétés particulieres en fe réunif-
fant en fociété, & qu'au contraire, ils n'ont eu recours à la formation
de l'Etat politique, que *pour fe garantir des violences qui menaçoient ces propriétés* (a).

Mais s'il eft *abfurde* de renfermer l'idée de propriété dans celle de la
puiffance publique, & de prétendre que par l'établiffement de celle-ci,
les citoyens ont abdiqué leurs domaines, & leurs droits de propriété,
rien n'empêche que le Prince ou le Magiftrat qui a la puiffance publique, n'ait des domaines, des propriétés unies à cette puiffance, & deftinés à en faciliter l'exercice. Alors le domaine & la puiffance publique,
quoique réunis dans la même main, ne laiffent pas d'être deux droits
diftincts qu'il n'eft pas permis de confondre, parce que ce n'eft pas précifément comme ayant l'empire civil, mais à titre de propriétaire que le
Souverain poffede des fonds (b).

Almain qu'on a déja cité, a expliqué fort clairement cette différence
entre le pouvoir de jurifdiction, & le droit de propriété, pour en conclure que le Monarque n'eft pas propriétaire des biens de fon Royaume.

La propriété confifte dans le droit de difpofer de la chofe à fa volonté.
Le pouvoir de jurifdiction eft le droit de rendre la juftice, & d'adju-
ger à l'un ou à l'autre la propriété des biens. Chaque citoyen a fur
fes biens le droit de propriété, & le Prince y a le pouvoir de jurifdiction (c).

(a) *Ipfa civitatum origo fatis apertè loquitur in civitatem coeuntes dominia rerum non
abdicare, nec abdicare teneri. Coeunt in civitatem tranquillitatis & fecuritatis caufâ; ad
quem finem etiam pertinet ut dominia rerum fint tuta nec aliorum vi expofita. Inter mo-
tiva in civitatem coeundi referendum quoque eft quòd fuas finguli adverfùs vim & machina-
tiones aliorum non fatis deffendere potuerint, & quòd jure fuo fecuri frui voluerint. Abfur-
dum itaque eft imperium civile confundi cum dominio fundorum, & rerum quarumcumque civium. (Ibid §. 103.)*

(b) *Rector civitatis, cum non plus juris habeat quàm populus in eum conferre voluit, fundorum dominus non eft, multominùs dominus rerum cæterarum quas cives finguli habent, &
fi contingat dominium fundorum vel rerum etiam aliarum cum imperio conjungi, erit tamen
hoc jus ab imperio diftinctum: confequenter id habebit non quâ rector civitatis, fed quâ dominus fundorum vel rerum etiam aliorum. (Ibid. §. 104.)*

(c) *Habere dominium proprietatis in aliquibus rebus temporalibus, nihil aliud eft quam habere
facultatem propinquam utendi, difponendi, alienandi, & retinendi illas res pro libito, ficut
habet unusquifque Laïcus in rebus quas labore proprio aut fucceffione acquifivit fibi, & hoc
regulariter. Sed habere poteftatem jurifdictionis, eft habere facultatem propinquam dicendi
jus, & fententiandi quid juftum, aut quid injuftum, & authoritativè fententiandi quæ res
ad unum & quæ ad alium fpectet. Undè in rebus meis habeo poteftatem dominii & non poteftatem jurifdictionis; fed ipfe Princeps, vel fubftitutus à Principe. Nam certum eft quod
poteft perturbari pax & Refpublica, per hoc quòd alius ufurpat alienum, vel per hoc quòd
aliquis nimis amat quæ fua funt, & non vult pro utilitate Reipublicæ communicare: hinc eft
quod à populo conftitutus eft Princeps, qui habeat autoritatem fententiare quid hujus vel illius,
& quid faciendum pro Reipublicæ utilitate, & pro tuitione ipfius aliquid exigere. Almain circa
deciffones Guillelmi Ocham. Gerfo T. 2. Col. 1028.*

En vertu de l'autorité jurifdictionnelle, le Prince prononce des jûge-
mens en matiere civile ou criminelle; il impofe des tributs *pour le bien pu-*
blic (d).

Delà l'auteur conclut qu'on peut avoir la puiffance Souveraine & ne
poffèder aucuns biens en propriété. La démonftration eft fort fimple.

Si dans une fociété naiffante il y avoit un homme très pauvre, &
riche en vertus, on pourroit l'établir Roi. En vertu de cette élection il
poffèderoit la puiffance Souveraine, & feroit auffi pauvre qu'auparavant (e).

L'auteur revient dans un autre endroit au même fujet. Il foutient non
feulement que le Monarque n'eft pas propriétaire des biens des citoyens,
mais qu'il n'a pas même la propriété de ceux qui font annexés à la Couronne, *dont il n'eft que le fimple adminiftrateur*, dont il n'a pas le droit de difpofer à fon gré (f).

Il faut raifonner de la liberté comme de la propriété des biens. Le Sujet perd fa liberté dans les chofes où il doit obéir au Prince: la liberté naturelle eft incompatible avec la dépendance, & quiconque eft foumis à
la volonté d'autrui, ceffe d'être l'arbitre de lui-même, dans tous les
points où celui à qui il eft affujetti, a droit de lui commander. La quali-

---

(d) *Tria funt de integritate poteftatis jurisdictionis in rebus temporalibus. Primum eft*
poteftas feu facultas propinqua (quod idem eft) authoritativè fententiandi quid ad unum fpec-
tet, vel quid ad alterum; & hinc, ortâ difputatione inter duos dicentes: hoc eft meum, hoc eft
tuum, recurritur ad Principem ut rectè fententiet. Secundum, eft poteftas injuriantem alterum
afficiendi pœnis condignis ad ejus peccatum. Tertium, eft poteftas ab unoquoque, fed fecundum
debitam proportionem tributa & vectigalia exigendi: hinc eft quod in Principibus eft poteftas
imponendi pedagia & tributa. Ibidem.

(e) *Ifta duo fimul ftant: ifte habet poteftatem fupremam jurifdictionis, & eft pauperri-*
mus quantùm ad poteftatem dominii, aut proprietatis in rebus temporalibus. Patet; fi effe
aliqua Communitas, in quâ effet unus pauper abundans fapientiâ, illa Communitas poffet il-
lum conftituere Principem fuum. Tunc arguitur fic: ex iftâ electione ifte habet poteftatem
jurifdictionis, hoc eft, fententiandi quid unius & quid alterius, & exigendi aliquid ab eis,
& eos pœnis condignis afficiendi; & talis eft pauperrimus; ergo corollarium fecundum ve-
rum.

(f) *Dictum eft prius quòd quamvis Rex, vel aliquis Dominus temporalis habeat jurifdictio-*
nem fuper bona mea & corpus meum, nihilominùs bona mea & corpus meum non funt ejus;
nam non fum fervus ejus, ideò non habet dominium proprietatis in illis.
Iftis fuppofitis, difficultas eft utrum ipfi fupremæ Poteftati Laïcæ (quâ talis) fint aliqua
bona, quorum proprietas ad eum fpectet qui fungitur tali poteftate: dicit Doctor in principio
quod habens fupremam poteftatem Laïcam habet proprietatem in aliquibus rebus, putà quas ha-
bebat antequàm fungeretur tali dignitate & poteftate fupremâ, & quas obtinet nomine privato,
& non nomine Regio, vel imperatorio; in talibus habet proprietatem propriè propriam: fed diffi-
cultas eft utrum fint alia bona ita connexa illi fupremæ Poteftati Laïcæ, feu temporali, quod
quantùm ad proprietatem propriè propriam, femper fint illius qui fungitur tali poteftate & quod
habeat proprietatem in illis rebus.
Prima opinio dicit quòd non funt ejus; & argumentum hujus opinionis eft: Quandocun-
que aliqua quoad proprietatem funt alicujus, poteft qualitercunque vult & pro libito de illis
difponere; & fi donat, de facto tenet talis donatio; fi prodigè exponet, licet peccet, non tene-
tur ad reftitutionem illorum. Sed fi imperator difponat prodigè de rebus annexis imperio;
non folum peccat, fed tenetur etiam de bonis propriis reftituere imperio. Ergo talia non
funt ejus quantùm ad dominium & proprietatem propriè propriam, talia, inquam, annexa di-
gnitati imperiali. Ibidem. Col. 1079.

té de Sujet emporte donc la rénonciation à la liberté, puisqu'on ne sçauroit être sujet sans dépendre; mais parce que les hommes, en se mettant
en société, n'ont cédé de droits sur leurs personnes & sur leurs actions
que pour le bien commun, pour concourir à l'intérêt & au bonheur général, la sujétion du citoyen ne s'étend pas plus loin; le droit de la puissance publique ne porte que sur le service dû à la société, sur les actes où
elle est intéressée. Pour le surplus, la liberté naturelle subsiste, & le citoyen se l'est réservée (g).

Il ne faut donc pas croire que le Monarque ait droit de disposer des
Sujets à sa volonté, & qu'il soit maître de leurs personnes & de leurs
biens. Quelque soit sa puissance, il ne doit s'occuper que du soin de procurer aux Sujets la sûreté & la tranquillité; l'institution de la puissance,
& la formation des Empires n'a point eu d'autre objet. C'est en cela,
suivant Heineccius, que le Despote ou le Tyran diffère du Monarque:
le premier rapporte tout à son propre bonheur; & comme si les citoyens n'étoient faits que pour lui, il sacrifie leur intérêt à son bien-être;
il veut se satisfaire, quoi qu'il en doive coûter aux peuples qu'il gouverne (h).

Si les hommes, (poursuit le même Auteur) n'ont soumis leurs volontés
à celle du Monarque que dans la vue de la république, & autant que le
but de la société civile exigeoit cette dépendance; de quel crime ne se
rendent pas coupables les courtisans qui, pour flatter les Princes, ne cessent de leur dire que tout leur est permis, qu'ils peuvent tout ce qui
leur plaît; qu'ils ne sçauroient faire de tort aux citoyens; puisque le Souverain étant l'arbitre de leur honneur, de leurs biens, de leurs personnes, de leur vie, de leur conscience même, il ne sçauroit leur rien prendre qui ne lui appartienne, & que le partage des Sujets est l'obéissance la
plus prompte, la plus entière, la plus aveugle (i)?

(g) *Liber non est cujus actiones non sunt independentes à voluntate alterius. Subjectus itaque quoad actiones in quas imperanti jus est, liber non est. Libertas consistit in independentiâ
actionum a voluntate hominis alterius cujuscumque: sublatâ igitur hâc independentiâ, tollitur
libertas. Atque adeò patet subjectione tolli libertatem naturalem. Qui alteri se subjicit, libertati naturali renuntiat quoad eas actiones in quas imperanti jus concedit; qui enim alteri subjectus est quoad eas actiones in quas illi jus est, liber non est. Quamobrem si quis se alteri subjicit, ipso facto declarat nolle sese esse liberum quoad eas actiones in quas imperanti jus conceditur. In hac declaratione cùm renuntiatio consistat, qui alteri se subjicit, libertati naturali
renuntiat quoad eas actiones in quas imperanti jus concedit.* (Ibid, Part. 7 §. 210. 211).

(h) *Quamvis omnia suo arbitrio agat Monarcha, non tamen agere aliud debet quàm quod
finis civitatis, putà securitas civium requirit. Ex quo consequitur, ut populi securitas & salus,
suprema Monarchæ lex esse debeat, eoque ipso hic differat à tyranno qui ad suam tantùm securitatem utilitatemque omnia refert; cùmque scelere quæsita bonis artibus retineri nequeant,
parùm pensi habet civium suorum perniciem, dummodo ipse statum suum conservet. Heinnec.
Elem. jur. naturæ & gentium. l. 2. §. 122.)*

(i) *At quia tamen eatenùs tantùm voluntati summorum imperantium voluntates suas submise-
runt cives, quatenùs id exigit finis societatis civilis vel reipublicæ, id est, communis ob
quem potissimùm in civitatem coaluerunt, securitas; non possumus non indè colligere nefarie
illos blandiri summis potestatibus, qui illis persuadent licere quod libeat, nec civibus ab imperantibus fieri posse injuriam; imò illorum vitam, existimationem, facultates, ipsamque conscien-
tiam ita in principum potestate ac arbitrio esse, ut illis in solo obsequio relicta sit gloria.* (Ibid.
l. 2. §. 131.

Heineccius s'objecte la différence des peuples soumis par la force des armes, & assujettis au Prince par droit de conquête, à ceux qui se sont soumis volontairement sous sa dépendance; & il répond que cette différence ne sçauroit faire changer les principes. Il importe peu que les peuples se soient soumis d'eux-mêmes, ou qu'ils aient été forcés de se rendre: dans la derniere hypothese, le Prince a renoncé à toute hostilité au moment qu'il a reçu les peuples vaincus au nombre de ses Sujets. Il a déposé le personnage ennemi pour prendre celui de pere & de protecteur. Dans l'autre, il est évident qu'il n'a reçu de pouvoir sur les peuples qui l'ont choisi pour Souverain, que celui qu'ils lui ont librement cédé sur eux-mêmes; & oseroit-on dire que ces peuples lui ont transmis le droit d'abuser de ce pouvoir, au détriment de leurs personnes & de leurs biens (k)?

Quand on supposeroit que volontairement, ou par la force des armes, les sujets ont été réduits à la condition d'esclaves, on ne trouveroit pas encore dans cette circonstance de quoi autoriser le pouvoir arbitraire: c'est la doctrine de Fleischer, qui fait sur ce point des réflexions très-solides.

Il observe d'abord que dans la fixation de l'autorité du Prince, on doit également éviter les excès, & des ennemis de toute autorité, & des Disciples de Machiavel. Les regles de la justice & de l'honnêteté, la fin à laquelle tendent toutes les sociétés, exigent qu'on tienne un juste milieu (l).

Dieu, qui n'a créé les hommes que pour les rendre heureux, ayant permis qu'ils formassent des sociétés, a voulu nécessairement que ceux qui les gouverneroient, se proposassent le même but. On ne peut pas supposer un autre dessein dans les hommes qui se sont réunis en un seul corps. C'est donc le droit naturel qui donne pour la loi suprême le bien & le bonheur de l'Etat (m).

(k) *Sanè sive aliquis subjecerit sibi populum, sive hic sibi imperantem ultrò elegerit; nefas erit Principi injuriis afficere populum suum, eumque hostili animo opprimere. Priore enim casu, dum in ditionem accepit populum, hostilem animum deposuit. Posteriore nihil potestatis habet, nisi quantùm ei in se detulit populus, quam sanè principi dedisse facultatem civibus tanquam mancipiis abutendi nemo dixerit.* Ibid.

(l) *Officium Principis ipsum quod concernit, duo præcipuè circa hoc nobis vitanda sunt extrema, dogma nimirùm Monarchomachorum & Machiavellistarum. Illi enim Principem subjiciunt populo, omnique licentiæ aperiunt fenestram; hi verò, ex Principe faciunt tyrannum, reipublicæ hostem, ac intolerabilem parant servitutem. Mediam itaque ut eligamus viam, & finis rerum publicarum & regulæ justi, decori atque honesti jubent & præcipiunt.* Institutiones juris, naturæ & gentium, lib. 3. cap. 6. §. 12.

(m) *Deum in creatione generis humani solum ejus intendisse felicitatem suprà à nobis demonstratum fuit. Hanc felicitatem duplicis generis esse nempè internam atque externam simul à nobis evictum fuit. Cùm itaque Deus permiserit, ut homines res publicas formarent & imperantes sibi constituerent, voluit utique simul ut Principes tantùm salutem ac felicitatem populi externam tanquam finem & scopum, respicerent; imò & populum ipsum in transferendo dominio haud alium intendisse finem ex naturâ humanâ facile licet colligere. Quare præceptum, quod jus naturæ, tam latè quàm strictè dictum, dictitat, est: Communis reipublicæ salus ac felicitas suprema lex esto.* Ibid. §. 13.

Quelqu'élevé que soit le Prince, il est toujours homme, soumis comme le dernier de ses sujets, au droit naturel, obligé de suivre la même voie pour parvenir au repos & à la tranquillité. Dès-là ce qui est vice dans les particuliers, ne change pas de nature à son égard. Ne seroit-ce pas le comble de l'adulation & de la folie, de regarder comme des vertus dans un Prince, la cruauté, l'avarice, l'abus du pouvoir (n)?

Il est obligé par les regles de la Justice étroite, de ne priver personne de son droit, de ne pas maltraiter ses sujets, soit dans leurs corps, soit dans leurs biens. Les regles de l'honnêteté, (celles de la religion) portent ses obligations plus loin encore (o).

Fleischer s'objecte que le Droit naturel ne condamne pas la servitude; que les loix ont donné aux Maîtres droit de vie & de mort sur leurs esclaves. Si le maître pouvoit tuer son esclave, pourquoi le Prince n'auroit-il pas le même droit, sur-tout dans le pays où les peuples ont tout livré à sa discrétion?

L'Auteur convient qu'il n'est pas défendu de se réduire en servitude; qu'un peuple entier a pu vendre sa liberté, & se soumettre à l'esclavage; mais dans cette supposition, le pouvoir du Prince a encore des bornes, ainsi que celui du maître; car on ne se rend esclave que parce que c'est le seul moyen qui reste pour conserver sa vie, & la passer tranquillement. C'est nécessairement dans la même intention que le peuple a choisi un Souverain, & non pas pour devenir le jouet de tous ses caprices, & de toutes ses fantaisies (p).

(n) *Princeps enim, quamvis sit summus, tamen manet homo, adeoque etiam legibus natura-libus, tàm quoad officia erga se ipsum, quàm erga alios obligatus; retinet humanam naturam, ac hinc iisdem mediis, quibus alii uti debet, perveniendi ad felicitatem & quiete vitam transigendi. Quod itaque vitii nomen meretur in persona subditorum, neque nomen neque naturam vitii mutat in persona Principis. Sicut ergo, neque crudelitas, neque nimia ambitionis licentia, neque avaritia, neque bestialitas hominem decet; sic quoque Principem dedecet; imo stolidæ adulationis quis arguendus esset qui ista in Principe, aut virtutis instar prædicare, aut pro re indifferenti venditare vellet.* Ibid. §. 14.

(o) *Jubent igitur regula justi, ne quem in ullo jure sibi competente lædamus. Quare & hoc præcipiunt Principi, atque ab eo efflagitant, ut neque tyrannum in corpora subditorum agat, cogitans & hos esse homines, neque bona eorum rapiat ac deglutiat, ita ut subditi ad incitas redigantur, ad perpetuos, atque humanam naturam eversuros labores quasi relegentur, misellam saltem ut conservent vitam suam. Imò & regulis decori subjectus est Princeps, ut quarum quoque juribus suis interdum renunciare, beneficum se ergà subditos gerere, magnanimum se præstare, illos ut æquales quoad naturam humanam habere, quin imò in omnibus actionibus suis considerare debet, alios æquè esse homines, nec unquam satis fidam potentiam, ubi nimia sit.* Ibid. §. 15.

(p) *Dicis: non tamen peccari contra jus naturæ si quis alterius fiat mancipium, & leges domino jus vitæ ac necis in servos concedere: si itaque dominus pro lubitu servum occidere, instar bestiæ eum habere potest; quidni idem jus sibi vindicare posset Princeps, præcipuè iis in regnis ubi populus urbes, agros, delubra, divina humanaque omnia in principis ditionem tradiderit? Certum quidem est posse aliquem alterius fieri mancipium; posse leges domino permittere jus vitæ & necis, imò posse & totum populum suam vendere libertatem atque alterius se submittere servituti; sed quàm absonè quis indè colligeret, infrænatam principi ac domino competere licentiam? Nam hunc in finem quis alterius se subjicit dominio, ut feliciter vivere, vitamque conservare velit; hanc ob causam totus populus se suaque alterius subdit potestati, non ut bestiarum instar velint haberi, intolerabili jugo ac sævitià premi at-*

Il ne peut pas y avoir d'Etat dans le monde, dont le salut du peuple ne soit la loi suprême, puisqu'il ne peut pas y avoir d'Etat dont ce ne soit la fin.

Les Politiques objecteront que les Royaumes despotiques, les Monar‑ chies Seigneuriales sont destinés à l'intérêt du Monarque seul.

Mais ce n'est pas chez les politiques qu'il faut puiser les regles de la justice & de l'honnêteté. Dans la vérité, il est impossible de séparer le véritable intérêt du Monarque de celui des peuples. Seroit‑ce un avantage pour lui de commander à des millions de malheureux, mourant de faim & de misere? Il n'y a que des Ministres corrompus qui puissent écraser le peuple pour enrichir le Prince. C'est couper tous les membres pour en‑ graisser la tête (q).

Pour attribuer au Prince cette puissance illimitée, il faut adopter le système de Hobbes, qui ne connoît d'autre regle du bien & du mal, du juste & de l'injuste, que les loix civiles; qui regarde comme bon tout ce que le Prince commande; comme mauvais tout ce qu'il défend (r). Il en conclut que les Souverains sont impeccables, & ne peuvent jamais être blâmés avec raison. Leur volonté forme le juste ou l'injuste: dès‑là ils n'envahiront jamais le bien d'autrui, parce que dès qu'ils le veulent, ce bien est à eux.

Comment agiroient‑ils contre les regles de l'honnêteté? Il n'y a rien de déshonnête que ce qu'ils ont défendu comme tel, & ils ne se défendent rien à eux‑mêmes.

que subire conditionem morte etiam crudelissimâ deteriorem, sed ut quietè possint sub ejus impe‑ rio degere, fruique externâ felicitate quâ in statu suo ante deditionem privatos se conspicie‑ bant. Quemadmodum itaque dominus omnes violat regulas justi nimiùm in servos suos sæ‑ viens: ita princeps etiam nimiâ sævitiâ erga suos subditos indignum se reddit nomine prin‑ cipis, nec meretur nomen patris patriæ, sed tyrannum agit, & pestis reipublicæ evadit. Ibid. n. 16.

(q) Populi salus suprema lex esto: demonstratio. Quidquid est summi imperii finis, id suprema ejusdem lex est, populi salus &c. ergo &c. Objicitur ex doctrinâ Politicorum, aliorum imperiorum finem esse salutem populi, aliorum summi imperantis, exempli gratiâ in rebuspublicis herilibus, despoticis, regnis barbaricis. Respondeo: Politia non docet quid justum sit, quid deceat, quid honestum dicendum, sed qualia de facto soleant esse imperia, & quomodo illa prudenter conservanda emendandaque sint. Nihil verè utile esse potest principi, quod idem utile non sit populo; apparens tantum est illa salus principis, quæ ab utilitate populi sejuncta est; quidquid enim princeps habet, habet à populo; fons ille debet esse inexhaustus. Quàm miser futurus esset princeps, qui centum myriadibus mendicorum hominumque infelicissimorum imperaret? Ergo pessimi sunt Ministri, Principique suo maximè noxii, qui utilitatem populi ab utilitate principis sejungunt, illumque opprimere student, ut huic profint; quod perindè est, ac si quis corpus truncaret membris, ut omnia alimenta accrescant capiti. Heinecclus in Puffendorfium de officio hominis & civis. lib. 2. cap. 11. §. 3.

(r) Regulas boni & mali, justi & injusti, honesti & inhonesti esse leges civiles; ideòque quod legislator præceperit, id pro bono; quod vetuerit, id pro malo habendum esse.... Reges igitur legitimi quia imperant, justa faciunt imperando; quæ vetant, injusta, vetando. (Le‑ viathan. cap. 12. §. 1.)

Ostensum est regulas boni & mali, justi & injusti, honesti & inhonesti esse leges civiles; ideòque quod legislator præceperit, id pro bono; quod vetuerit id pro malo habendum.... Ante imperia justum & injustum non existere ut quorum natura ad mandatum sit relativa: actioque omnis suâ naturâ adiaphora est. De cive cap. 12. §. 1.

„A mon avis, dit Cumberland (s), on ne ſçauroit rien avancer de plus honteux aux Princes, rien qui les rende plus odieux à tous, tant Sujets qu'étrangers ; rien par conſéquent qui les prive plus certainement de la bienveillance de tous, qui eſt néanmoins le plus fort rempart des Souverains : car en faiſant de cette maniere leur apologie, on convient nettement de ce que les plus grands ennemis des Princes leur reprochent ordinairement ; ſçavoir, qu'ils ne ſe conduiſent par aucunes regles fixes, ou aucunes loix tirées de la nature de la plus excellente fin , & des moyens naturellement propres à y parvenir ; c'eſt-à-dire, que toutes leurs actions ſont entiérement déréglées. Par-là, Hobbes déclare ouvertement qu'il ne voit point d'autre expédient pour défendre les Princes contre de tels reproches, que de chercher de quoi prouver qu'il ne faut pas juger de leurs actions par la regle des loix naturelles ou de l'Ecriture Sainte, dans le même ſens que les autres ſont tenus de s'y conformer ; mais que ces regles doivent être tordues & accommodées à la volonté des Princes : enſorte qu'elles ne ſignifient autre choſe que ce qu'ils voudront ; ſans quoi on ne ſçauroit les juſtifier des crimes dont ils ſont pour l'ordinaire accuſés fauſſement par les ſéditieux.   Tous les bons Princes rejetteront certainement un tel moyen de défenſe, comme auſſi injurieux à leurs perſonnes, que manifeſtement faux en lui-même.   Entre les méchans Princes même, il n'en eſt point de ſi dépravé à tous égards, qu'il ne conſente & ne ſouhaite qu'on juge au moins de quelques-unes de ſes actions par une autre regle que ſa volonté ſeule, & qui ne rejette ainſi avec raiſon une apologie comme celle qu'Hobbes veut lui fournir ".

Quel étrange privilege, que celui d'agir par caprice ſans aucune fin que la ſatisfaction de ſe faire obéir, & ſans pouvoir mériter de louanges !

„Une autre choſe, continue Cumberland, en quoi Hobbes fait ici un ſanglant outrage aux Princes, ſous prétexte de les juſtifier entiérement, c'eſt qu'il leur ôte toute matiere de s'attirer des louanges par leur ſageſſe & par leur juſtice. Car ces vertus, & par conſéquent toutes les autres qui en découlent, ne peuvent ſe montrer que par des actions faites ſelon certaines regles tirées de la nature de leur objet. La ſageſſe pratique conſiſte dans l'art de ſe propoſer une fin ou un effet qui ſoit naturellement digne de nos ſoins, & de choiſir & appliquer enſuite convenablement les moyens qui ont une efficace naturelle pour produire cet effet. La Juſtice même qu'on appelle univerſelle, ne ſignifie autre choſe qu'une volonté conſtante parfaitement d'accord avec cette ſorte de ſageſſe qui ſe propoſe le plus grand & le plus excellent de tous les effets, ſçavoir le bien commun, comme nous l'avons fait voir ci-deſſus. Il ne reſte donc aucune vertu par la pratique de laquelle les Princes puiſſent ſe faire eſtimer, ſi ſuivant la doctrine de Hobbes, ils agiſſent & ordonnent aux autres d'agir ſans avoir aucun égard à la nature de

ln

(s) *Les loix de la nature expliquées*, c, 9. §. 18.

la fin & des moyens. Jamais Prince n'a paffé pour fage, ou pour jufte, parce qu'il faifoit tout ce qui lui venoit dans l'efprit, ou tout ce qu'il vouloit, fans confidérer la nature de Dieu & des hommes, & celle des chofes qui font propres à être employées pour le fervice de Dieu & pour l'avantage du genre humain. Si toute action étoit fage, jufte & bonne, par cela feul que le Prince veut la faire, il n'y auroit plus de différence entre un Néron, déclaré ennemi du genre humain par le Sé-nat, & un Titus que la voix publique appella les délices du genre hu-main. Un Tibere & un Caligula feroient auffi dignes de louanges pour leur fageffe & pour leur juftice, que les Antonins: tous ces Princes ont agi chacun felon fa volonté, qui étoit également la volonté du Souve-rain. Ainfi, toutes leurs actions auroient été également bonnes, juftes & honnêtes felon le principe d'Hobbes. Mais le genre humain ne peut jamais s'aveugler à un tel point, que de ne pas voir que le falut de cha-que Etat, & par conféquent celui de toutes les nations, eft un effet natu-rel qui ne fçauroit être produit par toutes fortes d'actions du Prince ou des Sujets, mais qui demande néceffairement que dans tout ce qui concer-ne les loix, l'adminiftration de la juftice, & tout l'ordre du Gouvernement civil, on cherche & l'on applique convenablement les caufes naturelles propres à conferver dans le meilleur état, les vies, les biens, & les ames des hommes ".

„ Or ces caufes ne font autres que des actions réglées, felon ce que nous avons fait voir, que les loix naturelles le prefcrivent; c'eft-à-dire, un partage volontaire des chofes & des fervices mutuels, par où l'on ac-corde à chacun & on lui conferve inviolablement, autant du moins qu'il lui eft néceffaire pour la vie, pour la fanté & pour perfectionner *les* fa-cultés de fon ame, l'exercice de toute forte de vertus; l'établiffement de quelque gouvernement civil dans les endroits où il n'y en a point encore, & le maintien de celui que l'on trouve tout établi. Si donc les Princes, en faifant des loix, & dans toute l'adminiftration des affaires publiques, ne témoignent pas avoir en vue cette fin, & vouloir employer des mo-yens conformes en quelque maniere à ceux qui font abfolument néceffai-res pour y parvenir; le refpect qu'on a pour les loix diminuera infailli-blement: car naturellement les hommes, en tant qu'Etres raifonnables & doués de quelque connoiffance du vrai, n'eftiment beaucoup que ce qui eft manifeftement grand, & cela à proportion du degré de grandeur qu'ils y découvrent. Ainfi ils ne peuvent qu'eftimer fouverainement, & refpecter comme divine, l'adminiftration d'un fage Gouvernement qu'ils voient tendre au bien public, qui eft le plus grand de tous les effets de l'induftrie humaine ".

„ Mais comme on juge indigne des perfonnes du commun d'agir en matiere même des chofes peu confidérables, fans fe propofer quelque fin, ou d'employer des moyens qui ne font pas propres à l'avancement de celle qu'ils fe propofent; à plus forte raifon juge-t-on qu'un Prince fe déshonore, fi dans les affaires d'une fi grande importance, & qui intéreſſent tout le corps de l'Etat, il agit uniquement par une impétuoſité aveugle, ſans penſer à procurer le bien public par des moyens naturelle‑ment propres à y contribuer. Ainſi les hommes ne ſçauroient faire aucun cas des loix d'un Prince, s'ils y apperçoivent quelque choſe qui ſoit mani‑feſtement incompatible avec les moyens néceſſaires pour cette grande fin, & qui ſont renfermés dans les loix naturelles que nous avons expliquées ci‑deſſus ".

Ces réflexions ſolides font naître l'indignation contre les auteurs de ces dogmes pervers; & on n'eſt pas ſurpris après cela que Heineccius les combatte comme l'excès le plus outré de la flatterie, comme des maxi‑mes *Peſtilentielles* (a). Ce qui forme un droit ne peut jamais engendrer le crime, & de quelque manière que l'on explique le droit du Roi, *jus Regis*, ſoit qu'on l'entende du domaine éminent qui réſide dans le Prince, ou de la puiſſance obligatoire qui interdit toute révolte, ou même d'un droit fondé ſur le fait & ſur la manière d'exercer cette puiſſance, qui eſt proprement *le droit des voleurs*, il eſt impoſſible d'y trouver la preuve de l'horrible ſyſtême de ces auteurs (b).

Enfin Heineccius veut qu'on tienne pour principe inviolable, que la Puiſſance des Princes n'eſt point illimitée; que tout ne leur eſt pas per‑mis; qu'ils ne peuvent ni violenter la conſcience de leurs ſujets, ni leur commander des choſes contraires à la volonté de l'Etre Suprême, du Sou‑verain Légiſlateur; que même ils n'ont pas le droit de commettre des in‑juſtices envers leurs ſujets, de les priver ſans raiſon de ce qui leur appar‑tient; & que ſi les ſujets ne doivent jamais prendre les armes contre le Prince ou la République, ils peuvent avoir recours à tout autre moyen, même à celui de l'émigration, quand il n'en eſt plus d'autre, pour le main‑tien des droits qu'ils ſe ſont réſervés en s'uniſſant en ſociété (c).

Il ne faut jamais oublier en effet, que le but des hommes, en formant des cités, a été de chercher une barriere contre la violence, en s'aſſurant de toute la force de la République contre les oppreſſeurs; que leur ob‑

(a) *Ex quo fonte*, de la flatterie, *cum promanent omnia quæ magnâ adſeveratione humano generi obtrudere conati ſunt Nicolaus Machiavellus, Thomas Hobbeſius; hæc principia omnia non minùs peſtilentia eſſe ac Monarchomachorum dogmata nemo temerè negaverit. Ibid. L. 2. §. 131.*

(b) *Nec jus ſceleri datur loco Samuelis. Lib. 1. Reg. cap. VIII. v. 11. Sive enim illud Jus Regis de more & faĉto explices, uti jus latronis; L. 5. dig. ad leg. Pompeiam de parrici‑diis; ſive de Dominio eminente, quod magiſtri Judæorum faciunt; ſive denique de jure eate‑nùs obligatorio ut illi reſiſti nequeat, uti jus accipit Paulus. L. 11. dig. de juſtitia & jure. Indè ſanè demonſtrari non poteſt jus tale eſſe imperantibus quale illis Machiavellus & Hob‑beſius, eorumque imitatores, ſervum pecus, attribuere auſi ſunt. Ibid.*

(c) *Cùm tamen nec omnia promiſcuè liceant principi, conſequens eſt ut ille vim inferre non poſſit civium conſcientiis, nec quidquam iis imperare quod voluntati Dei tanquam Supremi Le‑giſlatoris refragetur; nec jure ſuo aliquem injuſtè, & ſine prægnante ratione privare; cum cives potius rerum ſuarum ſecurè fruendarum cauſâ in ſocietatem civilem coïerint. Ut civi‑bus, in ſummâ calamitate conſtitutis, liceat quidem omnia experiri, ut jus ſuum obtineant; imò & imminente majore periculo, patriam dulciúque linquere arva; non tamen arma corripe‑re adverſus Principem vel Rempublicam. Elementa juris, naturæ & gentium; Lib. 2. §. 133.*

jet effentiel & primordial à été de fe procurer la jouiffance tranquille de
leur liberté & de leur fortune; *cùm cives potiùs rerum fuarum fecurè fruendarum caufâ in focietatem civilem cöëdint.* Si le Monarque eût acquis avec
la puiffance publique la propriété des perfonnes, & des biens des Sujets,
pourquoi les Jurifconfultes euffent-ils fait tant de diftinctions pour établir
que les Souverains ont ce qu'ils appellent le *Domaine éminent*, ou le droit
de contraindre les particuliers à renoncer à leur propriété perfonnelle,
pour en faire le facrifice au bien commun, fous la condition néanmoins
d'une indemnité qui doit leur être payée? C'eft à ce droit que Grotius &
Puffendorf réduifent le pouvoir du Prince par rapport aux propriétés (d);
ou du moins, Puffendorf ne lui accorde que trois droits; celui d'empêcher que les Sujets n'abufent de leurs biens; celui du Domaine éminent,
& celui de lever des impôts lorfque les néceffités de l'Etat l'exigent (e).

Les Jurifconfultes font fi éloignés de donner aux Princes la propriété
des biens de leurs Sujets, que quelques-uns fe font élevés contre ce domaine éminent doht on vient de parler; non à caufe du droit en lui-même, dont la certitude eft univerfellement reconnue, mais à caufe de l'expreffion. Ils ont foutenu que l'Etat & le Prince n'avoient dans aucun cas
la propriété des biens des citoyens. Le droit de difpofer des biens des
particuliers malgré eux pour l'intérêt public, vient, felon eux, de l'empire, de la fouveraineté; ce n'eft pas une propriété ou un domaine.

Il y a eu fur ce point une difpute célebre en Allemagne dans le fiecle
dernier, entre Leyfer & Horn (f).

Les Auteurs modernes n'ont pris parti pour l'un, ni pour l'autre; convenant cependant que ce combat n'a rien d'important, & fe réduit à une
difpute de mots. Fleifcher qu'on vient de citer il n'y a qu'un moment, fe
déclare contre le domaine éminent (g).

Mais ce qui eft vraiment important, ce qui n'eft pas une difpute de
mots, c'eft de fçavoir fi les Sujets ont véritablement la propriété de leurs
biens; c'eft fur quoi il n'y a pas le moindre partage entre tous ceux qui
nous ont enfeigné les principes du droit de la nature & des gens. C'eft
fur quoi on peut confulter Puffendorf, dans fon Traité des devoirs de
l'homme & du citoyen, *liv. 2. chap. 15*; & tous les Commentateurs de cet
Ouvrage: on fe contentera ici du témoignage de Heineccius, qui eft à
fi jufte titre en poffeffion de l'eftime publique.

(d) *Grotius* l. 1. cap. 1. §. 6. -- cap. 111. §. 6. l. 2. cap. xiv. §. 7. — l. 3. cap. xx. §. 7.
(e) *Puffendorf. Du droit de la nature & des gens,* liv. 8. chap. v.
(f) *La differtation de Leyfer pro imperio contra dominium eminens a été imprimée à
Vittemberg en* 1673. *On y a joint les Ouvrages contraires de Horn.*
(g) *Hoc dominium eminens quod attinet, magnâ olim animorum contentione de eo fuit
difputatum. Utraque quidem pars jus hoc de bonis civium difponendi vi Majeftatis Principi
competere affirmat; fed vi dominii ei jus illud concedi poffe negat. Et quamvis tota hæc con-
troverfia in logomachiam exire videatur, tamen in negantium caftra tranfire nullus dubitat.
Nam cui ignotum effe poteft, maximam inter imperium ac dominium intercedere differentiam;
atque illud utique, nequaquam verò hoc, in imperantem effe tranflatum.* Inftitutiones juris
naturæ & gentium, Lib. 3. cap. xi. §. 2.

Il pose d'abord pour principe, que l'Etat a des droits sur les biens des particuliers; il en a même sur leurs vies, & sans cela il ne pourroit pas subsister. C'est une erreur de Hobbes, d'avoir placé dans la main de celui qui gouverne la propriété de tous les biens; cela n'est pas nécessaire à la fin du Gouvernement. S'il y a des Royaumes despotiques où le Souverain soit le propriétaire universel, ils n'ont d'autre origine que la violence ou la stupidité des peuples, ou quelque circonstance particuliere qui a forcé les citoyens à se dépouiller de leurs droits. Le droit des gens ne favorise en aucune maniere cette propriété universelle dans la main du Monarque. Ainsi chaque citoyen est maître de ses biens; le Souverain peut seulement y exercer trois droits, celui d'en régler l'usage par des loix, celui d'y lever des impôts, celui d'en disposer pour la nécessité de l'Etat (h). Suivons l'Auteur dans le détail.

De la premiere prérogative de régler l'usage des biens, viennent presque toutes les loix civiles relatives aux biens des particuliers (i).

Le second droit de la puissance souveraine est l'imposition des tributs, dont on abuse souvent ou en ne gardant pas les proportions nécessaires, ou en chargeant des choses qui ne rapportent aucuns fruits, comme l'air & l'ombre; ou en surchargeant tellement les biens, que le propriétaire n'en retire aucun fruit. C'est pour prévenir ces abus, que dans plusieurs Etats on n'a pas abandonné à la discrétion du Souverain la création des impôts. Dans d'autres, on n'a pas laissé à lui seul l'administration du Trésor Royal. En Angleterre, on lui en demande compte (k).

(h) *Jus imperanti in bona civitate contenta esse, patet ex naturâ civitatis. In republicâ debet esse unio virium. Ad vires vel maximè pertinent bona, seu pecunia rerum gerendarum nervus. Ergò ea unienda, & imperanti in eam est jus à majori ad minus argumentando. Cum enim & in vitam & famam imperanti jus sit, si id exigat reipublicæ salus, quidni in opes?* .... *Errat ergò Hobbesius, de cive cap. XVI. §. 15, dum statuit civium privatorum dominium excludere quidem concives; non autem imperantes, exemplo filii familias. Proprietatem omnium bonorum penès solum imperantem esse, non requirit reipublicæ finis. Regna despotica, ubi rex dominus omnium bonorum civitate contentorum, vel in calamitate publicâ extiterant, veluti in Ægypto sub Josepho in summâ annonæ caritate; vel per vim apertam; aut eb servile subditorum ingenium nata sunt. Jure autem gentium imperanti soli rerum omnium dominium tribui nequit. Itaque dicendum bona quædam esse privata; quemque civem posse rerum suarum dominium esse; principi tamen in bona illa, cujuscumque in dominio sint, jus triplex competere: ut possit de usu bonorum illorum leges præscribere civibus; ut illis possit tributa & vectigalia imponere; ut possit in casu necessitatis exercere dominium eminens.* Heineccius in Puffendorfium de officio hominis & civis, lib. 2. cap. 15. §. 1.

(i) *Primum jus summi imperantis consistit in potestate leges ferendi circa bonorum usum. Cum enim unio virium necessaria sit in republicâ; vires autem uniri non possint si prodigantur turpiter; consequens est ut imperantis sit prohibere, ne prodigantur, quod sit per leges. Hinc Imperator, §. 2. Inst. de his, qui sunt sui vel alien. jur. dicit: expedit reipublicæ, ne quis re suâ malè utatur. Huc verò pertinent leges quæ prohibent ne bona ad extraneos perveniant; verbi gratiâ, prohibita importatio mercium, exportatio pecuniæ, itemque rerum quæ manufacturis nostris inservire possunt; leges quæ ad conservationem familiarum pertinent, &c.* Ibid. §. 2.

(k) *Jus imponendi vectigalia & tributa in se justissimum est; uniendæ enim in republicâ sunt vires. Bonis quietè fruuntur subditi beneficio reipublicæ & imperantis: ergò & aliquid ad imperantium & reipublicæ conservationem contribuere tenentur; non abutendum est hoc jure; abutitur autem imperans si proportionem non serves in quantitate & qualitate bo-*

Si dans la rigueur des principes, dans la regle étroite, le confentement préalable des peuples n'eft pas néceffaire à l'établiffement régulier des impôts, tout le monde convient que ce confentement eft indifpenfable, lorfqu'il eft exigé par les loix fondamentales du Royaume (l).

Le troifiéme droit des Souverains fur les biens de leurs Sujets, c'eft le domaine éminent : c'eft un terme odieux, fuivant Heineccius. Grotius a penfé que la feule utilité de la république, fans aucune néceffité véritable, fuffifoit pour mettre en état de l'exercer. Il a été folidement réfuté fur ce point par Boecler. On ne peut prendre le bien des particuliers malgré eux, que dans le cas d'une néceffité véritable, & on doit indemnifer celui qui a été forcé de faire au Public le facrifice de fa propriété (m).

Si le Souverain prend le bien de fes Sujets pour fa feule fatisfaction, ou même pour l'utilité publique, lorfqu'il y a un autre moyen de parvenir à ce qu'elle exige, il fe rend coupable d'injuftice (n).

norum, exempli gratiâ, agrorum ; onera imponat rebus non fructuofis, uti fuprâ habuimus exempla vectigalium umbræ, aëris, urinæ, & latrinis impofitorum ; oneret res immodicé, ut fubditi nullum fructum ex rebus fuis capiant ; hinc in plerifque rebus-publicis olim id jus indicendi tributa non abfolutè relinquebatur principis arbitrio ; hinc vocabantur . . . . . quafi tanquam dona & precariò dârentur. Quin, ne adminiftratio quidem ærarii foli principi relinquebatur, fed ea fimul erat penès ordines reipublicæ, quod & hodiernum in multis regnis & principatibus obfervatur. In Angliâ adminiftratio quidem relinquitur regi, fed ita, ut rationes reddat ordinibus.

(l) Neque ad determinationem fubfidiorum opus habet princeps confenfu fubditorum: principis enim eft determinare ac judicare quantum necefsitas & utilitas reipublicæ exigat: nifi rurfùs legibus fundamentalibus regni aliud quid fit difpofitum.... hæc omnia rectè fe habent quoad regulas jufti. Cum verò plurima peragere liceat quæ tamen non femper conducunt, aut in quibus alia officia dictitant regulæ decori. Ideò princeps quoque in exigendis fubfidiis antè omnia rationem habere debet fubditorum. Subditi enim non funt propter principem, fed princeps propter fubditos. Cavere itaque princeps debet ne plus exigat quàm utilitas atque necefsitas reipublicæ depofcit, ne citrà necefsitatem fubditi ad inopiam & incitas redigantur. Nam boni paftoris eft, tondere pecus, non deglubere. Fleifcher Inftitutiones juris naturæ & gentium. lib. 3. cap. 11. §. 8, 9.

Neque regulariter adftringitur ad confenfum fuorum fubditorum in imponendis collectis, nifi lege fundamentali aliter provifum, vel ratio reipublicæ aliud poftulet...... Modus in determinatione fubfidiorum defumendus ex publicâ inopiâ & gravitate expenfarum in utilitatem reipublicæ faciendarum. Quicquid ultrà princeps in folam fuam avaritiam extorquet, in eo officii limites tranfgreditur, & contra jus naturæ peccat. Boehmer introductio in jus publicum univerfale, pag. 537, 540.

(m) Tertium jus eft dominium eminens; invidiofum vocabulum. Eft autem jus fummi imperantis, quo ei licet bonis privatorum uti, quoties id exigit reipublicæ necefsitas. Primus hoc inculcavit Grotius, fed ita ut fufficere putaret utilitatem reipublicæ, quamvis necefsitas non urgeret; ex eo principio Zelandi Marchionatum verum & Uliffingam fibi vindicant, quia hoc utile futurum fit reipublicæ. At Boeclerus, cujus eâ de re extat fingularis differtatio, hoc meritò refellit idque jus eleganter comparat facto Achabi, qui Nabotis vineam concupifcebat, ut indè fibi hortum adornaret. Potiùs ergò dominium eminens his limitibus circumfcribendum, ut necefsitas hoc exigat; ea non habet legem, & cum imperanti tunc jus fit in ipfam civium vitam, multò magis jus erit in eorum bona; ut ei qui indè detrimentum paffus eft, fatisfiat à reliquis civibus. Cum enim alter præ altero prægravari non debeat, facile patet ei qui prægravatur deberi fati.factionem & indemnitatem, nifi omnes eadem necefsitas ftringat. Heineccius in Puffendorfium de officio hominis & civis. lib. 2. cap. 15. §. 4.

(n) Imperium eminens, uti dicitur, extraordinarium eft, quod in cafu necefsitatis locum

G 3

L'abus de l'autorité eſt aujourd'hui ſi grand dans tout le monde ſur la matiere des impôts, qu'il ne peut être qu'utile d'en retracer les regles: elles dérivent toutes de leur fin, qui eſt le ſalut de l'Etat; ils doivent donc y être proportionnés. Les Souverains ne doivent pas faire naître cette néceſſité en faiſant la guerre ſans ſujet. Ils ne doivent pas réduire leurs Sujets à l'indigence, ni augmenter ſans ceſſe les impôts, n'ayant pas le pouvoir de doubler les récoltes. C'eſt pour eux un devoir étroit d'employer le produit des impoſitions à l'uſage pour lequel elles ont été établies, & de ne le pas laiſſer abſorber par les frais de la perception. On a comparé il y a longtemps les ſubſides mis ſur les peuples, à l'eau qu'on apporte de toutes parts pour éteindre un incendie, dont la plus grande partie ſe perd en chemin (o).

Les Publiciſtes ont donc un enſeignement uniforme. Ils atteſtent tous que le Monarque n'eſt point propriétaire des biens de ſes Sujets, ſur leſquels il a ſeulement quelques droits excluſifs de cette propriété.

Terminons en la longue ſuite par le ſuffrage d'un des plus modernes & des plus eſtimés (p). Il diſtingue d'abord, comme tous les autres, la ſouveraineté abſolue, de la ſouveraineté limitée, & il en trace les caracteres.

,, Quoiqu'il ſoit abſolument néceſſaire, dit-il, qu'il y ait dans l'Etat une puiſſance ſouveraine & indépendante, il y a cependant, quelque différence ſur-tout dans les Monarchies & les Ariſtocraties, dans la maniere dont ceux à qui ce pouvoir eſt confié, l'exercent; dans quelques Etats le Prince gouverne comme il le juge à propos; dans d'autres il eſt obligé de ſuivre certaines regles fixes & conſtantes, dont il ne ſçauroit s'écarter. C'eſt ce que j'appelle les modifications de la ſouveraineté, & c'eſt de-là que naît la diſtinction de la ſouveraineté abſolue & de la ſouveraineté limitée.

„ La fouveraineté abfolue n'eft donc autre chofe que le droit de gouverner l'Etat comme on le juge à propos, felon que la fituation préfente des affaires le demande, & fans être obligé de confulter perfonne, ni fuivre certaines regles déterminées, fixés & perpétuelles ".

On eft naturellement porté à confondre le pouvoir abfolu avec le pouvoir arbitraire. L'Auteur combat cette méprife par les réflexions fuivantes.

„ Le terme de pouvoir abfolu eft pour l'ordinaire fort odieux aux Républicains, & il faut avouer qu'étant mal entendu, il peut faire de fâcheufes impreffions fur l'efprit des Princes, fur-tout dans la bouche des flatteurs.

„ Pour s'en faire une jufte idée, il faut remonter au principe. Dans l'état de nature, chacun a une liberté abfolue de difpofer de fa perfonne & de fes actions, de la maniere qu'il juge la plus convenable à fon bonheur, & fans être obligé de confulter perfonne; pourvû néanmoins qu'il ne faffe rien de contraire aux loix naturelles. Lorfqu'une multitude d'hommes fe joignent enfemble pour former un Etat, ce corps a par conféquent la même liberté par rapport aux chofes qui intéreffent le bien commun.

Cela étant, il ne faut pas confondre un pouvoir abfolu avec un pouvoir arbitraire, defpotique & fans bornes; car il réfulte de ce que nous venons de dire fur l'origine & la nature de la fouveraineté abfolue, qu'elle fe trouve limitée par fa nature même, par l'intention de ceux de qui le Souverain la tient, & par les loix même de Dieu; c'eft ce qu'il faut développer.

„ Le but que les hommes fe font propofé en renonçant à leur indépendance naturelle, & en établiffant le gouvernement & la fouveraineté, étoit fans doute de remédier aux maux qui les travailloient, & de pourvoir d'une maniere fûre à leur bonheur; cela étant, comment pourroit-on concevoir que ceux qui, dans cette vue, ont accordé un pouvoir abfolu au Souverain, aient eu l'intention de lui donner une puiffance arbitraire & fans bornes, enforte qu'il fût en droit de fatisfaire fon caprice & fes paffions au préjudice de la vie, des biens, & de la liberté de fes fujets?

Il faut donc reconnoître que, dans l'intention des peuples, la fouveraineté abfolue n'a jamais été accordée au fouverain que fous cette condition précife, que le bien public feroit pour lui la fouveraine loi; par conféquent, tant que le Prince agit pour cette fin, il eft autorifé par le peuple; mais au contraire, s'il ne fe fert de fon pouvoir que pour la ruine de fes Sujets, il agit uniquement de fon chef, & nullement en vertu du pouvoir que le peuple lui a confié.

Il y a plus: & la nature même de la chofe ne permet pas que l'on étende le pouvoir abfolu au-delà des bornes de l'utilité publique. La fouveraineté abfolue ne fçauroit donner au fouverain plus de droit que le peuple n'en avoit originairement lui-même Or avant la formation des Sociétés civi-

les, perfonne, fans contredit, n'avoit le pouvoir de fe faire du mal à foi-
même ou aux autres; donc le pouvoir abfolu ne donne pas au fouverain
le droit de maltraiter fes fujets.

,, Dans l'état de nature, chacun étoit le maître abfolu de fa perfonne
& de fes actions; pourvu qu'il fe renfermât dans les bornes des loix naturelles. Le pouvoir abfolu ne fe forme que par la réunion de tous les droits
des particuliers dans la perfonne du Souverain; par conféquent le pouvoir
abfolu du Souverain eft renfermé dans les mêmes bornes qui limitoient
celui que les particuliers avoient originairement ".

De la fin conftante de tout Gouvernement, Burlamaqui conclut non
feulement qu'il eft impoffible que les peuples aient eu intention de fe foumettre à un pouvoir arbitraire; mais même que quand ils l'auroient voulu,
cela n'auroit pas été en leur pouvoir.

,, Je vais plus loin, & je dis que quand même on fuppoferoit qu'un
peuple auroit effectivement voulu accorder à fon Souverain une puiffance
arbitraire & fans bornes, cette conceffion feroit nulle par elle-même, &
de nul effet.

Perfonne ne peut fe dépouiller de fa liberté jufqu'à fe foumettre à une
puiffance arbitraire qui le traite abfolument à fa fantaifie: ce feroit renoncer à fon devoir, ce qui n'eft jamais permis; & fi cela eft vrai par rapport à un particulier qui fe feroit efclave, bien moins encore un peuple
entier a-t-il ce pouvoir dont chacun de ceux qui le compofent eft entiérement deftitué.

,, Et c'eft ce qui acheve de prouver invinciblement que la fouveraineté, quelqu'abfolue qu'on la fuppofe, a pourtant des bornes, & qu'elle
ne fçauroit renfermer le pouvoir arbitraire de faire tout ce que l'on veut,
fans autre regle ou fans autre raifon que la volonté defpotique du Souverain.

,, Et comment pourroit-on attribuer un tel pouvoir à la créature,
puifque le Souverain Etre ne l'a pas lui-même? Son domaine abfolu n'eft
pas fondé fur une volonté aveugle; fa volonté fouveraine eft toujours
déterminée par les regles immuables de fa fageffe, de la juftice & de la
bénéficence.

,, En un mot, le droit de commander, la fouveraineté, doit toujours
être établie en dernier reffort fur une puiffance bienfaifante: fans cela elle
ne fçauroit produire une véritable obligation; la raifon ne fçauroit l'approuver ni s'y foumettre, & c'eft ce qui diftingue l'empire & la fouveraineté de la violence & du brigandage.   Telles font les idées que l'on doit
fe faire de la fouveraineté abfolue ".

Ainfi c'eft une vérité démontrée que la puiffance publique confidérée
en elle-même, a des bornes néceffaires; que le Defpotifme, droit barbare & odieux, n'eft pas moins oppofé aux motifs primitifs de l'inftitution
de la Monarchie qu'aux loix de la nature & à l'enfeignement de la droite
raifon; qu'il ne peut pas être la loi orginaire d'un Etat légitimement établi, & qu'il eft néceffairement appuyé fur la force & la violence.

Mais,

Mais, si l'on veut se convaincre davantage, & pour ainsi dire par une preuve d'expérience, du danger du despotisme & de ses malheureux ef- fets, qu'on jette les yeux sur les Empires Asiatiques où les Sujets, purs esclaves, n'ont d'autre loi que la volonté momentanée & capricieuse du Despote. *Nous n'avons point*, à la vérité, *à inquiéter ces grands Empires sur* *la forme de leur Gouvernement*; aussi n'est-ce point pour les réformer que nous allons nous occuper de leurs malheurs. Nous n'y chercherons que l'impression d'horreur & de compassion qu'ils inspirent.

La servitude est la triste condition des hommes dans le Royaume de Perse. *La volonté du Monarque y sert de loi* (q). Les Princes de la Maison Royale y sont ordinairement réduits à la plus fâcheuse indigence. La destinée des propres enfans du Prince y est encore plus malheureuse, puisqu'ils ne voient le jour que du fond du Sérail où ils sont enfermés pendant la vie de leur pere. A la mort du Roi, lorsque le Prince Successeur est sorti de cette prison obscure pour monter sur le Trône, il fait perdre la vue à ses freres par un fer rouge qu'on leur passe devant les yeux. Ce moyen barbare qu'on „ *emploie pour les empêcher* d'aspirer à la Couron-„ ne, paroît si raisonnable & d'un si bel usage aux Perses, qu'ils se moc-„ quent du Grand-Seigneur, & du Mogol qui ne suivent pas la même „ Coutume (r).

Dans ce Royaume dont l'étendue est si considérable, toutes les Terres sont du *Domaine du Roi*. Les Seigneurs n'y possedent que celles qu'ils tiennent de la pure libéralité du Prince: le Roi est toujours le maître de les en priver, & il en dépouille ceux qui tombent dans sa disgrace. Si quelques-uns conservent leur jouissance jusqu'à la mort, leurs enfans n'héritent que sous le bon plaisir du Monarque des fonds dont les peres avoient eu la possession.

La volonté actuelle du Prince y est si servilement la loi irréfragable, que „ lorsqu'il a condamné quelqu'un, on ne peut plus lui en parler ni deman-„ der grace. Si le Prince étoit yvre (pour lors) ou hors de sens, il fau-„ droit que l'Arrêt s'exécutât de même; sans cela le Prince se contredi-„ roit, & la loi ne peut se contredire (s).

Le Souverain du Mogol n'exerce pas un pouvoir moins tyrannique sur les peuples soumis à son Empire. Cet Empereur pourroit passer pour le plus grand Prince de l'univers, si la grandeur & la félicité du Monarque ne dépendoient que de l'immensité des Trésors & de la multitude des Provinces; mais comment envisager comme heureux un Prince qui n'a pour Sujets que des esclaves? „ Il n'y a, à proprement parler, qu'un „ seul maître dans l'Indoustan; tout le reste doit être regardé plutôt com-„ me des esclaves que comme des Sujets (t). Le Prince lui-même étant presque enchaîné par la mollesse & la volupté, ses richesses ne servent

(q) Dictionnaire de la Martiniere au mot, *Perse.*
(r) *Ibid.*
(s) Esprit des Loix, *L. 3. ch. 10.*
(t) La Martiniere, au mot *Mogol.*

qu'à éblouir, à exciter l'envie des usurpateurs, & son Empire est souvent ouvert au premier occupant.

Le Prince est le seul propriétaire; ,, tous les meubles, tout l'argent & ,, tous les effets du Sujet qui meurt appartiennent de droit à l'Empereur. ,, Par-là les femmes des Gouverneurs de Provinces, & des Généraux d'ar- ,, mées, sont souvent réduites à une pension modique, & leurs enfans à ,, la mendicité (v).

L'Empereur du Mogol confie le Gouvernement de ses Provinces à des *Soubabs* ou Vicerois, qui s'obligent à entretenir des troupes pour son service, & à lui rendre chaque année une somme proportionnée aux revenus qu'ils doivent percevoir dans leurs *Cercles*. Mais la mesure de leurs forces est celle de leur fidélité: ils se croient dégagés de tous les liens de la subordination, dès qu'ils sont devenus assez puissans pour les rompre.

Ces Vicerois afferment une partie de leur Gouvernement avec le droit de la Souveraineté, à des *Nababs*, qui n'aspirent eux-mêmes qu'à l'indépendance & à l'usurpation; ensorte que le levain de la discorde & de la trahison fermente sans cesse dans cet Empire. Les places de *Soubab* & de *Nabab* sont la proie des usurpateurs; une révolution en prépare d'autres. Le défaut de confiance & de subordination est la cause toujours subsistante des divisions & des guerres intestines qui désolent successivement ce vaste Royaume.

On doit compter parmi les Despotes l'Empereur du Japon dont le pouvoir sur ses Sujets n'est réglé par aucunes loix. ,, Les Princes, les plus ,, grands Seigneurs de l'Empire sont tellement dans sa dépendance, qu'il ,, peut les disgracier, les exiler, les faire mourir, & les dépouiller de leurs ,, états & de leurs Terres, quand il lui plaît ". (x) Le Gouvernement du Grand-Seigneur offre le même spectacle en Turquie.

Dans tous ces Etats où la puissance publique n'est pas seulement absolue, mais arbitraire, on ne connoît aucune loi fondamentale, & la volonté momentanée de celui qui gouverne y est la seule loi qui s'exécute. On sent que dans de pareils Gouvernemens *rien ne peut être fixe* (y). ,, La succession à l'Empire n'y est pas elle-même assurée par des regles certaines. La Couronne y est élective par le Prince dans sa famille ou hors de sa famille: en vain seroit-il établi que l'aîné succéderoit, le Prince en pourroit toujours choisir un autre. Le Successeur est déclaré par le Souverain lui-même, ou par ses Ministres, ou par une guerre civile.......

,, Chaque Prince de la Famille Royale ayant une égale capacité pour être élu, il arrive que celui qui monte sur le Trône fait d'abord étrangler ses freres, comme en Turquie; ou les fait aveugler, comme en Perse; ou les rend fous, comme chez le Mogol; ou si l'on ne prend point ces précautions, comme à Maroc, chaque vacance de Trône est suivie d'une affreuse guerre civile (z) ".

(v) La Martiniere. *Ibid.*
(x) La Martiniere, *verb.* Japon & l'histoire du Japon; *tom.* I. *pag.* 70.
(y) Esprit des Loix, *L.* 2. *ch.* 4. *in princ.*
(z) *Ibid. l.* 5, *ch.* 14.

Dans les Empires defpotiques, la terreur eft le grand reffort du Gouvernement. On n'y efpere ni protection ni bienveillance de la part de ceux qui commandent; auffi leur obéit-on fans refpect, fans eftime & fans attachement. La feule difpofition des Palais des Princes Orientaux annonce les allarmes continuelles où ils vivent, & le péril qui les menace. On n'arrive à leurs appartemens que par des paffages obliques & tortueux, où ont été pratiqués de diftance en diftance des enfoncemens ou retraites. Ces enfoncemens cachent des gens armés qui veillent à la fûreté du Souverain, & qui font affez fouvent les miniftres de fes vengeances. (a).

Les Sujets ne poffédant rien en propre, & le domaine de tous les fonds étant réfervé au Prince, qui en conféquence eft le feul héritier de fes Sujets, les terres font négligées; „ on ne répare rien; on ne „ fait aucune amélioration. On ne bâtit des maifons que pour la vie, „ on ne fait point de foffés, on ne plante point d'arbres; on tire tout „ de la nature, on ne lui rend rien; tout eft en friche, tout eft dé- „ fert (b)".

Cependant il feroit prefque impoffible que ces Empires fubfiftaffent, fi la barbarie de leur gouvernement n'étoit dans le fait, tempérée par quelques modifications..... „ Ainfi, en Turquie, le Prince fe contente „ (ordinairement) de prendre un droit de trois pour cent, fur la va- „ leur de la fucceffion (c)". La plupart des terres font deftinées à la milice. Il eft d'un ufage commun que le Grand Seigneur abandonne aux enfans mâles les fonds qui appartenoient aux peres, & qu'il laiffe l'ufufruit aux filles qui n'ont pas de freres; quoiqu'il foit donc toujours vrai que les biens ne font poffédés par les Sujets que d'une maniere précaire, ils y ont néanmoins quelque efpece de droit en vertu d'une coutume approuvée ou tolérée par le Prince.

Les Souverains Afiatiques ne font pas les feuls dont le pouvoir eft fans bornes. L'Empire de Ruffie, en Europe, a été jufqu'à nos jours affervi à toute la rigueur du gouvernement arbitraire.

Boehmer dépeint de la maniere la plus vive l'état de fervitude où les Ruffes languiffoient. L'Empereur de Mofcovie difpofe de tout en fouverain maître, & fuivant fon caprice; les biens & la vie des fujets font à la merci du Prince. Sa puiffance eft fi redoutable, & fes ordres fi abfolus, qu'il n'y a pas un feul homme, même parmi les Confeillers qu'il honore de fa confiance, qui ofe non pas lui réfifter, mais faire la moindre repréfentation fur fes volontés les plus atroces & les plus injuftes; les Grands, les Miniftres, tous les Sujets, tant dans l'état civil que dans l'ordre Eccléfiaftique, regardent fes commandemens, de quelque nature qu'ils foient, comme des Loix; & ils y font aveuglément foumis comme à la

(a) Voyez les derniers Mémoires publiés rélativement aux affaires de l'Inde, & fpécialement l'introduction aux Mémoires du Colonel Lawrence; ceux des Sieurs Dupleix & Godeheu; l'Hiftoire des Indes par l'Abbé Guyon; & les Voyageurs modernes qui ont parlé de l'Empire du Mogol, & de la Prefqu'Ifle de l'Inde en deçà du Gange.
(b) Efprit des Loix. L. 5, ch. 14. Ricaut, De l'Empire Ottoman, *pag.* 196.
(c) *Ibid,* Voyez auffi fur les fucceffions des Turcs, *Lacédémone ancienne & moderne.*

volonté divine (d). Hobbes, cité par le même Auteur, prétend que de tous les Empires abfolus, il n'en eft point, dont les Monarques aient fçu mieux maintenir leur puiffance que les Empereurs des Mofcovites, puifque leur volonté eft l'unique loi que les Sujets connoiffent, & que c'eft pour eux un article de foi d'obéir à leurs commandemens comme aux ordres de la Divinité, même dans le cas où ces Empereurs commanderoient des chofes mauvaifes ou honteufes (e).

L'Impératrice de Ruffie condamne le Defpotifme & y renonce.

Mais perfonne n'ignore que le génie créateur du Czar Pierre a donné un nouvel être à la nation des Ruffes, en diffipant par la lumiere des Sciences & des arts les ténebres de l'ignorance & de la barbarie. Il femble qu'après avoir policé cet Empire, le Czar n'avoit plus qu'à réformer les principes vicieux du gouvernement, en fubftituant à un Defpotifme funefte à l'Etat, & fouvent pernicieux au Prince lui-même, une Monarchie réglée & temperée par des loix fixes. La Princeffe qui regne aujourd'hui fur ce vafte Empire, a enfin fenti cette vérité, atteftée par Tacite, que la fûreté du Souverain s'affoiblit lorfque fon pouvoir a franchi toutes bornes (f). Elle a reconnu par de fages réflexions que la puiffance immenfe s'occupe peu du falut & du bonheur des Sujets, quoique leur félicité foit la fin & la loi fuprême du Gouvernement, quoique les peuples ne foient foumis à des Princes que pour fe la procurer; & que le pouvoir illimité rompt néceffairement les liens de l'union précieufe qui doit fubfifter entre le Monarque & les Sujets (g). Cette Princeffe prépare à fes Peuples l'heureufe révolution d'un changement de Gouvernement. Elle a établi une Commiffion pour la compofition d'un Code de loix permanentes; & dans les inftructions folides qu'elle a données aux Miniftres chargés de cette importante rédaction (h), elle annonce qu'elle ne veut régner que par des loix, dont la fageffe & la ftabilité garantiffent le bonheur des peuples, la profpérité de l'Empire Mofcovite.

<hr/>

(d) *Ruffarum Imperator illimitatam poteftatem exercet in omnibus. Liberè & de voluntaté fuâ, de omnium & vitâ & bonis, nemine obftrepente, conftituit. Confiliariorum enim nullus eft qui diffuadere, aut fibi in aliquâ re, quantumvis injuftiffimâ, refiftere audeqt. Omnes denique tàm Procores quàm confiliarii, & totus equeftris & fpiritualis ordo fatentur publicè voluntatem Dei effe, & quidquid Princeps, quamvis perperam, egerit, ex voluntate Dei agere.* Introd. ad jus Public. univerf. pag. 261.

(e) *Nemo inter imperantes, ad mentem Hobbefii, jura imperii fui illimitati tueri rectius videtur quàm Mofcovitarum Imperator..... Mofcovitæ leges quibus utuntur paucas admodùm habent, eamque ferè folam ut principis voluntatem pro lege obfervant... Itaque voluntati ejus non fecùs ac divinæ, feu turpia, feu honefta, feu mala, feu bona jubeat; omnibus in rebus parendum pro fidei decreto habent; illeque vitæ & necis, omniumque rerum fummam in fuos poteftatem obtinet.* Ibid. pag. 280 & pag. 583.

(f) *Nec unquam fatis fida potentia ubi nimia eft.* Hiftor. l. 2.

(g) *Quod fi imperanti abfolutam poteftatem tribuis, etiam fimul fubditorum faluti, quæ fuprema lex effe debebat, mala confulis, & reverà tollis illam unionem quæ debebat effe inter imperantem & fubditos; imò illud ipfum iis adimis propter quod unius imperio fe fubjecerunt.* Boehmer, ibid. pag. 269.

(h) *Cet ouvrage eft intitulé* Inftruction de S. M. Impériale Catherine II. pour la Commiffion chargée de dreffer le projet d'un nouveau Code de loix, à Saint-Péterfbourg de l'imprimerie de l'Académie des Sciences 1769, réimprimés à Amfterdam chez Rey.

Le premier principe auquel elle remonte, eft cette vérité que la loi naturelle dicte, & que la Religion confacre ; que les hommes, devant aimer leurs femblables, doivent leur procurer tous les avantages qui font en leur pouvoir: *la Religion Chrétienne nous enfeigne de nous faire les uns aux autres tout le bien que nous pouvons.* L'Impératrice de Ruffie en conclud que ,, le vœu de tout bon citoyen eft de voir fa Patrie en général au ,, plus haut degré poffible de gloire, de félicité & de tranquillité, com- ,, me auffi de voir chacun de fes concitoyens en particulier protégé par ,, des loix, qui, *fans reftreindre fon bien-être,* le mettent à l'abri de toute ,, entreprife (i) ".

Cette vue fi digne de l'humanité, mais qui fe concilie fi peu avec le Gouvernement arbitraire, n'empêche pas que ,, le Monarque de Ruffie ne ,, foit Souverain, & qu'il n'y ait qu'un pouvoir unique réfidant dans fa ,, perfonne. Ce pouvoir eft même le feul qui puiffe agir convenablement ,, à l'étendue d'un Empire auffi vafte (k).

Mais la puiffance publique peut être concentrée fur la tête du Monar- que, & même être abfolue dans fa main, fans que l'exercice de cette puiffance dégrade les Sujets, leur enleve les droits effentiels de la liber- té naturelle. ,, Quel eft l'objet d'un Gouvernement abfolu? Ce n'eft cer- tainement point de priver les hommes de leur liberté naturelle, mais de diriger leurs actions vers le plus grand de tous les biens. Ainfi le Gouvernement qui tendra plus qu'aucun autre vers cet objet, *en reftrei- gnant le moins la liberté naturelle,* eft celui qui remplit le mieux les vues qu'on doit fuppofer dans des êtres doués de raifon, & répond le plus *au but que les hommes fe font propofé* en formant des fociétés civiles. Ce Gou- vernement eft le Monarchique qui a pour objet & pour fin *la gloire des citoyens, de l'Etat & du Souverain* (l) ".

On examine dans le Chapitre III. des Inftructions, *ce qui affure la con- ftitution* d'un Etat, & on la fait dépendre de deux articles principaux; le premier eft l'exiftence des loix fixes & *fondamentales,* le fecond eft l'éta- bliffement *de pouvoirs intermédiaires.*

,, Les pouvoirs intermédiaires (quoique *fubordonnés, & dépendans du* ,, *pouvoir fuprême*) conftituent la nature du Gouvernement.....

,, Les loix *fondamentales* fuppofent néceffairement des canaux moyens, c'eft-à-dire, des Tribunaux par où découle la puiffance du Souverain; des loix qui permettent à ces Tribunaux de faire *des repréfentations que tel Edit eft contraire au Code des Loix;* qu'il eft nuifible, obfcur, impraticable dans *l'exécution;* qui déterminent d'avance à quels ordres on doit obéir, & com- ment on doit les exécuter. De telles loix rendent fixe & inébranlable la conftitution d'un Etat (m).

,, Les Loix exigent un *dépôt* ou elles fe confervent, & ce *dépôt* ne

(i) Préambule, art. 1, 2 & 3.
(k) *Ibid.* ch. 2. n. 9.
(l) *Ibid.* art. 13, 14 & 15.
(m) Chap. 3. n. 18.

peut être que dans les Corps politiques. Il faut que ces Corps, ayant reçù les loix du Souverain, *les examinent*, aient le droit de faire des repréfen- tations, s'ils trouvent qu'elles font en contradiction avec le Code,... mais que s'ils n'y trouvent rien de tel, ils les enrégistrent & faffent pu- blier. En Ruffie, le Sénat eft le dépofitaire des loix. Les autres Tribunaux *font tenus, & ont le même droit de faire des repréfentations au Sénat, & même au Souverain* (n) ".

Combien ces maximes ne font-elles pas oppofées au Defpotifme ? L'arbitraire difparoît dès qu'il y a des loix fixes, qu'elles font confi- gnées dans un dépôt; que ce dépôt eft dans un Corps politique chargé d'en être le Gardien; qu'il ne les enrégiftre qu'en connoiffance; que leur vérification eft précédée d'examen & de délibération; qu'il a droit de faire des repréfentations que tel *Edit eft contraire au Code, qu'il eft nuifible, obfcur, impraticable dans l'exécution*. S'il faut que les *loix déterminent à quels ordres on doit obéir*, il y a donc des circonftances où la loi même au- torife le refus d'obéiffance; & qu'elles feroient ces circonftances, finon celles où les loix propofées feroient contraires au Code des loix *fonda- mentales*, où elles feroient nuifibles & *impraticables* ? L'Empire de ces loix eft ce qui rend *indébranlable la conftitution d'un Etat*. Or, ces loix garantiffent les Sujets des commandemens arbitraires, elles font la fauve- garde de leur honneur, de leurs propriétés, de leur liberté, de leur vie; tant qu'elles fubfifteront & qu'elles feront refpectées, il ne fera pas poffible que tout plie fous la fantaifie ou la volonté momentanée du Mo- narque.

Les inductions naiffantes de ces premieres maximes font plus dévelop- pées dans la fuite.

„ Si l'on demande qu'eft-ce que le dépôt des loix ? Je réponds: Le dépôt des loix eft cette inftitution en conféquence de laquelle les Corps ci-deffus mentionnés, établis pour faire obferver la volonté du Souverain *conformément aux loix fondamentales, & à la conftitution de l'Etat*, font tenus de fe conduire dans l'exercice de leurs fonctions fuivant les formes qui leur font prefcrites à cet égard.

„ Cette inftitution empêche le peuple de méprifer impunément les or- dres du Souverain, & elle met en même temps à *l'abri des caprices & de la cupidité*. Car eft légitime d'une part les peines deftinées aux transgreffeurs des loix, & *autorife d'autre part le refus d'enrégiftrer celle qui font contraires à l'ordre établi dans l'Etat, ou celui de s'y conformer dans l'adminiftration de la Juftice & des affaires publiques* (o) ".

La ftabilité des loix & de leur dépôt, cette *inftitution fi effentielle* pour affurer la conftitution d'un Etat, autorife donc *le refus d'enrégiftrer* les loix contraires à l'ordre établi dans l'Etat. Ce n'eft point affez que les Corps politiques, où réfident les pouvoirs intermédiaires, aient le droit d'exa- miner les nouvelles loix, de faire des repréfentations au Légiflateur : l'in-

(n) Ch. 4. n. 22 & fuiv.
(o) *Ibid.* n. 28, 29 & 30.

tégrité de leurs fonctions demande qu'ils aillent jufqu'à *refufer* de les re-
giftrer & de s'y conformer, lorfqu'elles fe trouvent contraires à l'ordre
établi dans l'Etat, & par conféquent aux loix fondamentales.

Ce refus ne feroit-il donc que paffager, provifoire, limité pour le temps,
ou par le nombre d'une 2e. ou d'une 3e. réclamation, ou jufqu'à ce que
le Souverain eût fait connoître fa derniere réfolution, fa volonté abfolue?
Les Inftructions de l'Impératrice Catherine ne mettent aucune de ces limitations au refus qu'elles autorifent expreffément.

Cette Princeffe fuppofe au contraire que le refus fera perfévérant &
devra l'être, lorfque les loix nouvelles attaqueront l'ordre ancien établi
dans l'Etat.

Le refus étant fondé fur le danger de ces loix, doit durer autant que
le danger même qui en eft le motif & la fource.

L'Impératrice auroit-elle pu penfer, en effet, que le Sénat dût par
déférence pour le Souverain, trahir fon miniftere, s'aveugler fur le mérite de ces loix, fe prêter par une fauffe complaifance au renverfement du
Code, à la fubverfion de la Monarchie, à l'anéantiffement de la liberté
& des droits légitimes des citoyens? Ne feroit-ce pas trahir le Souverain
lui-même, que de confentir par lâcheté à des loix qui ébranleroient le
Trône, ou du moins qui tendroient à ternir l'Empire Mofcovite, à lui
ravir fa profpérité, en affoibliffant les appuis de fa conftitution Monarchique?

Comment d'ailleurs cette inftitution mettroit-elle le peuple *à l'abri
des caprices & de la cupidité*, fi le Sénat reftreint à faire des repréfentations fur les nouvelles loix qui feroient *nuifibles* aux citoyens, devoit
à l'autorité du Monarque de les annexer au Code, dès que le Prince,
après avoir lu & balancé les motifs des repréfentations, ordonneroit leur
enregiftrement? Que le miniftere du Sénat, du gardien des loix, du Corps
où eft le dépôt des pouvoirs intermédiaires fe bornât à quelques remontrances, & qu'il lui fût interdit ou de refufer la vérification, ou de
perfifter dans fon refus, lorfque les loix feroient pernicieufes, impraticables; lorfqu'elles attaqueroient *l'ordre établi dans l'Etat*, les droits nationaux, la liberté légitime des Citoyens; il ne feroit plus vrai que le
peuple fût *à l'abri des caprices & de la cupidité*; il ne le feroit plus, que
l'inftitution fage qui foumet les loix à une vérification éclairée, qui en
fait dépendre la publication & l'exécution de leur infertion dans le Code
après une mûre délibération, pût garantir le peuple du pouvoir arbitraire.

On eft étonné, en lifant les Inftructions de l'Impératrice de Ruffie,
de la fenfibilité qu'elle montre pour la félicité des peuples, de l'intérêt
qu'elle y met, de l'attention qu'elle a de recommander aux Commiffaires
du Code, de pourvoir à leur fûreté & à leur bonheur par des loix qui
affurent à chaque citoyen la poffeffion tranquille de fa liberté, de fes
biens, de fa vie. Elle avertit fans ceffe les Commiffaires ,, qu'il faut
que les loix pourvoient, autant qu'il eft en elles, à la fûreté de chaque

citoyen en particulier; que l'égalité de tous confiſte en ce qu'ils ſoient tous ſoumis aux mêmes loix; que dans un Etat, c'eſt-à-dire, dans une Société, où il y a des loix, la liberté ne peut conſiſter qu'à pouvoir faire ce que l'on doit vouloir; que la loi n'eſt pas un pur acte de puiſſance (p): que la modération gouverne les hommes & non pas les excès; qu'il faut que *la propriété & la vie des citoyens ſoient aſſurées & fixes, comme la con-* *ſtitution même de l'Etat* (q). Qu'en Turquie, où l'on fait très peu d'attention à la vie & à l'honneur des Sujets, on termine promptement d'une façon ou d'autre toutes les diſputes, la maniere de les finir étant indifférente, pourvû que l'on finiſſe; mais que *dans les Etats modérés, ou la* *tête, les biens & l'honneur du moindre citoyen ſont conſidérables,* on ne lui ôte ſon honneur & ſes biens qu'après un long & ſcrupuleux examen; on ne le prive de la vie, que lorſque la Patrie elle-même l'attaque, & qu'en lui laiſſant tous les moyens poſſibles de ſe défendre (r)".

Les Inſtructions finiſſent par cette obſervation dictée par le même eſprit. „ Nous n'avons cité dans le cours de cet Ouvrage tant d'exemples & d'u- „ ſages de diverſes Nations, que dans la vue de faciliter le choix des moyens qui pourront, autant que l'humanité le comporte, rendre le peuple Ruſſe le plus heureux de la terre. C'eſt à préſent à la Commiſſion à comparer chaque article du corps de législation avec les principes que renferme la préſente Inſtruction (s) ".

La Religion Chrétienne réprouve le Deſpotiſme. On a vu que l'Impératrice de Ruſſie cherche dans la religion le principe primordial & conſtitutif d'une législation éclairée, & d'un Gouvernement ſage & modéré: *La Religion Chrétienne nous enſeigne de nous faire* *les uns aux autres tout le bien que nous pouvons.* Voilà le véritable but de la formation des ſociétés, & la fin eſſentielle à laquelle doit tendre la puiſſance publique.

Quand donc on pourroit ſe perſuader contre les lumieres de l'évidence, que le Gouvernement deſpotique n'eſt pas inconciliable avec le droit naturel, au moins ſeroit-on forcé de convenir que cette forme vicieuſe de conduire les hommes eſt manifeſtement incompatible avec les
notions

(p) Ch. 5. n. 33, 34, 37. ch. 6. n. 63.
(q) Ch. 7. n. 66. ch. 9. n. 101.
(r) Chap. 9. n. 113, 114.
(s) *Ibid.* n. 521, 522.
Le Roi de Suede étant à Paris, a adreſſé au Sénat un Reſcrit en date du 15 Mars 1771. Il y donne les aſſurances les plus fortes & les plus inviolables, qu'au prix de ſon ſang & de ſa vie, il maintiendra les droits & libertés du Sénat. „ Mon intention & mes ſouhaits, dit-il, „ étant fort éloignés de tout ce qu'on entend par le mot de pouvoir arbitraire, je déclare „ par ces aſſurances ſolemnelles, & ſur ma parole de Roi, que non-ſeulement je ſuis „ entiérement dans le deſſein de gouverner mon Royaume par l'accompliſſement de tous „ les points que preſcrivent les loix de Suede, mais que je regarderai *comme ennemis de* „ *ma perſonne & du Royaume, & comme traitres à la Patrie,* ceux qui ſecrettement, ou „ ouvertement, & ſous quelque prétexte que ce pût être, chercheroient à rappeller *une* „ *autorité ſans bornes, ou ce qu'on appelle Souveraineté.* Ainſi Dieu me ſoit en aide ". *Gazette de France,* 17 Mai 1771, n. 39.

notions qu'enseigne, & les sentimens qu'inspire la Religion. Pour peu qu'un Prince écoute & consulte les lumieres de la foi, il ne se croira jamais permis de s'attribuer sur ses Sujets une puissance arbitraire; de leur commander pour faire une vaine ostentation de son pouvoir, de se proposer dans l'exercice de son autorité, non l'avantage des peuples, mais son utilité personnelle & exclusive. ,, La puissance (des Princes) ,, venant d'enhaut, ils doivent s'en servir avec crainte & retenue, com- ,, me d'une chose qui leur vient de Dieu, & dont Dieu leur demandera ,, compte (t) ''.

L'essence du Despotisme consiste dans l'arbitraire, dans le Gouvernement absolu, dans un commandement impérieux, dans l'exercice d'un pouvoir qui, n'ayant d'autre regle que la volonté du Monarque, asservit les peuples à tous ses caprices. Mais qui peut se dissimuler combien cet usage effréné de l'autorité royale est contraire à la loi divine? Avec quelle force les textes sacrés ne condamnent-ils pas l'orgueil des Souverains qui se croient tout permis, qui traitent leurs Sujets avec hauteur & dureté, qui disposent de leurs droits & de leurs personnes sans aucun ménagement?

Le Prince doit aimer la justice, & la rendre à ses peuples sans acception de personne; la clémence & la bonté, la crainte de Dieu, l'étude de sa loi, l'observation de ses préceptes, sont les devoirs que l'Ecriture lui impose, & le Monarque Chrétien ne les perd point de vue. Loin de s'élever en considérant l'éclat de son Trône, & la grandeur de sa puissance, il faut qu'il regarde ses Sujets non-seulement comme des hommes, mais comme ses freres, *fratres suos*; qu'il n'oublie point que Dieu a créé le grand & le petit, & que sa providence est également attentive à l'un & à l'autre; que ceux à qui il commande lui sont unis par les liens de l'humanité, & d'une même foi; qu'ils dépendent du même Dieu qu'ils adorent; que toutes les distinctions qui mettent ici bas tant de distance entre le Souverain & le Sujet, pendant le court espace de cette vie, disparoîtront à la mort; que tous, égaux en présence du Souverain Juge, y rendront un compte exact de leur conduite; & que si les Grands y seront distingués des petits, c'est par la rigueur de l'Arrêt qui sera prononcé contre ceux dont la vie n'aura pas été conforme à la loi divine (v).

_____

(t) Politique tirée de l'Ecriture. *L.* 3. *art.* 2. *Propos.* 4e.

(v) *Postquam autem sederit in solio regni sui, describet sibi Deuteronomium legis hujus, & habebit secum, legetque illud omnibus diebus vitæ suæ, ut discat timere Dominum Deum suum, & custodire verba & cæremonias ejus, quæ in lege præcepta sunt. Nec elevetur cor ejus in superbiam super fratres suos, neque declinet in partem dexteram vel sinistram.* Deutero. cap. 17. vers. 14 & seq.

Rectorem te posuerunt, noli extolli, sed esto in illis quasi unus ex ipsis. Ecclesiast. cap. 32. vers. 1.

Rex qui judicat in veritate pauperes, Thronus ejus in æternum firmabitur. Proverb. 29·14.

Misericordia & veritas custodiunt regem, & roboratur clementia thronus ejus. Ibid. 20·28.

Diligite justitiam qui judicatis terram. Sentite de Domino in bonitate, & in simplicitate cordis quærite illum. Sapient. 1—1.

Si l'on veut connoître ce que les faints Docteurs ont penfé des obligations des Souverains, on peut confulter un ouvrage de Jonas, Evêque
d'Orléans, dédié au Roi Pepin & compofé pour fon inftruction (x). Il
fut inféré prefqu'en entier dans le cinquieme Concile de Paris de l'an
829. Ce Prélat y expofe les engagemens qui dérivent de la Souveraineté, & il en montre l'étendue par des textes de faint Cyprien, de faint
Fulgence, de faint Grégoire, de faint Auguftin & de faint Ifidore. A la
lecture de ce traité fur l'inftitution d'un Roi : [de inftitutione Regiâ], on
eft frappé du contrafte fenfible qui fe trouve entre les avis falutaires des
hommes Apoftoliques, & les difcours empoifonnés des courtifans, qui
répetent fans ceffe au Monarque, que fa volonté eft la loi fuprême; que
fes fujets n'exiftent que pour lui; que la jouiffance oifive & tranquille
des plaifirs eft le partage de ceux qui portent le fceptre. Rien ne feroit
plus propre à défabufer un Prince féduit par fes flatteurs, que la méditation de cet excellent ouvrage..... Rien auffi ne feroit plus capable de
l'inftruire de fes obligations, de lui apprendre combien le Gouvernement
arbitraire s'accorde peu avec la morale Chrétienne; que fa véritable gloire eft de gouverner avec la vigilance des pafteurs, & la tendreffe des
peres; & que le Souverain qui regne par la violence, *vit au milieu de fes
ennemis* (y).

Au lieu de flatter les Princes par le tableau féducteur de la puiffance
qui environne le Trône, ceux qui les approchent, ou qu'ils confultent,
devroient leur tenir le langage véridique qu'on lit dans le difcours qu'Ar-
naud de Pontac, Evêque de Bazas, adreffa le 3 Juillet 1570 au Roi Henri III. au nom du Clergé de France. „ Si les mauvais Confeillers vous
„ veulent éblouir les yeux d'une vanité de grandeur & de toute-puiffance,
„ difant que vous ne devez avoir les mains liées, ains faire & ordonner
„ toutes chofes à votre plaifir; qu'il vous fouvienne de votre belle paro-
„ le, non moins divine que royale, ... que votre liberté & grandeur
„ confifte à être *fi bien lié que vous ne puiffiez mal faire*; car à la vérité
„ pouvoir faire mal eft plutôt action d'impuiffance que de vrai pouvoir".
Il rappella à Henri III. cette inftruction que Louis le Gros, prêt de mourir, donna à fon fils Louis le Jeune: „ Souvenez-vous, mon fils, & ayez
„ toujours devant les yeux que l'autorité Royale n'eft que une procuration
„ & charge publique dont vous rendrez compte bien exact & rigoureux
„ après la mort (z).

Maffillon s'exprimoit avec la même fincérité dans un fermon prêché
devant le Roi le jour de l'Incarnation.

„ La liberté, Sire, que les Princes *doivent* à leurs peuples, c'eft *la
liberté des loix.* Vous êtes le maître de la vie & de la fortune de vos Su-

---

*Quoniam magnum & pufillum ipfe fecit, & æqualiter cura eft illi de omnibus; fortioribus
autem fortior inftat cruciatio.* Sapient. 6—8—9.
(x) *Spicilege.* Tom. 1. pag. 328.
(y) Boffuet. Politique tirée de l'Ecriture. *L. 3. art. 3. Propof. 14.*
(z) Recueil des Remontrances, Edits & Contrats concernant le Clergé de France
Paris 1596, pag. 10.

5

jets, mais vous ne pouvez en difpofer que *felon les loix.* Vous ne connoiffez que Dieu feul au-deffus de vous, il eft vrai; mais les loix doivent avoir plus d'autorité que vous même. *Vous ne commandez pas à des
efclaves;* vous commandez à une *Nation libre* & belliqueufe, auffi jaloufe
de fa liberté que de fa fidélité, & dont la foumiffion eft d'autant plus
fûre, qu'elle eft fondée fur l'amour qu'elle a pour fes maîtres. Les Rois
peuvent tout fur elle, parce que fa tendreffe & fa fidélité ne mettent
point de bornes à fon obéiffance; mais il faut que les Rois en mettent
eux-mêmes à leur autorité, & que plus fon amour ne connoît point
d'autre loi qu'une foumiffion aveugle, plus fes Rois n'exigent de fa foumiffion que ce que *les loix lui permettent d'en exiger: autrement, ils ne font
plus les peres & les proteċteurs de leurs Peuples, ils en font les ennemis & les
oppreffeurs;* ils ne regnent pas fur leurs Sujets, ils les fubjuguent.

„ La puiffance de votre augufte Bifayeul fur la Nation a paffé celle
de tous les Rois vos ancêtres: un regne long & glorieux l'avoit affermie: fa haute fageffe la foutenoit, & l'amour de fes Sujets n'y mettoit
prefque plus de bornes; cependant il a fçu plus d'une fois la faire céder
aux loix, les prendre pour arbitres entre lui & fes Sujets, & foumettre
noblement fes intérêts à leurs décifions.

Ce n'eft donc pas *le Souverain,* c'eft *la loi,* Sire, *qui doit régner fur les
peuples.* Vous n'en êtes que *le miniftre & le premier dépofitaire:* c'eft-elle qui
doit régler l'ufage de l'autorité, & c'eft par elle que l'autorité n'eft plus
un joug pour les Sujets, mais une regle qui les conduit, un fecours qui
les protége, une vigilance paternelle qui ne s'affure leur foumiffion que
parce qu'elle s'affure leur tendreffe. *Les hommes croient être libres, quand
ils ne font gouvernés que par les Loix:* leur foumiffion fait alors tout leur
bonheur, parce qu'elle fait toute leur tranquillité, & toute leur confiance. Les paffions, les volontés injuftes, les defirs exceffifs & ambitieux que
les Princes mêlent à l'ufage de l'autorité, loin de l'étendre, l'affoibliffent:
ils deviennent moins puiffans, dès qu'ils veulent l'être plus que les loix: ils perdent en croyant gagner. Tout ce qui rend l'autorité injufte & odieufe l'é-
nerve & la diminue: *la fource de leur puiffance eft dans le cœur de leurs Sujets;* & quelque abfolus qu'ils paroiffent, on peut dire qu'ils perdent leur
véritable pouvoir dès qu'ils perdent l'amour de ceux qui les fervent ''.

Qu'un Prince imbu de ces grandes vérités, qui les aime, qui les médite,
qui en fait fa regle, eft éloigné de fe livrer au defpotifme! Il fçait qu'il
eft homme, & qu'il doit fe tenir en garde contre les foibleffes de l'humanité. Il connoît la fource & l'objet de l'autorité dont il eft revêtu. Ses
Sujets font fes enfans qu'il chérit, des hommes libres dont il fe croit
moins le maître que le protećteur. L'exercice de fa puiffance lui paroît
une charge & un *miniftere* redoutable. C'eft dans le cœur de fes Sujets qu'il
veut trouver la force de fa puiffance, parce qu'il eft convaincu que ce qui
rend l'autorité injufte & odieufe l'énerve. Uniquement jaloux de rendre
fes peuples heureux, de fe les attacher, de leur procurer les avantages
d'une vie paifible & tranquille, il ne fe permet rien qui les afflige; il fe
fait une gloire de faire céder fa puiffance à celle des loix. Si malheureu-

fement féduit par des confeils pernicieux, par une fauffe lueur d'utilité publique, par le fentiment naturel qui le rend délicat, inquiet fur tout ce qui peut intéreffer fa grandeur & fon autorité, il a fait quelque entreprife, adopté quelque fyftême contraire au bien véritable de l'Etat, & pernicieux pour fes Sujets: „ loin de fe faire un point d'honneur d'y „ perfifter, il s'empreffe, dès qu'il en apperçoit les inconvéniens & le „ danger, de revenir fur fes pas". La Religion lui a appris que la vraie grandeur d'ame abhorre l'obftination & la foibleffe. Si le tyran fubjugue tout plutôt que de reculer, le Prince Chrétien ne craint point d'avouer qu'il a été trompé. Il fçait fe vaincre, & c'eft un triomphe pour lui de corriger fes erreurs, de rendre hommage à la vérité, de faire plier fa volonté fous la loi fuprême de la juftice, ou du bien public.

Explica-
tion du
Texte de
Samuel
fur le Jus
Regis.
Un adroit courtifan pourra flatter le Prince en lui mettant fous les yeux le Texte de Samuel, où ce Prophete, parlant au Peuple Hébreu, qui lui avoit demandé un Roi pour être gouverné comme les autres nations, fait l'énumération des aĉtes de puiffance qu'exercera le Prince, & les qualifie de droits du Roi: *hoc erit jus regis qui imperaturus eft vobis: filios veftros tollet &c.* (a). Mais un Souverain éclairé & religieux ne fe méprendra pas fur le fens de ce langage du Prophete, il ne confondra pas des injuftices avec l'exercice légitime de l'autorité, & il ne s'attribuera point des droits qui feroient contraires à l'ufage que Dieu lui commande de faire de la puiffance qu'il lui a confiée.

Les Auteurs qui ont difcuté ce Texte célebre, ont obfervé que dans la langue originale, le mot employé par Samuel, défigne plus un fait, une Coutume, qu'un droit proprement dit (b), & que ce Prophete parlant par le même Efprit qui avoit infpiré Moyfe dans le Livre de la Loi, il n'eft pas poffible que Dieu ait autorifé par la bouche de Samuel, ce qu'il avoit condamné par celle de Moyfe dans le Deutéronome. C'eft la remarque de Domat qui ajoute que, „ les injuftices tyranniques (décrites par Samuel) furent appellées *les droits du Roi*, par cette raifon que, comme les droits légitimes des Souverains s'exercent avec leur puiffance, les injuftices que les Rois pourroient (commettre) en abufant de cette puiffance, auroient le caraĉtere d'un droit, par la néceffité où feroient les Sujets d'en porter le joug; ce qui auroit à leur égard l'effet d'un droit légitime, puifqu'ils ne pourroient fecouer ce joug, quoique, de la part du Prince, ce mauvais ufage de fa puiffance ne fût qu'une tyrannie (c) ".

Cette réponfe a été mieux développée par Claude Joly, Chantre de l'Eglife de Paris (d). „ Le mot *jus* en latin, qui fignifie *droit*, en François, & qui fe trouve aux verfions communes de ce paffage, donne, ce femble, de prime abord aux mauvais interprêtes des volontés divines, quelque couleur à leur explication. Mais ils ne fçavent pas, ou plutôt ils

(a) L. 1. Reg. cap. 8.
(b) *Loyfeau. Des Seigneuries.* Ch. 3, n. 2.
(c) Du Droit public. *l.* 1. *tit.* 2. *Seĉt.* 2.
(d) Recueil de maximes véritables & importantes pour l'inftitution du Roi, contre la fauffe & pernicieufe politique du Cardinal Mazarin. *Pag.* 18 & 23.

ne veulent pas fçavoir que, dans le texte Hébreu, le mot *Mifchpath* ne fignifie pas *jus* en Latin, *droit* en François, mais fignifie *ratio*, qui veut dire *maniere*, ou *confuetudo*, coutume, felon Schickardus en fon Traité *de jure regio Hebræorum*; comme fi Samuel eût voulu parler en ces termes: la maniere d'agir, où la coutume du Roi qui commandera fur vous fera telle; il prendra vos fils & vos filles, vos terres & vos vignes, &c.

„Mais quand le mot Hébreu *Mifchpath* fignifieroit *jus* en Latin, *droit* en François, il ne s'enfuivroit pas pour cela que Dieu eût voulu donner aux Rois d'Ifrael aucun droit ou puiffance légitime de difpofer abfolument des biens & des vies de leurs Sujets, fuivant ce qui eft contenu en ce paffage; car Dieu feroit auteur d'injuftice & de cruauté, ce qui eft impoffible, & tout à fait indigne de la Divinité.......

„Quand nous n'aurions pas des interprétations fi précifes de ce paffage, nous ne pouvons pas douter qu'il ne doive être ainfi entendu, puifque Dieu même l'a expliqué ailleurs fi clairement qu'il eft tout à fait impoffible de réfifter à une vérité fi vifible & fi conftante. C'eft au Deutéronome qu'il a donné cet éclairciffement, où, en faifant le portrait d'un bon Roi, & tel qu'il vouloit que fût celui qui commanderoit fur fon peuple, il lui a ordonné de faire des actions toutes contraires à celles de ce faux Roi qu'il leur avoit donné en fa colere. Quand le Roi, dit-il, fera conftitué fur vous, il ne multipliera pas fes chevaux, il n'aura pas plufieurs femmes, aux attraits defquelles il laiffe gagner fon cœur, & il ne fera point amas de grande quantité d'or & d'argent; & quand il aura pris féance fur le Trône de fon Royaume, il décrira en un livre le Deutéronome de cette loi, prenant l'exemplaire des Prêtres de la Tribu de Lévi. Il gardera ce livre, & le lira tous les jours de fa vie; afin qu'il apprenne à craindre le Seigneur fon Dieu, & à garder fes paroles & fes cérémonies commandées en la loi. Il n'élévera point fon cœur par orgueil au deffus de fes freres, & ne le détournera ni à droite ni à gauche, afin que lui & fes enfans regnent long-tems fur Ifrael".

Il n'y a pas un Jurifconfulte, pas un Politique, pas un Théologien qui ne fe foit oppofé à l'abus de ce texte de Samuel. On fe contentera d'indiquer ici Claude Defpence, Théologien célebre dans fon temps, qui a été honoré de la confiance des Rois François I. Henri II. François II. & Charles IX. (e). Claude Joly a rapporté fes propres termes.

„Si on veut croire aux loix d'entre vous autres Princes, (c'eft à Henri II. qu'il parle) vous êtes Seigneur & maître de nos corps & biens; ou, pour plus chrétiennement parler, nous & les nôtres, fommes à votre commandement. Votre Majefté doit abhorrer ce droit rien moins que royal, rien plus que tyrannique; lequel Dieu par la bouche de Samuel ne permettoit pas au Roi, mais en menaçoit le peuple, difant: *Ceftui fera le droit du Roi, il prendra vos fils & vos filles...... lors vous crierez à caufe de votre Roi, lequel vous avez élû, & le Seigneur ne vous exaucera point.* Mais que dit le Seigneur Dieu des vengeances d'un tel Roi? *Je t'ai*

(e) Inftitution du Prince Chrétien, *ch.* 8.

I 3

donné un Roi en mon ire; mais garde ce qui fuit, & l'ai ôté en mon indignation. Car le premier qui voulut ufer de ce droit mourut misérablement
réprouvé de Dieu avec toute fa poftérité. Or, fus avant, chiens & flatteurs de Cour, allés, allégués dorénavant ce droit non royal, mais barbare, mais Turcique, mais Scytique, ou fi pis fe pouvoit dire ".

Il eft digne fans doute de la fageffe & de la bonté de Dieu, d'avoir établi un Gouvernement deftiné à procurer l'avantage des hommes. Suppofer
qu'il a créé vingt millions d'hommes qui habitent un Royaume, pour être
le jouet d'un feul qui en difpofera arbitrairement, c'eft faire outrage à fa
juftice & à fes autres perfections.

CHAPITRE III.

Le Royaume de France eft un Etat Monarchique, & non un Empire
Defpotique.

Caractères de la Monarchie.

DEUX caracteres principaux conftituent l'Etat purement Monarchique.
1°. La puiffance publique y eft exercée *par juftice*, & non à difcrétion: 2°.
Les Sujets font libres, & ne font pas efclaves.

1er. Car. La puiffance publique y eft exercée par Juftice.

Le premier caractere exige que, dans l'Empire Monarchique, il y ait
des *Loix fixes*, & par conféquent un dépôt des loix. Nous avons vu l'Impératrice de Ruffie rendre hommage à la certitude de ce principe. L'Auteur de l'efprit des Loix l'avoit établi avant cette Princeffe. „ Les pou
„ voirs intermédiaires, fubordonnés & dépendants, conftituent la na
„ ture du Gouvernement Monarchique, c'eft-à-dire, de celui où un
„ feul gouverne par des loix fondamentales..... Il ne fuffit pas qu'il
„ y ait dans la Monarchie des rangs intermédiaires, il faut encore un
„ dépôt de loix; ce dépôt ne peut être que dans les Corps politiques,
„ qui annoncent les loix lorfqu'elles font faites, & les rappellent, lorf
„ qu'on les oublie..... Le Confeil du Prince n'eft pas un dépôt con
„ venable; il eft par fa nature le dépôt de la volonté momentanée du
„ Prince qui exécute, & non pas le dépôt des loix fondamentales.....
„ Le Confeil du Monarque change fans ceffe.... Il n'eft point affez

2d. Car. Les Sujets font libres & propriétaires de leurs biens.

„ nombreux, il n'a point à un affez haut degré la confiance du Peu
„ ple (f) ".

Le fecond caractere n'eft ni moins conftant ni moins effentiel. L'efclave n'eft pas plus maître de fes biens que de fa perfonne, parce qu'il n'a
d'autre regle, d'autre loi que la volonté arbitraire du Monarque defpote. Le Sujet jouit de fa liberté naturelle, autant que le bien public, que
l'intérêt général ne la gêne pas. Cette liberté confifte à pouvoir faire ce

(f) Efprit des Loix. L. 2. ch. 4.

5

qu'il doit vouloir, & à n'être pas contraint de *faire ce qu'il ne doit pas vou-*
loir. Son privilège naturel eſt d'être protégé par des loix, *qui, ſans re-*
ſtreindre ſon bien être, le garantiſſent de toute entrepriſe. Dans les Etats Monarchiques, c'eſt moins *le Souverain que la loi qui doit regner ſur les peuples.*
Sous l'Empire du Monarque, qui n'eſt pas Deſpote, la liberté des perſonnes & la propriété des biens forment les attributs eſſentiels & impreſ-
criptibles des Sujets.

Or, ces caractères conviennent inconteſtablement à l'Empire François. *Preuves*
M. Boſſuet ne veut pas qu'on en doute, puiſqu'il aſſure que les quatre *générales*
conditions qui rendent un Etat deſpotique, *ſont bien éloignées de nos* *France*
mœurs, & qu'*ainſi, le Gouvernement arbitraire n'a pas lieu dans le Royaume.* *eſt une*
Il eſt ſi conſtant que les François ſont libres, que c'eſt une des maximes *Monar-*
de notre Droit public, que l'eſclave eſt délivré de la ſervitude, en met- *chie.*
tant le pied ſur les Terres de la Domination Françoiſe (g).

Dès les premiers temps de la Monarchie, nos Rois, bien éloignés
d'imiter la hauteur intimidante des Princes orientaux, faiſoient conſiſter
leur grandeur à ſe concilier l'amour & la confiance des Sujets, à leur commander comme à des hommes libres: enſorte que cette forme heureuſe
de Gouvernement excitoit l'envie des peuples voiſins qui aſpiroient à vivre ſous l'Empire François (h).

Il a plû à l'abbé Du Bos d'imaginer que les Rois Mérovingiens condamnoient à la mort & faiſoient exécuter les plus grands de l'Etat, ſans être
aſſujettis à leur faire leur procès ſuivant des formes. Il cite en preuve
deux faits tirés de Grégoire de Tours & un texte de la loi des Bavarois.
,, S'il y a eu des criminels jugés dans les aſſemblées, c'étoit ſans néceſſité. Aucun des hiſtoriens qui racontent les exécutions faites par ordre
du Roi ſeul, ne dit que l'accuſé dût être condamné par certaines perſonnes, avec une certaine procédure ". (i)

Quelqu'imparfaite que fût notre Police ſous les Rois de la première Race, l'abbé Du Bos lui fait une injure gratuite. Il eſt juſte & facile de la
laver de l'opprobre dont il a voulu la couvrir.

Suivant la loi des Bavarois, celui qui a tué un homme par ordre du Roi,
ou du Duc qui commande dans la province, n'eſt pas recherché. Il ne
doit aucune compoſition aux parens du mort. Le Duc, auquel il a obéi,
le prendra ſous ſa protection, lui & toute ſa famille (k).

Avec un peu d'attention l'abbé Du Bos auroit vu dans tous les chapitres

_____

(g) Inſtituts de Loiſel. l. 1. t. 1. art. 6.
(h) *Non ſupercilio in populos, veluti orientales reges..... ſed amore in populos, & mutuo*
populorum in regem amore.... Ut & vicinæ gentes Francos habere reges deſiderarent, ſub
quibus..... libertate ſuâ populis uti liceret. D. Ruynart. Préf. ſur Grég. de Tours.
(i) Hiſtoire critique de l'établiſſement de la Monarchie Françoiſe dans les Gaules. L. 6.
chap. 16.
(k) *Si quis hominem per juſſionem Regis, vel ducis ſui qui illam Provinciam in poteſtate habet*
occiderit, non requiratur ei, nec fædoſus ſit, quia juſſio Domini ſui fuit, & non potuit con-
tradicere juſſionem; ſed Dux defendat eum & filios ejus pro eo.
Et ſi Dux ille mortuus fuerit, alius Dux qui in loco ejus accedit defendat eum. Lindenbrok,
codex legum antiquarum pag. 406.

du même titre la nécessité de la conviction du coupable. Si quelqu'un a machiné la mort du Duc, sa vie & ses biens sont au pouvoir du Duc. Mais il faut pour cela que le crime soit prouvé par trois témoins, en sorte que l'accusé ne puisse le nier. S'il n'y a qu'un témoin, & que l'accusé nie, on aura recours au jugement de Dieu en présence de tout le peuple, afin qu'aucun ne périsse par un effet de l'envie (1).

Aucun Bavarois ne peut perdre la vie ou les biens, que pour crime d'Etat, comme pour avoir attenté à la vie du Duc, pour avoir introduit l'ennemi dans la Province, lui avoir livré la ville. Si l'accusé est convaincu de ces crimes, le Duc sera maître de sa vie & de ses biens. Tous les autres crimes sont expiés, par une composition en deniers (m). Elle avoit lieu au profit du Duc pour une simple sédition excitée contre lui, pour un trouble causé dans l'armée.

Suivant l'usage du tems, les parens de celui qui avoit été tué, avoient droit de poursuivre le meurtrier, & d'exiger de lui une composition. Il leur étoit défendu de se conduire ainsi à l'égard de celui qui avoit tué par ordre du Roi ou du Duc; & s'il étoit poursuivi, le Duc étoit obligé de le mettre à couvert. Cela n'avoit lieu sans doute que dans le cas où le Duc pouvoit commander l'homicide. Et quand y étoit-il autorisé? C'étoit uniquement en cas de crime d'Etat commis dans l'armée qu'il commandoit; & après que ce crime avoit été prouvé ou par une information réguliere, ou par le combat judiciaire, suivant la barbarie du siecle. Le Duc étoit juge Souverain des crimes d'Etat commis par les soldats & les Officiers, & son jugement devoit être appuyé sur la preuve réguliere du forfait. Il en étoit de même du Roi; & on vient nous dire que le Roi pouvoit condamner les plus grands Seigneurs arbitrairement & sans formes.

Le texte de la loi des Bavarois à été copié dans un Capitulaire, dont l'abbé Du Bos abuse encore. On y lit cependant qu'alors c'est la loi & l'ordre du juge qui ont commis l'homicide, & c'est pour cela qu'on ne peut pas inculper celui qui n'a fait que prêter sa main. (n). Cela suppose, que l'ordre avoit été donné conformément à la loi. Pourroit-on parler ainsi d'une jussion arbitraire, donnée sans procédure préalable, sans conviction du coupable? Tous les textes des Capitulaires exigent expressément la conviction préalable de l'accusé (o). Comment y trouveroit-on

---

(1) *Si quis contra Ducem suum, quem Rex ordinavit in Provinciâ illâ, aut populus sibi elegerit Ducem, de morte ejus consiliatus fuerit & exindè probatus negare non potest, in Ducis sit potestate homo ille, & vita illius & res ejus insiscentur in publico.*

Et hoc non sit per occasionem factum, sed probata res expediat veritatem, nec sub uno teste, sed sub tribus testibus personis coæqualibus sit probatum. Si autem unus fuerit testis, & ille alter negaverit tunc Dei accipiant judicium: Exeant in campo, & cui Deus dederit victoriam, illi credatur. Et hoc in præsenti populo fiat, ut per invidiam nullus pereat.

(m) *Ut nullus Bajuvarius alodem aut vitam sine capitali crimine perdat, id est si aut in necem Ducis consiliatus fuerit, aut inimicos in Provinciam invitaverit, aut civitatem capere ab extraneis machinaverit, & exindè probatus inventus fuerit, tunc in Ducis sit potestate vita ipsius, & omnes res ejus & patrimonium.* Ibid. p. 404.

(n) *Quia lex & jussio Dominica occidit eum, & ipse non potuit contradicere.* Baluse Capitul. T. 1. Col. 902.

(o) *Ibid.* T. 1. Col. 718. 910. Tom. 2. Col. 5. 6. 79. 101. 236. 269. 322. 359.

òn la preuve de la légitimité d'une punition de pur caprice?

Quant aux deux faits rapportés par Grégoire de Tours, qui ne fent l'inconvénient qu'il y a à convertir en regle ce qui peut n'être qu'une pure violence & une infraction des loix? Il y en a eu fans doute dans tous les tems.

Rauchingus avoit complotté avec les premiers du Royaume de Clotaire pour tuer le Roi Childebert. Il devoit avoir pour lui le royaume de Champagne. D'autres conjurés devoient avoir le refte du Royaume, à l'exclufion du Roi Gontran. Il étoit déjà en chemin pour l'exécution de fon projet, lorfque Gontran fit avertir Childebert du danger qui le menaçoit. Ce Prince s'étant affuré de la vérité des faits par des informations, fit venir Rauchingus fous prétexte de s'entretenir avec lui de différentes chofes, & l'ayant enfuite congédié, il le fit affaffiner fur les degrés du Palais. Il prétendit jufqu'au dernier foupir être fils du Roi Clotaire. On trouva chez lui plus d'or qu'il n'y en avoit dans le tréfor du Roi. La confpiration étoit fi certaine, que les autres conjurés étoient en campagne avec une armée (p).

Si ce fait préfente la conféquence que l'abbé du Bos en tire, on doit conclure auffi du meurtre des Guifes, qu'Henri III. avoit droit de faire mourir les plus grands Seigneurs fans regle & fans forme.

A l'égard de l'hiftoire de Chandon, voici ce qui nous en eft refté. Le Roi Gontran chaffant dans la forêt de Houges, & ayant reconnu les traces de la mort d'un Bœuf fauvage, voulut favoir qui avoit commis ce délit dans une forêt Royale. Le garde de la forêt accufa Chandon fon Chambrier. Ils furent confrontés enfemble en préfence du Roi, & l'accufé ayant perfévéramment nié, le Roi ordonna le combat. Chandon fournit un Champion à fa place. Les deux combattans fe tuerent réciproquement; & le crime étoit cenfé prouvé toutes les fois que l'accufé ne fortoit pas victorieux. Chandon qui le fentoit bien, voulut s'enfuir dans l'Eglife de faint Marcel, & le Roi le fit arrêter & lapider, avant qu'il y fût arrivé (q).

Qui ne voit là une preuve du délit acquife fuivant les formes ufitées? Comment en inférer que le Roi pouvoit condamner fans aucune forme, fans conviction réguliere! L'hiftorien dit expreffément que Gontran eut un vif repentir d'avoir fuivi le mouvement de fa colere, & d'avoir condamné un de fes Officiers avec tant de précipitation pour une faute fi légere.

Il n'eft pas vrai, comme l'avance l'abbé du Bos, qu'aucun hiftorien ne fe plaigne de ces coups d'autorité exercés par le Roi fans aucune forme contre des Sujets de quelque qualité qu'ils fuffent. Grégoire de Tours raconte que les Evêques reprocherent à Childebert d'avoir mis en prifon

(p) *Gregor. Turon. hiftor. francorum. L. 9 C. 9.*
(q) *Ibid.* L. 10. C. 10.

Gilles Evêque de Metz *abſque audientiâ*, & que ſur cette remontrance il le laiſſa aller (r).

En 670. Chilperic s'attira la haine des François, parce qu'il les opprimoit, & auſſi parce qu'il avoit fait fouetter un Franc ſans qu'il eut été jugé ſuivant la loi (s).

„ Après la mort le Roi Loys, dit un autre hiſtorien, couronnerent
„ li François Clothaires un cien fils l'aîngné de ſes trois fiuls, & gou-
„ verna le Royaume entre li & ſa mere la Roine Banthieut. Lors fu-
„ rent li François en doute de cui ils feroient maître du Palais. En la
„ parfin en élurent un qui avoit non Ebrouints. Ce fu cilz qui fit marti-
„ rier Monſeigniour ſaint Ligier, l'Evêque d'Oſtun. Cilz Rois Clo-
„ thaires morut, quant il ot quatre ans régné. Hors couronnerent li
„ François le mainé qui avoit non Théoderic; Childéric le tiers en-
„ voierent en Auſtraſie avec le Duc Vulphoalz pour le royaume recevoir.
„ Deſlors commença li Royaume de France à abeiſſier & à décheoir, &
„ li Roi à fourlignier du ſens & de la puiſſance de leurs anceſſours. Si
„ étoit li Royaumes gouvernés par chambellans & par conneſtables,
„ qui étoient appellés maîtres du Palais; ne li Roi n'avoient pas ſeule-
„ ment que le non; ne de riens ne ſervoient fors de boire & de man-
„ gier. En un chatel ou en un manvir demouroient toute l'année juſ-
„ ques aux Kalandes de mai. Lors iſſoient hors en uns chaarz pour
„ ſaluer le peuple & pour être ſalué d'eulx, dons & préſens prenoient,
„ & aucuns en rendoient, puis retournoient à l'oſtel, & étoient einſſy
„ juſques aux autres Kal. de Mai. Cilz Ebrouints meſtres du Palais fit
„ tant que li françois le cueillierent en ſi grand haine pour ſon orgueil &
„ pour ſa cruauté, & le Roi Théodoric auſſi pour ce qu'il les grévoit
„ de ſon conſeil. Agais leur bâtirent une heure, & les priſtrent ambe-
„ deulz, Ebrouin tondirent & l'envoierent en une abbaie de Bourgoigne
„ qui a non Luxovium. Le Roi Théodoric chaſſierent de France, &
„ aucunes des Chroniques dient que ils le tondirent auſſi en l'abbaie Saint
„ Denis.

„ Lors manderent le Roi Childeric d'Auſtraſie ſon frere & le Duc
„ Vulphoalz, & le couronnerent & le firent Roi ſur euls. Cilz Roi

(r) *Ibid.* L. 10. C. 19.
(s) *In Franciâ defunctô Clotario qui regnavit annis quatuor, Theodoricus & Childericus fratres ejus ſublimantur in regno. Theodoricus in Franciâ habens Majorem domûs Hebroïnum ;
Childericus verò in Auſtriâ cum Walfardo Duce. Eo tempore Franci adverſùs Hebroïnum inſi-
dias parant, ſuper Theodoricum conſurgunt eumque regno dejiciunt, crines ejus incidunt, Hebroïnum verò totonderunt, eumque Luxovium monaſterio in Burgundiâ dirigunt. In Auſtriâ
propter Childericum legationem mittentes accommodant, & unâ cum Walfardo duce veniens,
in regnum Francorum elevatus eſt. Erat autem ipſe Chilpericus levis, omnia nimis incautè
peragebat, donec inter eos odium maximum & ſcandalum crevit, Francos verò valdè opprimens.
Ex quibus uno Franco, nomine Bodilone, ad ſtipitem tenſum cœdi valdè ſine lege præcepit.
Hæc videntes Franci, irâ commoti, Ingobertus videlicet & Amalbertus & reliqui majores natu Francorum ſeditionem contra Childericum concitantes, Bodilo cum reliquis ſuper regem ſur-
gens eum interfecit unâ cum Reginâ prægnante. Valfardus quoque per fugam vix evadens
in Auſtriam reverſus eſt. Franci verò Leudeſium filium Hercinaldi Majorem domatum Palatii elegerunt.* Recueil des Hiſtoriens de France, T. 2. p. 652.

,, Childeric étoit moult légiers de courage, 'ses fais faisoit' follement
,, & sans conseil. Pour ce le commencierent li françois à hair trop
,, durement; si n'étoit pas de merveilles, car il leur faisoit trop de
,, griez sans raison. Une fois en fit-il prendre un des plus grands &
,, des plus nobles, qui Bodile avoit non; estraindre & lier le fit à une
,, estache, si le fit battre moult cruellement sans loi & sans jugement.
,, Quand li autre virent que il faisoit tiez cruautés sans raison, si en
,, orent trop grant ire & trop grand desdain, ensemble firent conspira-
,, tion & s'assemblerent contre li. De cette conspiration furent prin-
,, cipal Ingobert & Amaubert & plusieurs autres des plus nobles du
,, Royaume. Cilz Bodile que il ot fait & battre à l'estache, l'épia
,, un jour que il chaçoit en bois entre li & autres accompaignons,
,, seul le trouverent, & li coururent sus & l'occistrent & la fame Bli-
,, childe aussi qui étoit grosse d'enfant. Vulphoalz le mestre du Palais
,, échapa à quelque peine, & s'enfui en Austrasie. Lors firent li fran-
,, çois maître du palais Leudesie le fils Archinoalz par le conseil saint
,, Légier l'Evêque d'Ostun & son frere Garin, si rappellerent a Roi
,, Théodoric qu'il en avoient chacié (t) ''.

On peut juger par ce seul trait si les Rois avoient droit de condamner
un grand Seigneur à mort sans aucune forme. On trouveroit facilement
beaucoup de faits semblables, s'il n'étoit pas plus à propos de les négliger pour s'attacher uniquement aux loix.

En supposant que les Rois de la premiere Race eussent été en possession de tuer sans regle, ce barbare usage n'auroit pas subsisté longtems
sous la seconde Race. On reproche à Louis le Débonnaire d'avoir fait
violence à plusieurs de ses Féaux; & au mépris des loix divines & humai-
nes, de les avoir dépouillés de leurs biens, envoyés en exil, condamnés
à mort, sans qu'ils eussent été entendus, & par là de s'être rendu coupable d'homicide (v).

Les Evêques du quatrieme Concile de Tolede tenu en 633 mettent au
nombre des devoirs du Roi, de ne point juger seul les causes, où il s'a-
git de la vie & des biens de leurs Sujets, & de ne condamner aucun
accusé que dans un jugement public & après conviction (w).

(t) *Recueil des Historiens de France,* T. 3. p. 305.
(v) *Quod nonnullis ex suis fidelibus, qui pro ejus suorumque filiorum fidelitate & salvatio-
ne, regnique nutantis recuparatione humiliter eum adierant, & de insidiis inimicorum sibi
præparatis certum reddiderant, violentiam intulerit; & quod contra legem divinam videlicet ad humanam eos & rebus propriis privaverit, & in exilio tradi jusserit, atque ab-
sentes morti adjudicari fecerit, & judicantes procul dubio ad falsum judicium induxerit....
& in hoc reatum homicidii incurrendo divinarum seu humanarum legum violator extitisset.*
Ibidem T. 6. p. 245.
(w) *To quoque præsentem Regem futurosque sequentium ætatum Principes humilitate
quâ debemus, deposcimus & moderati & mites erga subjectos existentes, cum justitiâ &
pietate populos à Deo vobis creditos regatis, bonamque vicissitudinem, qui vos constituit,
largitori Christo respondeatis: regnantes cum humilitate cordis, cum studio bona actionis.
Ne quisquam vestrûm, solus in causis capitum aut rerum sententiam ferat; sed consensu publico; cum rectoribus ex judicio manifesto delinquentium culpa patescat; servatâ vobis in*

Rien n'eft plus précis fur ce point que ce qu'on trouve dans le treizie-me Concile de Tolede tenu en 683. Le Roi Ervige expofe aux Evêques affemblés par fon ordre, combien il eft conforme à toutes les regles de la juftice qu'aucun accufé, Eccléfiaftique ou Laïc, ne foit condamné par artifice ou par violence; qu'on n'emploie pas la force pour arracher de lui des aveux contraires à la vérité; qu'étant examiné & interrogé publi-quement il foit puni, fi on le trouve coupable; ou déclaré innocent par le jugement commun (x).

Les Evêques prononcent fur cette matiere à la requifition du Roi. Ils reconnoiffent que dans les tems antérieurs plufieurs Officiers du Palais avoient été privés de leurs dignités, & condamnés à la mort ou à une ignominie perpétuelle par le jugement des Rois. C'eft une injuftice in-fupportable & une impiété qu'ils veulent abolir (y).

Le Concile ordonne qu'à l'avenir aucun officier du Palais, aucun Reli-gieux ne fera privé de l'honneur de fon ordre ou de la dignité Palatine, même en vertu de la puiffance Royale, mis à la queftion, ou autrement tourmenté, privé de fes biens, ni emprifonné, fans un crime évident de fa part. L'accufé confervant toujours fon rang, fera examiné dans l'af-femblée publique des Prêtres, des Seigneurs, & des autres Officiers; & là, ou il fera déclaré innocent, ou on prononcera contre lui la peine qu'il mérite (z).

Ce fage Réglement fera obfervé auffi à l'égard de toutes les perfonnes libres (a).

offenfis manfuetudine, ut non feveritate magis in illis quàm indulgentiâ polleatis: ut dùm om-nia hæc, auctore Deo, pio à vobis moderamine confervantur, & Reges in populis, & populi in Regibus, & Deus in utrisque lætetur. Concil. Labbe T. 5. Col. 1725.

(x) Nam de accufatis modum volumus ponere juftiffimæ perquifitionis, quo five de Reli-giofis, five de Laïcis quifquam accufationis cujufque ftudio propulfatus, non occultis fraudi-bus vel violentiis comprimatur, nec ad dandan profeffionem violenter arceatur, fed in communi omnium examine judicetur; quo fecundum publicæ confeffionis fuæ tenorem; aut offenfibilis debiter damnationis pœnas excipiat, aut innocens ex judicio omnium comprobatus clarefcat. Conc. Labbe T. 6. Col. 1254.

(y) Decurfis retrò temporibus vidimus multos, & flevimus, ex Palatii ordinis officio ce-cidiffe, quos & violenta profeffio ab honore dejecit, & trabale Regum fanctione judicium aut morti, aut ignominia perpetuæ fubjugavit. Quod importabile malum & impietatis facinus exhorrendum religiofi Principis noftri animus abolere intendens, generali omnium Pontificum arbitrio retractandum invexit, & ultrici Synodalis potentiæ auctoritate cohibendum inftituit. Ibid. Col. 1257.

(z) Unde congruam devotionis ejus fententiam decernentes, hoc in commune decrevimus, ut nullus deinceps ex Palatini ordinis gradu, vel Religionis Sanctæ conventu, regiæ fubtili-tatis aftu, vel profana poteftatis inftinctu, five quorumlibet hominum maliciofa voluntatis ob-nixu, citra manifeftum & evidens culpæ fuæ indicium ab honore fui ordinis, vel fervicio do-mûs Regiæ arceatur: non anteà vinculorum nexibus illigetur; non quæftioni fubdatur; non quibuslibet tormentorum vel flagellorum generibus maceretur; non rebus privetur; non etiam carceralibus cuftodiis mancipetur; neque adhibitis hinc inde injuftis occafionibus abdicetur, per quod illi violentia occulta vel fraudulenta profeffio extrahatur: fed is qui accufatur, gra-dum ordinis fui tenens, & nihil antè de fupradictorum capitulorum nobilitate perfentiens, in publicâ Sacerdotum, feniorum, atque etiam Gardingorum difcuffione reductus, & juftiffi-mè perquifitus, aut obnoxius reatui detectæ culpæ legum pœnas excipiat, aut innoxius judicio omnium comprobatus appareat. Ibid.

(a) Nam de cæterorum ingenuorum perfonis, qui Palatinis officiis non hæferint, & tamen

Le Concile ne croit pas apparemment pouvoir abolir l'usage de flagel-
ler les personnes libres pour des fautes légeres. Il décide au moins que
par là ils ne perdront ni la faculté de porter témoignage en jugement, ni
la propriété de leurs biens (b). Il laisse aussi au Roi le droit de changer ses Officiers pour faute par eux commise dans leur service (c). Tous
les Rois qui contreviendront à ce Decret, sont déclarés excommuniés,
& on prononce la nullité de ce qu'ils auront fait au contraire. (d)

Ervige ne pouvoit pas regarder un Decret fait par son ordre, comme
attentatoire à son autorité, comme lui enlevant des droits qui lui étoient
légitimement acquis sur ses Sujets. Il l'a au contraire confirmé nommément par un Edit exprès (e).

C'est s'arrêter trop longtems sur l'assertion témeraire de l'abbé du Bos.
Il a vû le Despotisme régner de son tems. Il devoit en gémir, sans en
chercher les traces dans nos premiers âges.

Combien de fois nos Monarques ne se font-ils pas fait un devoir de rendre hommage à la liberté de leurs Sujets, en leur promettant de les garantir de tout acte d'autorité contraire à la justice & à la Constitution pleine
d'équité du Gouvernement François? En 856, Charles le Chauve déclara
dans un Capitulaire adressé à ceux des Francs qui avoient eu la perfidie
de l'abandonner, que, si l'on pouvoit prouver qu'il leur eût fait quelque
injustice, ou qu'*il en eût fait arrêter quelqu'un*, il étoit prêt à réparer le tort
qu'ils avoient souffert, suivant que ses Féaux l'estimeroient convenable (f).

*ingenuæ dignitatis titulum reportare videntur, similis ordo servabitur.... Quod si de infide-
litatis crimine quidquam eis objicitur, simili, ut superiùs præmissum est, ordine judicandi
sunt.* Ibid. Col. 1258.

(b) *Qui, etiamsi pro culpis minimis (ut assolet) flagellorum ictibus à Principe verberen-
tur, non tamen ex hoc aut testimonium amissuri sunt, aut rebus sibi debitis privabuntur:*
Ibidem Col. 1258.

(c) *Nec enim hæc & talia promentes, Principibus domesticæ correctionis potestas adimitur.
Nam specialiter de Laïcis illis, quos non culpa infidelitatis astrinxit, sed aut servitii sui officio torpentes, aut in commissis sibi actibus reperiuntur esse mordaces, vel potiùs negligentes,
erit Principi licitum hujusmodi personas, absque aliquo eorum infamio, vel rei propriæ damno, & servitii mutatione corrigere, & in commissos talium alios qui placeant, transmutare.*
Ibidem.

(d) *Quod Synodale decretum divino, ut confidimus, Spiritu promulgatum, si quis Regum
deinceps aut temeranter custodire neglexerit, aut malitiosè præterire præelegerit, quo quisquam de personis taxatis aliter quàm præmissum est, prædamnetur, aut astu congestæ malitiæ
perimatur, vel dejectus sui ordinis loco privetur; sit cum omnibus, qui ei ex delectatione
consenserint, in conspectu altissimi Dei Patris, & unigeniti filii ejus, atque Spiritûs sancti,
perenni anathemate ultus, & divinis vel æternis addicetur ardoribus concremandus. Et in-
super quidquid contra hanc regulam sententia nostræ, aut in personâ cujuscumque fuerit actum, aut de rebus accusatæ personæ extiterit judicatum, nullo vigore subsistat, quo persona
ipsa aliter quam decernimus judicata, aut testimonii sui dignitatem amittat, aut quæstu rei
propriæ careat.* Ibidem.

(e) Ibidem Col. 1271.

(f) *Si aliquis de vobis se reclamat quòd injustè alicui de vobis fecit, & ad rectam rationem & justum judicium venire non potuit..... Aut ipse aliquem de vobis comprehendere
voluit.... quia omnis quicumque de vobis ad rectam rationem ad illum & antè suos fideles
venire voluerit, hoc ei concedit. Et si justè & rationabiliter inventum fuerit quòd rectam
rationem contra eum aliquis de vobis habuerit, cum consilio fidelium suorum hoc voluntariè
emendabit.* Capitul. Balus. tom. 2. col. 79.

Dans un autre Capitulaire, nos Monarques vouloient que les peuples fuſſent intimement perſuadés, *certiſſimum teneant*, qu'aucun d'eux, de quelque Ordre qu'il fût, ne ſeroit privé ni par volonté arbitraire, ni par la ſuggeſtion de gens paſſionnés, ni contre les regles judiciaires, ou celles de l'équité & de la raiſon, des droits qui lui étoient acquis par les loix (g).

Charles le Chauve, & Louis le Begue ſon fils, proteſterent par un diplome ſemblable, qu'ils maintiendroient fidélement la liberté des Sujets conformément aux loix Civiles & Eccléſiaſtiques, & que, loin de les opprimer par voie de fait, ou contre l'ordre de la juſtice, ils les traiteroient avec honneur, comme l'ordre & la décence le demandoient (h).

Le Roi Lothaire & Louis II. ſe montrerent pénétrés du même eſprit. Le premier défendit de rien entreprendre contre les perſonnes libres, ſi ce n'étoit dans les formes légales, & ſelon l'équité (i). Le ſecond rendit graces à Dieu de ce qu'il n'avoit dépouillé perſonne injuſtement de ſes droits (k).

Faudroit-il d'autres preuves de l'état libre des François que les inſtructions données par nos Rois à leurs ſucceſſeurs, en leur tranſmettant la couronne?

Charlemagne ſentant ſa fin approcher, aſſembla en 813 tous les Grands de ſon royaume & toute ſon armée, demandant à tous depuis le plus grand juſqu'au plus petit, s'ils trouvoient bon qu'il donnât à ſon fils le titre d'Empereur. Sur la réponſe affirmative ils ſe rendirent à l'Egliſe, & Charlemagne fit mettre ſur l'autel une couronne autre que celle qu'il portoit ſur ſa tête (l).

(g) *Volumus ut omnes fideles noſtri* certiſſimum teneant *neminem, cujuslibet ordinis, aut dignitatis, deinceps noſtro inconvenienti libitu, aut alterius calliditate, pro merito, honore debere privari, niſi juſtitiæ judicio & ratione, atque æquitate dictante, legem verò unicuique competentem me obſervaturum.* Ibid. tom. 2. col. 5.

(h) *Ut omnes noſtri fideles veraciter ſint de nobis ſecuri, quia .... unumquemque ſecundùm ſui ordinis dignitatem & perſonam honorare & ſalvare, & honoratum ac ſalvatum conſervare volumus. Et unicuique eorum in ſuo ordine ſecundùm ſibi competentes leges tam Eccleſiaſticas quàm mundanas, rectam rationem & juſtitiam conſervabimus: & nullum contra legem vel juſtitiam aut authoritatem & juſtam rationem, aut damnabimus, aut deshonorabimus, aut opprimemus, vel indebitis machinationibus affligemus .... & legem unicuique competentem in omni dignitate & ordine nos ſervaturos perdonamus.* Ibid. col. 269.

(i) *Placuit nobis de omnibus liberis hominibus, ut nihil eis ſuperponatur, niſi ſicut lex & rectitudo continet.* Ibid. col. 322.

(k) *Chriſti cuſtodiente clementiâ, neminem injuſtè privavimus, ſed neque privari absque legali ſanctione, aliquem noſtrorum fidelium volumus beneficio.* Ibid. col. 357.

(l) *Imperator cum jam intellexiſſet appropinquare ſibi diem obitûs ſui, (ſenuerat enim valdè) vocavit filium ſuum Ludowicum ad ſe cum omni exercitu, Epiſcopis, Abbatibus, Ducibus, Comitibus, Locopoſitis; habuit grande colloquium cum eis Aquisgrani Palatio, pacificè & honeſtè admonens ut fidem erga filium ſuum oſtenderent. Interrogans omnes à maximo uſque ad minimum ſi eis placuiſſet ut nomen ſuum, id eſt, Imperatoris, filio ſuo Ludowico tradidiſſet. Illi omnes reſponderunt Dei eſſe admonitionem illius rei. Quo facto, in primâ die Dominicâ ornavit ſe cultu regio, & coronam capiti ſuo impoſuit, incedebatque clarè veſtibus & ornatus, ſicut eum decuerat. Perrexit ad Eccleſiam, quam ipſe à fundamentis conſtruxerat, pervenitque ante altare in eminentiori loco conſtructum cæteris altaribus, & conſecratum in honorem Domini noſtri Jeſu Chriſti, ſuper quod coronam auream, aliam quam ipſe geſtabat, in capite ſuo juſſit poni.*

Après avoir fait de longues prieres, il recommanda à son fils, en présence de tous les Evêques & de tous les Grands du Royaume, d'aimer & de craindre Dieu.... *d'aimer son peuple comme ses enfans*.... d'établir des ministres fideles & craignans Dieu, qui eussent en horreur les présens; *de ne priver personne de sa dignité sans cause*, & de se conduire en tout tems d'une maniere irréprochable aux yeux de Dieu & à ceux de son Peuple (m).

Après avoir donné ces conseils, Charlemagne demanda à son fils s'il vouloit les suivre. Louis le Débonnaire promit de s'y conformer exactement. L'Empereur alors lui ordonna de prendre la Couronne sur l'autel, de la mettre lui-même sur sa tête & de ne pas oublier tous les commandemens qu'il venoit de lui faire (n).

Joinville nous a conservé les instructions données par Saint Louis à Philippe son fils aîné, en présence de ses autres enfans, & que ce Prince laissa par écrit.

„ Beau fils, la premiere chose que je t'enseigne & commande à gar-
„ der, si est que de tout cœur & sur toute rien, tu aimes Dieu. Car
„ sans ce nul homme ne peut être sauvé.... Soies tel que tel confes-
„ seurs, tel parens & familiers te puissent hardiment reprendre de
„ ton mal, que tu auras fait, & aussi à t'enseigner tel faits.... aies le
„ cœur doux & piteux aux Poures, & les conforte & aide en ce que
„ pourras. *Maintien les bonnes coutumes de ton Royaume*, & abbaisse &
„ corrige les mauvaises. Garde toi de trop grant convoitise, *ne boute*
„ *pas sur trop grans Tailles ne subcides à ton peuple*, si ce n'est pas trop
„ grant nécessité pour ton royaume défendre.... Aussi fait droiture &
„ justice à chacun, tant au Poure comme au riche.... Si aucune con-
„ troversité ou action se meut, enquiers-toi jusques à la vérité soit tant
„ pour toi que contre toi. Si tu es adverti d'avoir aucune chose de l'au-
„ trui, qui soit certaine, soit par toi ou par tes Prédécesseurs, fait la
„ rendre incontinent. Regarde en toute diligence comment tel Gens &
„ Subjects vivent en paix & en droiture dessoubs toi, par espécial ès
„ bonnes villes & citez & ailleurs. *Maintien les franchises & libertés*,

(m) *Postquam diù oraverunt ipse & filius ejus, locutus est ad filium suum coram omni multitudine Pontificum & Optimatum suorum, ammonens eum imprimis omnipotentem Deum diligere & timere, ejus præcepta servare in omnibus; Ecclesias Dei gubernare, & defendere à pravis hominibus; sororibus suis & fratribus, qui erant natu juniores, & nepotibus & omnibus propinquis suis indeficientem misericordiam semper ostendere præcepit. Deinde Sacerdotes honorare ut patres, populum diligere ut filios, superbos & nequissimos homines in viam salutis coactos dirigere, Cænobiorum consolator & pauperum esse, Fideles Ministros & Deum timentes constituere, qui munera injusta odio haberent; nullum ab honore suo sine causâ discretionis ejicere; semetipsum omni tempore coram Deo & omni populo irreprehensibilem demonstrare.* Recueil des Historiens de France Tom. 6. p. 75.

(n) *Postquam hæc verba & alia multa coram multitudine filio suo ostenderat, interrogavit si obediens voluisset esse præceptis suis. At ille respondit libenter obedire, & cum Dei adjutorio omnia præcepta quæ mandaverat ei Pater, custodire. Tunc jussit eum Pater ut propriis manibus Coronam quæ erat super altare elevaret & capiti suo imponeret ob recordationem omnium præceptorum quæ mandaverat ei Pater. At ille jussionem Patris implevit.* Ibidem.

„ *efquelles tel anciens les ont maintenus & gardés*, & les tient en faveur
„ & amour.... Et garde toi bien que *tu faces en la maifon dépence rai-*
„ *fonnable & de mefure* (o).

Philippe le Bel a tenu le même langage à Louis le Hutin fon fils aîné.

„ Gardez honnêteté en votre habit & office, & montrés mureté en
„ vos mœurs & coutume. Ne vous montrés mie héraut ou jongleur, &
„ faites tant que par votre gouvernement appaire clairement que vous
„ foiés fils de Roi, & encore de Roi de France. Lefquels derniers mots
„ répéta plufieurs fois par réplication moult fouvent redifant: Poifés
„ que c'eft être Roi de France; & lors vous montrés tel que Dieu foit en
„ vous glorifié, & le peuple à vous fubjet en foit confolé & conforté.
„ Après entendés au bon gouvernement de votre royaume, *& en toutes*
„ *chofes, tant que vous pourrés, étudiés par grande folicitude à garder juftice.*
„ Après je vous enjoins & commande tant comme je puis que à favoir
„ l'état du royaume vous mettiés le plutôt que vous pourrés diligence
„ par effet, & vous gouvernés en toutes chofes par le confeil de mes
„ freres vos oncles, & a donc ne pourrés-vous rien faire que bien. Après
„ que ferés facré à Rheims, confiderés que ferés Roi de France, & ho-
„ norés en vous même la Royale dignité. Faites tant que foiés digne
„ d'honneur Royal, & qu'entour vous ne appare aucune deshonnêteté,
„ ne familiarité de viles perfonnes (p) ".

Theveneau (dans fon Epître à Louis XIII) cite cet autre avis du même
Prince, qu'il dit *avoir extrait de l'Hiftoire.* „ Ne penfe pas, mon fils, que
„ les François foient les efclaves des Rois, ains plutôt des loix du Ro-
„ yaume, auxquelles la vertu fait que les Rois s'y affujettiffent. Par
„ ainfi, ufe de la loi, & non de la puiffance abfolue, afin que la ju-
„ ftice, & non la tyrannie, foit le vrai & folide fondement de ta
„ puiffance (q)".

On retrouve ces idées fi faines & fi exactes jufques dans l'inftruction
que Louis XI. mourant laiffa à Charles VIII. fon fils, fous le nom de *Ro-*
fier des guerres. „ Quand les Rois ou les Princes ne ont regard à la loi,
„ en ce faifant, ils font leur peuple ferf, & perdent le nom de Roi;
„ car nul ne doit être appellé Roi fors celui qui regne, & feigneurie
„ fur les Francs; car les Francs de nature aiment leur Seigneur, mais
„ les ferfs naturellement héent comme les efclaves leurs maîtres (r).

Le célebre de Seiffel, Archevêque de Turin, qui avoit eu la confiance
de Louis XII. difoit à François I. dans un Ouvrage qu'il compofa pour
ce jeune Monarque, que „ la modération & réfrénation de la puiffance
abfolue des Rois, eft à leur grand honneur & profit; car elle n'en eft
pas pour ce, moindre, mais d'autant eft plus digne qu'elle eft mieux réglée;

(o) Hiftoire de Saint Louis par Joinville, Edition de Du Cange, Part. 1. pag. 126. Part.
2. pag. 398.
(p) Du Tillet, Recueil des Rois de France, pag. 239. Edition de 1602.
(q) Préceptes d'Etat par M. A. Theveneau, 1617. pag. 253 & 528.
(r) Rofier des guerres, *ch.* 3. de juftice.

glée; fi elle étoit plus ample & plus abfolue, elle en feroit pire & plus imparfaite (s).

„ Bien que la France foit une Monarchie, ce font les termes de Duhaillan, fi eft-ce que par l'inftitution d'une infinité de belles chofes politiques qui la rendent floriffante, il femble qu'elle foit compofée de trois façons de Gouvernement; c'eft à fçavoir, de la Monarchie, qui eft d'un; de l'Ariftocratie, qui eft le Gouvernement des perfonnages graves & fages, choifis & reçus au maniement des affaires; & de la Démocratie, c'eft-à-dire, du Gouvernement populaire. Premiérement, il a le Roi qui eft le Monarque Souverain & abfolu, aimé, révéré, craint & obéi; & bien qu'il ait toute puiffance & autorité de commander & faire ce qu'il veut, fi eft-ce que cette grande & fouveraine liberté eft réglée, limitée & bridée par bonnes Loix & Ordonnances, & par la multitude & diverfité des Officiers qui font tant près de fa Perfonne, qu'établis en divers lieux de fon Royaume: ne lui étant tout permis, ains feulement ce qui eft jufte & raifonnable, & prefcrit par les Ordonnances & par l'avis de fon Confeil. Si bien, qu'à peine pourroient les Rois faire chofe trop violente, ni à trop grand préjudice de leurs Sujets; pour ce qu'ils ont autour d'eux plufieurs Princes & autres illuftres Perfonnages qui fervent comme de haches, qui retranchent de leur volonté ce qui eft fuperflu & redondant au préjudice du Public.

„ Il y a quelques Ecrivains bien hardis & qui donnent à toutes chofes, & qui ont écrit que c'eft crime de leze-Majefté de dire que l'Etat de la France fut compofé de trois chofes publiques...... comme fi cette opinion qui a été dictée & pefée par tant de bons & fideles ferviteurs de nos Rois diminuoit en rien leur autorité, grandeur & puiffance qui eft abfolue & fouveraine, qu'il n'y a jamais eu Monarchie en laquelle les Rois l'aient eu femblable. Mais leur bonté & le zele qu'ils ont toujours porté à la juftice & au bien, foulagement & repos de leur Etat & Peuple, leur a fait de leur propre mouvement faire des loix & des Officiers par le pouvoir & autorité defquels ils ont volontairement réglé & bridé leur puiffance, qui pour cela n'eft en rien diminuée, ravallée ou abaiffée, ains au contraire plus grande, plus affurée & plus doucement fupportée.

„ Nous ne difons point que la France foit un Etat compofé de trois façons de Gouvernement, ni divifé en trois, en puiffance abfolue & égale, chacun ayant la fienne, mais nous difons feulement qu'il femble qu'il le foit, vu les autorités des trois Etats, tous toutefois foumis à la puiffance du Souverain, qui eft le Roi, de laquelle ils tirent la leur, comme nous tirons du Soleil la clarté que nous voyons; & il y a bien grande différence entre fembler & être......

„ Toutes ces chofes font pour réfréner tellement la volonté défordonnée d'un Prince volontaire, qu'à la longue il eft force qu'il advienne qu'avant que fon commandement déraifonnable foit exécuté, il y ait temps & moyen pour lui faire changer d'opinion, ou pour l'empêcher. Et fi

---

(s) Monarchie Françoife, *part. 1. ch. 12.*

quelquefois il a été exécuté autrement qu'à point, il y a été depuis (ès choses réparables) donné remede convenable, ou à tout le moins les mauvais Ministres, fans lesquels à peine feroient jamais les Princes mauvaises choses, ont été punis, de forte que, ç'a été un enseignement à ceux qui font venus après. Cette forme de procéder est si anciennement gardée en ce Royaume, qu'un Prince, quelque dépravé qu'il foit, auroit honte de la rompre, & plufieurs de fes Sujets & ferviteurs craindroient de le lui confeiller, & applaudir à ce faire. Dont s'enfuit ce qui a été dit ci-deffus, que la puiffance Souveraine & Monarchique des Rois est réglée & modérée par honnêtes & raifonnables moyens qu'iceux Rois ont introduits & gardés le plus fouvent. De là vient, qu'ayant leur puiffance limitée, ils font beaucoup plus aimés, honorés & redoutés de leur Peuple, que ceux defquels le pouvoir est débordé fans aucune modération ni regle " (t).

Que cette attention de nos Souverains à s'interdire tous les actes du pouvoir arbitraire, & à maintenir la liberté légitime de leurs Sujets, donne une idée avantageufe de notre Gouvernement! Un Etat où des regles auffi falutaires font inviolablement fuivies, devient le féjour de la paix. Les Citoyens trouvant leur félicité dans l'autorité même à laquelle ils font foumis, s'attachent avec d'autant plus d'affection au Prince qui l'exerce, qu'ils fentent que fa force est leur propre falut, & que la perfévérance de leur bonheur dépend de la confervation de fa Perfonne, & de la profpérité de fon Thrône.

Machiavel lui-même, ce grand partifan du Defpotifme, n'a pu fe difpenfer d'avouer que ,, parmi les Royaumes bien ordonnés & bien gouvernés, est celui de France; qu'il s'y trouve une infinité de bons établiffemens, dont dépend la liberté & la fûreté du Roi ; le premier defquels est le Parlement & fon autorité.

D'un autre côté, dit-il ailleurs, le Royaume de France ne demeure affûré par autre chofe, qu'à caufe que les Rois y font obligés à une infinité de loix, où fe trouve la fûreté de tous les Peuples ..... defquelles Loix & Ordonnances les Parlemens font les gardiens & les protecteurs, & principalement celui de Paris " (v).

Mais faudroit-il d'autre preuve de l'état libre des François, que l'ancienne formule du ferment prêté par nos Rois ? ,, Je m'engage, avec l'aide de Dieu, difoit le Souverain dans cet acte folemnel, d'employer ,, mes lumieres, & mon pouvoir réglé par la raifon, *à honorer & conferver* ,, *en liberté* chacun de vous, felon fon rang & dignité, de le maintenir ,, dans fon honneur & dans fes droits, fans fraude, fans furprife, & fans ,, lui faire aucun dommage (x)".

(t) L'Etat & fuccès des affaires de France, *liv.* 3. *pag.* 190, 191, 193. *Edit. de* 1613.
(v) Le Prince, *chap.* 19. Difcours, *liv.* 1. *chap.* 16. *liv.* 3. *ch.* 1.
(x) *Et ego, quantum fciero, & rationabiliter potuero, Domino adjuvante, unumquemque veftrûm fecundûm fuum ordinem & perfonam honorabo & falvabo ; & honoratum ac falvatum absque ullo dolo, ac damnatione vel deceptione confervabo; & unicuique competentem legem & juftitiam confervabo. Et qui illam necaffe habuerit, & rationabiliter petierit, rationabilem*

La formule fut raccourcie fous la troifieme Race de nos Rois, mais elle n'en fut pas moins énergique: elle fut ainſi conçue : ,, Je promets à ,, mon Peuple que je ferai uſage de mon autorité pour la conſervation ,, de ſon droit & des loix (y) ''. Celle qu'on ſuit aujourd'hui eſt encore plus abrégée; elle fut envoyée par Louis XI. au Parlement: le Roi s'y oblige *de rendre juſtice à un chacun*, *ainſi qu'il appartient*. C'eſt ainſi que ce Prince l'expliqua lui-même dans ſa lettre jointe à la formule du nouveau ſerment (z), & c'eſt auſſi, à-peu-près, celui que prêta Henri IV. (a).

On voit donc que la puiſſance de nos Monarques a toujours été réglée par les loix de l'équité & par celles de l'Etat; & que ces principes de lumiere & de ſageſſe nés avec la Monarchie, en font là Conſtitution eſſentielle & primitive. Les François ont toujours vécu ſous l'empire de la Loi; le génie propre de la Nation Françoiſe eſt d'abhorrer tout ce qui caractériſe le pouvoir deſpotique. La nature de notre Gouvernement réſiſte à toute idée de ſervitude, qui ne répand que des impreſſions de terreur. Cependant nos Rois n'en ont été ni moins reſpectés, ni moins aimés, ni moins obéis. La modération de leur puiſſance abſolue, qui a toujours aſſuré le bonheur des Peuples & la fermeté du Trône, n'en a été qu'un gage plus certain & un lien plus étroit de la fidélité des Sujets.

,, Votre autorité, Sire, (diſoit le Parlement de Paris dans ſes célebres ,, Remontrances du mois d'Avril 1753.) eſt le plus ferme appui de la li- ,, berté légitime de vos Sujets : liberté qui vous les ſoumet plus ſûrement ,, que la contrainte, qui vous les attache plus ſûrement & par des liens ,, plus forts que ceux de la force; liberté qui, également oppoſée à la ,, licence & à la ſervitude, caractériſe le Gouvernement Monarchique''.

Les François ne ſçauroient être libres ſans ce double attribut de tout Sujet libre; d'être propriétaires de leurs biens, & de pouvoir diſpoſer de leurs actions & de leurs perſonnes. Les témoignages généraux, qui atteſtent leur liberté, prouvent donc qu'ils doivent jouir de ces deux prerogatives inſéparables de la liberté. Les preuves particulieres, qu'on va rapporter de leur poſſeſſion invariable ſur l'un & l'autre de ces attributs, confirmeront les témoignages généraux, & juſtifieront par des traits plus marqués, que le François eſt né libre, & que la liberté naturelle, dirigée par la Loi, forme ſon caractere & ſon apanage.

---

miſericordiam exhibebo; *ſicut fidelis Rex ſuos fideles per rectum honorare & ſalvare, & uni-* *cuique competentem legem & juſtitiam in unoquoque ordine conſervare, & indigentibus &* *rationabiliter petentibus rationabilem miſericordiam debet impendere.... Et ſi. per fragilita-* *tem contra hoc mihi ſubreptum fuerit, cùm hoc recognovero, voluntariè illud emendare curabo.* Capit. Baluſ. tom. 2. col. 101.

(y) *Populo quoque nobis credito me diſpenſationem legum in ſuo jure conſiſtentem noſtrâ* *autoritate conceſſurum.* Preuves des Libertés, ch. 7. n. 1. Recueil des Hiſtor. de France. T. XI. p. 658.

(z) *Item ut omnibus judiciis æquitatem & miſericordiam præcipiam.* De la Majorité des Rois. Tom. I. pag. 354.

(a) ,, Je tâcherai faire qu'en toutes vacations, ceſſent rapines & toutes iniquités. Je ,, commanderai qu'en tous jugemens l'équité & la miſéricorde aient lieu, à celle fin que ,, Dieu Clément & Miſéricordieux faſſe miſéricorde à moi & à vous''. Arrêts de Filleau, Tom. II. part. 3. tit. XI. p. 436.

SECTION PREMIERE.

Premier Attribut de la liberté Françoife,

Propriété des Biens.

AVOIR la propriété de fes biens eft *le droit effentiel de tout Peuple qui n'eft pas efclave* (b). Les Jurifconfultes en font l'un des attributs les plus diftinctifs de ceux qui vivent fous l'empire Monarchique. Nous lifons dans la République de Bodin, ,, que la Monarchie Royale eft celle où les Sujets obéiffent aux loix du Monarque, & le Monarque aux loix de nature *; demeurant la liberté naturelle, & propriété des biens aux Sujets......* C'eft très-mal dire, au jugement de cet Auteur, que de dire que les Princes peuvent prendre les biens de leurs Sujets *de puiffance abfolue; vaudroit mieux dire par force & par armes, qui eft le droit du plus fort & des voleurs;* vu que la puiffance abfolue .... ne peut attenter aux loix de Dieu, qui a prononcé haut & clair, par fa loi, qu'il n'eft licite de prendre le bien d'autrui. Car de dire que les Princes font Seigneurs de tout, cela s'entend de la droite Seigneurie & Juftice fouveraine, demeurant à chacun la poffeffion & propriété de fes biens : *Ad Reges poteftas omnium pertinet, ad fingulos proprietas ; omnia Rex imperio poffidet, finguli dominio* (c).

La principale différence que Boehmer remarque entre les Etats defpotiques & les autres Gouvernemens, eft que les Defpotes ont la pleine propriété de tous les biens, de maniere que leurs Sujets font cenfés ne tenir que de la bonté du Souverain, l'émolument qu'ils retirent des fonds dont ils jouiffent, fous fon bon plaifir; au lieu que dans les autres Etats, chaque Citoyen garde fa propriété, qui ne peut jamais recevoir d'atteinte que pour l'intérêt de la République (d).

Le Bret réfute, dans fon traité de la Souveraineté du Roi, l'erreur de ceux qui ,, *par une honteufe & fervile flatterie*, ont mis en avant que les ,, Sujets ne poffédoient leurs biens qu'à titre de précaire & d'ufufruit, ,, & que la propriété en appartenoit au Prince par droit de Souveraine-,, té ''. Il pofe pour principe que le Prince ne peut ôter ni difpofer du ,, bien de fes Sujets pour fa commodité particuliere, contre leur volon-,, té (e)''

Preuves de droit.

(b) Remontrances de la Cour des Aides de Paris, du 17 Août 1770. pag. 38.
(c) De la Répub. *L.* 2. *ch.* 2. *p.* 200. *ch.* 3. *p.* 205: *& l.* 1. *ch.* 8 *p.* 114 *&* 115. Edition de 1578. Séneq. *lib.* 7. *c.* 4 *&* 5. De Benefic.
(d) *Cæterum hic imprimis fervilia à cæteris regnis funt diftinguenda, cum in illis imperanti plenum jus in* bona *fubditorum competat, ficuti in proprium patrimonium, & quidquid inde percipiunt, hoc ex indulgentiâ imperantis feu heri, percipiunt.... in cæteris regnis proprietatem fuam bonorum finguli retinent, fed tamen fubordinatam fini Reipublicæ: coaluere enim vel ideò in Refpublicas, ut non tantùm fecuritatem quoad corpus, fed etiam quoad bona haberent, ut tutò fuis frui poffint.* Introd. in Jus Publ. pag. 250.
(e) *L.* 4, *ch.* 10.

Grimaudet emploie fon 7e. Opufcule politique à établir que les Rois n'ont pas la propriété des biens de leurs Sujets, & il fait enfuite l'application de fes principes à la Monarchie Françoife (f).

Selon l'Auteur de l'Efprit des Loix, dans le Gouvernement Monarchique, *il faut que la propriété & la vie des Citoyens foient affurées comme la conftitution même de l'Etat* (g). C'eft auffi la doctrine de M. Boffuet dans fa Politique facrée (h).

La Bibliotheque du Roi poffede le Manufcrit d'une Remontrance que Jean Juvénal des Urfins (Seigneur de Traignel, Chancelier de France, du temps du Roi Charles VII.) fit à ce Prince, où fe trouvent ces mots remarquables. „ On m'a rapporté qu'il y a en votre Confeil un qui en votre „ préfence dit, à propos de lever argent du Peuple duquel on alléguoit „ la pauvreté, *que Peuple toujours crie & fe plaint, & toujours paye*; qui fut „ mal dit en votre préfence : car c'eft plus parole qui fe doit dire en pré- „ fence d'un Tyran inhumain, non ayant pitié & compaffion du Peuple, „ que de vous qui êtes Roi Très-Chrétien. *Quelque chofe qu'aucuns dient* „ *de votre puiffance ordinaire, vous ne pouvez pas prendre le mien ; ce qui eft mien* „ *n'eft pas votre. Peut bien être qu'en la juftice vous êtes Souverain, & va le* „ *reffort à vous. Vous avez votre Domaine, & chacun particulier le fien* (i).

Ces maximes ont toujours été connues en France. Nos anciennes loix, la conduite des Monarques, tout annonce qu'ils ne fe croyoient pas permis de porter atteinte à la propriété de leurs Sujets.

La Loi des Vifigots a régi autrefois une partie des Provinces du Royaume. Elle renferme un Edit confirmatif de la décifion du huitieme Concile de Tolede tenu en 653. Il s'éleve avec force contre l'injuftice de quelques Rois, qui s'étoient emparés par violence du bien des Peuples, en les forçant à leur en tranfmettre la propriété. Elle défend par un Réglement éternel à tous ceux qui occuperont le Thrône, d'arracher de leurs Sujets aucuns actes tendant à les priver de ce qui leur eft dû. Si le Prince reçoit quelque chofe de la libre volonté du Propriétaire, ou s'il recueille feulement ce qui lui appartient légitimement, l'acte, qui fera paffé, marquera ou la pleine volonté du Donateur, ou la caufe du paiement. Découvre-t-on que le Prince a fait foufcrire l'acte par force? Il fera obligé de reftituer lui-même ce qu'il aura mal acquis, ou après fa mort fon Succeffeur fera cette reftitution (k).

(f) Oeuvres de Grimaudet, Avocat du Roi à Angers, *pag.* 521.
(g) L. 6. ch. 1.
(h) L. 8. art. 2. propofit. 2, 3 & 4.
(i) Opufcules de Loyfel. *Pag.* 490.
(k) *Cum præcedentium ferie temporum immoderatior aviditas Principum fefe prona diffunderet in fpoliis populorum, ut augeret rei propriæ cenfum ærumna flebilis fubjectorum; tandem fupernæ refpirationis afflatu nobis eft divinitis infpiratum, ut qui à fubjectis legis reverentiam dederamus, Principum quoque exceffibus retinaculum temperantiæ poneremus. Proinde fincerâ manfuetudinis noftræ deliberatione, tam nobis quam cunctis gloriæ noftræ fucceffibus adfuturis, Deo mediante, legem ponimus, decretumque divalis obfervantiæ promulgamus : ut nullus regum impulfionis fuæ quibuscumque motibus vel factionibus fcripturas de quibuslibet rebus alteri debitis itâ extorqueat, vel extorquendas inftituat, quatenis*

Pour s'affurer de la vérité, les actes faits au nom du Prince feront fouf-
crits de témoins, par la déclaration defquels on pourra favoir s'il y a eu,
ou de la contrainte de la part du Prince, ou de la fraude dans le Ré-
dacteur de l'acte. Ce témoignage fervira auffi pour attefter la légitimité
des conventions qui auront été confommées fans écrit; & on prendra ces
précautions, lorfqu'il s'agira de prés, de vignes, de terres, ou d'efclaves (l).

Quoi de plus propre à prouver que les Sujets ont la proprieté de leurs
biens ?

Preuves de fait. Ajoutons à des témoignages fi précis les preuves de fait qui naiffent de
nos Loix & des ufages qui fe perpétuent fous nos yeux.

Charles VI. dans des Lettres Patentes du mois d'Avril 1407. dit:
,, pour le bien, tuition & défenfe de notre Peuple, & l'utilité de la
,, chofe publique de notre Royaume nous avons droit & nous eft loifible
,, par puiffance Souveraine & efpéciale prérogative Royale, de prendre
,, & apliquer à notre domaine les terres, châteaux, Ports de Mer, & au-
,, tres lieux, étant en frontiere de nos ennemis, que nous véons être né-
,, ceffaires à la générale garde, tuition & défenfe de nos Sujets, & à la
,, fureté univerfelle de notre dit Royaume, en faifant condigne récom-
,, penfation à ceux defquels nous prendrions lesdits lieux, du loyal prix
,, & jufte valeur d'iceux lieux & des autres intérêts & loyaux coufte-
,, mens; & de ce droit aient joui & ufé nos Dévanciers Rois de France,
,, quand néceffité & expédiente utilité de ladite chofe publique de notre
,, dit Royaume l'a requis & y furvenue. Et il foit ainfi que notre amé
,, & féal Chevalier, Chambellan, & confeiller Jean Harpédenne ait na-
,, gueres acquis par certains moyens la ville, terres & Chatellenie de
,, Taillebourg, tenue en foi & hommage de nous avec la terre de Clufeau
,, tenue en foi des Religieux, Abbé & couvent de Saint Jean d'Angely,
,, avec toutes leurs appartenances & appendances quelconques; lefquelles
,, font affifes en pays de frontieres de nosdits ennemis & près de Bor-
,, deaux.....
,, Voulant en ce ufer de notre droit & prérogative Royale, par
,, puiffance & Seigneurie Souveraine avons voulu & ordonné, voulons

---

*injufté ac nolenter debitarum fibi quifque privari poffit dominio rerum. Quod fi alicujus gra-
tiffimâ voluntate quippiam de rebus à quocumque perceperit, vel pro evidenti præftatione lu-
cratus aliquid fuerit, in eâdem fcripturâ potens voluntatis ac præftiti conditio annotetur, per
quam aut impreffio Principis aut conferentis fraus evidentiffimè detegatur. Et fi patuerit à
nolente fuiffe fcripturam exactam, aut refipifcat improbitas Principis, & evacuet quod malè
contraxit: aut certè poft ejus mortem ad eum, cui exacta eft fcriptura, vel ad hæredes ejus
res ipfa fine cunctatione debeant revocari. Lex Vifigot. L. 2. cap. 6. Recueil des Hiftoriens
de France, Tom. 4. p. 292. Concil. Labbe, T. 6. p. 417.*

(l) *Verum ut omne hujus negotium actionis roboret finceritas veritatis, cùm quarumcumque
rerum Scripturæ in Principis nomine extiterint factæ, mox teftes, qui in eâdem fcripturâ fub-
fcriptores accefferint, ab his quos elegerit Princeps diligentiffimè perqurantur, fi non aliquod
indicium aut de impreffione Principis, aut de fraude fcripturam facientis, modo quocumque
cognoverint: ac fic aut ritè facta feries fcripturæ permaneat, aut irritè confecta evanefcat.
Similis quoque ordo de terris, vineis, atque familiis obfervetur: fi fine fcripturæ textu tan-
tummodò coram teftibus quælibet facta fuerit definitio. Ibidem.*

„ & ordonnons par ces préfentes, qu'icelles ville, terres & Chatellenie de
„ Taillebourg & Port de Mer, enfemble la dite ville de Clufeau & toutes
„ leurs appartenances & appendances quelconques, que l'on dit être de
„ nouvel acquifes par ledit Harpédenne en quelque maniere & pour quel-
„ conque caufe que ce foit, foient Royaument mifes & apliquées à notre
„ domaine: & dès maintenant par ces préfentes les y mettons & appli-
„ quons de notre dite puiffance & autorité Royale, pour en jouir dé-
„ formais comme de notre propre chofe & domaine, au profit & fureté
„ de nous, de nosdits Sujets & dudit pays, en récompenfant & voulant
„ récompenfer toutes voies en argent comptant pour une fois icelui Har-
„ pédenne du prix des couftemens, frais & miffions raifonnables par lui
„ faits, tant en l'acquit defdites terres & Chatellenie comme autrement
„ duement (m).

On voit dans cette loi l'ufage du domaine éminent, en vertu duquel
le Roi s'empare du bien des particuliers, lorfque la néceffité publique
l'exige. On y voit auffi le refpect pour la propriété des Citoyens, puifqu'en prenant leurs fonds, on leur en paie exactement la valeur en argent
comptant.

Lorfque nos Rois ont accordé à quelques-uns de leurs Sujets des graces
qui pouvoient nuire à d'autres, ils ne l'ont fait que fous la condition de
réparer le dommage, & même d'obtenir le confentement des parties intéreffées. On le voit dans l'érection de la plupart des Duchés-Pairies.
Quelquefois ils fe font chargés eux-mêmes de l'indemnité. C'eft ce qu'a
fait entr'autres Henri IV. érigeant en 1606. le Duché de Sully.

„ Et d'autant, *dit ce Prince*, que nous nous attribuons la mouvance &
„ tenue féodale dudit Duché & Pairie de Sully, que nous voulons doré-
„ navant rélever de nous & de notre Couronne, & qu'en cette attribu-
„ tion faite à notre profit, ceux de qui relève en partie ledit Duché &
„ fes apartenances & dépendances, pourroient avoir quelques intérêts,
„ nous nous chargeons par cesdites préfentes de les en dédommager &
„ récompenfer, fans qu'au moyen de leurs prétentions ils puiffent ap-
„ porter aucun empêchement à la préfente création & à la vérification
„ d'icelle ".

On vit alors un combat de générofité entre le Roi, & ce grand Ministre fi digne des regrets de toute la France. Il expofa par une Requête
au Parlement „ qu'encore que le Roi fe foit chargé de dédommager les
„ Seigneurs defquels releve partie de ladite Baronie & dépendances, tant
„ de leur chef qu'à caufe du domaine qu'ils tiennent en engagement, fon
„ intention a toujours été de leur donner tout contentement, étant rai-
„ fonnable qu'ils foient fatisfaits, fans avoir la peine de pourfuivre & de-
„ mander leur indemnité au Roi. A cette caufe requeroit être condamné
„ de fon confentement en fon propre & privé nom de récompenfer lefdits
„ Seigneurs, pour l'intérêt qu'ils fe trouveront avoir en l'érection dudit

(m) Hiftoire de Charles VI. par Godefroi, Pag. 730.

„ Duché & Pairie, fauf à lui à fe pourvoir vers le Roi pour fon recours,
„ en cas qu'il foit trouvé jufte & raifonnable de lui accorder ".

Les Lettres ont été regiftrées le 9 Mars 1606. à la charge par l'impétrant de donner de fon confentement récompenfe, tant des tenures féoda-
les, que de la diftraction du Reffort, & dépendances d'icelles (n).

Quelle peut être la fource de cette claufe fi connue, *fauf le droit d'autrui,*
qui s'infere dans les Lettres-Patentes que nos Rois accordent? L'objet
de cétte claufe n'eft-il pas de ménager les intérêts des Tiers, de ne pas
les compromettre par les privileges qu'ils accordent? Cette claufe a donc
été introduite pour ne pas porter atteinte aux droits & à la propriété des
Sujets. Elle eft un gage de l'attention de nos Monarques à les conferver.

N'eft-ce pas du même motif que procédoit l'obligation de nos Rois,
de mettre hors de leurs mains les biens qu'ils acquieroient par voie de
confifcation ou d'aubaine, lorfque ces biens relevoient de Seigneurs Particuliers? Aujourd'hui ils croient remplir toute juftice, en payant feulement une indemnité. C'eft toujours une reconnoiffance quelconque de la
propriété des Sujets.

Voit-on les Souverains Afiatiques figner avec leurs Sujets des traités de
vente & d'échange? Si tout avoit été dans la main du Roi, fi nos poffeffions étoient purement précaires, que elle auroit pu être la matiere des
conventions entre les François & leurs Monarques, des fermens prêtés
par ceux-ci? on voudroit prefque aujourdhui faire regarder comme illufoires ces engagemens par eux contractés. C'eft une doctrine inconnue
jufques à préfent.

Charles V. dans la loi qu'il a publiée au mois d'Août 1374. pour fixer
à quatorze ans la majorité des Rois de France, déclare pleinement efficaces les fermens qu'ils auront prêtés, tant dans la cérémonie de leur
Sacre, que dans les autres occafions, tels engagemens par eux contractés
avec leurs Sujets, les promeffes qu'ils leur auront faites, comme s'ils a-
voient atteint la pleine majorité de vingt cinq ans (o).

Charles VII. dans le préambule de la Pragmatique Sanction, reconnoît
que Dieu a établi les Rois pour protéger l'Eglife, & qu'il y eft d'ailleurs
aftreint & obligé par le ferment qu'il en a prêté à l'Eglife de fon Royaume dans la cérémonie de fon Sacre, ou dans d'autres occafions (p).

Louis XI. qu'on n'accufera pas d'un excès de fcrupule, n'envoya au
Parlement le 4 Avril 1482. le double des Sermens qu'il avoit faits à fon
                                                            avénement

---

(n) Hiftoire Généalogique des Grands Officiers de la Couronne, Tom. 4. pag. 207, 208.

(o) *Teneant ac plenum fortiantur effectum juramenta, tam in facrâ unctione vel coroua-
tione, quàm aliàs tunc per eosdem præftita: nec non gratiæ pacta, conventiones, & promiffa
facta fuis fubditis & Vaffallis, feu aliis perfonis Ecclefiafticis vel fæcularibus quibuscumque,
ac fi effent majores vigenti quinque annis; facientque & difponent in omnibus & per omnia,
prout verus Rex Francorum facere poteft, & eidem competit ratione fui præcelfi culminis ac
dignitatis fupremæ fuæ Regiæ Majeftatis.* O. donnances du Louvre T. 6. p 29.

(p) *Sed & fpeciali debito juramenti in noftri Diadematis fufceptione infigni, & aliàs Ecclefiæ Regni & Delphinatûs noftrorum præftiti, ad idipfum adftringimur pariter & obligamur.*

avénement à la Couronne, que parce qu'il défiroit les entretenir, & faire
juftice à un chacun, ainfi qu'il appartient. ,,Nous vous prions, *ajoute-t-il*,
,, & néanmoins mandons très expreffément que de votre part y entendez
,, & vaguez tellement, que par votre faute n'en puiffe advenir aucune
,, plainte, ne à nous charge de confcience. (q)

Le Parlement dans fes fecondes Remontrances contre le Concordat,
rappelle à François I. le ferment de fon Sacre.

,, En ajoutant aux Remontrances ci-deffus écrites, plaife au Roi notre
,, Souverain Seigneur confidérer que par ferment, qu'il & fes Prédecef-
,, feurs Rois de France ont accoutumé faire en leur Sacre, il a folem-
,, nellement promis garder & défendre les droits, libertés, & franchifes
,, de l'Eglife Gallicane, de laquelle il eft vrai Protecteur, à quoi hum-
,, blement le fupplions avoir égard " (r).

La même Compagnie dans d'autres Remontrances fur l'Edit de Janvier
1561. qui toléroit les Prétendus Réformés, remet fous les yeux de Charles
IX. le ferment qu'il venoit de prêter à fon couronnement, d'expulfer les
hérétiques de fon Royaume.

,, La Majefté dudit Seigneur, comme fes Prédéceffeurs, en fon Sacre
,, & couronnement, a n'a gueres fait ferment folemnel & exprès de chaffer
,, les héréfies de fon Royaume; y eft obligé envers Dieu *& fes Sujets qui*
,, *lui doivent obéiffance*, *& lui à eux l'obfervation des fermens faits en fondit Sa-*
,, *cre; car* c'est réciprocation ". (s)

Outre le ferment prêté au Peuple dans la cérémonie du Sacre, Louis
XIV. & Louis XV. ont encore prêté trois autres Sermens, dont deux dans
la qualité particuliere de Chef & Souverain Grand-Maître de l'Ordre du
Saint Efprit, & de l'Ordre de Saint Louis.

,, Nous Louis par la grace de Dieu, Roi de France & de Navarre ju-
,, rons & vouons folemnellement en vos mains à Dieu le Créateur de
,, vivre & mourir en fa Sainte Foi & Religion Catholique, Apoftoli-
,, que & Romaine, comme à un bon Roi très-chrétien appartient, &
,, pluftôt mourir que d'y faillir; de maintenir à jamais l'Ordre du Saint
,, Efprit, fondé & inftitué par le Roi Henri III. fans jamais le laiffer
,, décheoir, amoindrir, ni diminuer, tant qu'il fera en notre pouvoir;
,, obferver les Statuts & Ordonnances dudit Ordre entiérement, felon
,, leur forme & teneur, & les faire exactement obferver par tous ceux qui
,, font & feront ci-après reçus audit Ordre, & par exprès ne contrevenir
,, jamais, ni difpenfer ou effayer de changer, ou innover les ftatuts irré-
,, vocables d'icelui.

,, Savoir eft le ftatut.... Item celui par lequel *nous nous ôtons tout pouvoir*
,, *d'employer ailleurs les deniers affectés*, &c.

,, Nous jurons folemnellement en vos mains à Dieu le Créateur de
,, maintenir à jamais l'Ordre militaire de Saint Louis, fondé & inftitué

(q) Traité de la Majorité des Rois. T. 1. p. 354.
(r) Suplément au Corps diplomatique. T. 2. Part. 1. n. 20, pag. 57.
(s) Mémoires de Condé. Tom. 20. p. 50.

,, par le Roi Louis XIV. de glorieufe mémoire, notre très honoré Sei-
,, gneur & Bifayeul, & par nous confirmé, fans jamais le laiffer décheoir,
,, amoindrir, ni diminuer, tant qu'il fera en notre pouvoir; obferver &
,, faire obferver les Status & Ordonnances dudit Ordre, &c. ''

Le troifieme ferment concerne les Edits contre les Duels, que le Roi
promet de renouveller, faire garder & obferver à jamais de tout fon pouvoir, fans y contrevenir, ni permettre qu'il y foit jamais contrevenu,
fous quelque caufe & prétexte que ce puiffe être (t).

Veut-on un ferment beaucoup plus ancien ? On trouvera celui qui fut
prêté par Hugues Capet comme Abbé & Chanoine de Saint Martin de
Tours. (v).

Si on avoit jugé tous ces fermens dérifoires & fans aucun effet, en auroit-on tant exigé?

Loin de fe croire propriétaires des biens de leurs Sujets, maîtres de fe
les approprier, nos Rois ont trouvé bon qu'on les condamnât dans les
tems de difette à partager avec les Peuples leur propre patrimoine.

,, Combien que nos Rois, *dit Papon*, foient difpenfés de l'obfervation
,, de la loi, & foient fur la loi, comme ne reconnoiffant aucun fupérieur,
,, fi eft ce que pour mouvoir & entretenir leurs Sujets à continuer l'o-
,, béiffance, qu'ils leur doivent & à leur juftice, ont bien voulu toujours
,, fe foumettre de leurs différends au Parlement de Paris; ainfi qu'on
,, trouve par infinis arrêts, tant du vivant de Saint Loys qu'autres tems....
,, Par arrêt de Paris du 26 Novembre 1419. fut dit que le Roi feroit
,, tenu de vendre jufques à trente arpens de forêts prochaines de Paris,
,, à prix taxé par ledit Arrêt, pour le Roi fur les Marchands, & pour
,, iceux fur le Peuple, pour le fecours de la grande néceffité de bois qui
,, étoit alors ''. (x)

C'eft par une conféquence du même principe que les contrats d'acquifition ou d'échange paffés par les Rois avec leurs Sujets, que les traités
de nos Souverains avec le Clergé, avec les Etats, avec des Provinces,
que tous les engagemens de cette efpece, forment contr'eux des titres
obligatoires dont l'exécution eft indifpenfable (y).

Si nos Rois fe croyoient propriétaires des biens de leurs Sujets, ils ne
pourroient jamais fe juger coupables d'injuftice à leur égard, ni obligés
à reftitution. Cependant ,, Philippe-Augufte, étant proche de fa mort,

_____

(t) Hiftoire Chronologique du Sacre & couronnement des Rois par Menin, pag. 454.
Edit. de 1735.
(v) *Ego Hugo, annuente Domino, Francorum Rex, Abbas & Canonicus hujus Ecclefiæ
Beati Martini Turonenfis, juro Deo & Beato Martino me de cætero protectorem & defenfo-
rem fore hujus Ecclefiæ in omnibus néceffitatibus & utilitatibus fuis, cuftodiendo & fervando
poffeffiones, honores, jura, privilegia, libertates, franchifias & immunitates ejufdem Ecclefiæ,
quantùm divino fultus adjutorio fecundùm poffe meum rectè & purè fiet. Sic me Deus adjuvet
& hæc fancta verba.* Recueil des Hiftoriens de France T. 11. p. 658.
(x) Papon L. 4. Tit. 1. Arrêt 1. L. 6. Tit. 1. Arrêt 4.
(y) *Docet Decius reges obligari ex contractibus quos cum fubditorum vel minimo inierint......
nec poffe quocumque imperio, feu de plenitudine poteftatis, ut loquitur, ab iis recedere quæ fide
publicâ facturos fefe receperint.* Mornac, fur la L. 4. Cod. de leg.

faifit les exécuteurs de fon teftament de 50000 liv. pour réparer les torts que fes Officiers, fans fon fçu, pourroient avoir fait à fes Sujets. Et cet autre bon Roi, Philippe de Valois, ordonna par fon teftament que fes exécuteurs enverroient par les Provinces informer des plaintes & torts faits par fes Officiers, & les amender" (z).

Saint Louis par la premiere difpofition de fon Teftament fait à Paris en 1269, ordonne le paiement de fes dettes, la réparation des injuftices qu'il pourroit avoir commifes. Il autorife fes Exécuteurs à faire toutes les reftitutions qu'ils jugeront néceffaires au falut de fon ame (a).

Dans le démêlé de Boniface VIII. avec Philippe le Bel le Cardinal le Moine vint en France en 1303 avec douze articles, fur lefquels le Pape demandoit fatisfaction au Roi. Le neuvieme portoit que le Roi étoit obligé de réparer le tort qu'il avoit fait à fes Sujets, en changeant deux fois les monnoies, changement qui avoit ruiné la France. Suivant le dixieme article le Roi devoit réparer les injuftices, les violences, les malverfations commifes par lui ou par fes Officiers.

Sur le neuvieme article le Roi répondit qu'il avoit pu de fon autorité changer la monnoie de fon Royaume, à l'exemple de fes Prédéceffeurs; fur-tout n'ayant confidéré dans ces changemens que les befoins de l'Etat & ayant donné ordre qu'on fatisfît pleinement aux plaintes de ceux de fes Sujets qui auroient pu en fouffrir.

Sur le dixieme article le Roi dit qu'il y avoit pourvu tant par des Edits, que par des Commiffaires qu'il avoit nommés pour en connoître, & pour punir févérement les coupables (b).

Philippe le Bel auroit-il tenu ce langage, s'il s'étoit cru maître abfo-lu des biens de fes Sujets? Quel tort auroit-il pu leur faire alors? A quelle reftitution affujettiroit-on le Grand Seigneur comme ayant ufurpé les biens de fon Peuple, lui qui eft propriétaire unique & univerfel?

„ Le même Prince étant au lit de la mort, dit Mézerai, touché d'un
„ repentir bien tardif, prit pitié de fon pauvre Peuple, fit ceffer la le-
„ vée des nouveaux impôts, & ordonna à fon fils de les modérer, de
„ fabriquer de bonnes monnoies, & d'avoir foin de la juftice & police de
„ fon Etat. Il ordonna auffi par fon teftament qu'on réparât tous les
„ torts qui fe trouveroient avoir été faits, outre grand nombre de legs
„ pieux & plufieurs autres pour récompenfes de fervice. Il laiffa de plus
„ une grande fomme d'argent pour employer à l'expédition de la Terre
„ Sainte, qu'il recommanda fur toutes chofes à fon fils aîné. Dans toute
„ cette troifieme Race les Rois & les Princes de leur Sang ordonnoient

(z) Loyfeau, des Offices. *l. 4. ch. 7, n. 28.*

(a) *Volumus quidem & præcipimus quòd omnia debita noftra folvantur, & quòd omnia fo-tis facta noftra emendentur, & fiant reftitutiones noftræ per executores hujus Teftamenti in-feriùs nominatos per fe vel per alios, fecundùm quòd viderint expedire: quibus fi vifa fuerint aliqua dubia vel obfcura damus eis poteftatem ordinandi & faciendi fuper his, prout infpectâ falute animæ noftræ viderint faciendum.* Hiftoire de S. Louis, Edit. de Du Cange, Part. 2. pag. 401.

(b) Démêlé de Boniface VIII & de Philippe le Bel, par Baillet, pag. 172 & fuivantes.

„ toujours en mourant.qu'on.fatisfît ceux qui fe plaignoient d'eux avec
„ juftice; qu'on payât leurs dettes, & qu'on reftituât ce qu'ils avoient du
„ bien d'autrui. Ce qui étoit une marque, non pas qu'ils euffent com-
„ mis plus d'injuftices que les autres, mais qu'ils avoient plus de religion
„ & de confcience.

„ Du refte, continue l'Hiftorien, les grandes exactions, les fréquens
„ changemens & altérations des monnoies, les défolations continuelles
„ des Provinces frontieres pour fes guerres mal conduites, le peu de
„ progrès qu'il fit en Flandres pour tant de grandes levées de deniers; la
„ puiffance abfolue de fon Miniftre cruel, avare, & infolent, le procès
„ fait à fes belles-filles pour adultere, & le repentir amer, qu'il témoigna
„ à fa mort, d'avoir tant vexé fes Sujets, dont fur la fin de fes jours il
„ demanda pardon à Dieu & l'abfolution au Saint Pere montrent affés
„ quel a été fon regne & fa conduite" (c).

L'Hiftoire de Normandie fournit un trait fingulier, propre à prouver
combien la propriété des Sujets étoit refpectée.

Guillaume le conquerant avoit fondé l'abbaye de Saint Etienne de Caën;
& on étoit prêt à l'y enterrer. „ Après la meffe & avant l'inhumation,
„ l'Evêque de Lifieux monta en chaire & fit l'oraifon funebre, après la-
„ quelle il exhorta le Peuple à prier pour le Prince, & à lui pardonner
„ s'il avoit offenfé quelqu'un d'entr'eux. A ces paroles plufieurs ne purent
„ retenir leurs larmes; mais un nommé Afcelin dit à haute voix que la
„ place, où étoit cette Eglife de Saint Etienne, avoit été autrefois la
„ cour de la maifon de fon pere; que Guillaume s'en étoit rendu maître
„ par violence; qu'il la réclamoit & défendoit de la part de Dieu qu'on
„ enterrât le corps de l'ufurpateur dans l'héritage de fes peres. Les Evê-
„ ques & les Seigneurs ayant fu des voifins que cet homme difoit la vé-
„ rité, l'appaiferent en lui donnant une fomme confidérable d'ar-
„ gent" (d).

Si tout étoit précairement dans la main des François, comme appartenant au Roi feul, jamais nos Monarques n'auroient donné à leurs Sujets
des *Lettres de non-préjudice*, pour empêcher les conféquences qu'on pouvoit
tirer de quelques-unes de leurs actions au détriment de la fortune des Citoyens, & des droits mêmes attachés à leur qualité. Cependant, combien
l'Hiftoire ne préfente-t-elle pas de Lettres de ce genre? On en verra dans
un moment un grand nombre, relativement aux impôts accordés par les
Etats. Le lit de Juftice, tenu au Parlement le 2 Mars 1386. contre Charles II, Roi de Navarre, en offre un exemple fingulier. Il faut entendre
les termes mêmes du procès-verbal.

„ Et avant que le Procureur du Roi eût fait aucunes requêtes, les
Pairs expoferent au Roi par la bouche de M. le Duc de Bourgogne,

(c) Abrégé Chronologique de l'Hiftoire de France, in 4to. Tom. 2. pag. 283.
(d) Racine, Abregé de l'Hiftoire Ecclef. Tom. 4. L. 171. Edit. de 1749. Hiftoire
d'Angleterre de Smolett, Tom. 2. L. 2. ch. 1. pag. 473.

Doyen des Pairs, que au vivant de Feu le Roi Charles derniérement tré-
paffé, que l'on fit le procès contre le Duc de Bretagne, auquel faire furent ajournés les Pairs: iceux Pairs maintindrent devant le Roi que à eux
appartenoit la décifion, détermination & jugement de la caufe; requérans que ainfi fût déclaré, ou qu'ils euffent Lettres que fi le Roi déter-
minoit la caufe, & donnoit le Jugement & Arrêt, qu'ils euffent Lettres
que ce fût fans leur préjudice, & que par ce, aucun nouvel droit ne
fût acquis au Roi: laquelle Lettre, fi comme ils difoient, leur fut octroyée, mais elle ne fût oncques faite; & de ce, fi comme ils affirmoient,
fe recordoient le Cardinal de Laon, M. d'Orgemont, Chancelier du Dauphin, & Meffire Etienne de la Grange, & pour ce requéroient avoir
Lettre femblable pour cette fois, ou autrement ils fe départiroient: &
pour ce que autrefois, & n'a guerres depuis quinze jours en çà, ledit
Monfieur le Duc de Bourgogne avoit parlé d'avoir lefdites Lettres; &
pour cette caufe entre les autres, Meffire Amaury d'Orgemont avoit parlé à M. le Chancelier: icelui M. le Chancelier avoit fait affembler le
Grand-Confeil par deux journées, l'une en fon Hôtel, & l'autre en Parlement; & ouïe la relation de plufieurs Grands, fages & vaillans Seigneurs
du Grand Confeil du Roi notre Sire, fut délibéré que Lettre feroit faite
de la date du jour que le Roi feroit en Parlement, faifant narration du
fait de Bretagne & de la Lettre requife & commandée comme lefd. fages
& Confeillers du Roi l'avoient relaté, & auffi faifant narration du fait
du Roi de Navarre. Après la Requête faite par mondit fieur de Bourgogne, Doyen des Pairs, pour tous les autres Pairs, le Roi m'en a commandé certaine Lettre, qui fera montrée où il appartiendra, & baillée
aux Pairs, & auffi au Procureur du Roi fe il lui femble qu'elle doive profiter, ou valoir au Roi" (e).

Si nos Rois ont quelque difcuffion avec quelqu'un de leurs Sujets, ils
trouvent bon qu'il défende fes droits ou fes prétentions contre eux, que
le Jugement en foit déféré aux Tribunaux ordinaires de la Juftice, &
qu'ils foient condamnés fi la réclamation du Sujet eft jufte & légitime.
,, Si le Roi, dit Bodin, eft débiteur à fon Sujet, il fouffre condamnation; & afin que les étrangers & la poftérité fçachent de quelle fincérité
nos Rois ont procédé en Juftice, il fe trouve un Arrêt de l'an 1419, par
lequel le Roi fut débouté des lettres de reftitution qu'il avoit obtenues
pour couvrir les défauts contre lui acquis; & par autre Arrêt de l'an 1266,
le Roi fut condamné à payer la dixme à fon Curé des fruits de fon jar-
din (f).

,, De femblable Juftice ufent nos Rois de France, lefquels, s'ils prétendent contre leurs Sujets quelques poffeffions leur appartenir, ils ne les
raviffent & ôtent: ains de leur Juftice accoutumée font par leurs Avocats & Procureurs conduire les procès & foutenir leurs droits, ou ès
Cours Souveraines, ou par devant les Juges-Royaux inférieurs, par de-

(e) Cérémonial François, *tom.* 2, *pag.* 435.
(f) De la Républ, *l.* 1. *ch.* 8. *p.* 115.

M 3

vant lesquels les Sujets, en pleine liberté, alleguent leurs demandes & défenses de Seigneurie, & veulent les Rois le droit de leurs Sujets être religieusement gardé sans aucunement être violé pour révérence de la puissance royale. Tous lesquels droits seroient éteints & abolis, si les Princes ôtoient aux privés la Seigneurie de leurs biens, & s'ils disoient qu'ils le peuvent faire par puissance royale (g).

Cet usage de plaider contre le Roi remonte aux tems les plus reculés. La loi des Visigots défend de dire en public des choses injurieuses au Prince, au lieu de lui faire humblement & en secret des représentations sur sa conduite. Elle punit ceux qui médisent publiquement du Roi, même après sa mort. Mais elle réserve expressément aux Sujets le droit de lui dire ce qui peut être utile dans la contestation qu'ils ont avec lui, de soutenir même un procès sans sortir des bornes du respect, & d'obtenir un jugement conforme à leur droit (h).

On peut même observer à cet égard qu'aujourd'hui le Roi plaide par Procureur. C'est non seulement le Procureur-Général qui propose & qui fait valoir les moyens du Roi, mais c'est lui qui est ou absous, ou condamné. Autrefois le jugement étoit rendu pour ou contre la personne même du Roi. On le voit dans celui qui fut prononcé au Parlement de 1283 en faveur de Philippe le Hardi contre le Roi de Sicile son oncle, au sujet du Comté de Poitou & de l'Auvergne.

Après la mort d'Alphonse Comte de Poitou, frere de Saint Louis, Philippe le Hardi se mit en possession des deux Provinces. Charles Roi de Sicile, frere d'Alphonse, en réclama la propriété, & demanda dans la Cour du Roi qu'il fût tenu de les abandonner. Les moyens des deux parties furent exposés en leur présence par leur Procureur. Le jugement est ainsi conçu: ,, dit a été que le Roi de Sicile n'a pas droit de demander le Comté de Poitou, & la Cour décharge le Roi Philippe de sa demande (i) ''. Le Roi n'usoit donc pas alors du privilege de plaider par Procureur.

Rien n'a paru à Mornac plus propre à rendre le Gouvernement François recommendable, que cette faculté dont jouissent tous les Citoyens, même ceux qui tiennent le dernier rang dans la Société, d'intenter ac-

---

(g) Oeuvres de Grimaudet. pag. 523.

(h) Quicumque in Principem aut crimen injecerit, aut maledictum intulerit, ità ut Lunc de vitâ suâ non humiliter & silenter admonere procuret, sed huic superbè & contumeliosè insultare pertentet sive etiam in detractionis ejus ignominiâ turpia & injuriosa præsumat . . . . Reservatâ cunctis hâc plenius libertate, ut Principe tàm superstite quàm mortuo, liceat unicuique pro negotiis ac rebus omnibus, & loqui quod ad causam pertinet & contendere sicut decet, & judicium promereri quod debet. Lex Visigoth. L. 2. c 8.

(i) Anno Domini millesimo ducentesimo octogesimo tertio, feriâ quartâ post Invocavit me, dictâ die videlicet Domino Philippo Rege ex unâ parte, & Domino Rege Siciliæ ex alterâ præsentibus: Per jus pronuntiatum fuit dictum Dominum Regem Siciliæ non habuisse nec habere jus petendi comitatum Pictaviæ & terram Arverniæ; ac ipsum Dominum Philippum Regem absolvit Curia ab impetitione Regis Caroli prænotati. Registre de la Chambre des Comptes.

tion en Justice, & de plaider contre le Roi qui dans ce cas, doit être défendu par le ministere de son Procureur - Général (k).

Quelle reconnoissance plus authentique pourroit - on désirer du droit de propriété qui réside dans la personne des François ? D'une part, les contrats que les plus petits des Sujets passent avec le Monarque, sont des liens qu'il n'est pas en son pouvoir de rompre, parce qu'il ne peut anéantir par voie de puissance absolue, des engagemens dont la foi publique garantit la stabilité. D'autre part, quelque Sujet a - t - il des demandes à former contre le Roi, les Tribunaux de la Justice lui sont ouverts, & son action a le même sort que celui de toute autre action intentée contre des Sujets ses semblables.

Il n'est encore presque aucune disposition dans nos Coutumes qui ne soit relative au droit de propriété, & qui ne renferme des précautions destinées à maintenir ce droit, ou à en régler l'usage. Les articles qui concernent les réserves des Propres, les Donations, les Testaments, les Retraits lignagers, & l'ordre des successions, annoncent le vœu de nos loix pour la conservation des biens dans les familles. Apperçoit-on rien de semblable dans les Empires despotiques où le Monarque est le seul propriétaire, le propriétaire universel ? On n'y admet aucun droit proprement dit de succéder, pas même de pere à fils. Si donc nous transférons nos biens par le seul effet de notre volonté, secondée de toute la puissance de la loi; ou si par le libre cours du droit naturel, ils sont déférés aux héritiers du sang, c'est parce que nous sommes propriétaires; & nos héritiers, donataires ou légataires, après avoir joui de la propriété qui leur a été transmise, en disposent eux-mêmes comme il leur plaît, dans la forme, & sous les conditions déterminées par la Loi.

Ouvrons enfin les annales de notre Histoire, & elles nous montreront dans la conduite de nos Rois, dans les moyens auxquels ils ont eu recours pour satisfaire aux différens besoins de l'Etat, des reconnoissances multipliées, que leurs Sujets sont véritablement propriétaires.

Si nous en croyons l'Abbé de Mably, dans ses sçavantes observations sur l'Histoire de France „ les douanes, les cens, les capitations & tous les tributs que l'avarice & le faste des Empereurs (Romains) avoient exigés de leurs Sujets, tomberent dans l'oubli sous le Gouvernement François ” (même à l'égard des Gaulois qu'ils avoient subjugués, & qui ne furent point réduits en servitude, parce que les François n'avoient d'autre idée que celle de la liberté.) „ Le Prince eut pour subsister, ses Domaines, les dons libres que lui faisoient ses Sujets, en se rendant à l'Assemblée du Champ-de-Mars, les amendes, les confiscations & les autres droits que la Loi lui attribuoit. Au lieu d'une Société toujours pauvre, parce que les Sujets mercénaires s'y devoient faire payer pour rem-

Preuves de la propriété par l'établissement des impôts, qui ne se faisoit que du consentement des Etats.

(k) *Unum denique commendat principatum Gallicum, quòd posito omni metu, vel Gallus minimus ac vilissimus litem instituere possit adversùs principem; depellitque ac excipit procurator regius perindè ac si contra privatum nec verò contra regem ipsum, mota esset controversia.* (Sur la loi 4. Cod. de legib.)

plir les devoirs de Citoyens, les Gaulois se trouverent dans un Etat riche, parce que le courage & la liberté en étoient l'ame. Comme les François ne vendoient point leurs services à la Patrie, ils n'imaginerent pas d'acheter ceux des Gaulois ni des Barbares qui se soumirent à leur autorité. Toute imposition devint donc inutile, & les Sujets, (c'est-à-dire les Gaulois) simplement obligés, ainsi que leurs maîtres, de faire la guerre à leurs dépens, quand leur Cité étoit commandée, ne contribuerent, comme eux, qu'à fournir des voitures aux Officiers publics qui passoient dans leur Province, & à les défrayer. C'étoit moins les assujettir à un impôt, que les associer à la pratique de l'hospitalité, vertu extrêmement précieuse aux Germains, & ils ne furent tenus qu'aux mêmes devoirs que les François " (1). Dans les preuves jointes à son ouvrage, l'Abbé de Mably explique ce que signifioient le *Census*, le *Tributum*, le *Tolonium*, dont il est fait mention dans les anciens monumens de notre Histoire; les deux premiers ne désignoient que des charges privées, & le dernier étoit un péage qui se levoit également dans les Terres du Roi, & dans celles des Seigneurs. Il convient que nos premiers Rois firent des tentatives pour établir des impôts; mais il prétend qu'elles furent sans succès, & que sous Louis le Débonnaire, il n'y avoit encore aucune imposition publique ou fiscale (m).

Mais à quelque époque précise qu'on place la naissance des impôts dans la Monarchie, il est certain que, dans leur origine ils ne furent établis & levés que du consentement de la Nation. ,, D'ancienneté, nos bons Rois ne mettoient sur les subsides, sans le consentement du Peuple que le Roi assembloit par forme d'Etats Généraux, & en iceux proposoit la nécessité des affaires du Royaume: & en cette ancienneté, lesd. subsides n'étoient ordinaires comme ils sont de présent..... & souloient les Rois promettre à leurs Peuples, sitôt que le besoin seroit cessé, de faire cesser lesdits subsides..... & le Peuple de France qui a toujours été obéissant, en a facilement enduré la continuation. Et les Rois se sont avancés à mettre & à croître tous ces subsides, selon qu'il leur a plû; & jusques à ce que le Peuple accablé, n'a plus moyen de fournir " (n).

L'Histoire de nos Etats Généraux porte la certitude de ce fait au plus haut degré d'évidence.

Les premieres Assemblées des Etats se tinrent sous le Regne de Philippe le Bel, & la levée des subsides donna lieu à leur convocation.

On sçait que dans les temps antérieurs, nos Rois, ainsi que leurs Barons, ne levoient des *Tailles*, que comme Seigneurs sur les gens de leurs terres, ou des *Aides* sur leurs vassaux; & ce, dans trois circonstan-

(1) Observations sur l'Histoire de France, *tom.* 1. *pag.* 25.

(m) Ibid. *pag.* 252 & *suiv.* On trouve la même vérité établie dans l'Esprit des loix, *liv.* 12 & 13, & dans l'Histoire de l'Empereur Charles-Quint, de Robertson, *tom.* 1. *pag.* 341.

(n) Coquille. Instit. au Droit François, *pag.* 7. *édit de* 1703.

ftances: 1°. Au mariage de leur fille aînée. 2o. Pour la Chevalerie de leur fils aîné. 3°. Pour leur propre rançon, s'ils étoient faits prifonniers de guerre. Quelques Auteurs mettent pour 4°. cas la premiere campagne du Roi ou des Barons. A l'égard des guerres, ils ne devoient exiger, dans la regle ordinaire, que le fervice perfonnel dont chacun des Seigneurs de Fief étoit tenu. Mais, fous Philippe-Augufte, des caufes privilégiées, telles que les guerres faintes (ou Croifades) occafionnerent des contributions extraordinaires d'*Aides* par les Vaffaux, & de *Tailles* par les mainmortables du Domaine royal. Le teftament de Philippe-Augufte de l'an 1190. fait foi que les levées de Tailles avoient été confidérables pendant fon regne. Ce Prince défendit aux hommes de fes Terres de payer aucune Taille à fon fils pendant fa minorité, & fit diftribuer la moitié des deniers de fon Tréfor à ceux que les Tailles avoient appauvris (o). St. Louis eut l'attention de recommander à fon fils, dans fon teftament, de ne lever des Tailles ou Aides que dans les urgentes néceffités, *pour le profit du Royaume*, & non de fon propre mouvement.

Il n'en étoit pas des Aides qui fe payoient par les Sujets, comme des Tailles qui étoient à la charge des main-mortables; c'étoit alors une regle inviolable, & elle a fubfifté long-temps depuis par rapport aux Aides, ,, qu'*il n'y avoit Roi ni Seigneur* fur terre qui eût pouvoir outre fon Domaine, de mettre un denier fur fes Sujets, fans octroi & confentement de ceux qui le devoient payer, fi ce n'eft par tyrannie ou violence..... Nul Prince ne peut autrement lever que par octroi, fi ce n'eft par tyrannie, & qu'il foit excommunié. Mais il en eft bien d'affez bêtes pour ne fçavoir ce qu'ils peuvent faire ou laiffer en cet endroit ''.

Ce font les expreffions de Philippe de Commines qui a vécu fous les regnes de Louis XI. & de Charles VIII (p).

Quand les Barons avoient befoin de ces fecours extraordinaires, ils étoient obligés de convoquer leurs Vaffaux. Il falloit également que le Roi affemblât la Cour du Baronage: les Prélats, les Barons & les Féaux réunis délibéroient fur les demandes du Monarque; ils étoient chargés du vœu de leurs Vaffaux, qui eux-mêmes avoient eu foin de confulter les leurs, & ils concertoient entr'eux les moyens les moins onéreux de fecourir le Prince.

Coquille dit ailleurs, que ,, durant le regne de Hugues-Capet & de fes Succeffeurs Rois, ,, a été auffi maintenue l'honnête & ancienne liberté du Peuple, en ce qu'il n'étoit loifible .,, au Roi d'impofer Aides, Tailles & Subfides nouveaux fur le Peuple, outre les anciens ,, devoirs domaniaux, fans le confentement & accordance de leur dit Peuple; & cetui eft ,, un des cas auquel on avoit accoutumé de grande ancienneté d'affembler les Etats ''. *Difcours des Etats de France*, tom. 1. pag. 279.

Il dit encore dans un autre endroit ,, qu'un des moyens qui ont contribué à faire durer ,, depuis fi long-tems la troifieme Race de nos Rois, c'eft qu'ils fe font plus communi- ,, qués à leurs Peuples par Affemblées des Etats, defquelles d'ancienneté, l'autorité ,, étoit telle, que le Roi n'avoit droit de lever aucun fubfide fur fon Peuple, finon qu'il fût ,, accordé par les Etats, après que le Roi avoit fait entendre fon befoin. *Quesft. V.*

(o) *Qui per Tallias noftras apoitati funt.* Ordonnances du Louvre, tom. 1. pag. 21.

(p) Mémoires, *liv.* 5. *chap.* 18.

Tome I.   N

Suivant le chap. 24. le premier des établissemens de St. Louis rédigés en 1270. *le Bers* (Baron) *fi à toute justice en fa terre. Nell Roi ne peut mettre ban en la terre au Baron, fans fon affentement, neli Bers ne peut mettre ban en la terre au vavaffor* (q).

Si le Roi ne pouvoit exercer aucun acte de Justice dans la Terre des Barons, fans leur confentement, il lui étoit bien moins permis encore d'y établir des Subfides.

Sous Philippe-le-Bel, les guerres de Flandre, & le défaut d'économie ayant épuifé le Domaine Royal, ce Prince eut d'abord recours au fatal expédient de l'altération des Monnoies; mais cette reffource étant encore tarie, il fallut tenter la voie des impofitions extraordinaires. Ce fut ce qui donna lieu à l'Affemblée des Etats-Généraux. Boulainvilliers parle de cette convocation ,, comme d'une idée toute nouvelle de Philippe-le-Bel, & jufques-là entiérement inufitée. Les befoins, ou plutôt les excefives dépenfes de ce Prince, auxquelles fon Domaine pouvoit auffi peu fuffire, que fes continuelles entreprifes fur les monnoies publiques & fur les bourfes particulieres, en furent la premiere occafion. Il s'imagina qu'en faifant femblant d'appeller tous les Ordres du Royaume à une efpece de délibération commune fur l'adminiftration de l'Etat, chacun fe croiroit obligé de concourir à l'exécution de fes deffeins '' (r).

A cette époque, l'affranchiffement des Villes étoit devenu général dans le Royaume, & par conféquent les Communes formerent un corps très-confidérable dans l'Etat. Avant leur affranchiffement, elles fupportoient leur part des fubfides; mais c'étoit l'affaire des Seigneurs de les faire contribuer: depuis l'affranchiffement, leur obligation fut la même, mais la maxime qui exigeoit le confentement des Sujets s'étendit jufqu'à elles: c'étoit le droit effentiel de la liberté. Philippe-le-Bel effaya donc inutilement de fe paffer du concours des Communes; les oppofitions & les murmures qui éclaterent de toute part l'y ramenerent malgré lui.

Suivant le témoignage de D. Morice, ,, les anciens Rois, attachés *aux loix fondamentales* de la Monarchie, vivoient des revenus de leurs Domaines, c'eft-à-dire, des terres & des forêts qui leur appartenoient en propre. On en trouve quelques-uns qui, dans les cas extraordinaires, ont exigé des tailles de leurs vaffaux, comme le pratiquoient les Seigneurs de fief; mais St. Louis, très-inftruit des regles de l'équité, *ne croyoit pas qu'il lui fût permis d'exiger la moindre chofe de fes Sujets:* auffi, a-t-il défendu à fes enfans dans le teftament qu'il leur laiffa, de lever aucune taille fur le Peuple.

,, Philippe-le-Bel fut le premier qui exigea des fubfides de fes Sujets. Au retour de fon expédition contre les Flamands, il ordonna qu'on lui paieroit fix deniers pour livre de toutes les denrées qui fe vendoient dans les Villes: mais *on refufa hautement d'obéir à un ordre fi violent, & dont on n'avoit point encore vu d'exemple.* Enguerrand de Marigny confeilla au

(q) Ordonnances du Louvre, *tom.* 1. *pag.* 126.
(r) Hiftoire de l'ancien Gouvernement de la France, *tom.* 2. *pag.* 65. *édit. de* 1727.

Roi d'obtenir *par douceur ce qu'il ne pouvoit emporter d'autorité.* Philippe convoqua donc pour la premiere fois une Affemblée à laquelle furent mandés le Clergé, la Nobleffe, & *les Députés de la Ville de Paris.* Enguerrand y repréfenta fi vivement les befoins preffans de l'Etat, que les trois Ordres confentirent à une impofition fort onéreufe".

„ Les Succeffeurs de Philippe, fur-tout les Valois, fçurent bien profiter de cette ouverture. Les longues & funeftes guerres que ces Princes eurent à foutenir, les obligerent fouvent à demander des Subfides extraordinaires à leurs Sujets. Pour le faire avec fuccès ils affembloient de temps en temps les trois Ordres du Royaume à qui ils faifoient repréfenter les befoins de l'Etat, & demander les fommes néceffaires aux frais d'une guerre fufcitée par un ennemi puiffant & toujours victorieux" (s).

La premiere Affemblée des Etats fe tint en 1301 dans l'Eglife de Notre-Dame: elle fut préfidée par Philippe-le-Bel. Le Chancelier de France porta la parole au nom du Roi, & propofa l'objet de la délibération. Le Monarque commanda comme Roi, & pria inftamment comme ami, *præcepit ut dominus*, & *rogavit* & *precibus inftitit ut amicus*, que l'Affemblée lui donnât l'aide & le confeil qu'elle devoit à fon Souverain.

La premiere Affemblée des Etats fe tint en 1301. dans l'Eglife de Notre-Dame; elle fut préfidée par Philippe-le-Bel. Quoi de plus propre à gagner les cœurs! Le Chancelier ne parla d'abord que d'abus qu'on fe propofoit de réformer, de libertés anciennes du Royaume qu'on vouloit conferver, de droit des Citoyens qu'on vouloit rétablir. Il parla enfuite de la néceffité de foumettre les Flamands, de dompter pour une bonne fois leur orgueil: la Nobleffe, felon lui, devoit faire les derniers efforts, pour terminer une querelle, que fa longueur rendoit honteufe à la France, & dont la fin étoit auffi intéreffante pour le Peuple que pour elle " (t).

On auroit dû délibérer en préfence du Roi; mais les Barons & les Communes qui fe défioient du Clergé, rélativement à l'affaire de Boniface VIII. fe retirerent à l'écart; & il paroît que ces deux Ordres délibérerent enfemble (v). Le réfultat de l'Affemblée fut de fecourir puiffamment Philippe-le-Bel contre le Comte de Flandres, de s'unir à ce Monarque contre les entreprifes de Rome fur l'indépendance de la Couronne, & d'empêcher le Clergé de fe livrer aux impreffions du Pape.

„ Ce fut ainfi, dit Boulainvilliers, que fe termina cette grande Affemblée; la premiere qui a porté le nom d'Etats-Généraux, & après laquelle

---

(s) Mémoires pour fervir de preuve à l'Hiftoire de Bretagne, *tom.* 3. *Préf. pag* 14.
(t) Hiftoire de l'ancien Gouvernement de la France, *tom.* 2. *pag.* 70.
(v) *Barones fimul cum Syndicis* & *Procuratoribus fupradictis , fecedentes in partem, ac demum deliberato confilio deliberantes...* *refponderunt.* Preuves des Libert. ch. 7, n. 14.
C'eft delà qu'eft né l'ufage prefque toujours obfervé depuis dans les Etats, que chaque Ordre a fait fes délibérations à part. Quelques Auteurs veulent que ces Affemblées de 1301, 1302, ne foient pas des Etats-Généraux, & que les premiers aient été convoqués en 1314. *Velly. Hiftoire de France.* tom. 7. pag. 195. Nous n'entrerons point dans cette difcuffion peu importante à l'objet qui nous occupe.

fans aucune réparation des griefs, tout le monde courût aux armes, pour complaire au Roi, avec une ardeur plus vive que s'il n'avoit jamais rien attenté contre les droits de la Nation ".

Selon ce Critique, ,, Philippe-le-Bel ne parut dans ces Etats qu'en Prince avide & dépenfier, qui imagine un moyen nouveau d'exciter les Peuples, en les flattant par une efpece de communication de fa puiſſance, à lui donner plus volontiers des fecours pécuniaires, & plus prompts & plus abondants, avec moins de répugnance : la Nobleſſe fe laiſſa prendre inconfidérément à cet appas, felon fa bonne & louable coutume ; car elle n'infifta en aucune maniere fur les fujets de plainte qu'on lui avoit donnés, en violant la plupart de fes droits. Elle entra aveuglément dans la paſſion du Roi, & ne lui offrit rien moins que de facrifier fa vie & fes biens pour la fatisfaire. On ne voit pas qu'après la premiere expofition de fes befoins, le Roi ait alors pouſſé fa pointe pour fe faire accorder des Subfides. Il femble au contraire que fe repofant fur l'ardeur de la Nobleſſe, il fe flatta que la campagne entiere ne lui coûteroit rien, & qu'elle feroit toute la dépenfe " (x).

En 1302 & 1303. Philippe-le-Bel, preſſé par de nouveaux befoins, eut recours à de nouveaux Subfides. Ils confifterent à demander un fecours extraordinaire de gens armés, & à échanger contre le cinquieme du revenu le fervice perfonnel militaire pour ceux qui voudroient s'en difpenfer. Mais ce qui fe paſſa dans l'établiſſement de ces impofitions eft une confirmation bien authentique de la regle dont a parlé Philippe de Commines. On lit dans l'Ordonnance que Philippe-le-Bel publia en 1302. pour l'échange du fervice perfonnel, qu'il n'avoit mis cette taxe que *de l'avis & du confentement des Prélats, des Barons, & de fes autres Confeillers* (y).

Le Roi joignit à cette Ordonnance une inftruction par laquelle il recommandoit à fes Commiſſaires ,, d'aſſembler les plus fouffifants des villes, ,, pour leur faire entendre diligemment comment cette Ordonnance eft ,, courtoife à ceux qui paieront.... & de parler au Peuple par *douces pa-* ,, *roles*, afin de les attraire à fon intention.... de ne pas lever ces finances ,, *contre la volonté des Barons en leur terre*, & l'Ordonnance tenir fecrette ; ,, car il nous feroit trop grand dommage s'ils le fçavoient ; & en toutes ,, les bonnes manieres *les mener à ce qu'ils le veuillent fouffrir* : Et les noms ,, de ceux que vous trouverez contraires, vous écrirez hativement, *à ce* ,, *que nous mettions confeil de les ramener, & les mener & traiter par belles* ,, *paroles, & fi courtoifement que efclande n'en puiſſe venir* (z)".

Que de réflexions n'offrent point à l'efprit, cet art infpiré par une fine politique pour *attraire* les Peuples à l'*intention du Roi*, cette diſſimulation que le Prince juge fi eſſentielle, ces *bonnes manieres*, ces *douces & courtoifes paroles*, pour *mener* les Barons & le Peuple à ce qu'ils *veuillent fouffrir*

(x) Hiftoire de l'ancien Gouvernement de la France. tom. 2, *pag.* 75, 76-78.
(y) *De fidelium Prælatorum, Baronum & aliorum Confiliariorum noſtrorum ad hoc præfen- tium, confilio & aſſenfu.* Ordonnances du Louvre. tom. 1, pag 370.
(z) *Ibid.* pag. 370.

le Subſide !. Quel aveu plus exprès exigeroit-on de la maxime, alors ſi conſtante, que l'impoſition ne pouvoit s'établir ni ſe percevoir ſans le conſentement du contribuable?

La même conſéquence naît des événemens de l'année 1303. Les Etats ne furent point convoqués parce qu'on n'en eût pas le temps. Le Roi ſe contenta de conſulter les Grands qui étoient auprès de ſa perſonne, & d'obtenir leur agrément. Ces faits ſont conſignés dans l'Ordonnance même de Philippe-le-Bel. ,, Eû, ſur ce, *délibération* & conſeil avec nos Prélats & nos Barons, que nous pouvons avoir en préſentement, pour ce que nous ne pouvons pas avoir à cette *délibération* tous nos Prélats & Barons du Royaume ſi-tôt, comme la néceſſité du Royaume le requiert. ,, Il veut " que cette aide ſoit aſſiſe & levée loyalement & raiſonnablement par chacun Prélat & Baron en ſon dioceſe & en ſa terre. Il y aura un prud'homme de par le Roi pour prendre garde à la beſogne, ſans qu'il faſſe contrainte, ne s'entremette de la beſogne, fors à la requête du Prélat & du Seigneur en quel dioceſe & ſeigneurie ce ſera." Le Roi s'obligea à réformer l'énorme abus de l'altération des Monnoies. Et ,, pour que nosdits Féaux & Sujets nous faſſent plus *volontiers*, plus *preſtement*, & plus *gracieuſement* l'aide deſſuſdite, ... à la requête de noſdits Prélats & Barons préſens, octroyons & promettons &c. (a) ".

Cette promeſſe eſt d'autant plus remarquable, qu'elle a ſervi de titre & de modele aux Etats qui ſe tinrent dans la ſuite, & qu'elle fut la ſource des principaux avantages que procurerent ces Aſſemblées, tant qu'elles furent libres. Comme les Subſides étoient volontaires, les Etats n'accorderent ces ſecours que ſous la condition que certains abus ſeroient corrigés. D'abord on ſe contenta de ſimples promeſſes: lorſqu'on s'apperçut qu'elles n'étoient pas toujours effectuées, on ſupplia le Roi que la réforme précédât le paiement du Subſide; ou l'on impoſa pour condition, qu'il n'auroit lieu que du jour où l'Ordonnance de réforme ſeroit publiée. Quelquefois on ſtipula que le paiement ceſſeroit dès que la réforme promiſe ceſſeroit elle-même de s'effectuer. Le plus ordinairement les Etats ſe réſerverent la faculté de lever eux-mêmes les deniers, ce qui fit un grand ſoulagement pour les Peuples.

Philippe-le-Bel étoit ſi éloigné de croire que *l'aide* put être forcée, qu'il n'en forma la demande qu'à titre de grace. ,, Et cette ayde nous rece-,, vrons *de grace*, ſans ce qu'elle coure à préjudice; ne aucun droit en ſoit ,, ôté, ne aménuiſié, ou nouvel acquis ne accru, à nous ne à acte relatif ,, à cette ayde: Comme en traité d'Archevêques, Evêques, Ducs, ,, Comtes, Barons & autres Nobles, nous ſoit octroyé *de grace*, &c. (b)." Toutes les Ordonnances qui furent rendues à l'occaſion des Subſides accordés par les Etats poſtérieurs, continrent cette importante déclaration; que les Subſides étoient une *conceſſion*, une *libéralité*, une *pure grace*,

(a) Ordonn. du Louvre, tom. 11. p. 384.
(b) *Ibid.* pag. 413.

N 3

& qu'il n'en réfulteroit nulle fervitude nouvelle pour les Peuples, nul droit nouveau en faveur du Monarque.]

Au lieu d'affembler les Etats-Généraux, ce Prince fe contenta jufqu'en 1314. de convoquer les Etats de chaque Province, & de les faire préfider par des Commiffaires qu'il députoit. Chaque Commiffaire étoit chargé de confentir aux réformations dont la Province feroit dépendre la quotité du Subfide; & les ordonnances, rendues fur la requête de ces Etats particuliers, continrent les mêmes claufes que celles qui avoient fuivi la délibération des Etats-Généraux.

En 1304, par exemple, les lettres qui furent accordées *aux Barons,* Nobles & Habitans de la Baillie d'Auvergne, exprimerent cette difpofition. „ Faifons fçavoir & reconnoiffons que la derniere fubvention ,, qu'ils nous ont faite, ils nous l'ont faite *de pure grace, fans qu'ils y* ,, *fuffent tenus que de grace.* Voulons & octroyons que les autres fub- ,, ventions qu'ils nous ont faites ne leur faffent aucun préjudice, *ès* ,, *chofes efquelles ils n'étoient tenus, ne, par ce, nouveau droit ne nous foit ac-* ,, *quis ne amenuifié* (c)". Ce n'étoit donc pas pour le Clergé uniquement, mais pour tous les Ordres de l'Etat, qu'il étoit conftant & reconnu que les Subfides formoient des dons volontaires, & des libéralités gratuites. C'étoit pareillement un droit commun aux différens Ordres de faire par eux-mêmes, & de leur propre autorité la levée des fubfides dans leur territoire refpectif. Le Roi nommoit feulement des Commiffaires adjoints, qui ne pouvoient ufer d'aucune contrainte.

Philippe-le-Bel convoqua en l'année 1314. une Affemblée générale des Etats. Elle fe tint à Paris dans la Salle du Palais. *Les deux Ordres étoient placés fur un Théâtre fort élevé, le troifiéme Ordre étoit affis par bas* (d). „ Le motif de cette convocation ne fut (felon Boulainvilliers) que les befoins d'un Roi dont la diffipation étoit fi prodigieufe qu'il avoit englouti avec le mariage de fes trois enfans, tous les biens des Templiers qu'il avoit fait périr, huit cents mille livres qu'il avoit tiré de Flandres, & tout le profit de la Monnoie, au par-deffus de fes revenus ordinaires (e)".

Quoique l'Affemblée n'eût fait que des offres générales, il en réfulta des impofitions très-onéreufes. „ Sans decret ni délibération des Etats (ajou- ,, te le même Auteur), on fit paffer l'impofition odieufe & arbitraire de ,, fix deniers par livre de toutes les marchandifes qui feroient vendues ,, dans le Royaume, pour l'effet du confentement unanime des trois Or- dres de la France " (f). Le continuateur de Nangis qualifie cette impofition d'extorfion, de rapine, d'exaction injufte, d'invention inouie; il obferve qu'elle excita un foulévement général, & que les Provinces fe montrerent pleines de zele pour maintenir en cette occafion leur liberté,

(c) Ibid. *pag.* 411.
(d) Mézeray. Abrégé Chronolog. *tom.* 3, *pag.* 510.
(e) Hiftoire de l'ancien Gouvernement de la France. *tom.* 2, *pag.* 83.
(f) Ibid. *pag.* 87.

& celle de la Patrie: *pro ſuâ & patriæ libertate ferre nullatenùs ſuſtinentes*, *ob hoc viriliter ſe opponunt.*

Boulainvilliers nous a conſervé les traités, ou eſpece de ligues faites par le Clergé, la Nobleſſe, & le Tiers·Etat de différentes Provinces, dans leſquelles ils ſe plaignent de la levée de pluſieurs tailles, ſubventions, ex- actions non dues, changement des monnoies, &c. (g).

Le feu gagnoit dans tout le Royaume, lorſque ce Prince *mourut de dou- leur*, après avoir cependant révoqué la fatale impoſition (h). Ce fut au lit de la mort que Philippe-le-Bel touché d'un repentir *bien tardif*, prit „ pitié de ſon pauvre Peuple, fit ceſſer la levée des nouveaux impôts, & „ ordonna à ſon fils de les modérer....... Dans ſon *repentir amer d'avoir* „ *tant vexé ſes Sujets*, il en demanda pardon à Dieu, & abſolution au S. „ Pere (i) „.

„ Louis Hutin ſe fit un devoir de ſuivre fidélement les dernieres inten- tions de ſon Prédéceſſeur. Sur les plaintes que lui porterent différentes Provinces des griefs qu'elles avoient ſoufferts, *contre les anciens uſages*, *Coutumes & libertés* (k), il abolit toutes les nouvelles impoſitions qui en avoient été le renverſement. Ce Prince, occupé des vrais intérêts de ſes Sujets, ne fut point bleſſé de leur entendre tenir ce langage; & loin de le trouver contraire aux droits de la Souveraineté, il ne répondit aux re- préſentations qui lui furent adreſſées, que par des Ordonnances confirma- tives des libertés & franchiſes, *telles qu'elles étoient ſous M. S. Louis, & ſes autres Antéceſſeurs devant M. S. Louis.* On lit dans ces Ordonnances qu'il veut „ que toutes ces fauſſes Coutumes en tout chéent, & ceſſent d'être cueillies en tout & du tout. Il révoque toutes ces ſubventions de l'Oſt de Flandres à la requête des Nobles & autres gens de ſon Royaume, *di- ſant icelle ſubvention être levée non duemcnt.* Il entend que, pour cauſe de la- dite ſubvention, nul nouveau droit ne lui ſoit acquis pour le temps ave- nir, & nul préjudice aux gens de ſon Royaume n'en ſuive (l) „.

Nicole Gilles fait même mention d'une loi dans laquelle Louis Hutin déclara que, ni lui, ni ſes Succeſſeurs ne pourroient lever aucun Sub- ſide à l'avenir, ſans le conſentement des Prélats, des Nobles & des Com- munes qui en feroient eux-mêmes la levée. Cette Ordonnance ne s'eſt pas conſervée juſqu'à nous (m); mais il eſt aſſez manifeſte qu'elle ne faiſoit qu'exprimer une regle alors généralement tenue pour conſtante. Les loix particulieres que ce Prince accorda aux Provinces pour les rétablir dans leur liberté primitive, ſuppoſent toutes la néceſſité du conſentement

(g) Ibid. *pag.* 93.
(h) *Tandem optatam obtinent libertatem, extorſione de mandato Regis..... omninò ceſſan- te: Nam de ſalute animæ attentiùs cogitans exactionem .... ceſſare fecit penitùs & om- ninò.*
(i) Mezeray Abrég. Chronolog. *tom.* 3. *pag.* 516, 518.
(k) Ordonnances du Louvre, *tom.* 1, *pag.* 558 & *ſuiv.*
(l) Ibid. *pag.* 566 & 580.
(m) Boulainvilliers ne doute pas de la vérité de cette Déclaration. *tom.* 2, *pag.* 128. Mézeray la regarde auſſi comme certaine. *tom.* 4, *pag.* 33.

des Peuples aux taxes qu'ils doivent payer. C'eſt ainſi que les atteintes portées aux droits nationaux, dans certaines criſes fâcheuſes, ont quelquefois ſervi à les mieux conſtater, ſoit par l'éclat des réclamations auxquelles elles ont donné lieu, ſoit par les ſages précautions priſes par les bons Rois pour les mettre en ſûreté.

Cependant Louis Hutin avoit beſoin d'argent pour terminer la guerre de Flandres; mais il préféra communément aux Subſides extraordinaires qui avoient excité tant de ſoulévemens ſous le Gouvernement de Philippe-le-Bel, la voie des emprunts libres, & de l'affranchiſſement, moyennant finance, des main-mortables de ſes Domaines.

Pendant les regnes de Louis Hutin, de Philippe-le-Long, & de Charles-le-Bel ſes Succeſſeurs, il y eut des Aſſemblées de Villes & de Provinces, dont l'objet fut de fournir des Subſides pour la guerre de Flandres: il y en eut entr'autres, pour le Berry, l'Auvergne, & pour la Ville de Paris. On y remarque les mêmes reconnoiſſances de la part des Monarques, & des confirmations auſſi préciſes des Coutumes & Franchiſes nationales (n). Ce fut _de leur propre volonté, & de leur pure libéralité_, que les Provinces octroyerent & donnerent le 15e. de leurs revenus pour un an. ,, Voulons (ce ſont les propres expreſſions du Souverain) que nous, ne nos Succeſſeurs, ne puiſſent dire que par cette _grace_ & ce _ſervice_ qu'ils nous ont fait & donné, aucun droit nouvel, autre que nous n'avions avant cette _grace_, nous ſoit acquis contre eux au temps avenir. Ils nous ont octroyé _bénignement_ & _gracieuſement_ l'ayde qui enſuit...... Ils nous ont, fait ce _don de leur bonne volonté & grace ſpéciale_. Voulons que, pour raiſon de ce, nul droit ne ſoit acquis à nous & à nos Succeſſeurs; car ils n'y ſont pas tenus, fors de pure grace " (o).

Par rapport aux habitans de la Ville de Paris en particulier, le Prince déclare ,, qu'il eſt moult content de la gracieuſe réponſe & de la bonne volonté qu'il voit qu'ils ont à lui, & qu'ils lui ont offert moult gracieuſement à l'aider ".

Il veut que ,, par cet accord & Ayde, aucun droit nouvel ſur eux ne lui ſoit acquis, ni ne faſſe préjudice à eux & à leurs privileges ".

Pour ce qui concerne le paiement du Subſide, il eſt toujours réglé ,, que ledit don ſera taxé & levé par aucuns prud'hommes de eux-mêmes, leſquels ils éliront & députeront à ce faire; que les bonnes gens de la Ville recevront lad. compoſition, & en compteront aux Prévôts des Marchands ".

Les Etats de 1338 ſont célebres par l'article qu'ils arrêterent. ,, Il y fut ordonné, comme on l'avoit déja fait du temps de Hutin, qu'il ne ſe feroit à l'avenir aucune impoſition que _de leur conſentement_, & pour le bien très-évident de l'Etat, & pour une très-urgente néceſſité (p)".

Nicole

(n) _Status, mos, uſus, antiquæ & approbatæ conſuetudinis, jura & libertates, franchiſiæ & privilegia inviolabiliter obſerventur._ Ordonnances du Louvre, tom. 1, pag. 644, 677 & 700.
(o) Ibid. pag. 692, 700, 785.
(p) Mézeray, Abrég. chronol. tom. 4, p. 33. Boulainvilliers, tom. 2. pag. 187.

Nicole Gilles parle de ce Réglement, & ajoute qu'il fut fait *préfent Philippe de Valois.*

Ce Réglement a fubi le même fort que l'Ordonnance générale de Louis Hutin; l'un & l'autre ne font connus que par le témoignage des Hiftoriens; mais nous avons des Ordonnances du même temps pour des Provinces particulieres, qui renferment des difpofitions affez femblables. Une Ordonnance de 1339 affure la Province de Normandie qu'outre les cens, fervices perfonnels & revenus ordinaires, on n'exigera d'elle aucuns Subfides, fubventions, tailles, contributions, ou autres impofitions quelconques (q). Cette Ordonnance n'excepte que la convocation de l'arriere-ban, & dans le feul cas (*in modum qui fequitur, & non aliter*) où il n'y auroit point d'autre reffource pour chaffer les ennemis. Cette Loi fut depuis confirmée par le Roi Jean, & en 1380. par Charles VIII. Ce dernier Prince avoue qu'il feroit indigne & contraire à toute décence d'enfreindre ce qui avoit été réglé par fes Prédéceffeurs, & de paffer les limites qu'ils s'étoient fagement prefcrites (r).

L'année précédente, Philippe de Valois avoit pris de pareils engagemens envers les Sénéchauffées de Touloufe, Beaucaire, Nifmes, Carcaffonne, Béziers, Perigord, Cahors, Rouergue, Bigorre, & envers les pays d'Auvergne & d'Acquitaine (s). On retrouve dans toutes ces Ordonnances particulieres le même langage fur les droits & la liberté des Peuples. *Voulons que cette Ayde ou Octroy ne puiffe porter aucun préjudice à leurs privileges, libertés, franchifes, ne que, par ce, aucun nouvel droit nous foit acquis contre eux.*

En 1349. dans le feu de la guerre d'Angleterre, les Citoyens de Paris accorderent *pour un an accompli feulement* un droit fur les vins, denrées & marchandifes qu'on vendroit dans la Ville, & le Roi reconnut qu'*ils l'ont libéralement voulu & accordé* (t).

Ces belles Ordonnances n'empêchoient pas qu'on n'imaginât toutes fortes d'expédiens pour avoir de l'argent, fans être obligé de le demander aux Etats. L'altération des Monnoies fut fur-tout portée à un excès incroyable. Le marc d'argent qui ne valoit que 57 fols & demi, en 1333. fut porté à 13 livres dix fols en 1342. Ce fut auffi l'époque de l'invention de la gabelle qui fit donner affez plaifamment par les Anglois, le nom d'*Auteur de la Loi Salique* à Philippe de Valois. Cet impôt ne fut d'abord levé que par voie de fait, lorfque la guerre d'Angleterre réduifoit prefque le Royaume aux abois. Sur les plaintes qu'en firent les Etats, Philippe de

(q) *Nos autem, fucceffores noftri reges, ultrà redditus, cenfus & fervitia prædicta, non requiremus, aut petemus, vel capiemus fubfidium, fubventionem, talliam, impofitionem vel aliam exactionem qualemcumque, fuper quâcumque perfonâ, aut fuper bonis fuis mobilibus aut immobilibus, five fint Ecclefiæ, aut fæculares nobiles, five non nobiles; tenentes fub nobis vel à nobis immediatè aut mediatè.* (Ordonn. tom. 6. pag. 550.)

(r) *Indecens igitur & indignum æftimantes fenfatorum præjudicare fententiis, & antiquorum noftrorum terminos tranfilire.... prædicta privilegia confirmamus.* Ibid. tom. 6. p. 551.

(s) Ibid. tom. 2, pag. 123 & fuiv.

(t) Ibid. pag. 318.

Valois, par une Ordonnance du 15 Février 1345, protefta ,, que fon intention n'étoit pas que les gabelles duraffent toujours, ni qu'elles fuffent
mifes à fon Domaine, & *que pour la déplaifance qu'elles faifoient à fon Peuple*, il voudroit qu'elles fuffent *abattues à toujours*, & qu'on pourvût par
autre voie à bonne provifion fur le fait de la guerre '' (v).

Nous ne connoiffons que deux Affemblées des Etats - Généraux convo-
quées par le Roi Jean; elles fe tinrent en 1350, & en 1355.

Dans la première, il fut queftion d'une impofition de fix deniers par
liv. fur le prix des marchandifes & denrées qui feroient vendues pendant
l'année. On voit par une Ordonnance du 5 Avril 1350. relative à ces
Etats, que les Nobles, & fur - tout les Communes fur qui devoit tomber
principalement le poids du Subfide, répondirent, pour la plupart, que le
pouvoir porté par leur procuration ne s'étendoit pas jufques - là, ils ne
pouvoient fe difpenfer d'en référer à ceux dont ils n'étoient que les Man-
dataires (x).

Le Roi Jean convoqua plufieurs Etats particuliers en 1351. & les Provinces s'affemblerent dans chacune des quatre années fuivantes pour pro-
roger le Subfide accordé ; la prorogation n'étoit jamais que pour une
année. Les Ordonnances qui fuivirent ces petits Etats, font autant de
monumens de la liberté fubfiftante des François. Elles prouvent que les
Subfides n'avoient été admis qu'*en la maniere, fous les conditions & modifications qui enfuivent* .... *fous les conditions, modifications & devis contenus
& exprimés en la forme & maniere qui s'enfuit* (y). Le Roi Jean promet
d'exécuter ponctuellement ces conditions (z).

Ces Ordonnances fixent le premier paiement du Subfide à l'époque où
les Lettres Royales qui auront ratifié les conditions feroient délivrées (a).

Les Provinces s'étoient réfervé le droit exclufif de faire la levée des
Subfides, & de n'en compter qu'aux Magiftrats Municipaux. Quelques-
unes avoient même ftipulé qu'elles feroient l'emploi par elles-mêmes, ou
qu'il ne feroit fait que de leur avis (b).

(v) Ibid. *pag.* 239.
(x) Ordonnances du Louvre, *tom.* 2. *p.* 402.
(y) Ibid. *tom.* 2, *pag.* 423, 503, 506. *tom.* 3, *pag.* 647, 679, 683, 689.
(z) *Promittentes bonâ fide quòd omnes & fingulas conditiones prædictas obfervabimus in-
tegraliter, obfervarique ac teneri per gentes noftras effectualiter & inviolabiliter faciemus.* Ibid.
tom. 3, *pag.* 675, 683, 687.
(a) Auffitôt que lefdites Lettres feront baillées aux bonnes gens defdites Villes franchement & fans couft. Avant que ladite impofition commence, ni doive commencer à a-
voir cours, les Lettres doivent être baillées & délivrées fans couft.
Les Lettres leur feront délivrées avant que lad. Ayde foit commencée à lever.
L'Ayde ne commencera que le huitieme jour aprés que les Lettres leur feront baillées.
Ibid. *tom.* 2, *pag.* 504, 506, 567, • *tom.* 3, *pag.* 679, 684.
(b) ,, Itemque pour efquiver le dommage de notre commun Peuple, les habitans Jufti-
,, ciers faffent exécuter tout ce qui fera dû en leurs Hautes-Juftices, & que l'exécution
,, faffent faire par leurs propres Sergens.
,, Les Vicomtes du Pays feront bailleurs & Receveurs; car par eux pourra être mieux
,, fait au plaifir & profit du pays, *quòd leventur per certos probos homines deputandos.*
,, La Ville de Paris ftipule que les Prévôt des Marchands & Echevins en auront la
,, Cour & connoiffance.

Mais ce qui mérite singuliérement l'attention, c'eft la reconnoiffance perfévérante. 1°. Que les Villes *accordent le Subfide bénignement, & de leur bonne volonté. . . . . que de commun affentement elles le donnent & octroyent :* „ *non coacté, fed ipfarum fpontaneâ concefferunt voluntate*" (c). 2°. Que le Subfide ne fera nul préjudice aux franchifes & libertés des Sujets, qu'il n'en fera acquis au Roi ni à fes Succeffeurs aucun nouveau droit, & que les Coutumes, privileges, chartes, libertés & franchifes ne feront point amoindries (d). Dans quelques Ordonnances, on ne fe borne pas à ces claufes générales; on y reconnoit expreffément qu'en conféquence des franchifes & libertés Françoifes, aucun impôt ne fçauroit être levé fans l'aveu & le confentement des contribuables (e).

Les Etats tenus en 1355, ne furent compofés que des Provinces de la Langue-d'oil; les pays de la Langue d'oc s'affemblerent à part; leurs Etats ont toujours été tenus féparément depuis; & c'eft ce qui, par l'événement, les a maintenus dans le droit d'Etats dont ils jouiffent encore. Les aides que le Roi Jean obtint dans les Etats de 1355. furent qualifiés *de dons libres & volontaires*. L'Ordonnance publiée en conféquence de leur délibération, fut terminée par la déclaration ordinaire. „ Et ces préfentes „ aydes nous font *accordées par les trois Etats* des fufdits, fans préjudice „ de leurs libertés, privileges & franchifes" (f).

En 1358, les Etats s'affemblerent à Compiegne, parce que la violence des factieux avoit mis le Dauphin dans la néceffité de fortir de Paris. On y lit comme dans les autres, „ qu'ils ont *amiablement* & gracieufe- „ ment accordé. . . . . . Confeffons pour notredit Seigneur & pour Nous, „ & pour les fucceffeurs de lui & de Nous, que cette préfente ayde ont- „ ils fait de leur libéralité & courtoifie, & par maniere de *pur don*, ... „ ni cette préfente ayde ne foit trait à dette, ne à fervitude, ne engen- „ dre aucun nouvel droit (g)".

„ Les Receveurs rendront compte auxdits Evêques, Chevaliers & Bourgeois.
„ Les deniers feront gardés par les collecteurs, & ne feront baillés. . . . qu'à la fin que „ deffus & non autrement. . . . & ne feront tenus à en bailler ailleurs.
„ Ladite impofition fera diftribuée & convertie par le confeil & avis des Evêques, Ba- „ rons & Bourgeois, en la garde & deffenfion defdits pays tant feulement, fans qu'aucune „ chofe en foit convertie ailleurs". *Ibid.* tom. 2, *pag.* 405, 503, 567.-tom. 3, *pag.* 423, 678, 682, 684, 687, 689.
(c) Ibid. *tom.* 2, *pag.* 406, 425, 504, 506, 569. - tom. 3, *pag.* 675, 677, 683, 687.
(d) *Privilegia, libertates, ufus, franchifias, & confuetudines in fuo robore permanere volentes. . . . . expreffè volumus pro non fervitute haberi dictam oblationem.* Ibid. tom. 2, pag. 393, 409, 453; tom. 3, pag. 674, 677, 678, 689.
(e) „ Sous les conditions & modifications qui fuivent, que autrefois ayde femblable ne „ puiffe être levée audit pays (Anjou & Maine), fi ce n'étoit par l'accord & de l'affen- „ tement exprès defdits gens d'Eglife, defdits Nobles, & defdites Communes. . . qu'ils ne „ font tenus à faire aydes ou fubfides aucuns, fi ce n'eft au cas où il conviendroit de né- „ ceffité; . . . . qu'ils fe peuvent fuffifamment excufer de faire ayde; mais toutes fois pour „ confidération de ce que le Roi Monfieur eft moult grevé pour caufe de fes guerres, & „ que du fien fi ne peut bonnement fuffire à tout. . . . ils voudront, confentiront, & fe- „ ront faire (telle levée)". *tom.* 2, *pag.* 405, 557, *tom.* 3. *pag.* 683, 684.
(f) Ibid. *tom.* 3, *pag.* 25.
(g) Ibid. *tom.* 3, *pag.* 230.

O 2

Ces Etats-Généraux nommerent. trois Elus. ,, pour le fait defdites Ay-
,, des ordonner, mettre fus, & *gouverner*, & *ils choifiront des Receveurs.*
,, Toutes lefdites Aydes feront converties au fait des Guerres & en la
,, défenfe dudit Royaume. Le Roi ni le Dauphin ne pourront aucune
,, chofe avoir, prendre, lever, ni recevoir auxdites Aydes, excepté la
,, dixieme partie en icelles que les Etats [dit le Dauphin] nous ont *gra-*
,, *cieufement & libéralement donnée & octroyée* pour le gouvernement de nos
,, Hôtels. *Il ne fera point obéi aux Lettres*, Mandemens & affignations,
,, ne dons qui exigeroient plus que ce dixieme, *à peine par les Elus d'être*
,, *contraints de reftituer ce qu'ils auroient payé*".

Dans les Etats de la Sénéchauffée de Nifmes, affemblés à Avignon, en
1363, en préfence du Roi Jean & de fon Confeil, *coram nobis & Confilio*
noftro, les Députés qui les compoferent ftipulerent également que le Subfide accordé ne nuiroit point à leurs libertés, qu'il ne donneroit au Roi
aucun droit contre eux (h). Que les Etats feroient faire la levée & l'emploi, & que fi les Officiers vouloient s'en mêler, à l'inftant l'impofition
feroit fufpendue (i).

Nous apprenons de Mézeray que Charles V. furnommé *le Sage*, occupé en 1369. de plufieurs difpofitions néceffaires pour la garde & fûreté
du Royaume, fit ,, des amas de denièrs par l'impofition des Subfides, que
,, les Etats affemblés à Paris lui *accorderent libéralement*, & qu'*ils firent*
,, *lever* avec un fi bon ordre que le Peuple n'en fut prefque point foulé.
,, Les mêmes Etats *octroyerent* à ce Prince plufieurs impofitions tant fur
,, les fonds que fur les denrées, & les Villes y *confentirent fort gaiement*,
,, parce qu'elles fçavoient bien que ces levées feroient bien ménagées, &
,, qu'elles cefferoient avec la guerre " (k).

Qui pourroit fe refufer aux conféquences qui naiffent de ces faits authentiques? Ne font-ils pas autant de preuves invincibles de la propriété
des Sujets, & de la liberté nationale? Non feulement les Subfides étoient
volontaires, ce qui fuppofe dans ceux qui en faifoient don, les droits les
plus conftans d'une entiere & parfaite propriété; mais ceux qui les accordoient prenoient en même-temps les précautions les plus efficaces pour
affurer l'emploi légitime des deniers. C'eft un tableau où font peintes,
pour ainfi dire, les idées que le Monarque & les Peuples avoient de leurs
droits & de leurs devoirs réciproques. Le Prince refpectoit la liberté
& le droit de propriété des Sujets, en fe contentant de leur expofer fes
befoins & ceux de l'Etat. Les Sujets, fans facrifier leurs franchifes & ufages, s'empreffoient d'aller au fecours de l'Etat & du Monarque. Nos Rois
trouverent toujours d'abondantes reffources, dans les crifes fâcheufes,
auxquelles l'Etat fut expofé, lorfque les Peuples purent fe flatter que les

(h) *Nec fe fubjicere oneri novæ fervitutis, nec fe privilegiis, ufibus, libertatibus renun-*
tiare, nec novum jus vobis, Domino Regi acquiri. Ibid. tom. 3, pag. 620.
(i) *Nullus jufticiarius Regius de dictis pecuniis .... fe habeat intromittere. Quod fi D.*
nofter Rex, feu ejus locum tenens contrarium facere voluerit, ex tunc omnis impofitio ipfo
facto ceffet, & omnes habitantes quitti à prædictis. Ibid. pag. 626.
(k) *Abrég.* Chronolog. tom. 4. pag. 151.

Subfides feroient employés à leur deftination, & qu'ils cefferoient avec la caufe qui obligeoit de les lever.

La néceffité du confentement des Etats à l'impofition des Subfides, étoit une vérité fi conftante, qu'on la trouve confignée dans les Ecrivains de ces fiecles. Il fuffira d'indiquer Nicolas Orefme, Précepteur de Charles V. & Evêque de Lifieux, mort en 1382 ; & Nicolas Clémangis, Provifeur du college de Navarre, Théologien célebre dans fon temps, mort au commencement du XV. fiecle (l).

Quelques Auteurs ont regardé Charles VII. comme le premier de nos Rois qui ait établi des Subfides fans le confentement des Etats. Coquille veut que cet abus dont il fait fentir les inconvéniens ait pris naiffance plus tard.

„ Anciennement, le Roi n'avoit droit de lever aucun Subfide, finon
„ qu'il fut accordé par les Etats.... Louis XI. eft le premier qui fe foit
„ paffé de ce confentement........ Lorfque les Rois, en affaires im-
„ portantes, & pour les Subfides, appelloient leurs Etats, l'honneur, l'o-
„ béiffance & l'amitié du Peuple envers le Roi étoient plus grands (m).

Charles VII. fut le premier, au rapport de Philippe de Commines, qui „ par le moyen de plufieurs fages & bons Chevaliers qu'il avoit, qui lui avoient aidé & fervi à fa conquête de Normandie & de Guyenne que les Anglois tenoient, gagna & commença ce point qui eft d'impofition de tailles à fon plaifir, & fans le confentement des Etats de fon Royaume ". Les circonftances, il faut l'avouer, fembloient fournir un prétexte. Cependant Charles VII. n'employa pas des voies d'autorité abfolue. Il eut l'attention de mettre les Grands Seigneurs de fon parti. „ Pour lors, felon le même Hiftorien, y avoit grandes matieres, tant pour garnir les pays conquis, que pour départir les gens des Compagnies qui pilloient le Royaume : & à ceci fe confentirent les Seigneurs *pour certaines penfions* qui leur furent promifes pour les deniers qu'on leveroit en leurs terres (n) ".

Coquille explique plus en détail les moyens odieux dont ufa ce Prince pour corrompre les Grands. „ Du temps du Roi Charles VII. quand les tailles furent mifes fus en ordinaire, les Princes & autres grands Seigneurs qui avoient quelque crédit & moyen pour empêcher la facilité de cette nouvelle façon de faire, furent adoucis, en ce qu'on leur accorda la no-

Sous Charles VII. ou fous Louis XI. on a commencé à mettre des Subfides fans le confentement des Peuples.

(l) *Ad Regem fpeëtat.... pacem & charitatem inter ordines fervare ; nec permittere unum ab altero aut lædi aut conculcari. Sed omnibus ac de omnibus, abfque perfonarum aut ftatuum favore, juftitiam æquabiliter miniftrare : Antiquam Patriæ libertatem illibatam cuftodire, nec novas exaëtionum adinventiones nifi in extremâ neceffitate, & de publico trium ordinum confenfu atque confilio inftituere : quafi fi neceffitas imponi cæperit, femper tamen temporales debent effe, & ceffante neceffitate deftitui. Ut autem Princeps ad talia extraordinaria fubfidia confugere [per quæ plerumque in Tyrannidem & ex confequenti in diffolutionem politiæ labuntur] debet regularem ac moderatum in fumptu & familiâ habere ftatum, quemadmodum & cæteri Reges etiam nunc faciunt, & noftri antè hæc tributa facere folebant. Clemangis. De lapfu & reparatione juftitiæ. Cap. XVII. n. 12. pag. 55.*
Le texte de Nicolas Orefme fera rapporté dans la fuite.
(m) Coquille, *Queft.* 5.
(n) Mémoires, *liv. 6. chap.* 7.

mination aux Offices des Elûs, Receveurs, Greneriers, Contrôleurs de Greniers à fel qui étoient établis dedans leur pays & Seigneuries, dont plufieurs ont joui jufqu'au milieu du Regne de François I. qui leur ôta ce droit. Aucuns en petit nombre ont trouvé moyen d'être rétablis audit droit. Aux autres fut accordée la perception de l'ancienne Gabelle qui étoit de 30 liv. pour muid de Sel ès greniers qui étoient en leurs détroits. Les Sujets font demeurés chargés defd. Tailles, Aydes & Gabelles, & lefdits droits de nomination & gabelles s'en font envolés (o) ".

Cet Auteur convient lui-même que ,, Charles VII. fut le premier qui mit les tailles en ordinaire, après qu'il fut arrêté pour le bien de la France, que la Gendarmerie feroit mife fus pour être entretenue en temps de Guerre & de Paix ; & fut l'ordonnance premiere de 1500 hommes, & étoient les tailles & fuaiges deftinés expreffément pour la folde d'icelle Gendarmerie qui montoit à 120000 livres ". Coquille fait l'énumération de divers accroiffemens que la taille reçut dans différens regnes. ,, Voilà à quoi eft revenu ce qui premiérement étoit en volonté, confentement & accordance, & a été mis en néceffité & contrainte montant à près de onze millions de livres (p). Des Remontrances, pour la décharge du Tiers-Etat, (au fujet des tailles) ont été faites en Affemblée des Etats-Généraux de France ; mais on n'y a eu égard ; *felon la regle générale & ufage de France, que le Subfide une fois mis fus ne fe retranche jamais* ; mais on vient toujours à nouvelles inventions de trouver deniers, dont la charge eft fur le Tiers-Etat par premiere apparence, qui a fait que les deux autres Etats ne s'en font pas fouciés " (q).

En fuppofant donc que Charles VII. ait mis des impôts fans l'intervention & le confentement des Etats-Généraux, ce fut moins par force que par adreffe : les Grands s'y prêterent par intérêt, & le Peuple y donna une forte d'*accordance*. ,, Les Troupes, dit Mézeray, furent toutes congédiées, à la réferve de quinze cents hommes d'armes, autant de Couftiliers (c'étoient gens de pied accompagnans les Cavaliers,) & trois mille Archers. Ce fut l'établiffement de ce qu'on a appellé Compagnie d'ordonnances. Il [Charles VII.] les fit d'abord loger & nourrir dans les villes, mais le Peuple qui ne fent que le mal préfent, & qui ne veut jamais pourvoir à ceux de l'avenir, quoiqu'on l'en avertiffe, ne fongea qu'à fe libérer de ce fardeau, & octroya une taille en argent pour le paiement de ces Gens-d'armes ; fans confidérer, que lorfqu'elle feroit une fois établie, elle ne dépendroit plus de lui, ni pour la durée, ni pour l'augmentation (r) ".

Le Comte de Boulainvilliers, dans fon Abrégé de l'Hiftoire de France (s), adopte le récit & la réflexion de Mézeray.

Dans un autre ouvrage il femble dire que la taille fut expreffément ac-

(o) Difcours des Etats de France, *tom. 1. pag.* 280.
(p) Ibid. *pag.* 279.
(q) Hiftoire du Nivernois. Ibid. *pag.* 341.
(r) Abrégé de l'Hiftoire de France, *tom.* 4. *pag.* 464 ; *édit. de* 1698.
(s) *Tom.* 3. *pag.* 192.

cordée par les Etats (t). Il rapporte la convocation qui en fut faite par Charles VII en la ville d'Orléans en 1440, pour avoir leur avis fur le moyen de procurer la paix, & s'explique enfuite en ces termes:

„ Mais d'autre part les Etats eurent un effet plus important; car le Roi, touché de l'extrême défolation des Peuples qui lui fut repréfentée, & qu'il connut évidemment être plus caufée par la mauvaife difcipline de fes propres Troupes que par les Anglois, y prit la fage réfolution d'ar-rêter leurs défordres par tous les moyens poffibles. Il communiqua aux Députés le deffein qu'il avoit formé de les réduire toutes en bandes dif-tinctes, fous des Capitaines qu'il choifiroit, & de les faire fortir des Pro-vinces où les Anglois ne pouvoient nuire, de les loger dans des Places frontieres, & de leur payer certaine folde à demi fuffifante, afin que le défordre qu'elles pourroient faire ne tombât que fur les ennemis; le tout dans l'efpérance qu'il avoit de les régler enfuite définitivement en nom-bre & en folde fous une difcipline exacte qui mît à l'avenir les bons Su-jets dans une entiere fûreté. *Il demandoit* pour l'exécution de ce pro-jet, une Taille *qui lui fut très-librement accordée*, tant parce qu'on étoit perfuadé de fon bon ufage, du ménage & de la fidélité de fes promef-fes, que parce que l'on voyoit bien que tout le mal ne venoit que de fon impuiffance".

Boulainvilliers après être entré dans un grand détail fur la paie de cette nouvelle Gendarmerie, ajoute un peu plus bas:

„ Pour former cette fomme qui parut immenfe dans la propofition, le Roi établit de fon autorité, mais *en conféquence du confentement des E-tats-Généraux tenus en 1440*, une taxe générale fur les fonds de terres & fur l'induftrie des Peuples; laquelle, quoiqu'il l'ait augmentée dans la fuite de près de moitié, n'a jamais paffé cent vingt ou cent trente mille marcs d'ar-gent pendant tout le cours de fon regne (v) ".

Il eft donc affez douteux fi Charles VII a le premier mis des impôts for-cés; & l'auteur de fon éloge le lave pleinement de ce reproche. „ Char-
„ les VII, *dit-il*, voyoit chacun an, & plus fouvent, tout le fait de fes
„ finances, & le faifoit calculer en fa préfence; car il l'entendoit bien:
„ il fignoit de fa main les Rôles des Receveurs-généraux, les Etats &
„ Acquits d'icelles finances, & tellement s'en prenoit garde, qu'il aper-
„ çut & conçut tout ce qu'on y pouvoit faire. On mettoit fus chacun an
„ le paiement de quinze cents lances feulement, fans mettre fus aucune
„ crue de deniers, ni autres chofes quelconques, réfervé les gages des
„ Officiers modérés. Et la premiere crue qui fut mife fus de fon tems,
„ furent cinquante mille écus pour feu le Duc de Calabre pour cuider
„ recouvrer Gennes: la feconde cinquante mille livres tournois pour le
„ mariage de Madame Madeleine de France fa fille promife en mariage
„ au Roi de Hongrie: la tierce, fut vingt mille écus pour la rançon
„ de feu Me. Guillaume Coufinet prifonnier en Angleterre; lefquelles

(t) Hiftoire de l'ancien Gouvernement de la France, *tom.* 3, *pag.* 86, 90.
(v) Ibid. *pag.* 108.

„ fommes furent mifes fus & levées en diverfes années, du vouloir &
„ confentement des Gens des trois Etats" (x).

En fuppofant que les Etats de 1440 n'aient point accordé librement les
Subfides, & que Charles VII. ait été obligé d'employer une forte d'artifice pour avoir le confentement de la Nation, Louis XI. n'a pas été fi timide, & ce que Charles VII. n'avoit fait que tenter, il le confomma par
voie d'autorité. C'eft ce qu'a voulu faire entendre Coquille, en rendant
Louis XI. le premier auteur des Subfides forcés. Auffi, fe borne · t · il à
dire dans un autre Ouvrage que „ Louis XI. fils de Charles VII. fut
le premier qui mit plus au large la puiffance des Rois au préjudice des
Seigneurs & du Peuple.... Pourquoi le Roi François I. difoit que ledit
Roi Louis XI. avoit mis les Rois de France hors de page. En effet, depuis ce temps, les Rois ont commandé plus abfolument, & de Roi en
Roi, fe font de plus en plus avancés (y) ".

Le Comte de Baulainvilliers, parlant de Louis XI. dit auffi qu'il fut
„ avide de tous les biens de la Patrie, dont il imagina le premier avoir droit
de difpofer pour fe faire des créatures, ou plutôt des gens dévoués à
fes volontés (z) ".

Mais, quelque circonfpecte qu'ait été la politique de Charles VII. le
coup qu'il a porté à la Nation ne forme pas un beau trait dans fon hiftoire. Pourroit · on ne pas applaudir à cette remarque de Philippe de Commines? „ Si ce Roi eût toujours vécu, & ceux qui lors étoient avec
lui en fon Confeil, il eût fort avancé à cette heure; mais à ce qui eft
advenu depuis & adviendra, il chargea fort fon ame & celle de fes Succeffeurs, & mit une cruelle plaie fur fon Royaume qui longuement faigne-
ra, & une terrible bande de Gens d'armes de foulde qu'il inftitua à la
guife des Seigneurs d'Italie. Ledit Roi Charles VII. levoit à l'heure de
fon trépas 1,800,000 francs, en toutes chofes, fur fon Royaume, & tenoit environ dix-fept cents hommes d'Ordonnances pour tous Gens d'armes; & ceux-là en bonne juftice, à la garde des Provinces de fon Royaume, qui de long-tems avant fa mort ne chevaucherent pas le Royaume:
qui étoit grand repos au Peuple: & à l'heure du trépas du Roi notre
maître, il levoit quarante fept cents mille francs: d'hommes d'armes, quelques quatre ou cinq mille: Gens de pied, tant pour le camp, que des
mortes paies, plus de vingt-cinq mille. Ainfi ne fe faut ébahir s'il avoit
plufieurs penfées & imaginations, & s'il penfoit de n'être point bien voulu, & s'il avoit grand paour en cette chofe" (a).

Coquille ne porte pas un jugement plus avantageux de la conduite de
Louis XI. „ Il eft advenu durant la domination de la ligue de Hugues-
Capet, que les Rois ont été foigneux de prendre confeil, affiftance & aide
des Princes de leur Sang..... & d'autres Princes & Grands Seigneurs qui,
par longue expérience avoient fait connoître la valeur de leur race; &

quand

(x) Eloge de Charles VII à la tête de fon hiftoire publiée par Godefroi.
(y) Difcours des Etats de France, *pag.* 279.
(z) Hiftoire de l'ancien Gouvernement de la France, *tom.* 3. *pag.* 134.
(a) Mémoires, *liv.* 6. *chap.* 7.

quand autrement a été, & que les Rois, pour avoir l'exécution de leurs
volontés plus libres, ont méprisé lesdits Princes & Grands-Seigneurs qui
pouvoient franchement parler, & se font fervis *de petits compagnons leurs
créatures, & comme leurs efclaves*, pour dire oui & non, felon la volonté du
maître, fans replique, beaucoup de maux font advenus. L'exemple prefque récent fe voit du Roi Louis XI, qui par telles façons engendra la guerre du bien public, dont il fe fentit fi preffé, qu'il difoit y avoir encore place pour lui au livre de Bocace des Nobles infortunés.... Si eft-ce qu'il
a ruiné fa maifon particuliere; car ce jourd'hui il n'y a aucun defcendant
de lui, foit par ligne mafculine ou féminine. Ses Succeffeurs n'ont pas
tous ni du tout fuivi fon deffein, & s'en font bien trouvés" (b).

Bien éloigné d'applaudir aux vues ambitieufes qui engagerent ce Prince
à éloigner & abaiffer les Grands, Coquille blâme le zele peu éclairé des
Gens du Roi qui favoriferent ce fyftéme de Defpotifme. „ Peut-être eût-
il été mieux pour ce Royaume, que *les gens du Roi* ne fe fuffent donné fi
grande peine pour abaiffer le droit des Seigneurs, fous prétexte d'aggran-
dir les droits du Roi, dont eft avenue ou l'occafion ou la caufe de la grande
& infupportable furcharge des tailles & fubfides dont le pauvre Peuple
François a été miférablement vexé, quand il ne s'eft plus trouvé aucun
près du Roi qui ofât faire des Remontrances pour le foulagement du Peuple; & parce que, quand la licence de prendre à volonté eft une fois mife, elle n'a plus d'arrët ni de bornes; & c'eft proprement le but auquel
tendent les petits qui s'infinuent aux bonnes graces des Rois, qui n'étant
nés pour porter une grandeur, emploient la vilté de leur cœur a fe faire
riches; & à abaiffer les Grands (c)".

Louis XI fut un Prince impétueux & abfolu. „ De vrai il étoit terrible au commencement de fon regne. *Il éloigna de lui les Princes de fon Sang
& autres Grands-Seigneurs & Capitaines de fon Royaume*, qui avoient aidé
à fon pere à chaffer les Anglois hors de France, & *voulut fe fervir de perfonnes de moyen & bas état*, avec lefquelles il faifoit fes difcours pour
l'exécution de fes entreprifes; ce qui lui caufa la guerre civile, qui fut appellée du bien public, qui l'approcha bien fort d'une grande chûte (d)".

Ceux qui ont engagé ce Prince à furcharger fon Peuple d'impôts, ont
aliéné de lui le cœur de fes Sujets.

„ Notre Roi, dit Philippe de Commines, eft le Seigneur du monde, qui
le moins a caufe d'ufer de ce mot de dire: *j'ai privilege de lever fur mes Sujets ce qui me plaît:* car ne lui ne autre l'a; & ne lui font nul honneur
ceux qui ainfi le dient, pour le faire eftimer plus grand, mais le font haïr
& craindre aux voifins qui, pour rien, ne voudroient être fous fa Seigneurie, & même aucuns du Royaume s'en pafferoient bien. Mais fi notre Roi, ou ceux qui le veulent louer & agrandir difoient: *j'ai les Sujets fi
bons & loyaux, qu'ils ne me refufent chofe que je leur fçache demander, &*

(b) Hiftoire du Nivernois, tom. 1. p. 334.
(c) Ibid. pag. 361.
(d) Ibid. pag. 389.

fuis plus craint, obéi & fervi de mes Sujets, que nul autre Prince qui vive fur la terre, & qui plus patiemment endurent tous maux & toutes rudeffes, & à qui moins il fouvient de leurs dommages paffés; il me femble que cela lui feroit grand los (& en dy la vérité) non pas dire: je prens ce que je veux, & en ai privilege: il le me faut bien garder. Le Roi Charles-le-Quint ne le difoit pas: auffi ne l'ai-je point oui dire aux Rois, mais je l'ai bien oui dire à de leurs ferviteurs, à qui il fembloit qu'ils faifoient bien la befogne; mais, felon mon avis, ils méprenoient envers leur Seigneur, & ne le difoient que pour faire les bons varlets, & auffi qu'ils ne fçavoient qu'ils difoient".

Louis XI étoit tellement convaincu qu'il avoit mérité la haine de fes Sujets, qu'il fe croyoit obligé de prendre les plus étranges mefures pour fa propre confervation.

Il n'entroit gueres de gens dedans le Pleffis du Parc, (qui étoit le lieu où il fe tenoit) excepté gens ,, Domeftiques & les Archiers dont il avoit 400, qui en bon nombre faifoient tous les jours le guet & gardoient la porte..... Il fit faire un treillis de gros barreaux de fer, & planter dans la muraille des broches de fer avec plufieurs pointes..... auffi fit faire quatre moineaux de fer bien épais, & lieu par où l'on pouvoit bien tirer à fon aife.... & à la fin mit quarante arbalétriers qui jour & nuit étoient en ces foffés, & avoient commiffion de tirer à tout homme qui en approcheroit de nuit, jufqu'à ce que la porte fût ouverte le matin (e)".

Il fut réduit à fe méfier même de fa propre famille. ,, Quelques cinq ou fix mois devant fa mort, avoit fufpicion de tous hommes..... Il avoit crainte de fon fils, & le faifoit étroitement garder. Ne nul homme ne le voyoit, ne parloit à lui, finon par fon commandement. Il avoit douté à la fin de fa fille & de fon gendre, & vouloit fçavoir quels gens entroient au Pleffis quant & eux... à l'heure que fondit gendre & le Comte de Dunois revindrent de remener l'ambaffade qui étoit venue aux nôces du Roi fon fils.... ledit Seigneur .... fit appeller un de fes Capitaines des Gardes, & lui commanda aller tâter aux gens des Seigneurs deffusdits, voir s'ils n'avoient point brigandines fous leurs robes, & qu'il le fit comme en fe devifant à eux, fans trop en faire le femblant. Or, regardés.... de quels gens il pouvoit avoir fûreté, puifque de fon fils, fille & gendre, il avoit fufpicion.... & quelle douleur étoit à ce Roi d'avoir cette paour & ces paffions (f).

,, Voudroit-on dire (ce font les expreffions de Commines) que ce Roi ne fouffrit pas auffi-bien que les autres, qui ainfi s'enfermoit, qui fe faifoit garder, qui étoit ainfi en paour de fes enfans & de tous fes prochains parens, & qui changeoit & muoit de jour en jour fes ferviteurs qu'il avoit nourris, & qui ne tenoient bien ne honneur que de lui; tellement qu'en nul d'eux ne fe ofoit fier, & s'enchaînoit ainfi de fi étranges chaîne & cloture (g)"?

(e) Commines. *Mémoires, liv. 6. chap. 7.*
(f) Ibid. *chap. 12.*
(g) Ibid.

Combien n'eſt pas judicieuſe la réflexion de Mézeray ſur le ſort de cet infortuné Monarque. „ La vie & les inquiétudes de Louis XI montrent qu'on peut être extrêmement malheureux dans une condition que le commun des hommes eſtime le ſouverain bonheur, & que ſouvent tel qui commande à des millions d'ames, s'il eſt gourmandé lui-même par ſes vices ou par ſes fantaiſies, eſt bien moins libre que ſes Sujets (h) ".

Le Prince qui ſe conſacre au bien de ſes Peuples n'a pas beſoin de ſe faire garder: il n'eſt pas un Sujet qui ne donnât ſa vie pour conſerver celle de ſon Roi. Mais quel calme pouvoit être dans l'ame de Louis XI, avec les cruautés qu'il exerçoit? „ Il avoit fait mourir plus de 4000 perſonnes par divers ſupplices, dont quelquefois il ſe plaiſoit à être ſpectateur. La plupart de ces malheureux avoient été exécutés ſans forme de procès; pluſieurs noyés une pierre au cou, d'autres précipités en paſſant ſur une baſcule, d'où ils tomboient ſur des roues armées de pointes & de tranchans; d'autres étouffés dans les cachots; Triſtan ſon compere, & le Prévôt de ſon Hôtel étant lui ſeul le Juge, les témoins & l'exécuteur (i)". Philippe de Commines trace le même tableau des inhumanités de Louis XI (k). Paroîtra-t-il étonnant qu'un Prince de ce caractere ſe ſoit joué des droits nationaux? Et ſi l'on n'oſe propoſer ſa conduite révoltante comme un modele pour ſes Succeſſeurs, comment pourroit-on faire l'éloge de ſes entrepriſes ſur la liberté de ſes Peuples? La Puiſſance Souveraine auroit-elle pu acquérir plus de droit ſur l'un ou ſur l'autre de ces objets, par le fait d'un Prince qui ne ſçavoit régner que par la terreur?

Réglons plutôt notre jugement ſur celui que Louis XI en a lui-même porté au lit de la mort, dans cet inſtant où l'illuſion diſparoît, où l'eſprit voit les choſes telles qu'elles ſont, où la vérité reprend ſes droits, où la conſcience exerce ſon juſte empire? Quels regrets ne cauſa pas à Louis XI l'abus qu'il avoit fait de ſon pouvoir? „ Se ſentant affoiblir de jour en jour, il envoya quérir ſon fils à Amboiſe, lui fit de belles Remontrances, & qui condamnoient directement toute la conduite qu'il avoit tenue: car il l'exhorta à ſe gouverner par le Conſeil des Princes du Sang, des Seigneurs & autres perſonnes notables, à ne point changer les Officiers après ſa mort, à ſuivre les Loix, à ſoulager les Sujets, & à réduire les levées des deniers *à l'ancien ordre du Royaume, qui étoit de n'en point faire ſans l'octroi des Peuples.* Il avoit augmenté les tailles juſqu'à 4,700,000 livres, ſomme ſi exceſſive pour ce temps-là, que ſes Sujets en étoient miſérablement accablés (l)".

Louis XI, reconnoit à la mort, qu'il a eu tort de changer l'ancien ordre du Royaume.

Charles VIII paroît avoir eu égard aux ſages exhortations de ſon pere; & la Nation Françoiſe n'a pas cru ſes droits entamés par la conduite violente de Louis XI. Les Etats ont été aſſemblés à Tours ſous Charles VIII en 1483, & voici ce qu'on lit dans le cahier qui fut préſenté au Roi.

Charles VIII rétablit l'uſage de demander le conſentement des Etats.

(h) *Abrégé de l'Hiſtoire de France, tom.* 4. *pag.* 608.
(i) *Ibid. pag.* 611.
(k) *Commines. liv. 6. chap.* 12.
(l) Mézeray, *Abrégé chronolog. tom.* 4. *p.* 610.

Après avoir remontré que le revenu du Domaine doit être employé d'abord aux charges de l'Etat, ils ajoutent : „ Et se il ne peut fournir, le Peuple de France a été toujours prêt & appareillé de aider au Roi par toutes les manieres qui ont été avisées par les gens des trois Etats, eux assemblés & informés deuement des affaires dudit Seigneur, les moins dommageables au Peuple, & utiles à pourvoir aux nécessités qui surviennent, & encore est prêt de ainsi le faire. Et puisqu'il a plû au Roi offrir communication de toutes ses affaires, veezci le plus grand affaire, & qui plus requiert être communiqué aux trois Etats : c'est ce qu'il soit avisé quels deniers sont néceffaires pour l'entretenement des choses deffusdites, & que les deniers soient levés par la maniere plus utile & moins dommageable, & donner remede aux exactions & aux pilleries qui par ci-devant ont été faites en levant lesdits deniers, & qu'ils n'étoient pas employés au bien du Roi & à la confervation de tout son Royaume, Dauphiné, & pays adjacens (m).... Et par ce moyen que toutes les tailles & autres équipollens aux tailles extraordinaires qui par ci-devant ont eu cours, soient du tout tollues & abolies, & que déformais en ensuivant la naturelle franchise de France, & la doctrine du Roi S. Louis, qui commanda & bailla par doctrine à son fils de ne prendre ne lever taille sur son Peuple, sans grand befoin & nécessité, ne soient imposées ne exigées lesdites tailles ne aides équipollens à tailles, sans premiérement affembler lesdits trois Etats, & déclairer les caufes & nécessités du Roi & du Royaume pour ce faire, & que les gens defdits Etats le confentent, en gardant les privileges en chacun pays".

Dans la conclufion du cahier, les Etats s'expriment ainfi :

„ Et pour fubvenir aux grandes affaires dudit Seigneur, tenir fon Royaume en fûreté, payer & foudoyer fes gens d'armes, & fubvenir à fes autres affaires, les trois Etats lui octroient *par maniere de don & octroi*, & non autrement, &·fans ce qu'on l'appelle dorefnavant tailles, ains don & octroi, telle & femblable fomme que du temps du Feu Roi Charles VII, étoit levée & cueillie dans fon Royaume, & ce, pour deux ans prouchainement venans tant feulement, & non plus, pourvû que la dite fomme fera juftement égalée &·partie fur tous les pays étant fous l'obéiffance du Roi, qui en cette préfente affemblée ont été appellés & convoqués.

„ Item, & par-deffus ce, lefdits Etats qui defirent le bien, honneur, profpérité & augmentation dudit Seigneur & de fon Royaume, & lui obéir & complaire en toutes façons & manieres poffibles, lui accordent la fomme de trois-cents mille livres Tournois pour une fois tant feulement, & fans conféquence, & *par maniere de don & octroi*, pour fon nouvel & joyeux avénement à la Couronne de France, & pour aider & fupporter les frais qu'il convient faire pour fon faint Sacre, Couronnement & entrée de Paris, lefquelles trois-cents mille livres Tournois feront impofées également fur toutes les terres & Seigneuries étant fous l'obéiffance du

(m) Recueil général des Etats tenus en France, *Paris* 1651, *pag.* 96, 97.

Roi, en fes Etats appellés & par commiffion particuliere & expreffe, afin qu'il ne tumbe en conféquence".

Les Etats demandent enfuite qu'il leur foit permis d'établir des Députés qui préfident à la levée du Subfide qu'ils viennent d'accorder. Ils demandent auffi qu'il plaife au Roi d'affembler les Etats dans deux ans.

„ Car lefdits Etats n'entendent point que dorefnavant on mette fus aucune fomme de deniers fans les appeller, & que ce foit de leur vouloir & confentement, en gardant & obfervant les libertés & privileges de ce Royaume, & que les nouvelletés, griefs & mauvaifes introductions qui par ci-devant, puis certain temps en ça, ont été faites, foient réparées : & de ce fupplient très-humblement le Roi notre Souverain Seigneur (n)".

„ Il y eut dans cette affemblée tenue à Tours en 1483 de grandes „ difputes fur le pouvoir des Etats pendant la minorité du Roi ; les „ uns foutenant que toute l'autorité réfidoit en eux, & qu'ils ne de-„ voient point ufer de prieres & de fupplications, mais de commande-„ mens & ordonnances, au-moins jufques à ce que le Confeil, qui de-„ voit être nommé par les Etats, fût établi. D'autres difoient que de „ droit la difpofition de l'Etat & le Gouvernement du Royaume appar-„ tenoient aux Princes du Sang, comme tuteurs légitimes ; & qu'à la ri-„ gueur le confentement des Etats n'y étoit requis *que pour la levée des* „ *impofitions.*

„ Ils réfolurent que le Roi étant proche de puberté & de très-bon ef-„ prit, tout fe devoit faire fous fon nom & commandement ; que dans „ les Lettres de Juftice & de Grace, qui feroient accordées, il parleroit „ lui-même, & qu'ils n'entendoient pas néanmoins qu'il pût donner ni „ conclure chofe importante fans la plus grande & meilleure partie du „ Confeil (o)".

Louis XII qui mérita le furnom de Pere du Peuple, profita des avis & des regrets de Louis XI. Il refpecta tant le droit de propriété de fes Su-jets, „ qu'on le vit plus d'une fois avoir les larmes aux yeux, quand la „ néceffité le forçoit d'impofer quelque petit Subfide (p)".

Sa mémoire fera toujours en bénédiction parmi les François. „ *Il ne courut oncques*, dit S. Gelais, *du Regne de nul des autres, fi bon temps qu'il a fait durant le fien.....* Il diminua les impôts de plus de moitié, & ne les recréa jamais. Il aima fes Sujets. Sa plus forte envie fut de les ren-dre heureux, & il mérita d'en être furnommé le Pere ; tant il eft vrai

(n) Ibid. *pag.* 131, 132, 133.
(o) Le Chancelier leur expliquant là-deffus les volontés du Roi, leur dit: „ *Rex juxta* „ *veftras deliberationes probat & confirmat, & nunc erigit & conftituit fuum certum & in-* „ *dubitatum concilium, volens nihilominùs probos viros, ficut petiftis ex corpore ftatuum reli-* „ *quis Confiliis aggregari. Cui quidem Confilio vult & intelligit datam fore poteftatem ftatuen-* „ *di & præcipiendi quæcumque ad Reipublicæ utilitatem viderint expedire, fervatâ tamen fem-* „ *per & jubendi & fuo nomine cuncta faciendi dignitate. Demùm in reliquis materiis ex* „ *veftro cœtu folertes & experti viri fumentur, qui cum præfato Concilio provideant atque* „ *commodum & falubrem finem imponant*". Hiftoire de Charles VIII par Godefroi pag. 426.
(p) *Mézeray*, Abrégé de l'Hiftoire de France. tom. 5. pag. 202.

que la premiere vertu d'un Roi, eſt l'amour de ſon Peuple (q) ".

. Le Chancelier de l'Hôpital lui rendit ce témoignage dans la harangue qu'il prononça aux Etats d'Orléans le 13 Décembre 1561, que s'il n'aſ-ſembla pas les Etats, c'eſt parce que leur convocation ne fut pás néceſſai-re. „ Les derniers Etats furent tenus au commencement du regne de Charles VIII, & Louis XII ſon Succeſſeur délaiſſa à les tenir, non pour tirer à ſoi plus grande puiſſance, ne pour crainte qu'il eut de donner au-torité à ſon Peuple ou envie de le maltraiter; car il ne fut oncques Roi plus populaire, ni tant aimant le Peuple; donc après ſa mort, avec gran-de raiſon a été nommé Pere du Peuple; mais parce qu'il n'aimoit gueres mettre charges ſur ſon Peuple. Et quand il en avoit beſoin, ſe trouvoit fort obéiſſant, ſans aſſembler les Etats. Auſſi étoit-il ſoigneux de gar-der & conſerver les perſonnes & biens de ſes Sujets, & pourvoir à leurs néceſſités, ſans attendre qu'il en fût requis (r)".

Louis XII, au rapport de Mézeray, „ dans la vue qu'il avoit des diſſipations que le luxe & la vaine prodigalité de François I cauſeroient après ſa mort, diſoit en ſoupirant: *Ah! Nous travaillons en vain, ce gros garçon gâtera tout* (s)". L'événement n'a que trop juſtifié ſes vives allar-mes. Non-ſeulement François I n'a point eu recours aux Etats, pour mettre de nouveaux Subſides, mais il a multiplié les impôts. Il a porté la puiſſance abſolue beaucoup plus loin qu'on ne l'avoit fait avant lui.

„ Depuis le temps du Roi François I (ce ſont les paroles de Coquil-le,) la liberté de nous François eſt tombée peu-à-peu à décadence, & de préſent en ce miſérable temps, on nous repréſente comme eſclaves (t)".

Cependant François I aimoit la France & l'Etat, (dit le Comte de Boulainvilliers) „ mais ſon humeur quelquefois un peu légere, ſa com-plaiſance pour les Dames, & la perverſité de ſes Miniſtres ont miné ce Royaume, en introduiſant les déſordres de la vénalité des Charges *& du pouvoir arbitraire* (v)".

„ Il eut été un grand Prince, ſuivant Mézeray, s'il eût eu autant d'application & de ſoin pour ſes affaires, qu'il avoit d'ambition de s'ag-grandir, & s'il ne ſe fût pas quelquefois laiſſé poſſéder aux mauvais con-ſeils de ſes Miniſtres & à la paſſion des femmes. Ceux-là pour ſe rendre tout-puiſſans eux-mêmes, pouſſerent ſon autorité par-deſſus les anciennes Loix du Royaume, juſqu'à une domination déréglée. Les femmes qu'il aima, étant vaines & prodigues, changerent en faſte & en vanité, l'amour qu'il avoit pour la belle gloire; & lui firent ſouvent conſumer en folles dépenſes l'argent qu'il avoit deſtiné pour de grandes entrepriſes (x)".

Cet Hiſtorien croit pouvoir l'excuſer en rejettant l'abus de ſon auto-

(q) *Hénaut*, Abrégé de l'Hiſtoire de France ſur l'année 1515.
(r) Recueil de maximes véritables pour l'inſtitution du Roi, *pag.* 246.
(s) Abrégé de l'Hiſtoire de France, *tome* 5. *pag.* 203.
(t) Hiſtoire de Nivernois, *tom.* 1. *p.* 389.
(v) Abrégé de l'Hiſtoire de France, *tom.* 3. *pag.* 402.
(x) Ibid. *tom.* 5. *pag.* 490.

rité fur les pernicieux confeils du Chancelier Duprat. ,, Celui-ci pour fournir de l'argent à l'humeur prodigue & conquérante d'un jeune Roi, & par ce moyen s'affermir dans fes bonnes graces, & attirer dans fa bour-fe quelque partie de ces levées extraordinaires, lui fournit quantité de moyens très-mauvais & tout à fait contraires aux anciennes Loix & Cou-tumes de la France. Il lui fuggéra premiérement de vendre la Juftice en créant une nouvelle Chambre. . . . Après il lui perfuada, *qu'il étoit en fon pouvoir d'augmenter les tailles & de faire de nouveaux impôts, fans attendre l'oc-troy des Etats, comme c'étoit l'ordre ancien du Royaume.* Il fe fortifia dans fes entreprifes de l'affeétion & du crédit de la Princeffe mere du Roi. C'é-toit une femme altiere & violente, qui ne vouloit connoître de Loix que fes volontés, & dont l'efprit fut encore irrité par les contradiétions qu'el-le trouva dans le Parlement. La premiere fut que le Roi lui ayant donné la Régence, cette grande Compagnie, qui n'a jamais voulu reconnoître qu'une feule autorité fouveraine, y mit cette modification : *qu'elle ne pourroit conférer les bénéfices qui feroient en régale.* La feconde que fur les Lettres d'ampliation qui lui furent apportées, il lui refufa cette préroga-tive, & celle de faire de nouvelles Ordonnances, fans les formes ordi-naires. Comme elle le preffoit, il ordonna des Remontrances au Roi; mais il les rejetta, comme une diminution de la dignité de fa mere, au lieu de les recevoir comme une confervation de la fienne: & néanmoins cette Cour témoigna encore le même courage en pareille occafion l'an 1523. . . . (y) ".

,, On employoit toutes fortes de moyens pour recouvrer de l'argent: on commença alors d'aliéner le facré domaine du Roi; on continua de vendre les charges de Juftice, d'en créer un grand nombre de nouvelles, dont la Monarchie s'étoit bien paffée onze cents ans durant; de hauffer les tailles, & de faire plufieurs fortes de nouveaux impôts. La voix publique accufoit de ces défordres les confeils du *Chancelier* Duprat, qui, pour flatter l'avarice d'une femme & l'oftentation d'un jeune Roi, donnoit les expédiens & la hardieffe de renverfer les anciennes Loix du Royaume, *dont par fa charge il devoit être le gardien & le défenfeur* (z)".

Ce fut encore par la fuggeftion de ce Chancelier Cardinal, que François I ufa de violence pour faire enregiftrer le fameux Concordat de 1516. Le Parlement rappella ce fait dans des Remontrances qu'il préfenta à Louis XIII en 1615. ,, Si quelquefois les Rois, pour quelque confidé-rations particulieres, ou mal confeillés, n'ont agréé les Remontrances de cette Compagnie, ils en ont après témoigné du regret; comme il fe voit par la vertueufe Remontrance faite au Roi François I, contre le Concor-dat, & le jufte déplaifir que ce grand Prince conçut d'avoir forcé le Parle-ment à le vérifier; ayant dit, comme chacun fçait, qu'il ne s'étoit jamais repenti de chofe qu'il eût faite en fa vie, comme de cette violence: & l'hiftoire véritable rapporte, qu'il en fut toujours indigné après contre le

(y) Ibid. *tom.* 5. *pag.* 211.
(z) Ibid. *pag.* 280.

Chancelier Duprat , jufqu'à·lui dire des paroles·bien notables qui ont paf-
fé·à la poſtérité (a)".

·Le Chancelier Duprat eut lui-même les plus·cuiſans remords dans ſa
derniere maladie. ,,·Il mourut d'une·Phtiriaſe [maladie des Poux] en
ſon château de Nantouillet, fort tourmenté des remords de ſa conſcience,
comme ſes ſoupirs & ſes paroles le firent connoître, pour n'avoir point
obſervé d'autres Loix, lui qui étoit ſi grand Juriſconſulte, que ſes intérêts
propres , & la paſſion du Souverain. C'eſt lui qui a ôté les élections des
Bénéfices & les privileges à pluſieurs Egliſes ; qui a introduit la vénalité
des charges de Judicature ; qui a appris en France à faire hardiment toutes ſortes d'impoſitions ; qui a diviſé l'intérêt du Roi du bien public ; *qui
a mis la diſcorde entre le Conſeil & le Parlement*, & qui a établi cette maxime ſi fauſſe & ſi contraire à la liberté naturelle: *qu'il n'eſt point de terre
ſans Seigneur* (b)".

*Le droit
des Etats
reconnu
par Fran-
çois I. &
ſes Suc-
ceſſeurs.* Quoique ſous François I & depuis,·la plupart des impôts aient été établis ſans le conſentement des·Etats, ils ont cependant encore été quelquefois conſultés ſur ce point : & ce retour aux anciennes regles, les a
fait en quelque ſorte revivre. Le 16 Décembre 1527 François I vint au
Parlement, où étoient tous les Princes & Grands du Royaume, & des
Députés des autres Parlemens. Ce n'étoit pas une aſſemblée d'Etats.
Auſſi le Roi commença-t-il par dire, qu'il avoit voulu communiquer à ſes
Sujets, non pas par forme d'Etats ; qu'il les avoit aſſemblés en ce lieu
qui étoit le Lit de Juſtice, eſpérant qu'ils lui donneroient ſecours, con-
fort & aide, & le conſeilleroient ſelon leur conſcience, au bien de lui,
de ſon Royaume, & de la choſe publique.

·Il rendit compte enſuite du mauvais ſuccès de·la guerre contre l'Empereur, de ſon empriſonnement, du Traité de Madrid, de ſes différentes
clauſes, & de la détention actuelle de ſes enfans. Pour leur procurer la
liberté, il falloit payer promptement une ſomme de douze cents mille écus,
prix convenu pour leur rançon. Si l'Empereur n'acceptoit pas les propo-
ſitions de paix, la continuation de la guerre exigera d'autres dépenſes. Il
a fait calculer ce qu'il peut faire & fournir de ſes finances qui n'eſt pas
grande choſe..... a vu que ſur ſon Etat il ne peut prendre que neuf cents
mille francs qu'il y a de bon.....

Il finit en demandant l'avis de l'Aſſemblée. ,,S'ils trouvent que le Royau-
me·ne puiſſe porter les frais pour faire la guerre, & qu'il faille qu'il retourne en Eſpagne, il eſt prêt, afin qu'inconvénient n'advienne au Royaume, de s'y en retourner & renvoyer ſes enfans, & offre de porter
ſeul la peine, étant content de demeurer toute ſa vie priſonnier, & uſer
ſes jours en captivité pour la ſalvation de ſon Peuple. Et ſi on penſe que
ſa demeure en ſon Royaume ſoit néceſſaire, fera ce que l'on voudra ;
mais faut qu'on lui·aide à retirer ſes enfans." ·

Sur cette propoſition du Roi, les différens ordres délibérerent ſéparé-
ment.

Le

(a) Mercure François, tome 4, pag. 57.
(b) *Mézeray*, Abrégé de l'Hiſtoire de France, tom. 5. pag. 397.

Le Roi étant revenu le 20 Décembre pour prendre la réſolution de l'Aſſemblée : elle fut qu'il pouvoit ſaintement & juſtement lever ſur ſes Sujets, ſçavoir en l'Egliſe.... la ſomme de deux millions d'or, pour icelle employer à la délivrance de ſes enfans.... De laquelle ſera mis, en un coffre à part la ſomme de douze cents mille écus, à laquelle ne ſera touché aucunement, mais ſera réſervée pour employer à lad. délivrance ; & du reſte de la ſomme montant à huit cents mille écus, ledit Seigneur s'en pourra aider pour le fait de ſes guerres.... & pour faire le département de ladite ſomme de deux millions d'or, ledit Seigneur pourra, ſi bon lui ſemble, commettre cinq ou ſix Prélats, autant des Princes & Nobles, & de ceux deſdites Cours Souveraines, tels qu'il lui plaira, ou autrement en ordonner à ſon bon plaiſir (c).

Le 6 Janvier 1558, Henri II convoqua les Etats à Paris, ſans aucun autre motif que celui d'avoir de l'argent néceſſaire pour la dépenſe de la guerre. Après avoir expoſé le beſoin qu'il en avoit, il ajouta qu'il avoit voulu déclarer à tous les Ordres de ſon Royaume ſes intentions & ſes deſſeins, & leur témoigner publiquement combien il comptoit ſur leur fidélité & leur courage.... qu'ils devoient donner tous les ſecours poſſibles à leur Roi, & ſubvenir aux beſoins du Royaume & à la néceſſité publique, puiſqu'ils y étoient eux mêmes intéreſſés. Il n'ignoroit pas que le malheur des temps, & les circonſtances avoient corrompu les mœurs, & introduit dans le gouvernement des abus dont les Peuples étoient les victimes ; mais qu'il les réformeroit, & qu'il promettoit en même-temps de décharger le Peuple des impôts qui l'accabloient, dès que par leur ſecours il ſe ſeroit procuré la paix.

Tous les Ordres ayant également offert leurs biens & leurs vies, le Roi fit demander trois millions d'écus d'or. Le Clergé conſentit à en payer un, outre les décimes ; le Tiers-Etat ſe chargea des deux autres.

On vouloit que pour accélérer le paiement, les Députés donnaſſent les noms de deux mille Bourgeois les plus riches des différentes villes du Royaume qui fourniroient chacun mille écus d'or. Les Députés rejetterent ce moyen comme odieux & ſujet à inconvénient ; la ſomme fut impoſée par Provinces & par Villes, & répartie ſur les plus riches habitans de chacune (d).

L'année précédente, les différentes Villes du Royaume „ avoient ouvert aſſez franchement leur bourſe au Roi, dit Mézeray ; Paris fournit trois-cents mille livres, les autres à proportion, & cinquante Seigneurs de marque lui offrirent de garder cinquante Places à leurs dépens. Ce fut alors qu'il reconnut bien la vérité de ce que ſon pere lui avoit dit en mourant, *que les François étoient le meilleur Peuple du monde*, & qu'il y avoit tout enſemble de la dureté & de la mauvaiſe politique de les tourmenter par

(c) Cérémonial François, *Tome* 2. *pag.* 481 *& ſuiv.*
(d) Hiſtoire de Thou, *trad. Franç. tom.* 3. *pag.* 210. *Mézeray*, Hiſtoire de France *in-folio, tom.* 2. *pag.* 1123.

des impôts extraordinaires, puisqu'ils se saignoient si libéralement pour les nécessités de l'Etat (e)".

Il y a eu sous François II & sous Charles IX plusieurs convocations, soit des Etats-Généraux du Royaume, soit des Etats particuliers de chaque Province. Le but unique de la réunion de quelques-unes de ces Assemblées étoit de leur demander des secours pécuniaires.

„ Le 3 Novembre 1560 furent assemblés les trois Etats particuliers du
„ Gouvernement de Paris, suivant le commandement du Roi. L'As-
„ semblée se fit en l'Evêché de Paris, chacun Etat en salle séparée; là où
„ il fut remontré des doléances & plaintes du Peuple, & furent dressés
„ mémoires & instructions pour être montrées & portées en l'Assemblée
„ Générale de tous les Etats de ce Royaume, au douzieme de Décem-
„ bre, en la ville d'Orléans" (f).

François II étoit mort le 5 de ce mois; „ L'espérance que plusieurs
„ avoient conçue que le Roi venant à une parfaite majorité, pourroit
„ éteindre les factions, fut changée par sa mort en une juste crainte de
„ les voir s'enflammer d'avantage, & passer de la sédition à une sanglan-
„ te guerre; c'est pourquoi les tumultes augmentant tous les jours, on
„ se hâta de tenir les Etats, dans lesquels le vulgaire ignorant croyoit
„ trouver remede à ses maux (comme autrefois il y en avoit trouvé,
„ lorsqu'ils étoient libres & sans corruption)".

La premiere séance se tint le 13 Décembre.

„ Quelques-uns animés d'un zele hardi avoient envie de déférer la
„ Régence au Roi de Navarre, laissant toutefois l'éducation du jeune Roi
„ à sa mere, de mettre des bornes à la domination, & d'établir un bon
„ Conseil pour le gouvernement de l'Etat. La Reine Mere en prit l'al-
„ larme; elle fit donner un Arrêt par le Conseil du Roi, qui défendoit
„ aux Députés de rien délibérer sur le Gouvernement, & usa de tant
„ d'intrigues que le Navarrois, Prince variable & peu résolu, se laissa al-
„ ler à confirmer ce qu'il lui avoit promis, tandis que son frere étoit en
„ prison. . . .

„ Quelqu'accord qu'il y eût entre le Navarrois & la Régente, il ne
„ laissa pas d'y avoir du danger que les Etats, s'ils reconnoissoient leurs
„ forces, ne voulussent donner des entraves à cette femme étrangere:
„ & commençoit d'appercevoir que les Princes y formoient des bri-
„ gues, & qu'ils tâchoient d'y glisser des propositions pour leur intérêt,
„ où pour leurs querelles particulieres. Entre autres le Roi de Navarre
„ leur inspira de demander compte des finances, & de répéter tous les
„ dons qui avoient été faits sous le regne de Henri II, ce Prince offrant
„ de rendre tous ceux qu'il avoit eu.

„ Cela touchoit le Connétable & le Maréchal de Saint André, encore
„ plus que les Guises qui avoient plus dépensé au service du Roi que pro-
„ fité. La Régente s'en apperçut bien, & les joignant à elle par cet

(e) Abrégé de l'Histoire de France, tom. 5. pag. 604.
(f) Mémoires de Condé In-4. Tom. 1. pag. 23.

„ intérêt, fit aifément remettre les Etats au mois de Mai, & dans la
„ ville de Pontoife, & ordonner, afin qu'elle n'eût pas tant de peine à
„ les corrompre, qu'il ne s'y trouveroit que deux Députés de chaque Gou-
„ vernement" (g).

M. de Thou raconte à peu près les mêmes faits. Il ajoute que dans
la feconde féance on délibéra fur les commiffions des Députés.

„ Le plus grand nombre de la Nobleffe & du Tiers-Etat repréfenterent
„ que leurs pouvoirs étant expirés à la mort du Roi, il falloit les re-
„ nouveller. Le Roi de Navarre ayant rapporté cette difficulté au Con-
„ feil, il fut arrêté fix jours après que les Députés continueroient d'agir
„ en vertu de leurs Commiffions; & on donna pour raifon que par la
„ Loi du Royaume: *Le vif faifit le mort*; que l'Autorité Royale ne meurt
„ point; mais qu'elle paffe fans interruption du Roi défunt à fon légitime
„ Succeffeur".

M. de Thou ajoute un peu après „ que le Roi remit l'Affemblée des
„ Etats au mois de Mai prochain. Sur cette prorogation on leva la
„ difficulté que les Députés de quarante Généralités avoient propofée fur
„ leurs Commiffions, qu'ils croyoient éteintes par la mort du Roi. On
„ ordonna que pour éviter la confufion que caufe la multitude, & pour
„ diminuer les frais, il n'y auroit que deux Députés de chacun des trei-
„ ze grands Gouvernemens du Royaume, qui s'affembleroient à Pontoife
„ au tems marqué, munis des inftructions & des pouvoirs néceffaires pour
„ travailler efficacement à l'acquit des dettes immenfes de l'Etat. On con-
„ vint encore que dans la prochaine Affemblée on examineroit la Re-
„ quête que Rochefort avoit préfentée au nom des *Proteftans*"(h).

Pour nommer de nouveaux Députés il fallut affembler une feconde
fois les Etats particuliers dans chaque Gouvernement.

„ Au mois de Mars furent affemblés les Etats en cette ville de Paris,
„ ceux feulement de la Prévôté en la Salle de Monfieur de Paris; là où
„ affifta Monfieur l'Evêque de Paris &c. . . . & la réfolution & propo-
„ fition ouie de la demande & fubvention que le Roi demandoit, c'eft
„ à favoir qu'il falloit que l'Eglife rachetât dedans certain tems le Do-
„ maine du Roi du tout aliéné, montant à la fomme de quatorze mil-
„ lions de France; & outre, un impôt & nouveau Subfide que le Roi
„ défiroit être fait & mis fur le fel & vin, duquel perfonne ne feroit
„ exempt; fut advifé par le Clergé que parce que la caufe étoit commu-
„ ne entre la Nobleffe & le Tiers-Etat, fuivant l'ancienne obfervan-
„ ce, nous prendrions avis d'eux, pour avec eux d'un commun ac-
„ cord faire une réfolution pour contenter le Roi; & à celle fin furent
„ Députés . . . . pour en porter parole à la Nobleffe & Tiers-Etat;
„ lefquels étant de retour firent réponfe que la Nobleffe en aviferoit &
„ qu'elle rendroit réponfe à Meffieurs du Clergé. Peu après vindrent de

(g) *Mézeray*, Abrégé de l'Hift. de France in-12. Tom. 6. p. 63. Edit. de 1698.
(h) Hiftoire de Thou. Traduct. Françoife Tom. 4. pag. 8 &18.

,, la part de ladite Nobleſſe.... leſquels remontrerent au Clergé que en
,, vertu des lettres du Roi l'on ne pouvoit procéder auxdits États, at-
,, tendu que *morte mandantis, expiratum erat mandatum*. Au contraire leur
,, fut remontré par Monſeigneur l'Evêque de Paris qu'il ne falloit entrer
,, là, & que les Etats combien qu'ils euſſent été publiés par le Roi
,, François, & que *morte præventus*, ils n'euſſent pu être tenus, ſi eſt-
,, ce que le Roi Charles, en continuant le mandement de feu ſon frere,
,, les avoit continués ſous le même mandement, & pour ce qu'il ne fal-
,, loit révoquer cela en doute. Ceux de la part de la Nobleſſe firent
,, réponſe que, s'ils étoient contraints de paſſer outre, ils avoient char-
,, ge de dire que d'autant que le Roi étoit mineur & en bas âge, & à
,, cette cauſe, *ils ne ſçauroient ſûrement contracter avec lui , ils étoient d'a-*
,, *vis de n'accorder aucune ſubvention au Roi*, que premiérement il ne fût ar-
,, rêté d'un Gouverneur & Régent de France ; & pour ce faire, éliſoient
,, le Roi de Navarre ; & ſi il ne vouloit accepter ledit gouvernement,
,, ils le donnoient au plus proche d'après lui. Meſſieurs du Clergé ne
,, leur firent aucune réponſe. Je ne veux obmettre comme au Tiers-
,, Etat il y eut grandes altercations pour le Gouvernement , juſques à
,, nommer un Conſeil pour le Roi, ſans que aucunement fut mandé par
,, ledit Seigneur Roi de entrer au Gouvernement, de ſorte que l'inſolen-
,, ce grande fut cauſe de remettre les Etats *in aliud tempus opportunius* '' (i).
Le Roi fut peu content de voir les Etats de Paris s'intéreſſer au Gouvernement, au lieu de lui accorder le Subſide pour lequel il les avoit fait
aſſembler, & il ordonna en conſéquence une nouvelle convocation des
Etats de Paris, comme on le voit dans la lettre qu'il écrivit au Parlement le 15 Mars 1560.
,, S'étant connu en notre Conſeil que en l'Aſſemblée des Etats der-
,, niérement tenus en notre ville de Paris, la réſolution n'a pas été pri-
,, ſe telle qu'il feroit beſoin pour le ſecours que nos ſi grands affaires
,, & la néceſſité d'iceux le requierent, auſſi que pluſieurs de ceux qui
,, s'y ſont trouvés, ſe ſont amuſés à diſputer ſur le fait du Gouverne-
,, ment & adminiſtration de ce Royaume, il a été adviſé en notre dit
,, Conſeil faire nouvelle convocation & aſſemblée deſdits Etats, au tems
,, ainſi que vous verrez par la copie de la Commiſſion que en avons fait
,, expédier par-tout, que préſentement vous envoyons, vous voulant
,, faire participant du contenu, pour l'aſſurance que nous avons que
,, vous aurez à grand plaiſir d'entendre auſſi par ladite Commiſſion l'u-
,, nion, accord & parfaite intelligence bien ſignée & arrêtée pour le
,, fait de ladite adminiſtration, entre la Reine notre très-honorée Da-
,, me & Mere, notre oncle le feu Roi de Navarre, & nos Couſins les
,, Princes de Condé, Duc de Montpenſier, & Prince de la Roche-ſur-
,, Yon, qui tournera avec l'aide de Dieu à ſon honneur, au bien de
,, notre ſervice, & repos de notre Peuple : choſe que nous déſirons &

(i) Mémoires de Condé Tom. 1. pag. 24.

,, cherchons plus que toute autre chose de ce monde, vous priant de
,, votre part tenir la main & vous employer en tout ce que vous con-
,, noîtrez & verrez y appartenir, & pouvoir apporter utilité, selon la
,, parfaite fiance que nous avons en vos prudences, & au zele grand que
,, votre Compagnie a toujours porté à notre service & à la tranquillité
,, publique" (k).

La Commission adressée aux différens Baillis portoit à-peu-près la même chose.

,, Nous avons ces jours passés sur la résolution prise derniérement au
,, département des Etats d'Orléans, mandé à vous & à tous les autres
,, Baillis & Sénéchaux de notre Royaume, faire nouvelle convocation
,, & Assemblée desdits Etats, chacun en sa jurisdiction, pour là adviser
,, & résoudre des moyens de nous aider en nos si grands affaires, sur
,, les ouvertures qui leur en avoient été faites, & après convenir tous
,, ensemble en la principale ville du Gouvernement, duquel seroient les-
,, dites Villes & Sénéchaussées, le 20. de ce présent mois, en la pré-
,, sence de notre Lieutenant-Général & Gouverneur ou son Lieutenant;
,, & là faire élection de trois personnes, une de chacun Etat, pour tout
,, ledit Gouvernement, pour rapporter en l'Assemblée Générale des
,, Etats de notre dit Royaume par nous indicte & assignée en notre ville
,, de Melun le premier jour de Mai prochain venant, la résolution de
,, tous lesdits Etats sur ledit secours & aide, ce qui a été fait par tous
,, les Bailliages, Sénéchaussées & Provinces de notre dit Royaume,
,, ainsi que avons entendu, & non toutefois aux fins de notre inten-
,, tion; car au lieu de regarder ou adviser sur ledit secours, aucuns
,, desdits Etats se sont amusés à disputer sur le fait du Gouvernement
,, & Administration de celui notre Royaume, laissant en arriere l'occa-
,, sion pour laquelle les faisons rassembler, qui est chose surquoi nous
,, avons bien plus affaire d'eux & de leur aide & conseil que sur le fait
,, dudit Gouvernement, de sorte que se trouvant à ladite Assemblée de
,, Melun ainsi irrésolus nous ne serions de rien mieux instruits ni sa-
,, tisfaits de l'aide que nous en attendons: en quoi nous désirons bien les
,, remettre & redresser, en leur faisant connoître & entendre l'état au-
,, quel est le fait de notre dit Gouvernement & de nos affaires. Pour
,, ce est-il que nous vous mandons & ordonnons très-expressément que
,, vous ayez à faire entendre & savoir partout votre ressort & jurisc-
,, diction à son de trompe & cri public, à ce qu'aucun n'en prétende
,, cause d'ignorance, qu'il y a union, accord & parfaite intelligence en-
,, tre la Reine notre très-honorée Dame & mere, notre très-cher &
,, très-amé oncle le Roi de Navarre, de présent notre Lieutenant-Géné-
,, ral représentant notre Personne par tous nos Royaume & pays de no-
,, tre obéissance, & nos très-chers & très-amés Cousins le Cardinal de
,, Bourbon, Prince de Condé, Duc de Montpensier, & Prince de la Ro-

(k) Ibid. Tom. 2. *pag.* 280.

„ che-fur-Yon, tous Princes de notre fang, pour le regard dudit Gou-
„ vernement & Adminiftration de celui notre Royaume, lefquels tous
„ enfemble, ne regardans que au bien de notre fervice & utilité de
„ notre dit Royaume, comme ceux à qui, & non autres, ledit affaire
„ touche, y ont prins le meilleur & plus certain expédient que l'on fau-
„ roit penfer; de maniere qu'il n'eft befoin à ceux des Etats de notre
„ dit Royaume aucunement s'en empêcher; ce que leur défendons très-
„ étroitement par ces préfentes, fur-tout qu'ils craignent nous défobéir
„ & déplaire: ordonnant & commandant très-expreffément aux Gens def-
„ dits trois Etats de votre Jurifdiction que pour avifer-fur ledit fecours,
„ ils aient de nouveau à fe raffembler & trouver en la ville principale
„ de votre dit reffort, ainfi qu'ils ont fait derniérement le 25e. jour du
„ mois de Mai prochain, pour réfoudre d'icelui fecours & aide fur lef-
„ dites ouvertures & autres expédiens qu'ils jugeront plus convenables
„ & faciles à nous mettre hors de grandes dettes où nous fommes, & là
„ choifir & députer trois perfonnages, un de chaque Etat, pour fe ren-
„ dre & trouver au lieu même où s'eft fait la derniere Affemblée du Gou-
„ vernement où vous êtes, le dixieme jour de Juin en fuivant.; & là
„ étant tous les Bailliages & Sénéchauffées d'icelui Gouvernement, pren-
„ dre réfolution fur ledit affaire, & en ladite Affemblée députer trois
„ perfonnages, un de chacun Etat pour tout ledit Gouvernement, pour
„ venir en ladite Affemblée de Melun, & fe y trouver le premier jour
„ d'Août après en fuivant, jufques auquel jour nous avons remis &
„ prolongé, remettons & prolongeons l'affignation que nous y avons
„ donnée audit premier jour de Mai, afin qu'entre ci & là, lesdits Etats
„ fachant ledit accord, aient plus de moyen de penfer au fait dudit
„ fecours & aux autres chofes dont ils nous voudront faire Remontran-
„ ces & Requêtes, ce que nous entendons qu'ils puiffent faire libre-
„ ment (1).

„ L'Affemblée des Etats qui avoit été remife à Pontoife au mois de
„ Mai 1561 commença de travailler. Quoique les Emiffaires de la Ré-
„ gente euffent pu faire, il reftoit encore affés de l'ancien efprit des
„ François dans la tête des Députés pour ne pouvoir fouffrir qu'une
„ femme eût la Régence: fil fallut que le Roi de Navarre y allât lui-
„ même leur témoigner qu'il lui avoit cédé fon droit, & qu'il les priât
„ avec le Maréchal de Montmorency Gouverneur de l'Ifle de France,
„ de n'en plus parler. Ce ne fut pas affés; de peur qu'ils ne remiffent
„ une autrefois la chofe fur le bureau, on jugea néceffaire de congédier
„ l'Affemblée jufqu'au mois d'Août, & de la tenir à Saint-Germain-en-
„ Laie (m).

„ Dans cette derniere Affemblée, après les harangues., on travailla
„ aux propofitions des Cahiers des Députés, fur lefquels il fut fait

(1) Ibid. pag. 281.
(m) *Mézeray*, Abrégé de l'Hift. de France in-12. Tom. 6. p. 74.

,, quelques Réglemens par maniere d'acquit. Mais la Régente ne man-
,, qua pas d'en tirer le fruit que le Conſeil des Rois a accoutumé de
,, tirer de ces Aſſemblées, c'eſt-à-dire, de grandes levées de deniers.
,, Car le Clergé ayant l'allarme bien chaude, permit qu'on levât quatre
,, décimes en ſix ans, & le Tiers Etat accorda cinq ſols par muid ſur
,, tous les vins qui entreroient dans les villes cloſes. (Cet impôt fort
,, léger s'accroiſſant ſans ceſſe, eſt maintenant monté à ſoixante fois
,, plus haut.)'' (n).

Que déſiroit Charles IX de cette convocation des Etats, ſoit Généraux, ſoit Particuliers? C'étoit manifeſtement le conſentement à l'impoſition d'un nouveau Subſide. C'eſt pour cela, ſuivant lui-même, qu'il
avoit beſoin de les aſſembler.

Les Etats furent convoqués à Blois au mois de Décembre 1576. Henri
III. en fit l'ouverture par une harangue qui parut auſſi éloquente & agréa-
ble, que celle de Birague ſon Chancelier fut ennuyeuſe & ridicule.......
Il conclut par demander de l'argent, à quoi on n'étoit guere diſpoſé. Ce
ſont les termes de Mézeray.

,, Les Sentimens des Etats, continue-t-il, ne s'accommoderent point
aux intentions du Roi. En ces Aſſemblées il y en a toujours quelques-uns
qui font ſouvenir aux autres des droits anciens & naturels des Peuples, contre leſquels ils ne peuvent point s'imaginer qu'il y ait preſcription (o)''.

La guerre contre les Proteſtans paroiſſant devoir être la ſuite de la
réſolution des Etats, le Roi voulut prendre par écrit l'avis des plus
grands Seigneurs qui la jugerent tous néceſſaire ; ,, non pas, peut-être
qu'ils le cruſſent ainſi, mais parce qu'ils penſoient que c'étoit ſon deſir
de la faire, ou du moins d'en feindre l'envie, afin de tirer de l'argent des
Etats ''.

,, Il demandoit deux millions d'or pour les frais, ajoute Mézeray, &
les Favoris firent jouer tous les reſſorts imaginables pour avoir cette
gorge chaude. Le Tiers-Etat qui ſçavoit bien qu'il eût payé pour tous,
ne put jamais être induit à y conſentir, non plus qu'à l'aliénation du
Domaine; ſur laquelle Bodin ayant remontré avec une liberté Gauloiſe,
que le fonds du Domaine appartenoit aux Provinces, & que le Roi n'en
étoit que ſimple uſager, il perſuada tellement l'Aſſemblée de ce ſenti-
ment, qu'elle répondit à Bellievre que le Roi y envoya pour cela, que
le Droit commun & la Loi fondamentale de l'Etat rendoient la choſe abſolument impoſſible (p) ''.

M. de Thou rend compte plus en détail des mêmes faits (q). Il dit que
le Roi fit demander aux Etats deux millions pour les frais de la guerre
qui ne pouvoit manquer de ſuivre la déciſion qu'il avoit faite au ſujet de
la Religion, & que le Chancelier en porta la parole à l'Aſſemblée au nom

(n) Ibid. p. 76. Hiſtoire de Thou, trad. Franç. T. 4. p. 74 & ſuiv.
(o) Ibid. *tom.* 6. *p.* 353.
(p) Ibid. *p.* 358.
(q) Hiſtoire de Thou, trad. Franç. *tom.* 7. *p.* 467.

du Roi le 26 Janvier 1577. Le Roi voyant qu'on ne cherchoit qu'à éluder sa demande par des retardemens affectés, la fit appuyer par le Duc d'Anjou son frere. Joseph Hemard, Préſident au Parlement de Bordeaux, répondit au nom de l'Aſſemblée, que les Etats n'avoient été convoqués que pour deux raiſons; pour porter au Roi les plaintes de leurs Provinces, & pour chercher les moyens les plus propres à ſoulager l'Etat obéré; que quant aux deux millions d'or que de Roi demandoit, ils n'avoient aucun ordre d'en délibérer; qu'ils ne voyoient d'ailleurs aucune néceſſité qui obligeât le Roi à demander cette ſomme, puiſque l'article arrêté dans l'Aſſemblée au ſujet de la Religion, portoit expreſſément cette clauſe, pourvû qu'on pût en venir à l'exécution ſans troubler la tranquillité publique. Le vœu des Etats étoit donc bien éloigné de la guerre.

Le Roi ne peut pas aliéner ſon domaine ſans le conſentement des Etats. Dans une autre ſéance des Etats, le Roi déclara qu'il avoit réſolu d'aliéner à perpétuité cent mille écus de rente du Domaine de la Couronne, & qu'il ſouhaitoit avoir ſur cela leur agrément, & qu'il leur ordonnoit d'en délibérer. Ils obéirent & répondirent qu'ils n'étoient en état d'accorder ni les Subſides extraordinaires que le Roi demandoit, ni le droit d'aliéner le Domaine de la Couronne.

Le Roi peu content de cette réponſe, envoya le lendemain Pompone de Bellievre, pour preſſer les Députés de conſentir à l'aliénation du Domaine. Il leur remontra que la néceſſité urgente de l'Etat ne leur permettoit pas de refuſer ſur cela leur agrément, parce que le ſalut du Peuple étoit la Loi ſuprême.

Le Préſident Hemard répondit au nom des Etats, qu'on ne pouvoit imaginer aucun cas où le droit d'aliéner le Domaine pût être revendiqué par les Souverains; qu'ils n'en avoient que l'uſufruit; que la propriété en appartenoit à tout le corps de la Nation; qu'elle ne pouvoit jamais être aliénée, non pas même dans les beſoins les plus preſſans, comme le démontroit invinciblement l'exemple du Roi Jean, priſonnier en Angleterre; que cette Loi étoit la baſe & le ſoutien du Trône, & que pour cette raiſon nos Peres l'avoient toujours regardée comme ſacrée & inviolable.

„ Ainſi échoua, ajoute M. de Thou, la prétention chimérique qu'on avoit eu d'aliéner le Domaine, ſous le beau prétexte d'une néceſſité imaginaire. On eut l'obligation principalement à Bodin qui, tandis que les principaux Députés gagnés par les careſſes de la Cour, commençoient à mollir, tint toujours ferme pour la négative. Et certes, s'ils euſſent lâché la main en cette occaſion, on ne peut douter que ſous un Prince auſſi prodigue que Henri, on n'eût bientôt vû épuiſer tous les revenus de la Couronne (r) ".

On voit dans ces Etats que le Roi croit avoir beſoin de leur conſentement pour contrevenir à la Loi du Royaume, qui défendoit l'aliénation du Domaine de la Couronne. On y voit auſſi un Subſide de deux millions demandé aux Etats, & par eux refuſé. C'étoit de la part de nos Rois un aveu implicite que, quand ils avoient établi des impôts ſans le conſentement

(r) Ibid. pag. 477.

ment de la Nation, ils l'avoient fait par puiſſance abſolue, contre l'eſprit
& les regles du Gouvernement François, & contre les privileges & les
droits légitimes de leurs Sujets.

Les ſeconds Etats de Blois furent convoqués en 1588 ; dans la harangue
par laquelle le Roi en fit l'ouverture le 16 Octobre, il demanda un ſecours
d'argent.

„ Il me fâche infiniment, dit-il, que je ne puis maintenir ma dignité
Royale, & les charges néceſſaires du Royaume ſans argent : car c'eſt ce
qui me paſſionne le moins en mon particulier que d'en avoir, mais c'eſt un
mal néceſſaire: la guerre auſſi ne ſe peut dignement faire ſans finances;
& puiſque nous ſommes en quelque beau chemin d'extirper cette maudite
héréſie, il eſt beſoin de grandes ſommes de deniers pour y parvenir,
ſans leſquels, il ne faut point déguiſer les vérités, les forces ſeront plus
à notre dommage qu'à notre profit, & toutefois il ne ſe peut faire aucun bon exploit ſans en avoir ”.

„ Je me promets donc que de ma part, n'y voulant rien épargner, vous
apporterez auſſi par effet le zêle que vous m'avez toujours aſſuré porter au
ſervice de Dieu, & au bien de l'Etat ”.

„ C'eſt pourquoi il faut, vous faiſant voir par le menu le fond de mes
finances, que vous ayiez la conſidération que remontra le Sénat Romain à
un Empereur, lequel, comme je voudrois, deſiroit de ſupprimer tous les
Subſides, lui diſoit que c'étoient les nerfs & les muſcles qui contenoient
le corps de l'Etat, & leſquels étant ôtés, il venoit à ſe diſſoudre & déſaſ-
ſembler ”.

„ Et toutefois je dirai que plût à Dieu que la néceſſité de mon Etat ne
me contraignît à en avoir, & que je puſſe faire tout d'un coup ce beau
préſent à mon Peuple, & que ma vie s'en abrégeât ; ne déſirant vivre
qu'autant que je ſerai utile au ſervice de Dieu & à votre conſervation (s) ”.

On fit dans cette Aſſemblée les plaintes les plus vives de l'excès des
impôts. On en attribua ſans doute la cauſe au violement de l'ancien uſage, qui ne permettoit pas de les établir ſans le conſentement formel des
Etats. „ Le Préſident de Neuilly, & Bernard, Avocat au Parlement de
Dijon, ayant été députés vers le Roi pour quelqu'autre difficulté, il leur
jura, dit Mézeray, qu'il n'en leveroit jamais que par le conſentement
de ſes Etats; qu'il étoit d'avis qu'on fît un coffre à deux clefs dont il en
auroit une, & eux l'autre, où l'on mettroit les deniers publics, & que
les Etats nommeroient les Officiers par les mains deſquels la diſtribution
s'en feroit, afin qu'ils ne fuſſent employés qu'à des choſes très-néceſſaires,
& que tout le monde ſçût ce qu'ils deviendroient (t)”.

Cette réponſe du Roi fait connoître ſuffiſamment le vœu des Etats ſur
la néceſſité toujours ſubſiſtante de leur conſentement à la levée des Subſides. Si la Nation en avoit payé pluſieurs ſur la création deſquels elle

(s) Recueil général des Etats tenus en France, *part.* 2. *pag.* 93.
(t) Hiſtoire de France *in fol.* tom. 3. *pag.* 720. *édit.* de 1685.

n'avoit pas été confultée, c'eſt parce que les Edits d'établiſſemens a-
voient été vérifiés dans les Parlemens, qui repréſentent juſques à un certain point les trois Etats.

Le droit des Etats exercé par les Parlemens dans l'intervalle d'une tenue à l'autre, du conſentement des Etats, conſerve ces droit. Les premiers Etats de Blois envoyerent en effet des Députés au Roi
de Navarre le 4 Janvier 1577, & les chargerent de dire à ce Prince ,,qu'il
faut que tous Edits ſoient vérifiés, & comme contrôlés ès Cours de Parlement, devant qu'ils obligent à y obéir; leſquelles (Cours), combien
qu'elles ne ſoient *qu'une ſorte des trois Etats racourcie au petit pied*, ont pouvoir de ſuſpendre, modifier & refuſer les Edits (v)". Les Députés qui
compoſoient l'Aſſemblée, (à en juger par ce trait,) penſoient donc
que, lorſque nos Rois ſe diſpenſent d'obtenir pour les impoſitions le conſentement du Peuple, repréſenté par les Etats, ils doivent au moins avoir
la délibération libre des Cours Souveraines qui, pour cet objet, & au
défaut des Etats, forment, pour ainſi dire, leur image *en racourci*, & exercent leurs droits par forme de proviſion, ou, ſi l'on veut, d'une eſpece
de dévolution néceſſaire.

C'eſt peut-être en conſéquence de cette idée, qu'on ſe plaignit ſi amérement dans les Etats de 1588, de ce qu'on violentoit les Cours Souveraines pour leur faire enregiſtrer des Edits burſaux. ,,La guerre n'a pas été
ſeulement faite à votre Peuple par des ſoldats enrôlés & levés ſous vos
Commiſſions, mais auſſi par une autre ſorte d'ennemis. . . . . Ce ſont,
Sire, les Partiſans qui . . . . . . ont épuiſé vos finances, & nous ont mis
à la beſace: ce ſont les inventeurs de Subſides & Edits nouveaux. . . . .
vermine d'hommes & couvée d'harpies écloſes en une nuit. . . . . . . Ils
marchent orgueilleux & en crédit, le Sergent en croupe pour exécuter
à leur mot vos Sujets; les évocations en main pour nous diſtraire & faire
plaider à un Conſeil des Parties, ainſi proprement appellé, parce que l'on
diſoit que quelques-uns de nos Juges étoient nos Parties mêmes. Ils a-
voient les Juſſions à leur commandement pour forcer la conſcience des
bons, violenter l'autorité & la religion de vos Cours Souveraines. . . . . .
Pluſieurs Edits ont été vérifiés & enregiſtrés avec ces mots: *Par commandemens pluſieurs fois réitérés.* Aux Edits juſtes & bons, les commandemens
du Prince ne ſont jamais néceſſaires (x)".

En 1596, Henri IV. a convoqué à Rouen les Notables de ſon Royaume. ,,Il ouvrit l'aſſemblée, dit Mézeray, par une harangue digne d'un
véritable Roi, lequel ne doit point croire que ſa grandeur & ſon autorité conſiſtent en une puiſſance abſolue, mais au bien de ſon Etat, & au ſalut de ſon Peuple".

,,Je ne vous ai point ici appellés, leur dit le Roi, comme faiſoient mes
Prédéceſſeurs, pour vous obliger d'approuver aveuglément mes volontés.
Je vous ai fait aſſembler pour recevoir vos conſeils, pour les croire,
pour les ſuivre, bref pour me mettre en tutelle entre vos mains. C'eſt

_____

(v) Mémoires du Duc de Nevers, *Paris* 1665. *tom. 1. pag.* 444.
(x) Recueil général des Etats tenus en France. *part.* 2. *p.* 208. Mézeray, Hiſtoire de
France. *in-fol. tom.* 3. *p.* 746.

une envie qui ne prend guere aux Rois, aux barbes grifes, & aux Victorieux: mais l'amour violent que je porte à mes Sujets, & l'extrême defir que j'ai d'ajouter ces deux beaux titres à celui de Roi, me font trouver tout facile & tout honorable".

Le Roi les conjura tous en général & en particulier, de décider de concert fur les moyens convenables de lever des Subfides qui, fans être trop onéreux aux Peuples, aidaffent à foutenir l'Etat.

Le Chancelier de Chiverny remontra enfuite les befoins de l'Etat, la grande dépenfe de la guerre. Il exhorta l'Affemblée à faire effort pour y pourvoir, & à ne pas épargner leurs bourfes pour la confervation de l'Etat, à laquelle le Roi facrifioit fes biens, fes foins & fa vie.

„Il y fut compofé plufieurs beaux Réglemens, & on nomma des Commiffaires pour les faire obferver, qui devoient demeurer jufqu'à une autre pareille Affemblée, laquelle fe feroit au bout de trois ans. Les ordres qui fe donnent pour le bien public dans ces Affemblées-là, s'en vont toujours en fumée; il n'y a que les impofitions, & ce qui eft à la foule du Peuple, qui demeure. Ainfi les gens du Confeil du Roi s'imaginant que ces Commiffaires étoient autant de Contrôleurs de leur autorité, éluderent bientôt tous leurs foins: mais ils n'oublierent pas de faire exécuter bien ponctuellement les moyens que l'Affemblée avoit confentis pour trouver de l'argent, fçavoir le reculement, ou pour mieux dire, le retranchement des gages des Officiers pour une année, & l'impofition du fol pour livre fur toutes les marchandifes qui entreroient dans les Villes clofes, *excepté le bled* (y)".

Ainfi malgré tous les progrès du pouvoir arbitraire dans l'établiffement des impôts, nos Rois ont plufieurs fois pris fur ce point le confentement de la Nation, ce qui a opéré en quelque forte la confirmation de fon ancien droit. Toutes les fois qu'on n'a pas obtenu fon agrément, les Rois n'ont pas agi pour cela de puiffance abfolue. Ils ont foumis leurs Edits burfaux à la vérification libre des Parlemens, dont ils ont cru que l'adhéfion volontaire pouvoit faire préfumer celle du Royaume entier.

On ne doit pas être furpris que fous Louis XIII, & depuis, la Nation n'ait pas été affemblée ni confultée fur l'établiffement des impôts. Il fuffit pour cela de faire attention aux miniftres des Cardinaux de Richelieu & de Mazarin, & aux immenfes progrès du Defpotifme depuis le commencement du fiecle dernier.

Quelle eft la prérogative Nationale qui n'ait pas difparu fous le Miniftere violent & plus que defpotique du Cardinal de Richelieu? Quel eft le droit du Peuple dont il n'ait pas été dépouillé par ce Tyran, par ce grand partifan de la politique Machiavellique, *dont,* dit M. Talon, *il favoit mieux les principes & la pratique que les autres.* En renverfant ainfi toutes les barrieres qui pouvoient empêcher l'abus du pouvoir, ce n'é-

Le Miniftere tyrannique du Cardinal de Richelieu n'a pas détruit le droit National.

(y) Hiftoire de Thou. *trad. Franç. tom* 13. *p.* 18. Mézeray, Hiftoire de France, *tom.* 3. *pag.* 1186. Abrégé de l'Hiftoire de France. *tom.* 7. *pag.* 259.

toit pas pour le Roi qu'il travailloit, c'étoit pour lui-même. Louis XIII.
apprenant fa mort, dit qu'il alloit enfin commencer à régner. ,, Le
,, Cardinal de Richelieu, *dit M. Talon*, devenu le maître abfolu dans le
,, Royaume, n'avoit plus rien à faire qu'à fe garentir des inquiétudes de
,, l'efprit du Roi, qui étoit jaloux de fon autorité & plein de foup-
,, çons, en telle forte que dans l'événement, le maître & le valet fe font
,, fait mourir l'un & l'autre, à force de s'inquiéter & de fe donner de la
,, peine." (z).
Ce Cardinal, qu'on accable aujourd'hui d'éloges, a laiffé fa mémoire
en exécration. ,, Après fa mort, *dit M. de Montchal*, fon corps fut porté
,, dans la fépulture qu'il s'étoit fait préparer dans la Chapelle de Sorbon-
,, ne, & comme les Peuples, dont parle Strabon, qui enterroient leurs
,, Rois dans les Cloaques, il avoit choifi pour foi le lieu ou étoient au-
,, paravant les foffés de la Ville."
,, Là même il ne put pas repofer en fûreté, & il le fallut cacher pour
,, le fouftraire au reffentiment du Peuple.
,, A Rome le Pape a accoutumé de faire faire un fervice folemnel
,, pour chaque Cardinal après fon décès. Il ne voulut pas qu'il en fût fait
,, pour celui-ci, difant qu'il étoit excommunié de grand nombre d'ex-
,, communications & chargé d'Anathêmes.
,, Louis XIII. languit long-tems dans les fouffrances, détestant tou-
,, jours les violens confeils du Cardinal, & proteftant qu'il ne vouloit
,, point mourir comme lui, qu'il pardonnoit à fes ennemis, demanda par-
,, don à toute la Cour & à tous fes Officiers, & donna tant de preuves
,, d'un cœur vraiment Chrétien & craignant Dieu, qu'il donna des ins-
,, tructions & des exemples admirables & mémorables à toute la Cour.
,, Il entra en appréhenfion des jugemens de Dieu, & fur-tout il té-
,, moigna au Pere Binet Jefuite fon Confeffeur, qu'il fentoit peine &
,, redoutoit les jugemens de Dieu pour trois chofes principalement.
,, 1. Pour les mauvais traitemens qu'avoit reçus la Reine fa mere,
,, defquels il protefta n'avoir pas eu la connoiffance, & en demanda par-
,, don à Dieu.
,, 2. Pour la façon avec laquelle il avoit traité avec l'Eglife, dont il
,, accufoit le Cardinal.
,, 3. Et pour fatisfaire aux Prélats qu'il avoit chaffés de Mante fur les
,, faux rapports & les fauffes impreffions, que le Cardinal lui en avoit
,, donnés, contre l'eftime qu'il avoit toujours faite d'eux, comme de per-
,, fonnes de mérite & de vertu....
,, Il commença à rappeller tous ceux que la violence du Cardinal avoit
,, chaffés de France & éloignés de la Cour. Il ordonna que tous les au-
,, tres fuffent rappellés & reçus à fe juftifier, ce qui a été fait depuis le
,, décès de ce grand Prince, & le Parlement ayant examiné judiciaire-
,, ment les procédures faites contre les Ducs d'Elbeuf & de la Vallette,
,, le Marquis de la Vieuville, le Préfident de Coigneux, Paien Confeil-

(z) Mémoires. tom. I. pag. 9.

„ ler, Saint Germain & autres, les a trouvés tous innocens, & a adju-
„ gé à la plupart des dommages & intérêts contre leurs accusateurs.
„ Les violences & injustices du Cardinal ont été publiées dans les plai-
„ doyers du Parlement & du Grand-Conseil, & servi de matiere aux ha-
„ rangues de la Saint Martin dans les Cours Souveraines". (a)

Bullion qui avoit le maniement des finances sous Louis XIII, voyant ce
Prince touché de la misere du Peuple, lui dit que ses Sujets étoient encore bien heureux de n'être pas réduits à se nourrir d'herbes (b). A quels
monstres la Nation etoit-elle livrée alors?

Louis XIII. avoit été tellement imbu par ses Ministres des idées du pouvoir arbitraire, qu'il „ se bouchoit les oreilles de ses deux mains, quand
on osoit lui citer quelques droits établis, ou quelques privileges, & demandoit en criant à tue-tête, ce que c'étoit qu'un privilege contre sa volonté. „ C'est le Comte de Boulainvilliers qui nous a conservé cette a-
necdote." Louis XIV, ajoute-t il, plus formaliste, mais non moins in-
tentionné pour le but effectif où tendent tous les Rois, n'en a laissé subsister aucun (c)".

Quand le consentement exprès de la Nation assemblée ne seroit plus au- *Les Rois*
jourd'hui nécessaire à la création réguliere des impôts; quand nos Rois *ne peu-*
auroient secoué le joug d'une forme gênante pour eux, leurs droits au *vent*
fonds sur cette matiere ne seroient pas augmentés, parce qu'ils ne sont *point ac-*
pas susceptibles d'accroissement. Il sera toujours certain & nécessairement *querir des*
certain qu'ils ne peuvent établir de Subside que dans le besoin réel de l'E- *droits*
tat; & qu'après l'avoir imposé, ils ne peuvent en convertir le produit à *contre la*
un autre usage. Autrement ils seroient coupables de l'enlévement injuste *Nation.*
du bien de leurs Sujets, dont ils rendront compte au Souverain Juge.

Rien n'est plus sage que la réponse de S. Thomas à une consultation
de la Duchesse de Brabant. Il part du principe, qu'il ne faut jamais perdre de vue, que *la puissance publique a été établie pour le bien des Peuples.* Il
ne lui est pas permis dès là d'usurper leur patrimoine, & c'est pour l'en
détourner qu'on lui a assigné un Domaine & des revenus particuliers. (d)

Il peut arriver cependant qu'ils ne soient pas suffisans pour les dépenses
publiques nécessaires. Il est juste dans ce cas que les Sujets fournissent à

(a) Mémoires de M. de Montchal Archevêque de Touloufe. *pag.* 712, 713, 715.
(b) Sidney, Discours sur le Gouvernement. *tom.* 3. *pag.* 188.
(c) Histoire de l'ancien Gouvernement de la France, *tom.* 3. *pag.* 198.
(d) *Quærebatis si liceat vobis facere exactiones in vestros subditos Christianos. In quo considerare debetis quod Principes terrarum sunt à Deo instituti, non quidem ut propria lucra quærant, sed ut communem populi utilitatem procurent. In reprehensionem enim quorumdam Principum dicitur Ezech. Cap. 34: Principes ejus in medio ejus quasi lupi rapaces positi ad effundendum sanguinem, & ad quærendas animas, & avaritiæ lucra sequenda. Et alibi dicitur per quemdam Prophetam: Væ Pastoribus Israël qui pascebant semetipsos. Nonne greges pascuntur à Pastoribus; lac comedebatis & lanis cooperiebamini; quod crassum erat, occidebatis; gregem autem meum non pascebatis. Unde constituti sunt redditus terrarum Principibus, ut ex illis viventes à Spoliatione Subditorum abstineant? Unde in eodem Propheta, Domino mandante, dicitur, quod Principi erit possessio in Israël, & non depopulabuntur ultra Principes populum meum.*

R 3

ce qu'exige leur propre avantage. De-là vient que dans certains pays on leve annuellement certains Subfides réglés par une ancienne coûtume. Il eſt juſte de les augmenter, s'il ſurvient des beſoins réels inattendus. (e)

Mais ſi le Prince veut augmenter les impôts par le ſeul deſir d'amaſſer de l'argent, ou *pour ſatisfaire à des dépenſes exceſſives ou inutiles.* Cela ne lui eſt pas permis. (f)

On trouve les mêmes regles établies dans le ſonge du Vergier dédié au Roi Charles V.

Le Clerc demande „ comment pourra le Roi de France être excuſé de
„ tyrannie, ne les autres Princes Séculiers qui grevent leurs Sujets par
„ Tailles, en Gabelles, & fouages, & impoſitions, & en autres aides
„ impoſſibles à ſoutenir & devroient être contens de leurs rentes & re-
„ venus ordinaires, ſans mettre le Peuple en ſi grant ſervitude, de laquel-
„ le ils ſont par raiſon tenus le Peuple mettre hors & délivrer, comme
„ il eſt écrit en la loi : *In nomine Domini, Codice de officio Præfeſti Prætorii*
„ *Africæ* ".

Voici la réponſe du Chevalier.

„ Pour ce que vous m'avez demandé comment le Roi de France, ou
„ autres Seigneurs terriens peuvent être de tyrannie excuſés, qui met-
„ tent Gabelles, fouages, & impoſitions à leurs Sujets; je vous réponds
„ par votre Chapitre *ſuper quibuſdam, extra de verborum ſignificationibus*;
„ là où le texte dit que toutes aides extraordinaires généralement ſont
„ défendues, leſquelles ne ſont ottroyées par les Empereurs ou par les
„ Rois, ou qui ne ſont données de coutume & de tant de tems qu'il
„ n'eſt mémoire du contraire : il appert donc que les Rois mêmement
„ qui ne recognoiſſent ſouverain en terre, comme eſt le Roi de France,
„ peuvent Tailles extraordinaires, Gabelles, fouages & impoſitions met-
„ tre à leurs Sujets, comme le Pape Innocent le tiers le note expreſſé-
„ ment. *Extra de cenſibus, Capitulo Innovamus.* Toutes fois il dit qu'ils
„ ſont grant péché de mettre telles aides ſans cauſe ; mais à cauſe, com-

---

(e) *Contingit tamen aliquandò quod Principes non habent ſufficientes redditus ad cuſtodiam terræ & ad alia, quæ imminent rationabiliter. Et in tali caſu juſtum eſt ut ſubditi exhibeant undè poſſit communis eorum utilitas procurari, & inde eſt quod in aliquibus terris, ex antiquâ conſuetudine, Domini ſuis ſubditis certas collectas imponunt, quæ ſi non ſunt immoderatæ abſque peccato exigi poſſunt; quia ſecundùm Apoſtolum : nullus militat ſtipendiis ſuis. Undè Princeps, qui militat utilitati communi, poteſt de communibus vivere, & communia negotia procurare per redditus deputatos; vel ſi hi deſunt, aut ſufficientes non fuerint, per ea quæ à ſingulis colliguntur. Et ſimilis ratio eſſe videtur, ſi aliquis caſus emergat de novo, in quo oportet plura expendere pro utilitate communi, vel pro honeſto ſtatu Principis conſervando : ad quæ non ſufficiunt redditus proprii, vel exactiones conſuetæ, putà ſi hoſtes terram invadant, vel aliquis gravis caſus emergat. Tunc enim & præter ſolitas exactiones poſſunt licitè terrarum Principes à ſuis ſubditis aliqua exigere pro utilitate communi.*

(f) *Si verò velint exigere ultra id quod eſt inſtitutum pro ſolâ libidine habendi, aut propter inordinatas & immoderatas expenſas hoc eis omninò non licet. Undè Joannes Baptiſta militibus ad ſe venientibus dicit : Neminem concutiatis, nec calumniam faciatis; & contenti eſtote ſtipendiis veſtris. Sunt enim quaſi ſtipendia Principum eorum redditus, quibus debent eſſe contenti, ut ultrà non exigant, niſi ſecundum rationem prædictam, & ſi utilitas eſt communis.* S. Thomas Opuſcul. 21.

„ me eſt pour la défenſe de la choſe publique, ils le peuvent faire juſ-
„ tement; mais que telles aides ſoient converties pour la défenſe de la
„ choſe publique, & non pas en d'autres uſaiges: *Car s'ils le font autre-*
„ *ment, le ſang & la ſueur de leurs Sujets crieront contre eux au dernier jour*
„ *du jugement.....*

„ Et de vous ſavoir qu'il y a pluſieurs cauſes pour leſquelles ung Roi
„ peut demander nouvelles aides de ſes Sujets. Premiérement pour la
„ juſte défenſe du pays, comme il eſt écrit *de immunitate Eccleſiarum,*
„ *Capitulo Pervenit.* Secondement ſi le Roi veut aller contre les Héré-
„ tiques, les Sarazins, ou autres ennemis de la foi; & s'il n'a de quoi
„ il y peut aller de ſes revenus ordinaires. Tiercement quand le Roi
„ eſt prins en juſte guerre, quand à ſoi n'a de quoi il ſe puiſſe rache-
„ ter, ne payer ſa rançon. Quartement quant le Roi fait ſon fils che-
„ valier, ou quant il marie ſa fille, ou quant il achete nouvelles terres.
„ Car toutes ces choſes ſy regardent le profit de ſes Sujets: car le Sei-
„ gneur en devient plus puiſſant ou plus riche, on pourra au tems ad-
„ venir plus ſupporter & aider ſes Sujets: leſquelles choſes doivent être
„ entendues quant il a été ainſi de longtems accoutumé. Mais ſi *le Sei-*
„ *gneur veut jouer aux Déz, ou autrement en vanités deſpendre le ſien, comme*
„ *en Châteaux réparer & faire de nouvel qui ne ſont pas néceſſaires à la défenſe*
„ *de la choſe publique,* certes en ce cas il ne doit nulles aides demander à ſes Su-
„ jets & ſe de fait il le fait, il eſt tenu de tout reſtituer. Semblablement,
„ ſi le Roi eſt prins en guerre, laquelle n'étoit pas loiſible de ſon couſté,
„ en tel cas ſes Sujets ne ſont pas tenus à ſa rançon......

„ Et ſi devons auſſi ſavoir que ſe le Roi eſt aſſés riche & puiſſant de
„ ſes rentes & de ſes revenus ordinaires pour ſon pays garder & défen-
„ dre, il ne doit demander aucunes nouvelles aides de ſes Sujets; car
„ les revenues ordinaires ſont ordonnées aux Princes pour le pays garder
„ & défendre d'oppreſſion. Et ſi vous me demandés comment nous pour-
„ rons ſavoir que le Prince ſoit aſſés puiſſant de ſes propres facultés; je
„ vous réponds qu'il doit être dit aſſés puiſſant, quand ſon état peut
„ retenir & ſoutenir aulcun tréſor, & ſelon l'état de ſon royaume il a
„ bien de quoi réſiſter à ſes ennemis, ſans ſes Sujets gréver ne tailler.
„ J'ai dit retenir aulcun tréſor: car nul Roi n'eſt en ſon Royaume ſans
„ tréſor aſſuré, comme ce peut être aſſés prouvé par la L. premiere §
„ *ubi Pupillus nutri. & ed. debet.* Jaçoit ce que ung Prince ne peut faire
„ plus grand tréſor que avoir l'amour & le cœur de ſes Sujets. Et pour
„ ce dit le Proverbe commun qu'il n'eſt pas ſire de ſon pays, qui de ſes
„ hommes eſt haï (g) ".

(g) Songe du Vergier *L.* 1. chap. 136.
Dans l'Édition Latine du même ouvrage ch. 141. dans le cas où le Prince convertit à
un autre uſage les revenus, ſoit ordinaires, ſoit extraordinaires qu'il a perçus, on ajoute:
„ *Tunc tales redditus ordinarii juſtè poſſunt denegari, imò jure ſcripto ſuper dictamine*
„ *recta rationis fundato,* merità à regimine tanquam indignus foret deponendus. *Etſi in*
„ regimine totius regni ſic negligeret, omninò deponendus; & liceret populo alium Principem
„ eligere. Si in parte regni ſolùm hoc negligeret, liceret populo illius loci alium ſibi Prin-
„ cipem eligere, maximè quando talis eſſet Princeps, qui ſuperiorem non recognoſceret in terris.

Ces regles font fages; il feroit fans doute à fouhaiter que les Princes s'y conformaffent. Mais il y en a une autre encore non moins importante; c'eft que dans tout Royaume policé les impôts ne doivent être établis, même dans le cas de la néceffité publique, que du confentement de la Nation. C'eft une fuite néceffaire de la propriété des biens en la perfonne des Sujets. Ce feroit une propriété imparfaite que celle qui pourroit être entamée malgré le propriétaire. Locke a parlé fur ce point d'une maniere fort fenfée.

Dans tout Royaume policé, les impôts ne doivent jamais être établis que du confentement de la Nation.

„ La Suprême Puiffance n'a point le droit de fe faifir d'aucune partie
„ des biens propres d'un Particulier fans fon confentement. Car la con-
„ fervation de ce qui appartient en propre à chacun, étant la fin du
„ Gouvernement, & ce pourquoi on entre en Société; cela fuppofe né-
„ ceffairement que les biens propres du Peuple doivent être facrés & in-
„ violables: ou il faudroit fuppofer que des gens entrant dans une So-
„ ciété auroient par là perdu leur droit à ces fortes de biens, quoiqu'ils
„ y fuffent entrés dans la vue d'en jouir avec plus de fûreté
„ & plus commodément. L'abfurdité eft fi grande, qu'il n'y a perfon-
„ ne qui ne la voie. Les hommes donc dans la Société poffédant les
„ chofes qui leur appartiennent en propre, ont un fi grand droit fur
„ ces chofes, qui par les Loix de la Communauté deviennent leurs,
„ que perfonne ne peut les prendre ou toutes, ou une partie, fans
„ leur confentement. Et certes fi quelqu'un pouvoit s'en faifir, dès
„ lors ce ne feroient plus des biens propres. Car, à dire vrai, je ne fuis
„ pas le propriétaire de ce qu'un autre eft en droit de me prendre, quand
„ il lui plaira, contre mon confentement. C'eft pourquoi c'eft une
　　　　　　　　　　　　　　　　　　　　　　„ erreur

―――――――――――――――

„ *Exercitus enim fibi ducem elegit; fed fi populus in hoc fit remiffus amore, timore deponere,*
„ *faltem dictus Princeps in foro pœnitentiæ inducendus eft ad reftitutionem".*

On fait que l'Edition Latine de ce livre eft plus ample que l'Edition Françoife. Les deux ouvrages font différens pour le nombre & pour l'arrangement des Chapitres. Dans le François le premier livre a 186 Chapitres; il en a 189 dans le Latin. Le fecond livre dans le François a 281 Chapitres, & le dernier eft employé à établir l'Immaculée Conception. Dans le Latin il y a 364 Chapitres, & le dernier roule fur une toute autre matiere. On trouve également à la fin de l'un & de l'autre la Dédicace à Charles V. Le Latin eft-il l'amplification du François? Le François eft-il feulement l'abrégé du Latin? C'eft une queftion controverfée entre les Critiques. La Croix du Maine dans fa Bibliotheque, Lancelot, Mémoires de l'Academie des Belles-Lettres, Tom. 13. pag. 659; De la Monnoie dans une lettre mife à la tête de l'Edition Françoife, dans les preuves des Libertés, penfent que le livre a été compofé en Latin, & enfuite traduit en François.

Au furplus les deux Editions font autorifées, ayant été faites toutes deux publiquement avec nom d'Imprimeur, la Françoife chez Jacques Maillet en 1491; la Latine chez Galiot Dupré en 1516. On trouve à la tête de celle-ci, un arrêt du Parlement du 17 Mai 1516. Galiot Dupré expofe qu'il a nouvellement fait imprimer en Latin à grands frais certain livre traitant de la jurifdiction Eccléfiaftique & temporelle appellé le fonge du Vergier. L'arrêt défend à tous Libraires, Imprimeurs & autres d'imprimer ou vendre ledit livre dans deux ans prochainement venans, s'il n'eft imprimé par ledit Galliot, à peine de confifcation & d'amende arbitraire. On lit au frontifpice que le livre fe vend chez Galiot Dupré fur le Pont-Notre-Dame, & au Palais au fecond pilier.

„ erreur que de croire que le Pouvoir Suprême ou Législatif d'un Etat
„ peut faire ce qu'il veut, & disposer des biens des Sujets d'une ma-
„ niere arbitraire, ou se saisir d'une partie de ces biens comme il lui
„ plaît. Cela n'est pas fort à craindre dans les Gouvernemens où le
„ Pouvoir Législatif réside entiérement ou en partie dans des Assem-
„ blées qui ne font pas toujours sur pied & composées des mêmes per-
„ sonnes; & dont les Membres, après que l'Assemblée a été séparée &
„ dissoute, sont sujets aux Loix communes de leur pays, tout de mê-
„ me que le reste des gens. Mais dans les Gouvernemens où l'Autorité
„ Législative réside dans une Assemblée stable, ou dans un homme seul
„ comme dans les Monarchies absolues, il y a toujours à craindre que
„ cette Assemblée, ou ce Monarque ne veuille avoir des intérêts à part
„ & séparés de ceux de la Communauté, & qu'ainsi il ne soit disposé à
„ augmenter ses richesses & son pouvoir, en prenant au Peuple ce qu'il
„ trouvera bon. Ainsi dans ces sortes de Gouvernemens les biens ne font
„ gueres en sûreté. Car ce qui appartient en propre à un homme n'est
„ gueres sûr, encore qu'il soit dans un Etat où il y a de très-bonnes
„ Loix, capables de terminer d'une maniere juste & équitable les pro-
„ cès qui peuvent s'élever entre les Sujets, si celui qui gouverne ces
„ Sujets là a le pouvoir de prendre à un Particulier, de ce qui lui ap-
„ partient en propre, ce qu'il lui plaira, & de s'en servir & en dispo-
„ fer comme il jugera à propos.
„ Mais le Gouvernement, entre quelques mains qu'il se trouve, étant,
„ comme j'ai déja dit confié sous cette condition & pour cette fin, que
„ chacun possédera en sûreté ce qui lui appartient en propre; quelque
„ pouvoir qu'aient ceux qui gouvernent de faire des Loix pour régler
„ les biens propres de tous les Sujets, & terminer entr'eux toutes sortes
„ de différents, ils n'ont point droit de se saisir des biens propres d'au-
„ cun d'eux, pas même de la moindre partie de ces biens, contre le con-
„ sentement du Propriétaire. Car autrement ce ne seroit, à dire vrai,
„ leur laisser rien qui leur appartînt en propre. Et ici, pour voir que
„ le pouvoir absolu, lors même qu'il est nécessaire de l'exercer, n'est
„ point arbitraire pour cela, mais demeure toujours limité par la rai-
„ son, & terminé par ces mêmes fins qui requierent en certaines ren-
„ contres qu'il soit absolu; nous n'avons qu'à considérer ce qui se pra-
„ tique dans la discipline militaire. La conservation & le salut de l'ar-
„ mée & de tout l'Etat demande qu'on obéisse absolument aux com-
„ mandemens des Officiers supérieurs, & on punit de mort ceux qui ne
„ veulent pas obéir, quoique celui qui leur donne quelque ordre, soit
„ le plus fâcheux & le plus déraisonnable de tous les hommes. Il n'est
„ pas même permis de contester; & si on le fait, on peut être puni de
„ mort. Cependant nous voyons qu'un sergent, qui peut commander
„ un soldat pour s'aller mettre dans la bouche d'un canon, ou pour
„ se tenir à une brêche, où ce soldat est presque assuré de périr, ne
„ peut lui commander de lui donner un sol de son argent. Un Général

Tome I.   S

„ non plus, qui peut condamner un foldat à mort pour avoir déferté,
„ pour avoir quitté un pofte, pour n'avoir pas voulu exécuter quelque
„ ordre infiniment périlleux, pour avoir défobéi tant foit peu, ne peut
„ pourtant avec tout fon pouvoir abfolu de vie & de mort, difpofer
„ d'un liard du bien de ce foldat, ni fe faifir de la moindre partie de
„ ce qui lui appartient en propre. La raifon de cela eft que cette obéis-
„ fance aveugle eft néceffaire pour la fin pour laquelle un Général, ou
„ un Commandant, a reçu un fi grand pouvoir, c'eft-à-dire, pour le
„ falut & l'avantage de l'armée & de l'Etat ; & que difpofer d'une ma-
„ niere arbitraire des biens & de l'argent des foldats, cela n'a nul rap-
„ port à cette fin.

„ Il eft bien vrai que les Gouvernemens ne fauroient fubfifter fans
„ de grandes dépenfes & fans des impôts, & qu'il eft à propos que ceux,
„ qui ont leur part de la protection d'un Gouvernement, paient quelque
„ chofe & donnent à proportion de leurs biens, pour la défenfe & la
„ confervation de l'Etat: mais toujours faut-il avoir le confentement du
„ plus grand nombre des Membres, & de la Société, qui le donnent, ou
„ bien eux-mêmes immédiatement, ou bien par ceux qui les repréfentent
„ & qui ont été choifis par eux. Car fi quelqu'un prétendoit avoir le pou-
„ voir d'impofer & de lever des taxes fur le Peuple de fa propre autorité
„ & fans le confentement du Peuple, *il violeroit la Loi Fondamentale de la*
„ *propriété des chofes, & détruiroit la fin du Gouvernement.* En effet com-
„ ment peut m'appartenir en propre ce qu'un autre a droit de me pren-
„ dre lorfqu'il lui plaira" (h) ?

Philippe de Commines avoit dit long-tems avant Locke qu'il n'y avoit
Roi ni Seigneur fur terre qui eût pouvoir, outre fon domaine, de mettre un denier fur fes Sujets, fans l'octroi & confentement de ceux qui devoient le payer, *fi ce n'eft par tyrannie ou violence* (i).

On oppoferoit inutilement que la Nation refufera peut-être fon confentement, dans un cas où le Subfide eft véritablement indifpenfable, &
qu'alors il fera impoffible de défendre l'Etat.

Que le Prince expofe à la Nation affemblée la fituation du Royaume,
l'impuiffance où il eft de prendre fur fon domaine les dépenfes néceffaires ;
& elle confentira fûrement à la levée de quelques Subfides.

Dût-elle par une bifarrerie peu vraifemblable refufer fon confentement ? Le dommage retomberoit fur elle. C'eft uniquement pour fon intérêt que le Prince gouverne l'Etat. Si faute de fecours, elle veut le lais-
fer périr, le rendre la proie d'un Royaume voifin, & diffoudre cette
Société civile formée & perfectionnée avec tant de peines & de foins,
elle ne devra imputer qu'à elle-même fon propre malheur. Le Prince ne
lui doit plus une protection efficace, lorfqu'elle ne le met pas en état de
la lui accorder. Il n'eft pas tenu de faire fon bien malgré elle. Si elle eft

(h) Locke du Gouvernement Civil. *ch.* 10, *n.* 5. & fuivans.
(i) Mémoires *Liv.* 5. *Chap.* 18.

aſſez aveugle pour méconnoître ſes propres intérêts, pour refuſer à ſon Chef le moyen de la protéger; on doit l'abandonner à ſon malheureux ſort. Le Prince ne devient pas pour cela maître du bien de ſes Sujets, ni en droit d'en arracher une portion pour la conſacrer au ſalut public. C'eſt un Mandataire qui n'a promis que ſes ſoins, & auquel le Mandant ne veut faire aucune des avances néceſſaires à la geſtion de ſon bien. Il eſt déchargé de ſon engagement, & le Mandant porte la peine de ſon refus injuſte.

En France on étoit convaincu qu'aucun impôt ne pouvoit être levé légitimement que par l'octroi des Etats; & c'eſt pour cela qu'on les aſſembloit ſi ſouvent. Auſſi a-t-on pu remarquer que dans le ſonge du Vergier il n'eſt parlé que d'aides accordées, octroyées au Prince, demandées par le Prince.

Loyſeau nous apprend que Henri II, à ſon avénement au Trône, leva ſur tous les Officiers le droit de confirmation; & que les deniers de ſon impoſition furent donnés à la Ducheſſe de Valentinois, ce qui cauſa beaucoup de murmure (k). En ſeroit-on étonné? Prétendroit-on que par-là il a acquis à ſes Succeſſeurs le droit *de tailler* les Peuples pour ſatisfaire à leurs plaiſirs?

On voit par ce qui s'eſt paſſé aux Etats de 1614, que Henri IV. a créé des Charges, qui ſont un impôt au moins indirect ſur le Peuple, & qu'il en abandonnoit le produit à la Reine pour la gratifier.

Le 12 Novembre 1614, Louis XIII. manda le Préſident de la Chambre du Tiers-Etat, & le lendemain il rapporta ainſi à ſa Chambre ce qui lui avoit été dit:

„ Que la Reine lui avoit déclaré qu'on lui avoit fait entendre qu'entre les Offices nouveaux deſquels nous voulions demander la ſurſéance pendant la tenue des Etats, nous y voulions comprendre les Offices des Commis des Tréſoriers des penſions, deſquels le Roi défunt l'avoit gratifiée de ſon vivant (& dont elle refuſoit ſix cents mille livres) & des Tréſoriers de l'épargne qui ne vouloient point avoir de compagnons en leurs Charges, & nous prioit de cette gratification qui ne tendoit point à la foule du Peuple, pour autant qu'on ne leur attribuoit autres gages que les anciens, qui de tout temps avoient paſſé à la Chambre des Comptes; & ſix deniers pour livre qui ſe prendroient ſur les penſions de ceux à qui on les avoit accordées. Par ainſi elle deſiroit qu'entre les Offices deſquels nous demanderions la ſurſéance, nous n'euſſions à y comprendre leſdits Offices de Commis & Tréſoriers des penſions (l)".

Cette conduite d'Henri IV. ſeroit-elle une regle du Gouvernement François? Si dans les beſoins réels de l'Etat, on devoit chercher d'autres reſſources que la création de nouvelles Charges, combien plus grand eſt l'abus de les créer, ſans que les finances du Roi en ſoient augmentées, & pour en abandonner la finance à la diſcrétion des Favoris?

(k) Des Offices, *liv. 3. chap. 3. n. 46.*
(l) Recueil des Etats de 1614. par Rapine, *pag. 98.*

Mais d'ailleurs, pour ne parler que de la forme extérieure, encore aujourd'hui l'impôt ne feroit pas légitimement établi, s'il n'avoit pas été agréé par la délibération libre ou des trois Etats du Royaume, ou au-moins des Cours Souveraines à leur défaut. C'est ce qu'enfeignoit, au milieu du dernier fiecle, Claude Joly, Chantre de l'Eglife de Paris, dans un traité *des Reſtitutions des Grands*. Son texte, quoique long, pourrà ne pas ennuyer.

Suivant les Au-teurs les plus eſti-mis & les meil-leurs Ca-fuiſtes, un Prin-ce qui le-ve les im-poſitions qui n'ont point été conſen-ties eſt obligé à reſtitu-tion.

„Nous ne pouvons, dit-il, entrer dans l'examen des cas qui obligent les Princes à reſtitution, que nous ne commencions par les tailles & impôts: car c'eſt le droit le plus fréquent que les Souverains s'attribuent. Enfin nous demeurons d'accord de leur prétention, & tant s'en faut que nous la voulussions combattre, qu'au‑contraire nous difons, que les impôts font non‑feulement innocens, mais auſſi néceſſaires. Je dis plus; c'eſt que la contribution eſt d'obligation, & qu'elle doit fe faire en con-fcience par ceux qui peuvent y fatisfaire..... La raifon en eſt, que quand l'impôt eſt établi, *comme il doit l'être, felon les formes & les Loix approuvées*, il appartient à la République. Or par la regle qu'on ne peut rien retenir du bien d'autrui, il eſt conſtant que celui qui refuſe de pa-yer le tribut que la République a fait fien par la Loi, eſt obligé à le reſti-tuer.....

Pour juger des impôts légitimes, il faut fçavoir quand, & comment un Prince peut impoſer. En quoi il y en a qui font cette diſtinction &c.

Encore que le Prince ait pouvoir d'impoſer de nouvelles tailles fur ſes Sujets libres, pour l'utilité du bien public, & quand il ne peut leur ſub-venir de fon domaine, il doit le faire felon les Loix & les formes anciennes de fon Etat, qui font toujours immuables, & qui ne peuvent être al-térées fous prétexte d'aucune néceſſité. M. le Premier‑Préſident de Har-lay le fit entendre clairement au Roi Henri III, féant en Parlement en 1586, fur la publication de quelques Edits, en ces termes que M. Duvair, Garde des Sceaux de France, a trouvés dignes d'être gardés à la poſtéri-té. [Oeuvres de Duvair, pag. 686]. „Il y a, Sire, des chofes ſi con-traires à la raifon, que nulle néceſſité ne peut les excuſer, & quant aux autres auxquelles vous pouvez être forcé, ſi devez‑vous, ſi vous voulez être eſtimé juſte & légitime Prince, obſerver les Loix de l'Etat & du Royaume qui ne peuvent être violées, fans révoquer en doute votre puiſſance & fouveraineté. Nous avons, Sire, deux fortes de Loix, les unes font les Ordonnances des Rois, qui fe peuvent changer, fuivant la diverſité des temps & des affaires. Les autres font les Ordonnances du Royaume qui font inviolables, & par lefquelles vous êtes monté au Trô-ne royal, & cette Couronne a été conſervée par vos Prédéceſſeurs juf-qu'à vous....

„ Or puiſque nous fommes François..... arrêtons‑nous aux Loix de notre Etat, & voyons quelle y étoit la forme ancienne pour impoſer des tailles & des tributs. Tous ceux qui ont lu nos hiſtoires, fçavent que les François ont toujours été libres, comme leur nom le montre...... Il

n'eſt point fait mention qu'ils euſſent été vaincus ni ſubjugués; au-contraire, ils éliſoient les Rois, leſquels tenoient leur puiſſance du Peuple.....
Ce droit d'élire ſe remarque principalement au changement des deux dernieres Races; & le Roi Robert qui fut un ſage & ſçavant Prince, le reconnoît en une Charte de l'an 1015, en ces mots: *Quoniam Divinâ propitiante Clementiâ, nos Gallica liberalitas ad Regni provexit faſtigia.* Ce qui s'eſt conſervé juſqu'à nous, par la cérémonie du Sacre, où il en reſte encore quelques veſtiges (m).... Ainſi quoiqu'en nos Rois il n'y ait plus d'élection effective, il y a du moins une ſucceſſion qui les oblige aux Loix immuables de l'Etat, & à la police qui y a été établie par leurs Ancêtres du conſentement des Peuples.

„ Cette police pour le fait des impôts, étoit telle que, comme les anciens Rois vivoient de leurs domaines, il ne leur étoit pas permis de lever aucuns deniers ſur leurs Sujets ſans leur conſentement. Bien eſt vrai que, comme quelquefois les guerres, & les néceſſités des affaires publiques les obligeoient à des dépenſes extraordinaires, pour raiſon de quoi il leur convenoit faire des levées de deniers, ces Princes aſſembloient les Etats de leur Royaume auxquels ils demandoient les ſecours qu'ils jugeoient néceſſaires. Les Peuples qui ont toujours été très-affectionnés à leurs Rois, leur accordoient volontiers, pour un certain temps, leur demande, par après, le département ſe faiſoit ſur les Particuliers qui ne payoient l'impôt que pendant le temps convenu.

„ La plupart des Etats-Généraux, & divers Auteurs de notre hiſtoire font foi de cette vérité. Mais il me ſuffira de rapporter le témoignage de deux perſonnages irréprochables, qui diſent nettement que la taille, ni autre impôt ne peut s'établir autrement. Le premier eſt Nicolas Oreſme qui avoit été Précepteur du Roi Charles V, dit le Sage; & fut depuis Evêque de Liſieux. Voici comme il en parle en ſon Traité *de mutatione Monetarum.* [Cap. 1. Bibliot. Patr. tom. 9. p. 675.].... *Quod ne princeps fingeret talem neceſſitatem eſſe, quando non eſt,* ſicut fingunt tyranni..... *determinandum eſt per Communitatem, vel per valentiorem ejus partem expreſſè vel tacitè...... expreſſè dico quod ad hoc debet congregari communitas, ſi adſit facultas.* Et à l'inſtant il ajoute, que ſi la néceſſité preſſe & eſt évidente, & que l'Aſſemblée ne puiſſe être faite auſſi-tôt qu'il ſeroit néceſſaire, le Roi peut recevoir quelque ſomme de ſes Sujets par forme de prêt, dont il doit faire par après reſtitution entiere ”....

Le ſecond témoin cité eſt Philippe de Commines, dont le texte a déja été rapporté. „ Des Etats-Généraux, pourſuit Joly, le Parlement a pris ſon origine: & comme quand il étoit ambulatoire, il étoit à l'inſtar de ces Etats; depuis qu'il a été fait ſédentaire, il eſt demeuré, comme dit Duhaillan, [liv. 3, de l'état des affaires de France, pag. 21.] avec

(m) Au ſacre de nos Rois, après le ſerment prêté aux Evêques, & avant le ſerment prêté au Peuple, l'Evêque Conſécrateur demande à tous les aſſiſtans s'ils acceptent.... pour Roi; à quoi ils répondent par acclamation, *Vive le Roi.* Cérémonial François; *tom.* I. *pag.* 361, 410.

les mêmes fonctions & prérogatives qu'il avoit eues à la fuite des Rois. De-là vient qu'il a droit, & les autres Compagnies Souveraines qui en ont été tirées ou érigées à fon exemple, de vérifier des Edits burfaux & autres; c'eft-à-dire, de les voir, examiner, recevoir, modérer, ou re- fufer comme ils le jugent raifonnable. Cela eft fondé en grande équité, qui eft que les Rois ne font pas maîtres de nos vies, ni de nos biens, comme quelques flatteurs ou gens intéreffés leur font accroire. Car au contraire ils font faits pour maintenir chacun dans fon bien, & empê- cher qu'il ne lui foit fait tort. Les Rois font établis pour faire juftice... Or d'impofer des Subfides malgré ceux qui les doivent payer, ou autres qui les repréfentent, ce n'eft autre chofe que de prendre leur bien, qui eft un acte tout-à-fait oppofé à la Juftice, & par conféquent à la Ro- yauté, qui doit empêcher le vol & le brigandage, & non pas le faire; & comme tout un Peuple ne peut donner fon confentement à un im- pôt fur lui, que par l'entremife d'un moindre nombre de perfonnes, & que les Etats-Généraux, où ce confentement fe donnoit autrefois, ne font plus affemblés que très-rarement, les Cours Souveraines, qui les repréfentent, le donnent maintenant pour eux, quand elles le jugent à propos & néceffaire. Mais comme il n'y a point de confentement ès chofes qui fe font par force & par contrainte, il faut que la vérifica- tion des Edits foit faite librement, *fans préfence du Roi, qui eft en cela la partie requérante, ni autre ayant autorité coactive de fa part, & même fans juffion;* parce que la puiffance d'un Roi eft fi grande, qu'il porte partout avec lui la terreur. Si donc la vérification d'un Edit burfal fe fait fans la liberté des fuffrages, on peut dire que c'eft une violence, & la levée une extorfion, puifqu'elle fe fait malgré ceux qui doivent y confentir. Et de-là faut conclure que tout impôt qui eft levé fans ces for- malités effentielles, n'eft point dû à celui qui l'exige, & par conféquent qu'il eft obligé à reftitution.

„ Les Cafuiftes ont reconnu quelque chofe de cette vérité, mais non pas tout. Car ils demeurent bien d'accord qu'un Souverain ne peut im- pofer un nouveau tribut fur fes Sujets que pour le bien public, & que, s'il fait autrement, il eft tenu faire reftitution; & même que les Sujets peuvent en cela fe difpenfer d'y obéir. Voici comme en opine Angelus de Clavafio en la *Somme des cas de Confcience......* *Si Talliæ non funt ad utilitatem boni communis, non poteft eas imponere; & fi imponit, fubditi non tenentur ei obedire..... aliter fi exigunt, tenentur ad reftitutionem illis à quibus extorferunt, fi fciunt, vel eorum hæredibus.*

„ La plupart des Cafuiftes non corrompus ni courtifans font de ce fen- timent; & quoiqu'ils n'aient pas parlé formellement du principal, qui eft la néceffité du confentement des Sujets, qui doivent accorder au Prince par eux ou par autrui, comme il a été dit, la faculté de fouiller dans leur bourfe; ils en ont dit pourtant quelque chofe tacitement, quand ils ont mis ce mot *de Novo*, que le Prince ne peut pas impofer de nou- veaux impôts fur fes Sujets........ Benedicti, en la *Somme des péchés,* imprimée à Paris en 1602, reconnoît affez clairement la nécessité de ce confentement des Peuples pour les impôts, quand il dit que la caufe pour laquelle les Rois font obligés de reftituer les Tributs mal mis & mal employés, vient de ce que le bien de leurs Sujets n'eft pas à eux; car fi le bien du Peuple n'eft pas au Prince, le Prince n'y peut toucher que du confentement du Peuple.

„ A la vérité on me peut oppofer que, fuppofé le bien public pour lequel eft fait l'impôt, & qu'il eft employé de bonne foi à quoi il eft deftiné, fans le détourner ailleurs, comme l'on fait quafi toujours, le Particulier qui doit contribuer à ce bien public pour fon propre intérêt, peut être légitimement taxé pour y fournir à fon propre bien. Mais pour cela il ne faut pas bleffer la Juftice, qui veut que chacun difpofe de fes moyens, même pour fon bien & fa néceffité, comme il lui plaît. De plus, le Prince ne doit pas être le Juge ñi l'ordonnateur de la contribution, comme il a été dit; il eft la Partie qui demande. Il eft bien le Chef pour confidérer & repréfenter le befoin que la République a d'argent; mais il n'eft pas la main pour le fournir: il eft bien le promoteur de ce fecours, mais il faut que les Membres agiffent en le donnant, felon leur mouvement naturel & non forcé. Nous ne voyons que trop, par des exemples déplorables, l'abus du prétendu bien public, fur quoi font fondées toutes les maltôtes horribles qui ont fait de la France depuis plufieurs années un hôpital de gueux & de miférables, fur la ruine defquels fe font élevés en un inftant des vers de terre, & des fortunes fi prodigieufes, que leurs richeffes, leurs fuperbes maifons, leurs ameublemens précieux, leurs tables magnifiques, les dots de leurs filles ont furpaffé la grandeur & la magnificence de nos anciens Monarques. Et toutefois ces fang-fues publiques veulent paffer pour les colomnes de l'Etat.... Ainfi, bien s'en faut que ce prétendu bien public foit à préfent le bien du Peuple, qu'au-contraire, c'eft fa ruine entiere & fon accablement. Et s'il eft vrai que le falut du Peuple eft la fouveraine Loi de l'Etat, felon que Cicéron nous en affure, il eft indubitable que la fouveraine Loi de notre Etat, eft celle qui veut que le Peuple foit en liberté de donner ou de refufer fon confentement aux Edits burfaux par les Etats-Généraux, ou les Compagnies Souveraines qui les repréfentent, comme nous avons dit ci-devant.

„ Rapportons maintenant les paroles du P. Benedicti.... Le Roi, dit-il, qui traite fon Peuple tyranniquement, & le greve de nouvelles tailles & impôts exceffifs & extraordinaires, & qui demande inceffamment fans caufe légitime, eft tenu à reftitution. Et encore plus l'eft celui qui les emploie en pompes, vanités, luxure & dons exceffifs préjudiciables au public: & la racine de cette reftitution eft que *les biens appartiennent aux Sujets, & non aux Rois & Seigneurs......*

„ Par cet abrégé, l'on peut juger du fentiment des meilleurs Cafuiftes qui opinent quafi tous de la même façon...... Et fi nous voulons bien confidérer les maximes de l'ancienne Cour de nos Rois, nous trouverons

qu'elles n'étoient pas plus favorables à la maltôte, que celle de ces Théologiens & Canoniftes; car le Chevalier qui tient le parti curial dans le
fonge du Vergier dédié au Roi Charles V. environ l'an 1364, tient un
même langage que ces Cafuíftes. L'Auteur (n) de ce livre, lui fait
dire, que les Rois peuvent juftement mettre tailles extraordinaires pour la
défenfe de la chofe publique; mais qu'il faut que telles aydes foient converties pour la défenfe de la chofe publique, & non pas en autres ufages. Car s'ils le font autrement (notez les paroles de ce Courtifan) *le
fang & la fueur de leurs Sujets crieront contre eux au dernier jour du Jugement.....*

„ Vous me direz peut-être, qu'on s'eft plaint de tout temps des charges impofées fur les Peüples, & que les gros ont toujours mangé les petits. J'en demeure d'accord: mais l'avarice des fiecles paffés n'excufe
pas la nôtre; & comme nous parlons de cas de confcience, la malice des
hommes morts, quoiqu'ancienne & invétérée, ne décharge pas les vivans
qui commettent les mêmes injufticcs. Mais pourtant, il nous faut avouer
que l'iniquité n'a point été portée en ceci par le paffé au point où elle
eft à préfent (o) ".

Enfin la Cour des Aides de Paris a cru devoir repréfenter au Roi dans
fes Remontrances du 17 Août 1770, que „ la propriété eft le droit effentiel de tout Peuple qui n'eft pas efclave. L'impôt néceffaire eft néanmoins une dérogation à ce droit. Mais dans l'origine, les impôts n'é-
toient établis que du confentement des Peuples, donné dans les Affemblées des Etats. Que ces Affemblées ayant ceffé d'avoir lieu, la condition
des Peuples n'a pas dû changer pour cela. Leurs droits font auffi imprefcriptibles que ceux du Souverain: les Domaines peuvent s'accroître, les
bornes de fon Empire peuvent s'étendre; mais il ne croira jamais pouvoir mettre la poffeffion de fes Sujets au nombre de fes conquêtes; & depuis que les Peuples ne peuvent plus fe faire entendre par leurs repréfentans; c'eft à vos Cours, Sire, à remplir cette importante fonction. Créée
pour vous acquitter envers eux de la Juftice que vous leur devez, elles le
font auffi pour vous avertir de ce qui bleffe leurs droits, ou des Loix de
votre Couronne. Comme les intérêts bien entendus du Souverain & de la
Nation

(n) Le fonge du Vergier (du Clerc & du Chevalier) a été écrit contre les entreprifes
de la Cour de Rome fous les yeux & par l'ordre de Charles V. Roi de France à qui il fut
dédié. Il eft de 1370, ou même de 1374. C'eft à tort qu'on l'a attribué à *Philippe de
Maizieres* Miniftre d'Etat fous Charles V, & à *Jean de Vertus.* Celui-ci n'a jamais exifté
On a plus que des conjectures pour attribuer cet ouvrage à *Raoul de Préfles.* Cependant on l'attribue affez communément à Charles-Jacques de Louviers; plufieurs auteurs
difent même qu'il en fut récompenfé par une Charge de Confeiller d'Etat.

Ce livre parut d'abord en François *in-folio* en 1501. Il fut enfuite imprimé en latin en
1516. Goldaft l'a inféré dans fon recueil *de Monarchia.* Il fe trouve auffi dans la derniere
Edition du Recueil des Libertés de l'Eglife Gallicane. Voyez le Diction. Hift. de Moreri,
& la Bibliotheque hiftorique de la France par le P. le Long. T. 2.

(o) Traité des Reftitutions des Grands, *p.* 40. & *fuiv.*

Nation font les mêmes, elles doivent dans tous les cas s'élever contre ceux qui abufent de votre autorité (p) ''.

Cette maxime pofée par la Cour des Aides, que les droits des Peuples font auffi imprefcriptibles que ceux des Souverains, mérite la plus grande attention; quoiqu'elle foit combattue par Loyfeau.

Après avoir établi cinq droits différens inféparables de la fouveraineté, il dit, que quelques Auteurs en ajoutent avec raifon un fixiéme, de lever des deniers fur le Peuple. *Mais les plus retenus*, ajoute-t-il, *difent que ce n'eft point un droit, mais une entreprife & pouvoir déréglé, au moins de faire ces levées à difcrétion* (q).

Un peu après il s'explique ainfi:

,, Finalement, à l'égard de faire des levées de deniers fur le Peuple, j'ai dit que les plus retenus politiques tiennent que les Rois n'ont droit de les faire par puiffance réglée fans le confentement du Peuple, non plus que de prendre le bien d'autrui; parce que la puiffance publique ne s'étend qu'au commandement & autorité, & non pas à entreprendre la Seigneurie privée des biens des particuliers, qui eft le point auquel confifte la différence de la Monarchie feigneuriale d'avec la pure fouveraineté; d'autant que celle-là a la feigneurie publique & privée tout enfemble, des perfonnes & des biens de fes Sujets.

,, Qui eft à-peu-près la Remontrance que fit aux Etats de Tours ce fage politique Philippe de Commines, comme il nous a laiffé par écrit en fes Mémoires. Et de fait, c'eft chofe bien certaine, qu'anciennement en France, les tailles & autres Subfides n'étoient pas ordinaires & perpétuels, comme ils le font à préfent, mais ils ne fe levoient que du confentement du Peuple, & tant que la néceffité duroit: même que la principale caufe d'affembler les Etats, étoit pour avoir leur confentement à quelque nouvelle levée. Jufques-là que c'étoit le Peuple qui élifoit ceux qui devoient lever ces Subfides & aydes, (ainfi les appelloit-on, parce que volontairement le Peuple en aidoit & fecouroit le Roi en fa néceffité,) & pour cette caufe, on appelle encore Elus ceux qui les font lever en chaque Province; & Généraux, foit des Aydes ou de la Juftice d'icelles, ceux qui font Sur-Intendans de ces levées; ce qui fe pratique encore en Angleterre & en Pologne, où les Rois ne peuvent faire aucune levée fans le confentement des Etats.

,, Mais je crois qu'à préfent le contraire s'obferve partout ailleurs, & qu'il n'y a quafi plus d'autres Princes Souverains, même de Princes Sujets, qui n'aient prefcrit droit de lever deniers fur le Peuple: de forte qu'à mon avis, il ne faut plus douter qu'en France (qui eft poffible aujourd'hui la plus pure & la plus parfaite Monarchie du monde) notre Roi n'ayant d'ailleurs prefque plus autre fonds de finance, ne puiffe faire des levées de deniers fans le confentement des Etats, qui, comme j'ai prouvé au chapitre précédent, n'ont aucune part en la fouveraineté.

Il ne peut pas y avoir de prefcription contre ce droit des Etats.

(p) Remontrances du 17 Août 1770. p. 38.
(q) Des Seigneuries, *chap.* 3, n. 7.

Tome I.   T

„ Car puifqu'il a été dit que la puiffance publique du Souverain s'é-
tend auffi bien fur les biens que fur les perfonnes ; il s'enfuit que, comme il peut commander aux perfonnes, auffi peut· il ufer des biens de fes
Sujets. Mais, comme le commandement des perfonnes ne les rend pas efclaves, auffi cet ufage des biens ne les réduit pas en la feigneurie privée
du Prince ; parce que la feigneurie privée eft la parfaite propriété dont
on peut ufer à difcrétion ; mais l'ufage de la feigneurie publique doit être
réglé par la Juftice, & être dirigé à la propre utilité & néceffité du Peuple : étant bien raifonnable que fon Prince, à qui Dieu l'a baillé en garde, le puiffe tirer du péril aux dépens de fa bourfe, malgré qu'il en ait ;
comme le malade qu'on médicamente contre fa volonté (r) ".

Obferva-
tions fur
le fenti-
ment de
Loyfeau.

La difcuffion détaillée de cette doctrine de Loyfeau demanderoit une
differtation à laquelle on ne fe livrera pas. On fe bornera à quelques obfervations.

On doit diftinguer avec foin fur la matiere dont il s'agit, le droit de
tous les Souverains en général, & celui de chaque Souverain en particulier, d'après la Conftitution fpéciale & les Loix fondamentales de chaque
Monarchie. Quant au droit de la fouveraineté en général, il n'y a pas
un Publicifte qui n'enfeigne que le Souverain a droit d'impofer des tributs, à condition qu'ils feront abfolument néceffaires ; que le produit n'en
fera appliqué qu'au falut de l'Etat, & qu'ils ne dureront qu'autant que le
befoin. Les Peuples ne font pas moins pour cela propriétaires de leurs
biens. Malgré cette propriété inconteftable, celui qui gouverne a droit
de prefcrire des Loix pour régler l'ufage, le commerce, l'aliénation des
biens. Il n'y donne pas plus d'atteinte en créant des Subfides : c'eft une
efpece de fervitude, que le falut de la république rend indifpenfable.
Le Monarque n'eft pas tenu de la défendre à fes propres dépens : fes Sujets doivent lui fournir les deniers néceffaires ; ou en lui affignant des
Domaines qui puiffent fuffire à cette dépenfe, ou en fouffrant fur leurs
propres biens une impofition qui n'aura rien d'arbitraire dans fa quotité
& dans fa durée.

Il ne peut pas être queftion de prefcription à cet égard, puifqu'en cela
le Chef de l'Etat ufe d'un droit effentiellement attaché à la fouveraineté,
confidérée en général.

Mais ce droit a pu être différemment modifié dans chaque fouveraineté confidérée en particulier. On a voulu dans l'établiffement de quelques-unes s'affurer que le Souverain n'abuferoit pas de fon pouvoir ; &
pour cela on a exigé qu'il ne créat aucuns impôts que du confentement
des trois Etats du Royaume. C'eft une reftriction du Pouvoir Souverain
pris en général : elle a pu être licitement appofée ; elle l'a été certainement lors de la fondation de la Monarchie Françoife, tout le monde
en convient. La queftion précife eft de fçavoir fi nos Rois ont prefcrit
contre cette néceffité de prendre le confentement du Peuple. Loyfeau
le croit, & il étend à tous les Souverains du monde le bénéfice de cet-

(r) Ibid. n. 42 & fuiv.

te prescription dont il n'excepte que l'Angleterre & la Pologne. En cela il confond le droit de la souveraineté en général, qui n'a pas besoin de prescription, avec le droit plus ou moins restreint de chaque Monarque, vu séparément : car dans toutes les Monarchies indistinctement, on n'a pas assujetti le Monarque à prendre le consentement des Peuples. Il se-roit étonnant qu'à l'exception de deux seuls Royaumes, tous les Peuples de la terre eussent consenti librement à changer leur état, & à se livrer sur un point si délicat à la discrétion du Souverain.

Mais, sans s'arrêter à ce qui regarde les autres Royaumes, est-il vrai que la prescription ait aboli cette Loi fondamentale Françoise, qui exi-geoit le consentement libre des Peuples, comme un préalable nécessaire à la création légitime des impôts ? Il faudroit d'abord pour cela que nos Rois eussent voulu acquérir cette prescription, & nous avons des témoig-nages d'une volonté contraire de leur part.

Nos Rois n'ont pas voulu acquérir cette prescrip-tion.

Charles VI, dans des Lettres du 16 Novembre 1380, reconnoît que pour les dépenses des guerres qui ne pouvoient être supportées par le Do-maine, il a été imposé plusieurs aides & Subsides, ,, dont les Sujets sont moult grévés, dommagés, & appétissés de leur chevance. Considérant la grante & parfaite amour, la loiauté & vraie obéissance que nosdits Su-jets & Peuple ont toujours eû à nos Prédécesseurs Rois de France & Nous ; considérant aussi les grans griefs, pertes, dommaiges, oppressions, tribulations & meschies ésquelles nosdits Sujets ont été, & qu'ils ont souf-fert, supportés & soutenus par nos ennemis ; & que ces choses nonob-stant, ils ont toujours voulontiers payé lesdits aides, comme nos vrais Su-jets & obéissans ; & pour ce voulans & desirans iceux aucunement relever & alégier des pertes, dommaiges & oppressions dessus dites, &c. ''.

Sur ces motifs, le Roi quitte, remet, annulle, & met du tout au néant tous aides & Subsides quelconques, qui pour le fait des guerres ont été imposés & levés depuis le Roi Philippe. Il veut que ses Sujets en soient & demeurent francs, quittes & exempts dorésenavant à toujours mais, comme ils étoient par avant ledit Roi Philippe ; ,, & avec ce, ajou-te Charles VI, avons octroyé & octroyons par ces présentes à nosdits Sujets, que chose qu'ils aient payé à cause des dessusdits aydes, ne leur tourne à aucun préjudice, ne à leurs successeurs ; ne que il puisse être trait à aucune conséquence ores ne au temps avenir (s) ''.

D'autres Lettres de Charles VI. du mois de Janvier suivant 1380, sont encore plus précises. Les trois Etats de la Languedoïl se sont plaints ,, des aydes, Subsides & subventions que feu notre très-chier Seigneur & pere que Dieu absoille, faisoit & avoit fait imposer & lever sur eulx, & aussi de plusieurs autres choses qu'ils disoient avoir été faiz en leur préju-dice du temps de notre dit Seigneur & pere & ses Prédécesseurs, par leurs Gens & Officiers, contre leurs immunités, Noblesses, franchises, li-bertés, privileges, constitutions, usages & coûtumes des pays, & con-

(s) Ordonnances du Louvre, *tom.* 6. *p.* 527.

tre les Ordonnances royaux anciennes; requérans leur être sur ce pourvu de remede convenable ".

„ Nous voulans, dit le Roi, nosdictes gens & Sujets en leurs dictes immunités, nobleffes, franchifes, libertés, privileges, conftitutions, ufaiges & coutumes anciennes, remettre, reffaifir, reftituer, maintenir & garder, & les relever à tout notre pouvoir de tous griefs, charges & oppreffions quelconques, &c. ".

Le Roi ordonne en conféquence, que les aydes, Subfides, impofitions & fubventions quelconques, de quelque nom ou condition qu'elles foient, par quelque maniere qu'ils aient été impofés, & aient eu cours dans le Royaume, depuis Philippe-le-Bel, foient caffés, ôtés, abolis & mis au néant.

„ Voulons & décernons que par le cours que icelles impofitions, Subfides & fubventions ont eu en notre dit Royaume, Nous, nos Predeceffeurs, Succeffeurs ou aucun de nous, ne en puiffions avoir acquis aucun droit, ne aucun préjudice être engendrés à nofdictes gens & Peuple; ne à leurs immunités, nobleffes, franchifes, libertés, privileges, conftitutions, ufaiges & coutumes deffufdictes, ne à aucunes d'icelles en quelque maniere que ce foit; & outre voulons & décernons que toutes les immunités, droits, franchifes, libertés, privileges, conftitutions, ufaiges, & coutumes anciennes, & toutes les Ordonnances royaux, dont & defquelles joiffoient & ufoient lefdites gens d'Eglife, Nobles, bonnes Villes, & le Peuple de notre dit Royaume en la Languedoil, ou aucuns des Etats deffufdits ou temps du Roi Philippe-le-Bel, depuis jufqu'à ores, leur foient reftitués & rétablis; & Nous, par ces mêmes préfentes, leur reftituons & rétabliffons & de certaine fcience voulons & décernons qu'ils demeurent en l'état & fermeté qu'ils étoient lors, fans être enfrains ou dommaigiés en aucune maniere, & iceux leur avons confermés & confermons par la teneur de ces préfentes; nonobftant faits, ufaiges ou Ordonnances faites, ou faites depuis le temps dudit feu le Roi Philippe-le-Bel, à ce contraires; & en outre voulons & décernons que fe à l'encontre de ce aucune chofe a été faite depuis icelui temps jufques à ores, *Nous ne nos Succeffeurs*, ne nous en puiffions aidier aucunement, mais les mettons du tout au néant par ces mêmes préfentes (t) ".

Ce texte n'a pas befoin de commentaire. Le Peuple fe plaint des impofitions faites fur lui au préjudice de fa liberté & des Loix du Royaume. Le Roi déclare pour lui & pour tous fes Succeffeurs, que les privileges de la Nation fubfiftent dans leur entier; qu'il n'a entendu acquérir, ni acquis aucun nouveau droit à fon préjudice. Jamais cette Loi n'a été révoquée: jamais aucun des Succeffeurs de Charles VI. n'a témoigné de volonté contraire à la fienne; d'où il réfulte qu'ils ont perfévéré dans la même intention, & qu'ils n'ont pas entendu mettre au rang de leurs conquêtes les prérogatives nationales.

(t) Ibid. p. 552.

5

Peut-être pourroit-on admettre la prefcription, fi on voyoit une renon- *Le dé-*
ciation libre de la part des Peuples à l'ancien ufage de la Monarchie ; fi, *faut de*
n'ayant pas été contraints, ils avoient toujours volontairement payé des *liberté de*
Subfides, fans les avoir accordés. Mais s'ils ont été obligés de plier fous *des Peu-*
la force ; fi nos Souverains ont employé la violence pour établir arbitrai- *ples em-*
rement des impôts, ceux-ci n'auront pas par-là augmenté leurs droits; *pêche la*
puifque fuivant les regles ordinaires, la poffeffion violente ne peut fervir *prefcrip-*
de fondement à la prefcription. *tion.*

Or, on ne peut douter que ce ne foit de vive force, & par le fecours
de leurs troupes, que nos Rois ont impofé tous les Subfides qu'ils ont
voulu, fans attendre l'octroi des Etats.

„ Ces guerres fanglantes & opiniâtres, dit Mézeray, cauferent bien
des maux à la France: mais le plus grand fut que Philippe-Augufte devint extrêmement avare, & fe rendit trop âpre à amaffer des tréfors,
fous prétexte de la néceffité de lever & d'entretenir grand nombre de
troupes réglées, qui font très-propres véritablement pour faire des conquêtes, mais qui fous les mauvais Princes, fervent quelquefois à opprimer les Sujets, & à renverfer les Loix de l'Etat".

„ Comme ce fut le premier des Rois de France qui en foudoya, &
qui en voulut avoir de toujours prêtes pour les employer à ce qu'il lui
plairoit, il fe mit auffi à faire de rudes exactions fur les Peuples, à vexer
es Eglifes, & à rappeller les Juifs, qui font les originaux de l'ufure &
de la maltôte. Mais au-moins il ufa d'une grande épargne, & fe retran-
cha tout autant qu'il pût; fçachant qu'un Roi qui a de grands deffeins,
ne doit point confumer la fubftance de fes Sujets en de vaines & faftucu-
fes dépenfes (v)".

Le comte de Boulainvilliers parle des Etats-Généraux qui furent convoqués à Compiegne le 13 Avril 1382, & où Charles VI. demanda qu'on
lui accordât un Subfide pour foutenir les frais de la guerre. „ De cette
premiere féance, dit Boulainvilliers, on paffa aux négociations particulieres pour gagner les Députés, le tout fort inutilement; puifque leur derniere réponfe fut, qu'ils n'avoient été envoyés par leurs commettans, que
pour entendre l'intention du Roi, & en faire leur rapport, n'ayant aucun
autre pouvoir. Cependant ils offrirent la plupart de faire tout ce qui
leur feroit poffible pour fa fatisfaction, & promirent d'en envoyer réponfe pofitive dans un certain temps. Quelques-uns d'eux y vinrent en effet, mais ce ne fut que pour affurer le Roi & les Princes, que le Peuple
étoit plutôt réfolu à fe laiffer hacher en pieces, que de confentir au réta-
bliffement des impôts fupprimés: & en particulier le Député de la province de Sens ayant rapporté un confentement, quand on voulut s'en fervir pour y établir les Bureaux néceffaires, le Peuple fe fouleva, de façon que l'on jugea bien qu'il n'étoit pas temps de le preffer davantage.
La guerre de Flandres, & la victoire de Rozebec furvinrent fort à propos: car le Roi & les Princes en prirent un fi grand avantage, qu'étant

(v) Abrégé chronologique de l'Hiftoire de France, *tom.* 3. *p.* 145.

T 3

rentrés en armes dans Paris , & en ayant défarmé le Peuple, ils y firent un terrible exemple de févérité, duquel il eft inutile de faire le détail, puifqu'il fuffit de fçavoir que les aydes & toutes les impofitions furent rétablies de la pleine puiffance royale, & que la France fut traitée comme un véritable pays de conquête: les gens de guerre ayant fervi, comme ils font toujours, à foumettre & à enchaîner les autres, dans l'efpérance de quelqu'avantage préfent, fans confidérer que, quand las du métier, ils voudroient fe repofer dans les conditions ordinaires & communes, d'autres qui auroient pris leurs places, les enchaîneroient & foumettroient à leur tour, felon le même exemple ; rétribution auffi jufte qu'elle eft infaillible , & à laquelle on ne fait pourtant jamais réflexion (x)".

Boulainvilliers fait à peu-près les mêmes réflexions fur l'établiffement de la Gendarmerie & des francs Archers, qui, comme on l'a dit, ont été fous Charles VII , l'origine de l'impofition de la taille.

,, Voilà, dit-il, quels ont été ces réglemens célebres de la Gendarmerie, de la Taille générale & des francs Archers; lefquels, quoique bons en eux-mêmes, & fi convenables au temps où ils ont été faits, que l'on peut dire que le recouvrement ou le falut de l'Etat femble leur être dû, peuvent néanmoins être regardés comme le principe effectif de la corruption de tout le Gouvernement François; non-feulement parce qu'ils ont été donnés fans précaution contre les abus qui en pouvoient naître, foit en favorifant le Defpotifme & l'autorité arbitraire, foit en livrant les biens de tous les particuliers à la difcrétion des Rois & aux caprices de leurs Miniftres, mais particuliérement en ce qu'ils ont fervi à confondre prefque fans reffource tous les Ordres du Royaume (y) ".

Ces témoignages peuvent fuffire pour montrer comment nos Rois fe font arrogés l'établiffement des impôts, fans le confentement des Peuples.

Il faut obferver auffi que, l'ufage ordinaire étant que les Etats fuffent convoqués par les Rois, ceux-ci, lorfqu'ils ont voulu fe paffer de leur confentement, fe font bien gardés de les affembler. Les Etats de leur côté, n'ayant pas le courage d'ufer du droit inconteftable qu'ils ont de fe convoquer (z), nos Rois fe font trouvés ainfi à couvert de toute réfiftance, même de toute doléance & repréfentation.

Nos Rois ont-ils pu par-là acquérir quelque prefcription? Ils ont employé la force contre des Sujets à qui leur amour pour leur Souverain ne permettoit pas de réfifter par la force; ils ne leur ont pas même laiffé la faculté de fe plaindre.

La récla- Auffi-tôt que cette liberté de fe plaindre a été ouverte, les Peuples en
mation ont profité. On l'a vu aux Etats de Tours affemblés fous Charles VIII,
des Peu- où la Nation a réclamé fon ancienne liberté. Elle avoit déjà fupporté

(x) Hiftoire de l'ancien Gouvernement de la France, *tom.* 3. *pag.* 11, 12.
(y) Ibid. *pag.* 112.
(z) Voyez à la fin de l'Ouvrage une Differtation *fur le droit de convoquer les Etats.*

beaucoup d'impôts fans avoir été confultée ; elle a regardé fes droits comme étant encore entiers, & auroit interrompu par-là, fi cela eut été néceffaire, la prétendue prefcription.

Depuis, dans les différentes affemblées, foit d'Etats, foit de Notables, jufques fous le regne d'Henri IV. on s'eft plaint, non-feulement de la fur-charge des impôts, mais de la forme de l'impofition, fans avoir attendu le confentement libre des contribuables. Nos Rois ont déféré jufques à un certain point aux plaintes, en expofant leurs befoins, en attendant l'octroi libre des Sujets.

Comment après cela Loyfeau a-t-il pu dire dans fon temps, que nos Rois avoient prefcrit le droit de mettre des impôts fans le confentement des Peuples ? Ce qui s'eft paffé depuis, ne juftifiera pas fon affertion, la force ayant été déployée de plus-en-plus, les plaintes ayant été étouffées par des actes de puiffance abfolue ; l'ufage des plus humbles repréfenta-tions ayant même été comme interdit pendant long-temps aux Tribu-naux Souverains, qui, au défaut des Etats Affemblés, auroient pu défen-dre les juftes prérogatives du Peuple François.

Rapprochons d'ailleurs cette idée de prefcription de la maxime fon-damentale qui a été pofée plus haut. Le Roi n'eft établi que pour le bien des Peuples. Il n'a rien qui foit à lui & pour lui. Puiffance, autorité, do-maine, tout cela n'eft à lui que pour le Peuple. Comment après cela veut-on qu'il prefcrive contre les privileges nationaux ? Il faudroit établir au-paravant qu'on peut prefcrire contre fon propre titre.

C'eft comme Roi & dans cette feule qualité, qu'il eft dans la prétendue poffeffion de lever des Subfides, fans avoir pris le confentement de la Na-tion ; ce qui eft conftamment très-oppofé à fes intérêts & à fes vœux. Or il eft abfolument impoffible, il eft contre la nature même des chofes, qu'un Roi, comme Roi, puiffe poffeder aucun droit, aucune prérogati-ve contraire à l'intérêt du Peuple au nom duquel il agit, & dont il doit ftipuler en tout les intérêts, fans aucun profit perfonnel.

Le Roi eft l'homme, & le Mandataire de l'Etat ; & quoiqu'on dife, ce fera toujours fa plus glorieufe qualité. A-t-on jamais entendu dire que le Mandataire puiffe prefcrire contre le Mandant dans les affaires qui font l'objet du mandat ?

Le Pape Innocent III. dans le Chapitre *fi diligenti, extrà, de Præfcrip-tionibus*, décide qu'on ne prefcrit point contre celni au nom duquel on poffede. Il en conclut que l'Archevêque de Pife ne pouvoit tirer aucun avantage de la poffeffion où il étoit d'exiger un certain ferment de fidélité, parce qu'il lui avoit toujours été prêté au nom du S. Siege, dont il étoit en cette partie le Mandataire. Par fuite de cette maxime dont la folidité fe fait fentir, la perception des impôts fans l'agrément de la Nation fera devenue fi l'on veut un droit Régalien en France de-puis un ou deux fiecles. Un droit Régalien eft un droit poffédé par le Roi comme Roi. Or tout ce que le Roi poffede comme tel, il le poffede pour l'intérêt du Peuple. S'il acquéroit quelque chofe qui y fût contraire, il feroit une acquifition oppofée à fa qualité, inconciliable avec fon pro-

ples dans les momens de liberté fuffit pour em-pêcher la prefcrip-tion.

Il eft contre nature qu'un Roi comme Roi puif-fe prefcri-re contre fes Su-jets.

pre titre, qui le confacre lui & tout ce qu'il eft, & tout ce qu'il a au
bien de la Société.

Cette unité néceffaire d'intérêts entre le Roi & fon Peuple, cette
impuiffance abfolue, dans laquelle eft le Souverain, de poffléder comme tel
un droit contraire à celui du Peuple, eft reconnue par un Moderne non
fufpect.

„ Quoiqu'on puiffe diftinguer l'Etat d'avec le Souverain, leurs inté-
„ rêts font effentiellement les mêmes; & toute diftinction, à cet égard,
„ eft infenfée & pernicieufe. Malheur aux Princes & aux Sujets qui en
„ font quelqu'une!

„ Les Princes rentreroient dans l'obfcurité d'une condition privée
„ s'ils fe renfermoient dans les bornes d'un intérêt perfonnel. Ils ne doi-
„ vent pas avoir des vues moins étendues que leurs Etats; ils font à tous,
„ parce que tout leur eft confié. Ils ne font plus à eux-mêmes, parce
„ qu'il n'eft pas poffible de les féparer du corps dont ils font l'ame, ils
„ font unis à la République fi étroitement, qu'on ne peut plus difcerner
„ ce qui eft à eux d'avec ce qui eft à elle. L'on trouveroit plutôt une
„ différence d'intérêt entre la tête & le corps humain, qu'entre le Sou-
„ verain & l'Etat. De quoi le Prince eft-il le Chef, s'il n'a point de
„ corps? Et quel corps peut-il avoir, s'il s'en fépare, s'il n'y eft uni
„ que par des liens extérieurs, & s'il n'y répand le mouvement & la
„ vie? Il n'y a rien dans l'Etat qui foit étranger au Prince, rien qui
„ doive lui être indifférent. Le Sujet le plus éloigné & le plus foible lui
„ eft inféparablement uni. Le pied, à quelque diftance qu'il foit de la
„ tête, lui eft précieux & n'en peut être négligé; & tout ce qui eft
„ aux Sujets, auffi bien que les Sujets mêmes, fait partie de ce qui eft
„ confié à la fenfibilité, à l'attention, à l'autorité du Chef de la Répu-
„ blique. Quand on n'auroit qu'un feul champ, une feule vigne, quelle
„ folie feroit-ce de ne penfer qu'aux fruits & d'en négliger la culture?
„ Ne tarit-on point la fource de fes revenus, en ne fe mettant pas
„ en peine de ce qui les produit? Un Propriétaire ne fauroit dégrader
„ fon domaine fans fe nuire. Le Seigneur particulier d'une Paroiffe ne
„ peut faire du préjudice à fa terre fans s'en caufer; & un Souverain
„ qui laiffe périr fon Etat, fe ruine néceffairement.

„ La diftinction qu'un Citoyen fait entre l'intérêt du Souverain
„ & celui de l'Etat, ne fert qu'à aliéner du Souverain l'affection
„ du Peuple. Quel crime n'eft-ce pas de priver un Prince de ce
„ qui doit faire fon plus ferme appui? Ceux qui penfent fervir l'Etat
„ autrement qu'en fervant le Prince, & qu'en lui obéiffant, font, fans
„ le favoir & fans le vouloir, les ennemis du Prince & de l'Etat, en ce
„ qu'ils s'attribuent une partie de l'Autorité Souveraine, & en ce
„ qu'ils troublent le repos public & le concours de tous les membres
„ avec le Chef.

„ Ajoutons que la diftinction, qu'un Miniftre fait entre l'intérêt
„ de fon maître & celui du public, ne fert qu'à aliener du Peuple l'af-
„ fection du Prince: or fi c'eft un crime de mettre mal le moindre

„ Sujet

„ Sujet dans l'esprit du Prince, sans aucune cause légitime, combien
„ n'est-on pas plus coupable d'y mettre mal toute la Nation, & de
„ la priver de la faveur de celui que la Providence a établi pour la
„ rendre heureuse ? " (z).

Qui croiroit qu'avec de tels principes, cet Auteur a autorisé la pres- *Erreur*
cription du Chef de l'Etat contre l'Etat? *de Réal*
sur la
„ Qu'on ne dise point, (ce sont ses termes), que le Pouvoir Souve- *prescrip-*
„ rain est essentiellement attaché à la Majesté des Rois ; qu'il est une *tion du*
„ prérogative accordée par la Divinité même aux Princes, qu'il n'ap- *Chef de*
„ partient qu'au ciel de distribuer les Sceptres par les Loix du sang & *l'Etat*
„ de la naissance, ou par la voie de l'élection de la part des Peuples; *contre*
„ & que par conséquent rien ne peut prescrire contre l'Autorité Souve- *l'Etat.*
„ raine. Ce n'est là qu'une subtilité. Le droit des Sceptres ne tombe
„ pas, il est vrai, dans le commerce des conventions particulieres ; &
„ l'on ne peut donner des maîtres aux hommes, comme l'on donne des
„ possesseurs à des domaines particuliers; mais on peut prescrire le droit
„ de porter la couronne qu'on a mise sur sa tête ; on peut acquérir par
„ la prescription le droit de conserver la Royauté, le Pouvoir Suprême
„ qui en résulte, & la Majesté qui y est attachée. Les élémens du droit
„ nous apprennent que tout ce qui peut être légitimement possédé, peut
„ être prescrit; je l'ai dit: c'est un principe qui n'est contesté par qui
„ que ce soit, il n'y a qu'à l'appliquer à l'hypothese.

„ La prescription peut même changer la Constitution de l'Etat. D'un
„ côté les Rois qui n'ont eu au commencement qu'une autorité limitée,
„ peuvent dans la suite exercer légitimement une puissance absolue, après
„ en avoir été en possession pendant un long-tems sans aucune contra-
„ diction de la part de leurs Sujets. De l'autre, un Peuple soumis d'abord
„ à une puissance absolue, lequel a restreint dans la suite son Souverain
„ à une autorité limitée, sans que le Prince ait réclamé son droit primor-
„ dial, peut légitimement, après un long-tems, prétendre que le Souve-
„ rain n'a pas droit de gouverner en Monarque absolu. Le principe de
„ décision sur l'un & sur l'autre de ces cas, est le même. C'est la pré-
„ somption que les parties intéressées ont consenti à céder leurs droits,
„ lorsqu'elles ont souffert sans réclamation qu'on les en privât. C'est l'in-
„ térêt du repos public, pour lequel toutes les Loix sont faites " (a).

Le principe, que tout *ce qui peut être possédé, peut être prescrit*, doit être *On dé-*
éclairci par une distinction. Il peut être prescrit par celui qui possede en *mêle ses*
son nom, pour lui-même, sans avoir un titre qui réclame contre la *sophis-*
prescription. Il n'y en a jamais en faveur de celui qui possede au nom *mes.*
d'un autre & pour le profit d'un autre. C'est pour cela que le fermier,
le dépositaire, le séquestre ne prescriroient pas par une possession mille-

(z) Science du Gouvernement de Réal. *Tom.* 4. *p.* 104.
(a) Ibid *tom.* 3. *p.* 813. Voyez sur le danger de séparer les intérêts du Prince de ceux
de la Nation, un Ouvrage Intitulé: l'*Avocat national*, ou *Lettre* au Sr. Bouquet Auteur
des *Lettres Provinciales* (Londres 1774.) pag. 11, 12, 13. & suiv.

naire, parce que leur titre annonce qu'ils poffedent la chofe d'un autre. Ils n'ont pas même la poffeffion, pour parler le langage des Jurifconfultes, mais la fimple détention. Toute jouiffance, quelque longue qu'elle foit, eft inutile, à moins qu'on ne poffede *animo Domini*, fe croyant propriétaire de la chofe qu'on poffede. Voilà les premiers élémens du Droit, dont l'application eft facile.

Que le Peuple puiffe acquérir prefcription contre le Souverain, le droit n'y réfifte pas. Mais qu'il puiffe prefcrire les droits du Peuple, c'eft une chofe inconcevable à tous ceux qui conferveront l'idée qu'on a eue jufqu'à préfent de la Royauté. C'eft la renverfer entiérement que de regarder la Nation & fon Chef, comme deux corps relatifs qui ont des droits & des intérêts oppofés, dont ils peuvent fe dépouiller par une prefcription réciproque. Il faut pour cela féparer l'intérêt du Roi de celui du Peuple, le regarder comme en une efpece d'état de guerre avec le Royaume, fur lequel il cherche à faire continuellement de nouvelles conquêtes. Comme Souverain au-contraire, il ne doit penfer, défirer, poffèder, agir que pour le bien commun. Comment dépouilleroit-il fes propres Sujets de leurs prérogatives?

A ces obfervations on pourroit en joindre d'autres. La violence détruit tout l'effet de la poffeffion. On jouit fans fruit de ce dont on s'eft emparé par force. Croira-t-on que fi nos Rois n'avoient pas été à la tête de 200 ou de 300,000 hommes armés, difpofés à leur obéir aveuglément, les Peuples fe fuffent laiffés dépouiller de leurs prérogatives?

Objectera-t-on que la Nation entiere eft plus forte que trois cents mille hommes?

Oui, fans doute. Mais oferoit-on lui faire un crime de fa patience? Se prévaudroit-on contre elle de ce qu'elle a mieux aimé faire le facrifice momentané de quelques droits Nationaux, que de s'expofer aux fuites de fa jufte réfiftance? C'eft par fageffe, c'eft par amour & par refpect pour le Monarque, qu'elle eft reftée dans l'inaction. Puiferoit-elle dans fa conduite des moyens contre elle?

La poffeffion enfin pour être efficace, doit être tranquille & fans interruption. Verroit-on ces caracteres dans l'impofition des Subfides fans le confentement de la Nation? On n'a ceffé de faire des Repréfentations fur les atteintes qu'elles portoient à nos propriétés, à notre liberté. Faut-il autre chofe pour interrompre la poffeffion vis-à-vis du Souverain? Les privileges Nationaux feront-ils anéantis, fi à chaque infraction on n'emploie pas la réfiftance active? L'intérêt des Souverains ne s'oppofe-t-il pas à l'établiffement d'une telle maxime?

Mais ce qui leve abfolument toute difficulté, ce qui écarte à jamais la prefcription, c'eft un autre principe conftant. Tout le monde avoue que le Peuple a choifi une forme de Gouvernement plutôt que l'autre pour fon avantage perfonnel. Dès là, fi cette forme de Gouvernement, de laquelle il avoit efpéré tirer du profit, lui devient nuifible, il eft maître de la changer pour en établir une autre. Le droit, qu'il a eu dans l'origine, fubfifte toujours par cela feul que fon intérêt l'exige, & qu'on ne peut pas imaginer d'intérêt contraire dans le Monarque, qui n'a reçu la Couronne que pour le bien de la Nation.

Qu'importe après cela que le Souverain foit dans une longue poffeffion de méprifer tous les Droits Nationnaux, & qu'il ait converti en Defpotifme un pouvoir limité? Quand il auroit reçu dans l'origine une puiffance fans bornes, dès que la Nation en fouffriroit du préjudice, elle pourroit établir aujourd'hui l'Ariftocratie, ou le Gouvernement mixte, à moins qu'on ne voulût donner à la prefcription du Roi contre fon Peuple l'effet qu'on attribue, quoique peut-être fauffement, à la conquête.

Il ne faut donc plus parler de prefcription du Chef de l'Etat contre le Corps de l'Etat. Nous plions depuis long-tems fous le joug des impôts forcés. Efpérons que le Roi nous rendra juftice, en reconnoiffant l'ufurpation faite par fes Prédéceffeurs; en avouant que malgré tous les abus qu'on lui a fait faire de fon pouvoir, nous fommes pleinement propriétaires de nos biens, entiérement libres dans nos perfonnes fur tous les points dans lefquels le bien public n'exige pas le facrifice de ces droits précieux.

Fonder un moyen de prefcription fur l'ufage où ont été quelques Souverains de lever des impôts fans le confentement du Peuple, c'eft certainement aller contre leur intention. Tous ceux qui les ont ainfi foulés en ont témoigné le plus vif regret fur la fin de leur vie, dans ces momens où les paffions font place aux impreffions de la vérité & de la juftice.

Ainfi Raimond, dernier Comte de Touloufe, ordonne expreffément dans fon Teftament, que la levée des Tailles & des impôts qu'il a faite, en fuivant plutôt fa volonté que les regles de la Juftice, ne caufe aucun préjudice à fes Sujets ni à leurs Succeffeurs (b).

Louis Roi de Jérufalem & de Sicile, Duc d'Anjou & de Touraine, dans fon Teftament de 1383, ordonne des reftitutions pour raifon des impofitions dont il avoit grévé les Peuples à fa volonté.

„ Et afin que notre ame puiffe & doie mieux être déchargée, nous
„ voulons qu'en nos Pays d'Anjou, de Touraine & du Maine, vingt
„ mille francs foient par nos exécuteurs diftribués à gens pauvres & mi-
„ férables, & autres, ainfi que la Royne notre Compaigne principalement
„ & nosdits exécuteurs verront qu'il fera bien employé, en retour des
„ charges & oppreffions que nous y avons donné, tant à caufe des Sub-
„ fides, tailles & aides que nous y avons levés & fait lever qu'autrement.

„ Item au Pays de Sénéchauffes de Beaucaire, de Touloufe & de
„ Carcaffone, autres cinquante mille francs qui feront donnés & diftri-
„ bués en la maniere que dit eft, en retour des pertes & dommaiges que
„ le Peuple y a foutenus & eus, tant comme nous en avons eu le Gou-
„ vernement, tant pour les gens d'armes que nous y avons tenus, com-
„ me autrement, & auffi pour exécution rigoureufe fur les faits des ai-
„ des & Subfides que nous y avons fait pour le falut des ames qui mors

(b) *Volentes ut ex Talliis feu exactionibus quas ex eis habuimus, ex voluntate potius quàm ex debito, non generetur eis vel fuccefforibus eorum aliquod præjudicium in futurum.* Cafeneuve, Traité des Etats-généraux de Languedoc, pag. 21.

,, y ont été ou défers, ou rendus fugitifs de leurs pays & propres mai-
,, fons, & mis à poureté par tailles outraigeufes, & exécutions rigoureu-
,, fes faites en leurs biens, & dont nous pourrions avoir été caufe (c).

Le fer-
ment du
Sacre em-
pêche la
prefcrip-
tion con-
tre la
Nation.
La prefcription ne feroit-elle pas d'ailleurs ou empêchée, ou interrompue par le ferment du Sacre? Le Roi jure de conferver les Loix & coutumes du Royaume, les libertés & privileges de la Nation. Il en eft établi
le gardien & le défenfeur. Rempliroit-il fa promeffe, accompliroit-il
fon ferment, fi lui-même anéantiffoit & détruifoit pour fon propre intérêt
les libertés Nationales? Chaque Roi jurant à fon Sacre de conferver les
droits du Peuple, jure par conféquent de ne pas fe fervir de tout ce que
fon Prédéceffeur aura fait de contraire.

C'eft l'intérêt de l'Etat, qui déclare imprefcriptible de la part des particuliers le domaine de la Couronne, les droits Régaliens. Ce même intérêt s'oppofe bien plus encore à ce que le Roi puiffe acquérir par prefcription le droit de gouverner defpotiquement, d'impofer des Subfides à
fa volonté, de faire & détruire feul les Loix, de difpofer à fon gré des
biens & de la liberté des Citoyens.

On n'en dira pas davantage fur ce point, qui mériteroit d'être approfondi par une plume plus fçavante. En adoptant au furplus l'opinion de
Loyfeau, la propriété des biens ne feroit pas moins affurée aux habitans
de la France. On ne ceffe pas d'avoir la propriété de fa maifon, parce
qu'un tiers y exerce une fervitude. Les François de même ont cette propriété, quoique foumis à des Loix dans la difpofition de leurs biens; quoiqu'obligés, malgré eux, d'en confacrer une partie au foutien des charges
publiques. Auffi dans l'Edit du mois de Février 1771, portant établiffement des Confeils Supérieurs, le Roi fe plaint-il de ce qu'*on a tenté d'allarmer* fes Sujets *fur leur état, fur leur honneur, fur leur propriété?*

Il y a eu fans doute des abus dans tous les tems. On a vu des Princes
refpecter peu la propriété de leurs Sujets, s'emparer de leurs biens, chercher à s'enrichir de leurs dépouilles, & vouloir confondre dans leur
patrimoine particulier, ce qui ne leur avoit été donné que pour le bien
de l'Etat. Depuis quand eft-il permis de convertir les abus en regles? Si
l'infraction de la Loi en forme une, il n'y a plus d'Etat policé fur la terre; le monde n'eft qu'un Cahos.

Veut-on favoir ce qu'on doit penfer des Rois qui ont ainfi dépouillé
leurs Sujets? Il n'y a qu'à confulter le huitieme Concile de Tolede tenu en
653. Il gémit fur la conduite de quelques Rois qui paroiffoient avoir pris
à tâche non de gouverner leurs Sujets, mais de fe venger d'eux en les
écrafant, & de convertir en état de guerre contr'eux la protection qu'ils
leur doivent, en s'attribuant leurs biens, en les amaffant dans leur tréfor
particulier; pendant que confidérés comme hommes, ils n'y ont abfolument aucun droit; ne pouvant y prétendre quelque chofe que comme
Rois & pour le falut de la chofe publique (d).

(c) *Thefaurus Anecdotorum*, Tom. 1. Col. 1601.
(d) *Cum decurfis ergo temporibus duræ damnationis fefe poteftas gravis attolleret, & in
fubjectis populis imperium dominantis non formaret jura regiminis fed excidia ultionis; af-*

Le Concile trace aux Rois des regles de conduite , & s'éleve contre
la voracité de ceux qui engloutiffent tous les biens, en appauvriffant le
Royaume entier (e).

On peut encore placer ici les plaintes que font au Roi les Evêques du
Concile tenu à Fîmes en 881. Ils lui rappellent d'abord l'exemple de Charlemagne, qui avoit toujours avec lui trois de fes plus fages Confeillers,
qui plaçoit toutes les nuits au chevet de fon lit des tablettes, fur lefquelles il écrivoit tout ce qui lui venoit en penfée pour le bien de fon Royaume, pour en conférer enfuite avec fes Confeillers, & le faire adopter
dans l'Affemblée Générale (f).

peximus fubditorum ftatum non ex ordine vegetari Rectoris, fed dejici ex gravedine potefta-
tis. Contraxerant enim Reges elata faftigia in bifronti diffidio motionis: & aut in culpis lex
ardua faeviebat, aut in fpoliis favorem lex voluntarie commodabat. Inde maeftos animos non
fpes fovebat ex munere, fed tolerantia vexabat in funere.... Quofdam confpeximus Reges,
poftquam fuerint regni gloriam affequentes, extenuatis viribus populorum, rei propriae conge-
rere lucrum, & obliti quod regere funt vocati, defenfionem in vaftationem convertunt, qui vafta-
tionem defenfione pellere debuerunt. Illud gravius innectentes quod eà quae videntur acquirere
non regni deputant honori nec gloriae, fed ità malunt in jure fuo confundi, ut veluti ex debi-
to decernant haec, in liberorum pofteritatem tranfmitti. Quam itaque ob rem in proprietatis
illa conantur redigere jurium, quae pro folo conftat illos imperiali percepiffe faftigio, aut pro
libito in juris proprii collocant antro, quod publicae utilitatis acquifitum effe conftat obten-
tu. Nam numquid ad illos aut populorum adventus, aut rerum poterat concurrere Cenfus,
nifi extitiffent gloria fublimati culminibus? aut ab aequalibus illi potuerant rerum coacervatio-
ne ditari, nifi fubjectis gloriofo apice potuiffent attolli?

Omnia tamen certè totius plebis membra fubjecta, dùm ad principale caput relevant atten-
tum debita vifionis obtutum, ab illo negotiorum profpectant remedium, cui modo gratum,
modo debitum irrogant cenfum. Regalis proinde ordo ex hoc cuncta fibi deberi convincit, ex quo
fe regere cuncta cognofcit; & inde conquifita, non alteri quàm fibi juftè defendit; unde non
perfonae, fed potentiae fuae haec debere non ambigit. Regem etenim jura faciunt, non perfo-
na; quia nec conftat fui mediocritate, fed fublimitatis honore. Quae ergo honori debentur,
honori deferviant; & quae Reges accumulant, regno relinquant; ut, quia eos gloria regni de-
corat, ipfi quoque gloriam regni non extenuant, fed exornent. Concil. Labbe T. 6. Col. 412.

(e) *Habeant deinceps jure conditi Reges gerendo corda follicita, in operando facta modef-*
ta, in decernendo judicia jufta, in parcendo pectora prompta, in conquirendo ftudia parca,
in confervando vota fincera, ut tanto gloriam regni cum felicitate retentent. Quando jura re-
giminis manfuetudine confervaverint, & aequitate dixerint promiffae praemium dilectionis....
Ecce enim ità ex gentis noftrae mediocribus majoribufque perfonis multos hactenus corruiffe re-
perimus & defumus, ut eorum agnitis ruinis, non aliud poffimus quàm divinae judicia confi-
der.re permiffionis. Quorum quidem domorum fpolia & potentiarum divitias fimul, & prae-
dia ità confpicimus prorfus exinanita, ut nec fifci ufibus commoda, nec Palatinis officiis re-
periantur in remedium falutare collata.... Tota proprietatis Principum amplitudo in finum
fuae receptionis inclufferat, ficque folo principali ventre fuppleto, cuncta totius gentis membra
vacuata languefcerent ex defectu. Unde eveniet ut nec fubfidium mediocres, nec dignitatem
valeant obtinere majores: qu'a dùm folius poteftatis vigor maximus occupavit, totius plebis
ftatus, nec minima jura defendit. Ibidem.

(f) *Sicut quidam noftrûm ab illis audivit qui interfuerunt, Carolus Magnus Imperator,*
qui regnum Francorum nobiliter ampliavit, & per annos quadraginta fex feliciter rexit, & fa-
pientiâ tam in facris fcripturis, quàm & in Legibus Ecclefiafticis & humanis Reges Franco-
rum praeceffit, nullo unquam tempore fine tribus de fapientioribus & eminentioribus Confi-
liariis fuis effe patiebatur: fed viciffim per fucceffiones ut eis poffibile foret, fecum habebat,
& quos five in die, five in nocte de utilitate fanctae Ecclefiae, & de profectu & foliditate
regni meditabatur, in eisdem tabulis adnotabat, & cum eisdem Confiliariis, quos fecum habe-
bat, indè tractabat: & quando ad Placitum fuum veniebat, omnia fubtiliter tractata plenitu-
dini Confiliariorum fuorum monftrabat, & communi confilio illa ad effectum perducere procu-
rabat. Recueil des Hiftoriens de France T. 9. p 307.

V 3

Les Evêques conjurent le jeune Prince de choisir de même des Conseillers fideles, qui lui apprennent à gouverner son Royaume selon la volonté de Dieu, & *à régler sa maison comme étoit celle de ses Prédécesseurs.*

Ils l'exhortent ensuite à décharger les Eglises des redevances qui y avoient été imposées depuis peu, & à maintenir les Seigneurs & les autres Nobles de son Royaume dans la possession tranquille de leurs dignités & de leurs biens, dans laquelle on les troubloit en différentes manieres. Ils tâchent de prémunir le Prince contre l'amour de l'argent qui rendroit tout vénal dans son Royaume, & qui en banniroit la justice & la paix. Ils intéressent enfin sa tendresse pour son Peuple, accablé depuis plusieurs années par des exactions, sans qu'on ait eu égard à ses plaintes (h).

Conclu-
sion de la
1ere Sect.
du Chap.
III.

On doit donc regarder comme incontestable que les François on *le droit de propriété* de leurs biens.

Nous ne pouvons mieux conclure cette Section que par les réflexions du Comte de Boulainvilliers.

„ Autant il y auroit d'injustice & de noirceur à calomnier le droit de
„ la Maison régnante parce qu'elle ne sort pas originairement de Charle-
„ magne, autant il y a de bassesse & d'indigne adulation & de mauvais
„ cœur à n'oser dire que les biens des Peuples leur appartiennent de droit
„ naturel, sans qu'il soit nécessaire de faire intervenir la grace ou la con-
„ cession des Rois pour en autoriser la possession. Puisque cette propo-
„ tion est vraie & d'une évidence à ne laisser aucun doute, il importe
„ infiniment à la conscience & à la gloire des Rois qu'ils en soient per-
„ suadés, & qu'ils s'en fassent une Maxime plus inviolable encore que
„ celle de l'obéissance qui leur est due. En effet on s'écarte peu de cette
„ obéissance, & l'expérience fait connoître que s'il arrive des troubles
„ dans un Etat, c'est rarement la faute des Peuples mais celle des Favoris

(g) *Quæsumus, cum consilio & auxilio fidelium vestrorum eligere qui vobiscum per singulos menses de utroque ordine Consiliarii maneant, quibus autem & cordis & corporis libenter accommodetis; quique vos & Deum timere, & sanctam Ecclesiam, & rectores ejus secundum sacras leges doceant honorare, & regnum ac fideles vestros secundum voluntatem Domini gubernare, & vestram domum, sicut tempore antecessorum vestrorum fuit, quando bene fecit, illam vobis insinuent ordinare, ne vos illuc trahat necessitas, quò ducere non debet voluntas. Ibidem.*

(h) *Quatenus Ecclesiæ in isto regno per occasionabiles circadas, & per indebitas consuetudinarias exactiones, quæ tempore Pippini, Caroli, & Ludovici non fuerunt, sed moderno tempore impositæ fuerunt, non affigantur; & regni Primores cum debitâ securitate ac honore ergà vos consistere possint, & cæteri nobiles homines in Regno securitatem habeant, ne per diversa ingenia à suis opibus, quas habere potuerint, dispolientur. Quia postquam radix omnium malorum cupiditas in Regno isto exarsit, ut nullus, aut penè nullus honorem aut aliquod bonum sine pretio posset adquirere aut tenere, aut securitatem habere, pax & consilium & justitia, atque judicium, sicut necesse fuerat, locum in isto regno non habuerunt. Et satagite ut rapinæ istæ ac deprædationes in isto regno cessent, & miser iste populus, qui jam per plures annos per deprædationes diversas & continuas, & per exactiones ad Nortmannos affligitur, aliquod remedium habeat, & justitia & judicium, quæ quasi emortua apud nos sunt, revivifcant, & virtutem nobis Deus reddat contrà Paganos; quia usque modò jam ante plures annos locum in isto Regno defensio non habuit, sed redemptio & tributum, non solùm pauperes homines, sed Ecclesias quondam divites jam evacuatas habent. Et ideò Regnum nomen ad tantam contumeliam & ad tantam brevitatem devenit, sicut multis notum est; & istud Regnum, quondam nobile & amplum, in seipsum divisum est. Ibidem.*

„ aveuglés de la fortune. Du moins n'est-il jamais arrivé en France fous
„ la 3e. Race que les Peuples aient refufé une obéiffance formelle à leur
„ Souverain. Les Rois au contraire fous le prétexte flatteur de leur auto-
„ rité à laquelle on ne peut rien oppofer fans crime, croient aifément
„ qu'ils ont droit d'ufer à difcrétion des biens des particuliers; c'eft leur
„ idée commune, & l'on ne reproche rien tant à leur mémoire que d'a-
„ voir épuifé leurs Sujets au-delà du terme de juftice dans lequel il eft
„ permis d'employer une médiocre partie des biens des Particuliers à la
„ confervation de tout le refte. Principe non moins facré à leur égard,
„ que celui qui enfeigne pour nous la néceffité de l'obéiffance. Et il eft à
„ remarquer que de tous nos Rois il n'y a eu que ceux d'un génie mé-
„ diocre & d'un caractere foible, timide & craintif, qui aient empiété
„ ou voulu empiéter fur les Libertés & Privileges de leurs Sujets. Les
„ grands Princes, tels par exemple que Charlemagne, fe font conten-
„ tés de fe faire aimer & de ne rien exiger au-delà de la Juftice; fûrs
„ de trouver dans l'affection de leurs Sujets des fecours capables de fub-
„ venir à leurs plus grands befoins. Quelqu'un reprochant à un de nos
„ Rois que fon pouvoir étoit limité: *Je peux tout ce que je veux*, lui ré-
„ pondit-il, *parce que je ne veux que ce qui eft jufte.* Parole mémorable
„ qui devroit fervir de bouffole à la conduite des Souverains.

„ Qu'il me foit permis d'apporter pour preuve de cette propriété de
„ biens aux François l'exemple de la vigne de Naboth; puifque le droit
„ des Ifraëlites fur leurs propres biens, après la conquête & le partage
„ de la Terre promife, n'étoit pas différent de celui que les François
„ ont fur les leurs fi nous remontons aux premiers tems. Et toutefois
„ ce n'eft pas encore notre meilleur titre: car celui de la Féodalité qui
„ a la convention pour principe, & pour fceau la foi réciproque des
„ Parties, oblige les Rois à notre égard, comme il nous oblige envers
„ eux, à la feule différence de la force qui eft de leur côté. *Mais qu'il*
„ *feroit dangereux pour eux de faire valoir cette Maxime; puifqu'on ne leur*
„ *donneroit jamais que ce qu'on ne pourroit pas leur refufer!* ... Le détail de
„ l'état du Royaume à l'avénement des Rois Hugues-Capet & fon fils
„ Robert au Throfne (prouve) que le droit de propriété des biens n'eft
„ point de leur inftitution, qu'ils l'ont trouvé bien & folidement établi,
„ & que *la Couronne ne leur a été déférée qu'à la condition de le maintenir;*
„ témoins les fermens relatifs que les Rois font & qu'on leur fait depuis
„ ce tems-là à leur facre".

Le Comte de Boulainvilliers fait enfuite le détail de l'état de toutes
les Provinces au tems de Hugues-Capet; puis il ajoute: „ Concluons à
„ préfent & jugeons par l'authenticité des faits énoncés ci-deffus, s'il
„ eft vrai, comme le prétend la foule des Flatteurs modernes, que tout
„ ce qu'il y a d'hommes fous la domination de nos Rois tiennent leurs
„ biens de la libéralité qu'ils ont exercée envers les uns & les autres, foit
„ pour en faire des Seigneurs, foit pour en faire de fimples Proprié-
„ taires, ou des Sujets taillables. Mais cela n'eft point néceffaire; puif-
„ que, graces au Ciel, nos Princes nés Chrétiens abhorrent auffi fincé-

„ rement que nous le pouvóns défirer les Maximes du Mahométifme &
„ la barbare Loi de l'Orient qui anéantit la propriété des biens: eux qui
„ dans les tems précédens ont fi fouvent laiffé aux Etats du Royaume,
„ & quelquefois à de fimples Magiftrats la liberté de leur repréfenter *que*
„ *les biens des François font auffi libres que leurs perfonnes, & que les Rois en*
„ *font également les protecteurs.*

„ Ces principes mis au jour doivent avec raifon nous faire efpérer
„ que le grand Prince qui doit régir cette Monarchie ..... (le Duc de
„ Bourgogne, pere du Roi régnant) faura profcrire un jour l'Evangile
„ nouveau des Partifans, & celui des autres Inftigateurs du Defpotifme
„ pour fe renfermer dans les juftes bornes de fa puiffance " (1). *Amen.*

(1) Hiftoire de l'ancien Gouvernement de France, *tom.* 1. *pag.* 154, 155, 156, 166, 167.

Fin de la premiere Partie du Tome I.

MAXIMES
DU DROIT PUBLIC
FRANÇOIS.

SECTION SECONDE.

Second Attribut de la liberté Françoife,

Liberté des actions & des perſonnes.

L<small>E</small> fecond attribut du Sujet libre eft d'être maître de fes actions & de fa perfonne. Le droit de propriété, quelque précieux qu'il foit, le cede au pouvoir de faire tout ce qu'on peut vouloir légitimement, & d'avoir la difpofition de fa volonté, dans tout ce qui n'eft pas contraire aux Loix. Par le droit de propriété, on a la poffeffion tranquille de fon patrin.oi-ne, on ufe de fes biens, on les tranfmet après foi à fes enfans, à fa famil-le, ou même à des amis, fuivant la faculté que la Loi laiffe. On eft, à jufte titre, bien plus jaloux d'avoir la liberté de fes actions, de décider de fon fort, & de fa conduite, de n'être gêné & contraint dans fa ma-niere de vivre, qu'autant que l'ordre public l'exige, & que la Loi le régle.

Le premier effet de la liberté du Citoyen eft qu'il foit fûr de fon exif-tence, qu'il jouiffe paifiblement des jours que lui accorde la Providence, & que fa vie ne foit le jouet ni de la violence, ni du caprice.

Le fecond effet de cette liberté garantit à chaque Citoyen la poffeffion de l'état qu'il a embraffé, ou qu'il tient de fa naiffance, de l'honneur & des prérogatives qui en dépendent.

La liberté donne encore au Citoyen le choix de fon domicile, de fa fociété, de fes occupations, &c.

Dans les Etats Defpotes, tous ces biens, qui dérivent du droit naturel & qui forment le bonheur de l'homme ici bas, ne font que précaires, incertains, de pure conceffion; le Sujet efclave ne les a que par emprunt, le Prince les lui enleve quand il lui plaît. Un inftant l'éleve au faîte des grandeurs, un inftant le précipite au dernier rang, dans l'obfcurité du der-nier ordre des Sujets. La réfidence, le bien-être, le fort, l'exiftence même des hommes, tout eft foumis à la volonté impérieufe du Defpote, qui en décide arbitrairement & fouverainement.

Heureufement cet ufage barbare de la puiffance eft inconnu dans les Monarchies; il eft en particulier contraire à la Conftitution de notre Em-

Tome I.   X

pire. Par la feule qualité de François, on a droit à tous les avantages du Sujet libre. On ne craint ni de perdre la vie, ni d'éprouver les rigueurs de la captivité, ni d'être dépouillé de fon état, que lorfqu'on eft coupable de quelque délit, dont ces privations font la peine, & qu'on en a été convaincu dans la forme légale par une inftruction judiciaire. Nos plus anciennes Loix ont garanti aux Citoyens la paifible poffeffion de ces biens ineftimables. *Placuit nobis de omnibus liberis hominibus ut nihil eis fuperponatur nifi ficut Lex & rectitudo continet.*

L'exil, & à plus forte raifon l'emprifonnement d'un Citoyen ne fçauroient donc être regardés que comme des atteintes portées à la liberté naturelle & nationale, fi le Citoyen ne s'eft pas rendu digne de ces difgraces. La prifon eft certainement une peine très-grave, fur-tout lorfqu'elle n'a d'autre terme que celui qu'une volonté arbitraire doit fixer.

Il en faut dire autant de l'exil, qui force un Citoyen à s'éloigner malgré lui de fon domicile, de fa famille, de fes amis, pour réfider dans un lieu d'où il ne lui eft pas permis de fortir, & dans lequel, s'il n'eft pas expofé à manquer des premieres néceffités de la vie, il eft du moins privé des commodités, des douceurs, des aifances qu'il avoit chez lui.

Le banniffement eft une peine légale, quand il eft prononcé par les Tribunaux; mais les Juges ne peuvent l'infliger que fur une accufation, après avoir inftruit le procès, en conféquence d'une conviction acquife dans la forme prefcrite par les Loix. Comment concevroit-on que nos Rois qui ont eux-mêmes chargé les Juges de la punition des crimes, fe fuffent réfervé le droit de bannir perfonnellement, fans regle & fans forme, des Sujets qui n'auroient été atteints & convaincus d'aucuns délits? Cette idée ne feroit pas moins injurieufe à la Majefté & à la clémence du Prince, qu'oppofée aux principes de Juftice & de raifon qui font l'ame de notre Gouvernement.

Cependant, nous voyons avec douleur que les Citoyens font expofés à perdre leur liberté par l'exil, ou même par la prifon, en vertu de fimples Lettres de Cachet, ou d'ordres fupérieurs, dont l'exécution eft d'autant plus affligeante, que le plus fouvent on ignore leur principe, leurs motifs, le terme de leur durée. Et fi quelqu'un des Citoyens opprimés ofe déférer à la Juftice ceux qui ont furpris ces ordres à la religion du Prince, on lui ferme la bouche *,, avec cette Maxime, qu'il ne faut pas foumettre à l'infpection des Tribunaux le fecret de l'Adminiftration & l'exécution des ordres du Roi:* Maxime qu'on doit refpecter quand il eft réellement queftion du fecret de l'Adminiftration, mais terrible dans fes conféquences, quand on voudra en inférer qu'il n'y a de recours contre aucun des ordres accordés par les Miniftres (a) ''.

La Cour des Aydes de Paris a cru devoir expofer au Roi tout le danger de cette Maxime. ,, Si un tel principe pouvoit jamais être établi, ou fi ceux qui furprennent des ordres de V. M. pouvoient échapper à l'action légitime des opprimés par de femblables fubterfuges, fous quelle Loi

L'exil arbitraire par lettre de cachet, contraire à cette liberté.

(a) Remontrances de la Cour des Aydes de Paris du 14 Août 1770, *pag.* 15.

vivrions-nous, Sire, aujourd'hui que *ces ordres sont si prodigieusement multi-pliés*, & s'accordent pour tant de causes différentes, pour tant de considérations personnelles?

„ On les réservoit autrefois pour les affaires d'Etat; & c'est alors, Sire, que la Justice a dû respecter le secret de votre Administration.

„ On les a donnés ensuite dans quelques circonstances qui ont paru intéressantes, comme celles où le Souverain est touché des larmes d'une famille qui craint le déshonneur.

„ Aujourd'hui, on les croit nécessaires toutes les fois qu'un homme du Peuple a manqué au respect dû à une personne considérable, comme si les gens puissans n'avoient pas déja assez d'avantages.

„ C'est aussi la punition ordinaire des discours indiscrets dont on n'a jamais de preuves que la délation; preuve toujours incertaine, puisqu'un délateur est toujours un témoin suspect.

„ Sans discuter tous les différens motifs, il est notoire qu'on fait intervenir des ordres supérieurs dans toutes les affaires qui intéressent des particuliers un peu connus, sans qu'elles aient aucun rapport ni à V. M. personnellement, ni à l'ordre public; & cet usage est si généralement établi, que tout homme qui jouit de quelque considération, croiroit au-dessous de lui de demander la réparation d'une injure à la Justice ordinaire.

„ Les ordres signés de V. M. sont souvent remplis de noms obscurs que V. M. n'a jamais pu connoître.

„ Ces ordres sont à la disposition de vos Ministres, & nécessairement de leurs Commis, vû le grand nombre qui s'en expédie.

„ On les confie aux administrateurs de la Capitale & des Provinces, qui ne peuvent les distribuer que sur le rapport de leurs Subdélégués ou autres subalternes.

„ On les remet sans doute en bien d'autres mains, puisque nous venons de voir qu'on les prodigue sur la demande d'un simple Fermier - Général, nous pouvons même dire, sur celle des Employés de la Ferme; car il n'y a que des Commis subalternes qui puissent connoître un prévenu de fraude, & l'indiquer.

„ Il en résulte, Sire, qu'aucun Citoyen dans votre Royaume n'est assuré de ne pas voir sa liberté sacrifiée à une vengeance: car personne n'est assez grand pour être à l'abri de la haine d'un Ministre, ni assez petit pour n'être pas digne de celle d'un Commis des Fermes.

„ *Un jour viendra, Sire, que la multiplicité des abus déterminera V. M. à proscrire un usage si contraire à la Constitution de votre Royaume, & à la liberté dont vos Sujets ont droit de jouir* (b) ''.

Pourrions - nous ne pas hâter par nos désirs ce jour heureux où l'abus des ordres supérieurs sera réformé! Les commandemens du Souverain méritent sans doute le plus profond respect, & la plus entière obéissance; mais, hors certains cas privilégiés, (qui ne peuvent être que rares, parce qu'ils sont des exceptions à la regle) c'est par la Loi, & non par

(b) Ibid, *pag.* 16 & 17.

une volonté arbitraire que le Prince s'explique. Dès les temps les plus reculés de la Monarchie, nos Rois ont manifesté leurs intentions dans la
forme solemnelle, & vraiment digne de la Majesté du Trône, des Edits,
des Déclarations, des Lettres-Patentes revêtues du grand Sceau.

C'est encore par cette voie, qui porte l'empreinte de la Puissance Publique, que nos Monarques font connoître leurs volontés légales. Comment se pourroit-il faire que les Edits, Déclarations, Lettres-Patentes
éprouvassent quelquefois des contradictions, qu'elles fussent au moins
susceptibles de très-humbles représentations, & que des Lettres de Cachet, semblables à un torrent qui entraîne tout, à un coup de foudre qui
porte partout la consternation & l'effroi, fussent suivies de l'exécution la
plus prompte & la plus entiere, qu'elles exigeassent l'obéissance la plus
aveugle, & qu'elles ne laissassent pas même la liberté de se faire entendre? Ne seroit-il pas surprenant qu'on rendît plus d'obéissance à ce qui
en mérite moins par sa nature?

Origine des Lettres de Cachet.

La dénomination des Lettres de Cachet est assez nouvelle, & l'effet
qu'on leur donne est encore plus récent.

En parcourant les plus-anciennes Ordonnances, on y distingue des Lettres-Patentes & des Lettres closes, des Lettres de Justice, & des Lettres de grace. Les Lettres-Patentes s'appellent ainsi, parce qu'elles sont
ouvertes: le Roi les envoyoit au Chancelier pour qu'il les munît du grand
Sceau; toutes autres Lettres étoient closes ou fermées, & elles étoient
aussi munies d'un Scel particulier qui se nommoit le Scel *du secret*, dont
un Chambellan du Roi étoit le dépositaire.

Lorsque des Lettres étoient destinées à être revêtues du grand Sceau,
le Chambellan, gardien du Scel secret, les enfermoit sous ce Scel, & le
Chancelier ne devoit apposer le grand Sceau qu'à celles qui lui étoient
ainsi adressées sous le Scel du secret. C'est ce que constate l'art. 4. d'une
Ordonnance de Philippe-le-Long, datée du 15 Novembre 1318 (c). Une
lettre de Philippe de Valois adressée au Parlement le 13 Mars 1344, apprend que c'étoit sous le même Scel secret que les Lettres-Patentes revêtues du grand Sceau, étoient envoyées aux Cours du Royaume (d).

Peu d'années après s'introduisit l'abus de sceller les Lettres-Patentes
elles-mêmes du Scel secret. Les Courtisans ont toujours cherché à se sous-
traire aux formes gênantes. Il étoit plus facile de disposer du Scel secret
déposé entre les mains d'un Chambellan, que du grand Sceau gardé par
le Chancelier, à qui les Ordonnances avoient défendu de sceller des lettres
injustes. Charles, alors Régent du Royaume, & ensuite Roi sous le nom
de Charles V. corrigea ce désordre par l'article 12 d'une Ordonn. du 14

(c) Ordonnances du Louvre, *tom.* 1 *p.* 670.
(d) „ *De par le Roy, nos Gens du Parlement :* Nous avons fait cette Ordonnance....
„ laquelle nous avons envoyée sous le Scel de notre secret enclose à nos Gens des Comp-
„ tes qui vous en bailleront la copie. (Ibid. *tom.* 2. *pag.* 220.)

Mai 1358, dont la difpofition fut renouvellée par une feconde Ordonnance du 27 Janvier 1359. (art. 24). Ce Prince défendit d'*obéir* aux Lettres-Patentes ou *cédules ouvertes*, qui ne feroient fcellées que du Scel du fecret (e).

Indépendamment du grand Sceau, & du Scel du fecret, nos Rois avoient un troifieme Scel qui s'appelloit *fignet.* Il en eft fait mention dans plufieurs Ordonnances. Le 10 Décembre 1358, Charles Régent du Royaume adreffa à la Chambre des Comptes des Lettres clofes pour l'exécution de Lettres-Patentes, portant que la moitié des forfaitures feroit employé à l'entretien de la Maifon du Roi, nonobftant tout mandement ou commandement *de bouche, foit par Lettres fcellées de notre fignet* (f). Une Ordonnance plus récente du mois de Novembre 1372, défendit au Receveur-Général „ de payer deniers pour quelconques lettres de don, fi elles ne font fignées d'aucuns des Secrétaires, & *auffi du fignet du Roi* (g) ". Teffereau parle d'actes fcellés de trois Sceaux Royaux; du grand qui étoit entre les mains du Chancelier; *du petit fignet que le Roi portoit,* & du Scel fecret qu'avoit le Chambellan (h). Mais la diftinction du Scel fecret & du petit fignet n'a pas fubfifté long-temps. Depuis plufieurs fiecles, on ne connoît plus le Scel fecret; il n'eft refté que le fignet ou cachet du Roi, oppofé au grand & petit Sceau dont font revêtus les actes *patens*, & réfervé pour les Lettres clofes. Après la mort de François II. en 1560, le cachet de ce Prince fut rompu, & on en fit un fous le nom de Charles IX. (i).

Les Lettres-Patentes étoient quelquefois enfermées dans les Lettres clofes fcellées du Scel du fecret. D'autrefois, les Lettres clofes ne faifoient qu'accompagner les Lettres-Patentes adreffées aux Cours; mais les Lettres clofes étoient toujours conçues en termes très-impératifs & quelquefois même menaçans. En 1361, le Roi Jean adreffa aux Baillifs & Sénéchaux des Lettres clofes pour faire publier un Réglement qu'il avoit fait fur les Monnoies; elles mandoient de faire *crier & publier* le Réglement *par tout le Baillage & reffort d'icelui*, fous peine d'encourir l'indignation

---

(e) „ Nous avons entendu que plufieurs Lettres-Patentes ont été au temps paffé, fcel-
„ lées de notre fecret, fans qu'elles aient été vues, ne examinées en la Chancellerie.
„ Nous avons ordonné & ordonnons que dorefnavant aucunes Lettres-Patentes ne foient
„ fcellées pour quelconques caufes que ce foit, dudit fcel du Secret, mais feulement Let-
„ tres clofes : & en cas que aucunes Lettres-Patentes en feroient fcellées, Nous *voulons*,
„ *ordonnons & déclarons que icelles ne vaillent*, & deffendons à tous les Jufticiers & Subjets
„ dudit Royaume qu'ils n'y obéiffent, fi ce n'eft en cas de néceffité, & les cas touchant
„ l'Etat & le gouvernement de notre Hôtel, & autre cas-là, où l'on a accoutumé à fcel-
„ ler. (Ibid. *tom.* 3. *pag.* 226)
„ Que l'on ne fcellera nulles Lettres ou Cédules ouvertes de notre Scel fecret, fe ne
„ font Lettres très-hatives touchant Monfieur ou Nous, & en abfence du grand Scel & du
„ Scel du Châtelet, non autrement n'en autre cas, & fe autres ne autrement en font fcel-
„ lées, l'on n'y obéira point. Ibid. *tom.* 3. *pag.* 388.
(f) Ibid. *tom.* 4. *pag.* 196.
(g) Ibid. *tom.* 3. *pag.* 539. *tom.* 4. *pag.* 349. *tom.* 5. *pag.* 26, 497, 647, 648. *tom.* 6. *p.* 381.
(h) Hiftoire de la Chancellerie
(i) Traité de la Majorité des Rois, *tom.* 2. *pag.* 36.

X 3

royale (k). D'autres des 14 Juin 1365. 5 Décembre de la même année, &
8 Août 1394. *enjoignoient expreſſement* aux Baillifs d'accomplir le contenu
aux Lettres-Patentes, de *les faire tenir & garder*, de maniere que en ce
n'ait aucun défaut; ou nous *vous en ferons punir tellement que ce ſera exèmple
à tous autres* (l). On en trouve d'un ſtyle à-peu-près ſemblable, adreſſées
tant à la Chambre des Comptes les 4 Mars 1378, & 13 Août 1380, (m)
qu'au Parlement le 19 Juillet 1367. (n)

Dans les Regiſtres du Parlement, ces Lettres ſont indifféremment appellées Lettres cloſes ou Lettres miſſives. Deux lettres de Louis XI. au
Parlement, du mois d'Avril 1482, ne ſont nommées que *Lettres miſſives*
(o). Toutes celles qui furent envoyées à l'occaſion des difficultés qu'avoit
fait naître l'Edit de la majorité de Charles IX. & qui furent conçues dans
les termes les plus abſolus, portent les deux noms (p). Une lettre du 24
Septembre 1563. eſt appellée ſimplement *Lettre miſſive* (q). Une autre
d'Henri III. de 1574. eſt qualifiée de *Lettre cloſe*, & de *Lettre miſſive* (r).

L'Ordonnance d'Orléans ſe ſert du nom de *Lettres de Cachet*, & c'eſt
peut-être la premiere fois que ce mot a été employé (s). Le 13 Août 1629,
le Procureur-Général fit part au Parlement d'une Lettre *de Cachet* qu'il
avoit reçue du Roi (t). Une Lettre du Roi adreſſée au Parlement en 1643
fut appellée indifféremment *Lettre cloſe & Lettre de Cachet*. Enfin la Déclaration du 14 Février 1673. a ordonné que les Edits, *Déclarations* & Lettres-Patentes ſeroient envoyées aux Procureurs-Généraux avec *les Lettres
de Cachet* portant les ordres du Roi pour l'enregiſtrement, & qu'ils remet-
troient dans l'Aſſemblée des Chambres les Edits, Ordonnances, avec les
Lettres de Cachet. Ainſi cette dénomination, aujourd'hui ſi commune, n'eſt
devenue d'un uſage ordinaire que dans le dernier ſiecle. Les Lettres de
Cachet ont ſuccédé aux lettres cloſes, ou plutôt elles ne ſont pas différentes de ces Lettres elles-mêmes qui accompagnoient ou enfermoient les
Lettres-Patentes qui leur étoient ſubſtituées dans les cas de néceſſité.

Mais, quelqu'impérieux que fût le ſtile des Lettres cloſes, quelqu'abſolus que fuſſent les termes dans leſquels elles étoient conçues; elles n'a-
voient ni ne pouvoient avoir plus de force que les Lettres ouvertes ſcellées du grand Sceau; puiſque celles-ci ſont les émanations régulieres du
Pouvoir Légiſlatif. Or, s'il étoit permis de faire des Remontrances ſur
les Lettres ouvertes, c'eſt-à-dire, ſur les Ordonnances les plus ſolemnel-

(k) Ordonn. du Louvre, *tom.* 3 *pag.* 529.
(l) Ibid. *tom.* 4. *pag.* 571 & 602. — *tom.* 7. *pag.* 640.
(m) Ibid. *tom.* 6. *pag.* 384 & 487.
(n) Ibid. *tom.* 5. *pag.* 27.
(o) Ibid. *tom.* 1. *pag.* 354. Traité de la Majorité des Rois.
(p) Ibid. *tom.* 2. *pag.* 136, 139, 147, 151, 152, 157, 169, 170, 178 & 182.
(q) Ibid. *pag.* 191.
(r) Ibid. *pag.* 233.
(s) Aucuns abuſant de la faveur des Rois, par importunité, ou plutôt ſubrepticement,
ont obtenu quelquefois des Lettres de Cachet ou cloſes, ou Patentes, en vertu deſquelles &c. (*Ordonn. de* 1560. *art.* 111.)
(t) Code matrimonial in-4. *pag.* 120.

les, on n'étoit donc pas obligé d'exécuter fans examen, fans délai, fans repréſentations les Lettres cloſes, ou Lettres de Cachet.

Uſage des Lettres de Cachet ſur le fait de la Juſtice.

Recherchons d'abord quelle eſt l'autorité de ces Lettres dans l'adminiſtration de la Juſtice. Nous examinerons enſuite quels en peuvent être les effets par rapport à la liberté des Citoyens.

Avant de parcourir ſur ce point les Loix de notre Monarchie, jettons un coup d'œil ſur les Loix Romaines, & on ſera forcé d'en admirer la ſageſſe.

Loix des Empereurs Romains qui défendent de s'écarter des Loix générales pour obéir à des ordres particuliers.

Le chapitre XIII. de la Novelle 82 veut que tous les Juges gardent exactement les Loix, & qu'ils ne s'en écartent point, malgré tous les Reſcrits de l'Empereur, qui leur ordonneroient de juger au contraire; car nous ne voulons rien, dit Juſtinien, que ce que veulent les Loix (v).

La Novelle 113 eſt dirigée contre les Juges qui croyoient pouvoir violer la diſpoſition des Loix générales, en s'appuyant ſur des ordres particuliers qui leur avoient été intimés (x).

L'Empereur leur défend d'avoir aucun égard à tous ceux qui leur preſcriroient une route particuliere, dans l'inſtruction des procès civils ou criminels, & de s'attacher inviolablement à la diſpoſition des Loix générales (y).

Il eſt ſi éloigné de regarder une telle conduite comme un mépris de ſon autorité, qu'il condamne à l'amende le Juge qui ſe ſera conformé à de tels ordres, & ceux qui les auront obtenus.

Il prononce même la nullité de plein droit de la Sentence, ſans qu'il ſoit beſoin d'en interjetter appel (z).

(v) *Omnis judex, ſive cingulum habens, ſive aliter judicans, cuſtodiat leges, & ſecundùm eas proferat ſententias; & vel ſi contingat juſſionem noſtram in medium, vel ſi ſacram formam, vel ſi pragmaticam procedere ſanctionem, dicentem aliter agi; ſequatur legem? Nos enim volumus obtinere quod noſtræ volunt leges.*

(x) *Omnia ſecundùm noſtras leges agi volentes, & harum virtutem ſervari ſtudentes, perſpeximus præſentem ſcribere legem, ad ipſarum legum obſervationem. Agnovimus enim quoniam quidam judicum volentes eis qui cauſas dicunt tergiverſari, & celare ſuas feſtinantes dilationes; excuſant ſe frequenter, dicentes quod ſacræ formæ, aut ſacræ juſſiones, aut diſpoſitiones ſpectabilium noſtrorum referendariorum, inſinuatæ eis ſunt; tanquam diſponentes quemadmodùm oporteat negotium examinari aut judicari.*

(y) *Et proptereà ſancimus, ut dùm lis examinatur, ſive in pecuniariis, ſive in criminalibus, aut aliis quibuſcumque emergentibus cauſis apud judices, ſive hìc, ſive in provinciis; neque pragmaticum typum, neque aliam præſcriptionem, neque ſacram noſtram quamlibet ex ſcripto aut non ſcripto juſſionem, aut diſpoſitionem in hîc regiâ civitate ſpectabilium noſtrorum referendariorum, aut alterius cujuslibet diſponentem eos quomodò decet inchoatum examinaro aut judicare negotium, inſinuare judicantibus, aut inſinuatam valere: ſed ſecundùm generales noſtras leges cauſas examinari & decidi, c. 1. Ibid.*

(z) *Si verò dùm cauſa dicitur, pragmatica noſtra forma, aut diſpoſitio ſpectabilium noſtrorum referendariorum, aut alterius cujuslibet, aut aliud aliquid horum quæ dicta ſunt omnium, judicantibus inſinuetur, ordinans in his examinationem, aut ſententiam; jubemus judicem quidem omninò non reſpicere; ſed his vacantibus, & nullam penitùs habentibus virtutem ſecundùm generales noſtras leges cauſam examinare, & legitimo fini contradere. Si autem hoc non cuſtodierit judex, decem librarum auri eum ſubjacere pœnæ: ut etiam aliam noſtram majorem*

En un mot il veut que tous les Juges regardent comme un devoir étroit pour eux, de décider toutes les contestations suivant les Loix générales, & que l'un des contendans ne retire aucun avantage des ordres particuliers qu'il auroit obtenu au contraire. Ce n'est pas seulement en premiere instance, que les Rescrits particuliers seront inutiles; ils ne doivent pas avoir plus d'effet en cause d'appel. Les seuls ordres que l'Empereur se réserve de droit de donner, ce sont ceux qui enjoindroient aux Magistrats de juger suivant les Loix, & de faire des choses conformes aux regles générales (a).

Justinien craint tant le violement de cette Ordonnance, il en desire si ardemment l'observation, qu'il veut qu'à l'avenir elle soit mise sous les yeux des Juges & des plaideurs, dans tous les procès particuliers, & qu'elle fasse en quelque sorte partie des pieces du procès, afin qu'on ne soit pas tenté d'y contrevenir (b).

Dans cette Novelle 113, si digne d'un Prince qui aime la Justice, Justinien obligeoit les Juges à prendre ses ordres dans le seul cas où ils avoient du doute sur quelques Loix. Il a craint que cela ne donnât encore à la Puissance Impériale trop d'influence dans la decision des contestations, ou n'y causât trop de retard. Par sa Novelle 125; il défend à tous les Juges de le consulter sur les procès pendans devant eux. Il leur ordonne de décider ce qui leur paroîtra juste, après un mûr examen (c).

On

---

indignationem experiatur: eidem pœnæ subjecto & eo, qui præsumet talem aliquam dictare formam, & ministrantibus ei, & talem aliquam dispositionem facientibus spectabilibus nostris referendariis. Et hæc dicimus sive ex sacrâ nostrâ sanctione judicare quisquam deputatus est, sive ex præcepto judiciali, sive secundùm arbitrium aut compromissariorum schema quæstionem audit: sive scripto sive sine litteris. Sed vel si quis judicum propriam despiciens salutem, ex aliquo tali præsumpserit sententiam proferre, hinc ità infirmam esse volumus, ut neque appellatione indigeat, neque ex compromisso inferatur pœna. Nos enim omnes judices secundùm generales nostras leges, examinationes & sententias ferre volumus. Illud quoque indubitatum erit, quia neque judicialis quælibet valebit jussio, extrà quod ordinatum ex hâc nostrâ lege. §. 1. Eod.

(a) Judices nosse opus est, quia competens est eos, & quæ adhuc & nunc moventur quæstiones, secundùm generales determinare leges; vel si quispiam præcessit impetrans sanctionem disponentem judicantis examinationem aut sententiam. Etenim qui tale aliquid impetravit jam, sententiamque definitivam nondùm promeruit, nihil ex iis quæ impetravit, prodesse volumus. Si enim semel pervenit sententia definitiva data, nequaquam hanc ex nostrâ hâc perscrutari lege jubemus: licet appellatio subsecuta sit, aut retractationis est aliqua species contra sententiam. Eam autem jussionem, quæ non disponit quidem judicantem, aut judicare futurum, quomodò oporteat quæstionem fieri aut judicium inferri: causam verò fini studiosè tradi legitimo vult, aut actorum imponet editionem, aut judicem coget legitimam proferre sententiam, aut simul alium judicem secundùm nostras præstitutas leges, & fieri & valere, scripto & sine scripturâ non prohibemus. Cap. 2. Ibid.

(b) Ut autem omnes nostri subjecti, & maximè qui litibus atteruntur, nostram pro se noverint providentiam, & nullus hanc sacram nostram circumveniat legem, neque ignorantiam in eâ proponat; sancimus in unoquoque negotio, initium apud judicem accipere ex præmiis mox, & ante ipsarum personarum firmationem, inscribi eam, & monumentorum fieri partem: sic enim gestis præfulgens, prohibebit eâ quæ præter ejus virtutem tentantur circà eam, & circà ipsam forsàn personarum firmationem, & prævaricari eam nitentibus, permulta interminata refrenabis à talibus eos præsumptionibus, & propriis tempus non sinet fieri prænis. cap. 3. Ibid.

(c) Jubemus nulli judicantium, quolibet modo vel tempore, pro causis apud se propositis, nuntiare ad nostram tranquillitatem, sed examinare perfectè causam: & quod eis justum legitimumque

On trouve dans le code des Loix de Juſtinien lui-même, ou de ſes Prédéceſſeurs, qui préparoient ces déciſions, en annonçant le reſpect pour les
Loix, le deſir de s'y conformer, même aux dépens de l'intérêt perſonnel.

Il a ſouvent été décidé, diſoit l'Empereur Alexandre, que l'Empereur lui-même ne peut pas recueillir une ſucceſſion en vertu d'un Teſtament imparfait; car quoique, ſuivant les Loix de l'Empire, l'Empereur
ne ſoit pas aſtreint à la rigueur des formes, rien ne doit lui être plus
cher que l'obſervation des Loix (d).

"Vous demandez une choſe injuſte & inouie, diſent Dioclétien & Ma-
ximien, en voulant recouvrer en vertu de notre Reſcrit, une choſe que
vous avez vendue & livrée, & dont par là vous avez tranſporté la propriété (e)."

C'eſt, ſuivant les mêmes Empereurs, un excès de méchanceté de
vouloir faire confirmer par leur autorité une poſſeſſion qui n'a d'autre
principe que la violence. Il n'eſt pas en leur pouvoir d'anéantir un teſtament régulier, fait au profit d'un homme capable (f).

Conſtantin veut qu'on refuſe toute audience à ceux qui obtiennent
des ordres particuliers, dans une affaire terminée par un jugement, dont
il n'y a point d'appel (g).

Théodoſe & Valentinien annulent d'avance tous les Reſcrits qu'on
leur auroit extorqués contre le Droit, & au préjudice du bien public (h).

Juſtinien déclare que l'Empereur accordant à un particulier la liberté
de teſter, cela ne doit s'entendre que de la liberté de teſter ſuivant les
regles & l'uſage. On feroit injure à l'Empereur, au défenſeur des Loix,
en croyant que d'un ſeul mot il a voulu renverſer toute l'économie des
Ordonnances, qui ont réglé avec tant de peines & de ſoins tout ce qui concerne la faction du teſtament (i).

---

gitimumque videtur decernere: etſi quidem partes ceſſaverint in iis, quæ decreta ſunt, execu-
tioni tradi ſententiam ſecundùm legum virtutem. Si autem aliquis putaverit ex prolatâ noviſſimâ
ſententiâ ſe læſum, appellatione utatur legitimâ ; & hoc ſecundùm ordinem legibus definitum
examinetur, & perfectum ſuſcipiat terminum, cap. 1.

(d) *Ex imperfecto teſtamento nec Imperatorem hereditatem vindicare poſſe, ſæpè conſtitutum eſt.*
Licet enim lex Imperii ſolemnibus juris Imperatorem ſolverit, nihil tamen tàm proprium Imperii
eſt, quàm legibus vivere. L. 3. Cod. de teſtamentis.

(e) *Incivile atque inuſitatum eſt quod poſtulas, ut mancipium, quod tradidiſti, & eo modo*
dominium ejus tranſtuliſti, invito eo, ex noſtro reſcripto tibi aſſignetur. L. 12. Cod. de rei
vindicatione.

(f) *Autoritatem vobis reſcripti noſtri tenendæ poſſeſſionis, quam vos per violentiam ademp-*
tam profitemini, accommodari nimis improbè poſtulatis, L. 3 cod. Undè vi. Si Teſtamentum
jure factum ſit, & hæres ſit capax, auctoritate Reſcripti noſtri reſcindi non poteſt. L. 10. cod.
de Teſtamentis.

(g) *Impetrata reſcripta non placet admitti, ſi deciſæ ſemel cauſæ fuerint judiciali ſenten-*
tiâ, quam provocatio nulla ſuſpendit : ſed eos, qui talia reſcripta meruerunt, etiam limine ju-
diciorum expelli. L. 3. cod. Sententiam reſcindi non poſſe.

(h) *Quod etiam in omnibus cauſis cupimus obſervari: ut generaliter, ſi quid hujuſmodi con-*
tra jus vel utilitatem publicam in quolibet negotio proferatur, non valeat. L. 10. cod. de
Sacro-Sanctis Eccleſiis.

(i) *Si quando talis conceſſio Imperialis proceſſerit, per quam libera teſtamenti factio con-*
ceditur, nihil aliud videri Principem concedere, niſi ut habeat legitimam & conſuetam teſta-

C'eft donc le vœu unanime des Empereurs Romains d'obferver exactement les Loix; de ne point déranger le cours de la Juftice par des Refcrits
particuliers, fi faciles à furprendre. Tous les Princes qui ont été occupés
de leurs devoirs & de la fin du Gouvernement, ont été animés du même
efprit.

Les Rois d'Egypte faifoient jurer aux Juges de ne point obéir à leurs
ordres injuftes. Agefilaüs, Roi de Sparte, Antiochus III. Roi d'Afie,
& l'Empereur Tibere fe réuniffent à décider, que ce ne fera jamais que
par furprife qu'ils ordonneront quelque chofe contre les Loix, & que dans
ce cas, ils veulent qu'on leur défobéiffe (k).

Que deviendroient en effet les Loix, à quoi ferviroient-elles, fi la
moindre juffion arrachée au Prince par importunité, les rendoit ineffi-
caces? On verroit toutes les affaires particulieres décidées par des ordres
exprès, au mépris des regles les plus certaines de l'équité naturelle & de
la juftice. On ne peut prévenir ce malheur qu'en obligeant les Juges à
exécuter fcrupuleufement les Loix, fans examiner ce que le Souverain
peut avoir dit ou fait au contraire (1).

Nos Rois ont porté l'attention fur ce point plus loin encore que les autres Souverains. On en fera convaincu par le fimple expofé des Loix du
Royaume.

Déci-
fions
fembla-
bles dans
nos Or-
donnan-
ces.
L'Auteur de l'Efprit des Loix eft tombé dans une erreur fenfible, en
avançant que les *Préceptions* de nos premiers Rois étoient des ordres
adreffés aux Juges, pour qu'ils euffent à faire ou fouffrir des chofes contraires à la Loi (m). Il a été folidement réfuté par Houard (n).

Il ne faut en effet que confulter les premieres Loix du Royaume pour
s'affurer que les *Préceptions* n'étoient pas différentes de ce que nous appellons aujourd'hui *Lettres de Chancellerie*, & qu'elles étoient fujettes par
leur nature à la vérification des Juges. La Conftitution de Clotaire de
l'an 560 ne fçauroit être plus précife fur ce point important. Elle veut
d'abord qu'on obferve la forme du Droit ancien, & elle déclare nul tout
jugement qui blefferoit la Loi ou l'équité (o). Elle ordonne aux Juges

---

menti factionem. Neque enim credendum eft, Romanum Principem qui jura tuetur, hujuf-
modi verbo totam obfervationem teftamentorum, multis vigiliis excogitatam atque inventam, velle
everti. L. 35. Cod. de inofficiofo Teftamento.

(k) *Reges Ægyptiorum judices fuos jurejurando adigebant, ut, fi quid juberent, quod in-*
juftum effet, nullo modo id exequerentur: & Tiberius Cæfar dixiffe fertur: Si quid contra-
rium legibus per epiftolam juffero, obfequi nolite, fed me ignorantiâ lapfus creditote. De
Antiocho tertio Afiæ Rege referunt. Gail. 2. obf. 58. n. 10, & Mar. Giurbadetis 47. n. 3.
Quod omnibus fuis urbibus fcripferit, ut fi quid in litteris, quæ ejus nomine fcriberentur, effet,
quod legibus adverfari videretur, crederent, ignaro fe hujus modi litteras fcriptas fuiffe, &
propterea eis non parerent. Idem quoque de Agefilao Rege idem fert. Stryk Differtat. Jurid.
tom. 7. pag. 453. edit. in-fol.

(1) *Subtilitatem legum Judex cura habeat: non autem his, quæ præter jus dicta, vel pro-*
lata funt ab Imperatore attendens. L. 11. Cod. de Judiciis.

(m) Efprit des Loix, L. 31. ch. 2 note (a).

(n) Anciennes Loix des François, tom. 2. pag. 10.

(o) *Per hanc generalem autoritatem præcipientes, jubemus, ut in omnibus caufis antiqui*
juris forma fervetur, & nulla fententia à quolibet judicum vim firmitatis obtineat quæ modum
legis atque æquitatis excedit. Capit. de Baluze, tom. 1. col. 7.

de fe conformer aux Loix qui reglent les fucceſſions, & de rejetter comme nuls & inutiles tous Reſcrits contraires qui pourroient étre furpris à l'Autorité Royale (p). Elle défend de condamner aucun accuſé qu'il n'ait été entendu, & convaincu par une procédure judiciaire (q). Si quelqu'un arrache au Prince une *Préception* contre la Loi, Clotaire déclare qu'on ne doit y avoir aucun égard (r). Ce Prince défend encore d'employer fa puiſſance pour époufer des filles ou des veuves malgré elles (s). Enfin il prononce par une difpofition générale, qu'on ne doit exécuter que les Reſcrits conformes à la Juſtice & à la Loi, fans s'embarraſſer de ceux qui les contrediroient (t).

En 615, Clotaire fecond renouvella les défenſes d'obtenir des ordres du Monarque pour enlever ou époufer des filles, des veuves ou des religieuſes, & déclara ces ordres nuls & de nul effet (v).

La Loi des Vifigots, loin de donner pour regle la volonté arbitraire du Roi, annulle au contraire tous actes, tous jugemens fondés fur des ordres furpris, & fur la crainte de lui déplaire. La feule grace qu'elle fait aux Juges, qui auroient exécuté ces ordres, eſt de les affranchir de tous dommages & intérêts envers les parties; le motif de cette regle eſt tiré de ce principe immuable, *que la Juſtice ne fouffre point que la Loi foit violée par l'effet de la puiſſance abfolue* (x).

On trouve une décifion parfaitement femblable dans les Loix recueillies par Anfégife (y). Charles-le-Chauve étoit fi peu difpofé à exiger des Juges une obéiſſance aveugle, qu'après s'être fortement élevé, dans

(p) *In parentum ergo fucceſſionibus quidquid legibus decernitur, obfervetur; omnibus contra impetrandi aliquid licentia derogata, quæ ſi quolibet ordine impetrata fuerit vel oltenta, à judicibus repudiata, inanis habeutur & vacua.* art. 2. Ibid.

(q) *Si quis in aliquo crimine fuerit accufatus, non condemnetur penitùs inauditus. Sed ſi in crimine accufatur & habita difcuſſione fuerit fortaſſè convictus, pro modo criminis fententiam excipiat ultionis.* art. 3. Ibid.

(r) *Si quis autoritatem noſtram fubreptitiè contra legem elicuerit, fallendo principem, non valebit.* art. 5. Ibid.

(s) *Nullus per autoritatem noſtram matrimonium viduæ vel puellæ fine ipforum voluntate præfumat expetere; neque per fuggeſtiones fubreptitias rapiantur injuſtè.* art. 7. Ibid.

(t) *Ut autoritates cum juſtitia & lege competente, in omnibus habeant ſtabilem firmitatem, nec fubfequentibus autoritatibus contra legem elicitis vacuentur.* art. 9. ibid.

(v) *Puellas & viduas Religiofas, aut Sanctimoniales, quæ fe Deo voverunt, tàm quæ in propriis domibus refident quàm quæ in Monaſteriis pofitæ funt, nullus, nec per præceptum noſtrum competat, nec trahere, nec ſibi in conjugio fociare penitùs præfumat; & ſi quis exindè præceptum elicuerit, nullum fortiatur effectum.* Ibid. tom. 1. col. 24.

(x) *Nonnumquam gravedo poteſtatis depravare folet juſtitiam Sanctionis: quæ dùm fæpè valet, certum eſt quod fæpè nocet. Quia dùm frequenter vigore ponderis juſtitiam premit, nunquam in ſtatum fuæ rectitudinis hanc redire permittit. Ideòque quia fæpè principum metu vel juſſu folent Judices Juſtitiæ interdùm legibus contraria judicare; propter hoc tranquillitatis noſtræ una medicamine concedimus, duo mala fanare decernentes, ut cum repertum fuerit qualemcumque fcripturæ contractum, feu quodcumque judicium non juſtè, vel debitis legibus, fed juſſu aut metu Principum eſſe confectum, & hoc quod obvium juſtitia & legibus judicatum eſt atque concretum, in nihilum redeat .... qui tamen judices tunc erunt à legum damnis immunes; ſi fe juramento firmaverint non fuâ pravitate, fed Regio vigore nequiter judicaſſe. Codex legum antiq.* pag. 26.

(y) *Injuſtum judicium & definitio injuſta, Regio metu vel juſſu, à Judicibus ordinata, non valeat.* Capitul. de Baluze, tom. 1. col. 910.

un Capitulaire de l'an 844, contre la témérité de ceux qui, par importunité, furprenoient du Trône des ordres auffi oppofés aux regles de la
Juftice, qu'à la dignité du Souverain, & à l'équité de fon gouvernement,
il recommande aux Juges de ne point déférer à ces ordres, & de l'en avertir pour qu'il y pourvoie, parce que c'eft un devoir de leur fidélité (z).

Ce Monarque inftruit par les plaintes refpectueufes de l'Evêque de Barcelone, qu'on s'étoit emparé en vertu d'un Refcrit furpris à fa religion,
de quelques terres dépendantes de fon Eglife, fe hâta d'enjoindre à fes Officiers de vérifier le fait, & de lui renvoyer le Refcrit & l'information,
afin qu'il pût y mettre ordre (a).

Si ces témoignages démontrent combien les Rois des deux premieres
Races étoient attentifs à prévenir l'abus de leur autorité, à prémunir
les Juges contre les Refcrits qu'ils pouvoient accorder par furprife contre
la difpofition des Loix, ou l'ordre de la Juftice; des Ordonnances multipliées des Rois de la troifieme Race, vont nous convaincre que ces
Princes n'ont pas été moins jaloux de garantir leur gouvernement des
ordres injuftes & abfolus, que le crédit & la fuggeftion pourroient leur
arracher.

Aux termes d'une Ordonnance de Philippe le Bel, de l'an 1291, les Juges devoient exécuter les mandemens du Roi, ou donner à l'impétrant les
raifons de leur refus. Si l'impétrant ne fe rendoit pas à ces raifons, il
falloit que les Juges attendiffent un fecond ordre, & qu'après fa réception, ils envoyaffent eux-mêmes leurs motifs, s'ils ne prenoient pas
le parti d'y déférer (b). Une autre Ordonnance de l'an 1344 contient de
vives plaintes au fujet des Lettres contraires à la Juftice qu'on ne cef-
foit de furprendre à la religion du Prince, & elle défend expreffément
aux Juges d'y obéir (c). Le 9 Juillet 1341, Philippe de Valois enjoignit

(z) *Cuncti in poftmodum follicité cavebunt, ne aliquis, pro quacumque privatâ commoditate, aut reficiendâ cupiditate, five alicujus confanguinitatis, vel familiaritatis feu amicitiæ con-junctione, nobis immoderatius fuggerat, vel poftulationibus, aut quolibet modo iniiciat, ut con-trâ juftitiæ rationem, & noftri nominis dignitatem ac régiminis æqulatem agamus. Et fi forté fubreptum nobis quippiam, ut homini fuerit, competenter & fideliter, prout fublimitâ-ti Regiæ convenit & neceffitatibus Subjectorum expedit, ut hoc rationabiliter corrigatur, veftra fidelis devotio admoneat curabit.* [Ibid. tom. 2. col. 6.]

(a) *Juffio Regia hæc per fideles miffos diligenter ac veraciter inquirere jubeat, & ipfam inquifitionem per fidelium cuftodiam fub figillo ad notitiam fuam perferri faciat. Et fi inventum fuerit quod prædicta ecclefia & ager.... fer præcepta obtenta funt, ipfa præcepta fecundùm legem figillentur : & unâ cum ipfâ inquifitione ad præfentiam Regiam perferantur, ut fecun-dùm jura forenfia, qui in precibus fuêre mentiti, non illis profunt quæ impetraverunt.... & Regiâ magnificentiâ recipiet quod eft fui juris Barcinonenfis ecclefia.* Ibid tom. 2. col. 236.

(b) *Omnes Senefcalli & Baillivi, cæterique Jufticiarii.... litteras & mandata noftra dili-genter.... exequantur; vel fi caufam habeant quare ad exequendum non teneantur, eam dicant impetranti.... quod fi eam caufam feu excufationem in fcriptis recipere noluerit.... expectet fecundum mandatum in quo contineatur quod caufam refcribat, & ifto fecundo mandato recepto, tunc exequatur, vel caufam refcribat per fuum proprium nuntium, etiam fi pars refcriptionem fuam referre noluerit.* Ordonn. du Louvre, tom. 1. pag. 321.

(c) *Quia fæpé contingit quòd plures litteræ per importunitatem petentium & quamquam per inadvertentiam à nobis impetrantur, ex quibus, vel per quas jus partis enormiter læditur, quod nobis difplicet; volumus ac etiam præcipimus, prout etiam in propriâ perfonâ recolimus, nos pluries Gentibus feu Magiftris Parlamenti dixiffe, ac etiam injunxiffe, ut talibus litteris,*

au Parlement de garder une Ordonnance qu'il avoit publiée en 1337; & fi „ par avanture, par importunité de requérans, ou autrement (ajoutoit la nouvelle Loi,) nous avons depuis donné Lettres au contraire, notre intention est qu'elles foient de nulle valeur, & dès maintenant les annullons par la teneur de ces présentes, & ne voulons mie que l'on obéisse de rien auxdites lettres (d) ".

Charles V. écrivoit le 22 Juillet 1370 aux Présidens de fon Parlement : „ aucune fois nous avons mandé par importunité de requérans, de furfeoir à prononcer les Arrêts jusques à certain temps fur aucunes caufes ; & auffi par l'infeftation des gens de notre Hôtel, nous avons voulu oïr pardevant nous la plaiderie d'aucunes petites caufes dont il n'appartient point. Et pour ce que nous avons n'agaires été & fommes acertenés que, par le délai defdits Arrêts, le droit de parties a été, & est appéticié contre raifon ; & femblablement pour oïr telles menues caufes, notredit Parlement a été empêchié ; nous *vous mandons* que dorefnavant, *pour quelconque lettre ou mandement* que vous aiez de nous contraire, *vous ne furfoiés ou delaiés à prononcer & donner lefdits Arrêts* ; fur ce procédiés toutes fois qu'il *vous femblera bon à faire felon juftice & raifon.* Et auffi il n'est pas notre intention de oïr dorefnavant telles caufes ne les rappeller par devant nous (e) ".

Ecoutons Charles VI. s'expliquer avec la même énergie dans l'article 214 de l'Ordonnance de 1413. „ Il est advenu, & advient fouvent que plufieurs perfonnes, par importunité, inadvertence ou autrement, pour fouir & délaier le bon droit des adverfaires d'eux ou de leurs amis, ou pour autre caufe non raifonnable, ont obtenu de nous Lettres par lefquelles ils fe font efforcés de faire advoquer de notre Cour de Parlement ou d'autres nos Jurifdictions ordinaires ou commifes, aucunes caufes par devant nous en notre perfonne ; fçachant Nous avoir autres occupations pour les befoignes de notre Royaume, & non pour lefdites caufes déterminer ; & auffi ont aucuns impétré aucunes fois aucunes Lettres de Nous pour retarder & délaier la Prononciation d'aucuns Arrêts ou Sentences, qui est contre le bien de Juftice & au préjudice de ceux à qui les caufes touchent. Pourquoi nous défendons auxdits Maîtres des Requêtes & à tous autres, *fur les fermens qu'ils ont à nous,* qu'ils ne faffent aucunes telles requêtes ; *&* fe par importunité, inadvertence ou autrement, nous les octroyons, nous défendons à notredit Chancelier qu'il n'en fcelle aucunes Lettres ; & fe elles étoient fcellées, *nous défendons à notredite Cour & à tous nos autres Juges que à icelles Lettres ils n'obéiffent aucunement* ; mais dès maintenant les déclarons être nulles, & avoir été impétrées contre no-

---

in *læfionem juris partium, fic conceffis,* non obediant, vel etiam obtemperent *quoquo modo* ; immò eas *nullas, iniquas, vel fubreptitias pronuntient ac annullent* ; vel *fi eis expediens videatur, fecundùm naturam caufæ, vel formam litterarum, nobis fuper hoc referant, & noftram advifent confcientiam fuper hoc quòd videbitur rationabiliter faciendum.* (Ibid. tom. 2. pag. 217.)

(d) Ibid. tom. 2. pag. 166.
(e) Ibid. tom. 5. pag. 323.

Y 3

tre volonté & intention, & ne *voulons qu'à icelles foit aucunement obéi* (f)".

On apprend par l'article 216 de la même Ordonnance, que, lorsque le Chancelier refufoit de fceller des lettres *iniques & tortionnaires*, on obtenoit quelquefois des lettres de commandement qui l'obligeoient d'y appofer le fceau. Pour remédier à cet abus, Charles VI *enjoignit & deffendit* expreffément au Chancelier & à fes Succeffeurs „ fur le ferment qu'ils ont, que pour quelconque mandement ou commandement qu'il leur foit fait par Chambellans, Huiffiers ou Sergens d'armes ou autres, de quelconque autorité qu'ils foient, ils ne fcellent aucunes lettres qui leur fembleront être iniques ou tortionnaires, & obtenues par importunité ou inadvertence; & en cas de doute ou de difficulté, nous commandons à icelui notre Chancelier que icelles il retienne par devers lui, pour les rapporter & faire lire par devant nous en notre Confeil, & icelles lues à l'oye de tous, fera difcuté & déterminé fi elles devront être fcellées ou non".

L'article 66 de l'Ordonnance de 1453 défend aux Juges d'obtempérer aux Lettres Royaux qui ne feroient *civiles & raifonnables*; il les autorife à les déclarer *fubreptices, obreptices, inciviles,* & même en certains cas, à punir les impétrans (g).

Louis XII juftement allarmé des atteintes que portoient aux Ordonnances les *permiffions, conceffions, difpenfes* accordées *par inadvertence & importunité* contre leurs difpofitions, & du danger de ces infractions, fi les Cours & Juges obtempéroient à ces conceffions & difpenfes; ce Prince, *le Pere du Peuple,* „défirant que par voies directes ou indirectes, les Ordonnances ne fuffent froiffées & enfreintes..... déclara (par fon Ordonnance du 22 Décemb. 1499) qu'il n'avoit vouloir ni intention de déroger ni contrarier aucunement auxd. Ordonnances...... & deffendit trèsexpreffément à tous fes Jufticiers & Officiers que, par vertu & fous couleur de telles lettres de difpenfe, ils ne contrarient.... ou permettent contredire auxdittes Ordonnances, en quelque maniere que ce foit, fous peine *d'être eux-mêmes réputés à lui défobéiffans, & infracteurs d'icelles Ordonnances* (h)".

L'article 5 de l'Ordonnance du Domaine en 1566, fait de pareilles défenfes aux Cours de Parlement & Chambre des Comptes, d'avoir aucun égard aux Lettres-Patentes portant aliénation du Domaine, hors certains cas, & de procéder à leur entérinement & vérification.

Charles IX par fon Edit du mois de Juin 1568, accorde à tous les titulaires d'Offices vénaux, la permiffion de réfigner leurs Offices, & en cas qu'ils n'en aient pas difpofé, la propriété en demeurera dans leurs fucceffions, à la charge de payer par eux le tiers denier de la valeur de leurs Offices.

Le produit de cette taxe eft deftiné à foutenir les dépenfes de la guer-

(f) Ibid. tom. 10. pag. 123.
(g) Fontanon, tom. 1. pag. 610.
(h) Monumens précieux de la fageffe de nos Rois.

re; & afin d'en affurer la converfion à cet ufage, voici les précautions que le Prince prend contre les furprifes.

„ Et pour éviter que par importunité, furprinfe, ou autrement, nous ne faffions aucuns dons, ou autres affignations, que pour lefdites affaires de l'ordinaire & extraordinaire de la guerre, à prendre fur les finances procédentes dudit tiers denier, à quelques perfonnes & de quelque qualité qu'ils puiffent être, même nofdits Officiers, pour leur quitter icelui tiers denier: Nous défendons très-expreffément à nos Secrétaires d'Etat & des Finances, de non expédier aucuns rôles ni acquits, & à notre très-cher & féal Chancelier de France, de non fceller lefdits acquits, quelques juffions & exprès commandemens que nous leur en puffions faire, fur peine de répéter fur eux & leurs héritiers les fommes auxquelles monteront lefdits dons & affignations: & de laquelle répétition & recouvrement nous chargeons nos Procureurs-Généraux.

„ Défendons en outre à nos Amés & Féaux les gens de nos Comptes, de ne paffer ni allouer en la dépenfe des Comptes dudit Tréforier de notre épargne, ni d'autres nos Officiers comptables, aucune partie en vertu defdits rôles ou acquits, fi aucuns en font expédiés, pour autre caufe que pour le fait dudit ordinaire & extraordinaire de la guerre; fur peine de privation de leurs gages, & de payer *in folidum* les fommes auxquelles lefdites parties fe trouveront monter.

„ Et pour faire entendre à toutes perfonnes, que nous n'entendons donner aucunement lefdits deniers, ni iceux être employés en autre effet que pour celui deffus déclaré, Nous voulons & ordonnons que fi aucune perfonne, de quelque qualité qu'il puiffe être, trouve moyen d'être payé defdits deniers, par dons, récompenfes, bienfaits, voyages, dettes, ni autres caufes & raifons que ce foient, autres que le fait dudit ordinaire & extraordinaire de la guerre: que les fommes qu'il fera vérifié en avoir été par eux reçues, enfemble le quadruple d'icelles, foient recouvrés fur les biens d'eux & de leurs fucceffeurs héritiers, jufques à la tierce génération. Et pour en faire toutes pourfuites & diligences, nous chargeons nofdits Procureurs-Généraux, auxquels commandons en faire leur devoir, fur peine de privation de leurs états ou Offices.....

„ Promettant en bonne foi & parole de Roi, pour Nous & nos Succeffeurs Rois, & fous l'obligation de tous & chacuns les biens de notre Couronne, préfens & avenir, entretenir & garder inviolablement tout le contenu en ces dites préfentes, fans ce que pour quelques événemens, caufes, raifons & occafions que ce foient, ou puiffent être, nofdits Officiers & ceux auxquels ils réfigneront leursdits états & Offices, ni leurs veuves, enfans ou héritiers puiffent être aucunement troublés, moleftés ni empêchés en l'effet & jouiffance de notre dite préfente grace. Déclarans par cefdites préfentes nulles, & de nul effet & valeur, toutes Lettres, Edits & Ordonnances qui pourroient ci-après être faites pour contrevenir à cefdites préfentes: & lefquelles Lettres, Edits & Ordonnances, au cas qu'aucunes en foient faites, nous avons dès à préfent caffés & annullés, caffons & annullons par ces mêmes préfentes. (i) ".

(1) Fontanon, *tom.* 2. *pag.* 555.

Nos Rois auroient-ils pu exprimer d'une maniere plus touchante la crainte où ils étoient de bleſſer la Juſtice par des commandemens arbitraires,
& leur ſincere empreſſement pour ſoumettre l'exercice de leur puiſſance
à l'empire des Loix ? Que les Peuples doivent être heureux dans un Etat
qui ſe gouverne par des Ordonnances ſi pleines d'équité, & où le Souverain ſent lui-même la néceſſité de ſe mettre dans l'heureuſe impuiſſance
d'en empêcher l'exécution par des Reſcrits qui bleſſeroient le bien public, & les droits légitimes des Citoyens ! C'eſt par ces Loix qu'il faut juger de la nature de la Monarchie Françoiſe, & non par des actes particuliers qu'elles déſavouent, & que le Prince ſurpris ne manque pas de
révoquer, dès que revenu à lui-même, il ne conſulte que ſes obligations
& ſon amour paternel pour ſes Sujets.

*Injonc-
tions for-
melles
de ne
point o-
béir aux
Lettres
cloſes ou
de Cachet
contrai-
res aux
Ordon-
nances.*

Mais, peut-être, prétendroit-on que les Ordonnances dont on vient
de rapporter les textes, uniquement applicables aux Lettres ouvertes &
Patentes, ſont abſolument étrangeres aux Lettres cloſes, & que nos Rois ſe
ſont réſervés dans les Lettres de Cachet un moyen infaillible de ſe faire
obéir. Détruiſons ce ſubterfuge par la même autorité, c'eſt-à-dire, par
celle des Loix qui s'expliquent ſur les Lettres cloſes avec la même clarté
que ſur les Lettres ſcellées du grand Sceau.

Le Roi Jean réduit à la triſte néceſſité de ſurſeoir le paiement de ſes
dettes, publia le 26 Septembre 1355 des Lettres qui firent défenſes aux
gens des Comptes, aux Tréſoriers de France, & à tous Receveurs, de faire aucun paiement, *nonobſtant quelconques Lettres-Patentes ou clauſes ſous
ſon grand Scel, ou ſous le Scel de ſon ſecret, de quelconque teneur qu'elles
ſoient* (k). Charles V, alors Lieutenant du Roi ſon pere, renouvella les
mêmes défenſes avec la même cloſe (l). Charles V étant devenu Régent
du Royaume, révoqua les dons qui avoient été faits de pluſieurs forfaitures échues au Roi; & l'Edit du mois de Nov. 1358, qui en régla
l'emploi, porte dans ſon diſpoſitif: „ défendons & enjoignons étroitement à nos Amés & Féaux les gens des Comptes...... que doreſnavant
aucuns dons....... à perſonnes quelconques, ſoit à notre très-chere com-
pagne la Ducheſſe, à nos freres ou autres de notre Lignage, de notre
Conſeil, de notre Famille..... par nos Lettres à eux octroyées.... ſous
quelque forme de paroles qu'elles ſoient ou puiſſent être; ſuppoſé qu'elles fuſſent *ſignées de notre main, ſcellées de notre ſignet* ou autrement, en
quelque maniere que ce ſoit, ne paſſent, vérifient, enregiſtrent en ladite Chambre, ne y obéiſſent, ou *faſſent, ſouffrent, ou laiſſent y être obéi* en
aucune maniere (m) ". Charles V adreſſa le 10 Décemb. 1356 un ſecond
Edit parfaitement ſemblable à la Chambre des Comptes (n).

Ce Prince tint le même langage dans une Ordonnance du 15 Mars
1359 par laquelle il commit les Préſidens du Parlement, pour juger les
cauſes

(k) Ordonnances du Louvre, *tom.* 3. *p.* 15.
(l) Ibid. *pag.* 162.
(m) Ibid. *tom.* 4. *pag.* 348.
(n) Ibid. *tom.* 4. *pag.* 196.

caufes qui fe préfentoient jufqu'à ce que le Parlement pût fe tenir. „ Et outre, fe par importunité de requérans, comment que ce fût Nous, ou nos Lieutenans, Connétables, Maréchaux.... faifons ou faffent.... ré-miffions, dons & pardons.... fans caufe jufte & raifonnable, ou contre bien de juftice..... Nous voulons & vous deffendons étroitement que aux LETTRES-PATENTES OU CLOSES, qui en feront faites ou fcellées foit ès las de cire verte ou jaune.... *fignées de notre propre main, ou autrement, ne à quelconques mandemens de bouche que nous vous en faffions, vous n'y obéif-fiés en aucune maniere,* mais icelles Lettres, comme injuftes, fubrepti-ces, tortionnaires & iniques, *caffés & annullés* fans difficulté aucune, & fans de nous avoir ne attendre autre mandement fur ce. Et Nous icelles Lettres audit cas, *comme obtenues & impétrées par importunité, inadver-tence, & contre notre confcience, les caffons, irritons & annullons par ces préfen-tes* (o) ".

Charles VI. fe plaignit amérement en 1385 aux gens de fa Chambre des Comptes de ce que, contre la teneur des Ordonnances fur le Domaine, „ fous ombre de contraires mandemens ou Lettres, *tant ouvertes, com-me clofes,* de nous à vous envoyées, avez, pour nous obéir, donné aux impétrans plufieurs mandemens & expéditions en notre grand domma-ge "; en conféquence par fes Lettres du 10 Février, ce Prince, *commande & enjoint fur le ferment que vous avez à nous.....* dorefnavant nofdites Or-donnances vous tenez & faites tenir & garder, fans faire ne fouffrir être rien fait à l'encontre, pour quelconques Lettres impétrées ou à impétrer, *mandemens ou meffages* que vous dorefnavant en ayés de par nous, fur quel-conque forme, à quelque caufe, ou à qui que ce foit..... & fi par avan-ture vous étiés preffés de aucuns ou plufieurs mandemens, meffages, *Let-tres ouvertes ou clofes* au contraire..... Voulons & vous mandons que ain-fçois que vous y obéiffiez, au moins de deux de vous de notre Chambre, venez devers nous pour dire vos mouvemens, & à part, fans préfence des impétrans, & nous expliquer la maniere & le cas, pourquoi nous en foyons à plein acertenés (p) ".

Autre Ordonnance de Charles VI. du 15 Août 1389 pour réformer dif-férens abus dans l'adminiftration de la Juftice: des plaideurs de mauvai-fe foi obtenoient des Lettres-Patentes ou clofes qui interdifoient au Par-lement la connoiffance de l'affaire, & lui ordonnoient de la renvoyer au Roi. D'autres avoient recours à des Lettres de furféance au Jugement de leurs procès. Quelquefois, des Sergens d'armes ou autres Officiers de la Cour, notifioient au Parlement des ordres verbaux du Roi. Charles VI. voulant remédier à ces défordres, rappella à fon Parlement que diffé-rentes injonctions lui avoient été faites tant de fa part, que de celle de fes Prédéceffeurs, de ne point obéir aux Lettres injuftes & préjudiciables aux Parties. Il lui défendit de nouveau d'avoir égard à ces Lettres, *foit ouvertes, foit clofes,* à moins qu'il ne les jugeât raifonnables, ce dont il

(o) Ibid. *tom.* 4. *pag.* 726.
(p) Ibid. *tom.* 9. *pag.* 695.

charge fa confcience; il lui défend également d'ajouter foi à la relation des Sergens & autres meffagers; il veut même que, fi la nature du fait l'exige, il déclare les Lettres nulles, injuftes, au moins fubreptrices, ou que s'il le trouve plus expédient, il lui en écrive (q) ".

Par un autre abus, qui n'étoit pas moins dangereux, les Officiers du Roi, ,, fous ombre d'aucuns commandemens *de bouche* enlevoient de force des ,, Prifonniers, ou défendoient aux Juges de connoître de leurs procès". Charles VI. rendit une Ordonnance le 20 Avril 1402, qui portoit que ,, fi dorénavant quelque Officier de lui ou d'autre fe tranfportoit dans les ,, prifons, de fon commandement, ou du commandement d'autre tel ,, qu'il foit, à lui fait de bouche, pour délivrer les Prifonniers, ou faire ,, quelque commandement tendant foit à l'élargiffement, foit à l'inter- ,, diction aux Juges de connoître du procès, *il ne lui fût point obéi*, s'il ,, ne faifoit prompte foi de Lettres-Patentes du Roi fcellées du grand ,, Scel, faifant mention du cas, fur qui le Procureur de la partie foit ,, appellé". La Loi ajoute que l'Officier qui s'efforcera de contrevenir à cette difpofition fera détenu & arrêté Prifonnier pour être puni fuivant l'exigence des cas (r).

L'article 18 de l'Ordonnance publiée par Charles VII. le 28 Octobre 1446. confirma une Ordonnance précédente, qui défendoit d'affembler, en vertu de *Lettres-Patentes ou clofes, ne par rapport, ou affertion d'aucun officier du Roi*, les deux Chambres du Parlement pour le jugement d'aucun procès. L'article 116 de l'Ordonnance du mois d'Avril 1463 renouvella les mêmes défenfes (s).

Louis XII. interprétant, dans une déclaration du 13 Juin 1499, l'article 23 de fon Ordonnance du mois de Mars 1498, décida que quelques *Lettres miffives* qu'il écrivît aux Préfidens & Confeillers du Parlement, ,, pour les faire demeurer & retarder après la fête de Saint Martin, ou ,, aller en commiffion durant le Parlement, ils euffent à n'y pas déférer, ,, & déclara nuls tous les actes de juftice qu'ils pourroient faire, en con-

---

. (q) *Nos igitur tam gravibus difpendiis & inconvenientibus occurrere .... maturâ concilii deliberatione præhabitâ, volumus, ac vobis diftrictè præcipiendo mandamus ... quatenus deinceps talibus nec confimilibus litteris apertis feu claufis, in læfionem jurit partium juftitiæque fcandalum & retardationem, ac contrà ufum, ftylum, & ordinationes dictæ noftræ curiæ concefis ac concedendis, nullatenus pareatis, feu obtemperetis; nifi forfan hæ litteræ fuerint tales quæ contineant effectum rationis; fuper quo confcientias veftras penitus oneramus; dictifque armorum hoftiariis & fervientibus & aliis officiariis, & nuntiis .... ac eorum dictis & affertationibus minimè credatis feu obediatis, nec propter hoc bonum juftitiæ & reipublicæ impediri quomodòlibet permittatis; immò potiùs dictas litteras, fi ex qualitate & naturâ facti cafus exigant, nullas, & iniquas, vel faltem fubreptitias pronuntietis; aut fi vobis magis expediens videatur .... nobis fuper hoc refcribatis, & noftram advifetis confcientiam quid indè nobis videbitur, & agere debeamus.* (Ordonn. du Louvre, tom. 7. pag. 290.)

(r) Cette Ordonnance eft rapportée dans le Recueil du Louvre, (*tom.* VIII. *pag.* 502.) comme tirée du livre rouge du Châtelet. Elle fut imprimée il y a vingt ans, fur l'original qui eft au dépôt du Greffe criminel du Parlement. On a fuivi cette édition, différente en quelque chofe de la première.

(s) Ordonnances de Néron, *tom.* I. *pag.* 21. *édit.* 1720.

„ trevenant à nos Ordonnances fous ombre de nefdites lettres (t)".

Cette difpofition parut fi raifonnable à François I. qu'il la renouvella textuellement par l'article V. du premier Chapitre de fon Ordonnance du mois d'Octobre 1535.

On trouve encore dans cette Loi deux articles relatifs à la même police; l'un général qui s'explique en ces termes : „ Enjoignons à notredite Cour, que fi , par *importunité ou autrement*, nous écrivons ci-après aucunes *Lettres miffives* à notredite Cour, & qu'il leur femble qu'en la matiere dont éfdites Lettres eft fait mention, il y eut quelque difficulté ou raifon, qu'ils nous en avertiffent & faffent avertir , afin d'y donner ou faire donner provifion telle qu'au cas appartiendra (v)".

L'autre article veut „ que tous les pourvus d'offices...... de judicature foient tenus de prêter ferment, avant leur réception , qu'ils ne les ont point achetés directement ni indirectement. Que fi par *importunité ou autrement*, *Lettres en étoient fcellées*, [ajoute l'Ordonnance] , prohibons & défendons aux gens tenant notredite Cour, par quelques commandemens, ou Lettres itératives que puiffent obtenir de nous les pourvus auxdits offices , *d'y obéir ni obtempérer, felon les Ordonnances de Nous & de nos prédéceffeurs (x)* ".

Les Ordonnances qui concernent les Duels, font auffi formelles. Celle de Henry IV. du mois de Juin 1609, après avoir renouvellé les Loix antérieures contre les Duels, & défendu à toutes fortes de perfonnes, *même à la Reine & aux Princes du Sang* , „ de faire aucune priere, requête ou fupplication contraire à icelles, fous peine de nous déplaire..... Enjoint.... aux Maréchaux de France, auxquels appartient la connoiffance & décifion des contentions.... qui concernent l'honneur.... de tenir la main à l'exécution du préfent Edit, fans.... permettre que par faveur, connivence, ou autre voie, il y foit contrevenu en aucune forte & maniere; nonobftant *toutes Lettres clofes & Patentes* , & tous autres commandemens qu'ils pourroient recevoir de Nous, auxquels nous leur *défendons d'avoir aucun égard* , fur-tout qu'ils defirent nous complaire & obéir (y) ".

„ Voulons & Nous plaît, dit Louis XIII. le 24 Juillet 1627, que les Ordonnances ci-devant faites fur le fait des querelles, appels, Duels, combats & rencontres, foient inviolablement gardées. A cette fin nous jurons & promettons, en foi & parole de Roi, de n'exempter à l'avenir aucun, pour quelque caufe que ce foit, de la rigueur d'icelles, & qu'il ne fera par Nous accordé aucune rémiffion...... Et fi aucunes en font préfentées à nos Cours Souveraines ou autres Juges, voulons qu'ils *n'y aient aucun égard*, ... quelque caufe *de notre propre mouvement ou autre dérogatoire qui y puiffe être oppofée* (z) ".

Nouvel Edit de Louis XIII, en date du 3 Avril 1636, qui contient les mêmes difpofitions : „ Et en cas qu'*aucunes Lettres contraires* fe trou-

---

(t) Ibid. *pag.* 75.
(v) Art. 93. Du premier chap. Ibid. p. 104.
(x) Art. 2. même chap. Ibid. *pag.* 96.
(y) Art. 18. Fontanon, *tom.* 1. *pag.* 669.
(z) Guenois. Conférences des Ordonnances. *liv.* 9. *tit.* 11.

vent ci-après expédiés, pour quelque caufe ou prétexte que ce foit, voulons qu'elles foient *nulles & de nul effet*... faifant très-expreffes inhibitions à tous nos Juges & Officiers, auxquels elles font adreffées, *d'y avoir aucun égard* (a) ".

Louis XIV. n'a fait que copier ces difpofitions dans fes trois Edits des mois de Juin 1643, Mars 1646, & Septembre 1651 (b).

L'article CXI. de l'Ordonnance de 1560, rendu fur le vœu des Etats d'Orléans, avoit défendu aux Juges ,, d'avoir égard aux *Lettres de Cachet ou clofes, obtenues par importunité ou plutôt fubrepticement*, pour faire féqueftrer des filles, & icelles époufer contre le gré & vouloir des peres & meres, tuteurs ou curateurs; chofe digne de punition exemplaire". Cette difpofition a été renouvellée par l'article 281 de l'Ordonnance de Blois.

Que cette tradition fuivie de Loix fucceffives eft propre à faire honorer nos Rois, à donner une idée avantageufe de leur équité, à faire eftimer notre Gouvernement ! Elle prouve que dans tous les temps nos Monarques ont voulu régner par la Juftice, & qu'intimement perfuadés qu'étant hommes, ils n'étoient pas à l'abri de l'erreur & de la furprife; ils devoient prendre les précautions les plus fûres contre leur propre foibleffe. Guidés par leur amour pour le bien public, ils ont cru, avec raifon, qu'ils ne devoient point être obéis lorfque leur religion avoit été furprife, & uniquement parce qu'ils avoient droit de commander. De là ces défenfes fi expreffes, & fi fouvent réitérées aux Juges d'obtempérer, fous peines de violer leur ferment, foit aux Lettres-Patentes, foit aux *Lettres clofes*, foit aux *Lettres miffives*, foit aux ordres *verbaux*, ou à tous *autres commandemens* qui feroient contraires aux Ordonnances & à la Juftice.

Cependant ces Loix, fi dignes de Princes religieux, qui connoiffent l'objet de leur inftitution, le véritable fin de la puiffance dont ils font revêtus, étoient fufceptibles d'un nouveau degré de perfection. Si elles laiffoient aux Juges la liberté de ne pas déférer à certaines Lettres émanées du Trône, elles ne les difpenfoient pas d'en faire l'examen, de les confronter avec les Ordonnances, d'en juger fuivant l'intérêt public; & il étoit poffible que les Magiftrats arrêtés par la crainte de déplaire au Souverain, n'euffent pas toujours le courage de réfifter. L'expérience n'avoit que trop appris combien il étoit facile d'abufer des Lettres clofes, & nos Rois ne pouvoient pas fe promettre de n'être plus expofés aux furprifes. Ils fçavoient d'ailleurs que la forme de ces Lettres, affez récente dans la Monarchie, en rendoit l'expédition plus à portée des Courtifans, de ceux qui cherchent à établir leur propre intérêt fur les ruines du bien public; que le grand Sceau feroit moins à leur difcrétion; qu'ils auroient à redouter la fermeté & le zèle du Magiftrat qui en eft dépofitaire; que la Juftice par conféquent feroit beaucoup moins fujette à être bleffée, lorfque le Roi ne s'expliquant qu'avec tout l'appareil de la Majefté Royale, ne feroit connoître fes volontés que par des Lettres-Patentes, foumi-

(a) Ibid.
(b) Ibid. Et dans Néron.

fes à l'examen de fon Confeil & du Chancelier, engagé par les liens du ferment à n'en point fceller qui fuffent injuftes ou préjudiciables à l'ordre public.

Ces vues fi fages ont produit l'art. 81 de l'Ordonnance de Moulins en 1566 qui a défendu ,, *à tous Juges d'avoir aucun égard aux Lettres clofes*, qui auroient été ou feroient ci-après expédiées & à eux envoyées pour le fait de la Juftice ".

Si nous en croyons du Tillet, long-temps avant cette Loi, & dès le 14°. fiecle, on en fuivoit déja la difpofition. ,, Le Grand-Chambellan a la garde, & porte le Scel du fecret du Roi, & en fon abfence le premier ou autre plus ancien Chambellan. Par l'Ordonnance de Philippe-le-Long, Régent, faite à S. Germain-en-Laye, en Juin 1316, eft dit qu'ils ne pourront fceller, ne figner Lettres de Juftice, ne d'Office, ne de Bénéfice, ne de nulle autre chofe, fors de Lettres de prieres d'Etat, de réponfes, ou de mandemens de venir..... De ladite Ordonnance eft tirée la Maxime reçue qu'*en fait de Juftice*, on n'a regard à Lettres miffives, & que le grand Scel du Roi y eft néceffaire, non fans grande raifon; car les Chanceliers de France & Maîtres des Requêtes font inftitués à la fuite du Roi, pour avoir le premier œil à la Juftice, de laquelle le Roi eft débiteur, & l'autre œil eft aux Officiers ordonnés par les Provinces pour l'adminiftration de ladite Juftice, mêmement fouveraine; & faut pour en acquitter la confcience du Roi & des Officiers de ladite Juftice, tant près la perfonne du Roi, que par les Provinces qu'ils y apportent tous une volonté conforme à l'intégrité de ladite Juftice, fans contention d'autorité, ne paffions particulieres qui engendrent injuftice, provoquent & amenent l'ire de Dieu fur l'univerfel. Ladite Ordonnance étoit fainte, & par icelle, les Rois ont montré la crainte qu'ils avoient qu'aucune injuftice fe fît en leur Royaume, y mettant l'ordre fufdit, *pour fe garder de furprife en cet endroit* qui eft leur principale Charge (c) ".

En 1564, (avant l'Ordonnance de Moulins) le Parlement de Paris difoit au Roi: ,, les Rois très Chrétiens vos Prédéceffeurs ont défendu par Ordonnances Royaux n'avoir *égard, en fait de Juftice, à leurs Lettres miffives*; & ne fe trouvera ès Régîtres de votre Cour aucuns mandemens des Rois enregiftrés que par Lettres Pátentes, fcellées de leur grand Scel, ayant de ce faire expreffe adreffe; ledit ordre ancien & introduit à très-bonne fin ne doit par nous être tû à Votre Majefté (d) ".

Mais, quelque foit l'origine de cette regle fi importante, il eft certain qu'elle a été religieufement obfervée, du moins depuis l'Ordonnance de Moulins. Le Bret attefte que les Lettres de Cachet font réprouvées par les Ordonnances; qu'il eft défendu à tous les Juges d'y avoir égard à caufe de la facilité de les obtenir, & qu'il n'y a que les Lettres-Patentes fignées en commandement, & fcellées du grand Sceau, qui puiffent fervir de légitime témoignage de la volonté du Prince (e).

L'Ordonnance de Moulins va plus loin. Elle défend d'avoir égard aux Lettres clofes envoyées pour le fait de Juftice.

(c) Recueil des Rois de France, *titre du Grand-Chambellan, pag. 293. édit. de 1602.*
(d) Voyez les Remontrances du même Parlement du 9 Avril 1753. *pag.* 110.
(e) De la fouveraineté du Roi, *liv.* 2. *ch.* 9. *à la fin.*

Mornac rend le même témoignage & cite un Arrêt du 26 Mars 1588. rendu fur l'appel comme de deni de Juftice, d'un Juge, qui, après avoir rendu fa Sentence, & pour obéir à une Lettre de Cachet, avoit défendu au Greffier de la délivrer. L'Arrêt ordonne que la Sentence feroit expé-diée (f).

Par acte du 3 Avril 1598 revêtu de Lettres-Patentes du 15 du même mois, Henri IV. avoit donné à Céfar Monfieur, fon fils naturel, le Du-ché-Pairie de Vendôme. La donation étoit faite à perpétuité pour lui & tous fes defcendans mâles ou femelles.

Par un premier Arrêt du 25 Juin la Cour arrêta qu'elle verroit les ar-rêts fur la défunion du Domaine de la Couronne.

Un fecond Arrêt du lendemain 26 Juin eft ainfi conçu: ,, Vu telles Let-,, tres-Patentes..... le contrat de donation, les Arrêts des 29 Juillet 1591 ,, deuxieme Janvier 1592 & 19 Mars 1596, le premier d'iceux donné ,, fur les Lettres-Patentes du 3 Avril 1590 pour la défunion, féparation ,, du Domaine appartenant au Roi auparavant fon advénement à la Cou-,, ronne; le deuxiéme donné fur autres Lettres-Patentes, du mois de Sep-,, tembre 1591 concernant l'aliénation d'une partie du Domaine à perpé-,, tuité; & le troifieme donné fur les Lettres-Patentes du 28 Janvier au-,, dit an 1596 pour le bail & garde-noble dudit Céfar Monfieur, & autres ,, pieces mifes par devers ladite Cour: conclufions du Procureur-Général ,, du Roi; la matiere mife en délibération, ladite Cour a arrêté & or-,, donné que très humbles Remontrances feroient faites au Roi, qu'elle ,, ne fe peut départir defdites délibérations des 28 Juillet 1591, 2 Jan-,, vier 1592, & 19 Mars 1596 ".

Troifieme Arrêt du 8 Juillet 1598.

,, Oui le rapport des Remontrances faites audit Seigneur, fuivant la ,, délibération du 26 Juin dernier, ladite Cour a arrêté & ordonné que ,, lefdites Lettres & contrats de donation feront regiftrés ès Regiftres ,, d'icelle, oui le Procureur-Général du Roi, du très exprès comman-,, dement dudit Seigneur, & après que très-humbles Remontrances lui ,, ont été faites, pour avoir lieu au profit de Céfar Monfieur, fils natu-,, rel & légitime, & de fes hoirs mâles, à la charge de réverfion à dé-,, faut de hoirs mâles defcendans de lui ou des fiens, fans tirer à confé-,, quence pour les autres parts & portions du Domaine dudit Seigneur ,, annexé à l'ancien Domaine par fon avénement à la Couronne, lefquels

(f) *Unum mihi fupereft de privatâ Principis epiftolâ quam interdûm fatigatus importunis flagitationibus, quafi impar, fcribit vel ad judices, vel ad alios, quibus eo modo invitus quip-piam imperat, vulgô dicimus,* Lettres de Cachet, *quas ut nullius effe momenti volunt Con-ftitutiones Aurelianenfis art. CXI & Blefenfis art. 281; fubjiciam opportunè memorandum am-pliffimi ordinis judicium in hanc fpeciem ann.* 1588, 26 Mart. *Cum appellaffet vidua Bar-banconii Equitis à Juridico Rotomagi, quod aliàs Remorantium vocant, id verò tanquam à denegatione juris, ideò quòd inftruttâ lite cædis mariti, Juridicus ille poft acceptas ex folo fi-gillo Principis litteras, tuliffet quidem, atque apud atta confignaffet fententiam, vetuiffet au-tem attuarium tradere,* prohibente nimirùm ità Principe. *Senatus probavit prudentiam juridici, partibufque ab omni judicio dimiffis pronuntiare juffit fententiam,* nihil morantibus figillatis lit-teris. *Prohibent enim Editta regia quæ fuprà recenfeo,* ne hujufmodi litterarum in judiciis habeatur ulla ratio. [*Sur la Loi pénultieme au Code de diverfis refcriptis.*]

„ ne pourront être vendus, engagés, ne alienés, finon en cas permis
„ par les Ordonnances".

Le 15 Juillet le Premier-Préfident dit à la Cour que le Roi defiroit qu'elle levât les modifications qu'elle avoit mifes dans fa délibération du 8 dudit
mois, & qu'elle ordonnoit l'enregiftrement pur & fimple de fes Lettres.
La Cour a arrêté qu'elle perfifte en la délibération du 8 de ce mois.

Le 24 on préfenta une Lettre de Cachet; „ Notre intention, difoit le
„ Roi, eft que vous procédiez purement & fimplement à ladite vérifica-
„ tion, fans y ajouter ni mettre parole fujette à interprétation, & pour
„ vous enjoindre & commander très expreffément la fuivre & vous con-
„ former à icelle, en levant & ôtant les mots que vous avez mis audit
„ Arrêt, qui font de mon *très exprès commandement*, fur tant que defirez
„ nous complaire, & témoigner l'affection que vous avez à notre fervi-
„ ce. Si n'y faites faute: car tel eft notre plaifir".

Sur cette Lettre il fut rendu un nouvel Arrêt abfolument femblable à
celui du 8 Juillet, à l'exception des mots: *du très exprès commandement du
Roi*, qui en ont été retranchés.

Depuis la naiffance du Dauphin, Henry IV. confirma de nouveau par
des Lettres du 27 Août 1601, la donation qu'il avoit faite à Céfar Monfieur en 1598. Ces Lettres ne furent regiftrées le 22 Février 1602. que
fous les modifications contenues dans les Arrêts précédens.

Veut-on favoir fi les modifications appofées par le Parlement ont été
exécutées? on a vu que la donation du Duché de Vendôme étoit faite à
Céfar Monfieur à perpétuité pour lui & tous fes defcendans mâles & femelles. Le Parlement avoit ordonné par l'Arrêt d'enregiftrement la réverfion à la Couronne à défaut d'hoirs mâles. Le Roi dans une Déclaration
du 4 Janvier 1724. dit que le Duché de Vendôme a été réuni au Domaine
de la Couronne dès le tems du décès de fon Coufin le Duc de Vendôme,
qui n'a laiffé aucuns hoirs mâles, & en conféquence il prononce cette
réunion (g).

On fent auffi que la conduite d'Henry IV. emporte reconnoiffance
du droit du Parlement de modifier. Le Roi veut qu'il leve les modifications qu'il a appofées, comme formant un obftacle légitime à l'exécution pure & fimple de fes Lettres. Si on les avoit envifagées comme une
entreprife fur l'autorité Royale, on les auroit caffées avec indignation.

L'ufage de ne pas déférer aux Lettres de Cachet, dans l'adminiftration *Le Par-*
de la Juftice, étoit fi conftant & fi notoire du temps de Louis XIII, que *lement de
ce Prince ayant été follicité d'envoyer une Lettre de Cachet au Parle- Paris
ment de Paris, répondit: *cela ne fervira de rien, car ils n'y déféreront pas* (h). *étoit
dans l'u-*
En 1625 il y eut une Lettre de Cachet pour enjoindre de procéder *fage de
à la vérification des Bulles de la légation du Cardinal Barberin. Un pre- n'y pas
mier Arrêt du 6 Mai 1625. porte que la Cour ne peut procéder à la déférer.*
vérification des Bulles, jufques à ce qu'elles aient été réformées, parce
que le Roi y eft appellé *Roi de France*, & non *Roi de Navarre*.

(g) Hiftoire Généalogique des Grands Officiers de la Couronne, tom. 4. pag. 93 & fuiv.
(h) Recueil des Maximes véritables pour l'Inftitution du Roi, par Claude Joly, p. 134.

Une feconde Lettre de Cachet a donné lieu à un fecond Arrêt du 9 Mai 1625. pareil au précédent.

Le même jour le Roi fit expédier des Lettres-Patentes, portant injonction de procéder à la vérification, fous les modifications mifes aux facultés du Cardinal de Florence en 1596, qui feroient feulement inférées dans les Regiftres, fans être rendues publiques, & fans s'arrêter plus longtems à l'omiffion du titre de Roi de Navarre, qui n'étoit qu'une inadvertence, que le Pape avoit promis de réparer par un Bref.

Sur ces lettres il eft intervenu un troifieme Arrêt le dix Mai 1625, qui du très exprès commandement du Roi, plufieurs fois réitéré, ordonne l'enregiftrement fous les modifications ordinaires, & fans approbation du Concile de Trente.

A l'Arrêt a été joint un Arrêté.

,, A été arrêté du très exprès commandement du Roi, plufieurs fois
,, réitéré, & fuivant les Lettres-Patentes du 9 de ce mois, que les mots:
,, *fans approbation du Concile de Trente*, feront mis au Regiftre fecret de la-
,, dite Cour, & non au pied desdites Bulles; & qu'en prononçant l'Ar-
,, rêt Monfieur le premier Préfident dira aux Avocats: *fans approbation*
,, *du Concile de Trente*. A auffi été arrêté que lesdites Bulles ont été véri-
,, fiées à la charge que le Nonce du Pape fera tenu fournir dans fix fe-
,, maines audit Seigneur Roi un Bref de Sa Sainteté, portant que l'ob-
,, miffion faite auxdites Bulles & facultés de la qualité de Roi de Navar-
,, re, a été par inadvertence; & jufques à ce que ledit Bref ait été ap-
,, porté, lesdites Bulles & facultés feront retenues, & ne fera l'Arrêt de
,, vérification délivré, fait en Parlement le 10 Mai 1625" (i).

L'Edit du mois de Novembre 1597 portant l'établiffement des Maire & Echevins, & de la Juftice & de la Police dans la ville d'Amiens, après qu'elle eut été reprife fur les Efpagnols, avoit réglé la forme de l'élection de ces Officiers.

Au préjudice de cet Edit il y avoit eu une élection faite contre les formes, par Lettre de Cachet.

Les Capitaines & Chefs des portes de la ville & cité d'Amiens en avoient porté leurs plaintes au Parlement.

Ceux qui avoient été nommés par Lettre de Cachet, obtinrent un Arrêt du Confeil le 7 Décembre 1648, qui les déchargeoit de l'affignation à eux donnée au Parlement, avec défenfe au Capitaine & Chefs des portes de fe pourvoir ailleurs qu'au Confeil fur leur oppofition à l'élection, à peine d'être démis de leurs charges & de 300 l. d'amende. Il avoit été ordonné en outre que les Maire & Echevins nommés en vertu de la Lettre de Cachet, feroient maintenus dans la fonction desdites charges, avec défenfes à toutes perfonnes de les y troubler.

Les Capitaines & Chefs des portes fe pourvurent de nouveau au Parlement, & expoferent que l'Arrêt du Confeil & la Lettre de Cachet, fuivant les Ordonnances & la Déclaration nouvellement vérifiée, ne pouvoient

(i) *Preuves des Libertés, ch.* 23. *n.* 85.

voient avoir lieu au préjudice de l'Edit de 1597 & des privileges des habitans de la ville. Ils demanderent en conséquence qu'il fût procédé à une nouvelle élection, avec défense à ceux qui avoient été nommés en vertu de la Lettre de Cachet, de s'immiscer dans les fonctions de leurs charges.

Arrêt du 22 Janvier 1649, les chambres assemblées, qui ordonne l'exécution de l'Edit & de l'Arrêt de vérification ; en conséquence qu'il sera procédé à une nouvelle élection des Maire & Echevins pour la présente année en la forme accoutumée. Enjoint au Lieutenant-Général du Bailliage d'Amiens de tenir la main à l'exécution de l'Arrêt, de faire procéder incessamment à la nouvelle élection, & de conserver les Supplians dans leurs privileges, à peine d'en répondre en son propre & privé nom, & d'interdiction de sa charge.

Cependant fait très-expresses inhibitions & défenses auxdits Prétendus Maire & Echevins, nommés par ladite Lettre de Cachet, de s'immiscer en la fonction desdites charges, en quelque sorte & maniere que ce soit, à peine de faux & de confiscation de corps & de biens (k).

Les Augustins déchaussés ayant obtenu le consentement de la ville de Tarascon à l'effet de s'y établir, les autres Moines y formerent opposition ; sur quoi intervint Arrêt du 21 Mars 1652, portant que par devant un Commissaire du Parlement d'Aix, il seroit informé de la commodité & de l'incommodité de l'établissement ; qu'il seroit tenu une nouvelle assemblée d'habitans, & qu'on rapporteroit le consentement de l'Evêque.

Au préjudice de l'Arrêt, la communauté fit une délibération pour recevoir les Religieux. Ils obtinrent des Lettres du Roi, qui, sans s'arrêter à l'Arrêt, autorisoient leur établissement, & déclaroient leur monastere de fondation Royale. Les autres moines appellerent de la nouvelle délibération, comme attentatoire à l'Arrêt, que le Roi n'avoit pu révoquer, *puisqu'il s'étoit soumis aux Loix.*

Nouvel Arrêt du 28 Novembre 1652, qui déclare nulle la délibération ; & sans avoir égard aux Lettres pour le présent, ordonne l'assemblée générale devant le Commissaire, & que l'Archevêque d'Avignon seroit admonesté de donner ou refuser son consentement (l).

Arrêt du Parlement de Dijon du 4 Juillet 1656, qui ayant égard à l'opposition formée à l'enregistrement de Lettres-Patentes portant établissement à Dijon d'un couvent du Tiers-ordre de S. François, déclare que la Cour ne peut procéder à l'enregistrement, & que les Lettres seront restituées aux Religieux.

Il y eut une Lettre de Cachet le 4 Mars 1657, portant ordre de procéder à l'enregistrement,

Second Arrêt du 3 Juin 1657 portant que la délibération du 4 Juillet tiendra, & que suivant icelle, la Cour ne peut procéder à la vérification (m).

(k) Recueil d'Arrêts à la fin du Commentaire de Du Fresne sur la coutume d'Amiens, *ch.* 24. Coutumier de Picardie, *tom.* 1. *p.* 423.
(l) Arrêts du Parlement de Provence de Boniface, *tom.* 1. *pag.* 209.
(m) Mémoires du Clergé, *tom.* 4. *col.* 539.

En 1657, M. le Chancelier Seguier ayant fait adreſſer une Lettre de Cachet à ce Parlement, pour lui ordonner de ſurſeoir toute délibération au ſujet d'un Decret de l'Inquiſition, cette Cour ſe conformant aux Ordonnances, n'y eut aucun égard, & le jour même rendit l'Arrêt du 15 Mai 1657 qui ſupprime le Decret (n).

A plus forte raiſon les Juges ne doivent-ils pas obtempérer à la ſeule allégation de pareils ordres, ou à des ordres verbaux ; outre qu'il ſeroit contre toute raiſon qu'un Juge, forcé de violer les Loix, n'eût pas une eſpece de décharge envers les Citoyens & la poſtérité, & ne pût pas repréſenter l'ordre qui auroit fait violence à ſon inclination ; les Ordonnances défendent le plus expreſſément d'obéir à cette eſpece de commandement. Celle de Philippe de Valois du mois de Juin 1338 veut que tout Officier qui ſe dit porteur de ſes ordres, les exhibe, lorſqu'il en eſt requis (o). C'eſt ce que portent également les Ordonnances de Charles VI, du 15 Août 1389, & 20 Avril 1402 (p).

L'Univerſité de Paris ayant dénoncé au Parlement en 1644, la doctrine d'un P. Ayrault, ,, les Jéſuites, au rapport de M. Talon, ont appréhendé la Juſtice du Parlement ; & bien qu'il ſoit établi pour rendre la juſtice aux Sujets du Roi également ; que les Eccléſiaſtiques & tous les Religieux du Royaume ſubiſſent ſa Juriſdiction, les Jéſuites ont cherché grace & faveur à la Cour. Ils ont mieux aimé être jugés dans le cabinet de la Reine, que dans la Grand' Chambre du Parlement ''. La Reine manda les Préſidens & les Gens du Roi pour leur apprendre que l'affaire avoit été terminée par un Arrêt de ſon Conſeil, & M. le Chancelier Seguier voulut que les Gens du Roi en rendiſſent compte au Parlement. ,, Je demandai à M. le Chancelier, (pourſuit M. Talon) qu'il lui plût nous donner l'Arrêt du Conſeil pour le voir & le porter à la Compagnie. M. le Chancelier nous dit qu'il en avoit envoyé la copie à M. le Procureur-Général, & que cela ſuffiſoit. J'inſiſtai au contraire, m'imaginant qu'une copie n'étant pas ſuffiſante, que l'original ne ſeroit pas trop bon ; qu'il étoit ſans exemple de perſuader au Parlement qu'une affaire fût terminée par un Arrêt du Conſeil, duquel nous ne ferions voir que la copie''.

,, Enfin après pluſieurs diſcours, M. le Chancelier dit qu'il n'étoit pas difficile d'avoir en groſſe l'Arrêt du Conſeil, qu'il le feroit expédier par M. le Comte de Brienne, Secrétaire d'Etat, & enſuite il dit qu'il en parleroit à M. le Duc d'Orléans .... de ſorte qu'il étoit vrai de dire que, lorſqu'il nous parloit, il n'y avoit point encore d'Arrêt expédié ; & que ſi nous euſſions ſuivi ſes ordres, nous euſſions porté au Parlement la copie d'un Arrêt qui n'étoit point (q)''.

(n) Mémoires de Talon, tom. 4. pag. 31. & ſuiv. pag. 384 & ſuiv.
(o) *Et ſi aliquis officialis noſter ſe dixerit ad executionem aliquam faciendam, vel ad aliud deputatum, volumus quòd de poteſtate, ſeu commiſſione ſibi tradita doceat requiſitus ; alioquin ad damna & expenſas illius teneatur, & aliàs debitè punitur.* (Ordonnances du Louvre, tom. 2. pag. 126.)
(p) Elles ont été citées ci-deſſus.
(q) Mémoires, tom. 3. pag. 262 & 264.

On a vu un événement à-peu-près femblable en 1753. Le Parlement d'Aix ayant rendu le 2 Octobre un Arrêt de Réglement contre les refus arbitraires de Sacremens, cet Arrêt fut enregiftré dans toutes les Sénéchauffées du reffort, & notamment par celle de Marfeille. Quatre jours après cet enregiftrement, le fieur de S. Michel, Lieutenant-Général de la Sénéchauffée de Marfeille, eut l'audace d'écrire à la marge du Regiftre, que fon énoncé étoit faux, & qu'il étoit chargé d'un ordre du Roi pour fufpendre la publication de l'Arrêt. Cet Officier n'avoit point encore l'ordre, il ne le reçut que quelques jours après. C'étoit une Lettre de M. le Chancelier qu'il tranfcrivit fur le Regiftre (r). Le Parlement d'Aix procéda contre le fieur de S. Michel, & celui-ci ayant obtenu des Arrêts du Confeil qui faifoient un crime au Parlement de n'avoir pas déféré aux ordres du Roi, cette Cour adreffa au Roi le 27 Avril 1754 des Remontrances où fa conduite fut juftifiée de la maniere la plus frappante. ,, Tant d'inconféquences manifeftent ce que nous publions hautement, fans craindre d'être jamais démentis, que V. M. n'a eu aucune part à cet ordre, & qu'il a été inconnu à votre Confeil. Quelle autre autorité peut donc fe fubftituer à la vôtre, pour confacrer fes erreurs, au préjudice de vos fages intentions? C'eft pour éviter de pareilles illufions que les formes ont été utilement établies. Sans les formes, rien n'eft certain, tout eft confondu, tout devient arbitraire. S. Michel déclare qu'un ordre infolite lui a été adreffé pour fufpendre la publication d'un Réglement; doit-on le croire fur fon affertion? Qui a vu cet ordre? Qui l'a vérifié? Quel Tribunal en a examiné les difpofitions, pour avertir V. M. des furprifes qui pourroient lui avoir été faites? Si ce Refcrit prétendu qui fufpendoit, dit-on, l'exécution d'un Arrêt, étoit adreffé à la Sénéchauffée pour délibérer fur l'enregiftrement, c'eft un renverfement abfolu de la fubordination; & d'ailleurs, cette forme n'a pas été remplie. Rien n'eft plus *dangereux* que de faire valoir, contre les regles, *des Lettres miffives fur le fait de la Juftice.* Rien n'eft plus oppofé au droit public de notre Nation, & plus expreffément prohibé par les Ordonnances de nos Rois. C'eft bien pis encore de vouloir exécuter d'une maniere Defpotique des ordres fecrets, myftérieux, invifibles.... Mais quand cette Lettre n'auroit pas des caracteres fenfibles de fuppofition, & par elle-même, & par fa date; S. Michel devroit-il l'annoncer comme un ordre exprès de Votre Majefté? Seroit-il permis à un Magiftrat d'égaler des titres fi différens, de confondre le Souverain & le Sujet, le Légiflateur & le Miniftre, quelque refpectable qu'il puiffe être"?

,, Que les intentions de Votre Majefté pour l'exécution des Loix établies, & pour le maintien des regles de la police & de la difcipline, foient manifeftées par celui qui eft l'organe de votre juftice; il n'y a rien là,

(r) *La Lettre étoit ainfi conçue:* Le Roi me charge de vous ordonner de fufpendre la publication de l'Arrêt du deux Octobre, jufqu'à ce que vous ayés reçu de nouveaux ordres de fa part, je fuis &c.

qui ne foit conforme à l'ordre de tout temps fuivi & pratiqué dans le Royaume. Mais, Sire, le commandement qui fait, qui fufpend, ou qui change la regle, ne peut émaner que de Votre Majefté elle-même, & dans la forme prefcrite par les Loix".

,, Le pouvoir éminent qui s'exerce fur les Tribunaux mêmes qui vous repréfentent, ne réfide que dans le Légiflateur feul, & ne peut être tranfmis ni délégué. Méconnoître ce principe, ce feroit blefler la Majefté Royale: Nous fommes bien éloignés de penfer que votre Chancelier veuille donner atteinte à ces Maximes facrées. Mais, Sire, fi ce regiftre impofteur paffoit aux fiecles à venir, avec la proteftation dont il eft chargé, que penferoit la Poftérité? Comment pourroit-elle allier avec ce monument bifarre, ce qu'elle publiera de la fageffe de votre Regne? Et quelle feroit fa furprife en croyant appercevoir dans fes veftiges, que, dans l'âge où nous vivons, le fort des arrêts les plus refpectables dépendoit du caprice & de la témérité d'un fubalterne; que des mots échapés au hafard dans des Lettres fecretes détournoient le cours de la juftice; que votre Chancelier affectoit un pouvoir que vos auguftes Prédéceffeurs n'ont jamais voulu s'attribuer à eux-mêmes, & qu'on ne trouvoit point de Magiftrats affez fideles pour réclamer en faveur des regles & de la police de l'Etat?"

Ces Remontrances n'ayant point eu l'effet qu'elles devoient naturellement produire, le Parlement d'Aix en préfenta de fecondes le 28 Juin fuivant. Il y expofe avec lumiere & fermeté les Maximes de notre droit public.

,, Nous n'avons garde de croire que votre intention foit de détruire toute regle, de renverfer toute fubordination, de femer le trouble & la confufion dans les Tribunaux, de dégrader la majefté du commandement, & de changer le principe de l'obéiffance. Une opération, qui produit tous ces effets, eft donc manifeftement contraire.... à votre volonté."

,, Ce n'eft pas que nous prétendions rappeller au tribunal de l'opinion tous les ordres émanés fous votre nom, pour les admettre ou rejetter par des idées arbitraires: loin de nous cette témérité criminelle. Ce que nous difons, Sire, c'eft que l'erreur notoire eft une preuve infaillible du défaut abfolu de votre volonté, ou d'un acquiefcement précipité par furprife, qui n'eft rien moins qu'une volonté réelle......"

,, On nous objecte que l'ordre de V. Majefté étoit ici fuffifamment attefté par le feing de fon Chancelier. Cette idée contraire au Droit Public de la Nation, & effentiellement contraire à l'autorité royale, renferme des équivoques trop dangereufes pour ne pas les éclaircir foigneufement. On fuppofe que tout ordre de Votre Majefté fur le fait de la Juftice doit être indiftinctement reçu, que tout ordre eft fuffifamment attefté par votre Chancelier. Jufqu'où ne va-t-on pas avec de telles Maximes? ..... Le Chef de la Juftice eft autorifé à parler en votre nom pour exciter les Magiftrats au devoir de place & d'état...... Mais dans ce qui n'eft pas le dû de leur charge, ou dans ce qui y eft contraire, il n'a pas plus d'autorité fur eux que fur les autres Citoyens, & n'a pas droit de s'inveſtir de l'autorité royale, fous prétexte qu'il déclare des volontés particulieres".

„ Lorſque votre Chancelier parle avec la raiſon & la Loi, & qu'il s'appuie encore ſur la Loi vivante, qui eſt le Prince; tous ces témoignages ſe certifient mutuellement, & forment un corps d'autorité. Lorſqu'il parle ſans Loi, il ne peut être garant; il eſt ſans garant lui-même. Lorſqu'il parle contre la raiſon & la Loi, la déclaration qu'il fait au nom du Prince, bien loin de fortifier le commandement, ne ſert qu'à le rendre plus ſuſpect. La volonté qu'il prétend avoir recueillie ne peut être qu'une volonté ſuppoſée, ou une volonté momentanée, qui ne ſuffit point en France, pour faire changer la regle, & qui eſt d'ailleurs mal certifiée."

„ Votre Majeſté ne fait connoître ſes intentions aux Sieges inférieurs, que par l'entremiſe de ſon Chancelier, parce qu'ils ne reçoivent que des ordres d'exécution & de manutention, & non des ordres de légiſlation. Vos Parlemens ſont inſtitués pour recevoir, à l'excluſion des Tribunaux ſubalternes, les actes de l'Autorité Légiſlative, & du plein pouvoir, & ils ne le reçoivent que de vous. Le Sceau eſt la ſeule marque à laquelle ils puiſſent reconnoître votre autorité; & ce ſeroit une formalité bien vaine que le Sceau, ſi la ſignature de votre Chancelier étoit équivalente: ce n'eſt pas, Sire, que des Lettres écrites ſous les auſpices du Souverain, par le premier Miniſtre de la Juſtice, n'aient été ſouvent regardées dans les Parlemens comme des monumens reſpectables."

„ La volonté viſiblement utile, bienfaiſante & légale, annonce par elle-même l'ouvrage de la Majeſté Royale, & invite à lui rendre hommage; mais elle n'opere dans la Juſtice, comme acte du Pouvoir Suprême, qu'au nom de celui que Dieu en a revêtu, & avec les marques de la Souveraineté, parce que ce n'eſt pas un mot échappé au Prince, une velléité, une penſée, une opinion, quelque judicieuſe qu'elle puiſſe être, qui fait la Loi ou qui y déroge. C'eſt ſa volonté, en tant qu'il eſt Légiſlateur, c'eſt-à dire, avec l'appareil, la gravité & la certitude de la Légiſlation."

„ Plus l'utilité du commandement eſt balancée, plus les ſûretés ſont néceſſaires. Il n'y a que l'autorité revêtue des formes qui ſoumette & fixe l'opinion dans les cas douteux, & elle exige le reſpect, quand même il ſe ſeroit gliſſé quelque erreur évidente. De très-humbles Remontrances ſervent à faire réparer ces ſurpriſes. C'eſt alors la volonté de droit qu'on reſpecte, quoique la volonté de fait ne s'y trouve pas. Mais ſi l'acte eſt évidemment deſtitué de raiſon & de forme, c'eſt un crime aux Magiſtrats de le reconnoître contre la diſpoſition des Ordonnances, & d'attribuer au Légiſlateur une erreur notoire, ſur la ſimple aſſertion d'un de ſes Sujets."

„ On ajoute enfin, comme Maxime de convenance, qu'il eſt dû au moins une obéiſſance proviſoire, ſans préjudice des Remontrances; cette idée préſente d'abord une apparence ſpécieuſe; mais dans la réalité, il n'en eſt point de plus meurtriere à la Loi."

„ Les Rois ont voulu laisser dans le néant ce qui n'a point de forme pour ôter toute espérance à l'intrigue & à la fraude, sçachant bien que ce qui est le plus facile à surprendre n'est pas toujours le plus facile à faire révoquer, ni le moins dangereux à combattre."

„ Ce qui est fait suivant les regles est communément dirigé par l'amour du bien, qui admet les délais, & souffre les représentations & les avis des serviteurs fideles. Ce qui est fait contre les regles a presque toujours des moteurs secrets qui ne pardonnent ni délais ni résistances."

„ Si l'on admet une espece de parité entre l'un & l'autre, ou même une coaction plus soudaine, & plus prompte dans les ordres irréguliers, c'en est fait des formes & des anciennes institutions de la Monarchie. Ce qui est plus simple, plus court & plus prompt paroîtra toujours plus avantageux & plus commode : ce qui est sans forme, ou n'est rien ou usurpe tout pouvoir; pour peu qu'on lui accorde de réalité, il n'y a plus de mesure, & à peine est-on sorti de la regle qu'on tombe dans le cahos."

„ Il est évident que les Ordonnances qui ont prohibé les Lettres closes sur le fait de la Justice, ont entendu parler de Lettres écrites au nom du Roi à un Parlement, pour y être manifestées. On n'oseroit nier la disposition des Loix, on commence à vouloir la rendre inutile; & déja ce progrès est si immense, qu'on nous fait un crime de ne pas rendre hommage à la Lettre de votre Chancelier écrite à un particulier, pour demeurer éternellement close & secrette dans ses mains".

C'est donc une Maxime certaine, une Maxime de notre droit public, Maxime même qu'on peut regarder comme gardienne & tutélaire de la sage modération du Gouvernement, que les Lettres de Cachet ou les ordres verbaux, n'ont aucun empire sur le fait de la Justice, & que les Juges sont non-seulement autorisés à n'y avoir point d'égard, mais qu'il leur est formellement enjoint de n'y point obéir.

L'Ordonnance de Moulins, conçue dans les termes les plus impératifs, leur en fait un devoir, & cette Loi lie sans doute les Juges, puisque, suivant l'art. 208 de l'Ordonnance de Blois, les anciennes Ordonnances non révoquées, & singuliérement celles qui concernent le fait de la Justice, sont l'objet du serment qu'on leur fait prêter (s).

Or, l'Ordonnance de Moulins n'a jamais été révoquée, & elle n'est pas même de nature à l'être. Vouloir forcer les Juges à régler par des Lettres closes, par des ordres particuliers leur conduite dans l'expédition de la Justice, ce seroit donc les contraindre à mépriser les Loix, à violer leur serment. Cette violence n'est pas moins éloignée aujourd'hui de la sagesse & de la clémence du Trône, qu'elle ne l'étoit du temps

(s) „ Voulons que les Ordonnances faites, tant par Nous que par les Rois nos „ prédécesseurs, qui ont été publiées en nos Cours de Parlement, mémement celles con- „ cernant le fait de la Justice, & qui depuis n'ont été révoquées, ni modérées, & ne le „ sont pas par ces présentes, soient inviolablement gardées & observées. Enjoignons à „ tous nos Juges & Magistrats de les garder & faire garder exactement, tant ès jugemens „ des procès, qu'autrement, & sans contrevenir, ni s'en dispenser pour quelque occasion, „ & sous quelque prétexte que ce soit".

de Philippe le Bel & du Roi Jean. Le premier de ces Monarques vouloit que les Juges reçussent avec respect & exécutassent avec fidélité les mandemens Royaux : mais il les avertissoit lui-même qu'ils ne devoient point y obtempérer, lorsqu'ils en étoient empêchés par des causes justes & par le lien de leur serment ; & qu'alors ils devoient exposer au Prince les motifs de leur désobéissance apparente (t). Le Roi Jean s'expliqua dans les mêmes termes au mois d'Octobre 1351, & au mois de Mai 1355 (v).

S'il étoit possible qu'on dérogeât à l'article 81 de l'Ordonnance de Moulins, l'effet de cette dérogation seroit de remettre les choses dans l'état où elles étoient antérieurement ; &, en supposant même que la regle établie par cette Ordonance ne fût pas déja consacrée par l'usage ou par des Loix antérieures, il résulteroit uniquement de la révocation, que les Lettres de Cachet, assimilées à cet égard aux Lettres-Patentes, seroient soumises à l'examen des Juges, qui ne feroient tenus d'y obéir, que quand elles ne blesseroient pas les Loix & la Justice. Depuis l'Ordonnance de Moulins, les Lettres de Cachet portent, pour ainsi dire, leur illégalité sur le front. Si la disposition de l'article 81 étoit abrogée, la forme de ces Lettres ne suffiroit pas pour les faire rejetter ; le refus d'y obtempérer ne pourroit plus avoir pour motif que des raisons tirées du fonds même des ordres. Mais jamais la révocation n'auroit d'effet plus étendu ; jamais cet effet n'iroit jusqu'à exiger une obéissance aveugle pour les Lettres closes. Elles ne sçauroient avoir plus d'autorité que les Lettres-Patentes, sur lesquelles il est permis de délibérer, & de faire des Représentations.

Il n'est pas à craindre au-surplus que la disposition de l'Ordonnance de Moulins soit révoquée. Nos Rois ne changent point les Loix que l'intérêt public a dictées, si ce n'est que la révolution des siecles ne fasse disparoître leurs motifs, & qu'elles ne cessent d'être utiles ; & c'est ce qui n'arrivera point pour l'Ordonnance de Moulins, parce qu'il sera toujours essentiel au bien public, que l'administration de la Justice ne soit point à la discrétion d'ordres particuliers. Cette Loi a eu pour objet de préserver le Trône des surprises, de multiplier les obstacles aux ordres inconsidérés que l'importunité peut arracher au Souverain. Plus il est facile d'obtenir des Lettres de Cachet par crédit, moins elles doivent avoir d'influence sur l'administration de la Justice. Le danger ne cessant point, la Loi qui le prévient ne doit point être abrogée. L'article 81 de l'Ordonnance de Moulins, indissolublement liée à l'intérêt public, doit donc paroître aussi stable, autant irrévocable que ses motifs.

(t) *Præcipimus quod omnes Senescalli, Baillivi, & quicumque alii Justiciarii in regno nostro constituti, mandata regia cum reverentiâ suscipiant, & diligenter executioni debitæ demandent, nisi aliqua vera & justa causa & legitima obsistat quominùs juxta juramentum suum ea facere aut exequi minimè teneantur ; quam nobis referant ..... causas propter quas dicta mandata non tenentur executioni demandare.* (Ordonnances du Louvre, tom. 1. pag. 361).
(v) *Ibid.* tom. 2, pag. 457. Tom. 3, pag. 2.

Usage des Lettres de Cachet par rapport aux Citoyens.

Mais ne feroit-ce que rélativement à l'administration de la Justice, que nos Rois auroient prévu le danger des ordres particuliers, & qu'ils se seroient interdit l'usage des Lettres de Cachet? La liberté des Citoyens, leur état, leur bien-être, qui doivent être garantis par la Loi, seroient-ils à la merci de ces ordres qu'il est si aisé de surprendre, & dont l'exécution aussi prompte qu'indispensable ne laisseroit aucune ressource aux Citoyens opprimés?

On ne doit pas être surpris que nos Ordonnances n'aient pris aucune précaution contre cet emploi des Lettres de Cachet; il étoit heureusement inconnu; ou si quelquefois, par des raisons d'Etat, nos Rois usoient de leur puissance absolue contre des particuliers, ces événemens étoient rares, & nos Rois étoient attentifs à n'user de cette voie, que dans les cas extraordinaires pour lesquels elle étoit réservée.

Il suffisoit donc d'arrêter le cours des ordres particuliers sur le fait de la Justice, pour prévenir tous les abus. Le Citoyen étoit en sûreté sous la sauve-garde de la Loi: il n'appréhendoit ni contrainte ni vexation, tant que fidele à exécuter la Loi, il jouissoit à l'ombre de la vertu, des droits dont la Loi même qu'il observoit, lui assuroit la tranquille possession. Aussi peu inquiet sur la franchise de sa personne, de son état, de ses actions, que sur la propriété de ses biens, il sçavoit qu'on ne perdoit aucun de ces précieux avantages sans être coupable, & qu'on n'étoit puni qu'en vertu d'un Jugement légal. C'en étoit assez pour maintenir sa confiance & sa tranquillité. L'altération de la Justice par des ordres particuliers étoit le seul objet d'allarmes qui pût lui rester, & elles étoient calmées par la sage économie des Ordonnances qui avoient pris tant de précautions contre les Lettres closes, & qui en avoient enfin tari la source par leur proscription indéfinie.

L'autorité de la Loi n'est pas moins puissante sans doute, pour la liberté personnelle, que pour la propriété des biens du Sujet libre. Sous l'empire de la Loi, le Citoyen n'est pas moins maître de ses actions que de son patrimoine. Or, il est incontestable que des ordres particuliers sont incapables d'enlever aux François leurs héritages, leurs possessions. Le Citoyen ne doit donc pas appréhender davantage que des Lettres de Cachet lui ravissent son état & sa liberté.

C'est dans les Ordonnances mêmes qui ont affranchi la justice du joug des Lettres closes, des ordres verbaux, des Lettres missives, de tous les Mandemens illégaux, que le Citoyen trouve sa sûreté, soit pour ses propriétés, soit pour la libre disposition de ses actions & de sa personne.

Pourquoi nos Rois ont-ils si souvent promis de ne point blesser la Justice par des ordres particuliers? N'est-ce pas parce que ces ordres, trop souvent accordés au crédit, rendoient les Loix inutiles, lioient l'autorité

torité du Juge chargé de les faire obferver? Le Citoyen s'adreffoit vainement aux Tribunaux pour revendiquer des droits réels ou perfonnels envahis , lorfque les ordres particuliers impofoient filence à la Juftice. C'eft donc parce que le Citoyen privé du fecours de la Loi, voyoit fes droits compromis par ces ordres, que l'équité de nos Rois leur a fait prendre des engagemens fi folemnels contre les Lettres clofes ou les Lettres de Cachet. Il falloit que les Loix fuffent exécutées , & c'étoit pour l'intérêt du Citoyen qu'elles devoient l'être; les ordres particuliers rendant les Loix impuiffantes, bleffoient la Juftice, par le préjudice qu'ils portoient au Citoyen : c'eft en fa faveur par conféquent , c'eft pour la confervation de fes biens , de fes droits, de fa liberté, que les Ordonnances ont défendu aux Juges d'obtempérer à ces actes illégaux. Or, le vœu de ces Loix falutaires feroit-il rempli, la religion & l'équité du Trône feroient-elles fatisfaites, fi en s'abftenant de lier la Loi par des Lettres clofes adreffées aux Juges; fi en continuant de défendre aux Juges d'y déférer, on enlevoit au Citoyen fes droits par des ordres qui lui feroient directement adreffés? Il eft auffi facile de dépouiller un Sujet de fes biens par une Lettre de Cachet, que de le priver de fon état & de fa liberté; mais l'un ne feroit ni moins odieux ni moins illégal que l'autre. Les motifs qui ont fait profcrire l'ufage des Lettres clofes fur le fait de la Juftice, ont tous leur application aux Lettres de Cachet fignifiées aux particuliers. Elles font donc comprifes dans les engagemens conftatés par nos Rois dans les Ordonnances, & par conféquent dans la prohibition prononcée par l'Ordonnance de Moulins.

On a vu par les textes des Capitulaires, qui ont été rapportés au commencement de cet article, combien nos Rois avoient à cœur que la liberté des Sujets ne pût être altérée par des actes de puiffance abfolue. Chaque ordre de Citoyen avoit alors fa Loi, & ne devoit être jugé que par elle. En 793, le Roi Pepin chargea fes Officiers d'affurer les Peuples qu'il ne donneroit aucun ordre pour les priver de cet avantage ; que fi plufieurs avoient eu à fe plaindre de quelque entreprife contre leur liberté légitime, ce n'avoit été ni de fon intention, ni de fon commandement; *non eft voluntas fua, nec juffio*: & qu'il auroit foin de réprimer ces excès dès qu'ils parviendroient à fa connoiffance (x). Charles le Chauve fit à fon Peuple une promeffe à peu près femblable, lors de fon couronnement dans la Ville de Metz en 869 (y).

Ancien-nes Or-donnan-ces qui les pros-crivent.

(x) *Explicare debent ipfi Miffi qualiter Domino Regi dictum eft quòd multi fe complangunt legem non habere confervatam : & quia omninò voluntas regis eft ut unufquifque homo fuam legem pleniter habeat confervatam; & fi alicui contrà legem factum eft , non eft voluntas fua , nec juffio. Verùntamen fi Comes, aut Miffus , vel quilibet homo hoc fecit, fiat annuntiatum Domino Regi, quia ipfe pleniffimè hæc emendare vult.* (Baluze, cap. tom. 1. col. 542).

(y) *Sciatis me .... velle unicuique in fuo ordine fecundùm fibi competentes leges..... legem & juftitiam confervare, in hoc ut honor regius & poteftas, ac debita obedientia.... ab unoquoque veftrûm , fecundùm fuum ordinem & dignitatem, atque poffibilitatem mihi exhibeatur, ficut veftri anteceffores fideliter, juftè & rationabiliter meis anteceffibus exhibuerunt.* Ibid. tom. 2. col. 218.

On étoit fi religieufement attaché à ces regles, fous le regne dé S.
Louis, que les Grands du Royaume-n'héfiterent pas à déclarer à la Reine
Régente, mere de ce Prince, que *les emprifonnemens étoient contraires à la li-*
berté du Royaume ; parce que perfonne, en France, ne pouvoit être privé
de fes droits que par les voies judiciaires *(z)*.

Nos anciens Monarques, à qui ce langage étoit familier, penfoient-ils
donc que des engagemens fi folemnels ne fuffent de leur part qu'un excès
de clémence, & qu'en les contractant par des Loix publiques, ils renon-
çoient volontairement à quelque portion des droits de leur Sceptre? Non
fans doute ; mais leur amour pour des Sujets libres leur faifoit refpecter les
anciens ufages de la Monarchie, la franchife & les droits des Citoyens
foumis à leur Empire.

Au milieu du quatorzieme fiecle, Philippe de Valois fe hâta de réprimer un abus naiffant qui intéreffoit la liberté de fes Peuples. Des gens
mal intentionnés obtenoient de ce Prince, fous le nom de fon Procureur-Général, & fans la participation de ce Magiftrat qui l'ignoroit,
des Lettres portant commiffion de faire des informations fecrettes contre des perfonnes d'une réputation intacte, & quelquefois même contre
des Officiers de Juftice qui ne pouvoient remplir leurs fonctions avec
zele & intégrité, fans s'expofer à la haine des méchans. Souvent la commiffion étoit confiée à des perfonnes prévenues & fufpectes ; & elle les
autorifoit à procéder fur les charges qui pourroient réfulter de l'information, par voie d'emprifonnement, & de faifie des biens *(a)*. La voie
des Lettres de Cachet, fi elles euffent été connues, auroit paru plus fûre
& plus commode.

Il n'étoit pas permis à un Prince religieux & équitable de tolérer un
ufage qui compromettoit fi évidemment l'honneur, la fortune, la liberté des Sujets, en les livrant à l'envie, à la cabale, à la calomnie. Philippe
de Valois publia au mois de Décembre 1344, une Ordonnance qui pro-
hiba ces informations fecrettes, défendit d'accorder des Lettres portant
commiffion d'y procéder ; condamna même à l'amende & aux dommages
& intérêts des Parties, ceux qui oferoient en obtenir, & les mettre en
ufage. L'Ordonnance excepta néanmoins les trois cas où l'information
fe feroit de la volonté expreffe du Prince, ou de l'autorité de fa Cour,
ou à la requête de fon Procureur-Général lui-même *(b)*.

*(z) Pars maxima optimatum petierunt, de confuetudine Gallicâ, omnes incarceratos à car-
ceribus liberari, qui in fubverfionem libertatum regni, jam per annos duodecim in vinculis
tenebantur. . . . . adjiciunt quòd nullus de regno Francorum debuit, ab aliquo, jure fuo fpo-
liari, nifi per judicium duodecim Parium.* (Mathieu Paris fur l'an 1226).

*(a) Quia faepè per malevolos & ex malitiâ plurimorum à nobis impetrantur litterae, fub no-
mine procuratoris noftri, & ipfo penitùs ignorante, per quas quoque committitur, etiam perfonis fufpectis, ut informationes fecretas faciant, contrà perfonas bonae famae, ex quibus quàm
plurimi notabiliter, ac etiam enormiter laeduntur non folùm in eorum bonis, fed etiam perfonis & denigratione fuae fama. Nam & ipfi in vilibus carceribus detruduntur, & eorum bona in manu noftrâ pofita diftrahuntur & indebitè diffipantur ; & quoque contra officiales noftros qui propter juftitiam & obfervationem juris noftri malevolentiam & odium plurimorum
incurrunt.* (Ordonnances du Louvre, tom. 2. pag. 215.

(b) Cum igitur intentionis noftrae non extitit quod fubditi & officiales noftri talibus informa-

Peut-être fera-t-on allarmé de ces exceptions réfervées par la Loi; mais
on a de quoi fe raffurer dans les modifications qui y furent jointes. Le
Citoyen décrété en vertu des informations fecrettes, ne pouvoit être
mis en prifon qu'après avoir été entendu, & avoir eu par conféquent la
liberté de fe défendre. Le Juge, au Tribunal duquel il devoit être conduit, étoit obligé de lui faire connoître les charges portées contre lui;
d'écouter ce qu'il avoit à y oppofer, & de ftatuer en connoiffance de caufe fur fon renvoi ou fur fon emprifonnement provifoire. Dans les cas
où l'accès du Juge n'auroit été ni affez facile, ni affez prompt, il étoit
ordonné que l'accufé fût gardé dans un lieu fûr & honnête, jufqu'à ce
qu'il eût pu paroître devant le Juge (c).

Quelque dangereux que fût l'ufage des informations fecrettes, il étoit
bien différent de celui des fimples Lettres de Cachet. Il y avoit au
moins une apparence de procédure judiciaire; il falloit obtenir des Lettres du Prince qui permiffent l'information; ces Lettres ne s'accordoient
que fous le nom du Magiftrat chargé du miniftere public. L'information
n'avoit de fuite qu'autant qu'elle renfermoit des charges; c'étoit un Juge
qui la décrétoit. Néanmoins, cette procédure parut intolérable, parce
que l'information demeurant fecrette, l'accufé étoit hors d'état de fe
défendre fur le délit vrai ou faux dont il étoit inculpé. Philippe de
Valois s'empreffa de la profcrire, & de prononcer des peines contre ceux
qui oferoient l'employer. Si cette procédure fut tolérée dans certaines
circonftances, (ce qui fut même abrogé par la fuite), ce ne fut qu'à
l'ombre de précautions multipliées pour en prévenir l'abus. De quel
œil d'indignation ce Monarque n'eût-il pas regardé quiconque lui eût demandé fur des délations fecrettes, une Lettre de Cachet pour emprifonner ou exiler un Citoyen?

Louis XII eût-il pu n'être pas affecté de la même maniere, lui dont
l'hiftoire fait foi „qu'il ne fit oncques juftice foudaine, en quelque

tionibus opprimantur, *ordinamus, ac etiam decernimus ut de cætero, virtute talium litterarum
tales non fiant informationes, nec fub litteræ procuratoris noftri nomine concedantur, nifi de
noftrâ expreffâ emanaverint voluntate & confcientiâ, feu à noftrâ curiâ tales litteræ emanaverint, aut ipfo Procuratore noftro generali, hoc in fuâ perfonâ petente, vel de ipfius certo mandato. Aliàs autem volumus ut impetrantes hujufmodi damna & expenfas illis refarciant, &
reddere, ac injurias emendare teneantur, contrà quos talia impetrare præfumpferunt; & ergà
nos emendam* 60 *librarum Parifienfium in tali impetratione incurrant, & in eam incidant ipfo
facto, ad quam nobis folvendam celeriter compellantur, nec ulla fides informationibus adhibeatur prædictis* (Ibid).

(c) *Si verò aliqui officiales aut fubditi noftri virtute informationis debitè factæ per litteras
noftras, de voluntate & confcientiâ noftrâ, feu à curiâ noftrâ conceffas, aut ad petitionem Procuratoris noftri generalis feu ejus certi mandati ut prædictum eft, capti fuerint; ipfi antequàm
in carcerem detrudantur, ad judicem cujus autoritate capti funt adducantur, & factis per
informationem repertis contrà eos propofitis, illicò in fuis defenfionibus audiantur, ut fic con-
feftim judex de corporum elargitione, feu detentione, ac bonorum fuorum recredentiâ faciendâ, vel non, prout fibi juftum & æquum vifum fuerit, valeat ordinare. .... quòd fi ità
promptè copia judicis haberi non poffit, dicti capti honeftè & fecurè detineantur, donec ad
judicem adduci valeant, & in fuis defenfionibus audiri.* (Ibid).

„ façon que ce foit, quelque délit qu'on eût perpétré, fût contre lui-
„ même? . . . . . Mais a voulu que tous crimes fuffent punis par les
„ Juges ordinaires, *en enfuivant l'ordre de droit & raifon, fans en ufer*
„ *aucunement par volonté, ayant toujours, en tous fes faits, peur d'offenfer*
„ *Dieu* (d)''.

*Inconvé-
niens &
injuftice
de ces
Lettres.*

Pour peu qu'on réfléchiffe en effet fur la nature des Lettres de Cachet
& fur leurs effets, on eft bientôt faifi de la vérité & de la folidité de cette réflexion de la Cour des Aides de Paris, que leur ufage ordinaire eft
un abus *auffi contraire à la Conftitution du Royaume*, qu'à la liberté dont les
Sujets ont droit de jouir.

Tous les inconvéniens des Lettres clofes, accordées fur le fait de la Juftice, frappent fur les Lettres de Cachet expédiées directement contre
les particuliers : les premieres donnoient lieu aux plus grandes furprifes, l'importunité les arrachoit, ou elles étoient le fruit de l'inadvertence. Elles étoient en proie au crédit, elles devenoient l'inftrument des paffions. Quelque pur que fût le cœur des Monarques, malgré leurs droites
intentions, ils étoient trompés. Prefque toujours obreptices ou fubrepti-
ces, ces Lettres fervoient à opprimer l'innocent, à grever le foible, à
enhardir l'intrigue & la calomnie ; elles rendoient les Loix impuiffantes,
leurs miniftres muets, les Sujets malheureux. C'eft le trifte tableau qu'en
font nos Ordonnances, il a été tracé par nos Rois eux-mêmes ; ils ont
voulu qu'il fût dépofé dans les archives de la Nation. Que de précautions n'ont-ils pas prifes, pour en prévenir ou corriger l'abus, pour fe garantir des indifcrétions qui en étoient le principe ! Une trop funefte expérience leur a appris l'inutilité de ces précautions multipliées. Ils ont
toujours été furpris, quelques efforts qu'ils aient fait pour ne le pas être.
L'affection paternelle pour les Peuples, qui forme le caractere conftant
du Trône François, les a enfin convaincus que l'entiere abrogation de
ces Lettres étoit le feul remede efficace contre leur abus ; qu'il étoit indifpenfable de défendre aux Juges d'y obtempérer, & qu'il falloit encore cimenter leur fidélité par le lien facré du ferment.

Les furprifes feroient-elles donc moins à craindre à l'égard des Lettres de Cachet dirigées contre les Citoyens ? Eft-il plus difficile de les
avoir ? Le Trône eft-il plus inacceffible ? Les paffions font-elles moins
ingénieufes, les délations moins fufpectes, l'intrigue moins redoutable
par rapport aux ordres abfolus ? Les Lettres clofes deftinées pour les Tribunaux avoient une publicité qui leur fervoit en quelque forte de frein ;
la connoiffance néceffaire qu'en prenoient les Juges, les plaintes qu'ils
pouvoient en porter au Souverain, étoient capables d'inquiéter les impétrans, de les retenir, de les rendre plus circonfpects. Les Lettres de
Cachet peuvent s'obtenir, & s'obtiennent prefque toujours fur des
mémoires fécrets ; leurs auteurs agiffent avec d'autant plus de fécurité,

(d) Saint-Gelais. *Pag.* 124 & 129.

qu'ils s'enveloppent plus aifément dans les ténebres. Plus on ignore d'où part le coup, moins on eft à portée de le parer, ou de le rendre inutile. S'il eft quelques différences entre les diverfes efpeces de Lettres clofes ou de Cachet, elles font toutes au défavantage de celles qui exilent les Sujets du Roi. Celles-ci font plus fujettes aux inadvertences, aux importunités, aux furprifes.

Si les anciennes Lettres clofes étoient funeftes par leurs fuites, les Lettres de Cachet le font plus dans leurs effets. Les Lettres clofes fufpendoient le cours de la Juftice; elles évoquoient du tribunal ordinaire une affaire de fa compétence; elles prolongeoient le malheur d'un Citoyen, troublé dans la jouiffance de fes biens ou de fes privileges; elles favorifoient l'entreprife ou l'injufte poffeffion d'un oppreffeur. Mais leur fphere fe bornoit aux conteftations dont la Juftice étoit faifie. Le Citoyen qui n'avoit pas de procès, étoit à l'abri de ce fléau. Celui qui étoit la victime des Lettres clofes, ne rifquoit même que d'être privé pour un temps d'une partie de fa fortune, ou de fouffrir l'interruption plus ou moins longue des droits qui lui étoient conteftés. Ces inconvéniens étoient confidérables fans doute; nos Monarques fe crurent obligés de prémunir leurs Sujets contre ces vexations. Mais que le défaftre, dont les Lettres de Cachet menaceroient les Citoyens, a plus d'étendue! Qu'il eft plus effrayant!

Eft-il quelque prérogative de la liberté naturelle qu'elles ne puiffent atteindre & renverfer? Un Citoyen, qui a des jaloux ou des ennemis, fera expofé à recevoir, au moment qu'il s'y attendra le moins, un ordre qui l'enlevera à fa patrie, à fa famille, à fes amis; qui le réléguera à une extrémité du Royaume où il n'aura ni reffources ni connoiffances. Un autre, plus rigoureufement traité, peut-être ignominieufement enlevé de chez lui, trafné comme prifonnier d'Etat dans une obfcure prifon. Celui-ci recevra la défenfe d'ufer d'un droit légitime, parce qu'il aura eu le malheur de déplaire à un fupérieur. La Lettre de Cachet interdira à un autre fes fonctions, ou le privera d'un emploi utile qu'un concurrent plus accrédité voudra lui enlever. Ces malheureufes victimes ignorent prefque toujours quel délit a pu leur mériter les difgraces qu'on leur fera éprouver. L'impoffibilité de fe juftifier aggravera leurs chaînes; l'incertitude du terme de l'exil, de la prifon ou des autres peines ne leur laiffera appercevoir qu'un avenir défefpérant.

Mais ne pouffons pas plus loin ce détail vraiment affligeant. Raffurons-nous plutôt contre l'appréhenfion des Lettres de Cachet par le danger même des maux qui en feroient les fuites inévitables.

Dans une Monarchie où la Loi regne, dans un Gouvernement fage & modéré, le Sujet n'eft malheureux que lorfqu'il eft coupable. Il ne fçauroit être accufé, fans avoir la faculté de fe défendre, ni fubir une peine avant la conviction légitime; & les délations, les bruits incertains, les foupçons même ne peuvent tenir lieu de conviction.

Les Romains avoient pour maxime de ne condamner perfonne fans

l'entendre, fans le confronter à fes accufateurs (e). Ils n'écoutoient
point les dénonciations fecrettes, les libelles fans nom d'Auteur. Trajan
répondit à Pline le Jeûne, Gouverneur de Bythinie, qu'il feroit de
mauvais exemple, & peu digne du fiecle où il vivoit, qu'on eût égard
aux délations, même contre les Chrétiens, quelqu'odieux qu'ils fuffent;
& qu'il ne pouvoit être permis de les punir que lorfqu'ils auroient été *dé-*
noncés & convaincus (f). Combien ces principes d'équité naturelle ne
font-ils pas plus profondément gravés dans le cœur des Princes Chrétiens, qui ont appris des Ecritures Divines que l'épée qu'ils portent n'eft
terrible qu'aux méchans, & qu'elle doit être le foutien du Citoyen vertueux qu'elle protege?

Les Let-
tres de
Cachet
font les
armes du
Defpote.
Le Gouvernement, où les ordres abfolus entreroient dans le plan de
l'adminiftration ordinaire, tendroit au Defpotifme. Plus ils y feroient
communs, plus il s'écarteroit de la Conftitution Monarchique. Le propre du Defpote eft d'infpirer la terreur, de fubftituer le commandement
arbitraire, le vouloir verfatile, au joug aimable des Loix. Mais auffi
reçoit-il autant de dommage qu'il en caufe à fes Sujets; il s'aliene les
cœurs, & au lieu de trouver en lui un pere, ils font tentés de n'y voir
qu'un maître impérieux. C'eft l'idée que les Auteurs Payens donnent eux-
mêmes des Etats où l'arbitraire domine. Lorfque la crainte prend la
place de l'amour, elle n'eft pas éloignée de produire la haine (g). L'attachement des Peuples eft le plus ferme appui des Empires; ils s'affoibliffent à mefure que le Gouvernement s'y rend formidable (h). La crainte
n'eft pas propre à attirer le refpect & l'eftime; c'eft à l'amour qu'il appartient de produire ces fentimens (i). N'infpirer que la terreur, ce n'eft
pas le moyen de faire profpérer un Etat, d'en étendre la durée. Le reffort de la crainte ne peut être que foible, parce qu'il eft violent. Il eft
réfervé à la bienveillance d'être ftable & permanente (k).

Qu'il feroit à fouhaiter que les Princes ouvriffent les yeux fur leurs
véritables intérêts; qu'ils fentiffent combien on leur fait de tort, en ren-

---

(e) *Non eft Romanis confuetudo damnare aliquem hominem, priufquàm is qui accufatur præ-*
fentes habeat accufatores, locumque defendendi accipiat, ad abluenda crimina, Acta Apoftol.
cap. 25, v. 16.

(f) Fleury, Hiftoire Eccléfiaftique. *liv.* 3, *n.* 3.

(g) *Metus & terror infirmant vincula charitatis, quæ ubi removeris, qui timere defiérint,*
odiffe incipiunt. Tacite in Agricolà, cap. 32.

(h) *Longè optimum & firmiffimum id effe imperium, quod beneficiis, non fuppliciis fub-*
ditos in officio continere folet. Illorum enim benevolentiam, horum verò timorem effe comi-
tem. Quidquid autem eft formidabile, id neceffitate naturali omnium maximè eft exofum.
Denis d'Halicarnaffe, liv. 6.

(i) *Malè vim fuam poteftas aliorum contumeliis experitur; malè terrore veneratio acqui-*
ritur. Longèque valentior amor ad obtinendum quod velis, quàm timor. Nam timor abfit, fi
recedat, manet amor; ac fi ut ille in odium, hîc in reverentiam vertatur, Pline l. 8, Epift.
24, n. 6.

(k) *Malus Cuftos diuturnitatis metus; contràque benevolentia fidelis eft vel ad perpetuita-*
tem. Cicer. de Offic. l. 2. cap. 7.

Nec verò ulla vis imperii tanta eft, quæ, premente metu, poffit effe diuturna. Ibid.

Perfpicuum eft benevolentia vim effe magnam, metûs imbecillem. Ibid. cap. 8.

dant infuportable le joug de leur autorité ; combien on ébranle leur trône, en paroiffant chercher à l'affermir!

„ Ceux qui changent les confeils fondamentaux d'un Etat, font le chemin au changement de l'Etat". C'eft ce que difoit M. de Bellievre à la
Reine d'Angleterre en 1586. (1)

Henry IV étoit convaincu de cette vérité, lui qui s'exprime ainfi dans
fon Edit fur la réduction de la ville de Lyon.

„ Et parce que ne pouvons nous tenir plus affurés de nos villes & de
„ l'obéiffance qui nous eft dûe par nos Sujets, que par leur fidélité
„ & affection, en quoi nous fommes bien certains que ceux de notre dite
„ ville perfifteront, nous déclarons auffi que jamais n'aurons d'eux aucu-
„ ne défiance, ni defir de bâtir autres citadelles que dans leurs cœurs &
„ bonnes volontés " (m).

Le Comte de Rochefort dans fa Harangue aux Etats d'Orléans en
1560, avoit auffi fait fentir le danger où font les Princes qui abufent
de leur autorité, ne défirant que d'être craints.

„ Un Roi, *dit-il*, doit être plus occupé du bien de fes Sujets, que
„ de fes propres avantages ; il doit rendre à tous une exacte juftice,
„ pour gagner le cœur & mériter l'affection de tous. Les biens &
„ les maux du Prince fe répandent fur fes Peuples. La défection de
„ Saül attira fur les Ifraëlites une famine de trois ans ; une pefte fut le
„ châtiment des péchés de David ; & en punition des crimes d'Achab,
„ le Peuple de Dieu fut accablé de pertes & de maux fans nombre.

„ La juftice feule diftingue les Rois des tyrans ; car les uns & les
„ autres ont la même puiffance. Il arrive ordinairement par un jufte
„ jugement de Dieu que ceux qui abufent de leur autorité pour faire
„ le mal, pour vexer, pour piller, pour tourmenter leurs Sujets, font
„ juftement punis par ceux mêmes qu'ils ont fi maltraités. Ainfi fu-
„ rent détrônés & chaffés Denys par les Syracufains ; Phalaris par les
„ Peuples d'Agrigente ; Demetrius par les Macédoniens ; & les tren-
„ te tyrans d'Athenes par Thrafibule " (n).

La première preuve de cette vérité nous eft fournie dans l'Hiftoire
Sainte en la perfonne de Roboam. Jéroboam le vient trouver avec toute l'Affemblée d'Ifraël, & lui dit : Votre Pere nous avoit chargés d'un
joug très dur. Diminuez en quelque chofe, & nous demeurerons attachés
à votre fervice. Roboam promit de rendre réponfe dans trois jours. Il
négligea l'avis des vieillards qui lui confeilloient d'avoir égard aux juftes plaintes du Peuple. Les jeunes gens, qui l'entourbient, lui infpire-
rent la réponfe la plus dure. Le plus petit de mes doigts, leur direz-vous,
eft plus gros que les cuiffes de mon pere. Il vous a chargé d'un joug
péfant, & moi je le rendrai plus péfant encore. Mon père vous a cha-
tiés avec des couroies, & moi je vous châtierai avec des fouets armés de

(1) Mémoires de la Ligue, in 4. *Tom.* 1. *pag.* 413.
(m) Ibid. *Tom.* 6. *p.* 109.
(n) Hiftoire de Thou, traduct. Franç. *T.* 4. *p.* 12.

pointes de fer. Roboam fit la réponfe qu'on lui avoit infpirée au lieu de fe rendre aux remontrances du Peuple. Ce fut le Seigneur qui l'en détourna, pour accomplir par ce moyen ce qu'il avoit fait prédire à Jéroboam par fon Prophete, qu'il régneroit fur dix Tribus.

  „ Tous ces favoris, auffi bien que leur maître, dit à ce fujet un
  „ Commentateur moderne; avoient dans l'efprit ces Maximes de po-
  „ litique: qu'il eft dangereux de paroître mollir devant des inférieurs,
  „ fur-tout dans les commencemens: qu'il eft d'un efprit timide & in-
  „ digne du commandement de s'embarraffer de leurs plaintes & de leurs
  „ clameurs: que les ménagemens aviliffent l'autorité, & que les condef-
  „ cendances l'anéantiffent à la fin: qu'en leur cédant aujourd'hui fur
  „ un point, on les accoûtume à en demander demain un autre, fans
  „ favoir où l'on s'arrêtera: que l'on renverfe ainfi l'ordre en fe rédui-
  „ fant à dépendre d'eux, au lieu de les faire dépendre de foi: que
  „ pour éviter ces inconvéniens, il faut montrer d'abord beaucoup de
  „ fermeté: qu'elle feule fait la force & la fûreté du Gouvernement; &
  „ qu'après s'être fait obéir, on pourra examiner quel égard on aura pour
  „ leurs demandes” (o).

Quel fut le fruit de ces belles Maximes? Tous les Ifraëlites fe retirerent chez eux. Le Roi leur envoya un Officier qui fut affommé à coups de pierres. Ils firent venir Jéroboam dans l'Affemblée, où ils l'établirent Roi. Roboam ne conferva d'autorité que fur les deux Tribus de Juda & de Benjamin, & c'eft ainfi que fe forma le Royaume d'Ifraël. Roboam, qui étoit le plus infenfé du Peuple, homme fans jugement & fans prudence, éloigna ainfi de lui les Ifraëlites, en fuivant un mauvais confeil.

Il voulut avoir recours à la force. Il choifit 180 mille hommes des deux Tribus de Juda & de Benjamin pour faire rentrer les Ifraëlites fous fon obéïffance. Le Seigneur leur fit dire par fon Prophete; „ ne vous met-
„ tez point en campagne, pour faire la guerre aux Ifraëlites vos freres;
„ que chacun retourne chez foi; car c'eft moi qui ai fait ceci. Ils obéïrent, cefferent de marcher contre les Ifraëlites, & retournerent chez eux. (p)

S. Auguftin paroît en effet ne pas blâmer les dix Tribus qui avoient fecoué le joug de Roboam à caufe de fa tyrannie, & qui avoient choifi un autre Roi. Les deux Tribus demeurées foumifes à Roboam furent empêchées de combattre contre leurs freres, fur ce que Dieu fit déclarer par fon Prophete qu'il étoit l'auteur de cette féparation. Il n'y eut aucun péché, foit de la part de Jéroboam qui accepta le Gouvernement du Royaume d'Ifraël, foit de la part du Peuple. Dieu accomplit par là le deffein de fa jufte vengeance fur le Royaume de Juda. Il n'y eut aucune féparation dans la religion, mais feulement dans le Royaume. (q)

Le

(o) Explication des Livres des Rois, *Tom.* 3. *pag.* 160.
(p) Rois. L. 3. ch. 12. Paralip. L. 2. ch. 11. Eccli. Chap. 48. vs. 27 & 28.
(q) (*Populi Hebræorum*) *partes appellatæ funt* (*Juda & Ifraël*) *ex quo propter Salomonis offenfam, tempore filii ejus Roboam, qui Patri fuccessit in regnum, Deo vindicante, divi-*
fus

Les révolutions arrivées dans plusieurs pays prouveroient, si cela étoit nécessaire, que l'autorité des Princes est mal affermie, lorsqu'ils n'ont pas l'affection de leurs Sujets, & qu'ils ne regnent que par la crainte.

Philippe II. Roi d'Espagne s'étoit emparé par la force des armes du Royaume de Portugal.

„ Il avoit d'abord fait serment de conserver aux Portugais leurs pri-
„ vileges. Il renouvella ce serment, expliqua & augmenta ces privile-
„ ges par un Réglement qui contient vingt six articles, & qui finit par
„ une malédiction de Dieu, de la Sainte Vierge, & de toute la Cour
„ célèste, que ce Prince souhaite, & de la sienne qu'il donne à ceux de
„ ses enfans & de ses successeurs, qui le violeront.

„ Tous les articles de ce Réglement reçurent des atteintes sous les
„ trois Rois d'Espagne qui régnerent en Portugal, Philippe II, Philippe
„ III, & Philippe IV. Les regnes de ces Princes furent des regnes de
„ violence; & tels sont toujours les Gouvernemens où le Prince ne peut
„ compter sur l'amour des Sujets, parce que les Sujets ne peuvent comp-
„ ter sur la Justice du Prince.

„ Tandis que les Castillans gouvernerent leurs nouveaux Sujets d'u-
„ ne maniere supportable, les Portugais porterent leur joug avec pa-
„ tience; mais le Comte Duc d'Olivarez, premier Ministre de Philippe
„ IV, mit le comble à la tyrannie. Il gouverna le Portugal avec un
„ sceptre de fer; il entreprit d'épuiser ce Royaume d'hommes & d'ar-
„ gent, & se pressa trop d'exécuter ce projet. Une longue servitude,
„ qui croit insensiblement, efface peu-à-peu dans un Peuple les senti-
„ mens de liberté; mais une tyrannie portée tout d'un coup à l'excès,
„ l'irrite & le révolte. Le Comte-Duc crut qu'en accordant tout aux
„ uns, & en refusant tout aux autres, il feroit naître des jalousies &
„ des divisions entre les Grands; & que les familles ainsi divisées par
„ des intérêts particuliers, ne se réuniroient pas pour un intérêt com-
„ mun. Il combla de bienfaits les Portugais qui s'attachoient à la mai-
„ son d'Autriche, & exclut tous les autres des charges & des emplois.
„ Il voulut ruiner les principales forces du Royaume, en obligeant les
„ Milices & les Gentilshommes d'aller servir en des provinces éloignées;
„ & il établit des impôts extraordinaires. Il étoit parfaitement secon-
„ dé dans ses vues secretes par un homme, qui étoit aussi fier, aussi
„ impérieux, & plus dûr même que lui. C'étoit Michel Vasconce-
„ los, qui avoit toute l'autorité en Portugal sous l'administration de la

Exemples des suites terribles qu'entraînent les Commandemens arbitraires des Souverains.

---

sus est .... diviso igitur populo, primus regnavit in Jerusalem Roboam Rex Juda filius Salomonis. Et cum voluisset Roboam tanquam tyrannidem divisæ illius partis bello persequi, prohibitus est populus pugnare cum fratribus suis, dicente Deo per Prophetam se hoc fecisse. Undè apparuit nullum in eâ re vel Regis Israël vel populi fuisse peccatum, sed voluntatem Dei vindicantis impletam. Quâ cognitâ, pars utraque inter se pacata conquievit; non enim Religionis, sed Regni fuerat divisio. Augustin. de Civitate Dei Cap. 17, Cap. 21. Edit. Bene-dict. Tom. 7. pag. 4. & 85.

„ Vice-Reine Marguerite de Savoye, Duchesse Douairiere de Man-
„ toue.

„ Les Portugais, qui se souvenoient encore de la douceur du gou-
„ vernement de leurs Rois particuliers, ne purent souffrir que les im-
„ pôts & la servitude fussent le prix de leur soumission. Il y eut de
„ grandes émotions à Lisbonne & à Evora, & tout le Royaume pa-
„ rut disposé à une révolte générale; mais ce ne sont pas ordinaire-
„ ment ces saillies subites d'un Peuple irrité, qui causent les grandes ré-
„ volutions. Le projet fut longtems médité ; la conjuration fut for-
„ mée avec réflexion, & conduite avec habileté. Le tems, la manie-
„ re, le lieu de l'exécution, tout fut concerté avec un secret admira-
„ ble, & le Duc de Bragance fut Roi de Portugal, avant que les Castil-
„ lans, qui étoient à Lisbonne, en eussent eu le moindre soupçon.
„ L'acquisition d'un si beau Royaume ne couta, dit un Castillan, que
„ quelques feux de joie.

„ On porta sur le trône Dom Jean de Bragance, connu dans l'His-
„ toire de Portugal sous le nom de Jean IV. Ce Prince se fit couron-
„ ner, & convoqua les Etats Généraux, qui, par un acte solemnel, le
„ reconnurent pour le légitime Roi de Portugal comme descendant par la
„ Princesse sa mere de l'Infant Edouard, fils du Roi Emmanuel, à
„ l'exclusion du Roi d'Espagne qui ne sortoit du Roi Emmanuel que par
„ une fille, laquelle par une Loi fondamentale du Royaume étoit exclue
„ de la Couronne, pour avoir épousé un Prince étranger" (r).

Le changement arrivé dans les Pays-Bas est connu de tout le monde. „ Charles-Quint avoit gouverné avec douceur les Provinces Bel-
„ giques, où il étoit né; mais Philippe II. importuné des privileges, que
„ ces Peuples ne cessoient d'alléguer, voulut ne faire des dix sept Provin-
„ ces, dont les Loix & les usages étoient divers, qu'un seul Etat; le
„ soumettre aux mêmes Loix que les Espagnols, & en extirper la Reli-
„ gion Protestante, qui commençoit à s'y établir. Les habitans de ces
„ Provinces gémissoient sous un joug qu'ils détestoient, lorsque ce
„ Prince, en voulant l'appésantir, le brisa. L'enthousiasme d'une Re-
„ ligion naissante, l'ambition des Grands, & le désespoir des Peuples
„ donnerent lieu à une guerre civile. L'Histoire marque quatre causes
„ principales de la révolution qui enleva à l'Espagne sous Philippe II.
„ les sept Provinces-Unies. 1o. Le violement de tous leurs privileges,
„ & le séjour des troupes étrangeres Espagnoles & Italiennes, qui fu-
„ rent l'instrument de cette injustice. 2o. L'érection de quatorze nou-
„ veaux Evêchés ajoutés aux trois anciens, & la terreur qu'inspira
„ l'Inquisition que Marguerite d'Autriche, Gouvernante des dix sept
„ Provinces des Pays-Bas, y introduisit pour arrêter le progrès du
„ Luthéranisme. 3o. L'humeur impérieuse d'Antoine Perrenot, Car-
„ dinal de Granvelle, premier Ministre de cette Princesse; & le peu

(r) Science du gouvernement par Réal. Tom. 2. pag. 112.

„ de ménagement qu'il eut pour le Prince d'Orange, pour les Comtes
„ d'Egmont & de Horn, & pour les Marquis de Bergues & de Monti-
„ gny. 4°. Le faste insultant de Ferdinand de Tolede, Duc d'Albe qui
„ succéda au gouvernement de Marguerite d'Autriche; les impôts acca-
„ blans qu'il mit sur le Peuple; l'établissement du Conseil des Douze,
„ appellé le Conseil de sang, à cause de ses Arrêts meurtriers & les au-
„ tres effets de l'extrême sévérité de ce Gouverneur.....

„ Comme il est des degrés dans la soumission des Peuples, il y en a
„ aussi dans les mouvemens populaires. Les habitans des Pays-Bas ne
„ passerent pas sur le champ de l'état de sujettion à un état d'indépen-
„ dance absolue. Ils protesterent toujours dans le cours de neuf ans,
„ ainsi que les Suisses l'avoient fait pendant quelque tems, qu'ils se-
„ roient toujours soumis à la maison d'Autriche, & qu'ils n'en vou-
„ loient qu'à ses cruels Ministres. En conséquence de la pacification
„ de Gand, de l'union d'Utrecht, & des résolutions prises par leurs
„ Etats, ces Provinces firent la guerre long-tems à Philippe II, en di-
„ sant qu'elles le reconnoissoient pour leur Prince légitime. Elles éli-
„ soient en son nom des Gouverneurs & des Officiers, & les Peuples
„ prêtoient sermens entre leurs mains, comme s'ils eussent été élus par
„ le Roi d'Espagne. Dans toutes les villes qui s'étoient unies à la Con-
„ fédération, on prioit Dieu pour la prospérité de ce Prince, immé-
„ diatement avant que de demander au ciel la victoire contre ses trou-
„ pes. Les Tribunaux faisoient en son nom le procès à ses Sujets fide-
„ les, & l'on frappoit à son coin l'argent destiné à payer les armées
„ qui agissoient contre lui. Enfin les Magistrats prêtoient serment de
„ fidélité, & ne pouvoient lui obéir, sans être punis comme traîtres.
„ Mais les Etats Généraux ayant affermi leur puissance, à la faveur de
„ la diversion que firent aux forces de Philippe II, les guerres civiles
„ excitées, & entretenues en France par ce Prince, le déclarerent dé-
„ chu de son droit de Souveraineté sur leurs Provinces, en publiant une
„ déclaration qui suppose qu'ils étoient demeurés jusques-là sous sa domi-
„ nation" (s).

La Déclaration publiée par les Etats de Portugal pour le rétablissement de Jean IV. le 28 Janvier 1641 est fort longue. En voici quelques
extraits.

„ Les trois Etats, c'est-à-dire, l'Eglise, la Noblesse, & le Peu-
„ ple du Royaume de Portugal, assemblés en corps, & représentant tous
„ lesdits Royaumes avec toute l'autorité & la puissance qui y est an-
„ néxée, ont résolu que, pour bien commencer cette Assemblée, il
„ étoit nécessaire de décider par un acte public signé de tous, que *le*
„ *droit de la Royauté & du souverain commandement leur appartenoit, &*
„ que maintenant il appartient au très puissant Roi Dom Jean IV. du
„ nom, fils du Sérénissime Prince Dom Théodose Duc de Bragance,

(s) *Ibidem, pag.* 283, 288.

,, & petit fils de. la Sérénissime Princesse Catherine Duchesse du même
,, lieu, fille du Sérénissime Infant Dom Edouard, & petite fille du Roi
,, Dom Emmanuel de très glorieuse mémoire.

,, C'est pourquoi il a été avec justice proclamé Roi pour la premiere
,, fois dans cette ville de Lisbonne le premier jour de Décembre de l'an-
,, née 1640, & peu de tems après dans tout le reste du Royaume;
,, & il fut ensuite reconnu & accepté pour tel dans ladite ville le 15 du
,, même mois. Les trois Etats susdits s'étant néanmoins assemblés au-
,, jourd'hui dans la Cour, & en ayant fait l'ouverture avec les solem-
,, nités requises le 28 de Janvier 1641.

,, Ont jugé que pour affermir & pour rendre plus solemnelle l'heu-
,, reuse proclamation dudit Roi, & son rétablissement sur le trône, il
,, étoit à propos de réitérer au nom du même Royaume cette Déclara-
,, tion par écrit, par laquelle ils le reconnoissent & l'acceptent pour
,, leur légitime Roi & Seigneur, lui obéissent en cette qualité, & le
,, rétablissent sur le trône, qui appartenoit à son pere & à son aïeule;
,, *usant en cela de l'autorité & du droit qu'a le même Royaume de déterminer,*
,, *d'ordonner, & d'établir ce qui est conforme à la Justice......*

,, L'on suppose aussi pour Maxime incontestable dans le droit que *le*
,, *Royaume & les trois Etats sont en droit de juger & de prononcer sur la suc-*
,, *cession légitime du même Royaume,* toutes les fois qu'il naît quelque
,, difficulté & quelques doutes entre les Prétendans au sujet du défaut
,, de descendans du dernier Roi qui en a été possesseur; & encore *lors-*
,, *qu'ils ont résolu de s'affranchir de la domination des Rois, qui par leur*
,, *mauvais gouvernement se rendent indignes de la Royauté;* comme le
,, Royaume s'est maintenu dans cette puissance *depuis le tems que les Peu-*
,, *ples se transmirent au premier Roi qui les a gouvernés.* Et puisqu'il
,, est donc vrai qu'ils ne connoissent aucun supérieur à qui cette au-
,, torité appartienne, sinon ces mêmes Peuples du Royaume, suivant la
,, commune opinion des Docteurs qui ont écrit sur cette matiere, ou-
,, tre qu'il y en a une infinité d'exemples dans tous les Etats du mon-
,, de, & particuliérement dans ce Royaume, comme on le peut voir
,, dans l'Histoire des regnes des invincibles Princes, les Rois Dom Al-
,, phonse Henry, & Dom Jean premier''.

Les Etats rendent compte ensuite des motifs qui les ont déterminés,
en établissant le droit de la maison de Bragance, & en combattant celui
des Rois d'Espagne.

,, En quatrieme lieu, comme dans lesdites premieres Assemblées des
,, Etats tenus à Lamego par le Roi Dom Alphonse Henriquez, il fut
,, expressément ordonné que quand le Roi viendroit à mourir sans
,, enfans légitimes, ses freres lui succéderoient, s'il en avoit, à condi-
,, tion néanmoins que leurs enfans ne pourroient être admis à la suc-
,, cession de la Couronne sans le consentement du Royaume & sans
,, l'agrément des trois Etats qui le composent, sans lequel ils ne pou-
,, voient parvenir à la Couronne. Cette Loi a toujours été suivie &

„ mife en pratique, cómme il arriva lorfque le Roi Dom Alphonfe III.
„ étant monté fur le trône, après le décès du Roi Dom Sanche fon
„ frere qui mourut fans enfans, il fallut néceffairement qu'il affem-
„ blât les Etats du Royaume pendant fa vie, pour les faire confentir
„ que le Roi Dom Denis fon fils régnât après lui, & pour le faire dé-
„ clarer fon fucceffeur après fa mort. De la même maniere le Roi Jean
„ II. venant à mourir fans enfans légitimes, le Duc de Bégia, qui fut
„ le Roi Dom Emmanuel, fils de l'Infant Dom Fernand fecond fre-
„ re du Roi Alphonfe V. ayant été déclaré par le teftament dudit Jean
„ fecond fon héritier légitime & fucceffeur, il fut néanmoins re-
„ connu enfuite & accepté de nouveau pour Roi par les trois Etats du
„ Royaume affemblés à Montemaïor. Ainfi il s'enfuit de là qu'en-
„ core que par le décès du Roi Dom Henry mort fans enfans, le Roi
„ de Caftille pût avoir droit de fuccéder comme petit-fils dudit Roi
„ Dom Emmanuel, ce que néanmoins on n'accorde pas; il ne pou-
„ voit néanmoins régner ni prendre poffeffion du Royaume, comme il
„ l'a pourtant prife en effet, fans avoit été accepté & reconnu pour
„ Roi par les trois Etats du Royaume affemblés, ce qui n'a pas été
„ exécuté; ou du moins il devoit attendre que l'Affemblée desdits
„ Etats rendît fon jugement fur les prétentions qu'il avoit à la fucces-
„ fion dudit Royaume: mais au lieu d'attendre cette déclaration, il fe
„ mit d'abord en poffeffion d'icelui, en y entrant avec une armée, fans
„ vouloir écouter le Légat du Pape, qui vouloit lui parler de fa part.

„ Ainfi par toutes les raifons que nous venons de dire, il n'avoit
„ aucun droit à la Couronne, & lui & fes fucceffeurs ont été regardés
„ comme intrus & en qualité de Tyrans & d'ufurpateurs, qui, fe-
„ lon la Loi, ne font autres que ceux qui s'emparent du Royaume fans
„ aucune apparence de juftice; & par conféquent le Royaume pou-
„ voit, comme il peut encore à préfent, fe fervir de ces raifons, &
„ reprendre le droit qu'il a de proclamer & d'élire pour Roi le Sei-
„ gneur Roi Dom Jean IV, comme petit-fils légitime de ladite Dame
„ Catherine, qui avoit un droit légitime fur la fucceffion de cette Cou-
„ ronne ".

Les Etats répondent enfuite à l'argument tiré de la prefcription, de
la foumiffion volontaire, & de la reconnoiffance des Etats pendant
60 ans.

„ Les trois Etats fusdits ont néanmoins prononcé qu'encore que
„ cette poffeffion eut été continuée pendant un fi longtems, elle ne
„ pouvoit néanmoins préjudicier à leurs droits, ni autorifer l'ufurpa-
„ tion desdits Rois de Caftille; d'autant que *cette poffeffion a toujours*
„ *été forcée dès fon commencement*; qu'elle a été prife par la force des
„ armes & avec le fecours d'une armée nombreufe, par le moyen de
„ laquelle ledit Roi Catholique s'empara violemment dudit Royaume;
„ outre que cette poffeffion fut attentée, puifqu'elle étoit encore in-

„ décife, que le procès de ladite fucceffion étoit, encore pendant par
„ devant les Gouverneurs du Royaume; que le Roi Catholique n'at-
„ tendit pas qu'ils prononçaffent là-deffus, ni que les Etats du Royau-
„ me le reconnuffent pour leur Prince légitime; & que d'ailleurs le ju-
„ gement qu'il obtint fur ce fujet, ne fut rendu que par quelques par-
„ ticuliers qui avoient été gagnés & corrompus par des préfens confi-
„ dérables & par des promeffes avantageufes; lefquels n'avoient pas le
„ pouvoir de le proclamer, fans que les Etats fuffent affemblés; &
„ qu'ainfi la fentence qu'il a obtenue enfuite, étoit nulle, puifque ceux
„ qui avoient été nommés par le feu Roi Dom Henry pour gouverner
„ le Royaume après fon décès, n'étoient pas intervenus dans ce juge-
„ ment; faute de quoi ils n'étoient par revêtus d'une autorité fuffifan-
„ te de prononcer fur ce fujet, & de juger felon que le droit le de-
„ mande; outre que leur jugement fut rendu dans un tems où ils n'a-
„ voient aucun pouvoir de jurisdiction pour prononcer valablement,
„ puifque cela n'appartenoit qu'aux trois Etats du Royaume affemblés en
„ corps; & ce qui acheve de rendre cette fentence nulle, c'eft qu'elle fut
„ rendue à Ayamonte, qui eft une ville fituée dans les terres de Caftil-
„ le, où ils ne pouvoient nullement exercer leur jurisdiction, quand
„ même ils l'auroient eue.

„ Ainfi cette prife de poffeffion étant vicieufe dès fon commence-
„ ment à caufe de la violence avec laquelle elle a été prife, ce qui eft
„ un défaut effentiel, & à caufe de l'attentat qui a été commis alors,
„ puifque le jugement de la fucceffion du Royaume étoit encore pen-
„ dant & indécis; ce procédé, bien loin d'établir le droit du Roi Ca-
„ tholique, fi tant eft que l'on puiffe dire qu'il en eft quelqu'un, n'a fer-
„ vi bien plus qu'à l'affoiblir & le diminuer; felon la regle ordinaire
„ du droit qui veut *qu'une poffeffion violente ne s'autorife jamais par la*
„ *prefcription.* Enfin cette prefcription ne doit pas avoir lieu contre
„ les Etats du Royaume d'autant que depuis le commencement de cette
„ poffeffion forcée, ils n'ont jamais eu la liberté de protefter contre
„ cette violence, finon à préfent; il étoit pareillement néceffaire,
„ pour ce qui regarde les intérêts particuliers des Prétendans, que la
„ prefcription commençât contre un chacun d'eux, & que le tems légi-
„ time de cette prefcription fût expirée, ce qui n'eft pas encore arri-
„ vé ni accompli".

Le ferment prêté au Roi d'Efpagne formoit une autre difficulté. Les
Etats y répondent, & cherchent d'ailleurs un nouveau moyen contre les
Rois d'Efpagne dans l'abus du pouvoir qu'ils avoient ufurpé. Voici
leurs propres termes.

„ À l'égard du ferment de fidélité que les Etats ont prêté aux Rois Ca-
„ tholiques de Caftille, ils n'étoient nullement obligés de le garder,
„ puifqu'il n'étoit pas en leur pouvoir de s'affranchir du joug de leur
„ domination, & que les intentions du Roi Catholique Philippe IV,
„ depuis qu'il eft entré en poffeffion de ces Royaumes, *ne tendoient uni-*

„ quement qu'à *fon intérêt particulier*, & *non au bien public; Qualités &*
„ *traitement*, qui felon la jurifprudence, *font fuffifantes pour rendre un*
„ *Roi indigne de porter le Sceptre.*

„ Et comme il ne maintenoit pas le Royaume dans la *jouiffance de fes*
„ *franchifes*, *privileges & libertés*, & qu'au contraire il les violoit en
„ différentes manieres; qu'il ne s'appliquoit nullement à la défenfe du
„ Royaume, & à recouvrer les conquêtes de cette Couronne qui étoient
„ endommagées, & dont les ennemis du Royaume s'étoient emparés;
„ qu'il *chargeoit le Peuple d'impôts exorbitans*, *fans le confentement des Etats*
„ *du Royaume*, en contraignant par une force majeure les communau-
„ tés à confentir à la levée desdits impôts; *qu'il employoit les deniers*
„ *provenans des droits* des marchandifes qui entrent dans le Royaume,
„ non feulement à des guerres étrangeres, mais encore *à des chofes qui*
„ *n'étoient d'aucun ufage pour le bien de l'Etat*; qu'il abaiffoit la Nobleffe;
„ qu'il avoit introduit la vénalité des offices des Chambres Souveraines &
„ de la Juftice; qu'il *les faifoit exercer par des perfonnes indignes & inca-*
„ *pables*; que les Eccléfiaftiques & les maifons Religieufes étoient ac-
„ cablés de tributs; dont il donnoit le privilege à ceux qui lui donnoient
„ des avis pour établir des Gabelles, & pour tirer de l'argent; & qu'en-
„ fin *il commettoit ces abus & quantité d'autres au préjudice du bien de*
„ *l'Etat par l'entremife de plufieurs Miniftres mal intentionnés & ennemis*
„ *de la Patrie, dont il fe fervoit, quoique ce fuffent les plus méchans Sujets*
„ *de la République.*

„ Ce qui étant vrai, quand bien même les Rois Catholiques de Caf-
„ tille auroient eu un titre jufte & légitime fur la Couronne de ce
„ Royaume, ce que l'on nie fortement, & qu'à cet égard on n'auroit
„ aucun fujet de les regarder comme des ufurpateurs, *on devoit néan-*
„ *moins les envifager comme tels par leur maniere de gouverner l'Etat, &*
„ *par conféquent le Royaume étoit en droit de fe difpenfer de leur être fou-*
„ *mis*, *& de leur refufer l'obéiffance*, *fans violer le ferment qu'ils lui*
„ *avoient fait*, puifque felon le droit naturel & humain, quand bien
„ même les Etats du Royaumes transporteroient & accorderoient aux
„ Rois toute leur autorité & leur commandement pour le gouverner,
„ ce ne feroit néanmoins que *fous la condition tacite de les régir & gou-*
„ *verner avec juftice*, *& non pas avec violence*, de maniere que, *quand*
„ *les Sujets font traités tyranniquement par leurs Souverains*, *il eft en leur*
„ *pouvoir de leur ôter la Couronne, lorfqu'il s'agit de leur propre défenfe*; &
„ en femblable cas on ne doit jamais s'imaginer que les Sujets aient pré-
„ tendu engager leur foi, ni que les obligations de leur ferment puif-
„ fent s'étendre jufques là.

„ Et comme toutes les chofes fusdites font de fait & tellement con-
„ nues de tout le monde, qu'il n'eft pas befoin d'en faire la preuve en
„ Juftice, le Roi Catholique ne pouvant alléguer aucune raifon légiti-
„ me pour être oui dans fes défenfes; & n'y ayant point d'autre fupé-
„ rieur légitime à qui l'on puiffe avoir recours; outre que les doléan-

„ ces & les plaintes fréquentes, qui ont été envoyées plufieurs fois au
„ même Roi Catholique de Caftille, ont été inutiles; & que bien qu'il
„ s'en foit enfuivi quantité de défordres les années dernieres tant à Évo-
„ ra, qu'en d'autres lieux de ce Royaume, où le Peuple fe fouleva pour
„ fe délivrer de la charge des impôts exceffifs, fans que la Nobleffe
„ s'en mêlât, on n'a pas pour cela adouci la rigueur du gouvernement;
„ mais qu'au contraire on a traité les Peuples avec encore plus de dure-
„ té qu'auparavant: c'eft la raifon pour laquelle les trois Etats du Royau-
„ me affemblés, *fe fervant du pouvoir que le droit leur a donné pour leur*
„ *défenfe légitime*, ont réfolu de lui réfufer l'obéiffance, & de la rendre
„ au Seigneur Roi Dom Jean IV, lequel fuivant le droit qu'il avoit reçu
„ de la Ducheffe Catherine fon Aïeule, étoit le légitime Roi & heritier
„ de ce Royaume &c. " (t).

Elles font contraires au Gouvernement Monarchique.

Le Gouvernement Monarchique eft un gouvernement de pere; & le Gouvernement paternel ignore l'ufage du pouvoir arbitraire. „ Le Def-
„ potifme tyrannique des Souverains eft un attentat fur *les droits de la*
„ *fraternité humaine* ; c'eft renverfer la grande & fage Loi de la nature
„ dont ils ne doivent être que les confervateurs (v).

Quelles fages leçons que celles que Mentor donnoit à Télémaque! „ Si jamais les Dieux vous font poffeder le Royaume de votre pere, aimez vos Peuples comme vos enfans; goûtez le plaifir d'être aimé d'eux, & faites qu'ils ne puiffent jamais fentir la paix & la joie, fans fe reffouvenir que c'eft un bon Roi qui leur a fait ces riches préfens. Les Rois qui ne fongent qu'à fe faire craindre, & qu'à abattre leurs Sujets pour les rendre plus foumis, font les fléaux du genre humain; ils font craints comme ils veulent l'être, mais ils font haïs, deteftés, & ils ont encore plus à craindre de leurs Sujets, que leurs Sujets n'ont à craindre d'eux (x)".

„ Quand on regarde (la Royauté) de loin, on ne voit qu'autorité, qu'é-clat & délices, mais de près, tout eft épineux..... Un Roi fe doit à tous les hommes qu'il gouverne, & il ne lui eft jamais permis d'être à lui..... La Royauté, quand elle eft prife pour fe contenter foi-même, c'eft une monftrueufe tyrannie. Quand elle eft prife pour ...... con-duire un peuple inombrable, comme un pere conduit fes enfans, c'eft une fervitude accablante qui demande un courage & une patience héroï-que (y).

„ Quand on veut être le maître des hommes pour foi-même, ne re-gardant que fa propre autorité, fes plaifirs & fa gloire ...... on eft le fléau du genre humain. Quand au contraire on ne veut gouverner les hommes que *fuivant les vraies regles*, *pour leur propre bien*, on eft moins leur maître que leur tuteur..... on eft bien éloigné de vouloir étendre fon autorité " (z).

„ Il

(t) Corps Diplomatique du droit des gens, *Tom.* 6. *part.* 1. *pag.* 202.
(v) Fénélon. Supplément aux Directions pour la confcience d'un Prince. *pag.* 88.
(x) Télémaque. *tom.* 1, *pag.* 46, *la Haye* 1700.
(y) Ibid. *tom.* 3, *pag.* 24, 26.
(z) Ibid. *pag.* 133.

,, Il y a deux chofes pernicieufes dans le gouvernement des Peuples, auxquelles on n'apporte prefque jamais de remede. La premiere eft une autorité injufte & trop violente dans les Rois; la feconde eft le luxe qui corrompt les mœurs. Quand les Rois s'accoutument à ne connoître d'autres loix que leur volonté...... ils peuvent tout; mais à force de tout pouvoir, ils fappent le fondement de leur puiffance...... Qui leur dira la vérité? Qui donnera des bornes à ce torrent? Tout cede, les fages fuient, fe cachent & gémiffent. Il n'y a qu'une révolution foudaine qui puiffe ramener cette puiffance débordée dans fon cours naturel (a) ".

Télémaque répond à Mentor: ,, fi toutes ces chofes font vraies, l'état d'un Roi eft bien malheureux; il eft l'efclave de tous ceux auxquels il paroît commander..... Il eft l'homme de tout le Peuple & de chacun en particulier. Il faut qu'il s'accommode à leur foibleffe, qu'il les corrige en pere...... Son autorité eft celle des Loix, il faut qu'il leur obéiffe pour en donner l'exemple à fes Sujets. A proprement parler, il n'eft que le défenfeur des Loix pour les faire régner; il faut qu'il veille & qu'il travaille pour les maintenir..... Il eft vrai [réplique Mentor] que le Roi n'eft Roi que pour avoir foin de fon Peuple, comme un berger de fon troupeau, ou comme un pere de fa famille (b)".

En mettant à l'écart les occafions rares où l'intérêt du Trône, le falut de l'Etat, le bien général peuvent permettre l'ufage des ordres particuliers, jamais on ne conciliera l'arbitraire des Lettres de Cachet avec ces faines Maximes. Les Lettres de Cachet font difparoître *les droits de la fraternité humaine*; elles font le langage du maître, & n'expriment point la tendreffe du pere. Elles *abattent* le fujet fans le réformer. Afin de gouverner les hommes *pour leur propre bien*, il faut les gouverner *fuivant les regles*, & l'autorité réglée eft celle de la Loi; c'eft elle que le Prince doit faire *régner*, & les Lettres de Cachet n'annoncent d'autre Loi que la volonté impérieufe du Monarque. Les ordres particuliers infpirent la terreur; l'empire de la Loi peut feul gagner les cœurs, parce que les hommes fe *croient libres quand ils ne font gouvernés que par des Loix*.

Les Lettres de Cachet ne s'accordent pas mieux avec l'objet & les motifs de l'inftitution primitive des Sociétés & des Monarchies.

Elles font oppofées à l'inftitution primitive des Sociétés.

,, Rien n'eft plus oppofé aux deffeins de Dieu, & à la premiere inftitution de la Puiffance Royale, que le pouvoir arbitraire qui la déshonore en la faifant dégénérer en tyrannie..... Le premier caractere de la Souveraineté, quand elle eft pure..... eft de gouverner par les Loix; de régler fur elles fes volontés, & de fe croire interdit tout ce qu'elles défendent. Le Prince & les Loix commandent la même chofe.... C'eft tout l'oppofé dans le pouvoir arbitraire; il donne fes volontés comme Loi..... Il fépare fon autorité de celle du droit public; il méprife celle des Loix, & les Loix condamnent l'abus qu'il fait de la fienne..... Le

(a) Ibid. *pag.* 170.
(b) Ibid. *pag.* 246.

Prince n'ôte au Peuple d'autre liberté que celle dont il abuferoit, & il lui conferve toute celle qui eft néceffaire à fon bonheur.... Le pouvoir arbitraire ignore cette fage modération..... Il ne voit que des efclaves, parce qu'il ne voit que fon autorité..... Un Prince digne de régner ne fait rien que par raifon, il n'eft jamais réduit à donner fa volonté comme la feule caufe de fes actions..... mais c'eft de quoi le pouvoir arbitraire fe glorifie..... Il n'examine rien, c'eft affez qu'il veuille. On l'irrite par les plus modeftes Remontrances: on l'affermit en lui oppofant des raifons: on l'importune en le faifant fouvenir des Loix de l'équité: on devient coupable en lui repréfentant l'intérêt du Peuple. Tout ce qui eft poffible à fon égard devient jufte, & la feule impuiffance eft capable de lui donner des bornes, & de l'arrêter (c) ".

Si nous voulons connoître toute l'oppofition du pouvoir arbitraire aux motifs de l'inftitution de la Royauté, rappellons-nous ce que les Auteurs établiffent fur l'origine des Sociétés & du Gouvernement. Pourquoi les hommes fe font-ils réunis? Pourquoi ont-ils dépofé toute l'autorité dans la main d'un feul? N'eft-ce pas, au jugement de Cicéron, pour fe prémunir contre la violence, pour s'affurer la poffeffion tranquille de leurs biens & l'ufage foutenu de leur liberté naturelle, fous l'empire des Loix? Le Prince ne doit donc jamais oublier que le Trône & la Loi ont la même fource; que le Gouvernement n'a d'autre objet, d'autre fin, que de conferver aux hommes les avantages qu'ils ont voulu fe procurer, en fe rendant Sujets & Citoyens (d).

Tous les Gouvernemens ont eu, dans leur principe, ce terme commun. Les hommes qui avoient vécu dans l'indépendance fe font choifi un Chef, & ont promis de lui obéir pour l'intérêt général du Corps, & le bien particulier de chacun des membres. Les Sociétés particulieres peuvent nous aider à faire concevoir la formation de la Société générale. Que quelques particuliers fe réuniffent en fociété, ils s'obligent à contribuer de leurs biens & de leur induftrie à l'heureux fuccès de la Société. Ils ceffent d'être les maîtres abfolus des fonds engagés dans la Société; la Société a des droits fur leurs perfonnes, pour le concours du zele & du travail, dont elle doit recueillir le fruit. L'enga-

Image de la création d'un Etat.

(c) Inftitution d'un Prince, 2. part. ch. 8. art. 2. pag. 119 & fuiv.
(d) *Mihi quidem, non apud Medos folùm, ut ait Herodotus, fed etiam apud majores noftros fruendæ juftitiæ caufâ videntur olim benè morati reges conftituti. Nam cùm premeretur inops multitudo ab iis qui majores opes habebant, ad unum aliquem confugiebant virtute præftantem: qui cùm prohiberet injuriâ tenuiores, æquitate conftituendâ fummos cum infimis pari jure retinebat. Eademque conftituendarum legum fuit caufa, quæ regum: jus enim femper quæfitum eft æquabile.* (De offic. lib. 2. cap. 12.)
In primis videndum erit ei qui rempublicam adminiftrabit, ut fuum quifque teneat, neque de bonis privatorum publicè diminutio fiat .... hanc enim ob caufam, maximè ut fua tenerent, refpublicæ civitatefque conftitutæ funt. Nam etfi duce naturâ congregabantur homines, tamen fpe cuftodia rerum fuarum, urbium præfidia quærebant. (Ibid. cap. 21.)
Id eft proprium, ut fuprà dixi, civitatis atque urbis, ut fit libera, & non follicita fua rei cujufque cuftodia. (Ibid. cap. 22.)

gement des affociés ne fubfifteroit pas moins, dans l'hypotefe où ils préféreroient de confier à un feul la direction des affaires communes. Mais qu'ils fe réfervent une influence égale dans l'adminiftration, ou qu'ils l'abandonnent à un feul, il eft toujours certain que l'engagement qu'ils ont pris ne lie leur liberté, ne gène leur propriété que par rapport à ce qu'ils doivent fournir à la Société; & que leur indépendance primitive fubfifte à l'égard du furplus.

Voilà l'image naturelle de la création d'un Etat. C'eft un corps, c'eft un affemblage d'hommes libres, qui ne fçauroient fe maintenir, fi chaque individu conferve fon indépendance naturelle. Il eft indifpenfable qu'il y ait une puiffance publique, que quelqu'un regle ce qui intéreffe le bien général. Il faut des fonds communs, & ils ne proviennent que du prélévement des fonds particuliers. Il faut que les Citoyens contribuent au fervice néceffaire, à la manutention générale, & cette contribution doit être faite fous le commandement de celui qui tient les rênes de l'Etat. Les Rois ont donc des droits invariables tant fur les biens que fur les perfonnes, pour les fubordonner au falut de la chofe publique. Mais auffi c'eft-là que fe borne leur pouvoir. *En quoi confifte le pouvoir des Rois.*

Tous les Publiciftes enfeignent 1o. que la liberté des Sujets eft fubordonnée au bonheur de la Société, & que la fin de la Société civile étant là paix & la fûreté d'où réfulte la félicité publique, leur liberté eft néceffairement reftreinte. 2o. Que les Citoyens n'ayant contracté d'obligations envers la Société générale, que dans ce qui eft relatif à l'intérêt commun; gêner leur liberté dans tout ce qui eft étranger à cette fin, ce feroit excéder les termes de leur engagement, puifqu'ils ont entendu conferver leur indépendance naturelle dans tout ce qui n'a pas un rapport réel au bien public. 3o. Que les hommes n'ont confulté même que leur intérêt propre, dans l'établiffement des Sociétés & des Empires, parce qu'ils y ont cherché à fe procurer la jouiffance paifible des droits & des poffeffions, dont le bien de la Société n'exigeroit pas le facrifice (e).

Le terme de pouvoir *abfolu, étant mal entendu,* dit Puffendorf, ,, peut faire de fâcheufes impreffions fur l'efprit des mauvais Princes, fur-tout avec le fecours des flatteurs qui nourriffent l'ambition....., de leur Souverain par des difcours comme ceux-ci: Vous êtes abfolu, donc tout vous eft permis, & vous n'avez qu'à vouloir.... Faites des injuftices, des injures & des outrages à qui il vous plaira...... Mais le mot d'*abfolu,* dans la fignification propre, n'emporte rien de pareil. Comme, dans l'état de Nature, la liberté fouveraine & abfolue de chacun confifte en ce qu'il regle, comme il l'entend, & fans confulter perfonne, tout ce qui regarde *fes biens, fes affaires & fes actions propres, fans préjudice néanmoins des Loix naturelles, auxquelles il eft indifpenfablement tenu de fe conformer;* de même, lorfque plufieurs fe font joints enfemble pour former un Etat

_____

(e) Voyez leurs textes rapportés dans l'article précédent.

civil, il faut nécessairement que ce corps, comme un sujet commun, conserve une semblable liberté, par rapport aux choses qui concernent le bien public; liberté qui est accompagnée d'un pouvoir souverain, ou d'un droit de prescrire aux Citoyens ces sortes de choses, & de contraindre ceux qui refuseront d'obéir; desorte que dans tout Etat proprement ainsi nommé, il y a toujours un *pouvoir absolu*, quoiqu'il ne s'exerce pas toujours actuellement: car il implique contradiction de dire que l'on est indépendant, & que néanmoins on n'a pas le droit de gouverner ses propres affaires, comme on le juge à propos. Le pouvoir absolu n'emporte pourtant, par lui-même, rien d'injuste ni d'insupportable; car le but des Sociétés civiles n'est pas de se mettre en état de fouler aux pieds toutes les Loix naturelles, & de ne consulter que ses passions ou son caprice: au contraire, *elles ont été établies en vue de se procurer plus commodément une sûreté mutuelle par les forces réunies de plusieurs*, & par conséquent afin de pouvoir paisiblement vacquer à la pratique des Maximes du Droit Naturel (f) ".

Ces idées sont plus développées dans *les Principes du droit politique* de Burlamaqui (g). Cet Auteur suppose d'abord que dans l'Etat primitif, les hommes étoient égaux & indépendans, & que si dans cet Etat, ils eussent exactement observé la Loi Naturelle, ils auroient pu être heureux, sans se soumettre à un Gouvernement. Mais parce que les passions ont obscurci cette Loi qui n'étoit plus un frein suffisant, & que d'ailleurs il n'y avoit point de Juge commun qui pût terminer les différens & punir les violateurs de la Loi, ces inconvéniens de l'état de nature ont forcé les hommes à sortir de l'indépendance, & à chercher un remede contre l'excès de leur propre liberté. Telle a été, selon Burlamaqui, l'origine des Sociétés & des Empires; c'est ce qui a déterminé les hommes à s'unir entr'eux sous la dépendance d'un Chef qui auroit le commandement.

Mais la liberté naturelle a-t-elle été anéantie par cette révolution? Elle a plutôt été perfectionnée, parce que les abus en ont été retranchés. „La liberté naturelle est le droit que la Nature a donné à tous les hommes de disposer de leurs personnes & de leurs biens, de la maniere qu'ils le jugent le plus convenable à leur bonheur; sous la restriction qu'ils le fassent dans les termes de la Loi Naturelle, & qu'ils n'en abusent pas au préjudice des autres hommes. A ce droit de liberté répond une obligation réciproque & par laquelle la Loi Naturelle engage tous les hommes à respecter la liberté des autres hommes, & à ne les pas troubler dans l'usage qu'ils en font tant qu'ils n'en abusent pas. Les Loix naturelles sont donc la regle & la mesure de la liberté, & dans l'état primitif & de Nature, les hommes n'ont de liberté qu'autant que les Loix naturelles leur en accordent".

Cet Auteur, après avoir observé que l'homme ne sçauroit être dans

(f) Droit de la nature & des gens, *liv.* 7. *ch.* 6. §. 7.
(g) *Part.* 1. *ch.* 3. §. 2. *& suiv.*

une indépendance totale & abfolue, parce qu'il eſt néceſſairement ſous la dépendance de Dieu & de ſes Loix, ajoute ,, que les reſtrictions que la Loi Naturelle apporte à la liberté de l'homme, bien loin de la diminuer ou de la détruire, en font au contraire la perfection & la ſûreté. Le but des Loix naturelles n'eſt pas tant de gêner la liberté de l'homme, comme de le faire agir conformément à ſes véritables intérêts; & d'ailleurs, ces mêmes Loix mettent un frein à la liberté des hommes, dans ce qu'elle pouvoit avoir de dangereux pour les autres; elle aſſure ainſi à tous les hommes le plus haut degré de liberté qu'ils puiſſent ſouhaiter raiſonnablement, celui qui leur eſt le plus avantageux''.

Le Gouvernement Civil produit un effet ſemblable, & par conſéquent, il perfectionne la liberté naturelle, en même temps qu'il la reſſerre.

,, Il eſt vrai que l'établiſſement du Gouvernement & de la Souveraineté apporte des modifications conſidérables à la liberté naturelle: il faut que l'homme renonce à cet arbitrage ſouverain qu'il avoit ſur ſa perſonne & ſur ſes actions, en un mot à ſon indépendance. Mais quel meilleur uſage les hommes pouvoient-ils faire de leur liberté, que de renoncer à tout ce qu'elle avoit de dangereux pour eux, & de n'en conſerver qu'autant qu'il en falloit pour ſe procurer un ſolide bonheur. La liberté civile eſt donc, dans le fonds, la même que la liberté naturelle, mais dépouillée de cette partie qui faiſoit l'indépendance des particuliers, par l'autorité qu'ils ont donné ſur eux à leur Squverain. La liberté civile l'emporte de beaucoup ſur la liberté naturelle; d'où il ſuit que l'état civil eſt plus avantageux que l'état de Nature ''.

Burlamaqui expoſe enſuite les conſéquences qui naiſſent de cette vue importante.

,, 1°. Ces réflexions ſont très-propres à guérir l'eſprit des hommes ſur les fauſſes idées qu'ils ſe font pour l'ordinaire là-deſſus; comme ſi l'Etat Civil n'avoit pu s'établir qu'au préjudice de leur liberté naturelle, & que le Gouvernement n'eût été inventé que pour ſatisfaire l'ambition des plus conſidérables d'entr'eux, au préjudice du reſte de la Société.

,, 2°. Elles inſpirent aux hommes de l'amour & du reſpect pour un établiſſement auſſi ſalutaire, les diſpoſant ainſi à s'aſſujettir volontairement à tout ce que la Société civile exige d'eux, perſuadés qu'il leur en revient de grands avantages.

,, 3°. Elles peuvent encore beaucoup contribuer à augmenter l'amour de la Patrie, dont la nature même a jetté pour ainſi dire les premieres ſemences dans le cœur des hommes, & qui contribue ſi efficacement au bonheur des Sociétés.

,, Mais, ſi ces réflexions ſont propres à guérir les préjugés des Peuples, elles préſentent auſſi aux Souverains les leçons les plus importantes. Qu'y a-t-il de plus propre à faire ſentir au Prince toute l'étendue de leur devoir, que de réfléchir ſérieuſement aux fins que les Peuples ſe ſont propoſées, en leur confiant leur liberté, c'eſt-à-dire tous leurs avantages; & aux engagemens dans leſquels ils ſont entrés, en ſe chargeant d'un dépôt auſſi précieux? Si les hommes ont renoncé à leur indépen-

Le pouvoir conféré aux Rois n'anéantit pas la liberté des Peuples.

dance & à leur liberté naturelle en fe donnant des maîtres, c'eft pour fe
mettre à couvert des maux dont ils étoient travaillés, & dans l'efpérance
qu'ils trouveroient fous leur protection, & par les foins de leur Souverain, un véritable bonheur (h)".

Ces principes dictés par la raifon, démontrent que, dans tout gouvernement réglé, les Sujets confervent leur liberté naturelle, puifque la fin
de toute autorité eft d'affurer à chaque Citoyen l'exercice de cette liberté en la perfectionnant, c'eft-à-dire, en empêchant qu'il n'en abufe, foit à fon propre préjudice, foit au préjudice de fes Concitoyens,
ou du Corps de la Société.

Confor-
mité de
cette doc-
trine
avec cel-
le des
Théolo-
giens. Ces principes n'ont rien de contraire à ce que nous enfeignent les
Théologiens fur la fource divine de la puiffance des Rois. Quoiqu'il foit
très-conftant que les Rois tiennent leur pouvoir de Dieu, il eft un fens
très-véritable dans lequel ils le reçoivent du Peuple; le Peuple choifit,
ou a originairement élu celui qui devoit le commander, & Dieu a revêtu
le Prince de fa propre autorité, en approuvant ce que les hommes avoient
réglé par une délibération libre. C'eft ce qui faifoit dire à Louis-le-
Begue, en 878, qu'il étoit Roi par la miféricorde divine, & par le choix
de fon Peuple: *Ego Ludovicus, mifericordiâ Domini Dei noftri, & electione
Populi Rex conftitutus* (i).

Le Pere Maffillon, adreffant la parole au Roi, n'a pas craint de lui dire, en qualité de Prédicateur Evangélique: ,, Oui! Sire, c'eft le choix
de la Nation qui mit d'abord le fceptre entre les mains de vos Ancêtres;
c'eft elle qui les éleva fur le bouclier militaire, & les proclama Souverains.
Le Royaume devint enfuite l'héritage de leurs Succeffeurs, mais ils le
dûrent originairement au confentement libre des Sujets. Leur naiffance
feule les mit enfuite en poffeffion du Trône; mais ce furent les fuffrages
publics qui attacherent d'abord ce droit & cette prérogative à leur nais-
fance. En un mot, comme la premiere fource de leur autorité vient de
nous, les Rois n'en doivent faire ufage que pour nous".

L'Auteur des Effais de Morale penfe que ,, ce feroit envain que les
hommes donneroient à l'un d'entre eux le droit & le pouvoir de gouverner les autres, fi Dieu ne joignoit fon autorité à leur choix. C'eft pourquoi, felon la doctrine de faint Auguftin, tous les fupplices feroient des
meurtres & des homicides, fi Dieu, qui eft le feul maître de la vie &
de la mort des hommes, ne leur avoit donné le pouvoir de faire mourir
ceux qui violeroient les Loix de la Nature, & qui troubleroient leur
fociété. Mais nous apprenons de l'Ecriture qu'il l'a fait, *& qu'il a confirmé par fon autorité ces établiffemens humains;* qu'il approuve que les hommes fe lient enfemble par des Loix & des polices, qu'il leur donne pouvoir de choifir quelques-uns d'entre eux pour les faire obferver, & qu'il
communique fon pouvoir à ces perfonnes choifies pour gouverner ceux
qui leur font foumis...

(h) Voyez encore la 2e. part. *ch. 6. §§. 1, 2,3.*
(i) Baluze, *Capit. tom. 2. col. 273.*

„C'eſt par cette doctrine qu'il eſt facile de comprendre, qu'encore que la Royauté & les autres formes de Gouvernement *viennent originairement du choix & du conſentement des Peuples*, néanmoins l'autorité du Roi ne vient point du Peuple, mais de Dieu ſeul; car Dieu a bien donné au Peuple le pouvoir de *ſe choiſir un Gouvernement*; mais comme le choix de ceux qui éliſent l'Evêque, n'eſt pas ce qui fait l'Evêque, & qu'il faut que l'autorité Paſtorale de Jéſus-Chriſt lui ſoit communiquée par ſon ordination, auſſi *ce n'eſt pas le ſeul conſentement des Peuples* qui fait les Rois, c'eſt la communication que Dieu leur fait de ſa Royauté & de ſa Puiſſance qui les établit Princes légitimes, & qui leur donne un droit véritable ſur leurs Sujets: c'eſt pourquoi l'Apôtre n'appelle pas les Princes Miniſtres du Peuple, mais il les appelle Miniſtres de Dieu, parce qu'ils ne tiennent leur puiſſance que de Dieu ſeul.

„Et de-là on peut tirer une conſéquence très-avantageuſe pour les Monarchies ſucceſſives; c'eſt qu'encore que *l'établiſſement de cette ſorte de Gouvernement ait dépendu du Peuple, dans ſon origine*, par le choix qu'il a fait d'une certaine famille, & par l'inſtitution de l'ordre pour la ſucceſſion du Royaume, néanmoins cet ordre étant une fois établi, il n'eſt pas en la liberté du Peuple de le changer (k)".

Ainſi, quoique la Puiſſance Royale vienne de Dieu, les Rois la doivent auſſi aux Peuples, ſoit parce que leur choix a fixé le ſujet ou la famille qui régneroit ſur eux, ſoit parce qu'ils ont originairement déterminé la forme du Gouvernement auquel ils vouloient ſe ſoumettre. Dieu approuve les différentes eſpeces de Gouvernemens, [à l'exception du Deſpotique]; il en a confirmé *l'établiſſement* primitif fait par les hommes; mais en y joignant ſon autorité, il n'en a pas changé la nature. Il eſt vrai des Etats Démocratiques & Ariſtocratiques, comme des Monarchiques, que ceux qui ſont dépoſitaires de la Puiſſance Publique ont une autorité qui eſt Divine dans ſon principe; & ſi cette ſource la rend légitime, elle ne l'augmente pas; elle n'eſt pas deſtinée à en étendre les bornes. Ce ſeroit donc un ſyſtème abſurde que de conclure de ce que la puiſſance des Rois vient de Dieu, que tout leur eſt permis, qu'ils peuvent ſe jouer des droits & de la liberté légitime des Sujets. Dieu n'entend point déranger l'ordre des Gouvernemens réglés en communiquant ſon autorité à ceux qui commandent. L'uſage du Pouvoir Souverain n'en doit être au contraire que plus modéré, plus juſte, plus conforme à la droite raiſon, puiſque les Rois ne deviennent *les Miniſtres de Dieu* que ſous la condition d'employer, comme Dieu, c'eſt-à-dire comme la Souveraine Sageſſe le feroit elle-même, l'autorité qui procede d'elle.

Or ſi l'on juge des Lettres de Cachet par les fondemens eſſentiels de la conſtitution des Empires, que de motifs s'élevent contre leur uſage! *Les fondemens eſſentiels de la conſtitution des*

Les Peuples, en ſe ſoumettant à un Monarque, n'ont renoncé à leur indépendance naturelle que pour l'avantage de la Société, qu'autant que l'ordre public l'exigeroit. Leur ſacrifice n'a donc été ni entier ni abſolu. Ils

(k) De la Grandeur. *Part. 1. chap. 2.*

Empires font détruits, par l'usage des Lettres de Cachet. ont voulu conserver tout ce qu'ils ne seroient pas obligés de perdre pour l'intérêt général. Jamais leur objet ne fut ni ne put être de s'abandonner à un pouvoir arbitraire qui disposeroit *à discrétion* de leur liberté. Un Citoyen, qui observe les Loix, qui ne trouble point l'ordre de la Société, qui respecte la Puissance Publique, le Prince qui en est le dépositaire, & les Ministres qui l'exercent sous son nom, doit donc être à l'abri des ordres absolus. Il ne doit craindre ni la captivité, ni l'exil, ni la perte de son état, ni l'extinction de ses privileges. Si par l'effet d'une Lettre de Cachet, il peut se voir dépouillé dans un instant de ces précieux avantages, il est livré au pouvoir arbitraire, ce n'est plus sous l'empire de la Loi qu'il vit; la vertu n'est plus pour lui un gage certain de la sécurité; on donne à ses engagemens une étendue qu'ils n'ont point.

D'un autre côté, le Citoyen n'a fait le sacrifice d'une portion de sa liberté, que pour s'assurer la jouissance paisible de la portion qu'il n'abandonnoit pas. En s'assujettissant à un Monarque, il a prétendu trouver un pere, un protecteur, qui useroit pour son bonheur, de la force publique, qui n'a été réunie dans sa main que pour cet effet. Ce seroit aller directement contre le but des Sociétés, contre le motif essentiel de l'institution du Gouvernement, ce seroit opprimer les Sujets, au lieu de les secourir, que de disposer de leur liberté par des ordres absolus.

Enfin si la Puissance Royale est divine dans sa source, ce n'est pas un titre pour la rendre arbitraire; c'est un motif de plus contre l'abus dont elle est susceptible. Le Despotisme consiste essentiellement dans le pouvoir arbitraire, & les Livres Saints rejettent, condamnent, réprouvent le Despotisme. Or, un Gouvernement dont les ordres absolus deviendroient le ressort ordinaire, seroit manifestement dirigé par le pouvoir arbitraire ; ce seroit donc un Gouvernement *odieux*, *barbare*, contraire à *la nature qui nous a fait libres.*

Il faut raisonner des Corps comme des Citoyens particuliers. Les Corps ont leurs droits & leur liberté de même que les Citoyens. Formés par la voie légale, & pour l'utilité publique, leur existence ne sçauroit être à la merci du pouvoir arbitraire. Ils ont des propriétés & des privileges; ils ne peuvent les perdre que comme ils les ont acquis. La Loi qui a présidé à leur naissance est la sauve-garde de leur conservation: leur sort ne sçauroit donc dépendre d'un ordre absolu (k).

Cet·

___

(k) Ceci s'applique de soi-même à la *destitution* des Corps de Magistrature. Mais indépendamment de cette raison, il y en a une autre à laquelle on ne fait pas assez d'attention; c'est que *la destitution* est injurieuse à celui qui en est l'objet, & le déshonore aux yeux du Public en le faisant regarder ou comme incapable, ou comme coupable de quelque délit dans l'exercice de ses fonctions. Or la réputation est un bien précieux, qui nous doit être aussi cher que la vie, pour ne pas dire, *plus cher que la vie*, puisque la crainte de la mort ne doit pas nous engager à rien faire qui puisse la ternir. Comme on convient assez que la volonté du Souverain ne suffit pas pour priver un Citoyen de la vie; elle suffit encore moins pour prononcer contre un Magistrat & contre un Corps de Magistrature un jugement capable de les flétrir. Wolf décide qu'un *Officier ne peut pas quitter son office sans le consentement du Prince*, & il en donne pour preuve que *celui qui confere l'office est obligé d'y maintenir l'Officier, tant qu'il fait son devoir.* §. 918.

Sur

Cette réflexion s'applique également aux Corps Eccléfiaftiques, & à ceux qui font purement politiques. Les premiers ont même cet avantage, que devant leur éreétion au concours des deux Puiffances, leur fuppreffion exige l'influence de l'une & de l'autre; fuivant la Maxime fi connue, que *les chofes ne fe détruifent que comme elles ont été établies*. Mais, en oubliant, fi l'on veut, l'intérêt que l'Eglife peut y avoir, leur feule qualité de Corps Politique légalement érigé, garantit leur exiftence, leurs propriétés & leurs privileges contre l'empire des Lettres de Cachet. Il n'eft aucune de ces conféquences qui ne dérive de la Maxime des Publiciftes, ,, que *la fin pour laquelle le Gouvernement ou le Pouvoir Civil eft établi en détermine les bornes*; car tout moyen doit être exaétement proportionné à fa fin, enforte qu'il n'y ait rien qui peche ni par le défaut, ni par l'excès. Il eft clair qu'on ne peut légitimement établir un Gouvernement qui ait droit de prefcrire quelque chofe de contraire à la gloire de Dieu, & au bonheur de tous les Peuples, puifque tout Gouvernement doit être rapporté à ces deux fins (I)".

En vain chercheroit-on à juftifier l'ufage ordinaire des Lettres de Ca- *Examen des raifons par lesquel- les on prétend juftifier les Lettres de Cachet.*

Sur quoi Mr. Vattel (Queft. de droit naturel p. 423.) ,, obferve qu'il y a entre celui ,, qui donne un office & celui qui le reçoit, un paéte qui opere quelque chofe. L'Officier ,, n'ayant peut-être pas de quoi fubfifter, fe voueroit fans doute à autre chofe plutôt que ,, d'accepter cet office, s'il ne fuppofoit pas qu'on le lui donne pour toute fa vie, & qu'on ,, ne l'en privera pas tant qu'il fera fon devoir. Mais celui qui confere l'office ne man- ,, quant en aucun tems de fujets pour le remplir, ne laifferoit pas de le donner à un hom ,, me habile & plein de mérite, quand même il penferoit que cet homme ne voudra pas ,, le conferver toujours. Il femble donc que la claufe tacite de perpétuité eft mife avec ▪ plus de force de la part de celui qui reçoit l'office, & par conféquent que celui, qui le ,, donne eft obligé plus fortement à laiffer fubfifter le paéte qui eft entre eux. Delà vient ,, que la coutume s'eft infenfiblement établie prefque partout, que le fupérieur ne refufe ,, point le congé aux Officiers qui le demandent, fi ce n'eft dans des cas de néceffité; ,, quoiqu'il ne puiffe les priver de leurs offices qu'en les convaincant d'avoir manqué à leur ,, devoir. L'Officier peut dire: je n'aurois pas confacré mes plus belles années à deffervir ,, cet emploi, fi je n'euffe compté qu'il m'étoit donné pour tout le tems de ma vie, & ,, je me trouve maintenant hors d'état d'entreprendre autre chofe. Mais le Supérieur ne ,, peut pas dire de même qu'il n'auroit pas donné l'office, s'il eût cru qu'on ne s'en char- ,, geoit pas pour toujours: car il ne lui arrive pas de préjudice de ce qu'un honnête hom- ,, me s'eft chargé pendant un tems de cet Office qu'il ne veut pas exercer toute fa vie". Le même Auteur dit à la page 420: ,, Dans une forme de Gouvernement mixte, quoique ,, le Prince ait le pouvoir d'accorder certains privileges, parce qu'ils n'interefïent que ,, lui, & n'ôtent rien aux droits des autres Sujets, il ne s'enfuit pas qu'il ait de-même le ,, droit de les révoquer ".

Ainfi il n'y a pas un des 1500 Magiftrats deftitués par le Roi, qui ne foit en droit de lui dire. *Vous étiez libre de placer en nous votre confiance, & de mettre entre nos mains la vie, la liberté des Citoyens; mais ce choix une fois fait, vous ne pouvez pas nous en priver fans raifon & fans forme de procès; parce qu'en ne nous choififfant pas, vous ne nous faifiez aucun tort; mais en nous deftituant, vous nous enlevez un état fur lequel nous avons compté à perpétuité, & notre réputation qui nous eft plus chere que la vie.* Cet argument a encore plus de force dans la bouche du Corps entier de la Magiftrature dont la deftruétion intereffe tous les Citoyens. L'Etat entier peut par conféquent fe plaindre d'un aéte d'autorité, capable d'ébranler les fondemens même de l'Etat.

(I) Loix de la Nature expliquées par Cumberland. ch. 9. §. 6.

chet fur des vues d'Etat, fur le caractere de la puiffance coactive, fur l'activité néceffaire à l'Adminiftration qui, *d'un coup d'œil général, embraffe l'enfemble de la Monarchie.*

Ces grands mots font vuides de fens, ou il faut les reftreindre aux circonftances rares & extraordinaires qui peuvent demander ou permettre que la Puiffance Publique emploie les ordres abfolus.

Les cas extrêmement rares où l'ufage des Lettres de Cachet peut être toléré, ont été marqués il y a longtems dans le treizieme Concile de Tolede tenu en 683.

On a rapporté plus haut fon Decret portant que les accufés ne feroient ni condamnés, ni tourmentés, ni même emprifonnés qu'après des informations juridiques.

Il excepte cependant le cas où on a lieu de craindre la fuite; celui où les accufés caufent actuellement un trouble qu'on ne peut trop tôt réprimer. Il permet dans ce cas, non pas de les mettre en prifon proprement dite; mais feulement de s'affûrer de leur perfonne, fans leur faire aucun mal, fans différer le tems de leur jugement, fans les tenir éloignés, pendant des mois, des années, de leur maifon, de leur famille, de leurs biens, fans employer la violence pour leur arracher des aveux forcés. Les interrogatoires, qu'on leur fera fubir en cet état, ne feront d'aucun poids. On ne doit avoir égard qu'à ce qu'ils auront déclaré librement & réguliérement devant les Juges. (m)

Qu'on réferve les Lettres de Cachet pour empêcher l'évafion, pour le flagrant délit dans des crimes finguliers, dans des circonftances particulieres; & qu'enfuite on remette au plutôt l'accufé entre les mains des Juges ordinaires, fans les laiffer pourrir en prifon, on n'excitera pas de juftes plaintes; on procurera le bien de la Société.

Ces prétendus motifs d'une Politique confommée fourniroient l'apologie des Lettres clofes fur le fait de la Juftice; & nos Monarques qui n'ont pu s'en diffimuler les inconvéniens, ont cru devoir fe lier eux-mêmes par des Ordonnances réitérées, & s'en interdire l'ufage. Ce qui caractérife la Monarchie n'eft point en effet la vaine exiftence dans un dépôt muet, de Loix oubliées & fans force. ,, Toutes les Loix (ce font les expreffions de Louis XII) pour bonnes & faintes qu'elles foient, font néanmoins défectueufes, plus dommageables qu'utiles au Public, & peu honorables au Légiflateur, fi elles ne font obfervées & exécutées en toute leur partie, comme elles doivent l'être. " Qu'à chaque inftant, pour ainfi dire, les Loix foient rendues illufoires par des ordres particuliers,

---

(m) *Illos tamen quos in locis talibus manere conftiterit, unde nocibilis perfugii fufpicio fit, aut eos quos pro conturbatione terræ diligentius oporteat cuftodiri, hos fine aliquo vinculorum, vel injuriæ damno, fub liberâ cuftodiâ confiftere oportebit. Sic tamen repulfo omni terrore, fub circumfpectâ & diligenti cuftodiâ habeantur, ut tempus, quo judicari eos oporteat, nullo modo fub fraudulentiâ dilatetur, quo ab uxoribus vel propinquis, abque etiam rebus fuis diutiffime feparati, profeffionem fuam videantur dediffe inviti: quæ tamen, fi data fuerit, modis omnibus non valebit: fed juxta fuperiorem ordinem illud tantùm pro vero accipiatur, quod ex ore ejus agnitum generali fuerit judicio comprobatum.* Concil. Labbe. Tom. 6. col. 1258.

elles font inutiles: la Loi régnante, la feule qui ait de l'activité, eft celle de la volonté actuelle du Souverain. Jamais rien fut-il plus oppofé à
la fin du Gouvernement, à la nature de la Monarchie? Jamais rien ref-
fembla-t-il moins à la Conftitution de l'Empire François?

Il en eft des Lettres de Cachet comme des Lettres clofes. La liberté légitime des Sujets, cette liberté précieufe dont la confervation fut le
principe de la création des Sociétés, cette liberté qui n'a dû être que perfectionnée par l'établiffement des Empires; cette liberté qui forme le grand
objet des Loix, n'eft donc plus qu'une chimere, le jouet d'un ordre furpris à la religion du Prince, une vaine prérogative, un de ces titres fpé-
culatifs qui perdent dans le fait toute la réalité qu'ils ont dans le droit.

On allegue des raifons d'Etat, & par conféquent des raifons toujours
fecrettes. Mais l'Etat n'exifte-t-il pas pour l'intérêt des Citoyens? Leur
félicité n'en eft-elle pas la fin invariable? Comment concevoir que le bien
de l'Etat foit en oppofition avec celui des Membres qui le compofent,
que leur malheur lui devienne néceffaire?

Aucune raifon d'Etat ne doit tendre à dénaturer les Monarchies, chan- *Alléguer*
ger leur forme, altérer leur Conftitution. La Puiffance Publique ne peut *des rai-*
pas ne pas être bornée dans fon exercice & par la fin générale de tout *fons fe-*
Gouvernement, & par le caractere propre de chaque Etat particulier. *crates*
Le Monarque tient le gouvernail, il peut tout ce que l'intérêt général *d'Etat,*
exige; mais il ne doit pas employer tout moyen propre à y parvenir. Il *c'eft in-*
ne peut fe fervir que des moyens honnêtes, des moyens licites, des moyens *trodu ire*
conformes à la nature du Gouvernement. S'il étoit permis de fubftituer *le Ma-*
au joug aimable des Loix la contrainte des ordres particuliers, il n'y au- *chiavé-*
roit plus de différence entre les Sujets, & ces Peuples efclaves qui *lisne.*
n'ayant d'autre regle que le vouloir verfatile du Defpote, n'entendent fa
voix que par des ordres privés relatifs à chaque événement. Que cette
fubftitution même fût partielle, le Sujet deviendroit en partie ferf. Le
Gouvernement Monarchique effentiellement différent du Defpotique,
s'éloigne de fa Conftitution, & prend celle des Empires Defpotiques, à
proportion que l'arbitraire, & l'ufage des ordres abfolus y ont plus d'influence.

Accorder à la Puiffance Publique la liberté d'ufer de toute efpece de
moyens, ce feroit, au jugement des Publiciftes, l'abandonner à toutes les
horreurs du Machiavélifme. Ils ne voient qu'une fauffe & injufte politique dans l'Oftracifme d'Athenes, qui, fur un fimple foupçon, réléguoit
les Citoyens qui avoient rendu le plus de fervices à la République. Le Souverain qui exileroit arbitrairement des Sujets, parce qu'ils lui feroient
fufpects, participeroit à la même injuftice. Il faut éclaircir les foupçons,
& ne point punir fur des défiances, peut-être trop légérement conçues.
L'équité ne permet pas que même pour corriger les abus, on recoure à
des voies qui contredifent le droit public univerfel (n).

_____

(n) *Ipfa media, quibus reformatur ftatus publicus, itâ debent effe comparata, ne juri
publico univerfali adverfentur; alioquin Machiavelliffmum fapiunt. Quo pofito, nullum jus*

Si le Monarque a dans fa main la puiſſance coaƈtive, il eſt aſtreint à des regles, à des formes, à des uſages, dans l'exercice de ce pouvoir. C'eſt à deſſein que ces formes ont été établies ; les Rois eux-mêmes les ont regardées comme des barrieres néceſſaires à leur foibleſſe. Ainſi les Loix générales & les Reſcrits particuliers emportent coaction : les réfraƈtaires ſont ſujets aux peines qui y ſont prononcées ; mais les Loix & les Reſcrits ſont le fruit de la réflexion ; délibérés au Conſeil du Prince, expoſés à la cenſure du Chancelier qui doit les ſceller, ils ſont encore ſoumis à l'exa-men des Magiſtrats, & les contrevenans ne ſont condamnés que dans un Tribunal régulier, & ſur des preuves juridiques. C'eſt à cette puiſ-ſance coaƈtive que les Peuples ont entendu s'aſſujettir. Les Lettres de Cachet au contraire ne ſont ſignées que du Prince ou de ſon Miniſtre ; elles ne paſſent par aucun examen, elles ne ſont vues par aucun Tribu-nal. Elles exigent l'obéiſſance la plus prompte & la plus entiere, ſans laiſ-ſer aucune reſſource d'oppoſition ou de défenſe légale. Eſt-ce à un pareil gouvernement que les Peuples ont voué l'obéiſſance, lorſqu'ils ſe ſont réunis en ſociété ?

Les rai-ſons d'Admi-niſtra-tion doi-vent être ſubor-données à la na-ture du Gouver-nement.　L'adminiſtration fait ſans doute partie de l'exercice de la Puiſſance Publique, elle en eſt une branche ; elle eſt donc ſubordonnée à la fin eſſen-tielle du Gouvernement. Jamais l'idée d'une Monarchie ne préſentera la néceſſité d'un pouvoir qui diſpoſe par des ordres abſolus de l'état & de la liberté des Peuples. Le Gouvernement eſt un établiſſement civil qui ne détruit pas les droits de la nature ; ſi le Sujet renonce à ſa liberté comme Citoyen, il la conſerve comme homme. La République peut être ſage-ment ordonnée, chaque Citoyen demeurant libre de diſpoſer de ſes aƈtions & de ſa perſonne, de fixer ou changer ſon domicile, où il le veut, par-ce qu'il le veut, tant qu'il le veut. L'adminiſtration a tous les reſſorts dont elle a beſoin, ſans intéreſſer la liberté des Sujets ; ſauf les reſtriƈtions que l'Ordre Public commande, & qui ſont déterminées par les Loix ; ſauf encore quelques cas fort rares où l'Ordre Légal peut être trop lent & trop difficile.

Entendroit-on par *Adminiſtration* cette portion du Gouvernement, qui par ſa nature eſt diſpenſée de toute forme, ſur laquelle perſonne n'a d'in-ſpeƈtion, qui dépend abſolument de la nue volonté du Prince ? Mais les droits du Citoyen ſont étrangers à la ſphere de cette Adminiſtration ; elle ne concerne que les relations de l'Etat avec les Etats voiſins ou quelques autres objets indépendans de la liberté des Peuples. Dans ce qui conſtitue

---

imperanti competit à medio removendi eos quos ſibi & Reipublicæ ſuſpeƈtos credit, cùm adver-ſùs metum incertum ſaniora adſint conſilia. Multò minùs ſupradiƈta obligatio imperanti jus tribuere poteſt exercendi Oſtraciſmum, exemplo Athenienſium, qui ſuſpeƈtos Reipublicæ exilio mulƈtabant. . . . . Nec iniquitas removetur hâc ratione quod æqualitatem inter cives Reſpublica hoc modo conſervaverit, quæ & aliis legitimis modis conſervari poteſt ; multò minùs admitten-dum Oſtraciſmum fuiſſe malum neceſſarium ; nam talis neceſſitas fingitur, non probatur. Sunt autem alia media juſta & æquiſſima, & magis tuta quibus hujuſmodi potentiorum ſubditorum autoritas infringi poteſt, quæ imprimis ad ſcholas Politicorum ſpeƈtant. (Bochmer.) Jus Public univ. l. 2. cap. 2. §§. 6, 7, 8, 10 & 11, pag. 347 & ſeq.

proprement le gouvernement intérieur, tout eſt réglé par les Loix. Qu'on les obſerve, tout eſt dans l'ordre; & loin que les ordres particuliers y ſoient néceſſaires ou même utiles, ils ne ſerviroient le plus ſouvent qu'à faire taire les Loix, qu'à obliger les Sujets de s'en écarter, ou de renoncer aux droits qu'elles leur conferent.

Mais, ſi l'uſage des *Lettres de Cachet* ne ſçauroit être juſtifié par aucune raiſon ſolide, il n'eſt pas beſoin de prouver qu'il ne pourroit pas davantage être légitimé par la preſcription. On ne preſcrit point contre ſon propre titre, & c'eſt le même qui a dépoſé le gouvernement dans la main des Monarques, qui leur interdit le pouvoir arbitraire. Un établiſſement deſtiné à protéger les Peuples *contre toute violence*, exclud néceſſairement la faculté de diſpoſer à diſcrétion de leur liberté. La Juſtice & les Loix ont la même ſource que le Gouvernement; *eadem conſtituendarum legum fuit cauſa quæ regum.* Ce ſont donc des choſes inſéparables. La preſcription les diviſeroit: l'uſage des Lettres de Cachet & le pouvoir arbitraire ſont abſolument identiques. Le pouvoir arbitraire conſtitue & caractériſe l'Adminiſtration Deſpotique, & cette Adminiſtration eſt contraire tant au droit divin qu'au droit naturel, droits immuables qui ne ſont ſujets à aucune preſcription. Enfin, la preſcription ne s'acquiert point par une poſſeſſion violente, moins encore au détriment de quiconque n'a point d'action pour s'en garantir. Or, d'une part, les Lettres de Cachet ſont des actes violens par leur nature; de l'autre, le Particulier qui reçoit un ordre, eſt dans l'impoſſibilité d'oppoſer la force à la force; toute réſiſtance de ſa part eſt impraticable: il ſeroit donc contraire à toutes les regles de la Juſtice & du droit que ce qu'il ſouffre malgré lui pût former un titre & opérer un droit à ſon préjudice.

On conçoit que des conceſſions pleinement libres & volontaires de la part des Peuples, pourroient enſuite être tournées contr'eux, & ſervir de prétexte à l'extenſion des droits Royaux. C'eſt pour cela que les Etats du Royaume qui accordoient libéralement des aides, avoient tant de ſoin de ſtipuler, que par-là le Roi n'*acquerroit aucun nouveau droit ſur eux;* que le conſentement qu'ils prêtoient ne pourroit pas être tiré à conſéquence pour l'avenir; que leur ancienne liberté n'en ſeroit en rien altérée. Les Lettres de Cachet ſont des actes de violence, dont l'exécution a toujours été ſoutenue de la force la plus coactive, qui ne permettoit pas d'héſiter un ſeul inſtant. Pour preſcrire, il faut avoir poſſédé NON VI, NON CLAM, NON PRECARIÒ; ce ſont les premiers élémens du Droit.

Croiroit-on rendre plus excuſable l'énorme profuſion des Lettres de Cachet, en diſant que l'exil n'eſt pas une peine?

Ce ſeroit s'envelopper dans une mauvaiſe équivoque. L'exil eſt diſtingué des peines ordinaires, en ce que pluſieurs de celles-ci emportent une note d'infamie, & même la mort civile. Cette mort civile n'eſt point attachée à quelques-unes des peines proprement dites, comme le banniſſement d'un certain lieu, le banniſſement du Royaume pour un temps. Par la ſimple admonition, par l'aumône, on n'encourt même aucu-

L'uſage des Lettres de Cachet ne peut pas être légitimé par la preſcription.

L'exil eſt une vraie peine.

ne note d'infamie; feroit-il permis pour cela de les prononcer arbitrairement, & fans une information précédente?

On ne peut fe difpenfer de mettre au rang des peines tout ce qui afflige
dans la perfonne ou dans les biens. Qui doute que l'exil ne foit une af-
fliction qu'on fouffre malgré foi, dans fon corps, & fouvent même dans fa
fortune? Comment dès là y affujettir une multitude de Citoyens, fans aucune forme juridique, par le feul effet du pouvoir abfolu?

Il eft tellement vrai que la prohibition de demeurer dans un certain lieu
eft une peine, que les Juges font autorifés à la prononcer dans certains
cas en punition d'un délit. ,, Celui qui aura offenfé & outragé fa Partie,
à l'occafion d'un procès intenté & pourfuivi devant les Juges ordinaires, pourra, outre les peines fpécifiées ci-deffus, être encore condamné au banniffement, où à s'abftenir pendant le temps que les Juges efti-
meront à propos, des lieux où il fait fa réfidence ordinaire". C'eft ce que
porte l'article VI de l'Edit de Décembre 1704, regiftré au Parlement le
31 du même mois.

Que l'exil n'emporte donc pas la mort civile ou l'infamie, il n'en eft
pas moins une peine qui fuppofe un délit, & un délit prouvé (o).

Terminons cette difcuffion, qui ne pourra paroître trop étendue qu'à

---

*Réflexi-
ons fur
l'Edit de
1705 qui
paroît
confacrer
l'ufage
des Let-
tres de
Cachet.*

(o) On n'a pas cru devoir parler de l'Edit du mois de Juillet 1705, regiftré au Parlement
le 20 Janvier 1706 (*Recueil de Ponchartrain*, page 866). Le Roi y parle ,, de ceux qu'il
,, juge quelquefois à propos d'éloigner pour un temps du lieu de leur établiffement ordi-
,, naire par des ordres particuliers, pour bonnes & juftes caufes à lui connues; qui ou-
,, bliant .... l'obéiffance qu'ils doivent à l'ordre fpécial qu'ils ont de lui, quittent le lieu
,, du féjour qui leur eft marqué par ledit ordre, pour fe retirer hors du Royaume.
Il défend ,, à ceux qui feront par lui relégués en quelque lieu du Royaume que ce foit,
,, d'en fortir fans fa permiffion, fous peine de confifcation de corps & de biens, pour
,, raifon de leur défobéiffance formelle. Il veut que ceux qui quitteront le lieu de leur
,, relégation pour fe retirer dans les pays étrangers fans fa permiffion, foient de ce moment
,, morts civilement. Il leur enjoint de revenir inceffamment dans le lieu de leur relégation,
,, finon le procès leur fera fait pour raifon de leur défobéiffance".
Cette Loi doit être reftreinte à ceux qui ont été relégués pour de véritables raifons d'E-
tat; ce qui, comme on l'a dit, ne peut être que prodigieufement rare.
Veut-on lui donner plus d'étendue? Ce fera une tentative inutile de Defpotifme. Qu'o-
péreroit un Edit par lequel le Roi fe déclareroit propriétaire de tous les biens de fes Sujets,
& maître d'en difpofer à fon gré? On ne donnera pas plus d'effet à une Loi qui réduiroit
tous les Sujets en efclavage; qui mettroit leur liberté légitime à la difcrétion des ordres abfolus, & qui changeroit ainfi toute la Conftitution de la Monarchie. Les Princes peuvent
gouverner arbitrairement dans le fait; ils ne peuvent pas s'attribuer le droit de le faire.
L'enregiftrement au Parlement a été fait dans un temps où tout le monde fçait qu'il
n'étoit pas libre. L'Ordonnance de 1667, & la Déclaration du 24 Février 1673, lui avoient
interdit l'ufage des Remontrances, ou, ce qui revient au même, ne lui permettoient de les
faire qu'après l'enregiftrement pur & fimple. Ce n'eft que par la Déclaration du 15 Septembre 1715, que lui a été rendue la faculté de faire des Remontrances avant l'enregiftrement.
Dans l'intervalle qui s'eft écoulé depuis 1673, jufques en 1715, il n'a fait abfolument aucunes Remontrances, étant bien convaincu qu'il les auroit faites inutilement. C'eft dans cet
efpace de temps qu'il a enregiftré les Lettres-Patentes de 1695, concernant la Jurifdiction
Eccléfiaftique, qui ont excité tant de réclamation; l'Edit de 1714 qui changeoit l'ordre
de la fucceffion à la Couronne &c. Tous ces enregiftremens doivent être regardés comme
forcés, & par conféquent ne font point des enregiftremens.

ceux qui n'en fentiroient pas l'importance, par des obfervations qui en font les conféquences naturelles.

1°. L'exécution des Lettres de Cachet ne tombe pas dans ce qu'on appelle le lien de l'obéiffance. On ne fçauroit exiger l'acquiefcement volontaire à un acte violent. Le devoir n'impofa jamais la néceffité de confentir à un acte qui bleffe nos droits légitimes. L'obéiffance eft relative au droit de commander; fi le Supérieur paffe les bornes de fon pouvoir dans ce qu'il ordonne, on n'eft point obligé de fe foumettre à fes ordres; à plus forte raifon l'obéiffance n'eft-elle pas due, lorfque l'ordre abfolu entame la liberté du Sujet, & fes droits les plus effentiels (p). Seroit-il donc poffible d'imputer à crime & à défobéiffance. le refus du Citoyen irréprochable, qui auroit le courage de ne point exécuter librement une Lettre de Cachet furprife à la religion de fon Souverain.

On n'eft par obligé d'y obéir.

1°. Les particuliers.

2°. Le devoir n'eft pas plus ftrict pour un Corps dont les attributs, ou même l'exiftence feroient compromis par un ordre abfolu. Tout ce qu'on peut exiger, c'eft qu'il fouffre avec patience, la perte des droits dont on le dépouille; mais il n'eft pas tenu d'en faire lui-même le facrifice, de coopérer par fon fait & par une opération volontaire à fa propre ruine. Il eft vrai qu'il peut s'expofer à de plus grandes rigueurs, s'il ne fe rend pas au premier ordre; mais pourquoi n'efpéreroit-il pas que de juftes & de refpectueufes repréfentations feroient impreffion fur le cœur du Monarque? L'accès du Trône pourroit-il n'être pas ouvert à quiconque réclame la Loi de l'équité? Plus la furprife faite au Souverain paroît évidente, plus les droits qui font menacés font importans, & plus la confiance doit augmenter. Le Prince fçaura difcerner le courage qui procede de la vertu, & l'on doit attendre de fa Juftice qu'il en approuvera du moins le principe.

Les Corps.

3°. Les Miniftres qui ont la confiance du Roi, ne doivent point oublier qu'ils font Citoyens, & que la liberté légitime de leurs femblables n'eft pas différente de celle qui leur appartient à ce titre. Loin donc de folliciter des ordres particuliers, d'en faciliter l'expédition, d'en multiplier l'ufage, il eft de leur honneur & de leur devoir d'éclairer le Prince fur le danger de ces ordres, de profiter de toutes les ouvertures poffibles pour lui en faire appercevoir les fuites & les inconvéniens. Plus un Miniftre s'intéreffe à la gloire de fon maître, à la fageffe de fon Gouvernement; plus il fera induftrieux à lui faire entendre qu'il eft le pere de fes Peuples, *que la fûreté de fon Empire dépend de leur bonheur*, & que l'amour des Sujets, eft le gage le plus certain de leur obéiffance.

Le devoir du Miniftre eft de les empêcher.

Cette fage Compagnie laiffée à elle-même, auroit fûrement refufé d'adopter une Loi par laquelle le Roi fe déclaroit le maître abfolu de la liberté de fes Sujets; & quand (ce qu'on ne peut préfumer) elle l'auroit approuvée, les droits de la Nation ne feroient pas moins entiers. Il faut fon confentement pour changer ainfi toute la forme du Gouvernement. Eût-elle jamais voulu, eut-elle même pu confentir à la converfion d'une Monarchie réglée par des Loix, en un Gouvernement arbitraire?

(p) *Non tenetur inferior fuo fuperiori obedire, fi ei aliquid præcipiat in quo ei non fubdatur.* (S. Thomas, 2. 2. q. 104. art. 5.)

4°. Cependant on eſt forcé d'avouer que ſoit par inadvertence, ſoit par défaut de lumiere, l'uſage des Lettres de Çachet s'eſt prodigieuſe-ment multiplié dans ce ſiecle, & qu'elles ont été ſur-tout ſi fréquentes ſous le Miniſtere du Cardinal Fleury, que l'on peut dire que l'Autorité Royale en a été ſouillée. Pourquoi faut-il que le pouvoir abſolu ait été porté ſi loin ſous l'adminiſtration d'un Evêque qui devoit; par état, connoître mieux que perſonne ce que peuvent la douceur & la modération, & combien l'empire toujours équitable des Loix eſt préférable aux voies de rigueur; & que le pouvoir arbitraire n'eſt pas moins injuſte aux yeux de Dieu, qu'odieux aux yeux des hommes? On eſt autant étonné de la profuſion, que de la diverſité incroyable des objets auxquels les Lettres de Cachet ont été appliquées par ce Cardinal, lorſqu'on lit les plaintes reſpectueu-ſes, mais tardives que le Parlement de Paris en porta aux pieds du Trône dans ſes Rémontrances du mois d'Avril 1753.

Tableau fait par le Parle-ment de Paris des maux cauſés par les Lettres de Ca-chet. „ Permettez, Sire, que nous vous expoſions *un foible tableau* des vexa-tions exercées dans votre Royaume. Des Eccléſiaſtiques *ſans nombre* ont été enlevés à leurs bénéfices & à leurs familles, diſperſés dans les extrêmi-tés du Royaume, bannis de l'étendue de votre domination; d'autres conduits dans des Priſons qui les retiennent encore, & dans leſquelles ils ont langui, juſqu'à ce que les malheurs & les infirmités aient terminé leurs jours.... Sous le nom de Votre Majeſté on a interdit à des Prêtres, ſous peine d'exil, d'adminiſtrer l'Extrême-Onction & le Saint Viatique; enjoint à d'autres ſous la même peine de ſe démettre des pouvoirs de prê-cher & de confeſſer; à quelques-uns de renoncer au Saint Miniſtere....... Défenſes ont été faites de votre part à des Archidiacres de faire leurs vi-ſites; à des Théologaux de prêcher; à des Pénitenciers de confeſſer; à un grand nombre de Dignitaires & de Chanoines de s'approcher de la Sain-te Table, lorſque l'Evêque donneroit la communion, même de ſe préſenter au chœur lorſqu'il y aſſiſteroit...... Combien de Curés ont été enlevés à leurs Paroiſſes!.... Quel ſpectacle affligeant pour la Religion, touchant pour l'humanité, Sire, que la diſperſion *d'une multitude infinie de Reli-gieuſes* arrachées à ces aſyles ſacrés, dont elles avoient fait à Dieu le vœu de ne jamais ſortir, conduites avec ſcandale de ville en ville, de provin-ce en province juſqu'aux extrêmités du Royaume!..... Combien de Con-grégations, de Communautés ſéculieres & régulieres ſont privées d'un nombre conſidérable de leurs membres? leurs ſupérieurs légitimes ſont enlevés par des voies d'autorité ſurpriſes à Votre Majeſté, & des ordres multipliés empêchent de mettre en place ceux qui euſſent réuni les ſuf-frages..... Les Congrégations ſçavantes ſe reſſentent de cette ſecouſſe univerſelle &c. ".

Mais parce que l'uſage des ordres particuliers eſt un abus *contraire à la Conſtitution du Royaume*, & à la *liberté des Sujets*; il ſeroit déraiſonnable d'y chercher un prétexte pour conteſter à la France le caractere d'un Etat Monarchique. La ſeule conſéquence qu'on puiſſe en tirer eſt que les Su-jets, les Corps, tous les Ordres des Citoyens doivent réunir leurs prieres

&

& leurs inftantes fupplications auprès du Trône, pour faire abroger un ufage contre lequel les Loix ne cefferont de réclamer, & des Loix dont M. Boffuet affure que *leur vigilance & leur action eft immortelle*, & que tout ce qui fe fait contre elles *étant nul de droit, il y a toujours à revenir contre*.

La Religion, la fageffe & la bonté de nos Monarques offrent à la Nation des reffources qui doivent animer fa confiance & foutenir fon zele. On ne peut être que favorablement écouté, lorfque profterné refpectueufement aux pieds du Trône, on y répete, dans le même efprit que M. de Harlay, ce que ce grand Magiftrat difoit à Henri III le 15 Juin 1586. ,, Dieu veuille qu'il ne vous entre oncques en l'efprit que ,, vous foyiez Roi par force: tels regnes font regnes de Pirates & de ,, voleurs, & changent de face en chaque faifon de l'année (q)'': & ce que M. de Mefmes ajoutoit en 1723, dans une circonftance femblable, *que les Sujets les plus courageux font toujours les plus effentiellement foumis*.

Jamais nos Rois ne fe croiront offenfés, quand intéreffant leur amour paternel pour les Sujets qu'ils gouvernent, on leur expofera ce que les Hiftoriens ne craignent point de configner dans les annales du Royaume, que ,, les biens des François font auffi libres que leurs perfonnes, & que ,, les Rois n'en font que les Protecteurs (r)''.

CHAPITRE IV.

La France eft une Monarchie tempérée par des Loix.

Il eft de l'effence de tout Etat Monarchique d'être gouverné par des Loix; fans cela il ne différeroit pas des Empires defpotiques. La volonté du Monarque Defpote eft la feule Loi vivante, & proprement dite de ces Empires barbares. Si l'on y obferve quelques Loix, parce que toute Société exige un ordre quelconque, elles font plutôt des ufages, des coutumes, ou approuvées ou tolérées par le Prince, que des Loix véritables. Le Defpote les fufpend ou les change quand il veut, comme il le veut; & fes Succeffeurs, auffi indépendans que lui de toute Loi, en difpofent arbitrairement comme il leur plaît. Il en eft autrement dans les Monarchies: elles ont des Loix; elles doivent être gouvernées par *Juftice, & non à difcrétion*. Le pouvoir arbitraire y eft inconnu : ce n'eft point ce que veut le Monarque, mais ce que la Loi décide, qui forme la regle; & le Prince ne peut pas, par un acte de volonté abfolue, empêcher l'exécution de la Loi, ni priver les Sujets des droits qui leur font acquis par fa difpofition.

(q) Oeuvres de Duvair.
(r) Expreffions de l'Abbé Velly, dans fon hiftoire de France: *tom.* 2, *pag.* 257.

S'il eſt néceſſaire qu'il y ait des Loix dans les Monarchies, il faut auſſi que ces Loix ſoient *fixes & ſtables*. Outre qu'il eſt de la nature de toute Loi d'avoir autant de conſiſtance que les motifs qui l'ont fait établir, & les avantages qu'elle procure, l'inſtabilité des Loix feroit revivre le cahos, la confuſion, & même le Deſpotiſme; puiſque l'exiſtence de la Loi dépendant de la volonté arbitraire du Monarque, cette volonté deviendroit l'unique regle des Peuples. Les Loix varieroient autant qu'il plairoit au Prince; il les abrogeroit, il les modifieroit, il les rétabliroit ſuivant ſa fantaiſie. La volonté du jour & de l'inſtant formeroit donc la ſeule Loi réelle; la Loi feroit le jouet des circonſtances, & une forme illuſoire conſtitueroit toute la différence du Deſpote qui commande arbitrairement par le ſeul ſigne de ſa volonté, au ſimple Monarque dont le gouvernement n'en feroit pas moins arbitraire, pour être aſtreint à ne manifeſter ſes volontés que ſous un appareil légal.

On croiroit abuſer de la patience du lecteur, ſi on perdoit le temps à lui prouver que nous avons des Loix, & que ce caractere (eſſentiel à tout Gouvernement Monarchique) d'être réglé & modéré par des Loix, eſt un de ceux qui appartiennent à la Conſtitution de l'Empire François. Tout ce qui a été établi dans les articles précédens porte dans les eſprits l'impreſſion la plus vive de la certitude de cette vérité fondamentale. Il n'eſt preſqu'aucun des textes qui y ſont cités en ſi grand nombre, qui ne dépoſe de ſon exiſtence; & que deviendroient les droits nationaux, la liberté des Citoyens, leurs privileges, leurs propriétés, ſi ces précieux avantages n'étoient pas garantis par les Loix? Les François ne ſont libres (ce que leur nom ſeul exprime) que parce qu'ils doivent être gouvernés par *Juſtice*, & par conſéquent ſous la protection de la Loi.

A quelque temps de la Monarchie qu'on ſe reporte, on y trouve des Loix. Tout le monde connoît la Loi Salique, celle des Lombards, des Ripuaires, des Viſigots &c. (s). Ces monumens antiques qui ſortent du berceau de notre Empire, qui forment le premier dépôt de ſa Légiſlation, & dont la naiſſance eſt liée avec celle même de la Monarchie, prouvent que l'Empire de la Loi a la même origine qu'elle. Il ne faut, ſuivant l'Abbé de Mably, que jetter les yeux ſur ces Loix, pour voir combien les François étoient attachés aux Coutumes dans leſquelles ils avoient été élevés...... Cet attachement eſt la preuve la plus forte que leur Gouvernement ne ſouffrit d'abord aucune altération dans ſes principes les plus eſſentiels (t). Les Gaulois, quoique vaincus, ne furent tenus qu'aux mêmes devoirs que les François. Non ſeulement ils eurent la ſatisfaction de conſerver *leurs Loix nationales*, avantages dont jouirent également tous les autres Peuples ſoumis à la domination Françoiſe; mais ils ſe virent encore élever à une ſorte de Magiſtrature. Les Ducs, les Comtes & leurs centénaires ou vicaires, diſtribués en différens endroits de leur Gouvernement pour y rendre la juſtice, ne pouvoient prononcer

---

(s) Elles ont été recueillies par Lindenbrock ſous ce titre: *Codex legum antiquarum.*
(t) Obſervations ſur l'Hiſtoire de France, *tom.* 1. *pag.* 23.

un Jugement fans prendre parmi les Citoyens les plus notables fept Affeffeurs connus fous les noms de Rachinbourgs, ou de Scabins ; & ces
Affeffeurs, toujours choifis dans la Nation de celui contre qui le procès
étoit intenté, formoient la Sentence; le Chef du Tribunal la prononçoit
feulement (v).

C'eft à l'attachement de la Nation pour fes Loix, que nous devons ces
engagemens fi folemnels contraclés par les Rois, & confirmés par le lien
du ferment dans l'augufte cérémonie de leur Sacre. Quand Louis le Begue fut couronné à Compiegne en 878, il promit de conferver les Loix
& les ufages du Royaume, & de ne rien entreprendre fans l'aveu de fes
Féaux, felon qu'il avoit été pratiqué, & même ordonné par fes Prédéceffeurs (x). Tous nos Monarques contraclent la fubftance de cette obligation par le ferment qu'ils prêtent à leur Sacre.

Mais quoique toute Monarchie ait néceffairement des Loix qui en ré-
glent & déterminent le Gouvernement, il en eft de plus ou moins dépendantes des Loix; il en eft dont les Monarques ont une puiffance plus
tempérée, & d'autres où cette puiffance eft plus abfolue.

Les Publiciftes diftinguent ces deux efpeces de Monarchies. ,, Quoique les Souverains, dit Puffendorf, foient toujours au-deffus des Peuples,
& indépendans de tout fupérieur ici bas, il y a néanmoins quelque différence, *fur-tout à l'égard des Rois* dans la maniere dont ils exercent leur pouvoir; car en certains Etats le Prince gouverne comme il le juge à propos;
en d'autres, il eft aftreint à fuivre certaines regles (y)".

Boehmer, adoptant le fentiment d'un autre Jurifconfulte, enfeigne
que toutes les Monarchies ne font pas établies fur le même plan, & que
tous les Monarques n'ont pas la même étendue de pouvoir (z).

Burlamaqui admet la même diftinction : ,, Dans quelques Etats, le
Prince gouverne comme il le juge à propos; dans d'autres, il eft obligé
de fuivre certaines regles fixes & conftantes dont il ne fçauroit s'écarter;
c'eft ce que j'appelle les modifications de la Souveraineté; & c'eft de-
là que naît la diftinction de la Souveraineté *abfolue*, & de la Souveraineté
limitée (a)".

Cet Auteur préfere le Gouvernement où la Souveraineté eft limitée.
,, Quoique le pouvoir abfolu, confidéré en lui-même, & tel que nous

(en marge :) Le pou-
voir fou-
verain
différent
fuivant
les Etats,
eft abfo-
lu dans
les uns,
reftreint
dans les
autres
par des
Loix
fonda-
mentales.

(v) Ibid. *pag.* 27.
(x) Ego *Ludovicus, mifericordiâ Dei noftri & electione Populi Rex conftitutus promit-*
to.... Polliceor etiam me fervaturum leges & ftatuta populo, qui mihi ad regendum mifericor-
dii Dei committitur, per commune confilium fidelium noftrorum fecundùm quod Prædeceffo-
res mei Imperatores & Reges geftis infernerunt, & omninò inviolabiliter tenenda & ob-
fervanda decreverunt. Ego igitur Ludovicus rectitudinis & juftitiæ amore hanc fpontaneam
promiffionem meam relegens manu propriâ firmavi. (Baluze capit. tom. 2. col. 273).
(y) Droit de la nature & des gens. *liv.* 7. *chap.* 6. §. 7.
(z) *Non omnes Monarchiæ, non omnibus in rebus nec ubique uno eodemque modo exercentur.*
Hæ poteftate & autoritate funt folutiore, illæ ftrictiore continentur; harum ampliores termini,
latiufque imperium, illæ contractiores funt & anguftiores. Introduct. ad jus public. univerf.
in præfat.
(a) Principes du Droit politique, *tom.* 2. *part.* 1. *ch.* 7. *n.* 15.

venons de le repréfenter, n'ait *rien d'odieux & d'illégitime*, & que les Peuples puiffent l'accorder fur ce pied-là au Souverain; il faut convenir que
l'expérience de tous les temps a appris aux hommes que cette forte de
Gouvernement n'étoit pas celle qui convenoit le mieux, ni la plus propre à leur procurer un état heureux & tranquille. " Quelque diftance
qu'il y ait entre les Sujets & le Souverain, à quelque degré d'élévation
que celui-ci foit placé par-deffus les autres, il eft homme comme eux.
Leurs ames font, pour ainfi dire, jettées au même moule; ils font tous
Sujets aux mêmes préjugés, tous acceffibles aux mêmes paffions. Bien
plus, le pofte même qu'occupent les Souverains, les expofe à des tenta-
tions inconnues aux Particuliers; la plupart des Princes n'ont ni affez de
vertu, ni affez de courage pour modérer leurs paffions, quand ils fe
voient tout permis. Il eft donc à craindre pour les Peuples, qu'une
autorité fans bornes ne tourne à leur préjudice, & que ne s'étant réfervés
aucune fûreté que le Souverain n'en abufera pas, il n'en abufe effectivement.

„ Ce font ces réflexions, juftifiées par l'expérience, qui ont porté la
plupart des Peuples & les plus fages à mettre des bornes au pouvoir de
leurs Souverains, & à leur prefcrire la maniere dont ils doivent gouverner; & c'eft ce qui produit la Souveraineté limitée. Mais fi cette limitation du Pouvoir Souverain eft avantageufe aux Peuples, elle ne fait
aucun tort aux Princes mêmes: on peut même dire qu'elle tourne à leur
avantage, & qu'elle fait la plus grande fûreté de leur autorité.

„ Elle ne fait aucun tort aux Princes; car, au fonds, s'ils ne pouvoient fe réfoudre à n'avoir qu'une autorité bornée, il ne tenoit qu'à
eux de refufer la Couronne; & s'ils l'acceptent une fois à ces conditions,
ils ne font plus les maîtres de chercher dans la fuite à les anéantir, ou
de travailler à fe rendre abfolus. Elle eft avantageufe aux Princes, puifque ceux, dont le pouvoir eft abfolu & qui veulent s'acquitter de leurs
devoirs en confcience, font engagés à une vigilance & à une circonfpec-
tion beaucoup plus fatiguante pour eux, que ceux qui ont, pour ainfi
dire, leur tâche toute marquée, & ne peuvent s'écarter de certaines
regles.

„ Enfin cette limitation de la Souveraineté fait la plus grande fûreté
de l'autorité des Princes; car, étant ainfi moins expofés à la tentation,
ils évitent la terrible vengeance qu'exercent quelquefois les Peuples
fur les Princes, qui, ayant une autorité abfolue, en abufent avec excès. Le pouvoir abfolu dégénere aifément en Defpotifme, & le Defpotifme donne lieu aux plus grandes & aux plus funeftes révolutions pour
les Souverains. C'eft ce que l'expérience a juftifié de tout tems; c'eft
donc une heureufe impuiffance pour les Rois de ne pouvoir rien faire
contre les Loix de leurs Pays.

„ Concluons donc qu'il dépend entiérement des Peuples libres de
donner aux Souverains qu'ils établiffent fur eux une autorité, ou abfolue ou limitée par certaines Loix, pourvu que ces Loix ne renferment

rien d'opposé à la Justice, ni de contraire au but même du Gouvernement. Ces Réglemens qui restreignent l'Autorité Souveraine, qui lui donnent des bornes, sont appellées *Loix fondamentales de l'Etat* (b)".

Ce sont les Loix fondamentales qui caractérisent, aux yeux de cet Auteur, les Etats où la Souveraineté est *limitée*; mais il ne faut pas confondre les Loix fondamentales qu'on peut appeler *naturelles & essentielles*, avec celles qui, formées par des conventions particulieres, ne sont que *positives & variables*. Les premieres sont communes à toutes les Monarchies, même à celle où la Souveraineté est la plus absolue; elles ne dépendent point d'une institution arbitraire; c'est de la Constitution même de la Monarchie qu'elles dérivent, parce qu'elles en forment des attributs inséparables. Celles de la seconde classe ne sont ni générales ni nécessaires; elles varient suivant les Etats, elles peuvent, dans la même Monarchie, être sujettes à la révolution des siecles, & des changemens que les mœurs y introduisent. *(marginal: Deux especes de Loix fondamentales; les Loix fondamentales naturelles, les Loix fondamentales positives.)*

Ecoutons Burlamaqui nous expliquer cette différence. "Je remarque d'abord qu'il y a une espece de Loi fondamentale de droit & de nécessité essentielle à tous les Gouvernemens, même dans les Etats où la Souveraineté est la plus absolue; & cette Loi est celle du bien public, dont le Souverain ne peut jamais s'écarter, sans manquer à son devoir; mais *cela seul ne suffit pas pour rendre la Souveraineté limitée*. Ainsi les promesses, ou expresses ou tacites, par lesquelles les Rois s'engagent même avec serment, quand ils parviennent à la Couronne, de gouverner selon les Loix de la justice & de l'équité, de veiller au bien public, de n'opprimer personne, de protéger les bons, de punir les méchans, & autres choses semblables, n'apportent aucune limitation à leur autorité, & ne *diminuent rien du pouvoir absolu*. Il suffit que le choix des moyens, pour procurer l'avantage de l'Etat, & la maniere de les mettre en usage, soient laissés au jugement & à la disposition du Souverain; autrement la distinction du pouvoir absolu & du pouvoir limité se trouveroit anéantie (c)". *(marginal: Loix fondamentales naturelles.)*

Il existe donc des Loix fondamentales *de droit*, qui temperent toute Souveraineté; qui reglent toutes les Monarchies, dont les Princes, même les plus absolus, ne sçauroient s'écarter, sans manquer à leur devoir, se livrer au Despotisme, & s'affranchir des conventions primitives & immuables de l'institution des Gouvernemens. Mais ces Loix fondamentales de droit & naturelles ne rendent pas la Souveraineté *limitée*. Elles ne suffisent pas pour l'empêcher d'être absolue. Quel est donc le caractere différentiel qui constitue les Loix fondamentales positives.

"Les Loix fondamentales de l'*Etat*, prises dans toute leur étendue, sont non-seulement des Ordonnances par lesquelles le Corps entier de la Nation détermine quelle doit être la forme du Gouvernement, & comment on succédera à la Couronne: mais encore ce sont des conventions

(b) Ibid. *n.* 27 *& suiv.*
(c) Ibid. *n.* 36 *& suiv.*

entre le Peuple & celui ou ceux à qui il défere la Souveraineté, qui reglent la maniere dont on doit gouverner, & par lesquelles *on met des
bornes à l'Autorité Souveraine*. Ces Réglemens font appellés des Loix fondamentales, parce qu'elles font comme la bafe & le fondement de l'Etat,
fur lefquels l'édifice du Gouvernement eft élevé, & que les Peuples
les confiderent comme ce qui en fait toute la force & la fûreté...... Les
Loix fondamentales proprement ainfi nommées, ne font que des précautions plus particulieres que prennent les Peuples pour obliger plus fortement les Souverains à ufer de leur autorité, conformément à la regle
générale du bien public; & c'eft ce qui peut fe faire en différentes manieres; mais enforte que ces *limitations* de la Souveraineté ont plus ou
moins de force felon le plus ou le moins de précautions que la Nation
a prifes, afin qu'elles euffent leur exécution".

L'Auteur obferve avec raifon que ces Loix font plutôt des conventions que des Loix (en prenant ce terme rigoureufement): mais qu'elles
ne laiffent pas d'en avoir toute la force, parce qu'elles obligent ceux
qui fe font liés par leurs engagemens. ,, Ce n'eft pourtant que d'une maniere impropre & abufive qu'on leur donne le nom de Loix; car, à proprement parler, ce font *de véritables conventions*; mais ces conventions
étant obligatoires entre les parties contractantes, elles ont la force des
Loix mêmes (d) ".

Dès qu'on conçoit la nature des Loix fondamentales de la premiere
claffe, de celles qui font *naturelles & de droit*, il eft facile de les connoître
en détail. Ce font comme des conféquences qu'on tire d'un principe
commun qui les renferme.

Tout ce qui diftingue le pouvoir abfolu du pouvoir arbitraire, appartient à ce genre de Loix fondamentales. Il faut y comprendre toutes les
obligations du Souverain, qui naiffent des motifs primitifs de l'inftitution des Sociétés, ou que le Droit Divin lui impofe. Gouverner felon
les Loix de la Juftice & de l'équité; veiller au bien public, n'opprimer
perfonne, regarder les Sujets comme des enfans dont on eft le pere, ne
s'occuper que de leur félicité, s'interdire tout ce que le caprice, les
paffions, le pouvoir arbitraire peuvent infpirer; ce font autant de Loix
fondamentales du Gouvernement réglé. La puiffance la plus abfolue ne
fçauroit s'y fouftraire: elle peut être plus ou moins libre fur le choix des
moyens, fuivant que la Souveraineté eft plus ou moins abfolue; mais
ftrictement obligée de tendre à la fin de tout Gouvernement fage, éclairé,
équitable, tout ce qui s'éloigne de cette fin, tout ce qui ne s'y rapporte
point, dégénere en arbitraire ou en tyrannie.

Il faut donc mettre au rang des Loix fondamentales, *effentielles*, la
néceffité de gouverner par des Loix, & non à *difcrétion*; l'obligation de
ne point entamer les propriétés, de ne point toucher à la liberté légitime
des Sujets. Ces Loix font inaltérables & imprefcriptibles. ,, C'eft principalement de ces Loix, *que M. Boffuet déclare*, qu'il eft écrit qu'en les vio-

(d) Ibid. *liv.* 1.

lant, on ébranle tous les fondemens de la terre; après quoi il ne reste plus que la chute des Empires (e)".

On doit en conclure encore que l'usage des Lettres de Cachet (hors les cas d'exception dont on a parlé) appartenant au pouvoir arbitraire; aucune possession ne peut le rendre légitime; qu'il est essentiellement abusif comme contraire aux Loix fondamentales *naturelles*; & qu'ainsi les Sujets, loin d'être liés par le devoir à exécuter les ordres particuliers qui les reléguent hors de leur patrie ou de leur domicile, qui les privent de leur état, qui suspendent l'exercice de quelques-uns de leurs privileges, peuvent légitimement n'y point obéir, s'ils ont assez de grandeur d'ame pour ne pas craindre des ordres plus violens. *Les Let-tres de Cachet sont con-traires aux Loix fonda-mentales naturel-les.*

Je sçais que les petits génies, & les partisans du Despotisme s'écrie-ront *à la révolte, au fanatisme.* Mais quel cas doit-on faire du jugement des uns & des autres? Les bornes ou la paresse de l'esprit empêchent les premiers de s'élever jusqu'aux Maximes du Droit Naturel, si clairement expliquées par les Publicistes, jusqu'aux motifs primordiaux de la for-mation des Sociétés & des Empires. La déduction de ces principes im-muables est au-dessus de leur portée; où s'ils peuvent y atteindre, la gêne qu'elle leur causeroit les fait ramper dans la route vulgaire. Pour les au-tres, la bassesse du sentiment les aveugle, l'intérêt est leur boussole. Par-tisans du systême bas, mais commode de Machiavel & de Hobbes, tout ce qui porte l'empreinte de la volonté du Monarque, quelque surprise qui ait été faite à sa religion, est à leurs yeux la regle du juste & de l'honnête. Vils esclaves, ils ne connoissent que le langage de la flatte-rie, ils n'estiment que ce qui conduit à la faveur. Leur gloire est de plaire, mais ils ne cherchent à plaire que par des vues de fortune. Ce n'est ni l'amour du devoir, ni le respectueux attachement à l'Autorité légitime qui les conduit. Ils ignorent tous autres ressorts que ceux de l'ambition, de la crainte & du bien-être personnel. *Il n'y a que les ignorans & les petits gé-nies qui puissent blâmer ceux qui refusent d'obéir aux Let-tres de Cachet.*

Que le Citoyen vertueux a des idées plus justes & des sentimens plus relevés! Il chérit son Prince, il est soumis à ses ordres, il observe les Loix, il s'intéresse à la Patrie & au bien public, mais c'est parce que la raison & la religion qui sont ses guides le lui commandent. Il est Sujet d'autant plus obéissant, Citoyen d'autant plus sincere, qu'il l'est par cons-cience, & non par motif d'intérêt propre. Il étudie les bornes de l'Autorité Royale pour mieux connoître l'étendue de ses devoirs, & les remplir avec plus d'exactitude. S'il veut sçavoir ce qui n'est point dû à la Puissance Publique, c'est pour ne pas se méprendre sur ce que sa fidé-lité exige, pour ne pas se livrer à une obéissance aveugle & servile, pour ne pas compromettre d'autres devoirs. Persuadé que, *la domination de la volonté d'un homme sur celle d'un autre homme est naturellement & essen-tiellement injuste* (f), & que c'est à Dieu même qu'il rend hommage en obéissant au Prince dépositaire d'une Autorité Divine dans sa source; il

(e) *Politique,* liv. I. art. 4. Propos. 8.
(f) *Nicole.* Traité de la grandeur, 2. part. ch. I. pag. 170.

craint de se dégrader, d'offenser la raison, de déroger à la noblesse que tout être intelligent reçoit de l'Auteur de la Nature, en accordant à une volonté injuste, capricieuse, arbitraire, le sacrifice qu'il ne doit qu'au commandement raisonnable & légitime. Il sçait enfin que les Citoyens éclairés & *courageux* sont *les Sujets les plus soumis.*

Noodt a été, comme tout le monde sçait, un des plus grands Partisans de la résistance active, & on ne doit pas être surpris qu'il l'autorise, lorsque la délation de l'Empire a été accompagnée de conditions. Quand on a fait promettre au Prince d'employer son autorité au salut public, & qu'il tient sa parole, il est fondé par tout Droit Divin & Humain à se plaindre de ceux qui enfreignent une Loi à laquelle tout le monde s'est soumis.

Si au contraire le Prince oublie totalement la chose publique, pour ne penser qu'à ses intérêts, il agit alors sans pouvoir, n'exerçant certainement pas celui du Peuple.

Peu importe que l'on ait apposé des conditions, qu'on lui ait donné la Couronne sous une clause commissoire. C'est du Peuple qu'il a reçu le pouvoir de commander; & le Peuple ne peut être soumis à aucun homme, que par son consentement. Cessant ce consentement, il est dans l'état de Nature, & peut se défendre contre tous ses ennemis quels qu'ils soient (g).

Cela sera vrai, s'objecte Noodt, si le Prince a été lié par certaines Loix: mais s'il a reçu la Couronne purement & simplement sans aucune restriction?

Ce sera, dit Noodt, une imprudence de la part du Peuple, & le Souverain ne sera pas moins obligé de se consacrer à son intérêt. Dans les premiers tems on ne voit pas beaucoup d'exemples de ces conventions entre la Nation & le Chef qu'elle choisit. On lui a confié une autorité qui n'a été resserrée dans aucunes bornes expresses. Mais la raison qui conduit les hommes ne permet pas de croire qu'ils aient voulu donner au Prince le droit de commettre toute sorte de crimes, lorsqu'ils lui ont témoigné une pleine confiance, & l'ont chargé de leurs intérêts. On doit toujours supposer cette convention tacite, *qu'il réglera le pouvoir qu'on lui confie, sur la Loi Naturelle.* Autrement il faudroit croire que la Nation a voulu sa perte & sa ruine entiere.

Si donc le Prince est occupé des intérêts de la Nation; s'il remplit son
at.

(g) *Si formula delati Imperii convenerit, ut quod justissimum est, omnium salus suprema lex sit, quis dubitet, Principem qui eo subsistit fine, Populi autoritate uti, atque omni jure, & divino & humano punire eum, quem liquet negligere legem in quam pro tuendâ omnium salute & libertate, omnes naturali ratione, id est, divinâ voluntate consensere? At si longiùs egreditur Princeps, & publicis privatisque populi viribus opibusque non in ejus usum, sed pro suâ libidine, atque ad ejus exitium abutitur, quid verius est quàm privato jure agere sine populi autoritate? Nec jam referre quis mihi dicat: utrùm palàm pactum sit; ut hoc agens Princeps, illo excidat nomine; an ei posita non sit lex commissaria: scilicet, quia jus imperii non aliundè, quam à Populo habet; nec hîc ulli nato homini nisi suo obstringitur consensu. Cæterum in naturæ moratur libertate, quâcum adversùs hostem, qualiscunque sit, suis viribus pro suâ aliorumque salute ac libertate uti, sive Ratio, sive Deus permittere credi debet. Dissert. De Jure Summi Imperii, Oper. Tom. 1. pag. 510.*

attente, il en tire fon autorité. S'il la vexe & la tourmente, il ne fuit certainement pas fa volonté, il eſt fans pouvoir. Que le Peuple lui ait confié toute fon autorité fans réferve, il ne lui a transmis que le droit qu'avoit chaque Particulier avant la formation de la Société. Or qui avoit le droit de nuire à foi-même ou aux autres? Chacun n'avoit que le droit de veiller à fa confervation & à celle d'autrui. Lors donc qu'ils fe font réunis en corps & fe font donnés un Chef pour jouir en paix des avantages de la Loi Naturelle, ils ne peuvent pas avoir eu d'autre intention. (h).

Noodt fe fait une difficulté plus preſſante encore. Un Peuple eſt obligé par les circonſtances de recevoir un Chef malgré lui, ou parce qu'il eſt tombé entre les mains du vainqueur, ou parce que la famille ou d'autres malheurs aſſurent fa ruine, s'il ne prend pas ce parti. Il eſt par conféquent bien éloigné d'impofer fes conditions. Croira-t-on qu'il ait pu dans fon choix ne confulter que fes intérêts, que ce Souverain foit obligé de tout rapporter à cette fin?

Noodt le décide fans balancer. Il eſt gravé dans le fond de la nature, de chercher ce qui eſt utile, de fuir ce qui eſt nuifible. L'homme ne doit pas, ne peut pas fe fouſtraire à cette Loi. Fait-il quelque chofe qui lui foit dommageable, c'eſt toujours parce qu'il efpere y trouver de l'avantage? Si donc il a confenti à une chofe, qui loin de lui procurer du profit entraîne fa ruine totale, le droit naturel le difpenfe de remplir l'engagement. Il cherchoit ou du bien ou une diminution de mal. Ne trouvant ni l'un, ni l'autre, il n'a pas confenti. Il n'a pas voulu ce qui eſt, il a voulu ce qui n'eſt pas. Le Droit Naturel le dégage d'un confentement prêté par erreur. On fuit ces regles dans les conventions privées, combien plus dans le Droit Public qui intéreſſe un Peuple entier (i)?

Principes de Noodt fur la nature de la convention qui lie le Peuple au Prince.

(h) *Eſto; ſi populus Principes certis alligavit Legibus. Sed quid, ſi nulla intervenerit pactio, Principe ſimpliciter conſtituto? Deus meliora! Atqui non rei dignitas impedit, quominùs imperium, quamvis imprudentiùs, tamen vel ſic deferatur, quin, ſi quæ fides vetuſtatis memoriæ, plerùmque hoc contigit, rudibus adhuc ſæculis, ubi Regem non partium ſtudia, fed ſpectata inter bonos moderatio producebat. Hoc igitur ſi ſit, agitur reſpublica Principis manu; & liberum habet arbitrium qui nullis includitur finibus: nec tamen patitur humani ratio conſilii, ut jus probri, ſceleris ac flagitii, Princeps accepiſſe exiſtimetur; quod de eo benè ſperavit populus qui eum, quaſi virum bonum publicæ privatæque utilitatis diſceptatorem elegit; nec opus eſſe putavit, quem, tantâ, tàmque liberâ ornabat poteſtate, pactis adſtringi ad id quod ultrò facturus videbatur. Magis populus cùm non expreſſis ac diſertis verbis ei infrænatam dedit poteſtatem, tacitè pactus videtur; quam habet Princeps, non ad ſuam libidinem, fed ad naturæ legem componat. An quid æquè convenit hominum voluntati quæ tota ad ſe ſpectat, quàm ne ſe negligant, neve ſe perdant? Igitur ſi ei deſervit Princeps, ſi populi expectationem implet, ex eâ jus habet: ſin eum negligit, aut perdit, non ſponte populi, neque jure agit. Etſi enim populus, cùm omne ſuum imperium ei ſimpliciter tradidit, nec quid palàm excepit, creditur ei hoc optimo tradidiſſe jure: tamen non plus dediſſe exiſtimandus eſt, quàm habebant ſinguli, cùm in ſocietatem coïrent; quis autem rem habebat jus ſibi aut aliis nocendi? Nemo unus. Tantùm poterat unusquisque ſibi aliisque cavere. Ergò, cùm plures in populum tranſiêre juris naturalis fruendi cauſâ, ſibique Principem impoſuêre, apparet hoc, nec quid prætereà cogitaſſe. Ibid.*

(i) *Video dici atque allegari, jam pro familiâ haberi populum, inque eum eſſe Domini jus, quod antè ejus fuerit in ſe, ac ſuas; id voluiſſe populum, cùm illi conceſſit inſuſtam poteſtatem; nec iniquum eſſe, teneri pacto cui conſenſit volens. Sed vicero, ſi oſtendero, & hîc ſe*

Qui ne voit d'ailleurs qu'une Nation eſt un compoſé d'hommes? Le Corps entier peut-il s'aſſujettir à une Loi à laquelle la nature défendoit à chaque individu de ſe ſoumettre? Le Corps en ſe formant a-t-il voulu ſe ſouſtraire à la Loi Naturelle qui gouvernoit les membres épars? N'a-t-il pas cherché au contraire à recueillir plus certainement l'avantage de ſes préceptes? Elle oblige également tous les hommes diſperſés ou réunis. La convention d'une Societé entiere contraire au Droit naturel, n'eſt pas plus efficace que celle d'une Particulier (k).

Mais le Peuple ne peut-il pas s'aſſujettir à l'eſclavage comme un Particulier?

Ce n'eſt pas la queſtion, répond Noodt. Elle conſiſte à ſçavoir, ſi celui qui s'y eſt ſoumis ne peut pas aſpirer à la liberté, lorſque ſon maître lui fait ſouffrir toutes ſortes d'injuſtices.

Il ne le peut pas, réplique-t-on. Il eſt obligé de tout ſouffrir. C'eſt la ſuite de l'eſclavage, de la pleine propriété du maître, qui peut ſe ſervir de ſon eſclave, comme de ſes animaux & de ſes autres biens (l).

Noodt s'éleve contre ces idées contraires au Droit Naturel & au

ſpeĉtaſſe populum qui ſe in alterius ditionem tradidit. Quid ſi nec potuit aliter, ut voluerit maxime? An quis ambigit, hanc eſſe naturæ legem, ut quiſque quod ei utile eſt, ſequatur; ac quod noxium eſt evitet. Eâ verò lege quam Dei providentia ad humani generis ſalutem juſſit, nemo ſe ſolvere debet; nec ſi velit, poteſt: ni tantùm, ut etiam, cùm malè ſibi velit, non id agat, quia malum appetit; ſed quia, faĉtâ comparatione majoris & minoris mali, in eo quod appetit, majus ſibi fingit bonum, quàm in eo quod effugit. Fac, ſibi optare mortem quæ in infelicium votis eſſe dicitur, hanc tamen ſi à Deo precibus paciſcitur, non quaſi malam ſperat, ſed quaſi vitæ miſeræ & calamitoſæ profugium. Atque hoc ſi eſt, quis dicat, eum qui paĉto ſe obligarit vel ad exitium ſuum, lege naturæ teneri? Non enim eo perniciem ſuam intendit, ſed bonum quod ſub eâ latere ſuſpicabatur: hoc verò ſi non eſſe intelligat, non conſenſiſſe eum liquet, quia quod eſt, non voluit: quod autem voluit, non eſt: tenetur denique non errorem ſuum, id eſt, perniciem, ſed quod ei bonum eſt, ſequi naturæ lege: cùm quod malum eſt, neque ſub deliberationem, neque ſub voluntatem cadere poſſit. Quod ſi in privatis paĉtionibus placet, de publicis quantò juſtius dicendum eſt? Majoris enim exempli ſunt: quippé cùm privatæ ad unius aut paucorum, publicæ ad plurimorum ſalutem ſpeĉtent. Ibid.

(k) Prætereà quis neſcit populi corpus ex ſingulorum conſenſu civium contineri? Nec patitur ratio, ut quod ſingulis in ſe jus non fuerit, vetante naturâ, univerſi, conſtituto corpore, in ſe accepiſſe videantur. Neque enim id egère qui in publicam coïcre ſocietatem, ut in eâ ceſſaret naturalis obligatio legis quæ antè ſingulos tenuit. Imò, ut illa uſum haberet, ideò ſocietatem contraxerunt ſinguli, ac ſi rem putamus: quid eſt naturæ Lex, præter regulam modumque rationis quam Deus regendis hominum aĉtibus pſuit; ſive ſinguli ſparſique ſint, ſive in unum colleĉti corpus juris fruendi gratiâ? Niſi quis adeò deliret, ut putet, homines eſſe deſiiſſe qui relĉtâ vitâ illâ agreſti & ferâ, in hanc mitem ac cultam conceſſère, naturæque jus etiam Magiſtratibus ac judiciis firmarunt. Sed qualemcumque iis perſonam fortuna impoſuit, homines ſunt; quorum aĉtionibus, paĉtionibuſque, & privatis & publicis, ſuam natura formam impreſſit. Prorſus ut qualeſcumque fiant non aliàs valeant, quàm ſi cùm primâ illâ atque æternâ naturæ lege, id eſt, Divinâ voluntate, conſentiant, quæ cum ad humani generis ſalutem conſervationemque ſpeĉtet, probatum eſt paĉtum, ſi ad ejus perditionem pertineat, lege naturæ improbari. Ibid.

(l) Sat ſcio, dices, ad omnem patientiæ legem obligari eum qui ſe alteri ſervum fecerit; idque conſequens eſſe ſervituti dominioque: nam cùm pro nullo ha'eatur ſervus, cùm æquè domini ſit, ac bos, ac ovis, ac pomum, ac pyrum; quidni dominus ſervo pro arbitrio ſuo, æquè uti, æquè abuti poſſit, ac bove, ove, aut quâcumque aliâ re, quæ ejus ſit, quam ſervet, quam perdat, prout ratio aut libido eum impellat, nullo cöercente?

Droit des Gens. Aux yeux de la raison le maître & l'esclave sont égaux, parce qu'ils sont hommes (m).

Si l'esclave a été fait tel par la force ; & qu'elle subsiste toujours, il est en guerre avec son maître. Ils sont l'un & l'autre dans l'état de Nature où la force se repousse par la force, où chaque Particulier est juge & vengeur de l'injustice. Le maître emploie la force pour se faire un esclave. Celui-ci s'en servira, s'il le peut, ou se délivrera par la fuite.

Si l'esclavage est fondé sur une convention, ou pleinement libre, ou amenée par la force, cet engagement est destiné à l'intérêt des deux parties. Chacun y a stipulé son profit personnel. L'esclave a promis sa peine & son travail pour racheter sa vie. Le maître a fait grace de la vie pour acquérir la peine & les travaux de l'esclave. Le premier manque-t-il à l'engagement ; use-t-il de tant de cruauté qu'il rende la vie insupportable, l'esclave dégagé de sa promesse, n'est plus lié que par la Loi Naturelle. Elle lui permet de recourir à la force, ou à la fuite (n).

Quant au prétendu droit de propriété du maître sur son esclave, il ne prouve pas d'avantage ; le Droit Naturel ne permettant pas à un homme de détruire & de perdre entièrement ce qui lui appartient, le droit civil ne le souffre pas d'avantage, puisqu'il interdit les prodigues (o).

(m) *Sed non ità est, ô bone ! neque tu, si sapias, eis qui sic sentiunt, licet plurimi sint, assentire. Si enim vera servamus rerum nomina, non hoc ratio appellet, aut servitutis, aut Dominii jus. Magis insaniam dixerit, quàm hominum arrogantia fecit, jus Gentium quo ea comparata sunt, ignorat ; ac si patiere, quod postulat rei pondus, utrumque rebus convincant necessariis. Sed primò de servo dicam. Hunc non pro nullo habet ratio, non magis quàm dominum.*

(n) *Natura hominem fecit; fortuna servum, atque cùm non unius modi alium bello victum vinculis aut armis coërcet, alium pacto permittit. Cum illo quem vincula ligant, aut arma inhibent, manet jus belli nullo sublatum pacto; neuter enim alteri credit; atque ea vinciendi altorum causa; denique nec hic domino, nec dominus ei ullà tenetur conventione. Par utriusque jus est; uterque in naturæ statu, sui juris, suæque injuriæ & judex & vindex. Ità dominus si compeditum coërcere, aut occidere vult, belli jure utitur: etsi, ut is vicissim possit se adversus hostem vel fugà, vel bello tueri gentium jure. Quod si non vi, sed fide, constat servitus ; sive quod servus dominum ultrò eligit cui se vendat, quia se exhibere ipse nequit; sive quòd victor armis victo parcit, eâ lege ut sibi serviat: non ad solius domini utilitatem spectat servitus : etiam servo prodest; quia quod pacti proprium est, uterque se respexit, cùm in pactionem consensit; alter vitam redemit damno operarum; alter vitam indulsit ut operas haberet. Non igitur unius utilitatem ea continet pactio; sed utriusque, atque ut servus domino ad servitutem, ità dominus servo ad vitæ præstationem Gentium jure obligatur. Quod si non faciat dominus, sed tàm crudeliter servum habeat torqueatque, ut ei vita supplicium sit, mors solatium; pacto liberatus est servus, quia obligavit se non ad malum, sed ad bonum : ad naturæ autem statum reversus, potest se aut fugà, aut etiam hostis cæde servare.*

(o) *Ad dominum venio: in quo similis error, an stupor. Neque enim ejus fructus fuerit, rem perdere: non ibo longè: vel rationem specta quæ dominia distinxit. Quid eâ? an suum cuique dedit, ut sua profunderet dominus? Minimè voluit quod natura omnibus in commune posuit, ut hoc quisque sine lite & rixâ pro arbitratu suo ad sui conservationem uteretur. Igitur si dominus temerè jacet aut laceret rem sui juris : viderit. Homini enim sapienti & naturæ legem sequenti, non lautus aut magnificus, sed stultus aut nequam videbitur. An quid absurdius, aut turpius est, quàm aliquem rem suam esse petere : quod dicit, eam naturali ratione suam factam esse; & cum tenet, habet, possidet ; eam, ne sibi usui sit, urere, profundere, aut corrumpere? Nec id tantùm ratione, etiam civili jure intelligitur. Quid enim voluit Lex duodecim*

Il avoit donné aux maîtres le droit de vie & de mort fur leurs esclaves. Il l'avoit également accordé aux peres fur leurs enfans. Cela étoit fondé fur des raifons particulieres. Il a fi peu voulu abandonner l'esclave à la barbarie de fon maître, que fur la plainte de l'esclave, le juge obligeoit le maître à le vendre à un autre; & que celui qui tuoit fon esclave, encouroit la peine de la Loi Cornélienne, comme s'il avoit mis à mort un esclave étranger (p).

Peu importe donc de fçavoir, fi un Corps entier de Peuple peut fe réduire à la condition d'un esclave particulier, puisque le Droit Naturel & même le Droit Civil ne donnent point au maître un droit arbitraire fur la vie & fur la perfonne de fon esclave.

On s'eft étendu fur ces réflexions de Noodt qui appuient ce qui a été dit des Loix Fondamentales Naturelles. Elles font propres auffi à rectifier les idées fur les droits du Souverain, devenu tel par droit de conquête.

Ou la conquête a été fuivie d'une convention, ou il n'y en a eu aucune.

S'il n'y en a eu aucune, le droit de guerre fubfifte toujours, puisque rien ne l'a fait ceffer, & que le vainqueur n'a toujours d'autre titre que fa victoire. Or dans l'état de guerre ou dans l'état de Nature, on oppofe la force à la force. Chacun eft vengeur de fa propre injure. Il faut donc confidérer l'Etat & fon Chef comme deux Puiffances belligérantes qui fe font la guerre l'une à l'autre, qui ne connoiffent entre elles d'autre Loi que celle du plus fort. Il ne peut être queftion des Loix civiles qui fuppofent un Etat formé & fubfiftant en paix. Dès là, comme il eft permis au Prince de continuer l'ufage de la force pour conferver le Peuple dans la foumiffion, il eft permis à celui-ci d'ufer du même remede pour fe procurer la liberté.

Si au contraire depuis la conquête, il y a eu une convention, elle eft la feule chofe à confidérer, elle eft la Loi commune des deux parties. Que

Applica-tion des principes de Noodt à la fo-lution de plufieurs difficul-tés.

Le droit de Con-quête ne juftifie pas les violences du Sou-verain.

Tabularum, cùm pupillum tutoris furiofum, curatoris poteftati fubjecit? Quid Lætoria, cùm pro-digum qui impenfarum neque modum, neque rationem habet, tanquam fi furiofus fit, per Prætorem omni privatum jure ad agnatos remittit? Quid Divus Marcus, juris religiofif-fimus Princeps, cum infpecto lubricæ ætatis ingenio, primus ftatuit, ut deinceps omnes ado-lefcentos curatores acciperent, non redditis caufis; cùm anté ex Lege Lætoriâ tantùm prop-ter lafcíviam, vel propter dementiam, darentur? Nifi quod è re publicâ effe appareret; ne res fuæ committerentur eis qui per ætatem, per furorem aut luxuriam eas non exercituri, fed perdituri effent. Ibid.

(p) *Nec tamen me fugit, quod dominus in fervum etiam civili jure habuit vitæ & necis poteftatem. At non quod Lex, cùm abuti eâ vellet: fed quod fervilis improbitas & contuma-cia egeret difciplinâ. Nec ea rectiùs ulli credi videretur, quàm domino, cujus intererat eum & corrigi & fervari. Quomodò patris quoque conditionem Lex facravit, datâ ei in filium vitæ & necis poteftate: non quod vellet, filium generari, ut effet quem perderet pater: fed quòd filii educatio res aleæ plena haberetur. Erat prætereâ filio utile, regi fræno juventutis: nec periculum erat ne durior pater effet, quàm oporteret; magis metui poterat, ne lenior foret. Cæterùm, cùm intelligeretur, & patrem & dominum fuo abuti jure; ac poteftatem non pie-tate, quod Lex volebat, fed atrocitate æftimare: placuit, conftitui aliquem: qui, ut de li-beris nihil dicam, etiam de fervorum querelis cognofceret. Ac fi intolerabilis videretur fævitia, injuria aut infamia, dominum cogeret, bonis fervum conditionibus vendere. Quid? Quod vi-fum Divo Pio dominum qui fervum fuum fine caufâ interimeret, perindè Lege Cornelia tene-ri, ac fi alienum fervum occidiffet. Atque hoc fi in privatâ fervitute placuit, movente ratione; quidni in publicâ obtineat?* Ibid.

portera cette convention ? S'il y eſt dit ſimplement que le Peuple reconnoît un tel pour Souverain, & promet de lui obéir en cette qualité ; par là on
confie l'Empire tel qu'il eſt de droit commun, c'eſt-à-dire, pour l'avantage de ceux qui ſont gouvernés.

Il faudroit donc que la convention portât que le Souverain aura droit
de diſpoſer arbitrairement, des biens, de la liberté, de la vie de ſes Sujets.
Mais une telle convention ne ſe préſume pas, & doit être bien expreſſe.

En la ſuppoſant formelle, eſt-elle valable ? chaque Citoyen pris ſépare-
ment, n'avoit pas droit de diſpoſer arbitrairement de ſa propre vie. Comment le Peuple, qui n'eſt qu'un compoſé de membres particuliers, a-t-il
pu donner ce droit ?

On conçoit que Dieu approuvant la formation des Societés, leur accordant ce qui eſt néceſſaire pour leur conſervation, il a donné droit
de punir de la peine de mort ceux qui troubleroient l'ordre de la Société. Il
n'a pas donné au Corps entier le droit de diſpoſer arbitrairement de la vie
d'un ſeul de ſes membres. Le Corps n'a donc pas pu tranſmettre ce droit
à ſon Chef, ſoit qu'il l'ait choiſi volontairement, ſoit qu'il ſe ſoit ſoumis par contrainte.

Dans quelque hypotheſe qu'on ſe place, de quelque maniere qu'on ſuppoſe l'autorité acquiſe au Souverain, dès qu'on admet une convention, il *Il ne don-*
eſt impoſſible abſolument qu'il puiſſe diſpoſer arbitrairement de la vie & *ne pas le*
de la mort. *droit de*

Ne peut-on pas au moins lui abandonner la diſpoſition arbitraire de la *diſpoſer*
propriété des biens, de la liberté des perſonnes ? Cela eſt permis à un Par- *& des*
ticulier, & c'eſt ce qui forme l'eſclavage. *biens du*

Mais les biens ſont néceſſaires à la conſervation de la vie. Le Souve- *Citoyen.*
rain en les enlevant pourroit faire périr ſon Royaume par la famine,
& par là exerceroit indirectement le droit de vie & de mort arbitraire.
Il n'eſt pas obligé de nourrir tous ſes Sujets, comme un maître eſt
obligé de nourrir ſes eſclaves.

Le Peuple ne s'eſt réuni en Corps que pour ſe procurer le bénéfice des
préceptes de la Loi Naturelle, qui aſſurent à chacun la propriété de ſon
bien, la liberté de ſa perſonne. On eſt privé de ces droits ſi le Souverain *Le Peu-*
peut en diſpoſer arbitrairement. La convention faite avec lui, ſeroit di- *ple même*
rectement contraire à la fin de toute Société. C'eſt cependant une Société *ne peut*
qui s'eſt ſoumiſe. Le vainqueur n'a pas reçu l'hommage d'une multitude *ce droit*
de Citoyens iſolés, mais d'un Corps de Peuple. Un Corps de Peuple peut- *au Sou-*
il s'être ſoumis ſous des conditions directement contraires à la fin pour *verain.*
laquelle le Corps s'eſt formé ?

La ſeule différence qu'il y auroit entre une Nation ainſi ſoumiſe, &
cette Nation conſidérée avant ſa formation, c'eſt qu'avant ſa formation,
le Droit Naturel défendoit à chaque Particulier d'attenter à la vie, aux
biens, à la liberté de ſon voiſin, & lui permettoit de repouſſer la force
par la force. Mais comme les foibles étoient à la merci des méchans
qui étoient plus forts qu'eux ; pour contenir ces derniers, on a ima-
giné d'établir une Puiſſance Publique. Voilà le motif unique qui a dé-

terminé la formation des Sociétés. Dans la Société foumife à un Defpote, chaque Citoyen a à craindre de lui ce qu'il avoit à redouter de fes Concitoyens dans l'état de Nature. Son voifin ne peut plus lui prendre fon bien par voie de fait. Le Souverain le peut par voie de droit, & en ufant légitimement de fon autorité. Il y aura donc une Société civile, formée fous des conditions directement contraires à la fin de toute Société, ce qui ne peut pas fe concevoir.

Nature du Contract qui lie le Peuple au Souverain. Tous les Contrats ont une nature & des caractéres qui leur font propres, & qui les diftinguent de tous les autres contrats. Pour peu qu'on s'écarte de ce qui conftitue la fubftance du contrat, on fait une convention nulle, ou un contrat d'un autre genre. De même dans la formation d'un Gouvernement, il faut qu'on affure au Peuple la jouiffance du bénéfice du Droit Naturel, autrement ce ne peut pas être une convention d'un autre genre, c'eft une convention nulle. Or on n'eft pas affuré de jouir du bénéfice du Droit naturel, lorfque le Souverain a droit d'y contrevenir en vertu de l'autorité qu'on lui a confiée. La convention eft donc nulle.

Il eft Synallagmatique. Il eft de la nature de tous les contrats Synallagmatiques, de lier les deux parties, qui ne s'engagent ainfi, que parce qu'elles y ont chacune leurs intérêts. On ne dira pas fans doute que la délation de l'Empire foit un contrat de bienfaifance, où le Prince feul doive trouver du profit. Il faut qu'il y en ait pour le Peuple. Or il n'y en a aucun pour lui, lorfque le Prince a un droit abfolu fur la vie, fur les biens, fur la liberté. Il eft indifférent à chaque Citoyen d'appréhender la véxation de la part de fon égal, ou de la part du Chef. Le feul bénéfice qu'il attend, c'eft d'en être préfervé. La convention de Defpotifme, feroit donc une convention nulle.

Ce n'eft ni une vente, ni une donation, ni une échange. Qu'un homme foit contraint à faire un contrat qu'on appellera vente, par lequel il tranfportera fon bien fans recevoir aucun prix, abftraction faite de la force qui annulle l'acte, ce ne fera jamais une vente, parce qu'il eft de l'effence de la vente qu'il y ait un prix. Mais comme il y a différens contrats établis entre les hommes, pour le tranfport des biens privés, ce qui n'eft pas une vente, fera une donation.

Il n'y a pas de même différens contrats établis pour tranfporter l'Autorité Souveraine. On ne connoît pas de donation, de vente, d'échange de l'Empire. Il eft effentiel à tout pacte qui tranfporte la Puiffance Publique, d'être utile au Peuple, de lui affurer le bénéfice du Droit Naturel, comme il eft effentiel à une vente d'avoir un prix. Toutes les fois que cette circonftance ne fe trouve pas, la convention eft nulle, ne pouvant pas dégénérer dans un autre contrat.

Il eft un Mandat. Il eft de l'effence du Mandat d'être abfolument gratuit, uniquement dirigé au bien du mandant. Toutes les fois que la convention n'eft utile qu'au mandataire, c'eft une convention nulle comme mandat, qui peut valoir comme autre contrat. La délation de l'Empire n'eft qu'un mandat: fi par fes claufes, elle tourne au profit du mandataire, c'eft une convention nulle, ou une donation. On ne peut pas préfumer une donation

libre de la part de vingt millions d'hommes, qui ſe livreront à la diſcrétion d'un ſeul pour le gratifier. Reſte à ſçavoir, ſi la force peut rendre cette convention valable. Elle ne peut certainement pas déroger au
Droit Naturel, & changer l'eſſence des choſes, & les Loix Fondamentales Naturelles de tout Gouvernement.

Pour ſentir la différence du pouvoir abſolu & de celui qui eſt limité
par des conditions, lors de ſon établiſſement, prenons pour exemple les
actes par leſquels les villes de Sienne & de Piſe ſe ſont ſoumiſes en 1399
à Jean Galéas Duc de Milan. Il ſemble qu'on ait tâché d'y réunir toutes
les clauſes les plus propres à exprimer une autorité ſans bornes (q).

On ſoumet au Duc tout le Peuple & la Communauté, tous les Citoyens
& habitans. On accumule toutes les clauſes propres à aſſurer la perpétuité & l'irrévocabilité abſolue de la convention pour quelque cauſe &
quelque cas que ce ſoit (r).

(q) *Dant, tradunt, conſignant, & transferunt præfato illuſtriſſimo Domino Duci, &*
in ipſum, præſenti & recipienti pro ſe ſuiſque filiis & deſcendentibus, videlicet maſculis, le-
gitimis, ſuccedentibus ſibi in Ducatu prædicto, liberè & in perpetuum præfatam magnificam
civitatem, Senatum, ejuſque civitates ſuppoſitas, terras, caſtra, loca, & fortilitia quæ-
cumque, ipſiuſque Caſtellantias, maſſas & cortenas, ſuſumque Communitatis territorium, fur-
tiau & diſtrictum, & omnes, & quamcumque aliam rem, ad dictum commune, & Popu-
lum Senenſem quomodolibet pertinentem, tàm per terram quàm per aquam, cum omnibus ju-
ribus & pertinentiis ſuis, atque liberum, verum & abſolutum dominium & gubernationem,
omnemque facultatem, poteſtatem & juriſdictionem, atque Rempublicam præfatæ civitatis
Senarum, & omnium prædictorum cum mero & mixto imperio, & omnimodà juriſdictione,
& gladii poteſtate, & cum omnibus & ſingulis regalibus dictæ civitati ſpectantibus & per-
tinentibus. Et item ipſum merum & mixtum imperium, & omnimodam juriſdictionem,
gladii poteſtatem, & omnia & ſingula Regalia dictæ civitati ſpectantia & pertinentia,
quod, quantum, & qualem, quantam, & qualia habet vel habere poteſt præfata Univerſitas,
Communitas, & Populus civitatis Senarum, ad habendum, tenendum & poſſidendum, &
quaſi prædicta omnia & ſingula jure Dominii & plenæ proprietatis & poſſeſſionis purè, libe-
rè & ſimpliciter & irrevocabiliter, ità quod aliquà ingratitudine, vel offenſà, ſeu aliâ quâ-
vis cauſâ in perpetuum revocari, vel retractari non poſſit.

(r) *Et item ſubjecerunt & ſubmiſerunt prælibato Domino Duci ejuſque inclitæ Majeſtati*
& dominationi, recipienti pro ſe ſuiſque filiis & deſcendentibus ut ſuprà, liberè & in perpe-
tuum præfatam univerſitatem, communitatem, & populum civitatis Senarum, & univerſos
ſinguloſque ejus cives, habitatores, comitativos & diſtrictuales, & quomodocumque ſuppoſitos
præfato Communi & Populo Senenſi præſentes ac futuros ... Prædicta omnia & ſingula præ-
dicti Sindici dictis nominibus ſolemni ſtipulatione promiſerunt, & convenerunt, ac promittunt
& conveniunt prælibato Domino Duci ſtipulanti ut ſuprà, perpetuò rata, grata, firma, &
ſtabilia habere, & tenere, & nunquàm contrafacere vel venire per ſe, vel alium, ſeu alios
de jure, vel de facto, directè, vel per obliquum, aut aliquo colore quæſito, ſub refectione,
& reſtitutione omnium & ſingulorum damnorum, intereſſe, & expenſarum litis, & ex-
trà, quæ perindè, quovis modo fierent, & paterentur; quæ, quod, & quas præfati Sindici
promiſerunt & convenerunt dictis nominibus præfato Domino Duci ſtipulanti ut ſuprà ſtipu-
latione ſolemni interveniente ſolvere, quâlibet contrarietate remotâ, quibus ſolutis, vel non,
præſens ratus perpetuò maneat contractus, pro quorum omnium obſervatione præfati Sindici &
Ambaſiatores dictis nominibus obligaverunt & obligant præfato Domino Duci recipienti ut ju-
prà, omnia bona præſentia & futura prædictorum Communis & Populi Senenſis ac civilium
diſtrictualium, quomodocumque ſubditorum ejuſdem civitatis Senarum. Renuntiantes excep-
tioni non factarum ratificationis, translationis, traditionis & inveſtituræ, ac non factarum pro-
miſſionis & obligationis prædictarum, rei dicto modo non geſtæ, reſtitutioni in integrum ſimu-
lati contractûs, doli, mali, vis, metûs cauſâ, actioni in factum & cujuslibet alii remedio ſub

Voilà fans doute une conceffion de pouvoir illimité fans aucune char-ge pofitive. Un conquérant les armes à la main, auroit eu peine à impofer une Loi plus dure. Un mois après le Duc mit lui même des ref-trictions à l'autorité fans bornes qu'on lui avoit transmife. Mais il dit expreffément qu'il le faifoit très librement par un pur effet de fa bonne volonté. Les habitans accepterent fes promeffes comme une grace qu'ils reçevoient avec reconnoiffance.

Or en vertu du premier acte, croit-on que les habitans de Sienne aient entendu fe réduire en efclavage, & tranfporter au Duc de Milan un droit arbitraire fur leurs biens, leur liberté, leur vie ? Ils cedent le Gou-vernement, *gubernationem*, & toute l'autorité néceffaire pour cela. La puiffance de Gouvernement n'eft pas celle de Tyrannie. Il cede la jurif-diction, la puiffance publique, telle qu'elle appartenoit au Peuple. Or ce Peuple avoit-il le droit abfolu de vie & de mort fur fes Membres ? La preuve que les Siennois entendent demeurer propriétaires de leurs biens, c'eft qu'ils s'obligent au paiement de l'amende au profit de celui qu'ils choififfent pour Souverain. Il eft dit que toute ingratitude, toute offenfe de la part du Prince ne pourra fervir de prétexte à la réfolution du con-trat. Mais fi les Ducs de Milan avoient voulu traiter les Siennois en ennemis, mettre tout à feu & à fang dans la ville, maffacrer les habitans, auroit-on pu leur oppofer cette claufe ? Le plus outré partifan du Def-potifme n'oferoit pas le foutenir.

Les Siennois & les Pifans ont choifi les Ducs de Milan pour les gou-verner ; & la convention, fut-elle encore plus étendue dans les termes, fe réduiroit toujours à ce feul point dans l'intention des parties. Or qui dit puiffance de Gouvernement, dit une puiffance modérée, qui n'a pour but que le bonheur de ceux qui y font foumis, & non la vaine fatif-faction de celui qui commande.

Les Peuples qui ont établi des Loix fondamentales pofitives, ont pris une précaution très fage. Ceux qui ont témoigné plus de confiance au Chef qu'ils choififfoient, ne fe font pas pour cela livrés à fa difcrétion. Par cela feul qu'ils l'ont choifi pour Chef, ils ont travaillé pour eux-mêmes, & non pour lui. En acceptant le Gouvernement, il s'eft obligé à fe con-facrer tout entier à l'intérêt public. Si on ne l'a pas aftreint à prendre cer-tains moyens pour le procurer, fi on en a laiffé le choix à fa prudence, ce n'en eft pas moins le but unique auquel il doit tendre.

Explica-tion des Loix

Les Loix fondamentales du fecond rang font d'une efpece très différente

fidiario, & omnis juris, & legum municipalium & civilium auxilio beneficii & favoris, & infuper præfati Sindici, quo fuprà nomine, in animas & fuper animas dictorum conftituen-tium juraverunt ad Sanèta Dei Evangelia corporaliter tactis fcripturis in manibus Notario-rum infrà fcriptorum ad delationem juramenti prædicti eis per dictos Notarios factam, prædicta omnia & fingula vera effe, & eadem perpetuò attendere & obfervare prælibato Domino Duci ejufque filiis & defcendentibus ut fuprà plenarie, ut fuperiùs continetur & fcriptum eft, & non contrafacere, vel venire aliquid ratione, vel cauſâ, feu quovis quafito colore. Supplément au Corps Diplomatique du Droit des Gens. Tom. 1. part. 2. pag. 294 & fuiv.

te des Loix fondamentales naturelles. Etant produites par des conventions *fonda-* arbitraires, on approfondiroit inutilement pour les connoître, la nature *mentales* de la Souveraineté, les caractères de la Puissance Publique. Leur existen- *positives.* ce est *un fait*; on ne peut en être instruit que comme on l'est des faits *Comment* ordinaires. *elles se forment.*

Burlamaqui explique comment se forment ces Loix fondamentales.

,, Exiger du Souverain qu'il s'engage par une promesse particuliere à ne point faire de nouvelle Loi; qu'il ne fera aucune nouvelle imposition; qu'il ne levera des impôts que sur certaines choses; qu'il ne donnera point des emplois à un certain ordre de gens; qu'il ne prendra point à sa solde de troupes étrangeres &c. Alors l'Autorité Souveraine se trouve véritablement limitée à ces différens égards; ensorte que tout ce que fe-roit le Roi au contraire de l'engagement formel où il est entré, seroit nul & de nulle force. Que s'il survenoit quelques cas extraordinaires dans lesquels le Souverain estimât qu'il fût du bien public que l'on s'écartât des Loix fondamentales, le Prince ne sçauroit le faire de son chef, au mé-pris de son engagement; mais il devroit, dans ces circonstances, con-sulter là-dessus le Peuple lui-même, ou ses Représentans. Autrement, sous prétexte de quelque nécessité, ou de quelque utilité, le Souverain pour-roit aisément éluder sa parole, & anéantir l'effet des précautions que la Nation a prises pour restreindre son pouvoir. Mais pour une plus grande sûreté de l'exécution des engagemens dans lesquels est entré le Souverain, & qui limitent son pouvoir, il est convenable d'exiger for-mellement de lui qu'il convoquera une Assemblée Générale du Peuple ou de ses Représentans, ou des Grands de la Nation, lorsqu'il s'agira de choses qu'on n'a pas voulu laisser à sa disposition: ou bien la Nation peut établir d'avance un Conseil, un Sénat, un Parlement, sans le consen-tement duquel le Prince ne puisse rien faire par rapport aux choses qu'on n'a pas voulu soumettre à sa volonté.

,, L'Histoire même nous apprend que quelques Peuples ont poussé plus loin leurs précautions, en insérant formellement dans leurs Loix fonda-mentales une clause par laquelle le Roi étoit déchû de la Couronne, s'il venoit à violer ces Loix. Puffendorf en rapporte un exemple du serment de fidélité que les Peuples d'Arragon prêtoient autrefois à leurs Rois: *Nous qui valons autant que toy, te faisons notre Roi, à condition que tu garderas & observeras nos privileges & nos libertés, & non pas autrement.*

,, C'est au moyen de ces précautions qu'une Nation limite véritable-ment l'autorité qu'elle donne au Souverain, & qu'elle s'assure sa liberté; car comme nous l'avons vu ci-devant, la liberté civile doit être ac-compagnée non-seulement du droit d'exiger du Souverain qu'il use bien de son autorité, mais encore de l'assurance morale que ce droit aura son effet; & ce qui peut seul donner aux Peuples cette assurance, ce sont les précautions qu'ils se ménagent contre l'abus du Pouvoir Souverain, en limitant là son autorité; de maniere que ces précautions puissent aisément avoir leur effet (s) ".

(s) Principes du droit politique, *part.* I. *c.* 7. *num.* 42.

Tous les Jurifconfultes qui ont traité du Droit dè la Nature & des Gens, ont admis la même diftinction de Monarchie abfolue, & de Monarchie limitée. La premiere eft celle où le Prince a reçu la Couronne fans aucune condition, où il en exerce feul tous les droits fans prendre confeil de perfonne, fans avoir d'autre frein que la Loi de Dieu, la Loi Naturelle, le bien de l'Etat. La Monarchie limitée eft celle où dans l'ufage de fa puiffance, le Monarque eft aftreint à certaines Loix, à certaines conditions qui lui ont été impofées (t).

Toute promeffe faite par le Monarque, tout ferment par lui prêté à fon Peuple, ne fuffifent pas pour rendre la Monarchie limitée. Il faut une condition qui gêne réellement l'exercice des droits de Souveraineté. La promeffe de bien gouverner, de ne travailler que pour le bonheur des Sujets, & autres promeffes vagues de ce genre, ne produifent pas un tel effet. Les Monarques les plus abfolus contractent des engagemens de ce genre, & ils n'expriment que le devoir indifpenfable de tout Monarque, lors même qu'il ne s'eft obligé à rien (v).

(t) *Monarchia eft in quâ uni faltem perfonæ phyficæ imperium competit; eftque vel abfoluta vel limitata. Illa eft ubi imperans omnia jura Majeftatica fuo arbitrio exercet; itâ ut nullius confenfu opus habeat, neque ullâ conditione adjectâ imperium ei delatum fit.... Monarchia limitata vocatur, quandò fumma poteftas certis pactis feu legibus fundamentalibus reftricta eft, itâ ut Princeps ufum jurium Majeftaticorum fecundùm illas leges exercere debeat. Competere hoc jus fubditis in regno deferendo nemo ambigere poteft: & hæ leges communiter quoque vocantur capitulationes. Imò in omni Monarchiâ ubi populus aut optimates in juribus Majeftaticis exercendis cum Principe concurrunt, regnum eft limitatum; & exempla hujus modi nobis præbet Anglia, ubi concilium populi Parlamentum appellatur, & Polonia ubi Senatores (qui quoque refidentes ad latus regium vocantur) collegium conftituunt.* Fleifcher, Inftitutiones juris naturæ & gentium. lib. 3. cap. 17, §. 3 & 8.

Monarchia pura, libera, feu abfoluta eft, ubi imperanti fine conditione imperium delatum, ubi omnia jura quæ ad Majeftatem pertinent, fuo arbitrio exercet...... Poteft populus omne jus circa imperium liberæ Principis voluntati relinquere, fed in imperiis quæ ejus voluntate deferuntur, nihil quoque prohibet quominus fub certis legibus & conditionibus rex conftituatur. Regnum ergò limitatum eft, ubi poteftas principis circà jura Majeftatica non omni ex parte eft libera. Hæc reftrictio poteftatis fummæ fit pacto populi cum imperante. Inde capitulationes & leges fundamentales, quibus principum obligari, ac exercitium jurium Majeftaticorum reftringi poffe fatis certum eft, licet ab Hobbefio aliifque in dubium vocetur. Gribner, Principia Jurifprudentiæ naturalis. lib. 2. cap. 7. §. 2. cap. 8. §. 1, 2

(v) *Verùm quæritur utrùm ftatim oritur Monarchia limitata, fi princeps aliquid promittit, aut juramento reipublicæ fe obftringit? Refpond. Si princeps talia promittit, quibus fumma poteftas minuitur, ac exercitium jurium Majeftaticorum reftringitur, omninò exindè oritur imperium limitatum. Secùs verò fe res habet fi generaliter etiam jurato promiferit fe, verbi gratiâ, velle bene adminiftrare rempublicam, felicitatem populi promovere. Talia enim majeftatem principis haud minuunt, fed in inaugurationibus regum quoque abfolutiffimorum adhibentur,* Fleifcher. Ibid. §. 9.

An verò omnis rex qui populo quidquam promittit, aut jurejurando præftito, fe reipublicæ obftringit, limitatum imperium confecutus effe cenferi debeat? Controverfa inter doctores eft quæftio. Si jurium Majeftaticorum exercitium jurata aut fimplex hæc promiffio afficiat, reftringat, limitatum; fi officia principis ergà fubditos tantùm contineat, abfolutum adhuc regnum effe exiftimo. Gribner Ibid. c. 8. §. 3.

Imperium definitne effe fummum, fi imperaturus promittat aliquot aut Deo aut Subditis? Refpondeo: fi promittat Deo aut Subditis de obfervatione juris divini vel naturalis & gentium, ad quam omnes reges tenentur, etiamfi nihil promiferint, exempli gratiâ, juftitiam om-

On eſt en quelque ſorte effrayé, quand on entend dire, que le Monarque abſolu fait de ſa puiſſance tel uſage qu'il veut. Cette inquiétude a ſa ſource dans la confuſion erronnée du pouvoir abſolu & du pouvoir arbitraire. Les Juriſconſultes les diſtinguent avec ſoin. Ils ne permettent pas au Monarque le plus abſolu de vexer ſes Sujets, d'abuſer de ſa puiſſance. L'Autorité Souvéraine a par-tout la même étendue, parce qu'elle a par-tout la même fin. Il n'y a de différence que dans la maniere de l'exercer. Que le Monarque publie des Loix tout ſeul; qu'il ne puiſſe les former que dans l'Aſſemblée des trois Etats; qu'après les avoir prononcées, il ſoit obligé de les ſoumettre à l'examen d'un certain Corps établi dans l'Etat; il faut toujours dans tous ces cas, qu'elles n'aient rien de contraire au Droit Divin, au Droit Naturel, au bien du Royaume (x).

L'autorité des Loix fondamentales eſt telle, pourſuivent ces Auteurs, que tout ce que le Prince fait au contraire eſt nul de plein droit, & qu'on n'eſt pas tenu de lui obéir par le lien du devoir. S'il a quelque reſpect pour la Religion & la Juſtice, il eſt obligé d'annuller lui-même ce qu'il a fait en excédant les bornes de ſon autorité (y).

Mais qui jugera ſi le Prince a violé les Loix fondamentales? Il y auroit de l'inconvénient ſans doute à s'en rapporter ſur ce point au Peuple, toujours aveugle & naturellement porté à la ſédition. Il eſt ſage d'établir dans le ſein de la Monarchie un Corps qui veille à la conſer-

---

nibus æqualiter adminiſtrare &c. ſummum imperium nec deſinit, nec commune fit cum aliis: verùm ſi promittat de regulis quibuſdam exercendi ſummum imperium. ad quas ſine promiſſo non teneretur, videndum an promiſſio tantùm cadat in exercitium actûs; exempli gratiâ, nolo gerere bellum ſine communicato cum ſtatibus regni conſilio; adhuc & ſummum manet imperium, & ſolus retinet: ſi promiſſio cadat etiam directè in ipſam facultatem; exempli gratiâ, nec volo, nec poſſum gerere bellum, niſi conſenſu ſtatuum; ſummum quidem manet imperium, ſed ſolus non retinet, qui facultatem communicat cum ſtatibus regni. Hinc ſi contrà prius promiſſum faciat, actus tantùm erit injuſtus: ſi contrà poſterius, erit nullus, propter defectum facultatis quam ſolus non habet, non ex vi ſuperiori. Vitriarius, Inſtitutiones juris naturæ & gentium, lib. 1. cap. 3. §. 45.

(x) Non tamen in abſoluto quoque imperio tali Princeps gaudet jure, ut tyrannum agere, ſubditos opprimere, ac beſtiarum inſtar habere ipſi liceat, ſed ſemper regularum & decori & honeſti ſimul habere debet rationem; de quo pariter jàm ſuprà egimus. Fleiſcher, ibid. §. 5. Quæ poteſtas Principis in Monarchiâ liberâ ſit, ex iis, quæ ſuprà de Majeſtate diximus, repeti debet. Exercet enim hæc jura ſuo arbitrio; neque populi, aut procerum conſenſu opus habet; modò ſine Tyrannide imperio præſit nec in ſervilem populum redigat conditionem. Formam imperii non magis quàm in Ariſtocratiâ optimates, mutare poteſt. Gribner, ibid. cap. 7. §. 4.

(y) Non amittit ſtatim imperans regnum, ſi leges fundamentales ſeu capitulationem fuerit ſupergreſſus, atque ſubditis hanc ob cauſam nullum jus competit, obſequium illi denegandi, gladiumque contra Principem ſtringendi; ſed obligant ſaltem regulæ juſtitia principem, ut actus contra leges fundamentales geſtos pro irritis declaret, rem in ſtatum priſtinum redigat ac reipublicæ eo nomine ſatisfaciat. Fleiſcher, ibid. §. 10.

Si Rex in limitato imperio leges fundamentales violet, conditiones, ſub quibus imperium accepit, negligat, quidquid ab eo contrà pactum cum republicâ initum ſuſcipitur, nullum eſt, cives non obligat, injuſtum eſt. Gribner, ibid. cap. 8. §. 4.

vation des droits des Sujets, & qui repréſente au Prince la Conſtitution de l'Etat, & les juſtes bornes de ſon autorité (z).

Les Loix fonda- mentales poſitives n'ont rien de contraire à la na- ture de la Mo- narchie & du Pouvoir Souve- rain. Si le pouvoir abſolu n'eſt pas incompatible avec la Monarchie ; le pouvoir limité n'eſt pas capable de la dénaturer.

C'eſt la doctrine commune des Publiciſtés , que le pouvoir abſolu ne doit pas être confondu avec le pouvoir arbitraire. M. Boſſuet & Loy-ſeau ſont d'accord avec eux. La Souveraineté abſolue ſe concilie donc avec la Monarchie , *parce qu'elle ſe trouve limitée par ſa nature même*. Ce-pendant malgré ſa limitation , elle ne laiſſe pas d'avoir *un champ très-vaſte.* Selon Cumberland , ,, tout ce qui eſt défendu aux Puiſſances civiles, c'eſt de ne donner aucune atteinte au partage néceſſaire des domaines, par lequel les droits, qui appartiennent à Dieu , & puis aux hommes, ſont déterminés; & de ne point violer les autres Loix Naturelles, pour le maintien deſquelles la Souveraineté eſt établie, & de l'obſervation deſ-quelles dépendent uniquement la ſûreté & le bonheur des Souverains. Ainſi leur autorité n'eſt reſtreinte par l'Auteur de la Nature, qu'autant qu'il le faut, pour qu'ils ne renverſent pas les fondemens de leur pro-pre bonheur, auſſi-bien que de leur pouvoir, & qu'ils ne ſe ruinent pas eux-mêmes avec les autres, en s'oppoſant à ce qui eſt néceſſaire pour le bien commun (a) ''.

Voilà quelles ſont les bornes néceſſaires du pouvoir abſolu. Il eſt li-mité par le Droit de domaine ou propriété , par l'autorité des autres Loix Naturelles , par *l'exigeance* du bien commun , s'il eſt permis de s'exprimer ainſi. C'eſt par ces limites qu'il eſt ſi diſtant du pouvoir ar-bitraire; & loin qu'elles affoibliſſent la Souveraineté du Monarque, elles aſſurent ſon bonheur, puiſqu'il eſt de ſon propre intérêt de ne pas ſe rui-ner lui-même avec les autres, de ne point renverſer les fondemens de ſa puiſſance.

Burlamaqui établit d'un autre côté, que les Loix fondamentales poſi-tives ne rendent pas la Souveraineté imparfaite , & qu'elles ne la dégra-dent point par la gêne qu'elles ajoutent à celles des Loix fondamentales

(z) *Sed graviſſima jam movetur quæſtio: cuinam cognitio deciſioque cauſæ competat, an princeps leges fundamentales violaverit ? Nam populo deciſionem relinquere , eſt periculoſum: inclinat enim is ad ſeditionem, cum rabie agit , impatiens eſt ac ſæpiùs ſaná ratione deſtituitur. Optimatibus vix magis hoc jus competere videtur. Optimum itaque erit , ſi ſtatim ab initio hoc determinetur, & certæ perſonæ conſtituantur quibus competat jus de pactorum violatione diſquirendi: namque hoc ceſſante, nunquàm principem de pactis violatis accuſari poſſe ſum per-ſuaſus.* Fleiſcher. ibid. § 11.*

Quis verò decidet cauſam , ſi princeps ſe leges fundamentales violaſſe neget? Interpretatio pac-ti , unius arbitrio vix relinquenda videtur ; multominùs plebis , nova ſemper molientis ju-dicio , cauſa principis ſubjici poteſt. Prudenter ergò egerunt populi qui , dùm principum po-teſtatem certis limitibus includendam cenſuerunt , ordines, aut optimates quoſdam veluti inter ipſum & rempublicam arbitros conſtituerunt , quibus fas eſſet, quodammodò de rebus à prin-cipe geſtis cognoſcere. Cujuſmodi judicium ſi deficiat, nullà ferè ratione princeps , ut promiſſis ſatisfaciat, adigi, nunquàm ferè pacti violati argui poterit.* Gribner, ibid. §. 5.

(a) Loix de la nature expliquées. ch. 9, §. 6.

naturelles. „ Ce qu'il faut bien remarquer , c'eſt que ces limitations du Pouvoir Souverain ne le rendent point défectueux, & qu'elles ne donnent aucune atteinte à la Souveraineté même ; car un Prince , ou un Sénat, à qui on a déféré la Souveraineté ſur ce pied-là, en peut exercer tous les actes, auſſi-bien que dans une Monarchie abſolue. Toute la différence qu'il y a, c'eſt qu'ici le Prince prononce ſeul en dernier reſſort, ſuivant ſon propre jugement; mais dans une Monarchie limitée, il y a une certaine Aſſemblée, qui, conjointement avec le Roi, connoît de certaines affaires, & dont le conſentement eſt une condition néceſſaire, & ſans laquelle le Roi ne ſçauroit rien déterminer. Mais la ſageſſe & la vertu des bons Princes ſe trouvent toujours fortifiées par le concours de l'aſſiſtance de ceux qui, conjointement avec eux, ont part à l'Autorité. Ils font toujours ce qu'ils veulent, lorſqu'ils ne veulent que ce qui eſt juſte & bon, & ils doivent s'eſtimer heureux de ne pouvoir pas faire le contraire.

„ En un mot, comme les Loix fondamentales qui limitent l'Autorité Souveraine, ne ſont autre choſe que des moyens dont les Peuples ſe ſervent pour s'aſſurer que le Prince ne s'écartera point de la Loi générale du bien public dans les circonſtances les plus importantes, on ne ſçauroit dire qu'elles rendent la Souveraineté imparfaite ou défectueuſe ; car, ſi l'on ſuppoſoit un Prince d'une autorité abſolue, mais en même tems d'une ſageſſe & d'une vertu ſi parfaite qu'il ne s'écartât jamais, le moins du monde, de ce que demande le bien public, & que toutes ſes déterminations fuſſent aſſujetties à cette regle ſupérieure, diroit-on pour cela que ſon pouvoir fût en quelque choſe affoibli ou défectueux? Non ſans doute; par conſéquent les précautions que les Peuples prennent contre la foibleſſe ou la malice inſéparable de l'humanité, en limitant la puiſſance de leurs Souverains, pour empêcher qu'ils n'en abuſent, n'affoibliſſent ou ne diminuent en rien la Souveraineté ; mais au contraire elles la perfectionnent, en réduiſant le Souverain à la néceſſité de bien faire, & en le mettant pour ainſi dire dans l'impuiſſance de faillir.

„ Il ne faut pas croire non plus qu'il y ait deux volontés diſtinctes dans un Etat, dont la Souveraineté eſt limitée de la maniere que nous l'avons expliqué ; car l'Etat ne veut rien que par la volonté du Roi: tout ce qu'il y a, c'eſt que, quand une certaine condition ſtipulée vient à manquer, le Roi ne peut pas vouloir, ou veut en vain certaines choſes; mais il n'en eſt pas moins pour cela Souverain. De ce qu'un Prince ne peut pas tout faire à ſa fantaiſie, il ne s'enſuit pas qu'il ne ſoit Souverain; le Pouvoir Souverain & le pouvoir abſolu ne doivent point être confondus, & l'on conçoit bien par tout ce que l'on a dit, que l'un peut ſubſiſter ſans l'autre (b) ".

La ſoumiſſion aux Loix fondamentales, n'altere pas la nature de la Souveraineté, parce que la Souveraineté n'étant autre choſe que le droit de

(b) Principes du droit polit. *part.* 1. *ch.* 7. *p.* 45.

commander des chofes conformes aux Loix, c'eft aller contre la Souveraineté de donner des ordres qui tendent à les anéantir. Les Peuples ont le droit de limiter l'Autorité par des Loix ou des établiffemens capables d'en empêcher l'abus. Un Souverain à qui ces conditions ne conviennent pas, peut ne pas accepter la Couronne; s'il l'accepte, il s'engage à les obferver, & confent que la Nation prenne les moyens convenables pour l'empêcher de les violer ou de les détruire.

Il y a en France des Loix fondamentales pofitives.   Quand on a faifi les notions fi fimples & fi juftes que les Auteurs donnent des Loix fondamentales, il n'eft plus poffible de révoquer en doute l'exiftence de ces Loix dans l'Empire François; & ce n'eft pas feulement aux Loix fondamentales du premier genre, à celles qui font *de droit & naturelles*, qu'il eft affujetti: il a auffi fes Loix fondamentales *pofitives.*

On en trouve une preuve non fufpecte dans le fameux Traité de Troyes du 21 Mai 1420, par lequel Charles VI tranfportoit après fa mort la Couronne au Roi d'Angleterre fon gendre, & lui affuroit pendant fa vie la Régence du Royaume. Ce Traité renverfoit fans doute la plus fondamentale de toutes les Loix; & cependant on y maintient à chaque article l'autorité des Loix, des coutumes, des ufages de France.

On lit dans l'article IX „ notredit fils (le Roi d'Angleterre) confervera tous & chacun Pairs, Nobles, Cités, Villes, Communautés & fingulieres perfonnes, en leurs droits, coutumes, privileges, prééminences, libertés & franchifes à eux appartenans ou dûs.

Suivant l'article X, „ notredit fils labourera & fera tout fon pouvoir, que Juftice fera adminiftrée audit Royaume felon les Loix, coutumes & droits dud. Royaume de France.

L'article XI oblige le Roi d'Angleterre à choifir des Officiers de Judicature „ tels qu'ils doivent être députés & pris felon les Loix & droits du Royaume.

L'article XXIII porte „ notre dit fils n'impofera ou fera impofer aucunes impofitions ou exactions à nos Sujets, fans caufe raifonnable & néceffaire, ne autrement que pour le bien public & du Royaume de France, & felon l'Ordonnance & exigence des Loix & coutumes raifonnables & approuvées dudit Royaume.

Il eft convenu dans l'article XXIV, que les deux Royaumes de France & d'Angleterre feront à l'avenir réunis dans la même main, comme deux Royaumes diftingués, „ en gardant „ à l'un & à l'autre fes droits, liber„ tés ou coutumes, ufages & Loix, non foumettant en quelque ma„ niere l'un defdits Royaumes à l'autre; ni les Loix, droits, coutumes „ ou ufages de l'un d'iceux Royaumes, aux droits, Loix, coutumes „ ou ufages de l'autre (c)".

Ces Loix, droits, coutumes & ufages du Royaume de France que le Roi d'Angleterre eft obligé de refpecter, ne font pas fans doute les réglemens de Police qui fixent le prix des denrées. Ce ne font pas ces Loix

(c) Ordonnances du Louvre, *tom. XI, pag. 86.*

en quelque forte indifférentes, qui reglent le droit privé, & la jurifprudence des Tribunaux. Ce ne peut donc être autre chofe que les Loix fondamentales de la Monarchie, qui appartiennent à fa Conftitution, qui fixent les droits du Monarque fur les Peuples, & qui mettent de falutaires obftacles à l'abus de fon autorité. Ce font les mêmes dont on a vu plus haut Louis le Begue jurer l'obfervation lors de fon facre.

On trouve même quelques-uns de ces anciens ufages fpécifiés dans le traité de Troyes. Dans l'article VII la Régence n'eft déférée au Roi d'Angleterre qu'*avec le confeil des Nobles & Sages dudit Royaume, des grands Seigneurs, Barons & Nobles dudit Royaume.*

Par l'article VIII, le Roi d'Angleterre promet ,, faire de fon pouvoir ,, que la Cour de Parlement de France foit obfervée & gardée ès au,, torité & fouveraineté d'elle & à elle dues''.

L'article XXIV exige le confentement des trois Etats des deux Royaumes, pour qu'ils foient réunis fur la même tête, & gouvernés chacun fuivant fes Loix propres & particulieres. Il eft ftipulé de même dans l'article 29, qu'il ne fera fait aucun traité de paix avec Charles, Dauphin (depuis Roi Charles VII) que du confeil & affentement de Charles VI, du Roi d'Angleterre & du Duc de Bourgogne, & des trois Etats des deux Royaumes.

Ce monument hiftorique peut fuffire à l'établiffement de la vérité qu'on a entrepris de prouver. Que la France ait des Loix fondamentales, c'eft une vérité d'ailleurs fi notoire, fi triviale; les témoignages en font fi multipliés qu'on les trouve jufques dans les Ouvrages, où l'on penferoit le moins à les chercher. Qui croiroit, par exemple, qu'il en fût parlé dans la préface de la grande Bible de Sacy ? C'eft par la certitude des Loix fondamentales qu'on y prouve.

Que *dans les chofes de fait, il feroit déraifonnable de ne pas fe rendre à l'autorité quand elle eft bien établie.* ,, Qui ne fçait de même qu'il y a des Loix dans les Etats, fur lefquelles font fondées les Monarchies, comme eft en France cette Loi fi ancienne, que les filles n'ont point de part à la Couronne, & que la fucceffion n'appartient qu'aux Princes du Sang? Et qui ne voit, qu'un homme qui raifonneroit contre l'autorité de cette *Loi fondamentale* du Royaume, feroit traité & puni avec juftice, non-feulement comme un extravagant, mais comme un ennemi de l'Etat (d)''?

Il eft fait mention des Loix fondamentales jufques dans les livres élémentaires fur l'état du Royaume. On lit dans le nouveau voyage de France, imprimé en 1771, ,, que la Couronne de France n'eft point héréditaire, mais fucceffive agnatique, c'eft-à-dire de mâles en mâles du côté paternel ; ainfi les filles en font exclufes. Cette exclufion eft appuyée fur *la premiere Loi fondamentale* de l'Etat, qu'on nomme la Loi Salique, qui a toujours été exactement obfervée dans les trois Races des Rois. Une *feconde Loi fondamentale* exclud les enfans naturels du Trône; & une troifième encore plus fage que les précédentes, a abrogé le partage de

(d) Préf. I. *part.* §. 36.

la Monarchie qui la déchiroit dans les deux premieres Races, & l'a réunie en la personne de l'aîné de la Maison-Royale. Enfin une quatrieme *Loi fondamentale* rend le domaine de la Couronne inaliénable, & y réunit tout ce qui peut appartenir personnellement au Roi qui y parvient du jour de son avénement (e)".

Pourroit-on désirer une reconnoissance plus formelle de l'existence & de l'autorité des Loix fondamentales, que celle qui est consignée dans un Ouvrage fait & imprimé par les ordres de Louis XIV? „ *La Loi fondamentale de l'Etat* forme une liaison *réciproque & éternelle*, entre le Prince & ses descendans d'une part, & les Sujets & leurs descendans de l'autre, par une *espece de contrat* qui destine le Souverain à régner, & les Peuples à obéir; nulle des Parties ne peut seule, & quand il lui plaît, se délivrer d'un engagement solemnel dans lequel ils se sont donnés les uns aux autres pour s'entr'aider mutuellement". „ Les Rois, par un attribut même de la Souveraineté, sont dans une *bienheureuse impuissance de détruire les Loix de leurs Etats*. Ce n'est ni imperfection ni foiblesse dans une Autorité Suprême, de se soumettre à la Justice de ses Loix. La nécessité de bien faire, & l'impuissance de faillir, sont les plus hauts degrés de la perfection; Dieu même ne peut aller plus avant, & c'est dans cette divine impuissance que les Souverains qui sont ses images sur la terre, le doivent particuliérement imiter dans leurs Etats.... *Qu'on ne dise point que le Souverain ne soit pas Sujet aux Loix de son Etat; puisque la proposition contraire est une vérité du Droit des Gens, que la flatterie a quelquefois attaquée, mais que les bons Princes ont toujours deffendue comme une Divinité tutélaire de leurs Etats* (f)".

Les différens Corps de l'Etat, soit Ecclésiastiques, soit Séculiers, ont sans cesse parlé de Loix fondamentales.

L'Université de Paris, dans l'acte de sa soumission à Henry IV du 22 Avril 1594, dit que ledit Seigneur Roi Henry est légitime & vrai Roi très Chrétien, Seigneur naturel & héritier des Royaumes de France & de Navarre, selon les Loix fondamentales d'iceux (g).

Le Clergé de France dans le cahier présenté au Roi aux Etats de 1614 lui dit :

„ Par l'événement du feu Roi votre Pere à cette Couronne, & suivant „ les Loix fondamentales du Royaume, le pays de Béarn doit être réuni „ & annexé inséparablement à icelle (h)".

Dans le langage des Jurisconsultes, les Loix fondamentales sont *annexées & unies avec la Couronne ; le Prince n'y peut déroger*, (comme est la Loi Salique;) & quoi qu'il fasse, toujours le Successeur peut casser ce qui aura été fait au préjudice des Loix Royales, & sur lesquelles est appuyée & fondée la Majesté Souveraine (i).

Co-

(e) *Tom.* 3. *pag.* 8.
(f) Traité des droits de la Reine &c. *pages* 129, 402, 403, 414. *Edit. de* 1667, *in*-16.
(g) Mémoires de la Ligue, *in*-4. *Tom.* 6. *pag.* 90.
(h) Recueil de pieces concernant l'Histoire de Louis XIII, *Tom.* 3. *pag.* 564.
(i) Bodin. De la République, *liv.* 1. *ch.* 8, *pag.* 95. *Edit. de* 1579.

Coquille définit la *Loi du Royaume* qu'on appelle fondamentale, ,, celle ,, qui eſt telle que le Roi & ſes Succeſſeurs, & le Peuple y ſoient ,, obligés, & ne puiſſe être révoquée par le Roi; auquel rang eſt la ,, Loi Salique, & la prohibition d'aliéner le domaine de la Couronne in- ,, commutablement (l) ".

Rien n'eſt plus ordinaire, ſoit dans les ouvrages des Juriſconſultes, ſoit dans les diſcours des Avocats-Généraux, que les expreſſions de *Loix de l'Etat*, de *Loix publiques du Royaume*, pour déſigner celles qui ſont ou fon- damentales, ou fixes & permanentes. ,, Entre les Loix d'Etat que nous avons, (diſoit M^e. Briſſon, Avocat-Général,) qui ſont les liens de cette Monarchie, qui l'ont conſervée en ſon entier, en la proſpérité en laquelle elle eſt; celle qui a fait le domaine de la Couronne, ſacré & inaliénable, ne ſçauroit être aſſez louée & exaltée: car il n'y a Loi plus utile, plus fructueuſe, plus ſalutaire au Peuple, ni qui plus ait fait proſ- pérer & fleurir notre Royaume; lequel autrement & ſans cette ſage pro- vidence de nos anciens Rois, eût été énervé, diſſipé, & démembré en pieces, & ne l'euſſions pas tel qu'il eſt, ſi par ce bon établiſſement, (l'entretenement duquel ils jurent à leur Sacre ſolemnellement) ne ſe fuſ- ſent eux-mêmes lié les mains pour l'aliénation de leur domaine, lequel leur eſt baillé *uſu, non mancipio, in boniſque habetur*, non pas *juro quiri- tium*, ni en pleine propriété; de façon qu'ils n'en peuvent pas diſpoſer à leur plaiſir & volonté, ni en fruſtrer & priver leurs Succeſſeurs...... En tout cas, quand ils auroient aucuns titres de nos Rois, en plus ex- près & formels termes, ils ne s'en ſçauroient pourtant aider ou préva- loir en ce temps, parce que ceux qui ſe ſeroient voulu tant élargir en leur endroit, n'auroient pu leur quitter, céder & remettre ce droit, ſinon que pour leur temps, & non au préjudice de leurs Succeſſeurs Rois, aux- quels il eſt loiſible, avec ladite Cour, & aſſiſtance de *la Loi publique du Ro- yaume*, révoquer telles aliénations, & contrevenir à telles conceſſions li- bérales. *Eâdemque ratione*, ne peut le Demandeur défendre la cauſe par la preſcription & perception de ce droit, auquel *la Loi du Royaume ré- pugne & réſiſte* (m) ".

C'eſt parce qu'il y a des Loix fondamentales que M. le Premier-Préſi- *Diſtinc-* dent de Harlay diſtingua, dans le Lit de Juſtice de 1586, les *Loix du* *tion en-* *Roi* qui peuvent changer, des *Loix du Royaume* qui ſont immuables (n). *tre les* Un autre Premier Préſident propoſa la même diſtinction dans un Lit de *Loix du* Juſtice, en préſence de Louis XIII. ,, Dans la déſignation des Ordon- *Roi, &* nances qui s'obſervent en ce Royaume, nous uſons de diſtinction; car *les Loix* nous appellons les unes les Loix & les Ordonnances des Rois, & les autres *du Ro-* *du Royaume*. Celles que nous appellons Royales peuvent être changées *yaume.* par les Rois, & il n'eſt pas ſans exemple que, ſelon la variété des temps, la néceſſité ou commodité de leurs affaires, il y ait diverſité de Loix,

(l) Coquille. Hiſtoire du Nivernois, *page* 444. *Edit. de* 1703.
(m) Chenu. Notables & ſingulieres queſtions de Droit. *queſt.* 1.
(n) Oeuvres de Duvair.

parce qu'elles font mortelles comme les Rois: mais pour ce qui eft *des Loix du Royaume*, elles font immortelles, & ne peuvent être changées, variées ni altérées, pour quelque caufe que ce foit; entre ces dernie-res, il y en a une certaine & inviolable: fçavoir qu'une Loi n'eft point Loi, ni une Ordonnance tenue pour Ordonnance, qu'elle n'ait été ap-portée en ce lieu, (le Parlement) qui eft le confiftoire des Rois & du Royaume, délibérée, publiée & regiftrée; & cela a toujours été ainfi obfervé (o)".

Loyfeau dit „ que les Royaumes ne font pas tout à fait patrimoniaux, comme font tous les Fiefs & Seigneuries, foit à l'égard des fuccef-fions ou des contrats; car, quant aux fucceffions, il y a plufieurs Mo-narchies Electives, & à vie, ainfi que les purs Offices, & l'étoient tou-tes de leur origine, dit Ariftote. Mais les Monarques, au moyen de leur puiffance abfolue, ont prefque partout fçu perpétuer leur Etat à leur poftérité. Faifant du commencement couronner leurs enfans, & les éta-bliffant de main en main pendant leur vie, tout ainfi que ceux qui veu-lent affurer un Office, y ont dès leur vivant fait recevoir leur fils à furvivance; deforte qu'enfin cette continuation des Royaumes du pere ès enfans, eft paffée en coutume & ufage ordinaire qui fait Loi en tel-les matieres".

„ Et toutefois, ce qu'en plufieurs Monarchies on a admis cette fuccef-fion, n'a pas été pour les rendre purement héréditaires & patrimonia-les, comme les Fiefs, ni en effet pour le profit & avantgae des Mo-narques: mais feulement, que pour le repos du Peuple, & pour éviter les malheurs & défordres qui adviennent ordinairement, quand il n'y a point de Succeffeur certain au Royaume, on a trouvé à propos de s'af-furer & de fournir à perpétuité des Succeffeurs à l'Etat, enforte qu'il ne peut être fans Chef: ce qui ne s'eft pu faire autrement qu'en deftinant par une Loi Royale & fondamentale les plus proches de lignée Royale à régner fucceffivement, comme appellés par la Loi de l'Etat, laquelle induit une maniere de fubftitution graduelle en la famille des Princes du Sang, ne plus ne moins que nos Loix difent des fideicommis laiffés aux fa-milles...... & ainfi en ufons-nous en France, où il eft vrai de dire que

La Suc-ceffion au Throne eft fixée par une Loi du Royau-me. la Couronne n'eft pas purement héréditaire, ni par teftament, ni même *ab inteftat*, mais eft déférée par la Loi du Royaume au premier Prince du Sang, *jure fanguinis, & citrà jus & nomen hæredis......*

„ Quant aux contrats, continue Loyfeau, la Royauté ou Souverai-neté eft encore moins aliénable, & plus inhérente à la perfonne que le fimple Office; car bien que l'Office foit réfignable en certains cas, la Souveraineté ne l'eft jamais: étant très-certain que quelque Monarque que ce foit, ne peut, fans confentement des Etats de fon pays, valable-ment, & pour toujours céder fon Etat à famille étrangere: car c'eft

(o) Tréfor des harangues, imprimé à Paris en 1668, part. 2, pag. 198, cité dans les Re-montrances du Parlement de Touloufe *du 6 Avril* 1771.

une obligation réciproque, comme au Sujet d'obéir à fon Prince, auffi au Prince de maintenir fon Sujet; & comme le Sujet ne fe peut diftraire de l'obéiffance de fon Prince, auffi un Prince ne peut aliéner fes Sujets; ce que j'entends pour les transférer à un autre......

„ Pareillement, il eft certain qu'un Roi ne peut aliéner les droits de fa Couronne, ni démembrer fon Royaume, ni même l'obliger, foit pour dette ou par alliance, fans le confentement libre & folemnel des Etats ou Parlement de fon Royaume (p)". *L'inalié- nabilité de la Couron- ne, en*

Loyfeau enfeigne encore que „ le Royaume de France eft une Monarchie Royale & non Seigneuriale; une Souveraineté parfaite, à laquelle les Etats n'ont aucune part; fucceffive, non élective; non héréditaire purement, ni communiquée aux femmes, mais déférée au plus proche mâle par la Loi fondamentale de l'Etat (q)". *tout ou en partie eft une Loi du Royau- me.*

Suivant le même Auteur, dans un autre endroit, l'inamovibilité des Offices eft une des Loix fondamentales du Royaume. „ L'Ordonnance de Louis XI a été faite pour lier les mains au Roi, & pour borner & retrancher en ce point-ci la puiffance abfolue, en tant que par un commun ufage, ils avoient réduit en Droit commun la deftitution des Officiers, par l'invention de cette claufe, *tant qu'il nous plaira,* qu'ils mettoient par un ftile ordinaire, comme ils font encore à préfent en toutes les Provifions des Officiers, afin de les rendre deftituables: l'effet & l'énergie de laquelle claufe, cette Ordonnance a juftement aboli; même a ôté le pouvoir aux Rois de deftituer leurs Officiers à volonté. Et partant c'eft déformais une Loi de l'Etat, & comme *fondamentale du Royaume,* laquelle, en cette qualité, ce Roi fit jurer à fon Succeffeur (r)". *L'inamo- vibilité des Offi- ces eft une Loi du Ro- yaume.*

Dans les livres les plus communs & les plus autorifés, l'Ordonnance de Louis XI eft mife au rang des Loix fondamentales. „ Avant lui, les Charges étoient amovibles. Il a raffemblé toutes les forces de la Puiffance Royale pour fceller la Maxime contraire; il en a fait jurer l'obfervation à Charles VIII fon fils, & depuis ce temps, cette Maxime reçue fans réclamation eft au nombre des Loix fondamentales du Royaume (s)".

Suivant M. d'Olive Confeiller au Parlement de Touloufe:

„ Quoique l'Edit d'union de l'ancien Domaine de Navarre, & les „ Lettres de Déclaration expédiées en conféquence, ne foient que de „ l'année 1607, il eft toutefois fort certain que dès l'avénement de fa „ Majefté à la Couronne, cette union avoit été contractée *ipfo jure,* „ par les Loix fondamentales de l'Etat, qui établiffant entre le Roi & „ fon Royaume un mariage civil & politique, confondent enfemble les „ biens, les droits, & les intérêts de tous les deux (t)".

(p) Des Offices, *liv. 2. chap. 2. n.* 30 *& fuiv.*
(q) Des Seigneuries, *chap. 2. n.* 92.
(r) Des Offices, *liv. 5. chap. 4. n.* 70.
(s) Traité du Domaine, *tom. 3. pag.* 120, aux notes.
(t) Queftions notables, *Lib. 4. chap.* 3.

Louis XIII dans des Lettres Patentes du 16 Janvier 1634 dit que le mariage contracté par Gaston son frere, sans son consentement, est contraire aux Loix fondamentales de son Etat (v).

Le 18 Mai 1643, la Reine Régente, mere de Louis XIV, réclama les Loix fondamentales pour faire abroger le Conseil nécessaire que Louis XIII lui avoit donné: s'étant rendue au Parlement avec le jeune Roi son fils, & ,, chacun étant en place, elle dit qu'elle avoit amené le Roi en son Parlement, pour dire, que, bien que le feu Roi son pere l'eût déclaré Régente de sa personne & de son Royaume pendant sa minorité, & lui eût donné des Ministres qu'elle ne pouvoit destituer, & sans lesquels elles ne pourroit disposer des affaires importantes de son Etat; néanmoins parce que cette Déclaration étoit *contraire aux Loix fondamentales du Royaume*....... elle entendoit avoir une autorité libre & absolue, & pour cet effet, avoit fait assembler la Compagnie (x). Après le discours de M. le Chancelier, M. Talon, Avocat-Général....... se tournant vers la Reine, supplia S. M. de trouver bon qu'il lui adressât sa voix, & la pria très-humblement de nourrir & élever S. M. *dans l'observation des Loix fondamentales du Royaume* (y)".

Le 30 Mai 1645, le Parlement fit des Représentations sur l'enlévement du Président de Barillon. ,, M. le Premier-Président parla à la Reine fort sensément & généreusement. Il lui dit qu'il y avoit deux sortes de Loix dans l'Etat; les unes momentanées, qui étoient espece de Loi & de Police, qui changeoient selon les occasions; les autres fixes; certaines & immuables, sous l'autorité desquelles l'Etat étoit gouverné, & la Royauté subsistoit. Telle est l'Ordonnance du Roi Louis XI, laquelle a assuré les Offices en la personne de ceux qui sont titulaires, & desquels ils ne peuvent être dépossédés contre leur gré, sinon en cas de forfaiture (z)".

Quoique ,, le Gouvernement de ce Royaume soit vraie Monarchie, qui ne participe de Démocratie ni d'Aristocratie.... & que si les Etats faisoient la Démocratie, il y auroit temps & lieux certains pour les assembler, ce qui n'est pas; puisqu'ils sont convoqués sous l'autorité &

C'est une Loi du Royaume que les Etats soient consultés sur les grandes affaires qui intéressent l'Etat. mandement du Roi, quand aucunes affaires se présentent grandement importantes à la Couronne, & Etat d'icelle "; cependant Coquille de qui sont ces paroles, attribue aux Etats deux droits; celui d'être les Conseillers du Roi dans les affaires de grande importance, & celui de décider les contestations qui s'éleveroient sur la succession à la Couronne.

,, Quand le Roi prend conseil de son Peuple, il ne déroge en rien à sa Majesté; mais au contraire il la rend plus respectable & plus magnifique, & ses actions plus agréables envers son dit Peuple. L'amitié du Roi envers le Peuple, & du Peuple envers le Roi étant la vraie liaison dont sont

(v) Recueil de pieces concernant l'Histoire de Louis XIII. *Tom.* 3. *pag.* 249. }
(x) Traité de la Majorité des Rois, *tom.* 2. *pag.* 377.
(y) Ibid. *pag.* 380.
(z) Mémoires de Talon, *tom.* 3. *pag.* 155.

produits le bon commandement & la fidelle obéiſſance. Le Roi, étant homme, doit penſer qu'il eſt ſujet aux mêmes infirmités que les autres hommes, entre leſquelles celle-ci eſt l'une des principales, de ſouvent mal juger des affaires les plus importantes. Auſſi tous les Rois ont accoutumé d'avoir conſeil auprès d'eux, de leurs mêmes Sujets. Quand le Roi prend ſon conſeil, il y peut être déçu par l'hypocriſie & la fantaiſie de ceux qui apparoiſſent gens de biens, & ne ſont pas tels. Pourquoi, diſoit Alexandre Sévere, Empereur des Romains, que la condition des Monarques étoit à plaindre, en tant que tout le mal qui ſe fait au Gouvernement leur étoit attribué, quoique bien ſouvent ils en ſoient non ſçachans, non coupables. Ce qui arrive parce que ne pouvant d'eux-mêmes tout connoître & exécuter, ils ſont contraints de ſe ſervir de pluſieurs perſonnes en diverſes charges, & s'en préſente à eux plus grand nombre de méchans que de bons. Mais quand le Roi voulant tenir Etats, ſemonde ſon Peuple de députer aucuns perſonnages pour envoyer vers ſa Majeſté; il s'aſſure que ſon Peuple choiſira des mieux intelligens, & plus gens de bien qui ſoient dans les provinces; pourquoi à juſte raiſon il doit croire que tels envoyés lui ſeront bons, fideles & intelligens Conſeillers; & par conſéquent il doit les avoir agréables, comme non ſuſpeéts & ayant bon témoignage.

„ D'autre part, ſa Majeſté peut conſidérer que ceux qui ſont Conſeillers arrêtés auprès de lui peuvent probablement ignorer tous les inconvéniens qui adviennent ès provinces particulieres, mêmement en celles qui n'ont Aſſemblées d'Etats ordinaires; & eux ne les ſçachant, ni la diſpoſition deſdites provinces, ne peuvent donner conſeil à ſa Majeſté bien certain pour y remédier. Le médecin ne peut guérir le mal s'il ne le connoît. Auſſi peut arriver que tels Conſeillers ordinaires, envyrés de la familiarité & faveur de leur Roi, s'égarent en leurs ſens, & en eſſayant de s'accroître, ou en grandeur par ambition, ou en grands biens par avarice, ou en tous les deux enſemble, conſeillent au Roi choſes préjudiciables à ſon Peuple, par conſéquent préjudiciables à ſon Etat. Car le Roi eſt le Chef, & le Peuple des trois ordres ſont les membres, & tous enſemble font le Corps politique & myſtique, dont la liaiſon & union eſt individue & inſéparable, & ne peut une partie ſouffrir mal que le reſte ne s'en ſente & ne ſouffre douleur. Par les effets, & quelquefois bien tard, ſont apperçus les maux qui adviennent par le moyen de tels Conſeillers; l'un des meilleurs remedes eſt la convocation des Etats; & quand il plaît au Roi prendre conſeil de ceux qui ſont envoyés, leſquels ſont ſans aucune ſuſpicion, car cette charge en ſoi leur eſt onéreuſe, & ne leur en revient & n'en eſperent aucun profit. Le ſeul zele du bien public les y convie, & ils attendent la rétribution de ce Bon Dieu qui fait regiſtre, & ſçait bon gré à tous ceux qui aident à relever les pauvres affligés ".

Mais ſi les Etats ne forment le conſeil du Roi que lorſqu'il croit devoir les convoquer, il eſt des occaſions où leur autorité eſt néceſſaire. *Le droit des Etats s'étend jusqu'à celui de décider.*

,, Vrai eſt qu'en certains cas les Etats ont pouvoir & autorité de plus grande efficace que de conſeiller le Roi; car ſi la Couronne étoit en débat, les Princes & Pairs & les Etats en jugeroient, comme il advint après le décès du Roi Charles IV dit le-Bel, dernier des trois fils du Roi Philippe le Bel. Car Edouard d'Angleterre, neveu dudit Roi Charles, fils de Madame Iſabelle de France ſa ſœur, prétendoit la Couronne comme prochain du ſang, étant mâle; & d'autre part, Philippe de Valois, couſin germain dudit Roi Charles-le-Bel la prétendoit, non pas comme plus prochain du ſang ſimplement, mais comme plus prochain habile, étant mâle, iſſu de mâle, Prince du ſang; tous deux étant bien d'accord que la Couronne ne peut venir en quenouille. Les Princes, les Pairs & les Etats jugerent la queſtion en interprêtant la Loi Salique, & déclarerent la Couronne appartenir audit Philippe de Valois, à cauſe de la continuation de la maſculinité (a) ".

Ce dernier droit des Etats ne ſçauroit être conſidéré que comme appartenant aux Loix fondamentales du Royaume; & c'eſt en effet ce qui réſulte [des diſpoſitions de l'Edit de 1717, qui conſacre ce droit important. ,, Puiſque *les Loix fondamentales* de notre Royaume nous mettent dans une heureuſe impuiſſance d'aliéner le domaine de notre Couronne, nous faiſons gloire de reconnoître qu'il nous eſt encore moins libre de diſpoſer de notre Couronne même. Nous ſçavons qu'elle n'eſt à nous que pour le bien & le ſalut de l'Etat, & que par conſéquent l'*Etat ſeul auroit droit d'en diſpoſer*". Cette Loi a été publiée pour fixer la queſtion qui s'étoit élevée ſur la vocation des Princes légitimés à la Couronne. Elle décide qu'au défaut des Princes de la Famille-Royale, elle n'appartient point aux enfans naturels, & que le Roi lui-même n'étant pas maître de la tranſmettre à qui il le juge à propos, la Nation ou les Etats qui la repréſentent ont ſeuls le droit d'élire le Monarque qui doit les gouverner. Aux termes de l'Edit de 1717, il y a donc des *Loix fondamentales*, & il faut compter parmi ces Loix que le Prince n'eſt pas maître d'abroger celles qui reglent la ſucceſſion à la Couronne, & celles qui interdiſent l'aliénation du Domaine Royal.

Le Parlement de Paris, dans ſes itératives Remontrances du 26 Juillet 1718, a réclamé pluſieurs fois l'autorité des Loix fondamentales du Royaume.

Le ſerment des Magiſtrats a pour objet de ne rien enregiſtrer qui ſoit contraire aux

Les Magiſtrats y diſent être forcés par leur ſerment, & par toutes les Ordonnances, d'examiner ſi dans les Edits & autres Loix qui leur ſont apportées, il n'y a rien de contraire aux intérêts du Roi & de l'Etat, *aux Loix fondamentales du Royaume.*

,, En même temps, Sire, que nous reconnoiſſons que vous êtes ſeul légiſlateur, qu'il y a des Loix, que les différens événemens, les beſoins de vos Peuples, la Police, l'ordre, l'adminiſtration de votre Royaume peuvent vous obliger de changer en en faiſant de nouvelles *dans la forme de tout temps obſervée dans cet Etat;* nous croyons de notre devoir de vous re-

(a) Oeuvres de Coquille. *Edit. de* 1703, *tom.* 1. *pag.* 276 *& ſuiv.*

préfenter qu'il y a des Loix auffi anciennes que la Monarchie qui font fixes & invariables, dont le dépôt vous a été tranfmis avec la Couronne. Vous promettez à votre Sacre de les exécuter..... C'eft à la ftabilité de ces Loix que nous fommes redevables de vous avoir pour Maître; c'eft elle qui nous fait efpérer que la Couronne, après avoir été fur votre tête pendant un regne long, jufte & glorieux, paffera à votre poftérité jufqu'aux temps les plus reculés (a)".

Le même Parlement fuffifamment garni de Pairs, a fixé le 16 Janvier 1764 des objets de Remontrances fur les violences exercées à Touloufe par le Duc de Fitz-James. Il y dit que le Gouvernement „ François eft un Gouvernement Monarchique; que le caractere effentiel de ce Gouvernement eft de rendre inviolable, perpétuelle & inaltérable la puiffance du Monarque & de fa poftérité, & de procurer la même ftabilité au bonheur des Sujets, par la confervation de leur liberté, de leur honneur & de leurs droits. Que les précieux avantages, fondement de la durée des Monarchies, prennent leur fource dans les Loix qui reglent les droits refpectifs du Souverain & de fes Peuples; que de ces Loix, les unes font immuables, les autres peuvent être changées, pourvu que ce changement n'altere point les premieres.

„ Que la premiere de toutes ces Loix immuables eft que les Sujets doivent au Souverain une entiere obéiffance, dont rien ne peut les difpenfer, & que le Monarque doit à fes Sujets la protection, l'appui, le foutien & la confervation des droits que leur affurent les Loix".

Il n'eft pas jufqu'à l'Edit de Février 1771 qui ne rende hommage à l'exiftence des Loix fondamentales. Après avoir fait aux Magiftrats le reproche de „ tenter d'allarmer les Sujets du Roi fur leur état, fur leur honneur, fur leurs propriétés, fur le fort même des Loix qui établiffent la fucceffion à la Couronne, on y cherche à repouffer, ou éluder du moins ces allarmes en demandant fi un Réglement de difcipline (l'Edit de Décembre 1770) auroit pu s'étendre fur *ces objets facrés*, fur ces inftitutions que nous fommes *dans l'heureufe impuiffance de changer*, & dont la ftabilité fera toujours garantie par notre intérêt inféparablement lié avec celui de nos Peuples". Cet aveu renferme la double reconnoiffance qu'il exifte des Loix fondamentales naturelles, & des Loix fondamentales pofitives. L'*Etat* ou la liberté légitime des Citoyens, & leurs propriétés tiennent aux premieres Loix fondamentales; ce font les fecondes qui reglent la fucceffion à la Couronne. Mais les unes & les autres font également *des objets facrés*, des *inftitutions* que le Monarque *eft dans l'heureufe impuiffance de changer*.

Objecteroit-on que les Loix fondamentales pofitives fuppofent des conventions auffi anciennes que la fondation de la Monarchie, & que l'Hiftoire ait confervé des traces certaines de l'engagement mutuel contracté par le premier Roi, de concert avec la Nation?

L'objection peche dans l'une & dans l'autre de fes parties.

10. Il n'eft point néceffaire pour conftater l'exiftence des Loix fon-

(a) *Pages* 39 & 47.

Loix fondamentales du Royaume.

L'Exiftence des Loix fondamentales pofitives eft fuffifamment prouvée par la Tradition & par l'usage.

damentales, de rapporter la convention originaire rédigée par écrit, ni même de prouver par des témoignages précis que le Contrat qui les contenoit a existé. On sent d'abord combien il seroit déraisonnable d'exiger la représentation du Contrat primitif pour un Royaume qui subsiste depuis plus de douze siecles. Mais d'ailleurs, les Publicistes conviennent que la réalité des Loix fondamentales doit passer pour constante, lorsqu'elle a pour base une tradition suivie qui les a transmises de siecle en siecle, & l'usage persévérant soutenu de l'enseignement public. ,, Comme la premiere origine de tous les Etats que nous connoissons est certainement d'une ancienneté à ne pouvoir être prouvée par le témoignage de personnes vivantes qui les aient vu naître, il ne reste (selon Cumberland) d'autre moyen de sçavoir leur établissement & leur constitution, que par les anciennes Loix & les autres monumens conservés & approuvés publiquement dans chaque Etat'' (b). Boëhmer enseigne également que la tradition & l'exécution constante suppléent au défaut de titres par écrit pour la preuve des Loix fondamentales (c).

Comme Hugues-Capet, dit le Pere Daniel, ,, fut un grand Prince, prudent & politique, il a plu, sur ce préjugé, à quelques-uns de nos Auteurs modernes, de le faire Auteur de certaines Loix & Ordonnances très-utiles à l'Etat, qui ne furent jamais faites par ce Prince ni par aucun autre. Ce sont certains usages qui se sont établis insensiblement par le consentement mutuel du Prince & de la Nation, & qui ont passé pour Loix avec le tems.

,, Un de ces usages est celui qui regarde la succession à la Couronne en faveur des fils aînés des Rois, à l'exclusion entiere des cadets.

,, Un autre usage regarde l'exclusion des fils naturels des Rois, même au défaut des légitimes...... Cette coutume avoit déja lieu sous la seconde Race, ou aucun bâtard reconnu généralement pour tel, ne succéda à la Couronne (d).

On ne connoît peut-être point de Loi fondamentale plus certaine, que celle qui enleve aux filles toute espérance de succéder à la Couronne de France, & cependant la convention qui a engendré cette Loi, n'existe point. Aucun Historien n'en parle, aucun monument ne rappelle le prétendu Contrat où elle a été consignée. La Loi Salique, à laquelle on attribue communément la naissance de cette regle de notre droit public, n'a point de disposition qui concerne la succession à la Couronne; elle se contente d'exclure les filles des *terres Saliques;* encore permet-elle de les y rappeler. On y a si peu compris, du moins dans la suite des temps, les grands domaines, tels que les grands Fiefs ou les Souverainetés, que les filles en ont hérité au défaut des mâles, & que ce n'est même

(b) Loix de la Nature expliquées. Discours Préliminaire, *pag.* 31.
(c) *Non tantùm autem illa ad leges fundamentales referenda quæ expresso pacto stabilita in scriptis conservantur, sed etiam quæ antiquitùs constituta, per traditionem constantem ad posteros translata, & usu constanti observata fuére, licet certâ scripturâ non constent.* (Introd. ad jus public. univ. pag. 293.)
(d) Histoire de France, *tom.* I. *pag.* 1014.

même que par des mariages avec ces puissantes héritieres, que nos Rois en ont réuni la plus grande partie à la Couronne. Ce n'est donc que d'une tradition immémoriale que la Loi qui exclud les filles du Trône, tire toute sa force. Elle doit sa consistance à la vénération seule des François pour cette tradition aussi ancienne que la Monarchie. Les Princes du Sang n'eurent aussi recours qu'à cette autorité (dans les Mémoires qu'ils publierent en 1716, contre les Princes légitimés) pour établir l'existence de nos Loix fondamentales; ils convinrent même „ que les Loix fondamentales de l'Etat ne se trouvent écrites nulle part; mais ils ajouterent que l'obscurité de leur origine les rend encore plus respectables & plus inviolables. Transmises par tradition de pere en fils, nous les avons reçues toutes entieres, nous en sommes comptables à nos neveux. Les Rois, les Princes, les Peuples, tous ont intérêt de ne pas permettre qu'on y fasse la moindre altération (e)".

„ Les bornes qui séparent la Monarchie du Despotisme, dit le Parlement d'Aix dans ses Remontrances du 18 Février 1771, doivent être d'autant plus respectées dans l'Empire François, qu'une généreuse confiance ne permit point aux fondateurs de s'occuper du soin de les fixer avec précision. Les Loix tutélaires qui les défendent, ne furent point écrites par forme de convention; une tradition non interrompue les a consignées dans les monumens de tous les âges. Les mœurs & le génie de la Nation, qui formerent dans l'origine la Constitution de l'Etat, la maintiennent sans effort par l'habitude d'un commandement paternel, & d'une obéissance filiale. Malheur à quiconque voudroit, par des vues personnelles, détruire cette admirable harmonie".

Il y a dans beaucoup de pays des Loix regardées comme fondamentales, & qui ne sont ni écrites, ni même anciennes.

„ C'étoit peu que les élections fussent de leur nature sujettes à de
„ grands inconvéniens, les Polonois y en ont encore ajouté de plus
„ grands. Ils font consister la liberté de la Nation dans le droit de
„ consulter en commun; mais ils ne donnent de poids qu'aux délibéra-
„ tions unanimes. Ce n'est pas qu'il y ait sur cela une Loi primitive
„ écrite, c'est une simple coutume, c'est l'esprit général de la Nation,
„ & les mœurs regnent plus impérieusement que les Loix. Cet usa-

(e) Réflexions politiques & historiques sur l'affaire des Princes, *page* 11.
Le Clérgé de France paroît aussi convaincu que la seule possession, la tradition ancienne, suffit pour donner à un usage le caractere d'immutabilité; lui qui s'exprimoit ainsi dans ses Remontrances au Roi, du 10 Septembre 1750.
„ Quand nous ne considérerions les immunités Ecclésiastiques, que comme un simple privilege du premier Corps de la Nation, ne serions-nous pas autorisés à dire, qu'il a acquis tous les caracteres capables d'en fixer l'immutabilité; origine aussi ancienne que la Monarchie, restes précieux de ses premiers usages; possession constante; témoignage de tous les siecles; engagemens sacrés; Loix authentiques & mille fois renouvellées? Sur quel autre fondement sont établis la propriété fixe, incommutable des biens, la sûreté des contrats, l'ordre des conditions, la stabilité des fortunes, le repos & le bonheur des Peuples "?

„ ge fingulier, dont la Nobleffe de Pologne a fait fon droit favori,
„ n'eft pas fort ancien; mais depuis qu'il s'eft établi, tous les livres
„ des Polonois, leurs Regiftres, leurs difcours font pleins de ce qu'ils
„ appellent le *Liberum veto*. Ce n'eft que dans le feizieme fiecle que
„ l'Hiftoire de Pologne nous fait voir une Diete rompue_ pour la
„ premiere fois par la retraite de la Chambre des Nonces, qui pro-
„ tefterent & fortirent tous enfemble. Au commencement du dix-fep-
„ tieme fiecle, chaque Nonce s'arrogea la liberté de prohiber; mais
„ ils ne s'en prévaloient pourtant que quand ils étoient plufieurs du mê-
„ me fentiment, jufqu'à ce qu'un feul Nonce Lithuanien ofa impofer
„ filence à toute la Diete, & détruire toutes fes décifions. C'étoit
„ alors une nouveauté inouie. Elle n'a depuis été autorifée par aucune
„ Loi, mais elle fubfifte encore, & paffe même pour une Loi tacite &
„ fondamentale de l'Etat (f)".

20. Une Loi peut être fondamentale, quoique poftérieure au temps
où le Trône a été élevé pour le premier Monarque. Affez ordinairement, ces Loix ont été impofées au Prince qui a reçu la Couronne, comme des conditions qu'il feroit obligé de fuivre (g). Mais rien n'empêche
qu'une convention plus récente entre le Prince & la Nation, ne conftitue une Loi fondamentale; c'eft une Maxime générale que les Parties
contractantes peuvent fe défifter d'une convention pour en former une
nouvelle. Pourquoi cette Maxime, commune à tous les engagemens, ne
s'appliqueroit-elle pas aux Souverains & à leurs Peuples? Pourquoi n'auroient-ils pas la liberté de fe lier par de nouvelles conventions?

Wolff avoit dit en général, que le Roi remettant quelque chofe de fon
droit, ne nuifoit pas par là à fon Succeffeur (h).

L'Auteur qui nous a donné des Obfervations fur fon ouvrage, a cru devoir prévenir l'abus qu'on pourroit faire de cette Maxime trop générale.

„ Il faut bien prendre garde, dit-il, de ne point entendre ceci, comme fi le Roi de concert avec le Peuple, ne pouvoit apporter à la forme
du gouvernement aucun changement qui lie fon Succeffeur. Certainement
le Peuple, en réglant la forme du Gouvernement, & le Roi en l'acceptant fur le pied réglé, & avec les limitations convenues, ne peuvent être
cenfés avoir renoncé au droit de faire, d'un commun accord, de nouvelles Loix, de nouveaux Réglemens, pour le bien de l'Etat. Ce
bien de l'Etat eft la Loi fuprême, elle lie le Prince auffi bien que le Sujet; fi un Roi fage, équitable & plein d'amour pour fon Peuple, venant à
réfléchir que le pouvoir abfolu, à certains égards, qui lui a été tranfmis
par fes ancêtres, peut être dangereux & devenir pernicieux à l'Etat,
propofoit à fon Peuple de changer à cet égard la Loi fondamentale, &
d'y en fubftituer une autre, qui refferrât le pouvoir du Prince dans des

Il n'eft pas né-ceffaire que les Loix fonda-mentales pofitives remon-tent à l'origine de la Monar-chie. El-les peu-vent être formées en tout tems par conven-tion en-tre le Roi & la Na-tion.

C'eft le fentiment de Vat-tel.

(f) Science du Gouvernement par de Réal. *Tom.* 2. *pag.* 598.
(g). *Præterea etiam reftringi poteft poteftas imperantis per pacta inita cum fubditis tempore delati imperii.* Boëhmer Ibid. p. 292.
(h) *Jus Naturæ*, Part. VIII. §. 391.

bornes plus étroites, le Peuple confentant unanimement au changement propofé, ofera-t on dire que le Succeffeur de ce bon Roi ne fera pas obligé de s'y foumettre, parce qu'il tient fon droit de la premiere inftitution ? Je fçais que l'on ne peut ôter à perfonne fon droit malgré lui : mais je fçais auffi que c'eft un abus dangereux de confidérer les pouvoirs, autorités, &c. du Prince, comme des droits proprement dits, comme des droits utiles qui lui appartiennent pour fon avantage. Ce font plutôt des fonctions qui lui ont été confiées pour le bien & le falut commun, & dont ce bien & ce falut font l'unique fin. Il a droit de gouverner & commander ; mais il doit le faire pour l'avantage commun. Il a droit pareillement à tout ce, fans quoi il ne pourroit atteindre au grand but qui lui eft prefcrit. Si donc il s'eft fait un nouveau Réglement pour le bien public, il ne doit pas l'envifager comme un tort qui lui arrive, comme une diminution de fes droits, mais comme une nouvelle précaution, que la vue du bien public a dictée. En s'écartant de cette doctrine, & en preffant celle que l'Auteur femble enfeigner, on ébranle tous les privileges, franchifes, exemptions, &c. accordées aux Peuples, aux Particuliers, ou à quelques Corps depuis la Conftitution primitive ; & toutes les Loix fondamentales nouvelles, lefquelles ne demeureront ftables, qu'autant que chaque fucceffeur du Prince, fous lequel elles auront été établies, voudra bien les ratifier (i) ".

Les Loix qui déferent à l'aîné la Couronne entiere & fans partage, & qui rendent le domaine Royal inaliénable, ont parmi nous, & le caractere & la ftabilité des Loix fondamentales ; quoique la premiere ne remonte pas à beaucoup près jufques à l'origine de la Monarchie ; & que l'époque de l'autre foit encore plus récente. „ Sans adopter aucun fyftême, dit le Préfident Hénault, fur la fucceffion à la Couronne, il fuffira de dire hiftoriquement, qu'à l'avénement de Pepin, on vit pour la premiere fois, la Couronne paffer dans une maifon étrangere ; pendant toute la premiere Race elle n'avoit été portée que par les defcendans de Clovis, à la vérité fans droit d'aîneffe, ni diftinction entre les bâtards & les légitimes, & avec partage ; elle fut poffédée de même fous la deuxieme Race par les enfans de Pepin ; mais ainfi qu'il avoit dépouillé l'héritier légitime, fes defcendans furent dépoffédés à leur tour. Enfin fous la troifieme Race, le droit fucceffif héréditaire s'eft fi bien établi, que les Rois ne font plus les maîtres de déranger l'ordre de la fucceffion, & que la Couronne appartient à leur aîné par une Coutume établie ; *laquelle*, dit Jérôme Bignon, *eft plus forte que la loi même ; cette Loi ayant été gravée, non dans du marbre ou en du cuivre, mais dans le cœur des François* (k) ".

Du Préfid. Hénault.

(I) Queftions de Droit naturel, & Obfervations fur le Traité des Droits de la Nature, de M. le Baron de Wolff par de Vattel, *pag.* 364.
(k) Abrégé Chronologique de l'Hiftoire de France, au commencement de la feconde Race.

De Loy-
feau.

Long-temps avant le Préſident Hénault, Loyſeau avoit annoncé l'indiviſibilité du Royaume, l'affectation de la Coüronne entiere au ſeul aîné
mâle, comme une Loi fondamentale, qui n'avoit pris naiſſance que
ſous la troiſieme Race.

Il y a, dit-il, deux ſortes d'aliénations du Domaine, l'apanage & la
vente à faculté de rachat. „ L'apanage transfere la propriété à l'enfant
de France par droit ſucceſſif, & comme étant ſon partage en la ſucceſſion
de ſon pere; & de fait, ès deux premieres lignées de nos Rois, ce partage, en pleine propriété, ſans réverſion aucune, & encore en la premiere
ſans rétention d'aucune Seigneurie, ni directe, ni univerſelle, au profit de l'aîné; de ſorte que chacun des partageans en jouiſſoit à titre de
Royaume, dont il arrivoit d'étranges tragédies.

„ C'eſt pourquoi on obſerva fort à propos en la troiſieme lignée par
une Loi fondamentale que le Royaume ne ſeroit plus partagé ni démembré (qui eſt à préſent un droit commun en toutes grandes ſeigneuries,
comme il a été prouvé au ſecond livre); mais que les enfans puînés de
France auroient pour leur apanage & entretien de leur poſtérité maſculine quelque Duché ou Comté, tel qu'il plairoit au Roi leur donner, à
condition de le relever en fief de la Coüronne, pour ce que ce ſeroit un
démembrement s'il étoit baillé en ſouveraineté, & outre à la charge de
réverſion en défaut d'hoirs mâles: pour ce que par l'ancienne Loi du
Royaume, les filles & leurs deſcendans ſont incapables de ſuccéder à la
Terre ſalique, &c. (l) ".

De St.
Réal.

L'Auteur de la ſcience du gouvernement convient auſſi que la Couronne n'eſt devenue indiviſible que ſous la troiſieme Race, & que c'eſt à cette nouvelle coutume, toujours inviolablement obſervée depuis, que la
France doit l'avantage d'avoir repris une partie de ſon ancien éclat (m).

Cela eſt
conſtant
par l'é-
tabliſſe-
ment des
différen-
tes Loix
fonda-
menta-
les.

Tous les Juriſconſultes donnent l'inaliénabilité du Domaine pour une
Loi fondamentale; convenant cependant qu'elle a été inconnue ſous les
deux premieres Races. Cette Maxime eſt fondée ſur ce que le Souverain poſſédant ſon Domaine pour l'intérêt public, il ne doit pas en être
regardé comme propriétaire, mais ſeulement comme uſufruitier & comme adminiſtrateur (n).

Nous regardons aujourd'hui comme une Maxime de notre Droit public, que le Roi ne meurt jamais; que celui qui eſt appellé à la Couronne, par le droit du ſang, en eſt ſaiſi dans l'inſtant même du décès du
défunt (o). On verra dans un moment ſi cette Maxime remonte à l'origine de la Monarchie.

Il eſt donc poſſible que dans un Etat, où le Prince établi ſans aucu-

(l) Des Offices, *Liv.* 4, *chap.* 9, *n.* 18, 19.
(m) *Tom.* 1. *pag.* 378 *& ſuiv.*
(n) Thibault, Traité des criées, *Tom.* 2. *pag.* 76. Dunod, des Preſcriptions, *part.* 3.
chap. 5. *pag.* 273 *& ſuiv.*
(o) Loyſel, regles du droit François, *Liv.* 1. *Tit.* 1, *n.* 3. Bodin, de la République,
Liv. 1. *chap.* 8. *pag.* 111.; *Liv.* 6. *chap.* 5, *pag.* 687. Loiſeau, des Offices, *Liv.* 1. *chap.*
10, *n.* 58.

ne limitation du Pouvoir Souverain, n'avoit d'autres obligations que celles qu'impofe la Conftitution Monarchique, confente par un nouvel engagement avec les Etats de fon Royaume, à l'établiffement de quelques Loix fondamentales pofitives, qui procurent en même temps une plus *Cette* grande félicité pour les Peuples, & plus de fûreté au Monarque.

Nous en avons vu un exemple au commencement de ce fiecle, dans la célebre conteftation qui s'éleva en 1707, fur la fucceffion à la Principauté Souveraine de Neufchâtel & de Valengin. Le Roi de Pruffe, le Prince de Bade, le Prince de Conti, le Chevalier de Soiffons, le Prince de Carignan, le Comte de Matignon, & la Ducheffe de Lesdiguieres étoient les contendans qui réclamoient cette Souveraineté. Elle fut adjugée par les Etats au Roi de Pruffe. Dans le cours de la conteftation, on dreffa *des articles généraux pour tout l'Etat*; c'eft-à-dire, un corps de Loix dont l'exécution feroit inviolable tant de la part du Souverain que de celle des Sujets. Ces articles qui contenoient ces conventions refpectives furent imprimés; & ils portent: ,,Que la Religion feroit inviolablement confervée & maintenue dans fon état préfent, fans qu'il fût fait à cet égard aucune innovation...... Que tous ceux qui ne feroient pas nés Sujets de l'Etat & Régnicoles, feroient à l'avenir & à perpétuité déclarés inhabiles à pofféder dans cet Etat aucune charge, ni Emploi Civil, Militaire ou Eccléfiaftique.... Que l'Etat ne pourroit être engagé dans aucune guerre, ni les Sujets obligés d'y marcher, que ce ne fût pour la propre guerre du Prince; c'eft-à-dire, pour la défenfe de l'Etat, & pour les guerres que le Prince pourroit avoir en tant que Souverain de Neufchâtel...... Que dans les Brevets des Officiers de Juftice, au lieu de la claufe *tant qu'il nous plaira*, on mettroit celle *tant qu'ils fe comporteront bien*; enforte qu'ils ne puffent, non plus que les Notaires, être *deftitués de leurs charges & offices, qu'après avoir été convaincus de malverfations*.... Que le Souverain, après qu'il auroit été invefti, prêteroit le ferment accoutumé; .... à quoi il ajouteroit une promeffe & affurance fi générale, qu'il confirme, en tant que de befoin, *les Loix & Conftitutions fondamentales de l'Etat*, tous les droits, franchifes, & libertés fpirituelles & temporelles, que &c.".

Le Prince de Conti fit une déclaration particuliere, par laquelle, adhérant aux articles dans tout leur contenu, il promit ,, de les faire paffer *en forme de Loix fondamentales*, fans que ni lui ni fes fucceffeurs puffent y contrevenir, fous quelque prétexte que ce pût être, ni y donner aucune atteinte, non plus qu'aux autres droits, franchifes & libertés; déclarant que fi lui ou fes fucceffeurs contrevenoient en quelque chofe à ces promeffes, la ville de Neufchâtel, & le pays en général, feroient dégagés de tous fermens qu'ils auroient pu prêter".

Si ces actes prouvent qu'il n'eft pas de l'effence d'une Loi fondamentale qu'elle foit née avec la Souveraineté, & qu'elle peut être valablement établie, en tout temps, par le concours du Prince & de la Nation; cette vérité fe trouve érigée en Maxime dans les Mémoires des Princes

Cette Maxime reconnue en 1707, lors de la fucceffion à la Principauté de Neufchâtel.

du Sang, contre les prétentions des Princes légitimés. Ils la juſtifiént par différens exemples, & après avoir répondu aux difficultés de leurs ad-verſaires, ils concluent ,, qu'après tout ce détail, les Princes légitimés ne peuvent plus ſoutenir que l'excluſion des bâtards, ſi bien obſervée dans les trois Races, ne ſoit pas une Loi fondamentale de l'Etat: elle eſt même plus ancienne que celle de l'indiviſibilité de la Couronne, que l'ina-liénabilité de ſon domaine, & que la réverſion des apanages, au défaut d'hoirs mâles. Cependant *on tenteroit inutilement de ſoutenir que les Rois ſont en droit de déroger à ces Loix, ſous prétexte que l'uſage y a été contraire pen-dant pluſieurs ſiecles* (p).

C'eſt le ſenti-ment de Coquille.

Coquille n'héſitoit pas davantage ſur ce point du droit public, lui qui, après avoir rapporté la conteſtation que fit naître le décès de Charles IV entre Edouard & Philippe de Valois, remarque qu'en pareille circonſtance, il *ſe faut repréſenter le même temps qui étoit quand les François établirent ſur eux un Roi*; c'eſt-à-dire, qu'il faut en uſer comme on l'auroit fait alors; qu'il en ſeroit de même, ſi *le Roi pour le doute du droit de ſon Succeſſeur, vouloit de ſon vivant y pourvoir*; ou s'il *convenoit faire une Loi du Royaume fon-damentale qui ne puiſſe être révoquée par le Roi*; telle que *la Loi que Henri III fit avec les Princes & ſes Etats à Blois le 18 Octobre* 1588; & que dans tous ces cas, *les Etats ſont non-ſeulement pour Conſeil, mais auſſi pour déterminer en pouvoir* (q). Cet Auteur regardoit donc comme une choſe très-poſſible, que le Royaume acquît une nouvelle Loi fondamentale, par la délibération commune du Monarque avec les Princes & les Etats.

C'eſt auſſi ce que reconnurent Henri III & la Nation repréſentée par les Etats dont parle Coquille, & qui furent aſſemblés à Blois en 1588. Henri III annonça dans la harangue qu'il prononça aux Etats le 16 Octo-bre, que ſon intention étoit d'ériger en Loi fondamentale du Royau-me l'Edit qu'il avoit fait publier au mois de Juillet précédent. ,, Cette tenue d'Etats eſt un remede pour guérir avec les bons conſeils des Su-jets, & la ſainte réſolution du Prince, les maladies que le long eſpace de temps, & la négligente obſervation des Ordonnances du Royaume y ont laiſſé prendre, & pour affermir la légitime autorité du Souve-rain;.... la juſte crainte que vous auriez de tomber apres ma mort ſous la domination d'un Roi hérétique, s'il avenoit que Dieu ne nous fortu-

L'Edit d'Union donné par Henri III. ſup-poſe cette Maxime incontes-table.

nât tant de nous donner lignée, n'eſt pas plus enracinée dans vos cœurs que dans le mien...... C'eſt pourquoi j'ai fait précipitamment mon ſaint Edit d'union, & pour abolir cette damnable héréſie, lequel, encore que je l'aie juré très-ſaintement & ſolemnellement, ... je ſuis d'avis, pour le rendre plus ſtable, que *nous en faſſions une des Loix fondamentales du Royau-me*, & qu'à ce prochain jour de mardi, en ce même lieu, & en cette même & notable Aſſemblée de tous mes Etats, nous la jurions tous, à ce que jamais nul n'en prétende cauſe d'ignorance''.

Si Henri III ne doutoit pas qu'une Loi fondamentale nouvelle ne pût

(p) Mémoires des Prince du Sang contre les Princes légitimés.
(q) Oeuvres de Coquille, *tom.* 1. *pag.* 445.

être formée par le concours de la Nation dans une Monarchie subsistante depuis plusieurs siecles, il ne doutoit pas davantage que cette nouvelle Loi ne dût acquérir toute la stabilité des Loix véritablement fondamentales, qui lient également les Sujets & le Souverain. La suite de sa harangue en fournit la preuve: le Prince y témoigne sa ferme résolution „ à ce que lui, & tous ses Sujets sçachent & tiennent (l'Edit d'union) pour Loi inviolable & fondamentale, & que nul n'y puisse contrevenir qu'à sa honte & infamie, & qu'il ne soit déclaré pour jamais criminel de leze-Majesté & déserteur de sa Patrie.... Je me veux lier par serment solemnel sur les saints Evangiles, & tous les Princes, Seigneurs, & Gentils-hommes qui m'assistent en cet Office, avec vous les Députés de mes Etats.... d'observer toutes les choses que j'y aurai arrêtées, comme Loix sacrées, *sans me réserver à moi-même la licence de m'en départir à l'avenir pour quelque cause, prétexte ou occasion que ce soit*, selon que je l'aurai arrêté pour chaque point, & l'envoyer aussitôt par tous les Parlemens & Bailliages de mon Royaume, pour être fait le semblable, tant par les Ecclésiastiques, la Noblesse, que le Tiers-Etat, avec déclaration que, qui s'y opposera, sera atteint & convaincu du même crime de leze-Majesté".

Henri III ne put se dissimuler que la Loi fondamentale projettée mettroit quelque *limitation* à l'exercice de la Puissance Souveraine; mais cette considération ne put l'arrêter. „Que s'il semble qu'en ce faisant, je me soumette trop volontairement aux Loix dont je suis l'auteur, & qui me dispensent elles-mêmes de leur Empire, & que par ce moyen je rende la dignité Royale aucunement plus bornée & limitée que mes Prédécesseurs; c'est en quoi la vraie générosité du bon Prince se connoît, que de dresser ses pensées & ses actions selon la bonne Loi, & se bander de tout à ne la laisser corrompre; & me suffira de répondre ce que dit ce Roi, à qui on remontroit qu'il laisseroit la Royauté moindre à ses Successeurs qu'il ne l'avoit reçue de ses peres, qui est qu'il la leur laisseroit beaucoup plus durable & plus assurée".

Dans une seconde harangue que ce Prince prononça le 18 Octobre, il déclara aux Etats „qu'il avoit ordonné son Edit du mois de Juillet dernier, *pour être & tenir lieu de Loi fondamentale en ce Royaume*, pour obliger & le Monarque, & tous les Sujets présens, & la postérité; il ajouta que, pour que personne ne pût prétendre cause d'ignorance *de l'essence & qualité d'icelui*, & qu'il fût marqué de la marque *de Loi du Royaume à jamais*, il vouloit que cet Edit fût lu à haute voix, & juré par toute l'Assemblée en corps d'Etats". Henri III fit lire ensuite une Déclaration datée du même jour 18 Octobre 1588, qui portoit que l'Edit d'union seroit & demeureroit à jamais *Loi fondamentale & irrévocable du Royaume* (r).

Ce n'est point ici le lieu d'examiner si cet Edit étoit de nature à former une Loi fondamentale; & si on peut faire dépendre de la pureté de la Foi d'un Prince la légitimité de sa vocation au Thrône, en un mot, si

_____

(r) Recueil général des Etats tenus en France, *art.* 2, *pag.* 84 *& suiv.*

une Nation peut exiger du Souverain qu'il ait telle croyance plutôt que telle autre. Il nous fuffit qu'il foit conftant, par ce qui fe paffa dans les
Etats de 1588 (Affemblée où le droit public de la Nation ne pouvoit être
inconnu) qu'on tenoit alors pour Maxime dans le Royaume, qu'une
Loi fondamentale...... pouvoit être établie par le vœu commun du Monarque & de la Nation, fans qu'il fût néceffaire, pour mériter cette
qualité, qu'elle datât fon exiftence de l'origine de la Monarchie.

Il paroît qu'on avoit les mêmes idées dans les Etats tenus à Paris en
1614, & qu'on n'y étoit pas moins perfuadé que dans ceux de 1588,
qu'une Loi nouvelle & jurée folemnellement par le Roi & les trois Ordres qui compófent les Etats Généraux, peut être élevée à la dignité
de Loi fondamentale, dont le caractere effentiel eft de lier irrévocable-
ment le Monarque & les Sujets.

Le 1er. chapitre du cahier du Tiers-Etat, qui fut prefenté au Roi, par
le Préfid. Miron, le 23 Janvier 1615, fut intitulé : *des Loix fondamentales de
l'Etat.* Le premier article dreffé pour affermir à jamais le principe immuable de l'indépendance de la puiffance temporelle à l'égard de l'autorité fpirituelle, y fut énoncé comme la matiere d'une Loi fondamentale.
„ Pour arrêter le cours de la pernicieufe doctrine...... le Roi fera
fupplié de faire arrêter en l'Affemblée de fes Etats, *pour Loi fondamentale du Royaume*, qu'il foit inviolable & notoire à tous, comme il eft
reconnu Souverain, que, tous les Sujets, de quelque qualité & condition
qu'ils foient, tiendront cette Loi pour fainte & véritable,..... qu'elle fera jurée & fignée par tous les Députés des Etats, & dorefnavant
par tous les Bénéficiers du Royaume ".

Les autres articles furent conçus dans la même forme. „ Il fera tenu
pour *loi fondamentale de l'Etat*, qu'aucuns Sujets ne peuvent avoir ligue
ou affociation entr'eux, ou avec Princes & Seigneurs étrangers, finon
du gré & du confentement du Roi. Que tous les Gentils-hommes & autres prenant penfion des Princes étrangers feront tenus pour criminels
de leze-Majefté, & qu'il ne fera permis à aucun des Officiers & domeftiques du Roi, de prendre aucune penfion d'aucuns Princes, Seigneurs
ou Communautés. Que tous ceux qui feront levée d'hommes, magafins d'armes, Affemblées & Confeils fans le congé du Roi, feront tenus pour criminels de leze-Majefté (r) ".

Il eft vrai que le projet du Tiers-Etat ne fut point adopté. On ne
crut pas devoir rédiger les articles propofés en forme de Loix publiques;
moins encore fous le titre de Loix fondamentales, & les confirmer fous
cette qualité par le ferment réciproque du Roi & des Etats. Mais cette
circonftance eft affez indifférente par rapport au fond contenu dans les articles. Leur exécution n'en eft pas moins inviolable pour n'avoir pas reçu la folemnité légale, l'impreffion authentique de Loix fondamentales.

Les

(r) Recueil de tout ce qui s'eft fait & paffé en l'Affemblée des Etats de 1614, par Flori-
mond Rapine, *pag.* 205, & *pag.* 4. du cahier qui eft à la fin du volume.

Les Maximes qu'ils renferment font, s'il eſt permis de le dire, des dogmes d'Etat; elles appartiennent à la ſubſtance de la Souveraineté, elles font partie des droits qu'on appelle *Majeſtatifs*; des droits Régaliens, inféparables de la Puiſſance Publique, & qu'il ne ſeroit pas au pouvoir du Prince d'abdiquer. Il n'étoit donc pas néceſſaire d'en faire des Loix fondamentales poſitives.

Il faut raiſonner différemment de la propoſition qui fut faite dans les mêmes Etats, d'ériger en Loi fondamentale la convocation néceſſaire des Etats tous les dix ans. Si le Roi eût voulu ſe ſoumettre à cette convocation, elle ſeroit devenue une Loi fondamentale d'autant plus poſitive, qu'elle ne tient point par elle-même à la Conſtitution de la Monarchie.

Mais quoique ces diverſes demandes n'aient pas été agréées, & qu'en conſéquence elles n'aient point acquis, par une eſpece de contrat entre le Monarque & les Etats, le caractere de Loix fondamentales, on ne ſçauroit ſe refuſer à ces inductions naiſſantes des démarches des deux Aſſemblées Nationales de 1588 & 1614: 1°. Qu'il y a des Loix fondamentales en France: 2°. Qu'une Loi peut être rendue fondamentale, poſtérieurement à la fondation d'une Monarchie, & pendant le cours de ſa durée.

On a déjà cité le Mémoire préſenté à Louis XIII, par la Reine ſa mere le 8 Juillet 1620. Elle y ſupplie le Roi „ de faire paſſer en Loi fon-„ damentale qu'aucuns favoris ne pourront plus avoir de forces & de „ places, ſi elles ne ſont en petit nombre & de ſi petite conſéquence, „ qu'étant marques de faveur, elles ne puiſſent être fondement de puiſ-„ ſance redoutable à leurs maîtres & à l'Etat (s)".

On eſt également convaincu dans tous les pays qu'une Loi peut avoir la dignité & l'immobilité d'une Loi fondamentale, dans l'inſtant même où elle eſt publiée.

En 1738 la République de Geneve a accepté un Réglement dreſſé par trois Puiſſances médiatrices, & il a été arrêté qu'il ſeroit inféré dans les Edits de la République pour ſervir de Loi fondamentale & perpétuelle.

L'article I. porte que tous les différens Ordres, qui compoſent le Gouvernement de Geneve, conſerveront chacun leurs droits & attributions particulieres, provenant de la Loi fondamentale de l'Etat.

On regle dans l'article III les droits du Conſeil Général, & il eſt dit que les Conſeils ne pourront par aucun Réglement & innovation de leur part déroger aux Edits, ni faire de changement aux Loix fondamentales de l'Etat, non plus qu'à la forme du Gouvernement, tel qu'il eſt à préſent, ſans le conſentement du Conſeil Général (t).

On trouvera encore l'exemple d'une Loi fondamentale bien moderne dans la forme de Gouvernement établie dans les Etats de Suede, & rati-

(s) Recueil de pieces concernant i'Hiſtoire de Louis XIII, *Tom.* 2. *pag.* 309.
(t) Science du Gouvernement par de Réal, *Tom.* 2. *pag.* 409.

fiée par le Roi le 21 Août 1772, imprimée à Verſailles de l'Imprimerie du département des Affaires Étrangeres.

Le Roi•de Suede y dit qu'il Lui a paru que la ſituation préſente de la Patrie exigeoit indiſpenſablement une amélioration dans les Loix fonda-mentales.

Les Etats du Royaume aſſemblés approuvent & ratifient la préſente for-me de Gouvernement, & la déclarent Loi fondamentale, ſainte, & ir-révocable, promettant pour eux & leurs deſcendans de s'y conformer, d'en ſuivre la teneur littérale, & de regarder comme leurs ennemis & ceux du Royaume, ceux qui tenteroient de les porter à s'en écarter.

L'article 39 veut que les Etats du Royaume ne puiſſent rien corriger, changer, augmenter & diminuer dans ces Loix fondamentales, ſans le con-cours & conſentement du Roi, & abolit & annulle toutes les Conſti-tutions qui ont été regardées comme Loix fondamentales depuis 1680 juſ-ques au tems préſent.

Après, tous les articles, les Etats parlent ainſi.

„ Nous, les Etats du Royaume aſſemblés en cette Diete, avons „ trouvé néceſſaire de ratifier tout ce que ci-deſſus, pour le bon gou-„ vernement du Royaume, pour la liberté & ſûreté de nous, de nos „ freres abſens, & de nos deſcendans tant nés qu'à naître. Nous dé-„ clarons ici de nouveau que nous avons en horreur la Monarchie ab-„ ſolue communément appellée Souveraineté, regardant comme no-„ tre plus grand bonheur, gloire & avantage, d'être & de vivre Etats „ libres & indépendans; Légiſlateurs, mais ſoumis aux Loix; ſous le „ Gouvernement d'un Roi revêtu de pouvoir, mais lié par la Loi; unis „ de part & d'autre & protégés par la Loi qui nous préſerve, nous & „ notre chere Patrie, des dangers, que l'anarchie, la licence, la „ Monarchie abſolue, l'Ariſtocratie, & le pouvoir de pluſieurs en-„ traînent après eux, pour le malheur de la Société, l'oppreſ-„ ſion & la diſgrace de chaque Citoyen. Nous ſommes d'autant plus „ aſſurés d'un Gouvernement réglé, lié par la Loi & heureux, „ que Sa Majeſté a déjà déclaré qu'elle tenoit pour ſa plus gran-„ de gloire d'être le premier Citoyen au milieu d'un Peuple libre. „ Nous eſpérons qu'un tel deſſein ſe perpétuera dans la Maiſon Royale „ de génération en génération juſqu'aux ſiecles les plus reculés. Et „ pour cette raiſon nous déclarons ici pour nos ennemis & ceux du „ Royaume, celui ou ceux des Concitoyens mal aviſés, ou mal inten-„ tionnés, qui ſecretement ou ouvertement, par ruſe, manœuvre, ou „ violence ouverte, voudroient nous faire abandonner cette Loi, in-„ troduire la Monarchie abſolue appellée communément Souveraineté, „ ou qui, ſous le prétexte de la liberté, renverſeroient ces Loix qui, „ en affermiſſant la juſtice & une liberté raiſonnable, préviennent la „ licence & l'anarchie, & puniſſent les crimes qui en naiſſent, ſans „ aucun ménagement & ſelon les Loix écrites de Suede; nous devons „ auſſi, en vertu de notre ſerment de fidélité & d'après la préſente

,, forme de Gouvernement, rendre à Sa Majeſté une juſte obéiſſance,
,, exécuter ſes volontés dans tout ce dont nous pouvons répondre devant
,, Dieu & devant les hommes, Elle en ordonnant, & nous en obéiſſant ;
,, de maintenir tous les droits, les ſiens & les nôtres, ainſi qu'il appar-
,, tient, & convient à des hommes & Sujets fideles.

,, Nous voulons, dit enſuite le Roi de Suede, non ſeulement re-
,, cevoir pour nous-mêmes tout ce qui eſt porté ci-deſſus, comme une
,, Loi fondamentale & immuable, mais nous ordonnons & enjoignons
,, en même tems à tous ceux qui ſont ou ſeront attachés par des liens
,, d'hommage, de fidélité & d'obéiſſance à nous & à nos Succeſſeurs
,, & au Royaume, de reconnoître, obſerver, ſuivre, & obéir à cette
,, forme de Gouvernement. Pour plus ample ſûreté nous avons ſigné &
,, ratifié tout ce que deſſus de notre propre main, & de notre pleine
,, connoiſſance nous y avons fait attacher notre ſceau Royal''.

On vient d'établir que le Roi & le Peuple de concert peuvent changer
la forme de Gouvernement, en établiſſant des Loix fondamentales nouvelles, ſoit pour modifier ſeulement la forme du Gouvernement, ſoit pour
lui en ſubſtituer une autre. Pouſſons les réflexions plus loin, & voyons ſi
pour cela le Peuple a beſoin du concours de ſon Chef.

Le Gouvernement eſt établi pour l'avantage de la Nation. C'eſt elle   *Le peu-*
qui très librement a préféré une forme à une autre, par la ſeule vue de   *ple a-t-il*
ſon bien. Pourquoi ſeroit elle obligée à conſerver cette forme, à laquelle   *beſoin du*
elle ne s'eſt déterminée que pour ſon utilité perſonnelle?   *concours*
    de ſon
Seroit-ce parce que dans la fondation d'un Royaume, celui qu'on pla-   *Chef*
ce à la tête, contracte pour ſon profit, & acquiert des droits qui lui ſont   *pour*
propres, abſolument indépendans du bien du Corps entier?   *changer*
    les Loix
Mais celui auquel on confie le Sceptre, ne le reçoit que pour le   *fonda-*
Corps entier, ſans rien acquérir pour lui-même, que la plus péſante de tou   *mentales.*
tes les charges. Le ſalut de l'Etat eſt la Loi ſuprême. Comment la Nation ſeroit elle forcée de reſter ſous un Gouvernement qui lui eſt devenu
préjudiciable, à la conſervation duquel le Prince ne doit pas, ne peut
pas être intéreſſé perſonnellement?

On ne devroit pas naturellement chercher dans des Théologiens la dé-   *Senti-*
ciſion de cette queſtion. Ils y ont été conduits en examinant les carac-   *ment des*
teres de la Puiſſance Eccléſiaſtique.   *Théolo-*
    giens.
Durand de S. Porcien, qui vivoit au commencement du quatorzieme
ſiecle, a compoſé un Traité des Loix. Il y enſeigne dans l'onzieme Con-
cluſion que la tranſlation du Pouvoir Souverain eſt révocable, lorſqu'elle
devient nuiſible au Corps entier, lors même qu'il n'en retire plus d'utilité.
Il veut qu'on n'uſe de ce droit de révocation, qu'avec beaucoup de précautions, de peur que le mal ne ſoit plus grand que le bien. Mais ſi le
Prince étoit tellement corrompu qu'il y eut lieu de craindre qu'il n'infec-
tât tout le Royaume, alors la Nation pourroit le dépoſer (v).

(v) *Tranſlatio poteſtatis tranſlata in Imperatorem, eſt revocabilis ex unâ cauſâ. Nam
fundamentum ejus eſt expedientia publica; & ideò ſtatim quod ceſſaret expedientia, poſſet re-*

La même doctrine a été enseignée par Almain, qui soutient que toutes les formes de Gouvernement ont été établies par un droit purement posi. tif, & que par conséquent on peut quitter l'une pour prendre l'autre (x).

Il dit dans un autre endroit qu'en général le Gouvernement Monarchi. que est le meilleur de tous; qu'il y a cependant des exceptions à cette regle, & des cas où on doit changer le Gouvernement Monarchique en Aristocratie ou en Démocratie; comme si le Monarque devient Tyran, ou si plusieurs aspirent au Gouvernement, & qu'il soit plus utile à la Société d'être gouvernée par plusieurs. Car la condition essentielle, principale, unique de tout Gouvernement, c'est d'être dirigé vers le bien commun. Toutes les fois que le Gouvernement, quelqu'ancien que puisse être son établissement, s'écarte de cette regle, il est permis de le changer (y).

François I, dit Major, est appellé communément Roi de toute la France. Il n'est pas seulement supérieur à une seule Province; il l'est catégoriquement de toute la France, quoique la France entiere, ou la plus grande partie, soit au-dessus de lui, lui ayant conféré l'autorité dont il jouit, pouvant lui ôter le Royaume pour une cause raisonnable & très importante. Le Pape de même est réguliérement supérieur à chaque portion de l'Eglise; il préside même réguliérement à toute l'Eglise dont il est le Chef. Mais l'Eglise entiere est habituellement & virtuellement au-dessus de lui, & le Concile Général, qui la représente, a la superiorité, qu'il peut exercer sur le Pape (z).

vocari; ut putà si essent pauci homines æqualis scientiæ qui faciliter congregarentur & faciliter convenirent. Utrùm autem rationabilis esset propter aliam causam, est quia minùs sufficiens. Hìc esset multùm considerandum; quia non nisi ex magnâ causâ hoc esset attentandum; quia esset considerandum utrùm mutatio esset expediens tantùm quantùm esset nociva; quia populus quodam modo assuesceret ad rebellionem. Ubi autem apparet quod esset sic infectus, quòd posset totam Politiam inficere, utpotè, quia hæreticus, tunc posset deponi. Gerso Tom. 2. Col. 1025.

(x) Politia Regalis non est nisi Politia, in quâ quidem unicus rectè dominatur, ad utilitatem totius Communitatis: Aristocratica est, quandò pauci dominantur, ad utilitatem Communitatis. Timocratica, quandò valdè multi dominantur ad utilitatem communem. ... Nulla est Politia purè civilis, & nulla est Regalis, quin possit mutari in aliam speciem, putà Timocraticam, quia quælibet talis est instituta jure merè positivo; ergò quælibet potest in aliam mutari. Gerso Tom. 2. Col. 1025.

Imperium non est dominium à jure divino introductum, sed solùm à jure positivo, & ideò Dominium Regale potest mutari in Aristocraticum, vel Timocraticum. Sed ipsa potestas Papalis suprema in spiritualibus, est potestas ex jure Divino introducta, & à Christo immediatè instituta; ideò non potest mutari in aliud genus Dominii, aliud ab illo quod Christus instituit. Ibid. Col. 1027.

(y) Principatus Regalis, in casu, non est optimus, imò mutandus in Aristocraticum vel Timocraticum. Patet in casu quo Principans esset tyrannus, vel quandò plures aspirarent ad principandum, & melius servaretur bonum commune per plures Principantes: ideò casualiter alius Principatus potest esse melior quàm Regius, dummodò semper servetur prima conditio necessariò requisita ad bonum Principatum, putà quod sit propter bonum commune. Et secunda conditio, putà quòd unus principatur, casualiter potest esse falsa, putà si ille unicus ad tyrannisandum aspiroret & declinaret, tunc optimus Principatus non esset simpliciter omnium optimus, imò multis esset nocivus. Ibid. Col. 1112.

(z) Franciscus dicitur communiter Rex totius Regni Franciæ, & non modò est super unam

On objectera que la comparaison n'eſt pas juſte, parce que le Souverain Pontificat eſt d'inſtitution divine établi par Jéſus Chriſt, au lieu
que le Roi ne tient ſon Royaume que de l'Aſſemblée de la Nation.

Je réponds, continue Major, que la puiſſance eſt communiquée par Jéſus Chriſt même à l'Egliſe entiere, comme il a communiqué au Pape celle dont il jouit. Cette autorité de l'Egliſe ne dépend en rien du Pape;
elle vient immédiatement de Dieu.

On voit par là, ajoute Major, que la puiſſance de l'Egliſe, reſſem-
ble en certains points à celle du Peuple d'un Royaume, & qu'elle en differe en d'autres points. Elles ſe reſſemblent dans la ſupériorité. Comme
le Peuple eſt virtuellement au-deſſus du Roi, & que les Etats du Royaume qui ſont aſſemblés pour les affaires importantes, ont droit de preſcrire au Roi des regles; de même le Concile Général légitimement aſſemblé pour des affaires majeures, peut impoſer au Pape des Loix qu'il eſt
tenu d'exécuter, quoiqu'il ne pût pas abolir ſa dignité.

La différence conſiſte en ce que le Corps de l'Egliſe ne peut pas tranſ-
former en Ariſtocratie ou en Démocratie le Gouvernement Monarchique établi par Jéſus Chriſt même; au lieu que le Peuple libre a droit de
changer la forme de Gouvernement, lorſqu'il a pour cela des cauſes rai-
ſonnables (a).

Ces principes, il faut l'avouer, ont été fortement contredits. Pluſieurs Auteurs ont cru que les Loix établies pour la tranſmiſſion de la
Couronne, appellant un tel individu à la recueillir, il y avoit un droit rigoureux, dont il ne pouvoit être privé par les Etats Généraux du Royaume, par la Nation entiere aſſemblée. C'eſt ce qui a été vivement
ſoutenu dans le tems de la Ligue, pour défendre les droits de Henry IV.

„ Je dis donc que ce n'eſt pas au Peuple de contrôler, qu'avec hu-
„ milité & obéiſſance, les actions & qualités de ſon Roi, mais il
„ doit ſeulement lever les yeux au Ciel, & conſidérer en ſoi-même

Provinciam Galliæ, ſed ſuper totam categorematicé, non obſtante quod præcipus pars eſt ſuper ipſum, à quâ autoritatem habet, quæ non poteſt tollere ab eo Regnum ſuum, ſine rationabili & arduiſſimâ cauſâ. Sic Romanus Pontifex eſt regulariter ſuper totam Eccleſiam, pro
aliquâ parte, vel eſt ſuper totum corpus cui præeſt, tanquam caput regulariter: ſed habi-
tualiter & virtualiter Eccleſia eſt ſuper ipſum; & ſi Concilium eſſet collectum, univerſalem
Eccleſiam repræſentans actualiter, habet ſuperioritatem, & eam exercere poteſt in Papam.
Gerlo Tom. 2. col. 1139.

(a) Si contrà dicat, in hoc ſolùm eſt diſcrimen; Pontificatus eſt de jure divino & ex in-
ſtitutione Chriſti, & Rex habet regnum à toto populo: (nunc de Saüle, Davide, Regibus Ju-
dæ & Iſraëlis non loquor). Reſpondeo: ſed autoritas communicata eſt Eccleſiæ à Chriſto, ſicut ſummus Pontificatus, & autoritas illa non dependet ab autoritate ſummi Pontificatûs, ſed
immediaté à Deo, & ſic aliquo modo convenit poteſtas Eccleſiæ cum poteſtate populi unius
Regni, & aliquo modo differt; nam quoad ſuperioritatem, ità quòd ſicut populus virtualiter
eſt ſuper Regem, & in caſu, ut in rebus arduis, in quibus convocantur tres Status Regni;
qui Regem in caſibus habent dirigere: ſic in caſibus arduis Concilium Univerſale rité congregatum, habet leges obligatorias Pontifici imponere, quoad ejus perſonam, & non quoad
dignitatem ipſam. Hoc pro tanto dico quòd corpus Eccleſiæ non poteſt mutare Politiam rega-
lem Eccleſiæ in Ariſtocratiam vel Timocratiam; quia tunc contraveniret inſtitutioni Chriſti:
Populus autem liber, pro rationabili cauſâ poteſt Politiam mutare. Ibidem.

„ que par la volonté divine le Sceptre eſt tombé ès mains & pouvoir
„ de celui qui porte la Couronne, ſoit-il bon ou mauvais, ſinguliè-
„ rement quand il y eſt appellé par légitime ſucceſſion, telle qu'eſt en
„ notre France, en laquelle par la Loi Monarchique, le Peuple n'a
„ pas ſeulement remis toute la puiſſance en la main & pouvoir du Roi,
„ ainſi qui plus eſt, s'eſt lié les mains & n'y peut pourvoir, tant qu'il
„ reſtera quelque mâle du ſang Royal ſelon la Loi du Royaume, par la-
„ quelle le-Roi ne meurt jamais, parce qu'incontinent le mort ſaiſit
„ le vif, plus-proche mâle du défunt par agnation ; ſuivant la générale
„ coutume de France. Quand même il ſeroit inhabile, incapable, &
„ peu diſcret pour le Gouvernement de l'Etat; auquel cas pourroit-on
„ ſeulement lui donner un Curateur & Adminiſtrateur des affaires-Pu-
„ bliques, ainſi qu'il a été fait en notre France à Charles le ſimple &
„ Charles ſixieme. Car ores que le Royaume, ſinguliérement le nôtre,
„ ne ſoit proprement héréditaire, patrimonial ou feudal, ſi eſt-ce qu'il
„ eſt ſucceſſif, acquis au plus proche, non comme héritier du défunt,
„ mais comme plus prochain de ſang en ligne maſculine, par conſé-
„ quent quel qu'il ſoit, il eſt appellé, & quelque défaut qu'il ait en
„ ſa perſonne, d'âge, de jugement, ou d'autre choſe, les Etats & Pairs
„ de la Couronne ne peuvent que commettre tant ſeulement un Cura-
„ teur pour le gouverner, & ſuppléer par Conſeil les défauts d'icelui,
„ parce que l'élection en eſt faite au ciel, dès qu'il eſt venu au monde,
„ & encourront l'ire & fureur de Dieu tous ceux qui feront réſiſtance
„ à celui, qui par ſucceſſion eſt légitime Roi; d'autant que ce n'eſt pas
„ à nous de conteſter & murmurer contre la Sapience divine, laquelle
„ pour affliger ſon Peuple élu & la maiſon de Sion, a ſouvent permis
„ qu'elle fût gouvernée par ſes Rois, jeunes, méchans, inſenſés, infi-
„ deles & vrais Tyrans.

„ Or donc puiſque le Peuple & Sujet de cette Couronne n'y peu-
„ vent mettre la main, ni ſe diſpenſer du ſerment qu'ils doivent à
„ leurs Princes naturels, pour quelqu'occaſion que ce ſoit ; d'ailleurs
„ que le Roi n'y peut pourvoir autrement que l'établiſſement & commu-
„ ne Loi du Royaume ne portent, voyons s'il appartient au Pontife
„ de Rome de l'entreprendre comme Chéf de l'Egliſe". C'eſt ainſi
que s'exprime M. Du Belloy Avocat-Géneral au Parlement de Tou-
louſe (b).

Henry IV ne parle pas moins affirmativement dans ſa Déclaration
donnée à Chartres le 29 Janvier 1593, contre l'Aſſemblée des Etats de la
Ligue.

„ La vraie & certaine Loi fondamentale du Royaume, pour la ſuc-
„ ceſſion d'icelui, eſt la Loi Salique, qui eſt ſi ſainte, parfaite &
„ ſi excellente, qu'à elle (après Dieu) appartient le premier & le
„ plus grand honneur de la conſervation d'icelui en l'état qui a ſi lon-

(b) Apologie Catholique contre les libelles & déclarations des Ligués, pag. 77 & 138.

„ guement duré, & eſt encore à préſent. Elle eſt auſſi ſi nette &
„ claire, qu'elle n'a jamais reçu d'interprétation & exception, de for-
„ te que Dieu, la Nature, & ladite Loi nous ayant appellé à la ſuccef-
„ ſion légitime de cette Couronne, elle ne nous peut être auſſi peu
„ diſputée qu'à aucuns autres de nos Prédéceſſeurs, au pouvoir deſquels
„ n'a point été de changer & altérer aucune choſe en ladite Loi de
„ tout tems révérée en France, comme une ordonnance divine, à la-
„ quelle il n'eſt permis aux hommes de toucher, ne leur étant demeu-
„ ré que la ſeule faculté & gloire d'y bien obéir. Et ſi rien n'y a
„ dû être innové, moins l'a-t-il pu être par la Déclaration faite par le
„ feu Roi notre très-honoré Seigneur & frere, aux Etats tenus à
„ Blois en l'année 1588. Car outre que c'eſt aux Loix, & non aux
„ Rois, de diſpoſer de la ſucceſſion de cette Couronne, il eſt trop com-
„ mun & notoire qu'au lieu que l'Aſſemblée deſdits Etats devoit être
„ une délibération, que ce ne fut qu'une conjuration découverte
„ contre l'autorité dudit feu Roi, duquel ladite Déclaration fut extor-
„ quée par force & violence, comme tout ce qui y fut traité, ne fut
„ que pour l'établiſſement de ce qui s'en eſt depuis enſuivi en faveur
„ de la rebellion, qui dure encore à préſent ; il n'eſt pas à préſumer
„ que ledit feu Roi eût voulu ſciemment rompre & enfreindre ladite Loi,
„ par laquelle le feu Roi François I ſon aïeul, & par conſéquent lui-mê-
„ me, étoient venus à cette dite Couronne (c).
Tous les ouvrages compoſés contre les Ligueurs ſont dans les mêmes
principes.

Ils ont été adoptés encore depuis par M. d'Aubuſſon de la Feuillade,
Archevêque d'Embrun & Ambaſſadeur de France en Eſpagne. Son but
eſt d'établir le droit de Marie Thereſe d'Autriche à la ſucceſſion de la
Couronne d'Eſpagne.

„ Philippe II Roi d'Eſpagne, *dit-il*, prétendit après la mort d'Hen-
„ ry III Roi de France, dans les Etats aſſemblés ſéditieuſement à
„ Paris en l'année 1593 que la Loi Salique étoit ſeulement une toile
„ d'araignée, oppoſée au grand deſſein qu'il avoit de dominer en tou-
„ te l'Europe, & que ſa fille l'Infante Iſabelle née de ſon mariage
„ avec Iſabelle de France ſœur ainée de Henry III, qui étoit le der-
„ nier poſſeſſeur de la Couronne, mort ſans enfans, devoit ſuccéder au
„ Royaume, contre la prétendue Loi Salique, au préjudice de Hen-
„ ry IV.

„ On peut voir dans l'Hiſtoire de Herréra, fameux Hiſtorien de Phi-
„ lippe II, imprimée à Madrid en 1598, la harangue étudiée que
„ Don Inigo de Mendoza, Ambaſſadeur d'Eſpagne fit aux Etats de
„ Paris durant les troubles de la Ligue, pour prouver le droit de
„ l'Infante Iſabelle à la Couronne de France. Ce Miniſtre rafiné tâche
„ de démontrer dans ſa harangue que la Loi Salique, n'a point été éta-
„ blie à la fondation de la Monarchie, & que ce n'eſt qu'une Loi

(c) Mémoires de la Ligue, in 4⁰. *Tom.* 5. *pag.* 278.

„ inventée pour colorer l'injuſtice du plus puiſſant, comme un autre
„ Auteur Eſpagnol (Mariana) ſe l'imagine; ou bien que ſi elle avoit
„ été ſuivie quelquefois, elle a été révoquée & annullée par un uſage
„ contraire en différentes occaſions. Mais aujourd'hui Philippe III &
„ Philippe IV, fils & petit‑fils de Philippe II, ont changé d'intérêts,
„ & par conſéquent de ſentimens, par le déſeſpoir de parvenir, à la
„ Couronne de France, & par la crainte de l'union légitime de la
„ leur à celle‑là. Ils reconnoiſſent l'ordre inviolable de la Loi Sali‑
„ que pour la ſucceſſion de la Couronne de France. Ils le publient dans
„ les Aſſemblées des Etats de leurs Royaumes; & ils le confirment dans
„ leurs actes les plus ſolemnels. Quant à nous, nous perſiſtons con‑
„ ſtamment dans la défenſe de la vérité, ſans diſtinction des tems ni
„ des intérêts. Et comme Henri IV Roi de France, dans la Déclaration
„ donnée à Chartres en l'année 1593 rapportée par le même Herréra,
„ appelle la Loi Salique une tradition inviolable, qui a toujours été ré‑
„ vérée en France comme un ordre divin, Louis XIV ſon petit‑fils au‑
„ toriſe encore cette Loi par le même langage; & nous nions ſeulement
„ les conféquences fauſſes & injuſtes que l'on en veut tirer par des ſub‑
„ tilités ſophiſtiques contre l'agrandiſſement de la Couronne".

Le Prélat s'oppoſe une Loi faite dans les Etats de Madrid en 1618,
portant que la Reine Anne, & les enfans deſcendans de ſon mariage
avec Louis XIII, ne pourront ſuccéder au Royaume d'Eſpagne. Il ſou‑
tient que le Roi & le Peuple de concert n'ont pu changer la Loi fonda‑
mentale d'Eſpagne, qui appelle les filles à la ſucceſſion de cette Cou‑
ronne.

„ J'appuie ce raiſonnement, dit‑il; par la réſolution Théologique de
„ l'Univerſité d'Alcala, qui eſt ſi fameuſe en Eſpagne, où le même
„ Roi Philippe II fit conſulter ſi, dans la conteſtation qu'il y avoit
„ pour le droit de la Couronne de Portugal entre lui, comme petit‑
„ fils du Roi Dom Emmanuel par Elizabeth ſa mere, & Catherine
„ Ducheſſe de Bragance petite‑fille auſſi du même Roi, mais par l'In‑
„ fant Dom Edouard, il pouvoit reconnoître les Etats de Portugal
„ pour juges de la cauſe, comme s'ils euſſent pu en quelque façon
„ reprendre en ce trouble le pouvoir de l'élection, qui leur avoit appar‑
„ tenu dans le premier établiſſement de la Couronne; & enfin ſi cette
„ voie des ſuffrages du Peuple pouvoit lui être utile contre ſes Compé‑
„ titeurs.

„ La réponſe unanime d'une Ecole ſi célebre, après pluſieurs exa‑
„ mens de la queſtion, fut que les Etats de Portugal avoient exercé
„ & conſommé tout leur droit dans l'élection du premier Roi & de ſes
„ deſcendans, qui devoient régner ſuivant les formes preſcrites de la
„ ſucceſſion; que l'héritier préſent de la Couronne étoit nommé ex‑
„ preſſément dans l'intention de ce premier acte, & qu'il y avoit tou‑
„ jours un Roi légitime, déclaré par les Loix, qui ne pouvoit ſoumet‑
                                                        „ tre

„ tre fa Couronne au jugement d'aucun tribunal en terre , & qu'ainfi
„ une nouvelle élection des Etats de Portugal ne pouvoit fortifier ni
„ affoiblir le droit des parties. Et par conféquent fi les Etats Affem-
„ blés d'un Royaume ne peuvent pas, fuivant cette Doctrine , dans la
„ difpute d'une Couronne où l'héritier eft incertain, favorifer aucun
„ Prétendant par une nouvelle Election; s'ils doivent fouffrir les ca-
„ lamités de la guerre pour foutenir la caufe du véritable Roi , & fi
„ l'héritier légitime ne dépend point des vœux publics, ne s'enfuit-il
„ pas à plus forte raifon, dans une fituation tranquille des chofes, où
„ l'héritier de la Couronne eft connu fans contredit, que les Etats
„ affemblés d'un Royaume ne peuvent par aucune Déclaration ni par
„ aucune Loi nouvelle, troubler l'ordre de la fucceffion entre les héri-
„ tiers légitimes & certains, préférer l'un & exclure l'autre, & qu'ils
„ font obligés en confcience par le premier ferment de leurs Préde-
„ ceffeurs, qui enferme le leur propre, de reconnoître pour leur Roi
„ ou pour leur Reine, celui ou celle à qui la Couronne fe trouve défé-
„ rée felon l'ordre de l'inftitution fondamentale (d)" ?

Ofera-t'on propofer quelques réflexions fur un principe qui paroît *Réfle-*
tellement autorifé ? *xions fur*
On fent d'abord qu'il n'étoit nullement néceffaire à la défenfe d'Hen- *ce prin-*
ry IV. Il fuffifoit de dire que ce n'étoit pas la Nation qui refufoit de *cipe fi*
le reconnoître, & que les Etats affemblés en 1588 n'avoient pas eû af- *accrédité*
fez de liberté pour préfenter fon vœu véritable. *qui en-*
Quant à la Maxime en elle-même, qu'on la rapproche de cette vérité *leve à la*
première, qui fubordonne tout Gouvernement à l'intérêt des Peuples fans *Nation*
que le Prince y doive chercher aucun avantage perfonnel. Comment *le pou-*
concevra-t'on après cela que le Gouvernement une fois établi foit abfolu- *voir de*
ment immuable ? On convient que dans la fondation de l'Etat, dans *changer*
la préférence d'une forme de Gouvernement à l'autre, le Peuple n'a con- *la forme*
fulté que fon intérêt. Il femble que cette regle qui a décidé feule de l'é- *de fon*
tabliffement du Gouvernement, doit auffi décider feule de fa durée & de *Gouver-*
fa fubfiftance. On a choifi la Monarchie, parce qu'on y a entrevu des *nement,*
avantages. On fe feroit déterminé à l'Ariftocratie, fi elle eût paru plus *& d'éta-*
utile. Après la révolution de plufieurs fiecles on fent les inconvéniens de *blir un*
la Monarchie, & on veut établir l'Ariftocratie. Pourquoi ne le pourra- *nouvel*
t'on pas, comme cela auroit été permis dans l'origine ? *ordre*
Sans changer la forme du Gouvernement, on veut feulement établir *dans la*
un nouvel ordre dans la fucceffion à la Couronne. Celui qui l'a portée juf- *fucceffion*
qu'à préfent, a eu droit d'en difpofer en fe donnant un Succeffeur. Pour *à la Cou-*
prévenir les maux qui en ont réfulté, on veut la rendre héréditaire. *ronne.*
Le Sceptre a été au contraire fixé dans une certaine famille, & le Peuple veut à l'avenir rentrer dans fon droit primitif d'élection. Quelle eft
la Loi qui s'y oppofe ?

(d) La défenfe du droit de Marie Therefe d'Autriche à la fucceffion d'Efpagne, *pag.* 94,
99, 104, 108.

On dit que fuivant celle qui a eu cours jufques-là, il fe trouve quel-qu'un qui a fur la Couronne un droit formé, un droit rigoureux & proprement dit, indépendant de la volonté de la Nation entiere, dont elle ne peut pas le dépouiller.

On fuppofe donc dans celui qui gouverne, un intérêt perfonnel oppofé à celui de la Nation, & des droits qu'il a acquis fur fon Peuple, au préjudice de ce Peuple, ce qui répugne à la nature du Gouvernement, qui dans tout tems, dans toutes circonftances, a toujours pour fin unique le bien de ceux qui font gouvernés.

Senti-ment de Marfille de Pa-doue.

La Maxime fur laquelle on prend la liberté d'élever des doutes, n'étoit pas connue au commencement du quatorzieme fiecle. Marfille de Padoue a publié en 1324 fa défenfe de l'Empereur Louis de Baviere contre les vexations des Papes. Il y foutient qu'il eft plus avantageux au Peuple de fe donner un Chef par voie d'élection, que par voie de fucceffion. Une des raifons qui fondent fon affertion, c'eft que la voie d'élection eft plus ftable. Dans les Monarchies Electives il y aura des Electeurs tant que le Peuple fubfiftera, & on ne fera jamais obligé de fe donner un Chef d'une autre maniere. Dans les Monarchies heréditaires au contraire on eft fouvent forcé par néceffité de revenir à la voie d'élection, ou parce que la Race régnante vient à manquer, ou parce que la fucceffion ne fournit qu'une fuite de Princes, dont le Gouvernement eft infupportable par l'abus qu'ils font de leur autorité (e).

L'Auteur parle ainfi dans un ouvrage dédié à l'Empereur lui-même, & compofé pour fa défenfe, & fans doute par fon ordre. Croyoit-il que la forme du Gouvernement fût invariable; & que les Loix, qui avoient été fuivies jufques-là, donnaffent un droit rigoureux au Thrône, auquel la Nation entiere fût hors d'état de porter atteinte?

Senti-ment de Sidney.

Sidney réfute un Auteur qui avoit dit que fi l'autorité réfidoit immédiatement dans le Peuple par l'inftitution divine, Dieu feroit l'Auteur du Gouvernement Démocratique.

„ Et pour quoi, *ce font les termes de Sidney*, ne pourroit-on pas di-
„ re que Dieu en eft l'Auteur auffi bien que du Gouvernement tyran-
„ nique? Y a-t'il quelque chofe en cela qui répugne aux attributs de
„ Dieu? Fait-on plus d'honneur à Dieu de lui attribuer la Monar-
„ chie de Caligula, que la Démocratie d'Athenes? Ou croit-on avoir
„ plus de raifon de le faire Auteur de la Monarchie Françoife ou Ot-
„ tomanne, que de dire qu'il eft l'Auteur du Gouvernement des
„ Suiffes & des Grifons? L'orgueil, la malice, la débauche & la vio-

---

(e) *Hic modus inftitutionis in Communitatibus perfectis permanentior eft. Nam omnes alios in hunc quandoque oportet reducere per neceffitatem, non à converfo, ut fi generis fucceffio defecerit, aut aliâ de caufâ fiat genus illud importabile multitudini ab exceffu malitiâ fui regiminis, oportet tunc multitudinem fe convertere ad electionem, quæ fiquidem electio deficere nunquàm poteft, generatione hominum indeficiente. Amplius, hoc folo modo inftitutionis habetur Principans optimus. Nam eum expedit optimum effe illorum qui verfantur in Politiâ: debet enim regulare actus civiles omnium aliorum.* Defenfor pacis, part. 1. cap. 9. Goldaft, Monarchiæ Sancti Romani Imperii. Tom. 2. pag. 165.

„ lence font-elles des qualités fi conformes aux attributs de cet Etre In-
„ fini, qu'on doive regarder comme fes Miniftres ceux qui les poffe-
„ dent? Et la modeftie, l'humilité, l'égalité & la juftice font-elles
„ fi oppofées à fa nature, que nous devions regarder comme fes ennemis
„ ceux qui pratiquent ces vertus, & qui en font la regle de leur vie?
„ Y a-t-il quelque abfurdité à dire que, puifque Dieu par fa bonté &
„ par fa miféricorde infinie a bien voulu accorder à chaque particulier
„ une égale portion de liberté en les mettant au monde, & affez de rai-
„ fon pour favoir s'en fervir, y a-t-il, dis-je, de l'abfurdité à dire
„ qu'il eft permis à chaque Nation, lorfqu'elle le juge à propos, de
„ mettre le Gouvernement entre les mains d'une ou de plufieurs per-
„ fonnes, & de limiter leur autorité de telle maniere qu'il lui plaira,
„ ou de fe fervir de la Souveraine Puiffance; en un mot de choifir l'ef-
„ pece de Gouvernement qu'elle trouve lui convenir le mieux, & de la
„ changer, lorfqu'elle y trouve fon utilité? Si cela fe peut faire, voilà
„ toutes nos difputes finies, & nous n'avons pas befoin de chercher
„ quelle eft la forme de Gouvernement, à laquelle il a plu à Dieu que
„ tout le genre humain fût foumis par l'inftitution qu'il en a faite;
„ & nous pouvons hardiment conclure qu'ayant donné à chaque Particu-
„ lier affez de raifon pour connoître ce qui lui eft convenable, il lui a
„ auffi laiffé la liberté de choifir l'efpece de Gouvernement qui lui plai-
„ ra le mieux, fans qu'il paroiffe que la Providence Divine fe foit dé-
„ clarée pour une forme de Gouvernement plutôt que pour une au-
„ tre.....

„ Il s'agit de favoir fi les Gouvernemens ont été établis pour le plai-
„ fir, pour l'agrandiffement, & pour le profit d'un feul. Si cela eft,
„ il eft conftant qu'on ne peut fans crime s'oppofer à fa volonté, puif-
„ que ce feroit renverfer l'inftitution du Gouvernement, & agir di-
„ rectement contre les vues qu'on s'eft propofées dans cet établiffement.
„ Mais d'un autre côté fi dans cette inftitution on s'eft propofé l'avan-
„ tage & le bien du Public, il faut avoir foin qu'il ne fe paffe rien
„ qui foit contraire à la fin pour laquelle on a établi le Gouvernement,
„ quand même il en pourroit arriver quelque préjudice à celui qui tient
„ les rênes de l'Etat : fi l'Autorité Souveraine réfide originairement
„ dans le Peuple, & qu'une feule ou plufieurs perfonnes, entre les
„ mains de qui on l'a dépofée, foit en tout, ou en partie, n'y aient pas
„ eu plus de part que leurs autres freres, avant qu'elle leur fût con-
„ férée, il faudroit avoir perdu l'efprit pour s'imaginer que des créa-
„ tures raifonnables aient voulu fe dépouiller de leur Souveraineté pour
„ la céder à un feul, ou à un petit nombre de leurs égaux, & les éle-
„ ver au-deffus d'eux, à moins qu'ils n'aient été perfuadés que cela leur
„ feroit plus avantageux. Cela étant, je ne vois pas pourquoi ils ne
„ feroient pas en droit d'examiner fi ceux, à qui ils ont confié leur au-
„ torité, s'acquitent des conditions qu'on a exigées d'eux, lorfqu'on
„ leur a mis ce précieux dépôt entre les mains. Quel inconvénient

„ trouve-t'on à laisser au Peuple la liberté de son jugement à cet égard?
„ C'est une Maxime générale que celui qui a établi, peut aussi détruire,
„ sur-tout si cet établissement a été fait non-seulement par lui, mais
„ encore pour lui. Si donc le Peuple a établi une certaine forme de
„ Gouvernement, il est aussi en droit de l'abolir; & il n'y a que ce Peu-
„ ple, ou ceux qui lui succedent dans ce droit, qui soient capables &
„ à qui il appartienne de juger si ceux qui les gouvernent, le font con-
„ formément à ce qu'on s'étoit proposé en instituant cette espece de Gou-
„ vernement (f)".

Locke a raisonné sur le même Plan.

Senti-
ment de
Locke.

„ Dans un Etat formé, qui subsiste & se soutient en demeurant ap-
„ puyé sur ses fondemens, & qui agit conformément à sa nature;
„ c'est-à-dire, par rapport à la conservation de la Société, il n'y a
„ qu'un Pouvoir Suprême, qui est le Pouvoir Législatif, auquel tous les
„ autres doivent être subordonnés : mais cela n'empêche pas que le
„ Pouvoir Législatif ayant été confié, afin que ceux qui l'administre-
„ roient, agissent pour certaines fins, le Peuple ne se réserve tou-
„ jours le Pouvoir Souverain d'abolir le Gouvernement, ou de le
„ changer, lorsqu'il voit que les Conducteurs, en qui il avoit mis
„ tant de confiance, agissent d'une maniere contraire à la fin pour la-
„ quelle ils avoient été revêtus d'autorité. Car tout le pouvoir qui
„ est donné & confié en vue d'une fin, étant limité par cette fin là,
„ dès que cette fin vient à être négligée par les personnes qui ont
„ reçu le pouvoir dont nous parlons, & qu'ils font des choses qui y sont
„ directement oppofées ; la confiance qu'on avoit prise en eux, doit
„ nécessairement cesser, & l'autorité qui leur avoit été remise, est dé-
„ volue au Peuple, qui peut la placer de nouveau où il jugera à pro-
„ pos, pour sa sûreté & pour son avantage. Ainsi le Peuple garde
„ toujours le Pouvoir Souverain de se délivrer des entreprises de tou-
„ tes sortes de personnes, même de ses Législateurs, s'ils venoient à
„ être assez fous ou assez méchans pour former des desseins contre
„ les libertés & les biens propres des Sujets. En effet personne, ni au-
„ cune Société d'hommes ne pouvant remettre sa conservation, & con-
„ féquemment tous les moyens qui la procurent, à la volonté absolue
„ & à la domination arbitraire de quelqu'un : quand même quelqu'un en
„ auroit réduit d'autres, sous une si triste condition, à cet esclavage;
„ ils feroient toujours en droit de maintenir & conserver ce dont ils
„ n'auroient point droit de se départir, & étant entrés en Société dans
„ la vue de pouvoir mieux conserver leurs personnes & tout ce qui
„ leur appartient en propre, ils auroient bien raison de se délivrer
„ de ceux qui violeroient, qui renverseroient la Loi fondamentale, sa-
„ crée, & inviolable, sur laquelle étoit appuyée la conservation de leur

(f) Discours sur le Gouvernement, *Tom. 1. ch. 1. sect. 6.*

„ vie & de leurs biens. De forte que le Peuple doit être confidéré, à
„ cet égard, comme ayant toujours le Pouvoir Souverain, mais non
„ toutefois comme exerçant toujours ce pouvoir: car il ne l'exerce pas,
„ tandis que la forme du Gouvernement, qu'il a établie, fubfifte; c'eft
„ feulement lorfqu'elle eft renverfée par l'infraction des Loix fonda-
„ mentales fur lefquelles elle étoit appuyée (g)".

„ Quand la Loi pôlitique, *ce font les termes de Montefquieu*, qui a éta- *Senti-*
„ bli dans l'Etat un certain ordre de fucceffion, devient deftructrice du *ment de*
„ Corps Politique pour lequel elle a été faite, il ne faut pas douter *Montef-*
„ qu'une autre Loi politique ne puiffe changer cet ordre; & bien loin que *quieu.*
„ cette même Loi foit oppofée à la premiere, elle y fera dans le fond
„ entiérement conforme, puifqu'elles dépendront toutes deux de ce
„ principe: *le Salut du Peuple eft la fuprême Loi.*

„ J'ai dit qu'un grand Etat devenu acceffoire d'un autre, s'affoi-
„ bliffoit & même affoibliffoit le principal. On fait que l'Etat a in-
„ térêt d'avoir fon Chef chez lui; que les revenus publics foient bien
„ adminiftrés; que fa monnoie ne forte point pour enrichir un au-
„ tre pays. Il eft important que celui qui doit gouverner, ne foit pas
„ imbu de Maximes étrangeres; elles conviennent moins que celles qui
„ font déja établies: d'ailleurs les hommes tiennent prodigieufement
„ à leurs Loix & à leurs Coutumes; elles font la félicité de chaque
„ Nation; il eft rare qu'on les change fans de grandes fecouffes & une
„ grande effufion de fang, comme les Hiftoires de tous les pays le
„ font voir.

„ Il fuit de là que fi un grand Etat a pour héritier le Poffeffeur d'un
„ grand Etat, le premier peut fort bien l'exclure, parce qu'il eft uti-
„ le à tous les deux Etats que l'ordre de la fucceffion foit changé.
„ Ainfi la Loi de Ruffie faite au commencement du regne d'Elizabeth,
„ exclut-elle très prudemment tout héritier qui pofféderoit une autre
„ Monarchie. Ainfi la Loi de Portugal rejette-t-elle tout étranger qui
„ feroit appellé à la Couronne par le droit du fang.

„ Que fi une Nation peut exclure, elle a à plus forte raifon le
„ droit de faire renoncer. Si elle craint qu'un certain mariage n'ait
„ des fuites qui puiffent lui faire perdre fon indépendance, ou la jetter
„ dans un partage, elle pourra fort bien faire renoncer les Contrac-
„ tans & ceux qui naîtront d'eux, à tous les droits qu'ils auront fur elle;
„ & celui qui renonce, & ceux contre qui on renonce, pourront d'au-
„ tant moins fe plaindre, que l'Etat auroit pu faire une Loi pour les
„ exclure (h)".

„ Les fuites d'une bonne ou d'une mauvaife Conftitution étant d'u- *Senti-*
„ ne telle importance, & la Nation fe trouvant étroitement obligée à *ment de*
„ fe procurer, autant qu'elle le peut, la meilleure & la plus convenable, *Vattel.*

(g) Du Gouvernement civil, *Chap.* 12. *n.* 1.
(h) Efprit des Loix, *Liv.* 26. *ch.* 20.

„ elle a droit à toutes les chofes fans lefquelles elle ne peut remplir cette
„ obligation. Il eſt donc manifeſte que la Nation eſt en plein droit
„ de former elle-même fa Conſtitution, de la maintenir, de la perfection-
„ ner, & de régler à fa volonté tout ce qui concerne le Gouverne-
„ ment, fans que perfonne puiſſe avec Juſtice l'en empêcher. Le Gou-
„ vernement n'eſt établi que pour la Nation, en vue de fon falut & de
„ fon bonheur.

„ S'il arrive donc qu'une Nation foit mécontente de l'Adminiſtra-
„ tion Publique, elle peut y mettre ordre, & réformer le Gouverne-
„ ment. Mais prenez garde que je dis la Nation, car je fuis bien
„ éloigné de vouloir autorifer quelques mécontens ou quelques brouil-
„ lons, à troubler ceux qui gouvernent, en excitant des murmures &
„ des féditions. C'eſt uniquement le Corps de la Nation qui a le droit
„ de réprimer des Conducteurs qui abufent de leur pouvoir. Quand la
„ Nation fe tait & obéit, elle eſt cenfée approuver la conduite des
„ fupérieurs, ou au moins la trouver fupportable; & il n'appartient
„ point à un petit nombre de Citoyens de mettre l'Etat en péril, fous
„ prétexte de le réformer.

„ En vertu des mêmes principes il eſt certain que fi la Nation fe
„ trouve mal de fa Conſtitution même, elle eſt en droit de la changer.

„ Il n'y a nulle difficulté, au cas que la Nation fe porte unanime-
„ ment à ce changement. On demande ce qui doit s'obferver en cas
„ de partage. Dans la conduite ordinaire de l'Etat, le fentiment de
„ la pluralité doit paſſer fans contredit pour celui de la Nation entie-
„ re; autrement il feroit comme impoſſible que la Société prît jamais
„ aucune réfolution. Il paroît donc que, par la même raifon une
„ Nation peut changer la Conſtitution de l'Etat à la pluralité des fuffra-
„ ges; & toutes les fois qu'il n'y aura rien dans ce changement, que
„ l'on puiſſe regarder comme contraire à l'acte même d'affociation ci-
„ vile, à l'intention de ceux qui font unis, tous feront tenus de fe
„ conformer à la réfolution du plus grand nombre. Mais s'il étoit
„ queſtion de quitter une forme de Gouvernement, à laquelle feule il
„ paroîtroit que les Citoyens ont voulu fe foumettre, en fe liant par
„ les nœuds de la Société civile; fi la plus grande partie d'un Peuple
„ libre, à l'exemple des Juifs du tems de Samuel, s'ennuyoit de fa liber-
„ té, & vouloit la foumettre à l'empire d'un Monarque; les Citoyens
„ plus jaloux de cette prérogative, fi précieufe à ceux qui l'ont gou-
„ tée, obligés de laiſſer faire le plus grand nombre, ne le feroient point
„ du·tout de fe foumettre au nouveau Gouvernement; ils pourroient
„ quitter une Société qui fembleroit fe diſſoudre elle-même pour fe re-
„ produire fous une autre forme; ils feroient en droit de fe retirer ail-
„ leurs, de vendre leurs terres, & d'emporter tous leurs biens·(i)".
Le même Auteur a pofé ailleurs les mêmes principes d'une maniere

_____

(i) Le Droit des Gens par de Vattel, *Tom.* i. *Liv.* i. *ch.* 3. § 31 & *fuiv.*

encore plus énergique. Ils font fi importans & fi lumineux, qu'on ne fera pas difficulté de rapporter fes propres termes.

„ Le droit de fucceffion, *dit-il*, n'eft pas toujours primitivement „ établi par la Nation; il peut avoir été introduit par la conceffion d'un „ autre Souverain, par l'ufurpation même. Mais lorfqu'il eft appuyé „ d'une longue poffeffion, le Peuple eft cenfé y confentir, & ce con- „ fentement tacite le légitime, quoique fa fource foit vicieufe. Il po- „ fe alors fur le même fondement que nous venons d'indiquer, fon- „ dement feul légitime & inébranlable, auquel il faut toujours re- „ venir.

„ Ce même droit peut encore, felon Grotius & la plupart des Au- „ teurs, venir d'autres fources comme de la conquête, ou du droit „ d'un propriétaire, qui fe trouvant maître d'un pays, y appelleroit des „ habitans & leur donneroit des terres, à condition qu'ils le recon- „ noîtront lui & fes héritiers pour leurs Souverains. Mais comme il „ eft abfurde qu'une Société d'homme puiffe fe foumettre autrement „ qu'en vue de fon falut &. de fon bien, & plus encore qu'elle pût „ engager fa poftérité fur un autre pied; tout revient enfin au même, „ & il faut toujours dire que la fucceffion eft établie par la volonté ex- „ preffe, ou par le confentement tacite de la Nation pour le bien & „ le falut de l'Etat.

„ Il demeure ainfi conftant que dans tous les cas, la fucceffion n'eft „ établie ou reçue qu'en vue du bien public & du falut commun. S'il „ arrivoit donc que l'ordre établi à cet égard devînt deftructif de l'E- „ tat, la Nation auroit certainement le droit de le changer par une Loi „ nouvelle. *Salus Populi fuprema lex;* le falut du Peuple eft la Loi fu- „ prême; & cette Loi eft de la plus exacte Juftice, le Peuple ne s'étant „ lié par les nœuds de la Société qu'en vue de fon falut & de fon plus „ grand avantage.

„ Ce prétendu droit de propriété, qu'on attribue aux Princes, eft une „ chimere enfantée par un abus que l'on voudroit faire des Loix fur „ les héritages des Particuliers. L'Etat n'eft ni ne peut être un patri- „ moine, puifque le patrimoine eft fait pour le bien du maître, au „ lieu que le Prince n'eft établi que pour le bien de l'Etat. La confé- „ quence eft évidente: fi la Nation voit certainement que l'héritier ne „ feroit pour elle qu'un Souverain pernicieux, elle peut l'exclure.

„ Les Auteurs que nous combattons, accordent ce droit au Prince „ defpotique, tandis qu'ils le refufent aux Nations. C'eft qu'ils confi- „ derent le Prince comme un vrai propriétaire de l'Empire, & ne „ veulent pas reconnoître que le foin de fon propre falut, le droit de „ fe gouverner, appartient toujours effentiellement à la Société, quoi- „ qu'elle l'ait confié, même fans réferve expreffe, à un Monarque & „ à fes héritiers. A leurs yeux le Royaume eft l'héritage du Prince, „ comme fon champ & fes troupeaux. Maxime injurieufe à l'huma- „ nité, & qui n'eût ofé fe produire dans un fiecle éclairé, fi elle

„ ne portoit fur des appuis trop fouvent plus forts que la raifon & la
„ Juftice.

„ La Nation peut par la même raifon faire renoncer une branche
„ qui s'établit ailleurs, une fille qui époufe un Prince étranger. Ces
„ renonciations exigées ou approuvées par l'Etat, font très valides,
„ puifqu'elles font équivalentes à une Loi que l'Etat feroit pour exclu-
„ re ces mêmes perfonnes qui ont renoncé, & leur poftérité. Ainfi la
„ Loi d'Angleterre a rejetté pour toujours tout héritier Catholique-Ro-
„ main. Ainfi la Loi de Ruffie faite au commencement du regne d'E-
„ lizabeth exclut-elle très prudemment tout héritier qui pofféderoit
„ une autre Monarchie. Ainfi la Loi de Portugal rejette-t-elle tout
„ étranger qui feroit appellé à la Couronne par le droit du fang.

„ Des Auteurs célebres, très favans d'ailleurs & très judicieux ont
„ donc manqué les vrais principes en traitant des renonciations. Ils
„ ont beaucoup parlé des droits des enfans nés ou à naître, de la tranf-
„ miffion de ces droits &c. Il falloit confidérer la fucceffion, moins
„ comme une propriété de la famille régnante, que comme une Loi
„ de l'Etat. De ce principe lumineux & inconteftable découle avec
„ facilité toute la Doctrine des renonciations. Celles que l'Etat a exi-
„ gées ou approuvées font valides ou facrées; ce font des Loix fonda-
„ mentales: celles qui ne font point autorifées par l'Etat, ne peuvent être
„ obligatoires que pour le Prince qui les a faites: elles ne fauroient
„ nuire à la poftérité, & lui-même peut en revenir, au cas que l'Etat
„ ait befoin de lui & l'appelle; car il fe doit à un Peuple qui lui avoit
„ commis le foin de fon falut. Par la même raifon le Prince ne peut
„ légitimement renoncer à contretems au dommage de l'Etat, &
„ abandonner dans le danger une Nation qui s'étoit remife entre fes
„ mains (k).

L'Auteur ajoute que quand on peut fuivre la Loi de la fucceffion fans
s'expofer à un grand danger, on doit le faire; que le droit de l'hérédité
eft fubordonné à celui de la Nation, mais qu'il doit avoir fon effet, quand
le bien public ne l'empêche pas.

Les mêmes principes lui fourniffent encore la décifion d'une queftion
célebre.

„ Lorfque dans un Etat fucceffif ou héréditaire le droit de fucceC-
„ fion devient incertain, & qu'il fe préfente deux ou plufieurs Préten-
„ dans à la Couronne; on demande qui fera le juge de leurs préten-
„ tions. Quelques favans fe fondant fur ce que les Souverains ne recon-
„ noiffent d'autres juges que Dieu, ont avancé que les Prétendans à la
„ Couronne, tant que leur droit eft incertain, doivent ou s'accommo-
„ der à l'amiable, ou tranfiger entr'eux, ou fe choifir des arbitres,
„ recourir même au fort, ou enfin vuider le différend par les armes,
„ & que les Sujets n'en peuvent en aucune façon décider. Il y auroit
„ lieu

(k) Le Droit des Gens par de Vattel, L. 1. ch. 5. § 59 & fuiv.

„ lieu de s'étonner que des Auteurs célebres aient enseigné une pareil-
„ le Doctrine. Mais puisqu'en matiere même de Philosophie spécu-
„ lative, il n'est rien de si absurde qui n'ait été avancé par quelqu'un
„ d'entre les Philosophes, que devons-nous attendre de l'esprit hu-
„ main séduit par l'intérêt ou par la crainte? Quoi! dans une question
„ qui n'intéresse personne autant que la Nation, qui concerne un pou-
„ voir établi uniquement en vue de son bonheur; dans une querelle
„ qui va peut-être décider à jamais de ses plus chers intérêts, de son
„ salut même, elle demeurera tranquille Spectatrice! Elle souffrira que
„ des étrangers, que le sort aveugle des armes lui désignent son maître,
„ comme un troupeau de Moutons doit attendre qu'il soit décidé s'il
„ sera livré au boucher, ou remis sous la garde de son berger!

„ Mais, dit-on, la Nation s'est dépouillée de toute jurisdiction,
„ en se donnant un Souverain; elle s'est soumise à la famille régnan-
„ te; elle a donné à ceux qui en descendent, un droit que person-
„ ne ne peut plus lui ôter; elle les a établis sur elle, elle ne peut plus
„ les juger. Eh bien! Ne sera-ce point à cette même Nation de re-
„ connoître celui à qui son devoir la lie, d'empêcher qu'on ne la li-
„ vre à un autre? Et puisqu'elle a établi la Loi de la succession, qui
„ peut mieux qu'elle, & avec plus de droit, désigner celui qui se
„ trouve dans le cas que la Loi fondamentale a prévu & marqué? Di-
„ sons donc sans hésiter que la décision de cette grande controverse
„ appartient à la Nation, & à la Nation seule. Si même les Préten-
„ dans ont transigé entr'eux, ou choisi des arbitres, la Nation n'est point
„ obligée à se soumettre à ce qui aura été ainsi réglé, à moins qu'elle
„ n'ait consenti à la transaction ou au compromis: des Princes non re-
„ connus, & de qui le droit est incertain, ne peuvent en aucune façon
„ disposer de son obéissance. Elle ne reconnoît aucun juge sur elle dans
„ une affaire où il s'agit de ses devoirs les plus sacrés & de ses droits les
„ plus précieux.

„ Grotius & Puffendorf ne s'éloignent pas beaucoup dans le fond
„ de notre sentiment; mais ils ne veulent pas que l'on appelle la dé-
„ cision du Peuple ou des Etats une sentence juridique (*judicium ju-*
„ *risdictionis*). A la bonne heure; ne disputons pas des termes. Ce-
„ pendant il y a plus ici qu'un simple examen des droits, pour se
„ soumettre à celui des Prétendans qui aura le meilleur. Toute con-
„ testation qui s'éleve dans la Société, doit être jugée par l'autori-
„ rité publique. Aussitôt que le droit de succession se trouve incertain,
„ l'Autorité Souveraine retourne pour un tems au Corps de l'Etat,
„ qui doit l'exercer par lui-même, ou par ses Représentans, jusqu'à ce
„ que le véritable Souverain soit reconnu. La contestation de ce
„ droit suspendant les fonctions dans la personne d'un Souverain, l'au-
„ torité retourne naturellement aux Sujets, non pas pour la retenir,
„ mais pour mettre en évidence à qui d'entre les Prétendans elle est lé-
„ gitimement dévolue, & la lui remettre ensuite entre les mains. Il

„ ne feroit pas difficile d'appuyer d'une infinité d'exemples une vé-
„ rité fi conftante par les lumieres de la raifon; mais il fuffit de fe fou-
„ venir que ce fut par les Etats du Royaume de France que fe termina,
„ après la mort de Charles-le-Bel, la fameufe conteftation d'entre Phi-
„ lippe de Valois & le Roi d'Angleterre (Edouard III); & que ces Etats,
„ tout Sujets qu'ils étoient de celui en faveur duquel ils prononcerent,
„ ne laifferent pas d'être juges du différend.

„ Guichardin Liv. XII témoigne auffi que ce furent les Etats d'Ar-
„ ragon qui jugerent de la fucceffion de ce Royaume là, & qui préfé-
„ rerent Ferdinand aïeul de Ferdinand mari d'Ifabelle Reine de Caftille,
„ à d'autres parens de Martin Roi d'Arragon, qui prétendoient que le
„ Royaume leur appartenoit.

„ C'étoient de même les Etats au Royaume de Jérufalem, qui ju-
„ geoient des droits de ceux qui y prétendoient, comme il eft juftifié par
„ divers exemples dans l'Hiftoire politique d'outre-mer.

„ Les Etats de la Principauté de Neufchatel ont fouvent prononcé
„ en forme de fentence juridique fur la fucceffion à la Souveraineté. En
„ l'année 1707 ils jugerent entre un grand nombre de Prétendans, &
„ leur jugement rendu en faveur du Roi de Pruffe a été reconnu de tou-
„ te l'Europe dans le traité d'Utrecht (k)".

Ainfi, fuivant ces Auteurs, le droit de la Nation de changer la forme du
Gouvernement, lorfqu'elle devient nuifible, dérive néceffairement de
ce que c'eft elle qui l'a établie, fans confulter à cet égard, d'autre regle
que fon intérêt; & de ce qu'il eft impoffible qu'on foit obligé de le laiffer fubfifter contre le vœu & l'avantage commun, pour l'intérêt de celui qui gouverne, qui ne doit en avoir d'autre que celui de la Société.

Cette vérité s'établit encore fur d'autres moyens. Ceux qui ont jetté
les fondemens de l'Etat, n'ont pas pu lier ceux qui leur fuccéderoient
Ceux qui après plufieurs fiecles. Il feroit ridicule d'obliger un Peuple à demeurer
ont éta- fous un Gouvernement imparfait dans fon origine, & qui peut être per-
bli un fectionné par le fecours de nouvelles lumieres & de l'expérience. Locke
Gouver- & Sidney vont parler encore.
nement
n'ont pas Locke répond à une objection. „ Tous les hommes, dit-on, font
fu lier nés fous un Gouvernement, & par cette raifon ils ne font point dans
leurs la liberté d'en inftituer aucun nouveau. Chacun naît Sujet de fon
fucces- Pere ou de fon Prince; & par conféquent chacun eft dans une perpé-
feurs. tuelle obligation de fujetion & de fidélité. Il eft clair (c'eft la ré-
„ ponfe de Locke) que jamais les hommes n'ont confidéré aucune telle
„ naturelle fujetion, dans laquelle ils foient nés, au regard de leurs
„ Peres, ou au regard de leurs Princes, comme quelque chofe qui les obli-
„ geoit, fans leur propre confentement, à fe foumettre à eux ou à leurs
„ héritiers.

„ Car il n'y a pas dans l'Hiftoire, foit facrée, foit profane, de plus

(k) Ibid. § 66 & fuivans.

„ fréquens exemples que de gens qui fe font retirés de l'obéïffance &
„ de la jurisdiction, fous laquelle ils étoient nés, & de la famille ou de
„ la Communauté dans laquelle ils avoient pris naiffance & avoient
„ été nourris, & qui ont établi de nouveaux Gouvernemens en d'au-
„ tres endroits. C'eft ce qui produifit un fi grand nombre de petites
„ Sociétés au commencement des fiecles ; lefquelles fe répandirent
„ peu-à-peu en différens lieux, & fe multiplierent autant que l'occa-
„ fion s'en préfenta, & qu'il fe trouva de place pour les contenir, juf-
„ ques à ce que les plus forts engloutirent les plus foibles ; & qu'en-
„ fuite les plus grands Empires aient été brifés & mis en pieces, & fe
„ foient diffous en diverfes petites dominations. Or toutes ces cho-
„ fes font de puiffans témoignages contre la Souveraineté paternelle,
„ & prouvent clairement que ce n'a point été un droit naturel du Pere
„ qui foit defcendu à fes héritiers, qui ait fondé les Gouvernemens
„ dans le commencement du monde ; puifqu'il eft impoffible fur ce fon-
„ dement là qu'il y ait eu tant de petits Royaumes, & qu'il ne devroit s'y
„ être trouvé qu'une feule Monarchie univerfelle, s'il eft vrai que les
„ hommes n'aient pas eu la liberté de fe féparer de leurs familles &
„ de leur Gouvernement, quel qu'il ait été, & d'ériger des Commu-
„ nautés diftinctes & d'autres Gouvernemens, tels qu'ils jugeoient à
„ propos.

„ Ç'a été la pratique du monde depuis fon commencement jufqu'à
„ ce jour ; & aujourd'hui ceux qui font nés fous un Gouvernement
„ établi & ancien, ont autant de droit & de liberté qu'on en ait ja-
„ mais eu, & qu'ils en puffent avoir, s'ils étoient nés dans un défert
„ dont les habitans ne reconnuffent nulles Loix, & ne vécuffent fous
„ aucuns Reglémens. Je dis cela, parce que ceux qui veulent nous per-
„ fuader que ceux qui font nés fous un Gouvernement, y font natu-
„ rellement fujets, & n'ont plus de droit & de prétention à la liberté
„ de l'état de Nature, ne produifent d'autre raifon ; fi l'on excepte cel-
„ le qu'ils tirent du Pouvoir Paternel, à laquelle nous avons déja ré-
„ pondu, ne produifent, dis-je, d'autre raifon que celle-ci, favoir
„ que nos Peres ayant renoncé à leur liberté naturelle, & s'étant foumis
„ à un Gouvernement, fe font mis & ont mis leurs defcendans dans
„ l'obligation d'être perpétuellement fujets à ce Gouvernement-là. J'a-
„ voue qu'un homme eft obligé d'exécuter & d'accomplir les promef-
„ fes qu'il a faites pour foi, & de fe conduire conformément aux en-
„ gagemens dans lefquels il eft entré ; mais il ne peut par aucune
„ convention lier fes enfans ou fa poftérité. Car un fils, lorfqu'il
„ eft majeur, étant auffi libre que fon Pere ait jamais été, aucun ac-
„ te du Pere ne peut non plus ravir au fils la liberté, qu'aucun acte
„ d'aucun autre homme peut faire. Un Pere peut, à la vérité, atta-
„ cher certaines conditions aux terres dont il jouit en qualité de Su-
„ jet d'une Communauté, & obliger fon fils à être membre de cette
„ Communauté, s'il veut jouir, comme lui, des poffeffions de fes Peres:

„ la raiſon de cela eſt que les biens qu'un Pere poſſede étant ſes pro-
„ pres biens, il en peut diſpoſer comme il lui plait &c. (1)".

On oppoſoit à Sidney que l'Angleterre avoit toujours été gouvernée
par des Rois, & voici ſa réponſe.

„ Quand on demeureroit d'accord que tous les Peuples du monde
„ ont été premiérement gouvernés par des Rois, cela ne feroit aucun
„ tort à la cauſe que je défends; car il n'y a point d'hommes, ni aucun
„ nombre d'hommes qui ſoit obligé de perſiſter dans l'erreur de ſes
„ Prédéceſſeurs. L'Autorité de la Couronne auſſi bien que celle de la
„ Loi, j'entends par rapport au pouvoir qui l'a établie & miſe en uſa-
„ ge, conſiſte uniquement dans ſa droiture, & la même raiſon qui
„ peut avoir porté une ou pluſieurs Nations à établir des Rois, lorſ-
„ qu'elles ne connoiſſoient point d'autre forme de Gouvernement, peut
„ non ſeulement les porter à en établir une autre, ſi elles trouvent
„ que la Monarchie ne leur convient pas; mais elle ſuffit encore pour
„ prouver que ces Nations peuvent faire ce changement avec autant
„ de juſtice, que de dépoſer un Roi qui ne s'acquitte pas de ce que
„ l'on s'étoit promis de lui. S'il y avoit eu quelque regle que Dieu
„ nous eût donnée, ou qui eût été gravée dans le cœur des hommes
„ par la Nature, il faudroit qu'elle eut été obſervée par les Peuples
„ les plus ſages & les plus éclairés; mais n'y ayant jamais rien eu de
„ tel, comme nous l'avons déja fait voir, je ne vois rien qui empêche
„ qu'un Peuple ſage & poli ne renonce aux erreurs commiſes par
„ ſes ancêtres, du tems de leur barbarie & de leur ignorance; & je
„ ne ſais pas pourquoi il ne feroit pas permis de le faire à l'égard du
„ Gouvernement, auſſi bien que de toutes les autres choſes qui regar-
„ dent la commodité de la vie. Les hommes ſont ſujets à l'erreur, &
„ les plus ſages auſſi bien que les meilleurs, doivent s'appliquer à décou-
„ vrir les fautes que leurs Ancêtres ont pu commettre, à y remédier,
„ ou à perfectionner ce qu'ils ont fait de bon. Cela eſt ſi vrai que
„ tout ce que nous poſſédons au de-là de ce que nos Ancêtres poſſé-
„ doient, par rapport aux commodités de la vie, eſt uniquement dû à la
„ liberté que nous avons eue de réformer ce que nous avons jugé à pro-
„ pos, & d'inventer ce qu'ils ne connoiſſoient pas; & je ne ſais s'il y
„ auroit plus de folie à dire que nous ſommes encore obligés de vivre
„ dans l'Idolâtrie des anciens Druïdes, & dans toutes les incommodités
„ & miſeres qui ſont inſéparables d'une vie ſauvage & barbare, qu'il y
„ en auroit à ſoutenir, que quoique nous ſoyons en droit de nous écar-
„ ter de la pratique de nos Ancêtres, à cet égard, nous ſommes cepen-
„ dant indiſpenſablement obligés de ne rien changer à la forme du Gou-
„ vernement qu'ils ont établi, quelque préjudice que nous en puiſſions
„ recevoir....

„ Si un Peuple, dont les inclinations ſont nobles, s'appercevant

(1) Du Gouvernement Civil, *Chap.* 7. *n.* 20 *& ſuiv.*

„ des défauts originaires du Gouvernement, ou de la corruption qui
„ peut s'y être glissée, en réforme les abus, y change ce qu'on y peut
„ changer, ou abolit ce qui étoit mauvais dès le commencement, ou
„ ce qui s'est tellement perverti qu'il est impossible d'y remédier autre-
„ ment; ces gens-là l'imputent à sédition & blâment une action, qui
„ de toutes celles, dont les hommes sont capables, est la plus louable
„ & la plus glorieuse. Il ne s'agit donc pas tant de savoir ce qui est
„ le plus ancien, que de connoître le meilleur & ce qui contribue le
„ plus à l'avancement du bien public, qu'on s'est proposé en éta-
„ blissant les Gouvernemens, comme on ne les a établis que pour
„ obtenir justice & pour le maintien de la liberté; de l'aveu même de
„ Filmer, nous ne devons pas examiner quel a été le premier Gou-
„ vernement parmi les hommes, mais seulement quel est celui qui pour-
„ voit le mieux à l'administration de la Justice & à la conservation de
„ la liberté. Car quelle que puisse être l'institution, & quelque durée
„ qu'elle ait pu avoir, elle est nulle si elle est contraire au but qu'on
„ s'est proposé, & qu'elle ne fournisse pas les moyens dont on a besoin
„ pour y arriver. Il s'ensuit donc que quand même une Loi ou coutu-
„ me, mauvaise en elle-même, auroit été reçue au commencement dans
„ toutes les parties du monde, ce qui n'est pourtant pas véritable par
„ rapport à la Monarchie absolue, ou à quelqu'autre Monarchie que ce
„ soit, on la doit abolir; & s'il se trouvoit quelqu'un plus sage que les
„ autres, qui mit en avant une Loi, ou qui proposât une forme de
„ Gouvernement plus utile au genre humain que toutes celles qui sont
„ connues, qui pourvût plus avantageusement à l'administration de la
„ Justice & au maintien de la liberté, que toutes les autres n'ont fait,
„ cet homme mériteroit qu'on eût pour lui toute la vénération imagi-
„ nable. . . .

„ Chaque Nation peut faire pour elle-même telles Loix qu'elle le ju-
„ ge à propos, & on ne peut pas légitimement nous refuser un droit
„ qui est commun à tous les Peuples du monde. Nos Loix ne nous ont
„ pas été envoyées immédiatement du ciel, mais elles ont été faites
„ par nos ancêtres selon les lumieres qu'ils avoient, & suivant la situa-
„ tion où ils se trouvoient alors. Nous héritons d'eux le même droit,
„ & comme nous pouvons dire sans vanité que nous avons plus de lu-
„ mieres & de connoissance qu'ils n'en avoient, si nous trouvons que
„ quelqu'une des Loix, qu'ils nous ont laissées, est en quelque façon
„ préjudiciable, nous pouvons légitimement l'abolir. Le salut du Peu-
„ ple étoit leur suprême Loi, & c'est aussi la nôtre. On ne peut pas non
„ plus dire avec justice, que nous sommes moins capables qu'eux de
„ connoître ce qui nous convient le mieux, & ce qui tend à notre
„ avantage & à notre bonheur. Si dans un certain siecle ils s'étoient
„ laissé persuader de se soumettre à la Puissance, ou pour me servir
„ des termes de Filmer, à la Majesté Souveraine d'un enfant, d'un in-
„ sensé, d'un furieux, ou d'une personne abandonnée à toutes sortes de

,, crimes, & qu'ils euffent attaché le droit qu'ils lui avoient conféré ,
,, à la perfonne de fon fuccefleur, fans aucun égard à fes qualités
,, perfonnelles, cet établiffement n'auroit pas été une ordonnance jufte
,, & équitable; & cette ordonnance n'ayant en foi aucune des qualités
,, effentielles à une Loi, elle ne pourroit avoir force de Loi (m)".

La Na-
tion peut-
elle
changer
l'ordre
de la
fucces-
fion.

Ces principes font directement contraires à ceux qu'on pofoit dans le
tems de la Ligue; & s'ils font vrais, pourquoi la Nation n'auroit-elle pas
pu alors faire une Loi pour exclure de la Couronne un Prince hérétique? Pourquoi ne pourroit-elle pas changer la maniere d'y fuccéder? Ce
fera une Loi nouvelle, un ufage contraire à celui qui a été pratiqué jufques à préfent; on en convient; mais qui a établi la Loi précédente, la
coutume toujours obfervée, finon le Corps de la Nation, qui n'a pu confulter à cet égard que fon propre avantage? Pourquoi ne pourra-t-elle
pas fonder une Loi nouvelle qu'elle jugera plus utile, & quel autre intérêt pourroit contrebalancer le fien?

Elle a confommé, dit-on, tout fon pouvoir en établiffant la Loi Salique, & ne peut plus y déroger. Elle eft obligée d'obéir malgré elle à
celui que l'ordre de la fucceffion lui donne pour Souverain. Il a un droit
formé & proprement dit de la gouverner. Il eft fon maître malgré elle.

Effaçons donc ce dogme fondamental, qui donne le falut de l'Etat
pour la Loi fuprême; qui confacre le Gouvernement au bien de la Société, fans qu'il foit poffible de lui fuppofer une autre fin. Difons que dans
la fondation de la Monarchie le Peuple a travaillé, non pour lui même,
mais pour le Roi, qu'on n'a cherché qu'à ériger en fa faveur une dignité fuprême, dont le bénéfice feroit affuré à lui & à fa poftérité dans
la fuite de toutes les générations même au détriment du Peuple. Difons
qu'il exifte une Loi publiée par le Peuple, qu'il n'eft plus en fon pouvoir de révoquer, quoique fon intérêt foit néceffairement le feul motif
de cette Loi, foit dans fa publication, foit dans fa durée. On conçoit qu'une Loi faite par le Légiflateur pour l'intérêt de l'Etat, ne doit
pas, ne peut pas être abrogée, tant que l'Etat en retire de l'avantage. Il
y a alors dans le Légiflateur Chef de l'Etat, ou un défaut de pouvoir, ou
un abus du pouvoir, qu'il ne doit employer qu'au falut public. Il en eft
autrement des Réglemens faits par la Nation affemblée à la fondation de
la Monarchie, & avant qu'elle fe fût donné un Chef. Elle n'a certainement pas travaillé pour l'intérêt de ce Chef futur, auquel on a impofé
la condition de n'en avoir aucun autre que celui de la Nation. Elle a
penfé à elle-même. Elle a choifi un certain ordre de chofes comme lui
étant utile. Le Monarque qu'elle a placé à fa tête, devroit défirer de
pouvoir changer cet ordre dans l'inftant où le Corps entier commence
a en fouffrir du préjudice; & on veut qu'il ait droit de s'oppofer à toute
innovation, & de réfifter au Corps entier, qui lui doit le facrifice de
fes intérêts les plus chers.

(m) Difcours fur le Gouvernement, *Tom.* 4. *fect.* 25.

Non feulement, dit-on, le Peuple ne peut pas déranger l'ordre de la fucceffion à la Couronne malgré celui qui la porte, mais il ne le pourroit même pas de concert avec lui, parce que le fucceffeur a un droit formé au trône qu'aucune puiffance ne peut lui ravir. Il eft faifi du fceptre, dans l'inftant même où il devient vacant. Rien ne peut déranger l'opération de cette faifine légale.

L'Auteur qui nous a donné des obfervations fur Wolff, combat folidement ces idées. Celui-ci avoit dit : *fi in regno legitimo Rex præfens de jure fuo quid remittit, id fucceffori non nocet.* Voici l'obfervation :

„ Il faut bien prendre garde de ne point entendre ceci comme fi le
„ Roi de concert avec le Peuple ne pouvoit apporter à la forme du
„ Gouvernement aucun changement qui lie fon fucceffeur. Certaine-
„ ment le Peuple en réglant la forme du Gouvernement, & le Roi
„ en l'acceptant fur le pied réglé & avec les limitations convenues, ne
„ peuvent être cenfés avoir renoncé au droit de faire, d'un commun
„ accord, de nouvelles Loix, de nouveaux Réglemens pour le bien
„ de l'Etat. Ce bien de l'Etat eft la Loi fuprême. Elle lie le Prince
„ auffi bien que le Sujet. Si un Roi fage, équitable, & plein d'amour
„ pour fon Peuple, venant à réfléchir que le pouvoir abfolu, à cer-
„ tains égards, qui lui a été tranfmis par fes ancêtres, peut être dange-
„ reux, & devenir pernicieux à l'Etat, propofoit à fon Peuple de
„ changer à cet égard la Loi fondamentale, & d'y en fubftituer une
„ autre qui refferrât le pouvoir du Prince dans des bornes plus étroi-
„ tes ; le Peuple confentant unanimement au changement propofé ;
„ ofera-t-on dire que le fucceffeur de ce bon Roi ne fera pas obligé de
„ fe foumettre, parce qu'il tient fon droit de la premiere inftitution ?
„ Je fais que l'on ne peut ôter à perfonne fon droit malgré lui ; mais
„ je fais auffi que c'eft un abus dangereux de confidérer les pouvoirs,
„ autorités &c. du Prince, comme des droits proprement dits, com-
„ me des droits utiles, qui lui appartiennent pour fon avantage. Ce
„ font plutôt des fonctions qui lui ont été confiées pour le bien &
„ le falut commun, & dont ce bien & ce falut eft l'unique fin. Il a
„ droit de gouverner & de commander ; mais il doit le faire pour l'a-
„ vantage commun. Il a droit pareillement à tout ce fans quoi il
„ ne pourroit atteindre au grand but qui lui eft prefcrit. Si donc il s'eft
„ fait un nouveau Réglement pour le bien public, il ne doit pas l'envi-
„ fager comme un tort qui lui arrive, comme une diminution de fes
„ droits ; mais comme une nouvelle précaution, que la vue du bien
„ public a dictée. En s'écartant de cette Doctrine, & en preffant cel-
„ le que l'Auteur femble enfeigner, on ébranle tous les privileges,
„ franchifes, exemptions &c. accordés aux Peuples, aux Particuliers,
„ ou à quelques Corps, depuis la Conftitution primitive, & toutes
„ les Loix fondamentales nouvelles, lefquelles ne demeureront ftables,

„ qu'autant que chaque fucceffeur du Prince, fous lequel elles auront
„ été établies, voudra bien les ratifier (n)".

Wolff avoit dit encore: *Domania alienari nequeunt in regno fucceſſorio, cùm populi conſenſu, niſi æquivalens in eorum locum ſubſtituatur.*

„ Nous avons déja obſervé (c'eſt la réflexion de Vattel) que des
„ principes tels que celui-ci iroient à ébranler tous les fondemens de
„ la tranquilité des Peuples, & à anéantir leurs traités. Si on ad-
„ met ce principe que le Prince, dans un Etat fucceſſif, ne peut,
„ même avec le conſentement de la Nation entiere, aliéner aucune par-
„ tie de ſon Domaine, parce que ſon fucceſſeur, déja né, y a un
„ droit acquis; que deviendront tous les traités, par leſquels un Etat
„ cede à un autre quelque ville ou quelque Province? L'erreur vient
„ de ce qu'on a appliqué au droit de fuccéder à la Couronne, des regles
„ qui ne concernent que les biens ordinaires, que ces biens qui ne
„ font que pour l'avantage du propriétaire. L'Empire, ou la Sou-
„ veraineté, eſt d'une nature plus relevée. Comme il n'eſt établi qu'en
„ vue du ſalut & de l'avantage de la Nation, le Prince ne le poſſede
„ que pour le plus grand bien du Peuple, & le fucceſſeur n'a droit
„ d'y fuccéder que ſur le pied qui aura été jugé le plus convenable
„ par le Prince actuel & par ſon Peuple. M. W. dit fort bien lui-mê-
„ me dans la ſuite (§. 809.) *Quicumque fuerit, qui imperium publi-*
„ *cum exercet, id non ſui, ſed boni publici gratiâ exercet.* Si donc les con-
„ jonctures obligent le Prince & la Nation à aliéner quelque partie
„ de l'Etat ou du Domaine, le fucceſſeur ne peut ſe plaindre qu'on
„ lui ait fait tort, parce que l'Empire n'eſt pas ſon propre bien, &
„ qu'il n'a pas été fait pour lui. En l'appellant d'avance à la ſucceſ-
„ ſion, on lui a donné ſeulement en général le droit de fuccéder à l'Em-
„ pire, tel qu'il le trouvera établi par la volonté du Peuple; volonté
„ qui ſe trouve exprimée par le Prince actuel dans les choſes que le
„ Peuple a remiſes à ſa diſpoſition (o)".

D'après ces réflexions, dont la ſolidité ſe fait ſentir, on ſait ce que c'eſt que ce droit proprement dit, acquis à l'héritier préſomptif de la Couronne, plus fort que les vœux réunis de la Nation entiere & de ſon Chef actuel joint avec elle.

A l'égard de cette ſaiſine légale, qui ſubroge de plein droit un Roi à un autre, ſans qu'il y ait un ſeul inſtant d'interregne, Sidney la combat & par les faits, & par la raiſon, ainſi que cette impuiſſance dans laquelle on veut que ſoit le Corps entier du Peuple de déranger l'ordre fucceſſif qu'il a une fois établi. Il prend pour exemple trois Royaumes qui paſſent pour héréditaires, l'Eſpagne, la France, & l'Angleterre. Il établit par un grand nombre de faits que les Etats ont ſouvent déféré

la

(n) Queſtions de Droit Naturel & Obſervations ſur le traité du Droit de la Nature de Wolff par de Vattel, *pag.* 364.

(o) Ibidem. *pag.* 409.

la Couronne d'Espagne d'une maniere contraire à la Loi de l'hérédité. Il vient enfuite à la France (p).

„ Les François, *dit-il*, nous ont appris que lorfqu'un Roi meurt,
„ fon plus proche héritier eft réellement Roi, avant même qu'il ait
„ prêté ferment ou reçu la Couronne. C'eft d'eux que nous apprenons
„ que le mort faifit le vif. Et cependant je ne fache point d'Hiftoire qui
„ prouve plus évidemment que la leur, qu'aucun homme du monde n'a,
„ ni ne peut avoir de droit au Gouvernement d'une Nation, à moins
„ que ce droit ne lui ait été conféré par la Loi du pays, qui prefcrit en
„ même tems la maniere dont il doit s'en fervir, & la véritable étendue
„ qu'il lui doit donner. C'eft ce que j'efpere de prouver inconteftable-
„ ment par quatre raifons.

„ La premiere eft tirée de ce que fous la premiere race le Royaume
„ fe divifoit, ce qu'on n'auroit pas pu faire, s'il y avoit eu un héri-
„ tier défigné par la Nature. Car il auroit eu le Royaume entier. Une
„ telle Province ne pouvoit pas d'ailleurs favoir à qui elle obéiroit. Cela
„ dépendoit de l'événement du partage.

„ La feconde raifon eft tirée de ce que fous la feconde Race la
„ Couronne a paffé à différentes reprifes fur des têtes qui n'y avoient au-
„ cun droit en vertu de la fucceffion héréditaire.

„ Troifiémement, *continue Sidnei*, fi le plus proche héritier eft ac-
„ tuellement Roi, & qu'au moment de la mort de fon Prédéceffeur, il
„ foit revêtu de la Puiffance Souveraine, de forte qu'il n'y ait aucun in-
„ terregne; il s'enfuit que toutes les folemnités & les cérémonies reli-
„ gieufes, qui font en ufage au Couronnement des Rois, auffi bien que
„ le ferment qu'on leur prête & qu'on exige d'eux, font autant d'abus
„ très profanes des chofes du monde les plus facrées, & qu'on ne les
„ pratique que pour fe mocquer de Dieu & des hommes, fur-tout fi
„ l'acte eft volontaire, comme le dit Filmer, & que le Roi, à qui cet
„ acte ne confere pas la moindre chofe, ne foit obligé de l'obferver
„ qu'auffi longtems qu'il le jugera à propos. Le Prince, qui doit prê-
„ ter le ferment, pourroit s'épargner la peine de veiller toute la nuit
„ dans l'Eglife, de jeûner, de prier, de fe confeffer, de communier,
„ & de jurer qu'il défendra de tout fon pouvoir le Clergé; maintien-
„ dra la paix & l'union de l'Eglife; qu'il s'oppofera à tout excès, rapi-
„ ne, extorfion, & injuftice; qu'il aura foin de faire adminiftrer la Jufti-
„ ce avec équité, avec fincérité, & dans des difpofitions de clémence
„ &c.; en un mot, il pourroit s'épargner la peine d'invoquer l'affiftan-
„ ce du Saint Efprit, en lui demandant qu'il lui faffe la grace de s'ac-
„ quitter dignement de fes promeffes & de fon ferment; il n'auroit qu'à
„ dire fans façon à la Nobleffe & au Peuple qu'il feroit ce que bon lui
„ fembleroit. Il feroit auffi fort inutile que l'Archevêque de Reims

(p) Difcours fur le Gouvern. *Tom.* 3. *ch.* 3. *fect.* 18. *pag.* 389 *& fuiv.*

„ prît la peine de dire la Meſſe, de lui donner la Couronne, le Scep-
„ tre, & les autres Ornemens Royaux, de lui expliquer ce que chacun
„ d'eux ſignifie, de l'oindre, de le bénir, de prier Dieu qu'il le bé-
„ niſſe, s'il accomplit inviolablement le ſerment qu'il prête à Dieu &
„ au Peuple, en un mot, de lui dénoncer la malédiction divine en cas
„ qu'il manque à ſes promeſſes. Tout cela, dis-je, ſeroit fort inu-
„ tile ſi toutes ces choſes ne lui conféroient rien qu'il n'eût aupara-
„ vant, & qu'elles ne l'engageaſſent à rien du tout. Ces profanations
„ ridicules des choſes du monde les plus ſacrées ſont trop odieuſes &
„ trop impies pour être imputées à des Nations, qui ont quelques tein-
„ tures de vertu, ou qui ſont profeſſion du Chriſtianiſme. On ne peut
„ pas reprocher cela aux François & aux Eſpagnols des ſiecles paſſés....
„ Mais leurs actes les plus ſolemnels ſont ſi bien connoître ce qu'ils pen-
„ ſoient à cet égard, qu'il n'y a que ceux qui veulent s'aveugler eux-
„ mêmes qui puiſſent s'y tromper....
„ Les Loix des François & leurs meilleurs Hiſtoriens nous enſei-
„ gnent la même choſe, & ce qu'ils nous enſeignent ſur ce ſujet, nous
„ eſt confirmé par une pratique non interrompue. Quoique Henry IV
„ Roi de Navarre fût ſans contredit l'héritier légitime ſuivant les Loix
„ de la Monarchie Françoiſe, & que ſes Peuples fuſſent perſuadés que
„ c'étoit un Prince très accompli, il fut cependant exclu de la ſuccef-
„ ſion par deux Aſſemblées Générales des Etats tenus à Blois, unique-
„ ment parce qu'il étoit Proteſtant; & nonobſtant la grande réputation
„ qu'il s'étoit aquiſe, ſa valeur extraordinaire dont il avoit donné des
„ marques ſignalées en tant d'occaſions, le grand nombre de ſes victoi-
„ res & ſon affabilité, il ne put jamais obtenir la Couronne qu'il ne ſe
„ fût mis en état d'être inſtallé ſuivant les cérémonies en uſage au Cou-
„ ronnement des Rois de France, en ſe réuniſſant à la Religion qu'il
„ étoit obligé de défendre par le ſerment qu'on exigeoit de lui. Bien
„ plus le Roi d'apréſent, quoiqu'il ſoit naturellement fier, & que plu-
„ ſieurs grands ſuccès aient encore augmenté ſa fierté, a reconnu avec
„ plaiſir, comme il le dit lui-même, qu'il ne peut rien faire qui ſoit
„ contraire aux Loix, & il appelle cela une heureuſe impuiſſance: c'eſt
„ pourquoi il a annullé pluſieurs actes de ſon Pere & de ſon Aïeul, qui
„ avoient aliéné les Domaines de la Couronne, comme choſes contrai-
„ res à la Loi, qui n'étoient pas en leur pouvoir".
La quatrieme raiſon que Sidney oppoſe, eſt priſe de l'intérêt des Peuples, qu'on ne peut pas préſumer avoir voulu ſe donner pour maître un
homme tel qu'il fût, quelque vice, quelqu'incapacité qu'il pût avoir,
uniquement parce qu'il eſt fils ou frere du Roi défunt.

D'ailleurs en ſuppoſant cette regle établie, eſt-ce à celui qui ſe prétend
appellé à la Couronne, à décider lui-même de ſon droit & de ſa capacité? Il eſt fils du défunt, mais il y aura du doute ſur ſa légitimité. Il
eſt parent du défunt en ligne collatérale; mais il y en aura d'autres qui

prétendront être au même degré, ou dans un degré plus proche. Jufques à ce que le différend foit vuidé, il faut néceffairement un interregne.

De tout cela il paroit réfulter qu'il ne peut y avoir de Couronne héréditaire qui ne foit en même tems élective, puifqu'il faut toujours décider fi le Prétendant a les qualités néceffaires pour recueillir le bénéfice attaché à l'hérédité; fi rien ne retarde ou ne fufpend l'effet de la faifine légale.

Rapprochons de ces regles qu'on nous oppofe, quelques morceaux de notre Hiftoire, & finguliérement les Remontrances que faifoient faire les Parifiens en 1413 par la bouche d'Euftache de Pavilly, Carme, au Dauphin qui gouvernoit pendant la maladie de Charles VI fon pere.

Ces principes ont été repréfentés aux Rois en différens tems.

„ Il en dit tant qu'on en pourroit compofer une ample traité de la „ conduite des Princes; mais comme le récit en pourroit être en „ nuyeux dans une Hiftoire, il fuffira de dire en général qu'il étala fort „ élégamment toutes les vertus que doivent embraffer ceux qui com „ me lui fe dévoient rendre dignes d'hériter d'un Sceptre, dont la fuc „ ceffion les regarde. Il déduifit avec le même apparat, par de beaux „ exemples puifés dans les Hiftoires, les vices qui avoient rendu beau „ coup de Princes indignes de régner, & principalement en France, „ & il fut affez hardi pour avancer que le Roi régnant étoit tombé en „ une maladie incurable, & que le Duc d'Orléans auffi étoit péri mal „ heureufement & par une fin ignominieufe & indigne de fa naiffance, „ pour punition des péchés de leur jeuneffe, & que *s'il ne trouvoit bon* „ *de fe corriger, qu'il donneroit* fujet de transférer le droit d'aîneffe à la per „ fonne de fon frere puîné: auffi difoit-on que la Reine l'en avoit plu „ fieurs fois menacé (q)".

L'Orateur parloit au nom d'une Affemblée féditieufe, au milieu des troubles qui agitoient alors Paris. Mais jamais il n'auroit efpéré faire craindre au Dauphin une chofe impoffible & inconnue dans le Royaume depuis fa fondation. La Reine d'ailleurs avoit fait plufieurs fois au Dauphin la même menace.

A l'égard de la faifine légale, il paroit certain que la cérémonie du Sacre & Couronnement a toujours été regardée comme la prife de poffeffion du Royaume, comme faifant ceffer l'interregne. On n'a certainement jamais penfé que cette cérémonie donnât la Puiffance Souveraine. Mais elle renfermoit de la part de la Nation l'acceptation de la perfonne qui réclamoit en fa faveur le bénéfice de l'hérédité & une véritable élection.

La Cérémonie du Sacre renferme l'acceptation de la part de la Nation.

1°. On trouve plufieurs diplômes dattés par nos Rois du jour de leur Couronnement.

„ Anciennement, dit du Tillet, on comptoit le regne du jour du „ Sacre & Couronnement, non du jour que la Couronne étoit échue, „ comme l'on a depuis fait & changé en mieux (r)".

(q) Hiftoire de Charles VI publiée par le Laboureur, *Liv.* 33. *Chap.* 3. (r) Du Tillet, Recueil des Rois de France, *pag.* 188. Edit. de 1602.

Le même Auteur parlant de Louis le Hutin & de fa feconde femme Clémence dit „ qu'il en eut un fils poflhume Monfieur Jean de Fran‑ „ ce qui ne vécut que huit jours, mourut au Louvre à Paris, n'eft „ compté entre les Rois, pour ce qu'il ne fut couronné, combien „ qu'en aucuns Titres & Regiftres du Tréfor des Chartes il foit appellé „ le Roi Jean juftement. Car par la mort du Roi prédéceffeur la Cou‑ „ ronne, par la Loi du Royaume, échéoit incontinent au fucceffeur, „ duquel auffitôt les années du regne font comptées, non du jour du „ Sacre & Couronnement (s)".

„ Anciennement, dit de Lauriere, on comptoit les regnes de nos Rois „ du jour de leur Sacre ou de leur Couronnement; & comme il fe trou‑ „ voit un intervalle de tems entre le décès du dernier Roi & le Sacre „ & Couronnement de celui qui lui fuccédoit, il y avoit un intervalle „ de tems où la France étoit fans Roi, & par conféquent il étoit vrai „ de dire alors que le Roi mouroit.

„ Mais à préfent le Roi ne meurt jamais; c'eft-à-dire, que le Trô‑ „ ne ne vaque jamais un feul moment, parce que dès qu'un de nos Rois „ eft mort, fon fucceffeur eft auffitôt Roi de plein droit (t)".

Ces Auteurs fe trompent en avançant que les années du regne ne fe comptoient que du jour du Couronnement. Dans les différens Diplô‑ mes de nos Rois les années de leur regne font dattées, tantôt du jour de leur Couronnement, tantôt du jour du décès de celui auquel ils avoient fuccédé (v).

Il eft certain qu'on trouve plufieurs Chartes dattées du jour du Cou‑ ronnement. On les voit dans les différens Recueils. On peut y en join‑ dre une de Louis le Gros dattée de l'an de l'Incarnation 1111, *anno ve‑ rò confecrationis noftræ quarto* (x).

Pourquoi le Couronnement auroit-il été pris pour une époque, fi ce n'étoit qu'une pure cérémonie qui n'eût produit aucun effet? Les Sou‑ verains dattent ordinairement leurs actes du jour où ils ont commencé à régner. Les dattant du jour de leur Couronnement, n'eft-ce pas annon‑ cer cette cérémonie pour le commencement de leur regne?

Il eft vrai que dans d'autres Diplômes ils s'annoncent comme régnans depuis l'inftant de la mort de leur Prédéceffeur, & par conféquent avant le Couronnement.

On pourroit répondre que le Couronnement a un effet rétroactif, & que le Roi une fois accepté par la Nation dans la cérémonie de *fon Sa‑ cre*, eft cenfé régner depuis la mort de *fon Prédéceffeur*.

Mais la moindre conféquence qu'on puiffe tirer delà, c'eft que le Couron‑

(s) Ibid. *pag.* 134.
(t) Sur Loifel, *Liv.* 1. *Tit.* 1. *n.* 3.
(v) On peut voir dans le Recueil des Hiftoriens de France les différens Diplômes de nos Rois, & les avertiffemens qui les précedent. On peut confulter auffi *l'Art de véri‑ fier les dattes* où on voit la même chofe.
(x) Ordonnances du Louvre, *Tom.* 4. *pag.* 139.

nement étoit regardé comme un'acte férieux, important, qui méritoit de faire époque dans les monumens, que nos Rois rappelloient dans des occaſions où ils ne devoient naturellement parler que du véritable commencement de leur regne.

On prétendra peut-être que le Sacre eſt entiérement étranger à l'acquiſition de la Puiſſance Publique & au Gouvernement du Royaume, puiſque Pépin eſt le premier de nos Rois qui ait été ſacré.

Ce raiſonnement ſeroit appuyé ſur un fait fort douteux.

,, Pépin dit le Bref, né l'an 714, Maire du Palais de Neuſtrie & de
,, Bourgogne depuis l'an 741, & de toute la Monarchie Françoiſe de-
,, puis l'an 747, proclamé Roi des François dans l'Aſſemblée tenue à
,, Soiſſons au mois de Mars 752, fut ſacré dans le même lieu peu de
,, jours après ſon élection par Saint Boniface Archevêque de Mayen-
,, ce. C'eſt le premier ſacre de Roi de France, dit le Pere Daniel, *qui ſoit*
,, *marqué dans notre Hiſtoire par des Ecrivains dignes de foi.* Il eſt ce-
,, pendant à remarquer que nul des Hiſtoriens du tems (nous les avons
,, tous conſultés) ne parle de cette cérémonie comme d'une choſe
,, nouvelle en France. Quelques-uns même ſemblent la donner pour un
,, ancien uſage. *Pippinus, ſecundùm morem Francorum, electus eſt ad Re-*
,, *gem, & unctus,* dit un ancien Annaliſte qui a ſervi de guide à Régi-
,, non (y),,.

Il y a d'autant plus d'apparence que le Couronnement étoit un préalable néceſſaire au Gouvernement du Royaume, que pluſieurs de nos Rois ayant voulu aſſocier leurs enfans à l'adminiſtration, les ont toujours fait couronner de leur vivant. Pourquoi ne ſe ſont-ils pas contentés d'ordonner cette aſſociation par une Loi? Pourquoi y joindre toujours le cérémonial du Couronnement?

2°. Tous nos Rois, dans le moment où ils alloient être couronnés, ne ſe regardoient pas encore comme Rois, mais comme prêts à le devenir. On le voit dans la formule du ſerment de Hugues Capet en 987, de Philippe en 1059. *Hugo, Deo propitiante, mox futurus Rex Francorum, in die ordinationis meæ promitto &c. Ego Philippus, Deo propitiante, mox futurus Rex Francorum, in die ordinationis meæ promitto &c.* (z).

Après que ſerez ſacré à Reims, diſoit Philippe-le-Bel à ſon fils, *conſiderez que ſerez Roi de France.* Il ne l'étoit donc pas avant ſon Sacre (a). Et pourquoi ne l'étoit-il pas, ſinon parce qu'il n'avoit pas encore été accepté par la Nation, parce qu'il n'avoit pas encore été élu Roi?

3°. On croyoit encore ſous Charles VI qu'il falloit qu'il fût ſacré & couronné, pour que le Royaume pût être gouverné en ſon nom.

Charles V étoit mort le 16 Septembre 1380, laiſſant deux enfans Charles & Louis, tous deux en bas âge, & trois freres, Louis Roi de

Erreur du P. Daniel ſur le tems où le Couronnement à été mis en uſage.

(y) Recueil des Hiſtoriens de France, *Tom. 5. pag.* 33. Art de vérifier les dattes, *pag.* 534. *in folio.*
(z) Ibid. *Tom.* 11. *pag.* 32 *&* 658. Cérémonial François, *Tom.* 1. *pag.* 120.
(a) Du Tillet Recueil des Rois de France, *pag.* 239, Edit. de 1602.

Sicile Duc d'Anjou , Jean Duc de Berry , & Philippe Duc de Bourgogne.

Après l'inhumation de Charles V, les trois Princes convoquerent un
grand Conseil pour délibérer sur le Gouvernement du Royaume. Le Duc
d'Anjou soutenoit que le fils aîné du défunt Roi n'ayant pas quatorze ans,
il devoit avoir le Gouvernement total du Royaume & des deux enfans
de Charles V. Le Chancelier Pierre d'Orgemont étoit de cet avis, se
fondant sur la Loi publiée par Charles lui-même, qui avoit fixé la Majorité & le Couronnement à quatorze ans.

„ Jean Desmares Avocat du Roi au Parlement croyoit qu'on devoit
„ mener le Roi à Reims pour être sacré, que quelconque Loi ou Or-
„ donnance qui auroit été faite au tems passé, elle se pouvoit muer
„ ou changer pour éviter plus grand inconvénient, lequel étoit taillé
„ d'être bien grand, pour la division des Seigneurs qu'on voyoit évi-
„ dente; & que quand le Roi seroit sacré, toutes telles divisions ces-
„ seroient, & prendroit le Gouvernement en son nom & auroit bon
„ conseil''.

Comme on ne put pas s'accorder, on nomma des arbitres qui prononcerent ainsi leurs décisions,

„ C'est à savoir que la Loi des Prédécesseurs Rois de France ne
„ pouvoit pas tellement arrêter ou retarder ceux de la Lignée Roya-
„ le, qu'ils ne pussent anticiper le terme préfix de leur Sacre. Et à
„ ce faire, fut assigné la fin d'Octobre, & que tous les vassaux &
„ féaux lui feroient foi & hommage, & que tout le fait de la Guer-
„ re & de la Justice se conduiroit en son nom & sous son scel, &
„ que les enfans du Roi seroient baillés au Gouvernement des Ducs
„ de Bourgogne & de Bourbon, lesquels les feroient nourrir douce-
„ ment, & instruire & endoctriner en bonnes mœurs, jusques à ce que
„ ils fussent en âge de puberté. Et que toutes les finances, tant du
„ Domaine que des Aides, se mettroient au trésor du Roi. Et au
„ regard des meubles, or, argent, & joyaux, qui furent au Roi son
„ Pere, le Duc d'Anjou les auroit, en délaissant toutefois au Roi sa
„ provision compétente, & que seulement il useroit de ce mot Régent,
„ & qu'à parler des négoces & affaires il seroit appellé (b)''.

Pour l'intelligence de ce trait d'Histoire important, il faut observer que
Charles V ne pouvant pas ôter entiérement la Régence après sa mort
à Louis Duc d'Anjou son frere aîné, avoit au moins cherché à l'abréger.
Pour cela il avoit publié une ordonnance au mois d'Août 1374 qui fixoit
la Majorité des Rois de France à 14 ans. Au mois d'Octobre suivant il
déclara le Duc d'Anjou Gouverneur du Royaume, en cas qu'il vînt à
mourir avant que Charles son fils aîné eût atteint sa quatorzieme année.
Il confia l'éducation de ses deux enfans à la Reine & aux Ducs de Bourgogne & de Bourbon. Par d'autres Lettres du même mois il ordonna
qu'en cas qu'il mourût avant la quatorzieme année de son fils, la Reine

(b) Histoire de Charles VI par Godefroi, pag. 2 & 3.

fa femme eût la tutelle & l'éducation de fes enfâns, & le Gouvernement, garde & défenfe du Royaume ; & que les Ducs de Bourgogne & de Bourbon fuffent tuteurs de fcs enfans, gouverneurs & défenfeurs de fon Royaume du jour de fon décès jufques à ce que fon fucceffeur fût entré dans fa quatorzieme année. Il établit en même tems un Confeil compofé de diverfes perfonnes qu'il nomme (c).

„ Ces deux dernieres Ordonnances de Charles V, pour n'avoir pas „ été vérifiées avec les folemnités requifes en les affaires de cette impor- „ tance, pafferent pour de fimples projets &c. Le Duc d'Anjou fe mit „ en poffeffion de toute l'autorité, dont il prétendit jouïr avec toute fon „ étendue, comme avoient fait les autres Régens, fous le Gouvernement „ defquels les Rois mineurs dormoient comme dans un véritable inter- „ regne; toutes chofes s'expédiant fous le nom & fous le fceau des Ré- „ gens. Il commença à deftituer les principaux du Confeil pour en „ inftituer de nouveaux, & comme cela lui fît autant de créatures, qu'il „ y avoit d'afpirans qui vouloient profiter du changement, cela fortifia „ le parti des Princes qui grondoient de cette entreprife, d'autant qu'il „ y avoit des gens qui craignoient d'être changés. C'eft ce qui fit auffi „ d'autant plus éclater leur reffentiment, & il auroit été fuivi d'un „ défordre très redoutable par la chaleur des deux partis, fi le Duc n'eût „ en apparence modéré fon ambition. Il confentit premiérement que le „ Roi fon Neveu, quoiqu'il n'eût que douze ans, fût facré & couron- „ né; *car c'étoit encore alors une néceffité effentielle pour le caractere & pour* „ *la puiffance*, & qu'enfuite il pût gouverner, c'eft-à-dire que doréna- „ vant tous les ordres s'expédiaffent fous le nom de fa Majefté. Pour „ cela l'on eut befoin de l'autorité du Régent qui le déclara âgé, & „ c'eft ce qui fe fit en Parlement dans une célebre affemblée le fecond „ jour d'Octobre 1380 (d) ".

L'acte qui en fut dreffé, annonce clairement le Sacre comme un préalable néceffaire au Gouvernement.

„ En la préfence defdits Seigneurs, Prélats, & Barons fut dit & expo- „ fé par la bouche de Meffire Jean Des-Marêts que, combien que le Roi „ Monfeigneur, qui eft à préfent, fût mineur d'ans par la coutume „ de France, & ne fût que de l'âge de douze ans ; néanmoins pour le „ bien de la chofe publique & pour le bon Gouvernement du Royau- „ me, & pour mettre bonne paix & union entre le Roi notre Sire & „ fes oncles deffus nommés, ledit M. le Régent a voulu & confenti que „ le Roi notre Sire, qui eft à préfent, foit facré & couronné à Reims „ en la maniere accoutumée ; & ce fait, qu'il ait le Gouvernement & „ Adminiftration du Royaume : que ledit Royaume foit gouverné en „ fon nom par le confeil & avis de fefdits oncles Meffeigneurs, entant „ que chacun touche ; & pour ce, & à cette fin, ledit M. Régent l'a „ agié (e) ".

(c) Introduction à l'Hiftoire de Charles VI par le Laboureur, *Chap.* 1 & 3.
(d) Ibidem, *Chap.* 5.
(e) Ibidem.

Les Mémoriaux de la Chambre des Comptes, où ces faits ont été confi-gnés, préfentent la même idée de la néceffité du Couronnement (f).

4°. Après la mort de Charles VII le fept Août 1460 le Parlement de Touloufe arrêta qu'il ne feroit point tenu d'audience, qu'il ne fe feroit point de prononciation d'arrêts, jufqu'à ce qu'on eût eu des nouvelles du nouveau Roi. Que s'il furvenoit quelques affaires, requérant nouvel-les provifions, la Cour y procéderoit par Lettres & Mandemens intitulés: *Les gens tenans le Parlement Royal à Touloufe*, & le fcelleroit feulement de fon fceau, fans faire mention du Roi défunt & de fon Succeffeur.

Loyfeau prétend que cet Arrêt étoit contraire à la Maxime : *le mort faifit le vif*. Mais comme on ne peut pas préfumer qu'une Cour Souveraine ignorât une des Maximes les plus anciennes du Droit Public de France, ni qu'elle eût voulu y contrevenir, il faut en conclure que cette regle étoit alors inconnue, ou qu'elle ne faifoit que de naître.

5°. Louis XI eft mort le 30 Août 1483. Les Etats du Royaume convo-qués peu de tems après, ont prié Charles VIII de fe faire facrer & cou-ronner avec le plus de diligence qu'il fe pourroit. Il fut facré à Reims le 30 Mai 1484. Or avant cette cérémonie, & dès le 22 Septembre 1483 on voit des Loix & des Refcrits par lui publiés, & par conféquent plu-fieurs mois avant fon Sacre (g). Il paroîtroit en réfulter qu'il a été faifi de plein droit du Gouvernement du Royaume. On va voir cependant que cette regle étoit encore douteufe à fa mort.

6°. C'eft un ancien ufage de garder pendant un certain tems le Corps du Roi mort, & de le fervir comme s'il étoit vivant. L'héritier préfomptif de la Couronne ne gouvernoit pas en fon nom & ne fe faifoit pas facrer que le Roi défunt ne fût inhumé. On doutoit encore à la fin du XV fiecle fous le nom de qui devoient être expédiées toutes les Lettres pendant cet-te efpece d'interregne. Il fut jugé le 17 Avril 1498 qu'elles le feroient fous le nom de celui qui étoit en poffeffion du Royaume, quoiqu'il ne fût pas encore couronné, & que devant l'être inceffamment on pouvoit le regarder comme l'étant déja (h).

Char-

(f) *Dominus Ludovicus Regens prædictus, certis ductus caufis & rationibus, maturâ plu-rium fui Confilii fuper hoc præhabitâ deliberatione, utilitate, honoreque & fecuritate Regis & Regni circâ hoc per ipfum præpenfatis, voluit, deliberavit, & ordinavit quòd dictus Dominus Rex Carolus non agiatus pro agiato teneretur, & quòd tanquàm Rex agiatus facraretur, & ipfo facrato quòd Regnum ex parte ipfius & pro ipfo regeretur, & omnia hæc agenda fierent & egerentur. Quæ omnia & fingula ipfâ die dictus Dominus Dux Andegavenfis præfens in Par-lamento publicari, ratificari, concordari & auctorifari voluit & præcepit; & fic actum fuit præfentibus ibi &c.* Hiftoire de Charles VI par Godefroi, pag. 532.

(g) Hiftoire de Charles VIII par Godefroi, pag. 351 & fuiv.

(h) *Regibus noftris vitâ functis folemne habemus, idque à fummâ vetuftate tranflatum Re-gis apparatu eos populo exhibere, iifque perindè atque vivis miniftrare: imò verò nec qui defigna-tus erat, rerum potitus inauguratur, nec publicâ Rex falutatur, ufquè dùm juftis Regi mortuo peractis, ipfe cum majoribus magnæ Matri fit commendatus. Hinc (ut conficere licet) addu-bitatum eft hoc temporis intercapedine, quafique interregno, cujus aufpiciis diplomata obfignari deberont; defuncti Regis, an verò ejus qui regno potiretur, tametfi noudùm effet inaugura-tus;*

Charles VIII étoit mort le 6 Avril; & Louis XII fut sacré le 27 Mai suivant.

Il est évident que par cet Arrêt on a jugé une question controversée. Ainsi il étoit douteux alors si les Rescrits devoient être intitulés du nom du Roi défunt ou de celui de son successeur.

Il est évident que le doute étoit fondé sur ce que le nouveau Roi n'a-voit pas été sacré. Ainsi il étoit incertain si le nouveau Roi pouvoit faire des actes d'autorité avant son Couronnement. Il paroît que l'Ar-rêt a été fondé sur ce que le successeur à la Couronne devoit être bien-tôt sacré. On a cru qu'on pouvoit sans inconvénient le regarder comme l'étant déja. On auroit peut-être décidé le contraire, si on avoit regar-dé le Couronnement comme éloigné d'un long intervalle.

7°. On a vu plus haut ce que pensoient les Députés aux Etats con-voqués en 1560 par François II. Ils regardoient leurs pouvoirs com-me expirés à la mort de ce Prince, parce qu'ils étoient fondés sur des Lettres émanées de lui. On fit valoir alors la regle que le mort saisit le vif, que le Roi ne meurt jamais. Elle ne put calmer leurs inquiétudes. Elle étoit donc bien peu affermie.

8°. Aussi toutes les prieres & les cérémonies du Sacre annoncent-elles un acte de la Nation qui accepte un Souverain; une élection du Prince qu'on alloit couronner, en vertu de laquelle il alloit devenir Roi, avant laquelle il n'étoit pas regardé comme tel.

Rien n'est plus précis sur ce point que ce qui s'est passé au Sacre de Phi-lippe I en 1059. Mais il faut voir auparavant la cérémonie du Couron-nement de Charles le Chauve à Metz en 859.

L'Evêque Adrentius parlant au Peuple dans l'Eglise de Saint Etienne dit que n'ayant plus de Roi par la mort de Lothaire, la seule ressource a été de s'adresser à Dieu par des jeûnes & des prieres, & de solliciter sa misé-ricorde de nous donner un Roi selon son cœur (i).

Quel sens raisonnable auroient ces paroles, si la Couronne de France avoit toujours été transférée suivant la Loi de la succession linéale & agna-tique? C'est un jeu de jeûner & de prier pour obtenir de Dieu un Roi selon son cœur, lorsqu'on en a déja un, auquel le Sceptre est assuré dans la seule qualité d'héritier, & cela malgré tous ses Sujets, & sans qu'il

<hr>

tus; & propè diem inaugurandum pro jam inaugurato haberi placuit. XIII Calendas Maii 1498. Placita Lucii Lib. 3. Tit. 1. Art. 3.

(i) *Undè unicum refugium, & singulariter salubre consilium, Rege & Principe nostro de-stituti ac desolati, nobis omnibus esse consideravimus, ut jejuniis & orationibus ad eum nos converteremus qui est adjutor in opportunitatibus, in tribulatione, & cujus est consilium, ac cujus est regnum, & ut scriptum est, cui voluerit dabit illud, & in manu cujus corda sunt Regum, & facit unanimes habitare in domo, solvens medium parietem & faciens utra-que unum, deprecantes illius misericordiam, ut daret nobis Regem ac Principem secundùm cor suum, qui in judicio & justitiâ nos in omni ordine ac professione regeret, salvaret atque de-fenderet juxtà voluntatem ejus, & corda omnium nostrûm unanimiter in eum inclinaret at-que uniret, quem ipse ad salutem & profectum nostrûm præscitum & electum atque prædesti-natum habebat secundùm misericordiam suam.* Baluse Capitul. Tom. 2. Col. 215.

leur fût poffible de l'écarter du trône. On ne demande pas à Dieu d'in-
cliner vers la Juftice le cœur de celui qui eft déja placé fur le trône par la
Loi du Royaume, mais de donner un Roi & un Prince felon fon cœur.
On lui demande de réunir tous les vœux fur celui qu'il a élu & prédes-
tiné pour être Roi. Tout cela eft dérifoire, puifque le choix de Dieu
eft manifefté depuis longtems, & qu'indépendamment de tout confentement de la Nation, le fils du défunt la gouvernera.

L'Evêque ajoute que l'unanimité de tous les fuffrages annonce pour
héritier légitime du Royaume Charles qui eft préfent, auquel on s'eft
foumis volontairement (k).

Que fignifient encore ces paroles? En quoi l'unanimité des fuffrages peut-
elle annoncer la volonté de Dieu, & donner droit à un Royaume héréditaire? L'ordre de Dieu eft manifefté par la feule qualité de fils du Roi défunt. Comment peut-on dire auffi qu'on fe foumet volontairement à celui qui devient Roi par la feule vocation légale, au feul titre d'héritier
du défunt? Le Roi tient cependant à peu près le même langage. Il regarde comme une preuve de fa vocation au trône le confentement unanime du Peuple (l).

Le Roi fait enfuite les promeffes à l'Eglife & à la Nation, après quoi
Hincmar Archevêque de Reims parle encore à tout le Peuple. Il lui dit
que c'eft par la volonté de Dieu que le Roi s'eft rendu à l'Eglife; que
c'eft auffi par fon infpiration que le Peuple y eft affemblé & s'eft foumis
volontairement au Roi, comme tous les animaux fe font rendus dans l'Ar-
che, fans y avoir été contraints par perfonne (m).

Pour établir le droit de Charles le Chauve au Royaume, Hincmar dit
que l'Empereur Louis le Débonnaire fon pere defcendoit de Clovis par
Saint Arnoul; qu'il avoit été couronné Empereur à Reims par le Pape
Etienne; qu'ayant été privé de l'Empire par une faction, il a été rendu
à l'Eglife du confentement unanime des Evêques & du Peuple fidele; &
rétabli dans l'Empire par les Evêques aux acclamations du Peuple.

Et parce que, continue Hincmar, nous lifons dans l'Hiftoire Sainte que
les Rois ont été couronnés chaque fois qu'ils font entrés en poffeffion
du Royaume, les Evêques trouvent à propos, fi vous y confentez tous,
que le Roi foit couronné & facré comme obtenant ce Royaume, d'où

(k) *Quia voluntate Dei, qui voluntatem timentium fe facit, & deprecationes eorum exau-
dit, in concordi unanimitate noftrâ videmus hunc regni hujus hæredem effe legitimum, cui
nos fponte commifimus, Dominum videlicet præfentem Regem ac Principem noftrum Carolum
ut nobis præfit & profit.* Ibid. Col. 217.

(l) *Quia ficut ifti venerabiles Epifcopi unius ex ipfis voce dixerunt, & certis judiciis ex
veftrâ unanimitate monftraverunt, & vos acclamaftis, me Dei electione ad veftram falvationem
& profectum atque regimen & gubernationem hûc adveniffe.* Ibid. Col. 218.

(m) *In hoc animadvertere poteftis voluntatem Dei effe ut præfens Dominus & Rex nofter,
qui in parte regni quam hactenus tenet & tenuit, & nobis ac Ecclefiis noftris, & Populo
fibi commiffo utiliter præft ac præfuit, & falubriter prodeft & profuit, indè ad hunc locum,
Domino ducente, perveneris, quâ etiam vos ejus infpiratione confluxiftis & ipfi vos fponte com-
mendaftis, cujus inftinctu animantia omnia in Arcam Noë fignificantem Ecclefiæ unitatem nullo cogente convenerunt.* Ibid. Col. 219.

vous êtes tous venus ici volontairement pour vous soumettre à lui. Annoncez donc par vos acclamations ſi vous y donnez votre conſentement. Le Peuple témoigna auſſitôt ſon adhéſion, & on chanta le *Te Deum* (n).

Si tout cela n'annonce pas que la Couronne fût élective, il en réſulte au moins bien clairement que celui qui y étoit appellé par la ſucceſſion, devoit être agréé par le Peuple, qu'il auroit pu refuſer de le reconnoître pour Roi, & que ſon conſentement ſe donnoit ordinairement dans la cérémonie du Sacre & du Couronnement. Sans cela il ſeroit impoſſible d'expliquer la conduite & les paroles du Clergé & de la Nation entiere.

Au Sacre de Philippe I en 1059 Gervais Archevêque de Reims ayant d'abord exigé de lui ſa profeſſion de foi, on apporta ſon ſerment qu'il lut & ſigna.

Ce ſerment ayant été lu & ſouſcrit par Philippe, il le remit à l'Archevêque de Reims, en préſence d'un grand nombre d'Evêques & d'Abbés; après quoi, du conſentement du Roi Henri Pere de Philippe, le Prélat élut Philippe pour Roi. Auſſitôt les Légats du Pape qui étoient préſens, les Archevêques, Evêques, les Abbés & les Clercs, les Ducs d'Aquitaine, de Bourgogne, les Marquis, les Comtes, les Chevaliers, & tout le Peuple, Grands & Petits, y conſentirent d'une voix unanime, criant par trois fois : nous l'aprouvons, nous le voulons, qu'il ſoit ainſi (o). *Il eſt conſtant par la cérémonie du Sacre qu'on a toujours demandé le conſentement du Peuple François.*

Bodin rapporte le même acte qu'il a tiré de la Bibliotheque de Reims. Il le cite pour prouver que la Couronne de France n'a jamais été élective (p). L'avantage qu'il prétend en tirer, conſiſte en ce que Philippe n'a pas été élu par les Etats, mais par l'Archevêque de Reims qui prétendoit en avoir le droit.

Mais quand l'élection auroit été faite par l'Archevêque de Reims ſeul, le Roi auroit toujours été élu. Qui ne voit d'ailleurs ici le concours du Clergé, de tous les Grands, de la Nation entiere, qui adherent à l'élection, qui la confirment & la ratifient? Ou il faut dire que cette approbation du Corps entier de la Nation n'eſt qu'un vain cérémonial, ou que le Roi a été élu par le Corps entier de la Nation.

Il y a grande apparence que ce droit d'élection réclamé par l'Archevêque de Reims, n'étoit autre choſe que le droit de ſacrer; & cela prou-

---

(n) *Et quia, ut in Hiſtoriis Sacris legimus, Reges quandò regna obtinuerunt, ſingulorum regnorum ſibi diademata impoſuerunt, non incongruum videtur iſtis venerabilibus Epiſcopis, ſi veſtræ unanimitati placet, ut in obtentum regni, undè vos ad illum ſponte conveniſtis, & ei vos commendaſtis, ſacerdotali miniſterio ante altare hoc coronetur, & ſacrâ unctione Domino conſecretur. Quod ſi vobis placet, propriis vocibus conſonate. Et in hoc conclamantibus omnibus, dixit idem Epiſcopus: Agamus ergo unanimiter Deo gratias, decantantes* Te Deum *laudamus.* Ibidem. Col. 220.

(o) *Tunc annuente patre ejus Henrico elegit eum in Regem. Poſt eum Legati Romanæ ſedis.... Archiepiſcopi & Epiſcopi, Abbates & Cleri.... Poſt verò Dux Aquitaniæ, Hugo filius & Legatus Ducis Burgundiæ.... Deinde Comites.... Poſt Milites & Populi, tàm majores quàm minores, uno ore conſentientes, laudaverunt ter proclamantes: laudamus, volumus, fiat.* Recueil des Hiſtoriens de France, Tom. II. pag. 32. Cérémonial François, Tom. I. Pag. 120.

(p) De la République, *Liv.* 6. *Chap.* 5. *pag.* 686.

ve de plus en plus combien on étoit perfuadé que la cérémonie du Sacre
& Couronnement renfermoit une élection véritable.

Dans l'ordre du Sacre dreffé par le commandement du Roi Louis le jeune en 1179 & traduit en François par Du Tillet, l'oraifon de la confé-
cration eft ainfi conçue : „ Dieu éternel &c., regarde aux prieres de notre humilité, & multiplie les dons de tes bénédictions fur ton ferviteur,
lequel par humble dévotion nous élifons par enfemble au Royaume."

Le Prélat confécrateur adreffant la parole au Roi lui dit :

„ Sois ftable, & retiens dorénavant l'Etat, lequel as tenu jufqu'à préfent
par la fucceffion de ton Pere de droit héréditaire, délégué par l'autorité
de Dieu tout puiffant & par notre préfente tradition, favoir eft de tous
les Evêques & autres ferviteurs de Dieu."

Quand la Reine eft facrée & couronnée avec le Roi, le Prélat prononce l'oraifon qui fuit :

„ Dieu éternel &c. Infonde l'abondant efprit de ta bénédiction fur ta
fervante, afin qu'elle cejourd'hui inftituée Reine par l'impofition de notre main &c. " (q)

On retrouve les mêmes prieres dans l'ordre du Sacre dreffé fous Louis
VIII mort en 1226 ; dans celui qui fut dreffé fous Charles V en 1369 ;
dans celui qui a été recueilli pour fervir au Sacre de Louis XIII. (r)

Beaucoup d'autres prieres annoncent, non une cérémonie Religieufe
faite fur un Roi déja reconnu tel, mais fur un homme qui ne le fera que
par la cérémonie même. Dans l'ordre dreffé pour Louis XIII on lit :
*Ut hunc præfentem famulum tuum in Regem coronandum benedicere digne-
ris. Ungo te in Regem* &c. (s)

Dans l'ordre dreffé par le commandement de Louis VIII, on demande
à Dieu dans les Litanies : *Ut famulum tuum N. in Regem eligere digneris, ut eum ad Regni faftigium perducere digneris, te rogamus, audi nos.*
Demanderoit-on à Dieu d'élire un Roi qui feroit déja élu, de le conduire au trône fur lequel il feroit déja affis ?

On dit au Roi en lui donnant l'anneau : *Hodie ordinaris Caput & Princeps Populi.* Il ne l'étoit donc pas auparavant. (t)

Mais ce qu'il y a de plus important dans toute cette cérémonie, c'eft
le confentement du Peuple demandé pour la faire. On vient de citer l'ordre dreffé fous Louis VIII mort en 1226.

L'Archevêque Confécrateur fait prêter au Roi le ferment en faveur

(q) Cérémonial François, *Tom. I. pag. 5, 9, 11.*
(r) *Refpice propitius ad preces noftræ humilitatis, & fuper hunc famulum tuum N. quem
fupplici devotione in Regnum pariter eligimus, quem in hujus Regni Regem pariter eligimus &c.*
*Sta & retine locum amodò, quem hucufque paterna fucceffione tenuifti hæreditario jure tibi
delegatum, per auctoritatem Dei Omnipotentis & præfentem traditionem noftram, omnium fcilicet Epifcoporum cæterorumque Dei fervorum.*
*Refpice ad preces humilitatis noftræ, & fuper hanc famulam tuam N. quam fupplici devo-
tione in Reginam eligimus.* Ibid. pag. 20, 22, 24, 39, 46, 48, 50, 65, 71. Hiftoire Chronologique du Sacre & Couronnement des Rois par Menin, *pag.* 270, 296 &c.
(s) Cérémonial François, *pag.* 63, 65.
(t) Ibidem. *pag.* 16 & 21.

des Eglifes. Deux autres Evêques demandent enfuite le confentement du Peuple. On chante le *Te Deum.* Le Roi prête le ferment au Peuple, après quoi on entonne les Litanies.

Quand elles font finies, l'Archevêque Confécrateur exige encore du Roi de nouvelles promeffes en faveur de la foi Catholique, des Eglifes, & de fon Peuple.

Le Prince les ayant faites, le Prélat interroge le Peuple, & lui demande s'il veut fe foumettre à un tel comme à fon Prince & à fon Gouverneur, travailler avec une fidélité exacte à l'affermiffement de fon trône, obéir à fes ordres fuivant le précepte de l'Apôtre. Le Clergé & le Peuple répondent unanimement qu'il foit ainfi (v).

On voit là un premier confentement demandé au Peuple, s'il veut qu'on exige le ferment, s'il accepte un tel pour Roi, à condition qu'il prêtera le ferment. Enfuite après la preftation, le Peuple donne un confentement pur & fimple, & promet d'obéir en conféquence du ferment qui vient d'être prêté.

On ne peut douter que dans tous les Sacres de nos Rois, on n'ait toujours pris le confentement du Peuple avant de les couronner. La preuve en réfulte de ce que depuis environ deux fiecles, on a inféré dans les relations une réflexion fur ce confentement, qui tend à le faire paffer pour un jeu, & s'il eft permis de le dire, pour une fingerie.

Nous n'avons aucune relation détaillée des Sacres jufques à celui d'Henry II en 1547. On y lit „ qu'ayant fait le ferment aux Evêques, il „ fut foulevé de fa chaire par les Evêques de Laon & de Beauvais, les- „ quels étant ainfi debout, firent contenance de demander au Peuple & „ circonftance s'ils l'acceptoient pour Roi, & comme ayant reçu le con- „ fentement du Peuple, mon dit Sieur de Reims lui fit faire le ferment „ au Royaume, ayant la main fur le texte des SS. Evangiles qu'il baifa „ fa (x) „.

(v) *Finitâ Litaniâ erigant fe. Sublatus verò Princeps interrogetur à Domino Metropolitano hoc modo:*
Vis fidem Sanctam à Catholicis viris tibi traditam tenere & operibus juftis obfervare? Refponfio Regis: Volo.
Iterùm Metropolitanus:
Vis Sanctis Ecclefiis Ecclefiarumque Miniftris tutor & defenfor effe? Refponfio Regis: Volo.
Iterùm Metropolitanus:
Vis regnum tuum à Deo conceffum fecundùm juftitiam Patrum tuorum regere & defendere? Refponfio Regis: volo. Et in quantùm divino fultus adjutorio, folatio omnium effe valuero, ità me per omnia fideliter acturum effe promitto. Si fanctas Dei Ecclefias ac rectores Ecclefiarum, nec non & cunctum Populum fibi fubjectum jufté ac religiofé regali providentiâ juxtà morem Patrum fuorum defendere ac regere velit; illo autem profitente in quantùm effe acturum, ipfe Epifcopus affatur Populum, fi tali Principi ac Rectori fe fubjicere, ipfiusque regnum firmâ fide ftabilire atque juffionibus illius obtemperare velint juxtà Apoftolum qui dicit: omnis anima poteftatibus fublimioribus fubdita fit, Regi quafi præcellenti. Tunc ergò à circumftante Clero & Populo unaniniter dicatur: fiat, fiat, Amen. Cérémonial François, Tom. 1. pag. 16.
(x) Cérémonial François, *Tom.* I. *pag.* 287.

Au Sacre d'Henri IV à Chartres en 1594 l'Evêque de Chartres lui fit faire le ferment à l'Eglife.

„ Après la réponfe du Roi, les Evêques de Mantes & Maillezais „ le fouleverent de fa chaire, & étant debout demanderent aux af-„ fiftans s'ils l'acceptoient pour Roi, non que cette acceptation fe pren-„ ne pour élection ayant ce Royaume été toujours héréditaire & fuc-„ ceffif au plus prochain mâle; mais pour déclaration de fubmiffion, „ obéiffance & fidélité qu'ils lui doivent comme à leur Souverain Sei-„ neur, de l'expreffe ordonnance de Dieu.

„ Ayant été par l'unanime confentement de tous les Ordres reconnu „ pour leur Prince légitime, & tel qu'ils le pouvoient defirer de Dieu, „ par voeux, fouhaits & affiduelles prieres, l'Evêque de Chartres lui „ préfenta le ferment du Royaume, qui eft le faint & facré lien des „ Loix fondamentales de l'Etat.

„ Pour témoigner de l'affection qu'il avoit de le mettre à pleine & „ entiere exécution, fans l'enfreindre & violer par contraires ordon-„ nances, il le prêta publiquement & honora fa promeffe de la préfen-„ ce de fa Royale Majefté, avec invocation de l'aide de Dieu, fes mains „ mifes fur l'Evangile, qu'il baifa réveremment (y)”.

Dans le formulaire moderne dreffé pour fervir au Sacre de Louis XIII en 1610 on lit:

„ Après que ledit Seigneur aura fait cette promeffe & ferment (aux „ Eglifes), il fera foulevé de fa chaire par lesdits Evêques de Laon & de „ Beauvais, lefquels étant auffi debout, demandent au Peuple & cir-„ conftance s'ils ne le reconnoiffent pas pour leur Roi; & comme ayant „ reçu le confentement du Peuple & de toute l'affiftance, Monfieur de „ Reims lui fait faire le ferment du Royaume en cette maniere, ayant les „ mains fur l'Evangile, lequel il baife après ladite promeffe (z)”.

Les relations du Sacre de Louis XIII nous apprennent qu'on a fuivi exactement ce Cérémonial.

„ Après cette réponfe (en faveur des Eglifes) les Evêques de Laon & „ de Châlons fouleverent fa Majefté de fa chaire, & étant debout, de-„ manderent aux affiftans s'ils l'acceptoient pour Roi, non que cette ac-„ ceptation fe prenne pour élection, ayant le Royaume de France été „ toujours héréditaire & fucceffif au plus prochain mâle; mais pour dé-„ claration de la fubmiffion, obéiffance & fidélité qu'ils lui doivent com-„ me à leur Souverain Seigneur, de l'expreffe ordonnance de Dieu.

„ Ayant été par l'unanime confentement de tous les ordres recogneu „ pour leur Prince légitime, le Cardinal de Joyeufe lui préfenta le ferment „ du Royaume, qui eft le facré lien des Loix fondamentales de l'Etat, „ lequel il prêta publiquement en ces mêmes mots, avec l'invocation „ de l'aide divine, fes mains mifes fur l'Evangile qu'il baifa révérem-„ ment (a)”.

(y) Ibid. pag. 361 & 393.
(z) Ibid. pag. 59.
(a) Ibidem. pag. 410, 449.

Les mêmes chofes ont été pratiquées au Sacre de Louis XIV & à celui de Louis XV.

Ainfi d'après cette belle réflexion, inférée dans les relations modernes, on mêle dans la cérémonie religieufe la plus augufte des actes purement dérifoires; & fi le Roi refufoit de prêter le ferment du Royaume, s'il déclaroit franchement vouloir gouverner defpotiquement, il faudroit toujours le facrer & le couronner; on ne lui devroit pas moins l'obéiffance. *L'Election du Peuple n'eft pas contraire à l'hérédité de la Couronne.*

Dans la vérité le confentement du Peuple pris avant le Couronnement, & toutes les prieres de la cérémonie, tout annonce qu'il y a de la part de la Nation une élection véritable & proprement dite, qui n'a rien de contraire à l'hérédité de la Couronne. Elle eft feulement une déclaration folemnelle que celui qui prétend au trône, a droit d'y monter en vertu de la fucceffion, que rien ne le rend incapable de profiter de fa vocation à la Couronne; que le Peuple François le reçonnoit pour fon Roi, & lui promet l'obéiffance en cette qualité. Rien n'eft plus raifonnable; & il n'y a point de Royaume fi pleinement & abfolument héréditaire, qui ne foit toujours implicitement électif; puifqu'il faut que quelqu'un juge du droit & de la capacité de celui qui fe préfente comme héritier préfomptif. *La Regle: le mort faifit le vif: eft moderne.*

Ces principes, il eft vrai, dérangent un peu la regle qu'on a voulu accréditer, *qu'il n'y a point d'interregne, que le mort faifit le vif.*

C'eft une regle moderne, contre laquelle toute l'antiquité dépofe. Si elle avoit toujours été connue, on n'auroit jamais datté aucuns Diplômes de la mort d'un Roi, fans parler d'aucun autre qui lui eût fuccédé, & il y en a cependant beaucoup d'exemples.

La mort de nos Rois a quelquefois fervi d'époque aux actes publics. " Nous voyons en effet, dit D. Vaiffette, qu'en 842 on ne dattoit les " Chartes dans plufieurs endroits de la Septimanie & de la Marche d'Ef- " pagne que depuis la mort de Louis le Débonnaire, fans aucune men- " tion du Prince régnant. C'eft ce qu'on voit dans quelques actes paf- " fés au mois d'Août dans le Diocefe de Gironne. Un autre du Dio- " cefe de Béziers, paffé au nom des Exécuteurs teftamentaires d'un Sei- " gneur du pays appellé Teutbert, eft datté du 23 Décembre de la " même année, la troifieme année après la mort de Louis le Débon- " naire, & après qu'il eut tranfmis fon autorité à Lothaire fon fils. " M. de Longuerue fait la même remarque fur Thierry IV; pendant " l'interregne qui fuivit la mort de ce Prince, les actes étoient dattés, " *Poft obitum Theodorici Regis* (b)".

On trouve des actes faits en Languedoc dattés de la feconde année après la mort de Charles le Chauve, parce que Louis le Begue fut reconnu Roi dans cette Province plus tard que dans le refte de la France (c).

D'autres Chartes de la même Province font voir que Charles le Gros n'y étoit pas reconnu Roi en 886, quoiqu'il eût été couronné Empereur en 880. On voit la même chofe fous plufieurs des regnes fuivans (d).

(b) Nouveau traité de Diplomatique, *Tom.* 4. *pag.* 706.
(c) Art de vérifier les dattes, *in fol. pag.* 539.
(d) Ibid. *pag.* 540 & *fuiv.*

Notre Hiſtoire fait mention d'un interregne de cinq ans après la mort de Thierry IV, depuis 737 juſques en 742; & d'un autre après la mort de Raoul juſqu'au retour de Louis d'Outremer, pendant lequel on dattoit les actes *depuis la mort de Raoul, Jéſus Chriſt régnant, & dans l'attente d'un Roi* (e).

Si dans notre ancien uſage il y avoit un interregne entre la mort du Roi & le Couronnement de ſon ſucceſſeur, cette coutume n'étoit pas particuliere à la France. Barclai zêlé défenſeur des moindres prérogatives de la Royauté, en fait le droit commun de ·tous les Royaumes. Il parle de ceux que Dieu avoit choiſis immédiatement, & auxquels il avoit fait promettre la Couronne, qu'il avoit même fait ſacrer par ſes Prophétes. Ils n'étoient pas Rois cependant juſques à ce qu'ils euſſent été placés ſur le trône par les vœux unanimes du Peuple. Barclai leur compare les fils aînés des Rois, & tous ceux qui par la Nature & par les Loix du pays, ſont appellés à recueillir la Couronne. Le Royaume leur eſt dû, mais ils ne ſont pas Rois, juſqu'à ce qu'ils aient été ſacrés & couronnés, ſuivant l'ancien uſage du pays (f).

D'après l'Arrêt de 1498 qui a été cité, il croit que la France a un uſage contraire, & en cela il ſe trompe. Ce n'eſt au ſurplus qu'une exception locale, qui confirme la regle, loin de la renverſer (g).

On eſt convaincu en Allemagne de l'inutilité du Couronnement de l'Empereur à Rome par le Pape. On juge autrement de ſon Couronnement en Allemagne. Il eſt preſcrit par pluſieurs Capitulations. On doute de la validité de tout ce qu'il fait avant d'avoir été couronné (h).

On convient que par l'élection l'Empereur a reçu tout le pouvoir. Pourquoi donc ne peut·il pas en faire uſage avant la Couronnement, ſinon parce que cette cérémonie emporte de la part de la Nation Germanique
une

(e) Ibid. pag. 533, 541.

(f) *Atque iis quidem quos beneficio ſingulari Deus nominatim hoc modo ad imperium vocat, conſimiles magni ex parte, ſunt filii Regum natu maximi, aliique ·in ordine ſucceſſionis proximi, quibus naturâ ſimul & gentium jure paterna regna deferuntur; nam & ipſi etiam regnum debetur, ſed Reges tamen non ſunt, antequàm ritu patrio & more majorum inaugurentur.* De jure regni contra Monarchomachas, L. 3. Cap. 2.

(g) *Niſi fortè populus alicubi jus aliud in Regum ſuorum favorem, vel expreſſâ lege conſtituit, vel tacito & diuturno conſenſu, qui legem imitatur & pro lege cuſtoditur, introduxit. Quemadmodum apud Francos in more poſitum & obſervatum, atque etiam ampliſſimi ordinis decreto confirmatum eſſe ſcio, ut qui ad ſceptrum jure hæreditario ſine controverſiâ vocatus eſt, is ante ſolemnem inaugurationem & conſecrationem pro conſecrato & inaugurato quod ad jus & honorem regium habeatur; idque ſapienter ut alia multa, & publicæ utilitatis cauſâ, ob illo Senatu conſtitutum eſt. Sed cum hoc fictione quâdam, quæ naturalem rationem commutare non poteſt, & jure ſingulari ſit introductum, generalem noſtram de Regum ſucceſſione ſententiam non tàm elevat quàm confirmat.* Ibid.

(h) *Hæc de Pontificiâ coronatione, de Germanicâ fortè aliud dicendum eſt; hanc enim neceſſariam eſſe ex Capitulationibus aliisque Conſtitutionibus Imp. publicis paſſim oſtendunt juris publici DD.* Vid. Strauch. de Diſſ. Canon. Th. 22. *Num autem eò uſque hoc extendendum ſit ut quæ electus nondùm tamen coronatus Cæſar in Imp. edit, irrita planè ſint, àut ſaltem ulteriori confirmatione indigeant, ego non facilè dixerim.* Itterus de feudis Imperii, cap. 4. n. 3.

une efpece de ratification du choix des Electeurs, un confentement à l'exercice de la Puiffance Impériale?

On s'abftiendra de beaucoup d'autres preuves qu'il feroit facile de rapporter. On a feulement voulu faire voir qu'il y a des doutes très fondés fur l'antiquité de cette regle: *le mort faifit le vif.* Il y a toujours dans tous les Royaumes héréditaires une forte d'élection néceffaire, une déclaration de la Nation, que rien n'empêche celui qui fe préfente de recueillir la Couronne à titre fucceffif. Cette reconnoiffance fe faifoit par le Peuple dans la cérémonie du Couronnement, & c'eft pour cela qu'on demandoit fon confentement d'une maniere très férieufe.

Il eft tems de terminer cette digreffion. On a réuni les fuffrages de plufieurs Auteurs qui penfent que la Nation feule peut changer l'ordre de la fucceffion à la Couronne, & la forme du Gouvernement qu'elle a choifie feule pour fon bien. Lui contefte-t-on ce droit? elle le pourra au moins de concert avec le Chef de l'Etat; & on concevra après cela qu'il peut y avoir des Loix fondamentales nouvelles.

Veut-on que la Nation & fon Chef ne puiffent pas de concert déranger l'ordre de la fucceffion au trône, on leur permettra au moins de faire des Réglemens pour l'adminiftration de l'Etat, pourvû qu'ils n'innovent rien fur la maniere de parvenir au Royaume; & dans ce fyftême il y aura encore des Loix fondamentales, qui ne remonteront pas à l'origine de la Monarchie. C'eft tout ce qu'on a voulu établir, & ce qui nous ramene au point d'où nous étions partis.

Fin de la feconde Partie du Tome I.

MAXIMES
DU DROIT PUBLIC
FRANÇOIS.

SUITE DU CHAPITRE IV.

La France est une Monarchie tempérée par des Loix.

Yves de Chartres obligé de se justifier d'avoir coopéré au Sacre & Couronnement de Louis le Gros ailleurs que dans l'Eglise de Reims, dit qu'il a cherché en cela l'utilité commune de l'Eglise & de l'Etat. Il y avoit des perturbateurs du Royaume qui faisoient tous leurs efforts, ou pour transporter la Couronne sur une autre tête, ou pour en affoiblir l'autorité. Il s'est opposé à leur mauvais dessein pour conserver l'intégrité du Royaume, & procurer la paix aux Eglises. On ne peut opposer à sa démarche ni la raison, ni l'usage, ni la Loi. Si l'on consulte la raison, on a dû sacrer Roi celui qui étoit appellé au trône par la Loi de la succession, & qui avoit été élu depuis longtems par les vœux réunis des Evêques & des Grands (a).

Quand il y auroit eu une Loi précise, dit encore Yves de Chartres, il n'auroit pas été possible de l'exécuter dans les circonstances, parce que si on eût différé le Sacre du Roi, on auroit mis en péril l'État du Royaume & la tranquillité de l'Eglise (b).

L'Abbé Suger & les autres Historiens disent aussi qu'il étoit question d'empêcher la Couronne de passer en d'autres mains (c).

(a) *Noverit Sancta Romana Ecclesia, noverint omnes Ecclesiæ, ad quas murmur Remensium Clericorum pervenerit, nos in consecratione Ludovici Regis Francorum nihil nostrum quæsisse, sed pro communi utilitate Regni & Sacerdotii consulté vigilasse. Erant enim quidam Regni perturbatores, qui ad hæc omni studio vigilabant ut, aut regnum in aliam personam transferretur, aut non mediocriter minueretur. Quod ne fieret, cooperante Deo, & pro integritate regni & pro tranquillitate Ecclesiarum, quantùm potuimus, præcavere studuimus. Unde livori ascribendum videtur aut tumori, si quis utili ac honestæ actioni deroget, quam nec ratione potest redarguere, nec consuetudine infirmare, nec lege damnare. Si enim rationem consulimus, jure in Regem est consecratus, cui jure hereditario regnum competebat, & quem communis consensus Episcoporum & Procerum jam pridem elegerat.* Yvo Carnotensis, Epist. 189.

(b) *Lex justa debet esse & possibilis, loco & tempori congruens. . . . Tempori opportuna non erat, quia si consecratio Regis differretur, Regni Status & Ecclesiæ pax graviter periclitaretur.* Ibidem.

(c) *Anno Domini 1106 Ludovicus præfati Regis Philippi filius, quoniam in adolescentiâ Ecclesiæ amicitiam liberali defensione promeruerat, pauperum & orphanorum causam sustentarat, tyrannos potenti virtute perdomuerat, Deo annuente, ad Regni fastigia, sicut bonorum voto adsciscitur, sic malorum & impiorum votivâ machinatione, si fieri posset, excluditur.*

Or comment le Sacre peut-il produire un tel effet, s'il n'eſt qu'une vaine cérémonie qui n'ajoute rien aux droits du Roi couronné ? On conçoit au contraire l'effet de cette ſolemnité, ſi on la regarde comme renfermant une élection, une ratification par le Peuple du droit héréditaire en faveur de celui qui le réclame, une promeſſe ſolemnelle de la Nation, de reconnoître pour ſon Roi celui qui aſpire au trône.

Dom Martenne a publié pluſieurs Ordres très anciens du Sacre & Couronnement des Rois de France, tirés des archives de différentes Egliſes de ce Royaume. On voit par-tout le ſerment prêté par le Roi au Royaume, l'interrogation au Peuple s'il accepte un tel pour ſon Roi, & les acclamations qui ſervent de réponſe, la prière où on dit au Roi qu'il eſt établi aujourd'hui le Chef & le Conducteur du Peuple, celle qui préſente le Couronnement comme une élection actuelle, quoique dans un autre endroit on exhorte le Roi à conſerver le trône ſur lequel il monte par droit ſucceſſif (d).

Les Auteurs François ne ſe bornent pas à dire que le Roi ſeul peut convoquer les Etats du Royaume, & que toute autre convocation ſeroit illicite. Ils ajoutent qu'il preſcrit auſſi les objets de délibération; que la Nation repréſentée par ſes Députés ne peut prendre connoiſſance des affaires publiques du Royaume, & qu'elle doit borner ſon inſpection aux matières ſur leſquelles le Roi daigne les conſulter.

Sans ſe perdre dans l'Antiquité, les Etats tenus à Tours après la mort de Louis XI en 1483 prouvent ſuffiſamment la fauſſeté de cette aſſertion. On y délibéra d'abord ſur les penſions accordées aux Princes & autres Seigneurs (e).

„ Les Ducs d'Orléans & d'Alençon, les Comtes d'Angoulême & de „ Dunois & autres donnèrent charge à l'Evêque de Laon de dire aux „ Etats que pour le ſoulagement du Peuple ils étoient prêts de quitter „ les penſions qu'ils recevoient du Roi, & que pour leurs intérêts par- „ ticuliers, (des Princes), ils (les Etats) ne devoient point être con- „ traints dans leurs opinions qu'ils devoient donner librement, & qu'ils „ devoient nommer des gens de bien pour le Conſeil du Roi : il fut „ traité ſommairement de ce point".

Le Duc de Lorraine envoya aux Etats des Députés pour y faire décider une affaire qui l'intéreſſoit perſonnellement.

„ Le Duc René de Lorraine envoya aux Etats ſes Députés remontrer „ les ſervices par lui rendus à la France, & particuliérement en la victoi- „ re qu'il avoit remportée près de Nancy ſur Charles dernier Duc de „ Bourgogne, qu'il avoit pris à ce combat pluſieurs grands priſonniers, „ entr'autres Charles frère naturel de ce Duc, qui promettoit pour ſa „ rançon le Comté de Bourgogne; qu'à la prière du Roi il l'avoit déli-

Erreur de pluſieurs Auteurs François qui aſſurent que c'eſt au Roi à preſcrire les objets de délibération, dans l'Aſſemblée des Etats.

Le contraire eſt conſtant par les Etats de Tours en 1483.

Conſulti ergo Proceres, & potiſſimùm dictante venerabili & ſapientiſſimo Yvone Carnotenſi Epiſ-
cupo, ut ad refellendam impiorum machinationem citiſſimè Aurelianos conveniant, ejuſque
exaltationi operam dare maturè feſtinent. Cérémonial François, Tom. 1. pag. 125.

(d) *De Antiquis Eccleſiæ ritibus,* Tom. 3 Lib. 2. Cap. 10.
(e) Hiſtoire de Charles VIII par Godefroy, *pag.* 424 *& ſuiv.*

„ vré gratuitement ; que nonobstant cela par l'artifice de ses ennemis, il
„ étoit tombé dans les mauvaises graces du Roi jusques là qu'on lui avoit
„ ôté le Duché de Bar qui est son héritage & son patrimoine ; qu'à pré-
„ sent qu'il en a demandé la restitution, on lui a fait une réponse qui
„ ne lui semble pas raisonnable, savoir que le Roi étoit mineur, que par
„ les Loix il ne pouvoit transiger, & qu'il falloit attendre qu'il eût l'âge
„ légitime , & qu'il eût pris le Gouvernement de son Royaume : qu'il
„ demande donc à présent que l'on lui baille par provision une pension.
　　„ Il leur fut répondu qu'à présent ils traitoient aux Etats du général
„ du Royaume , que quand l'on en viendroit au particulier, ils au-
„ roient égard à la demande du Duc de Lorraine".

On trouve un plus grand détail dans l'Histoire des Etats dressée par
un des Députés. Après la réponse faite aux Envoyés du Duc de Lorraine, telle qu'elle vient d'être rapportée, le Chancelier & les Seigneurs
du Conseil s'étant retirés, les Députés des Etats étant restés seuls, on
indiqua l'assemblée à l'après midi, & il y fut résolu d'envoyer au Duc de
Lorraine le Président & quelques autres membres des Etats. Sur le rapport qu'ils firent de l'exécution de leur commission, on délibéra de nouveau si on s'occuperoit de l'affaire du Duc de Lorraine. On persista
dans la résolution de ne point mêler de questions particulieres aux affaires
graves & importantes dont on étoit occupé (f).

Les héritiers du Comte d'Armagnac porterent leurs plaintes aux E-
tats des cruautés & des injustices de Louis XI. Le Chancelier en ayant
demandé avis au Roi & aux Princes, prononça qu'il seroit fait justice au
Comte d'Armagnac & aux enfans de Nemours, *qui s'étoient adressés aux E-*
tats, & pour plus grande connoissance de l'affaire, elle fut renvoyée au
Conseil du Roi.

　　„ Les Peuples de Flandres & de Brabant demanderent *aux Etats* que
„ le traité de paix, dernier fait à Arras, fut exécuté ; qu'ils avoient
„ charge d'en faire demande 1o. au Roi , puis *aux Etats* , & aussi de
„ faire instance que le Comté de Marle & autres terres fussent resti-
„ tués au Comte de Romont oncle du Roi ; & que d'autres Terres fus-
„ sent rendus au Sieur de Crouy ".

Les Etats délibérerent aussi sur leur propre pouvoir pendant la minorité du Roi.

Voilà certainement plusieurs matieres relatives au Gouvernement &
à l'Administration du Royaume. Ce n'est pas le Roi qui demande l'avis
des Etats, puisqu'on s'adresse à eux directement.

(f). *His sicut & aliis responsum est: Nunc nos generalia tractáre, ast ubi de particularibus*
agetur, Domini, Ducis causam inprimis commendatam habituros, tüm ob claritudinem san-
guinis quo satus est, tüm ob ejus dignitatem, strenuitatem , & merita. Cancellario & Do-
minis Consilii profectis ex aulâ soli remansimus, ubi primüm declarata est & nuntiata congrega-
tio post meridiem futura : . Noster tüm Præsidens his expositis quæsivit si noster orator,
qui proximâ oratione loquetur Regi Principibusque, præfatam causam collaudaret. Sed visum
est atque con usum quòd cùm nunc gravem materiam & totius penè conventionis præcipuum &
magis intentum finem tractemus , non expedit illi quæquam immiscere, verùm id posteâ per
opportunitatem facere licebit , hoc etiam roborante ipsius Principis discessu. Res igitur us-
que ad diem Regis profectionis dilata est.

On a vu plus haut le mécontentement de Charles IX, de ce que les Etats qui avoient été convoqués en 1560, se mêloient du Gouvernement, & l'Arrêt qui fut rendu pour le leur défendre.

Mais en abandonnant tous les faits, l'on employera la réponse dont on s'est déja servi. La Nation a bien voulu ne pas user de son droit & pas faire ce qu'elle pouvoit. Elle l'a toujours conservé. Elle ne peut en être dépouillée ni s'en dépouiller elle-même. Toutes les tentatives de Despotisme sont impuissantes à cet égard. Ses consentemens les plus formels, les plus multipliés lui seroient opposés sans succès. *Autre réponse tirée du droit imprescriptible de la Nation.*

À quoi serviroit la convocation des Etats, si le Prince pouvoit fixer & restreindre à son gré le sujet des délibérations? Il ne permettroit jamais de conférer sur l'abus qu'il fait de son pouvoir, & la réunion de la Nation entière ne porteroit aucun soulagement aux maux de la Société.

On dira sans doute que si l'on consulte le Peuple sur le Gouvernement, il sera toujours mécontent, & la forme du Gouvernement changera sans cesse. *Objections contre les principes, prévues & réfutées par Locke.*

„ Je réponds au contraire, dit Locke, qu'il est très difficile de „ porter le Peuple à changer la forme de Gouvernement à laquelle il est „ accoutumé, & que s'il y avoit dans cette forme quelques défauts origi-„ naux, ou qui auroient été introduits par le tems, ou par la corruption „ & les déréglemens du vice, il ne seroit pas aussi aisé qu'on pourroit „ croire, de l'engager à vouloir remédier à ces défauts & à ces désor-„ dres, quand même tout le monde verroit que l'occasion seroit propre „ & favorable. L'aversion que le Peuple a pour ces sortes de change-„ mens, & le peu de disposition qu'il a naturellement à abandonner ses „ anciennes Constitutions, ont assez paru dans les diverses révolutions „ qui sont arrivées en Angleterre, & dans ce siecle & dans les précé-„ dens. Malgré toutes les entreprises injustes des uns, & les mécontent-„ temens justes des autres, & après quelques brouilleries, l'Angleterre „ a toujours conservé la même forme de Gouvernement, & a voulu que „ le Pouvoir Suprême fût exercé par le Roi & par le Parlement selon „ l'ancienne coutume. Et ce qu'il y a de bien remarquable encore, „ c'est que, quoique les Rois aient souvent donné de grands sujets de „ mécontentement & de plainte, on n'a jamais pu porter le Peuple à „ abolir pour toujours la Royauté, ni à transporter la Couronne à une „ autre famille (g).

„ On ne manquera pas, (c'est encore Locke qui parle) de proposer ici „ cette question si commune: qui jugera si le Prince, ou la Puissance Lé-„ gislative passe l'étendue de son pouvoir & de son autorité? Des gens „ mal intentionnés & séditieux se peuvent glisser parmi le Peuple, & lui „ faire accroire que ceux qui gouvernent, pratiquent des choses pour „ lesquelles ils n'ont reçu nulle autorité, quoiqu'ils fassent un bon usage „ de leur prérogative. Je réponds que c'est le Peuple qui doit juger de „ cela. En effet qui est-ce qui pourra juger si l'on s'acquitte bien d'une

(g) Du Gouvernement Civil, *Chap.* 18. *n.* 150.

,, commiffion que celui qui l'a donnée, & qui par la même autorité, par
,, laquelle il a donné cette commiffion, peut défapprouver ce qu'aura fait
,, la perfonne qui l'a reçue, & ne fe fervir plus d'elle, lorfqu'elle ne fe
,, conforme pas à ce qui lui a été prefcrit. S'il n'y a rien de fi rai-
,, fonnable & de fi jufte dans les cas particuliers des hommes privés,
,, pourquoi ne fera-t-il pas permis d'en ufer de même au regard d'une
,, chofe auffi importante qu'eft le falut & la félicité d'un million de per-
,, fonnes, & lorfqu'il s'agit de prévenir les malheurs les plus dangereux
,, & les plus épouvantables, mais des malheurs d'autant plus à craindre,
,, qu'il eft prefque impoffible d'y remédier, quand ils font arrivés une
,, fois?
,, Du refte par cette demande: *qui jugera?* on ne doit point enten-
,, dre qu'il ne peut y avoir nul Juge. Car quand il ne s'en trouve aucun
,, fur la terre pour terminer les différends qui font entre les hommes, il
,, y a toujours un Juge au ciel. Certainement Dieu feul eft Juge de
,, droit. Mais cela n'empêche pas que chaque homme ne puiffe juger
,, par foi même, dans le cas dont il s'agit ici, auffi bien que dans tous
,, les autres, & décider fi un autre homme s'eft mis dans l'état de guer-
,, re avec lui, & s'il a droit d'appeller au Souverain Juge, comme fit
,, Jephté.
,, S'il s'éleve quelque différend entre un Prince & quelques-uns du
,, Peuple fur un point, fur lequel les Loix ne prefcrivent rien, ou qui
,, fe trouve douteux, mais où il s'agit de chofes de grande conféquence;
,, je fuis fort porté à croire que dans un cas de cette nature, le différend
,, doit être décidé par le Corps du Peuple. Car dans des caufes, qui
,, font remifes à l'autorité & à la difcrétion fage du Prince, & dans lef-
,, quelles il eft difpenfé d'agir conjointement avec l'affemblée ordinaire
,, des Légiflateurs, fi quelques-uns penfent avoir reçu quelque préjudice
,, confidérable, & croient que le Prince agit d'une maniere contraire à
,, leur avantage, & va au delà de l'étendue de fon pouvoir; qui eft plus
,, propre à en juger que le Corps du Peuple, qui, du commencement, lui
,, a conféré l'autorité dont il eft revêtu, & qui par conféquent fait
,, quelles bornes il a mifes au pouvoir de celui entre les mains duquel
,, il a remis les rênes du Gouvernement. Que fi un Prince, ou tout au-
,, tre, qui aura l'adminiftration du Gouvernement de l'Etat, refufe ce
,, moyen de terminer les différends: alors il ne refte qu'à appeller au ciel.
,, La violence, qui eft exercée entre des perfonnes qui n'ont nul Juge
,, Souverain & établi fur la terre, ou celle qui ne permet point qu'on
,, appelle fur la terre à aucun juge, étant proprement un état de guer-
,, re, le feul parti qu'il y a à prendre en cette rencontre, c'eft d'appel-
,, ler au ciel; & la partie offenfée peut juger par elle même, lorfqu'elle
,, croit qu'il eft à propos d'aller au Ciel (h) ".
,, On pourra propofer fur cette matiere, (c'eft toujours Locke qui
,, parle) cette vieille queftion: *qui jugera fi le pouvoir exécutif a fait un*
,, bon

(b) Ibidem. *n.* 27.

„ *bon usage de sa prérogative?* Je réponds qu'il ne peut y avoir de Juge
„ sur la terre entre le Pouvoir Exécutif, qui avec une semblable préro-
„ gative est sur pied, & le Pouvoir Législatif qui dépend, au regard de
„ sa convocation, de la volonté du Pouvoir Exécutif; qu'il n'y en peut
„ avoir non plus entre le Pouvoir Législatif & le Peuple; de sorte que
„ soit que le Pouvoir Exécutif ou le Pouvoir Législatif, lorsqu'il a la Su-
„ prême Puissance entre les mains, ait dessein & entreprenne de le ren-
„ dre esclave & de le détruire, le Peuple n'a d'autre remede à em-
„ ployer en cette sorte de cas, aussi bien que dans tous les autres dans
„ lesquels il n'a point de Juge sur la terre, que d'appeller au ciel. D'un
„ côté les Conducteurs par de telles entreprises exercent un pouvoir que
„ le Peuple n'a jamais remis entre leurs mains, & ne peut jamais y avoir
„ remis, puisqu'il n'est pas possible qu'il ait jamais consenti qu'ils le
„ gouvernassent & qu'ils dominassent sur lui à son désavantage & à son
„ préjudice, & fissent ce qu'ils n'avoient pas droit de faire; de l'autre le
„ Peuple n'a point de Juge sur la terre à qui il puisse appeller contre les in-
„ justices de ses Conducteurs. Ainsi de tout cela résulte le droit d'ap-
„ peller au Ciel s'il s'agit de quelque chose qui soit assez importante.
„ C'est pourquoi bien que le Peuple par la Constitution du Gouverne-
„ ment ne puisse être Juge ni avoir de pouvoir supérieur pour former
„ des Arrêts en cette rencontre, néanmoins en vertu d'une Loi, qui
„ précede toutes les Loix positives des hommes & qui est prédominante,
„ il s'est réservé un droit qui appartient généralement à tous les hom-
„ mes, lorsqu'il n'y a point d'appel sur la terre, savoir le droit d'exa-
„ miner s'il a juste sujet d'appeller au ciel. On ne peut même *légitime-*
„ ment renoncer à un droit si essentiel & si considérable, parce que per-
„ sonne ne peut se soumettre à un autre, en sorte qu'il lui donne la liber-
„ té de le détruire & de le rendre malheureux. Dieu & la Nature ne per-
„ mettent jamais à qui que ce soit de s'abandonner tellement soi-mê-
„ me, que de négliger sa propre conservation, & comme nous ne
„ sommes point en droit de nous ôter la vie, nous ne saurions par con-
„ féquent avoir droit de donner à d'autres le pouvoir de nous l'ôter.
„ Et que personne ne s'imagine que ce droit & ce privilege des Peuples
„ soit une source de perpétuels désordres; car on ne s'en sert jamais que
„ lorsque les inconvéniens sont devenus si grands, que le plus grand nom-
„ bre des membres de l'Etat en souffre beaucoup, & sent qu'il est abso-
„ lument nécessaire d'y remédier. Les Princes Sages, qui gouvernent
„ felon les Loix & qui ont à cœur le bien public, n'ont point à crain-
„ dre cette sorte de dangers & de désordres qu'on fait sonner si haut: il
„ ne tient qu'aux Conducteurs de les éviter comme des choses, auxquel-
„ les effectivement ils doivent prendre garde de n'être pas exposés (i)".
  Sidney s'est proposé aussi à-peu-près les mêmes objections. Donner au
Peuple le droit d'inspection sur le Gouvernement, c'est le rendre Juge en
sa propre cause. Il fait une première réponse qui se présente à tout le mon-

(i) Ibid. *Chap.* 13. *n.* 10.

de. Laiſſer aux Rois le droit de gouverner comme ils veulent, ſans que perſonne puiſſe examiner leur conduite, c'eſt bien plus encore les rendre Juges dans leur propre cauſe. Mais il ne borne pas là ſes réflexions.

„ Néanmoins je ne craindrai pas de dire que proprement & natu-
„ rellement chacun eſt en droit de juger de ſes propres affaires; au-
„ cun n'eſt ni ne peut être privé de ce privilege, à moins que ce ne ſoit
„ de ſon conſentement & pour le bien de la Société dans laquelle il
„ eſt entré. Ce droit appartient donc néceſſairement à un chacun en tou-
„ tes ſortes de cas, excepté lorſqu'il s'agit du bien de la Communauté;
„ en faveur de qui il s'en eſt dépouillé. Si je me trouve attaqué
„ de la faim, de la ſoif, de la laſſitude, de la chaleur, du froid, ou de la
„ maladie, ce ſeroit une folie de me dire que je ne dois pas manger,
„ boire, me repoſer, me mettre à l'ombre pour me rafraîchir, ou à
„ l'abri des injures du tems pour m'échauffer, ni prendre de médecine,
„ parce que je ne dois pas être Juge en ma propre cauſe. On en peut
„ dire autant par rapport à ma maiſon ou à mon bien; j'en puis faire ce
„ qu'il me plait, pourvû que je ne faſſe point de préjudice aux autres:
„ mais il ne m'eſt pas permis de mettre le feu à ma maiſon, ſi ce feu
„ peut endommager celle de mon voiſin. Je ne puis pas bâtir des forts
„ ſur mes Terres, ou les mettre entre les mains d'un ennemi étranger qui
„ pourroit s'en ſervir pour ravager ma patrie. Je ne puis pas couper les
„ digues de la mer ou de la riviere, de peur que cela n'inonde les
„ champs de mon voiſin, parce qu'en ce cas la Société, dont je ſuis ur
„ des membres, en recevroit du préjudice. Ma terre ne m'appartient pas
„ ſimplement & purement, mais à condition que je ne m'en ſervirai pas
„ pour faire du dommage au Public, ſous la protection de qui je jouis
„ paiſiblement de tout ce que je poſſede. Mais cette Société me permet
„ de prendre des ſerviteurs & de les congédier quand bon me ſemble;
„ perſonne n'eſt en droit de me preſcrire quel nombre de domeſtiques je
„ dois avoir, ni de quelle qualité il faut qu'ils ſoient, & nul ne peut me
„ dire ſi j'en ſuis bien ou mal ſervi. C'eſt à moi ſeul qu'il appartient
„ d'en juger. Bien plus, l'Etat ne prend aucune connoiſſance de ce qui
„ ſe paſſe entr'eux & moi, qu'entant qu'il s'agit de m'obliger à obſerver
„ l'accord que j'ai fait avec eux, & à ne leur pas faire ce que la Loi me
„ défend, c'eſt-à-dire, que la Puiſſance à laquelle je me ſuis ſoumis,
„ exerce ſur moi cette juriſdiction, qui a été établie de mon conſen-
„ tement, & ſous la protection de laquelle je jouis de tous les biens
„ & de tous les agrémens de la vie, qui me ſont plus avantageux que
„ ma liberté ne me l'auroit été, ſi je me l'étois réſervée toute entiere.
„ On doit auſſi juger de la nature de cette ſoumiſſion & de l'étendue
„ qu'elle doit avoir, par les raiſons qui m'ont porté à me ſoumettre
„ ainſi. La Société, dans laquelle je vis, ne peut ſubſiſter ſans Régle-
„ mens : l'égalité avec laquelle tous les hommes ſont nés, eſt ſi par-
„ faite, qu'aucun ne voudra conſentir à la diminution de ſa liberté, à
„ moins que les autres n'en faſſent autant de leur côté: je ne puis pas
„ raiſonnablement prétendre qu'on me garantiſſe du mal qu'on peut me

„ faire, à moins que je ne m'oblige à n'en faire à perſonne; ou que je
„ ne me ſoumette à toutes les peines preſcrites par la Loi, ſi je ne m'ac-
„ quitte pas des engagemens dans leſquels je ſuis entré. Mais ſans faire
„ aucun préjudice à la Société dans laquelle j'entre, je puis me réſerver
„ la liberté de faire tout ce qui me plaît, par rapport à tout ce qui me
„ regarde en particulier, & en quoi il s'agit de ma commodité.
„ Or ſi un Particulier n'eſt pas ſujet au jugement de qui que ce ſoit,
„ ſinon à celui de la Société à laquelle il s'eſt ſoumis pour ſa propre
„ ſûreté & commodité; & que non-obſtant cette ſoumiſſion, il garde
„ pourtant toujours le droit de régler, comme bon lui ſemble, toutes les
„ affaires qui le regardent purement & ſimplement, & de faire tout ce
„ qui lui plait lorſqu'il ne s'agit que de ſon intérêt perſonnel ou de ſes
„ commodités, il ne ſe peut pas que ce droit n'appartienne néceſſaire-
„ ment à des Nations entieres. Lorſqu'il arrive un différend entre Caïus
„ & Seïus en matiere de droit, ni l'un ni l'autre n'en peut décider:
„ il faut qu'ils s'en rapportent à un Juge ſupérieur à l'un & à l'autre,
„ non pas parce qu'il n'eſt pas à propos qu'un homme ſoit juge en ſa
„ propre cauſe, mais parce qu'ils ont tous deux un droit égal, & que
„ l'un n'eſt point ſujet à l'autre. Mais ſi j'ai quelque différend avec mon
„ valet touchant la maniere dont il me ſert, c'eſt à moi à le décider: il faut
„ qu'il me ſerve à ma mode, & même qu'il ſorte de ma maiſon, ſi je le juge
„ à propos, quelque bien qu'il me ſerve; & en lui donnant ſon congé, je ne
„ lui fais point de tort, ſoit que j'aie deſſein de me paſſer de valet, ou que
„ je croie qu'un autre fera mieux mon affaire. Je n'ai donc pas beſoin de
„ juge, à moins que je ne ſois en différend avec mon égal: perſonne ne peut
„ être mon juge, à moins que d'être mon ſupérieur; & celui-là ne peut
„ être mon ſupérieur, qui ne l'eſt pas de mon conſentement, & même
„ ce ne peut être que dans les choſes qui m'ont porté à conſentir à cette
„ ſupériorité. Ce ne peut être là le cas d'une Nation qui n'a point d'égal
„ à elle-même; elle peut avoir des différends avec d'autres Nations, &
„ on en peut remettre la déciſion entre les mains de Juges qu'on choiſit
„ d'un commun conſentement; mais ce n'eſt pas dequoi il s'agit ici.
„ Une Nation, & ſurtout une Nation puiſſante ne peut pas ſe réſou-
„ dre de renoncer à ſes droits, auſſi facilement qu'un Particulier, qui con-
„ vaincu de ſa foibleſſe connoît qu'il n'eſt pas en état de ſe défendre
„ lui-même, & pour cette raiſon n'a pas de peine à ſe réſoudre de ſe
„ mettre ſous la protection d'une puiſſance plus grande que la ſienne.
„ La force de la Nation ne réſide pas en la perſonne du Magiſtrat, mais
„ la force du Magiſtrat réſide dans celle de la Nation. La ſageſſe, l'in-
„ duſtrie, & la valeur du Prince peut contribuer quelque choſe à l'ac-
„ croiſſement de la gloire & de la grandeur de la Nation, mais elle a en
„ elle-même le fondement & la ſubſtance de cette grandeur. Si le Magiſ-
„ trat & le Peuple étoient égaux à tous égards, comme Caïus & Seïus,
„ & qu'ils fuſſent également & réciproquement utiles l'un à l'autre, per-
„ ſonne ne pourroit être Juge de leurs différends, excepté ceux qu'ils

„ conviendroient de prendre pour arbitres. C'eſt ce que pluſieurs Na-
„ tions ont pratiqué......
    „ Mais je ne crois pas qu'aucun homme, ou aucun nombre d'hom-
„ mes, en établiſſant un Magiſtrat, lui ait jamais dit: s'il arrive quel-
„ que différend entre vous, ou vos ſucceſſeurs & nous, ce ſera vous
„ ou vos ſucceſſeurs qui le décideront, ſoit que ces ſucceſſeurs ſoient
„ hommes ou femmes, ſoit qu'ils ſoient encore enfans, fous, ou vi-
„ cieux. Bien plus je ne crains point de dire que ſi on avoit jamais fait
„ un pareil accord avec un Magiſtrat, la lâcheté, l'infamie, & la fo-
„ lie de cet accord ſuffiroit pour le rendre nul. Mais ſi on n'a jamais
„ entendu parler d'un ſemblable traité, ou que, ſuppoſé qu'il y en eût
„ jamais eu, il n'auroit cependant eu aucun effet, il faut avouer que
„ c'eſt la choſe du monde la plus abſurde que de vouloir faire accroire à
„ tous les Peuples du monde qu'ils ont fait cet accord & qu'ils doivent
„ l'obſerver. On ne peut donc pas dépouiller un Peuple de ſes droits
„ naturels ſur des prétentions chimériques, qui n'ont jamais eu de fonde-
„ mens, qui n'en ont point, & qui n'en peuvent jamais avoir, à moins
„ qu'on ne les établiſſe ſur quelque choſe de plus réel que ce traité ima-
„ ginaire des Peuples avec leurs Magiſtrats. Ceux qui établiſſent des
„ Magiſtratures & qui leur donnent tel nom, telle forme, & tel pouvoir
„ qu'il leur plaît, ſont ſeuls capables de juger ſi l'on en recueille le fruit
„ que l'on s'étoit promis en l'établiſſant. Il n'appartient, qu'à ceux qui
„ donnent l'être à une puiſſance qui ne ſubſiſtoit pas auparavant, de ju-
„ ger ſi on l'emploie pour les rendre heureux ou malheureux. Ils n'élé-
„ vent pas aux honneurs & aux dignités un homme, ou un petit nom-
„ bre d'hommes, afin qu'eux & leur poſterité puiſſent vivre dans l'éclat
„ & la grandeur, mais afin que la Juſtice ſoit duement adminiſtrée, la
„ pratique de la vertu affermie de plus en plus, & que rien ne ſoit
„ capable de troubler le repos public. Tout homme raiſonnable ne croi-
„ ra pas qu'on puiſſe venir à bout de toutes ces choſes, qui ſont ſi
„ contraires à la Société, ſi ceux qui renverſent eux-mêmes les Loix,
„ ont le privilege d'être Juges en leur propre cauſe, & qu'ils ne ſoient
„ ſoient obligés de ſe ſoumettre au jugement de perſonne. Si Caligu-
„ la, Néron, Vitellius, Domitien, ou Héliogabale n'avoient été ſu-
„ jets au jugement de perſonne, ils auroient achevé de ruiner tout
„ l'Empire. Si on avoit laiſſé à Durſtus, à Evenus III, à Dardanus & à
„ quelques autres Rois d'Ecoſſe, le jugement des différends qu'ils eu-
„ rent avec la Nobleſſe & le Peuple, ils auroient ſans doute évité les
„ châtimens qu'ils ſouffrirent, & auroient ruiné la Nation, comme, c'é-
„ toit bien leur deſſein.
    „ On ſuivit une autre méthode: la fureur de ces Princes fut cauſe
„ de leur perte; on en mit de meilleurs à leur place, & leurs ſucceſſeurs
„ profitant de leurs exemples pouvoient éviter l'écueil où ils avoient fait
„ naufrage. Si on avoit permis à Edouard II Roi d'Angleterre, à Ga-
„ veſton & aux Spencers ſes favoris, à Richard II & à Tréſilian & Vere

„ d'être juges en leur propre cause, eux qui avoient déja massacré les plus
„ illustres d'entre les Nobles, n'auroient pas manqué de persister & de
„ réussir dans le pernicieux dessein qu'ils avoient d'exterminer le reste
„ de la Noblesse, d'asservir la Nation, de changer la forme du Gouver-
„ nement, & d'établir la Tyrannie à la place de la Monarchie mixte.
„ Mais nos Ancêtres prirent de meilleures mesures: comme ils avoient
„ éprouvé à leurs dépens à combien de malheurs les vices & la folie des
„ Princes exposent les Peuples, ils savoient mieux que personne quels
„ remedes il falloit y apporter, & quel étoit le tems le plus convena-
„ ble pour les mettre en usage: ils savoient que lorsque le Gouverne-
„ ment étoit tout-à-fait corrompu, cette corruption produisoit de si
„ funestes effets qu'il falloit nécessairement que la Nation pérît, à
„ moins qu'on ne réformât les abus excessifs, qu'on ne ramenât le Gou-
„ vernement à son premier principe, ou que l'on n'en changeât la
„ forme. Telle étant la situation où ils se trouvoient, il leur étoit aussi
„ aisé de juger si on devoit faire rentrer dans le devoir le Gouverneur
„ qui avoit introduit cette corruption, si on devoit le déposer, en
„ cas qu'il ne voulût pas se ranger à la raison, ou souffrir qu'il les rui-
„ nât eux & leur postérité, qu'il m'est aisé de juger si je dois congédier
„ mon valet, lorsque je sais qu'il a envie de m'empoisonner ou de me
„ massacrer, & qu'il ne lui sera pas difficile de venir à bout de son des-
„ sein, ou le retenir à mon service, jusqu'à ce qu'il ait exécuté son
„ pernicieux projet.

„ Le consentement de tout le genre humain confirme si bien cette vé-
„ rité, que nous ne connoissons point de Gouvernement dont on n'ait
„ souvent changé la forme, ou qu'on n'ait ramené à la pureté de sa pre-
„ miere institution, en rejettant les familles ou les personnes qui ont
„ abusé de l'autorité qu'on leur a confiée. Les Peuples qui n'ont pas
„ eu assez de sagesse & de vertu pour faire ceci, lorsqu'il étoit néces-
„ saire, ont été bientôt détruits, témoins les Goths en Espagne &c.

„ Les Nations qui sont plus généreuses, qui sont plus de cas de la li-
„ berté, & qui connoissent mieux les moyens dont il faut se servir
„ pour se conserver un bien si précieux, croient que c'est fort peu de
„ chose que de détruire le Tyran, à moins qu'on ne détruise aussi la ty-
„ rannie. Elles font tous leurs efforts pour faire que l'ouvrage soit par-
„ fait, soit en changeant entièrement la forme du Gouvernement ou en
„ le ramenant à son premier principe, après avoir réformé les abus qui
„ s'y étoient glissés, & en établissant de si bonnes Loix qu'elles puissent
„ en affermir l'intégrité, lorsqu'on l'a réformé. On a si souvent suivi cet-
„ te Maxime chez toutes les Nations, tant anciennes que modernes,
„ des actions desquelles nous sommes informés, comme il paroit par les
„ exemples précédens, & par plusieurs autres qu'on pourroit alléguer, si
„ cette vérité n'étoit pas claire d'elle-même, qu'il n'y a aucune de ces
„ Nations dont l'Histoire ne puisse nous en fournir plusieurs preuves,
„ & qu'il n'y a point aujourd'hui de Magistrature qui ne soit redevable

„ de fon inftitution à un jugement de cette nature. De forte qu'il faut
„ néceffairement que tous les Rois, Princes ou Magiftrats avouent que
„ leur droit eft fondé fur ces actes du Peuple, ou qu'ils demeurent d'ac-
„ cord qu'ils n'en ont aucun; & cela étant, il faudra qu'ils laiffent les
„ Peuples dans la jouiffance de la liberté originaire qu'ils ont d'établir
„ telles Magiftratures qu'il leur plait, fans être obligés de choifir pour
„ Magiftrat une certaine perfonne ou famille plutôt qu'une autre (k)".

Grotius regarde les Etats d'un Royaume comme le Grand Conseil du Souverain.

Suivant Grotius (l) les Etats d'un Royaume ne font en certains endroits que comme un grand Confeil du Roi, par le moyen duquel les plaintes du Peuple, que les Miniftres de fon Confeil privé lui cachent fouvent, parviennent à fes oreilles. Il ordonne enfuite ce qu'il juge à propos. En d'autres pays ces affemblées du Corps du Peuple ont droit de connoître des actions mêmes du Prince, & de faire des Loix, auxquelles il eft tenu de fe foumettre.

Réfutation de cette opinion.

Il eft fans doute bien extraordinaire d'entendre affimiler le Confeil privé du Roi aux affemblées de la Nation. Le Confeil privé du Prince eft compofé de Magiftrats qu'il a choifi librement pour lui donner leur avis. C'eft la Nation au contraire qui a mis le Roi fur le trône pour fon propre avantage. Elle a eu droit de lui prefcrire les regles de fon Gouvernement. Comment ne pourroit-elle pas examiner s'il les obferve exactement?

Pour qu'elle fût réduite au rang d'un fimple Confeil plus nombreux que le Confeil ordinaire, il faudroit qu'elle fe fût ainfi dégradée elle-même par une convention expreffe, lors de la fondation de la Monarchie. Alors même elle pourroit s'affembler pour changer une forme de Gouvernement fi contraire à fon honneur & à fon intérêt.

Puffendorf a déprifé encore plus les Etats Généraux du Royaume.

„ En certains endroits, comme par exemple dans la Chine, le Roi
„ d'ailleurs abfolu, établit un Confeil ou un Sénat, fans l'approbation
„ duquel il déclare lui-même que fes ordonnances ne feront point vala-
„ bles. Les membres d'un tel Sénat ne font fans contredit que de fim-
„ ples Confeillers, établis pour examiner les Ordonnances du Roi, &
„ pour rejetter celles qu'ils trouveront défavantageufes à l'Etat, non par
„ une autorité propre, mais par un pouvoir emprunté du Roi même, qui
„ a voulu par là fe lier les mains, de peur que par imprudence, ou à la
„ follicitation des flatteurs, il ne prît, fans y penfer, de fauffes mefu-
„ res, & afin de pouvoir éluder par ce moyen des follicitations importu-
„ nes, en faifant femblant d'accorder une chofe qu'il fait bien que fon
„ Confeil révoquera. Mais lorfque le Roi veut abfolument une chofe,
„ & qu'il ne trouve pas fuffifantes les raifons qu'a le Confeil de la défa-
„ prouver; le Confeil ne peut plus après cela s'y oppofer; car on ne pré-
„ fume pas que le Roi en établiffant une telle Affemblée, ait voulu fe dé-
„ pouiller lui-même par un acte irrévocable de fon pouvoir abfolu, &

(k) Difcours fur le Gouvernement, *Tom. 4. fect. 41.*
(l) Droit de la Guerre & de la Paix, *Liv. 1. Chap. 3. §. 10. n. 3.*

„ faire dépendre d'une condition l'obéiffance pure & fimple, qu'il avoit
„ droit d'exiger de fes Sujets. Ainfi ce Confeil eft fenfé n'avoir qu'une
„ autorité empruntée du Roi même, qui peut la limiter toutes les fois
„ que bon lui femble, quoiqu'il ne doive en venir là que pour de très
„ fortes raifons. Il peut arriver néanmoins qu'un tel Confeil ayant été
„ volontairement établi par un Prince, fes fuccefeurs foient tenus de
„ ne point l'abolir, & de ne pas faire certaines chofes fans fon appro-
„ bation, parce qu'on le leur a fait promettre avec ferment, lorsqu'ils
„ font montés fur le trône. Mais hors ce cas là, le Roi n'en eft pas
„ moins abfolu, furtout s'il a le pouvoir d'abolir ce Confeil quand il
„ voudra; car comme nous l'avons déja dit, le pouvoir abfolu ne confifte
„ pas à faire tout à fa fantaifie, ou par caprice, ou par un mouvement
„ aveugle; mais à ne fuivre que fes propres lumieres dans l'adminiftra-
„ tion des affaires publiques; ce qui n'eft nullement incompatible avec
„ la néceffité d'écouter les bonnes raifons que les Sujets peuvent allé-
„ guer, & de fe rendre à de juftes repréfentations. Ainfi quoique le
„ Confeil d'Etat n'impofe au Roi aucune obligation par lui-même & par
„ une autorité propre, à laquelle le Roi foit foumis, il donne lieu à une
„ obligation, entant qu'il met devant les yeux du Prince la maniere dont
„ il doit s'acquitter de fon devoir dans l'affaire préfente...." (m).

„ Il en eft abfolument de même (felon Puffendorf) des Affemblées
„ Générales des Etats du Royaume. Elles ne font autre chofe que le
„ Grand Confeil du Roi établi pour l'informer des plaintes du Peuple,
„ que les membres du Confeil privé lui cachent fouvent, & le Roi a
„ toujours ici la liberté de prononcer fouverainement, & d'avoir tel égard
„ qu'il jugera à propos, aux repréfentations de ces Affemblées. Hob-
„ bes remarque auffi avec raifon qu'à moins que le Roi ne foit plus Sou-
„ verain, & que l'Etat n'ait deux Chefs, ces fortes d'Affemblées ne peu-
„ vent délibérer que fur les affaires, qui y font propofées par le Roi; les
„ Députés du Peuple, qui les compofent, n'ayant pu recevoir des inftruc-
„ tions que pour des chofes contenues dans les lettres circulaires, par lef-
„ quelles le Roi les a convoqués. L'affemblée doit auffi être diffoute, dès
„ que le Roi a déclaré qu'il n'y a plus d'affaire à examiner pour l'heure.
„ Cela n'empêche pourtant pas, à mon avis, que l'Affemblée ne puiffe
„ faire des repréfentations refpectueufes & de très humbles remontran-
„ ces au Roi, en forme de prieres ".

Erreur de Puffendorf fur le même Sujet.

L'Auteur va encore plus loin. Il convient que l'autorité eft véritablement limitée, lorfque les Sujets ont ftipulé du Roi en le couronnant, que
fi dans certaines matieres il prononçoit quelque chofe de fon chef &
fans le confentement des Etats, fes Ordonnances feroient nulles & fans
force. Mais dans ce cas même il veut que ce foit au Roi à convoquer l'Affemblée & à la diffoudre. Autrement il ne feroit qu'un Roi en peinture,

―――――――――――

(m) Droit de la Nature & des Gens, *Liv.* 7. *Chap.* 6. §. 12.

& le Chef d'un Etat irrégulier. Si les Députés font eux-mêmes des pro.
pofitions, les délibérations de l'Affemblée tirent toute leur force de la
ratification du Roi. La feule différence de l'Affemblée de la Nation &
du Confeil d'Etat confifte en ce que n'ayant l'une & l'autre que le droit
de repréfentation, le Roi peut rejetter les raifons des derniers, & non
pas celles des premiers.

Avec de tels principes on ne trouvera pas grande différence entre le
Concile particulier de cinq ou fix Evêques & le Concile Général qui re.
préfente l'Eglife univerfelle; le Pape ne fera pas plus gêné par l'un que par
l'autre. Toutes ces idées fortant de la fauffe Maxime que le Roi eft Roi
pour lui, qu'il a en cette qualité des droits qui lui font perfonnels, dont
il peut ufer pour fon intérêt propre; qu'on fe rappelle que c'eft le Peuple
qui s'eft donné un Chef, qui a choifi la forme de Gouvernement, qui peut
la changer quand fon intérêt l'exigera; que la Loi Souveraine eft le falut
de l'Etat; & ces difcours ne feront plus d'impreffion.

Que le Peuple s'affemble, qu'il examine la conduite du Prince; qu'il l'o.
blige à fe conformer aux Loix fondamentales; il n'y aura pas pour cela
deux Chefs. Il y en aura un, aftreint à remplir le devoir de fa qualité, à
fubordonner fon pouvoir au bien public.

Que dans le cas où la Souveraineté eft vraiment limitée, où le Prince ne
peut rien ftatuer fans le confentement de l'Affemblée, ce foit à lui à la convoquer ou à la diffoudre felon fon bon plaifir; que fans cela il ne feroit
Roi qu'en peinture; à qui le perfuadera-t-on? jamais il ne réunira le Peu.
ple. Il prononcera feul fur les points qui n'ont pas été laiffés à fa difcrétion, & fera exécuter cette Loi injufte & irréguliere par une violence
fous laquelle les Particuliers feront forcés de plier.

„ Le pouvoir d'affembler & de diffoudre les Parlemens n'appartient pas
„ abfolument aux Rois. Ils peuvent convoquer un Parlement, s'il eft be-
„ foin, dans un tems auquel la Loi ne les oblige pas de le faire; ils font,
„ pour ainfi dire, en fentinelle, ils doivent obferver avec beaucoup de
„ vigilance les mouvemens de l'ennemi, & avertir de fes approches;
„ mais fi la fentinelle s'endort, qu'elle néglige fon devoir, ou qu'elle
„ tâche malicieufement de trahir la ville, ceux qui font intéreffés dans
„ fa confervation, peuvent & font en droit de fe fervir de tout autre
„ moyen pour découvrir le danger qui les menace, & pour s'en garen-
„ tir. L'ignorance, l'incapacité, la négligence, ou la débauche du Roi
„ eft un grand malheur pour la Nation, & lorfqu'il eft méchant, c'eft
„ encore pis; mais ce mal n'eft pas fans remede. On en peut trouver,
„ & fouvent on en a trouvé d'efficaces pour les plus grands vices. Les
„ derniers Rois de France de la Race de Méroué & de Pepin attirerent
„ plufieurs malheurs fur le Royaume, mais on trouva moyen d'en
„ prévenir la ruine. Edouard & Richard feconds Rois d'Angleterre
„ ne reffembloient pas mal à ces Rois fainéans, & nous favons ce que
„ l'on fut obligé de faire pour préferver la Nation d'une ruine qui
„ fem-

„ sembloit inévitable. Il ne s'agissoit pas alors de savoir qui étoit en
„ droit d'assembler le Parlement, mais d'empêcher l'Etat de périr. Il
„ est certain que c'étoit aux Consuls ou aux autres principaux Magistrats
„ de Rome d'assembler & de congédier le Sénat: mais lorsqu'Annibal
„ étoit aux portes de la ville, ou que les Romains se trouvoient dans
„ quelqu'autre danger pressant, qui ne les menaçoit pas moins que d'une
„ entiere destruction, si ces Magistrats avoient été yvres, insensés,
„ ou qu'ils eussent été gagnés par l'ennemi, il n'y a point de personne
„ raisonnable qui puisse s'imaginer qu'on eut dû alors s'arrêter à des for-
„ malités. Dans ces occasions chaque Particulier est Magistrat, &
„ celui qui s'apperçoit le premier du danger & qui sait le moyen de
„ le prévenir, est en droit de convoquer l'assemblée du Sénat ou du
„ Peuple. Le Peuple seroit toujours disposé à suivre cet homme, & le
„ suivroit infailliblement; tout de même que les Romains suivirent Bru-
„ tus & Valerius contre Tarquin, ou Horatius & Valerius contre les
„ Décemvirs; & quiconque agiroit autrement, seroit sans contredit
„ aussi fou que les Courtisans des deux Rois d'Espagne. Le premier
„ de ces Rois, Philippe III, étant indisposé un jour qu'il faisoit fort
„ froid, on apporta dans sa chambre un brasier de charbon qu'on mit
„ si proche de lui, qu'il en fut cruellement brûlé. Un des Grands,
„ qui étoit présent, dit à celui qui étoit proche de lui: *le Roi se brûle;*
„ celui-là lui répondit que cela étoit vrai, mais que le Page, qui avoit la
„ charge d'apporter & d'ôter ce brasier, n'y étoit pas; & avant qu'on
„ le pût trouver, les jambes & le visage de sa Majesté furent tellement
„ brûlés, que cela lui causa une Erésipele dont il mourut. Peu s'en fal-
„ lut que Philippe IV n'eût le même sort : ce Prince étant à la chasse, fut
„ surpris d'une violente tempête mêlée de pluie & de grêle, & aucun
„ de ses Courtisans n'osant prendre la liberté de lui prêter son manteau,
„ ce Monarque fut si mouillé, avant qu'on pût trouver l'officier qui
„ portoit le sien, qu'il se vit attaqué d'un rhume qui lui causa une fievre
„ très dangereuse. Si les Rois prennent plaisir aux suites de cette régu-
„ larité, ils peuvent la faire observer dans leur famille; mais les Nations,
„ dont le principal soin doit être de se mettre en sûreté, agiroient en
„ stupides & en bêtes, si elles aimoient mieux se laisser ruiner que de
„ s'écarter de ces formalités (n) ".

„ Le Roi ne peut avoir ce pouvoir, à moins qu'il ne lui soit donné,
„ car originairement tout homme est libre, & la même puissance qui a
„ élevé le Roi sur le trône, lui donne tout ce qui appartient à la dignité
„ de Roi. Ce n'est donc pas un pouvoir qui soit attaché à la personne,
„ mais qui lui est donné par commission, & quiconque reçoit ce pou-
„ voir, en doit rendre compte à ceux qui le lui ont donné &c."

„ C'est en vain que les Parlemens s'assemblent, s'il ne leur est pas

(n) Discours sur le Gouvernement, *Tom.* 4. *sect.* 38.

„ permis de continuer leurs féances jufques à ce qu'ils aient achevé
„ les affaires pour lefquelles ils fe font affemblés, & il feroit ridicule de
„ leur donner pouvoir de s'affembler, s'il ne leur étoit pas permis de de-
„ meurer affemblés jufqu'à l'entiere expédition des affaires. Car com-
„ me dit Grotius: *Qui dat finem, dat media ad finem neceffaria.* La feule
„ raifon pour laquelle les Parlemens s'affemblent, c'eft pour travailler à
„ l'avancement du bien public; & c'eft en vertu de la Loi qu'ils s'affem-
„ blent pour cette fin. On ne doit donc pas les diffoudre avant qu'ils
„ aient fait ce pour quoi ils font affemblés. Ce fut pour cela même que
„ le premier & principal Chef d'accufation de crime d'Etat qu'on allégua
„ contre Tréfilian fut qu'il avoit déclaré que les Rois pouvoient dis-
„ foudre les Parlemens felon leur bon plaifir &c."

L'Auteur du fonge Du Vergier foutient avec raifon que le Roi ne
reçoit aucun nouveau pouvoir par l'onction que lui donne une perfonne
Eccléfiaftique (o).

Mais pourquoi le Roi fe fait-il donc facrer? Cette cérémonie ne peut pas
être inutile, & n'avoir abfolument aucun effet. Voici la réponfe à cette queftion.

„ Et à ce qui eft allégué que l'onction du Roi ne peut pas être pour
„ néant faite ne en vain: jaçoit ce que elle ne donne aucun pouvoir
„ en la temporalité, elle a aucuns vertus & effets.

„ Premiérement après l'onction le Roi eft tenu en plus grand honneur
„ & révérence de fon Peuple. Et premiérement au Couronnement du
„ Roi on fait grand joie & grand folemnité, & auffi le Roi eft plus
„ amé de fes Sujets: & auffi le Couronnement & l'onction du Roi fe peut
„ faire, afin que la grand magnificence du Roi foit montrée, & que il en
„ foit plus craint de fes Sujets & de fes voifins: comme le Roi Affuerus
„ fit un grand convoi de Seigneurs & de Peuple pour montrer fa très
„ grand puiffance & fes grands richeffes, & la gloire de fon Royaume,
„ comme il eft écrit Hefter *primo Capitulo.*

Si l'onction ne confere aucun pouvoir, peut-on dire la même chofe du
Couronnement?

L'Auteur le foutient, & raifonne ainfi:

„ Toute Seigneurie Royale s'y eft introduite de Ordonnance divine
„ ou humaine, & cela nous appert affez *in libro Regum*, auquel nous
„ avons que Dieu ordonna la Seigneurie Royale par Samuel, & mon-
„ tra quel devoit être le droit d'un Roi. De l'ordonnance humaine
„ appert tant au nouvel qu'au viel Teftament, que en plufieurs Hiftoi-
„ res, par lefquelles il appert comment plufieurs Rois furent par la vo-
„ lonté des hommes faits. Et qui voudra favoir quel pouvoir un Roi a
„ fur la temporalité, & quand il prend; il doit confidérer premiérement
„ & enquérir fe c'eft chofe poffible, comment ce Royaume fut dès le

(o) *Liv.* 1., *Chap.* 75, 76.

„ commencement ordonné & inflitué , & fe telle ordonnance ou infli-
„ tution premiere peut être trouvée , elle doit être gardée; fi elle ne
„ peut être trouvée ne n'eft mémoire comment ce Royaume fut premié-
„ rement établi, en ce cas l'on doit garder la coûtume qui a été gardée
„ pour tant de tems qu'il n'eft mémoire du contraire , cette coûtume
„ doit être gardée, mais qu'elle foit raifonnable & qu'elle ne foit pas
„ contre la Loi divine. Se par aucune adventure , l'on ne fait quelle
„ coûtume y a été gardée : ou le premier Roi mourut avant que telle
„ conflitution ou Ordonnance en fût faite; adoncques le Roi qui vien-
„ droit par fucceffion devroit garder ce qui feroit plus raifonnable &
„ plus proufitable au bien commun & à toute la chofe publique ".
L'Auteur ajoute qu'un Roi eft ordonné & établi en trois manieres,
10. par la volonté & ordonnance du Peuple, ou par l'autorité d'un Souverain qui a plufieurs Peuples fous lui, ou par jufte guerre.

„ Se en la premiere maniere eft un Roi établi, c'eft affavoir par
„ la voulenté du peuple, ainfi que en la voulenté du Peuple eft or-
„ donné que les Rois viennent par fucceffion ou par élection , auffi
„ eft-il à la voulenté du Peuple de difpofer & ordonner que les Rois
„ qui viennent par fucceffion, & l'un meurt, que l'autre fuccede, &
„ ait pleine Seigneurie du Royaume fans Couronnement ou quelconque
„ autre folemnité: on peut difpofer & ordonner que ce plain povoir il
„ doit recevoir feulement par fon Couronnement, ou en recevant au-
„ cune autre folemnité & eft la raifon toute claire. Car chacun quant
„ il baille fa chofe, peut mettre telle Loi ou condition qu'il lui plait.
„ Auffi un Peuple quand il fait de nouvel un Roi fur foi & foumet les
„ perfonnes & les biens à lui comme Souverain, il peut mettre Loi ou
„ condition, mais qu'elle foit raifonnable, & ordonner que chacun Roi,
„ qui fera leur Seigneur par fucceffion , ait tantôt & fans autre folem-
„ nité attendre, plaine puiffance en la temporalité.

„ Et par cette même raifon povons-nous dire en la feconde & en
„ la tierce maniere de ordonner & établir Roi, que fe ung Empereur
„ ou Roi fait autre Roi il peut mettre telle Loi ou condition comme il
„ lui plait, c'eft affavoir qu'il reçoive pleine puiffance avant fon Couron-
„ nement & en fon Couronnement, & auffi avant le Couronnement
„ peut être donnée pleine puiffance en la temporalité. Et fe le Roi
„ en ce cas prent povoir en la temporalité en fon Couronnement, ce
„ n'eft pas par vertu de Couronnement , mais eft par force de conve-
„ nant & de l'ordonnance de celui qui le Royaume premiérement or-
„ donna & établit. Et ainfi il ne prend aucun povoir de celui qui le
„ couronne, foit Clerc ou Lai, mais de celui feulement qui le Royaume
„ premiérement ordonna & établit. Et fi vous me demandez de quoi
„ fert le Couronnement à celui cas, quant il a plein povoir avant fon
„ Couronnement, je vous répons, comme autrefois ai dit qu'il eft cou-

„ ronné pour plus grant folemnité, & qu'il foit plus craint, honouré &
„ amé ". (p)

Cette réponfe eft manifeftement trop foible, & laiffe fubfifter l'objection dans toute fa force. Il eft vrai que le Sacre & le Couronnement
font une pure cérémonie pleinement inutile, & qui ne produit aucun effet. On auroit pu fans doute convenir ou qu'il n'y auroit point de
Couronnement, ou qu'avant cette cérémonie le nouveau Roi gouverne-
roit. Mais tout annonce qu'on a fait la convention contraire, & qu'on
a attaché au Couronnement, au moins dans la regle ordinaire, la prife de
poffeffion du Trône, le confentement du Peuple à fe foumettre au Gouvernement d'un tel Prince, qui devenoit Roi ou par élection, ou par
fucceffion.

Au Couronnement de Jacques II Roi d'Angleterre l'Archevêque de
Cantorbery s'étant levé de fa chaife, dit à tout les affiftans & au Peuple.

„ Je vous préfente ici le Roi Jacques comme héritier légitime de ce
„ Royaume, & je vous demande fi vous, qui êtes à prefent affemblés,
„ êtes venus ici pour lui faire hommage & fi vous l'acceptez volontiers,
„ Delà cet Archevêque étant accompagné du Grand Garde des
„ Sceaux, du Grand Chambellan, du Grand Connétable, & du Grand
„ Marechal, alla du côté du midi, de l'occident & du nord, & répé-
„ ta à tous les trois endroits les mèmes paroles. Le Roi refta, en
„ attendant, debout auprès de fon fauteuil, mais il fe tournoit toujours
„ du côté où ces paroles étoient prononcées. Le Peuple témoigna à cha-
„ que proclamation fa grande joie & fon contentement par fes accla-
„ mations, & par ces cris: *Dieu conferve le Roi.* (q)

- Peu après l'Archevêque prononça la priere fuivante:

„ Dieu tout-puiffant, vous qui êtes le Créateur de toutes chofes,
„ le Roi des Rois, le Seigneur des Seigneurs, nous vous prions qu'il
„ vous plaife exaucer cette notre très humble priere, & de verfer
„ largement votre bénédiction fur votre Serviteur que nous avons
„ fait notre Roi en votre faint nom &c.

„ Le Sermon étant fini, le Roi fe découvrit, & l'Archevêque lui de-
„ manda s'il étoit prêt de faire le ferment que fes Prédéceffeurs avoient
„ fait. Et lorfque le Roi eût répondu: oui; l'Archevêque pourfuivit,
„ s'il promettoit & juroit qu'il vouloit conferver au Peuple d'Angleterre
„ fes coutumes, privileges & Loix; s'il vouloit régner comme fes Pré-
„ déceffeurs confcientieux avoient fait; & fi particuliérement il vouloit
„ laiffer jouir les Eccléfiaftiques de leurs us & privileges, que Saint
„ Edouard leur avoit donnés en conformité des Loix de Dieu & des
„ Coutumes du Royaume. Le Roi répondit: je promets de le faire. L'Ar-
„ chevêque demanda s'il vouloit vivre dans une bonne & convenable
„ paix avec l'Eglife, avec les Eccléfiaftiques, & avec le Peuple. Le
„ Roi répondit encore: je le veux faire. L'Archevêque demanda dere-

(p) Ibidem, *Cap.* 77, 78.
(q) Cérémonial diplomatique de Rouffet. *Tom.* 2, *pag.* 468 *& fuiv.*

" chef: voulez-vous faire de votre mieux pour maintenir l'obſervation
" des Loix, & voulez-vous adminiſtrer la Juſtice partout? Le Roi ayant
" encore répondu: Oui, je le veux faire, l'Archevêque pourſuivit;
" voulez-vous défendre les juſtes coutumes & privileges des Communes,
" ainſi appellées, & les conſerver à l'honneur de Dieu, autant qu'il dé-
" pendra de vous? Le Roi répondit: oui je le promets".
" Dans une des prieres l'Archevêque dit au Roi: " conſervez pour l'a-
" venir cette place de votre dignité Royale, qui vous appartient par droit
" d'héritage & en conformité des Loix". Après le Couronnement le Roi reçut le ſerment de fidélité de l'Archevêque & de tous les Grands du Royaume.

Ainſi la premiere ſolemnité du Couronnement en Angleterre comme en
France, c'eſt de demander au Peuple s'il accepte pour Roi celui qui va recevoir la Couronne. Les prieres annoncent qu'il tient ſon autorité du
chef du Peuple, quoiqu'on y diſe en même tems qu'il monte ſur le trône
par ſucceſſion. Ce n'eſt qu'après avoir prêté ſerment qu'il reçoit la
couronne & l'hommage de ſes Sujets.

On perſuadera difficilement à des gens ſenſés qu'une cérémonie ainſi
établie uniformément dans presque tous les pays ſe termine à une vaine
pompe, ſans avoir aucun motif raiſonnable.

L'ancienne formule du ſerment des Rois d'Angleterre étoit à peu près
ſemblable à celle qu'on vient dé raporter. Voici celui qui fut prêté par
les deux Edouards en 1308 & 1327.

" Sire, volez-vous graunter & garder, & par votre ſerment confirmer
" au Peuple d'Engleterre les Loix & les Coutumes à eux grauntées par
" les antiens Rois d'Engleterre vos Prédéceſſeurs droitures & dévots à
" Dieu, & nommément les Loix, les coutumes & les franchiſes graun-
" teés au Clergie & au Poeple par le glorieux Roi Saint Edward votre
" prédéceſſeur.
" Jeo les graunte & promette.
" Sire, garderez-vous à Dieu & Saint Egliſe & au Clergé & au
" Peuple pars & accord en Dieu entierement ſelon votre poer?
" Jeo les garderai.
" Sire, fréerez-vous faire en tous vos jugemens ovele & droit, jus-
" tice & diſcrétion, en miſéricorde & vérité à votre poer?
" Jeo le frai.
" Sire, graunte vous à tenir & garder les Loix & les coutumes,
" droitureles, lesquelles la communauté de votre Royaume aura eſlû, &
" les defendrez & afforterez, à l'honur de Dieu, à votre poer?
" Jeo les graunte & promette (r).

Il réſulte d'un acte de 1429 que jusques à ce que le Roi d'Angleterre,
eût été couronné, on avoit nommé un protecteur & défenſeur du Royaume.

Il y eſt dit que le Roi ayant pris, lors de ſon Couronnement la protection & la défenſe du Royaume & de l'Egliſe, & s'y étant obligé par ſer-

(r) Acta Rymer, *Tom.* 1. *part.* 4. *pag.* 112. *Tom.* 2. *part.* 2. *pag.* 172.

ment, on a délibéré dans le Parlement que cette fonction de Protecteur &
de Défenseur devoit cesser depuis le Couronnement, en laissant subsister
celui de principal Conseiller du Roi.

Le Duc de Glocestre, qui avoit été honoré de Protecteur & Défenseur, conjointement avec le Duc de Bedfort son frere, acquiesce à la décision, sans entendre par là obliger le Duc de Bedfort à suivre son
exemple (s).

C'étoit la Minorité de Henri VI âgé seulement de neuf mois, qui
avoit obligé de choisir un Protecteur & un Défenseur du Royaume. Le
jeune Prince avoit été proclamé Roi à Londres le 9 Novembre 1422. aussitôt après la mort de son pere. Lorsqu'il fut couronné le 6 Novembre
1429. il n'avoit encore que huit ans, & il n'étoit pas plus capable de prendre les rênes du Royaume. Mais par cela seul qu'il étoit couronné, il étoit
entré en possession de l'Autorité Royale. Elle devoit être exercée en
son nom avec le secours de Conseils qui suppléassent à la foiblesse de l'âge.
Tant il est vrai qu'on a toujours regardé le Sacre & Couronnement
comme la prise de possession du Trône, & du pouvoir qui y est attaché.

„ Eudes 29e. Roi de France, fils de Robert I. dit le Fort & d'Ade-
„ laïde fille de l'Empereur Louis le Débonnaire, fut élu & couronné à
„ Compiegne par Gauthier ou Vautier Archevêque de Sens au mois de
„ Janvier 887, quoique Compiegne ne fût pas de sa Métropole, mais
„ de celle de Rheims.

„ Nous ne trouvons pas qu'Eudes ait été sacré, quoiqu'il ait porté le
„ titre de Roi, & que l'histoire nous marque qu'il a été couronné com-
„ me tel. Mais il ne faut pas s'en étonner, puisqu'il ne fut couronné
„ que pour un tems, c'est-à-dire pendant la minorité de Charles le
„ Simple & qu'il ne gouverna la France que comme Tuteur de ce Mo-
„ narque.

„ L'usage étoit alors que les Régens prenoient le titre de Rois dans
„ leurs Chartes & les dattoient des années de leur regne, & que les
„ Rois mêmes ne prenoient le titre de Rois & ne dattoient de leur regne
„ que du jour de leur Couronnement & de leur Sacre; ce qui n'arrivoit
„ que lorsqu'ils étoient parvenus à une pleine majorité, à moins que les
„ Rois leurs peres agissant de leur Autorité Souveraine ne les eussent fait

(s) *Quia tamen præfatus Dominus noster Rex sexto die novembris, anno præsenti, pro-
tectionem & defensionem Regni & Ecclesiæ prædictorum in coronatione suâ suscepit, atque
ad eadem Ecclesiam & regnum protegendum & defendendum in dictâ suâ coronatione Sacramen-
tum præstitit corporale.*

*Pro eo etiam quòd, avisamento diligenti & deliberatione maturâ habitis inter Dominos Spi-
rituales & Temporales in præsenti Parlamento existentes, utrùm dictum nomen Protectoris &
Defensoris, ex causâ prædictâ, cessare deberet necne ? audiisque & intellectis nonnullis no-
tabilibus rationibus & allegationibus in hâc parte factis, tandem videbatur præfatis Dominis
Spiritualibus & Temporalibus quod dictum nomen Protectoris & Defensoris à tempore coronationis prædictæ, ex causis prædictis, specialiter cessare deberet.*

*Nomine tamen principalis Consiliarii dicti Domini nostri Regis præfatis Ducibus, & eo-
rum alteri, quandiù eidem Domino Regni placuerit juxtà formam & effectum acti & Litterarum Patentium prædictorum, in omnibus semper salvo.* Ibid. Tom. 4. part. 4. pag. 151.

„ couronner pendant la vie de leurs Majeftés, ou n'euffent ordonné en
„ mourant qu'ils fuffent couronnés le plutôt que faire fe pourroit, &
„ fans attendre qu'ils fuffent majeurs ; ou qu'enfin les Grands du Royaume
„ ne fuppléaffent à ce défaut, en faifant couronner le jeune Prince, à
„ quelque âge qu'il pût avoir. Cet ufage de couronner Rois ces Régens,
„ a duré jufques dans le douzieme fiecle au rapport de quelques Auteurs,
„ non feulement en France, mais même dans l'Empire de Conftantino-
„ ple, où Jean de Brienne fut couronné Roi, étant Régent de l'Em-
„ pire de Conftantinople pendant la minorité de l'Empereur Baudouin
„ de Courtenai en 1229, lorfque les Princes François étoient maîtres
„ de l'Empire d'Orient'' (t).

„ Après la mort de Louis & de Carloman, il y eût un interregne
„ d'un an. Le Royaume devoit appartenir à Charles le Simple, frere poft-
„ hume de ces deux Princes, mais comme Charles n'avoit alors que
„ cinq ans, & que les Normands ennemis de la France, faifoient de
„ grands troubles dans le Royaume, l'abbé Hugues ou Eudes fon Tuteur,
„ crut qu'il falloit un Prince brave & puiffant pour les repouffer ; c'eft
„ pourquoi il appella en France Charles le Gros Roi de Lombardie, de
„ Germanie, & Empereur d'Occident, & coufin de Louis & de Car-
„ loman.

„ Charles dit le Gras ou le Gros 28e. Roi de France & Empereur d'Oc-
„ cident, fut couronné & facré pour la premiere fois comme Roi de
„ Lombardie à Milan par l'Archevéque dudit lieu l'an 880.

„ Pour la feconde à Rome comme Empereur d'Occident par le Pape
„ Adrien III l'an 881.

„ On ne voit pas que Charles le Gros ait été facré ni couronné
„ comme Roi de France, auffi les plus habiles Hiftoriens ne l'ont-ils
„ regardé que comme Tuteur & Régent pendant la minorité de Charles
„ le Simple, & ne l'ont pas compris dans le nombre de nos Rois, du
„ nom de Charles. Il s'acquitta d'abord avec beaucoup de conduite &
„ de fuccès de la Régence, mais il dégénera fi fort, peu après, & fon
„ efprit devint fi foible, que fes Sujets l'abandonnerent, & qu'on fut
„ obligé de le chaffer à caufe de fes lâches artifices & de fon peu de
„ bonne foi. Ce qui arriva au mois de Janvier de l'année fuivante 887,
„ de façon qu'il mourut pauvre, & felon quelques-uns empoifonné, où
„ même étranglé dans un village de la Souabe, au mois de Janvier de
„ l'année fuivante 888 Il fut le dernier des Rois de France qui ait
„ poffédé l'Empire, les Allemands l'ayant chaffé, & élu en fa place
„ Arnoul fils bâtard de fon frere Carloman'' (v).

On va voir cependant combien cette regle étoit encore douteufe.

„ Aux Etats affemblés alors en 1483 après la mort de Louis XI. il y
„ eût de grandes difputes fur le pouvoir des Etats pendant la minorité
„ du Roi ; les uns foutenant que toute l'autorité réfidoit en eux,
„ & qu'ils ne devoient point ufer de prieres & de fupplications, mais

(t) Menin, *Hiftoire Chronologique du Sacre & Couronnement des Rois*, pag. 54.
(v) Ibidem, pag. 52.

„ de commandemens & d'ordonnances, au moins jusques à ce que le
„ Conseil, qui devoit être nommé par les Etats, fût établi. D'autres
„ disoient que de droit la disposition de l'Etat & le Gouvernement du
„ Royaume appartênoient aux Princes du Sang comme Tuteurs légitimes,
„ & qu'à la rigueur le consentement des Etats n'y étoit requis que pour
„ la levée des impositions.

„ Ils résolurent que le Roi étant proche de puberté & de très bon
„ esprit, tout se devoit faire sous son nom & commandement; mais
„ dans les Lettres de Justice & de grace qui seront accordées, il parle-
„ roit lui-même, & qu'ils n'entendoient pas néanmoins qu'il pût
„ donner ni conclure chose importante sans la plus grande & meilleure
„ partie du Conseil.

„ Le Chancelier leur expliquant la dessus les volontés du Roi, leur
„ dit: *Rex juxtà vestras deliberationes probat & confirmat, & nunc eri-*
„ *git & constituit suum certum & indubitatum consilium, volens nihilomi-*
„ *nùs probos viros, sicut petiistis, ex corpore Statuum reliquis Consilii*
„ *aggregari. Cui quidem Consilio vult & intelligit datam fore potestatem*
„ *statuendi & præcipiendi quæcumque ad Reipublicæ utilitatem viderint*
„ *expedire, servatâ tamen semper ei jubendi & suo nomine cuncta faciendi*
„ *dignitate. Demùm in reliquis materiis ex vestro cœtu solertes & experti viri*
„ *sumentur, qui cum præfato Consilio provideant, atque commodum & sa-*
„ *lubrem finem imponant*" (x).

On peut juger par là si la saisine légale étoit alors universellement reconnue. On délibere dans les Etats en 1483. si le Royaume ne devoit pas
être gouverné en leur nom, ou s'il devoit l'être en celui des Princes du
Sang. Si l'on consent que tout se fasse sous le nom & commandement
du Roi, c'est uniquement parce qu'il est proche de puberté & de très bon
esprit; ce n'est encore que sous la condition qu'il ne pourra rien conclure d'important sans l'avis de la plus grande partie du Conseil. Le Chancelier n'est point scandalisé d'une telle délibération. Il accorde que
tout sera fait par l'avis du Conseil, pourvû que le Roi parle en son nom.

A propos du Sacre de nos Rois, de la question qu'on y fait au Peuple
s'il accepte un tel pour son Roi, & des réflexions adulatoires des Modernes sur cette clause, Basnage fait l'observation suivante.

„ Le Sacre de Louis XIV. fut fait par l'Evêque de Soissons premier
„ suffragant de Reims, dont l'Archevêque étoit mort. On observa
„ les cérémonies accoutumées en pareille occasion, on maria le Roi avec
„ son Royaume, en lui mettant un anneau au quatrieme doigt de la main
„ droite, au lieu que dans les mariages ordinaires on préfere la main
„ gauche. L'article le plus important de cette pompeuse cérémonie, &
„ qui mérite quelque attention, est la demande qu'on fit aux assistans.
„ Car après que l'Evêque officiant eût exigé du Roi le serment & la
„ promesse de maintenir les droits canoniques des Eglises, de faire
„ des Loix justes, & de défendre son Peuple comme un bon Prince y
„ est obligé, les Evêques de Laon & de Beauvais Pairs du Royaume,
                                                               se

(x) Histoire de Charles VIII par Godefroi *pag.* 426.

„ fe tournant vers la Nobleffe & le Peuple, leur demanderent s'ils avoient
„ pour agréable le Roi qu'on leur préfentoit. Cette demande étoit un res-
„ te, ou plutôt une trace de la liberté que les Peuples s'étoient réfer-
„ vée, d'élire ou de rejetter la perfonne qu'on leur préfentoit pour être
„ leur Roi, mais elle commençoit à déplaire dès le tems de Henri IV.
„ M. de Thou, Evêque de Chartres, qui facra ce Prince, fe crut obli-
„ gé d'en faire l'apologie; & par un renverfement du fens qu'elle pré-
„ fente naturellement à l'efprit, il foutint qu'au lieu d'être une preuve de
„ l'acceptation volontaire des Peuples, elle devoit au contraire être re-
„ gardée comme un engagement à l'obéiffance due aux Rois, & fondée
„ fur le Droit Divin. On fut moins fcrupuleux au Sacre de Louis XIII,
„ parce qu'il n'avoit que neuf ans; & pendant la minorité de Louis XIV,
„ quelques Théologiens célebres eurent foin de répandre ces anciennes
„ Maximes dans des Ecrits publics, de peur qu'on n'en perdît la mémoi-
„ re; c'eft pourquoi on fuivit l'ufage dans la cérémonie de fon Sacre.
„ Mais on trouva cette claufe d'autant plus dangereufe, que Bradshaw
„ Préfident de la Chambre qui avoit jugé Charles Roi d'Angleterre, en
„ conclut, non feulement que l'acceptation d'un Souverain, mais même
„ fon élection dépendoit du corps de la Nation, & qu'il y avoit un con-
„ trat réciproque & relatif entre le Peuple & le Roi. C'eft pourquoi
„ la Cour ne voulut point que cette demande fût inférée dans la Rela-
„ tion qui fut imprimée fous fes yeux. Cela a jetté les Hiftoriens dans
„ l'incertitude: car les uns, profitant de ce filence, nient le fait; les
„ autres fe font difpenfé d'en parler par la crainte de déplaire; enfuite
„ on a pouffé la fubtilité jufqu'à foutenir que le Sacre des Rois n'étoit
„ qu'une cérémonie inutile, afin d'en pouvoir tirer cette conféquen-
„ ce, que tout ce qui s'y difoit tant au Roi qu'au Peuple, n'avoit au-
„ cune influence fur le droit (y).

Il eft d'autant plus extraordinaire qu'on veuille par une baffe flatterie *L'His-*
dénaturer cette claufe, qu'elle eft ufitée dans les Sacres & les Couron- *toire*
nemens de tous les pays. On peut confulter le Couronnement de Maxi- *fournit*
milien I. Roi des Romains en 1486 (z). Il fut élu en cette qualité le 14. *d'exem-*
Février à Francfort & couronné à Aix-la-Chapelle le 9. Avril. *ples de*

Après des Litanies, l'Archevêque de Cologne demanda au Roi s'il vou- *Souve-*
loit défendre la Foi Catholique, protéger les Eglifes, gouverner fon *rains de*
Royaume avec Juftice, en conferver les biens & les droits, être le protec- *Peuples*
teur des veuves & des orphelins, & rendre au Pape l'obéiffance qui lui *ont exi-*
étoit due. Le Roi le promit avec ferment (a). *gé le*
ferment
comme
preuve
(y) Annales des Provinces-Unies, année 1654. n. 52. *& gage*
(z) *Hiftoria electionis & coronationis Maximiliani I.* Marquardus, Freherus rerum Ger- *de l'exé-*
manicarum Scriptores. Tom. 3. pag. 23. *cution*
(a) *Litaniá finitá erexit fe Rex; & Dominus Archiepifcopus Colonienfis ftans antè alta-* *du Con-*
re, habens baculum paftoralem in manu fuá, interrogavit à Rege fex puncta fequentia. Vis *trat So-*
fanctam fidem catholicis viris traditam tenere, & opibus juftis fervare? Refpondit Rex, *cial.*
volo. Colonienfis: Vis Sanctis Ecclefiis Ecclefiarumque Miniftris fidelis effe tutor & defen-

Tome I. T t

Après qu'il eut prêté ce ferment, l'Archevêque de Cologne debout devant l'autel, demanda aux Princes, au Clergé & au Peuple qui étoient préfens, s'ils vouloient fe foumettre à un tel Roi, & lui obéir, à quoi tout
le monde répondit affirmativement par des acclamations (b).

Après avoir reçu la Couronne, & avant de monter fur le Trône, Ma-
ximilien prêta encore un autre ferment entre les mains des Archevêques
de Maïence & de Treves (c).

Après la preftation de ce fecond ferment, on fit monter le Roi fur le
Trône, en lui déclarant qu'il n'y étoit point placé par fucceffion, ni
par droit héréditaire, mais par la volonté & le choix des Electeurs, de
l'autorité du Dieu tout-puiffant par le miniftere des Evêques & des autres ferviteurs de Dieu (d).

On le reçut enfuite Chanoine d'Aix-la-Chapelle & il fit au Chapitre un
nouveau ferment pour raifon de fa prébende (e).

for ? *Refpondit Rex*, volo. *Dominus Colonienfis:* Vis Regnum tibi à Deo conceffum fecundùm juftitiam prædecefforum tuorum regere, & efficaciter defendere ? *Refpondit Rex:* volo. *Epifcopus Colonienfis:* Vis jura Regni & Imperii confervare, bonaque ejufdem injuftè
difperfa recuperare, & fideliter in ufus Regni & Imperii difpenfare ? *Refpondit Rex:* volo.
Epifcopus Colonienfis: Vis pauperum & divitum, viduarum & orphanorum æquus effe judex, & pius defenfor? *Refpondit Rex:* volo. *Epifcopus Colonienfis:* Vis Sanctiffimo in Christo Patri, & Domino Romano Pontifici, & Sanctæ Romanæ Ecclefiæ fubjectionem debitam & fidem reverenter exhibere?

*Quibus dictis Rex per Archiepifcopos Moguntinenfem & Treverenfem ductus eft ad altare,
& pofitis duobus digitis manûs fuæ dextræ fuper altare dixit:* volo. *Et in quantum divino
fultus adjutorio, & precibus Fidelium Chriftianorum adjutus valuero, omnia præmiffa fideliter adimplebo: fic me Deus adjuvet & omnes Sancti ejus.*

(b) *Hoc facto per Archiepifcopos prædictos reducebatur iterùm ante altare, & Dominus
Archiepifcopus Colonienfis, ftans antè altare cum baculo paftorali, quæfivit à Principibus
Alemaniæ & Clero & Populo circumftantibus?* Vultis tali Principi ac rectori vos fubjicere,
ipfiusque regnum firmare; fide ftabilire, atque juffionibus illius obtemperare? *Juxtà Apofto-
lum, omnis anima Poteftatibus fublimioribus fubdita fit, five Regi tanquam præcellenti &c.
Ad quam quæftionem Dominus Moguntinenfis & Treverenfis, Principes Alemaniæ, Clerus
& Populus affiftentes, refponderunt dicentes: fiat, fiat, fiat.*

(c) *Profiteor & promitto coram Deo & Angelis ejus amodò & deinceps, legem & juftitiam pacemque Sanctæ Dei Ecclefiæ fervare, populoque mihi fubjecto prodeffe & juftitiam facere, & confervare jura regni, falvo condigno divinæ mifericordiæ refpectu, ficut cum confilio
Principum & fidelium regni atque meorum melius invenire potero. Sanctiffimo Romano Pontifici, & Ecclefiæ Romanæ, cæterifque Pontificibus & Ecclefiis Dei condignum & cano-
nicum honorem volo exhibere. Ea etiam quæ ab Imperatoribus & Regibus, Ecclefiis, feu Ecclefiafticis perfonis collata funt & erogata inviolabiliter ipfis confervabo & faciam confer-
vari. Abbatibus & Ordinibus vafallis regni, honorem congruum volo portare & exhibere, Domino noftro Jefu Chrifto mihi præftante auxilium, fortitudinem & decorem.*

(d) *Ibi Dominus Colonienfis dixit: Sta, retine amodò locum regium, quem non jure
hæreditario, neque paternâ fucceffione, fed Principum feu Electorum in regno Alemaniæ tibi
nofcas delegatum, maximè per auctoritatem Dei Omnipotentis, & traditionem noftram præfcia-
tem, & omnium Epifcoporum cæterorumque fervorum Dei.*

(e) *Item venerunt Capitulares Ecclefiæ Aquenfis recipientes Regem Romanorum in Cano-
nicum: qui ipfis præftitit juramentum quoad præbendam hanc in eâdem Ecclefiâ. Et dede-
runt fibi locum in choro. Ipfe etiam dedit ftatuta, & vinum admiffionis juxtà confuetudi-
nem Ecclefiæ. Et habet duos Vicarios in loco, qui capiunt integram præbendam & fupplent
locum fuum in Ecclefiâ.*

Cette interrogation au Peuple s'il accepte un tel pour fon Roi, fe retrouve dans le Sacre de Matthias II, Roi de Hongrie en 1608. (f)

Après la mort de Rodolphe II, Roi de Hongrie, l'Archiduc Matthias frere de l'Empereur, fut Gouverneur de ce Royaume. Il en convoqua les Etats à Presbourg au mois d'Octobre 1608, & y vint lui-même le 22. de ce mois, faire fon entrée folemnelle. Il fut reçu & complimenté par le Cardinal Archevêque de Strigonie.

A l'ouverture des Etats, Matthias leur annonça le défir qu'avoit l'Empereur, & celui qu'il avoit lui-même, qu'ils le choififfent pour Roi, leur promettant de conferver leurs droits & leurs privileges, & de n'être, fous le titre de Roi, que le Pere de la Patrie (g).

Les Etats ayant délibéré long-tems fur l'élection d'un Roi, Matthias fut élu en cette qualité.

La cérémonie de fon Couronnement ayant été fixée au 19. du même mois, Matthias étant dans l'Eglife, prêta un premier ferment fur la Croix entre les mains du Cardinal Archevêque de Strigonie (h).

Après plufieurs cérémonies, le Roi reçut les différentes onctions, & fut ceint de l'epée, mais avant de lui mettre la Couronne fur la tête, le Cardinal la remit entre les mains du Palatin du Royaume, qui l'élevant en haut & parlant en langue vulgaire, fuivant l'ancien ufage, demanda trois fois au Peuple, vers lequel il étoit tourné, *s'il vouloit Matthias pour Roi.* Les cris de joie ayant annoncé le confentement, le Palatin remit la Couronne entre les mains du Cardinal, qui la plaça fur la tête du Roi (i).

L'Auteur de la Relation cherche dans la Couronne Royale une efpece de fens myftique. Elle fignifie, felon lui que la Royauté eft un bénéfice accompagné d'une grande charge (k).

La cérémonie étant finie à l'Eglife, le nouveau Roi fut conduit à la porte de la ville, nommée l'Archange, & là étant monté fur une eftra-

(f) *Regis Ungariæ Matthiæ II. Coronatio, Joanne Jeffenio à Jeffen Regio Medico defcriptore.* Hamburgi 1609.

(g) *Sanctè promittere, falva ipforum jura fore, libertates & privilegia, daturumque operam impenfè, ut fub poteftate Regiâ Patrem Patriæ perpetuò perfentifcant.* Pag. 10.

(h) *Ego Matthias Archidux Auftriæ, polliceor coram Deo & Sanctis ipfius Angelis, daturum me pro viribus operam ut Divina humanaque jura in tuto fint, Deo dicata Ecclefiæ bona intacta permaneant, facro Ordini fuum decus conftet, & jus cuique fubditorum tribuatur. Mox, Jefu Chrifti Novi Teftamenti Libro, à Præfule aperto fervato, utráque manu admotâ fufcipiens: fic me Deus adjuvet, & Sancta ejus Evangelia, juravit.* Pag. 17.

(i) *Palatinum Cardinalis adfcivit, in ejusque manus diadema refignavit, qui id attollens, converfus ad populum, ex veteri confuetudine vulgari fermone, numne hunc Regem effe jubeant? ter altâ voce rogavit; à quibus cum toties acclamatum effet, placet, fiat & vivat Rex, Coronam Cardinali reftituit.* Pag. 20.

(k) *Cur non potiùs, & veriùs Majeftatem oneri conjunctam, indicabit? Quod certè jam dudum corona ferrea, quâ tùm Italiæ Reges & Imperatores redimiti, defignavit atque illud Poëta, perfer & obdura. Cæterùm præter aliaque infunt coronæ huic confideratu dignæ fingularia, quatenæ funt indè dependentes, aurefque vérberantes appendices, quæ iftud fortè agere mihi videntur, quod folitus apud Perfas cubicularius, quem Plutarchus refert quotidiè Regibus infufurraffe; Surge, cura, Rex, negotia.* Ibid.

de conftruíte hors des murs, il prêta un nouveau ferment, plus relatif que le premier à l'intérêt du Peuple (l).

Le Mercure François nous fait le récit abregé du Couronnement de l'Empereur Ferdinand le 30. Août 1619, dans la Ville de Francfort.

„ La Meffe fe continuant, le Roi retourna derechef à l'autel, où il
„ s'agenouilla avec les deux Electeurs Eccléfiaftiques & Ambaffadeurs
„ des Electeurs féculiers, pendant que l'Electeur officiant difoit les
„ Oraifons, & lui faifoit les demandes accoutumées en telle cérémonie,
„ fçavoir s'il ne promettoit pas de vivre & mourir en la Religion Ca-
„ tholique, Apoftolique & Romaine, la défendre & protéger & admi-
„ niftrer la Juftice également à tous, augmenter & amplifier l'Empi-
„ re, défendre & protéger les Orphelins, les Pupilles, & les Veuves,
„ & rendre l'honneur qui étoit dû à fa Sainteté. Sur lefquelles deman-
„ des ayant prêté ferment, l'Electeur officiant fe tournant du côté des
„ deux Electeurs Eccléfiaftiques, & des Ambaffadeurs féculiers, & du
„ Peuple affiftant, il leur demanda s'ils ne vouloient pas fe foumettre
„ fous fon Gouvernement & Empire, & lui jurer obéiffance, les affiftans
„ ayant à haute voix dit, oui, & qu'on le devoit couronner &c. (m).

Au Couronnement de l'Electeur Palatin, comme Roi de Boheme dans la ville de Prague, dans la même année 1619 „ le Grand Burgrave fe
„ tournant vers le Peuple dit à haute voix, qu'étant maintenant fur
„ le point de couronner S. M. il défiroit fçavoir pour la derniere fois, fi
„ c'étoit la volonté & intention du Peuple là affemblé & repréfentant
„ tous ceux du Royaume, lequel répondit tout d'une voix, nous le vou-
„ lons & défirons. Et ayant le Burgrave réitéré par trois fois la même
„ demande, fuivie chaque fois de même réponfe, on préfenta à l'El-
„ Roi un livre, fur lequel il fit en langue Bohémienne, le ferment accou-
„ tumé, fuivant de mot à mot les paroles proférées par le Grand Burgra-
„ ve" (n).

Ce Couronnement d'un Prince Proteftant fait par l'adminiftrateur des Eglifes des Huffites, prouve toujours l'ufage général de ces cérémonies.

A ces Relations de Sacres on peut joindre celle de la joyeufe entrée de Philippe II, dans les différentes villes de Brabant. Il a prêté ferment à toutes; & après ce premier engagement contracté de fa part, les Ma-giftrats ne lui ont juré fidélité, qu'après avoir pris le confentement du Peuple.

(l) *Nos Matthias, Dei gratiâ, divinis aufpiciis ad regnum Ungariæ evocati, juramus per Deum vivum, per beatam Virginem, Regni hujus tutricem, cæterofque cœleſtium Numinum Ordines, velle fanctas Dei Ecclefias, & horum Adminiftros, Præfules & Prælatos, Barones item & Nobiles, Civitates liberas, atque univerfos Regnicolas, paternâ curâ complecti; Libertatem, Leges, Sanctiones, & cæteras Immunitates ab anteceſſoribus Regibus impetratas, nunquàm violare; imprimis Andreæ quondam Regis decreta obfervare; citrâ refpectum jus cuique dicere, de public'is, fideli fenatûsconfulto, debitâ ſtatuere: non modò de conſervandis, fed & amplificandis Regni finibus omnem viam & rationem inire; ac quæcumque boni Regis officia funt, diligenter obire; fic nos cum Sanctis adjuvet Deus.* Pag. 25.

(m) Mercure François, année 1619. Tom. 6. pag. 102.
(n) Ibid. pag. 153.

Philippe, fils de l'Empereur Charles-Quint, depuis Philippe II. Roi
d'Espagne, a voulu en 1549. se faire reconnoître Duc de Brabant, quoi- *prêtés*
qu'il ne dût entrer en possession de ce Duché qu'après la mort de son *par Phi-*
pere. Il a été obligé en conséquence de prêter serment à son entrée *lippe II*
dans chaque ville. C'est une obligation imposée de tout tems aux Ducs *aux dif-*
de Brabant. On va réunir quelques-uns de ces sermens. On ne peut y *férentes*
méconnoître les devoirs imposés aux Souverains. *Villes*
  & Pro-
  vinces
    „ Le Prince Philippe (à présent Roi Catholique) fit son entrée en *de Flan-*
„ Anvers au mois de Septembre de l'an 1549. lorsqu'il vint en ces pays *dres &*
„ pour être reçu Prince, & ensemble recevoir les sermens de fidélité & *de Bra-*
„ les hommages de ses Vassaux & Sujets...... Nous ferons mention du *bant.*
„ serment réciproque donné par le Prince à ceux de la ville d'Anvers.
    „ Le Prince étant venu au Palais, ou maison publique .... là, en
„ présence du Chancelier de Brabant, & de l'Etat & Communauté d'An-
„ vers, & de tout le Peuple, il jura suivant la coutume des Ducs de
„ Brabant, par les Saints Evangiles, en la forme qui s'ensuit.
    „ Nous Philippe par la grace de Dieu, Prince d'Espagne. ... Duc
„ de Bourgogne & de Brabant. .... promettons que venant à la suc-
„ cession de cet Etat, nous garderons & ferons garder fermes & stables,
„ les raisons & droits de la Sainte Eglise, comme aussi nous en use-
„ rons à l'endroit de la ville d'Anvers & du Marquisat du Saint Empi-
„ re, leur gardant & conservant en général leurs statuts, privileges,
„ libelles, exécutions & franchises, & tous les droits & usages anciens
„ & modernes, & ensemble les privileges accordés pour notre joyeuse
„ entrée, & par nous auxdits Etats de Brabant, sans excepter chose
„ quelque ce soit, & sans souffrir ni faire que jamais on y contrevienne
„ en sorte aucune, ni en tout ni en partie; ains ferons tout ce qu'un
„ bon & légitime Seigneur & Prince doit faire, & de quoi il est obligé
„ à sa ville d'Anvers, au Marquisat du Saint Empire de Rome, & à tous
„ ses bons & loyaux Sujets, & les habitans d'icelle, & ainsi nous aide
„ Dieu &c.
    „ Les Magistrats aussi de la Cité firent le serment de fidélité au Prince
„ en cette sorte.
    „ Nous Bourguemaîtres, Echevins & Etats d'Anvers, jurons & pro-
„ mettons au très illustre Prince d'Espagne, D.... Duc de Bourgogne
„ & de Brabant ..... notre futur & assuré Seigneur ici présent, com-
„ me Duc de Brabant & Marquis du Saint Empire de Rome, de lui
„ être fideles & loyaux, & de faire tout ce que bons & dévots Sujets
„ sont obligés de faire à leur vrai droiturier & légitime Prince, & ainsi
„ nous aide Dieu &c.
    „ Etant demandé au Peuple, s'il ne accordoit pas ce que les Magistrats
„ avoient promis, haussant la main droite & la voix, suivant la façon
„ de faire de par deçà, montrerent qu'ils y consentoient joyeusement (o).

(o) Description des Pays-Bas de Guichardin, traduite par Belleforets, *Amsterdam 1625.*
pag. 85, 87, 88, 89.

,, En cette forme jurerent fidélité les Tournaifiens (ainfi que les au-
,, tres Régions & villes du Pays-Bas). l'an 1549, à Philippe leur Prince
,, advenir & ores Roi d'Efpagne, comme auffi il leur fit le ferment
,, qui s'enfuit.

,, Je Philippe par la grace de Dieu Prince des Efpagnes, Comte de
,, Flandres, Seigneur de la Cité de Tournai, & Pays de Tournaifis,
,, promets & jure que à mon avénement & entrant en la fucceffion de
,, cette Seigneurie, je ferai bon & jufte Seigneur vers ceux de Tour-
,, naifis, & garderai & ferai garder bien & loyaument tous leurs pri-
,, vileges, immunités, loix, franchifes, libertés, droits & coutumes,
,, desquels ils jouiffoient lorsqu'ils vindrent fous l'obéiffance de notre fé-
,, réniffime Seigneur & pere très redouté, & qui depuis leur ont été ac-
,, cordés, en tant qu'ils en font en poffeffion légitime, & ferai tout ce
,, que doit faire un fouverain Seigneur, Comte de Flandres & Seigneur
,, de la Cité de Tournai & Province de Tournaifis. Ainfi m'aide
,, Dieu &c.

,, Les Gouverneurs & Magiftrats, y confentant, le Peuple, tant de
,, Tournai que de Tournaifis, & les autorifant, jurerent auffi en cette
,, maniere.

,, Nous les Prevôt, Jurés, Echevins, Confeillers & Officiers, manans
,, & habitans de la ville de Tournay, tant en notre nom, que pour &
,, au nom de toute la communauté d'icelle ville, promettons & jurons
,, au très illuftre Prince, notre futur Droiturier & fouverain Seigneur,
,, Philippe Prince d'Efpagne .... Seigneur de Tournay & Tournaifis,
,, ici préfent & à fes fucceffeurs (après le décès de fa Majefté Impé-
,, riale, notre fouverain Seigneur & Prince naturel .....) lui être bons
,, & loyaux Sujets; que éviterons, ôterons & éloignerons fon domma-
,, ge, avancerons fon profit, & garderons & aiderons à garder fon
,, héritage, fa Seigneurie & limites de Tournay & Tournaifis, felon no-
,, tre puiffance & poffibilité, & ferons tout ce que bons Sujets font te-
,, nus de faire à leur Droiturier & fouverain Seigneur & Prince naturel.
,, Ainfi nous veuille Dieu aider & fes Saints (p).

On voit que les Magiftrats ne prêtent le ferment qu'après avoir pris le
confentement du Peuple.

Le ferment prêté par Philippe II. à la ville de Nimegue, eft à-peu-près
femblable à ceux qu'on vient de voir. La feule différence, c'eft qu'outre
la confirmation de tous les privileges, il promet encore de garder la Ca-
pitulation conclue entre Charles-Quint fon pere, & les Etats de Brabant
dans la ville de Venloo (q).

(p) Ibid. pag. 370, 371.
(q) Ego Philippus Dei gratiâ Hispaniarum Princeps, utriusque Siciliæ, Jerusalem &c.
Archidux Auftria, Dux Burgundiæ, Brabantiæ, Gelria &c. Comes Haisburgi, Flandria,
Zutphaniæ &c. promitto ac juro ad hæc Sancta Dei Evangelia, quod in ingreffu meo & fucceffione ac regimine Ducatûs Gelria ac Comitatûs Zutphaniæ, nobiles & milites diftrictûs
Neomagenfis, nec non Burgimagiftros, Scabinos ac Confules, communes cives incolas & fubditos oppidi Neomagi & aliorum minorum oppidorum præfati diftrictûs Neomagenfis, vide-

A peine y a-t-il un feul Peuple dans le monde qui ait voulu fe laiffer gouverner par un Prince, fans avoir exigé de lui le ferment. On a toujours regardé ce ferment des Souverains, comme la preuve & l'appui du Contrat Social, de cette convention primitive, par laquelle l'un a promis de gouverner, & les autres d'obéir fous certaines conditions (r).

On a entendu Philippe II. jurer de ville en ville la confirmation de tous les privileges du Brabant. Voici quelques-uns de ces privileges.

„ Tant les Brabançons que les autres Etats .... & autres Seigneuries
„ fujettes à la Souveraineté de Brabant, plufieurs ont très beaux & très
„ profitables privileges .... entre lesquels j'en trouve fept qui font les
„ principaux.

„ Le fecond eft que le Prince ne peut pourfuivre aucun de fes Su-
„ jets ..... par accufations & demandes & pourfuites, foit criminelles
„ ou civiles, finon feulement par voie de Juftice ordinaire franche & li-
„ bre, où l'accufé puiffe avec le fecours d'un Avocat, & devant le
„ Peuple, fe juftifier & défendre. Le troifieme eft que le Prince ne peut
„ impofer tailles, taillons, fubfides, emprunts, ou autres impofitions,
„ ou innover chofe de conféquence, fans le confentement des Etats du
„ pays....,

„ Le fixieme privilege eft que le Prince affemble les Etats du pays
„ pour leur demander de l'argent ou autre chofe, les Brabançons ne font
„ obligés de fortir de leur pays. Voire ne peuvent ..... délibérer
„ de chofe aucune hors de leur terroir & finages ..... deforte que pour
„ faciliter les affaires, néceffairement il faut que le Prince les aille trou-
„ ver en leur pays.

„ Le feptieme privilege porte, que là où le Prince voudroit à tort
„ & par violence caffer, rompre & abolir ces graces & privileges les
„ Brabançons ayant fait toutes dues proteftations & juftifications, de-
„ meurent abfous, quittes & libres du ferment de la fidélité & homma-
„ ges qu'ils lui ont fait, & ainfi affranchis, il eft en leur puiffance de
„ prendre tel parti que mieux il leur femblera.

licet Teel & Bommel omnesque alios de diftrictu Neomagenfi exiftentes, tanquam fideles &
obedientes fubditos in tranquillitate, pace, juftitia & bonâ politiâ regam, atque eos in fuis
privilegiis, libertatibus, antiquis obfervantiis, bonis confuetudinibus, literis ac figillis dimit-
tam & confervabo. Eademque ab omni violentiâ, gravamine & damno defendam ac prote-
gam, quemadmodum clemens & benignus Princeps fideles & obedientes fubditos fuos defendere & protegere tenetur & obligatur, cæteraque omnia faciam, quæ in tractatu inter Cæfa-
ream Majeftatem, Dominum & patrem meum colendiffimum, ac Status Ducatûs hujus Gelriæ & Comitatûs Zutphaniæ antè oppidum Venloo inito latiùs continentur. Itâ me Deus adjuvet & omnes Sancti ejus. Pontanus Hiftoriæ Gelriæ, Lib. 13. pag. 854.

(r) Non licebat jam olim etiam apud Romanos Rempublicam gerere nifi jurito. Eft autem jusjurandum, juxtâ Ciceronem, religiofa affirmatio, quo, Deus invocatus teftis, ipfe
exigit promiffum. Extat hoc, contrà violentiam quoque metuendum, unica fecuritatis teffera,
quâ fe Principes cùm Subditis (quomodò & Deus ipfe in Deuteronomio cùm populo fuo pactus)
mutuo & reciprocè obftringunt, ac fidem fide obligant, quam abrogare, omnem hominum focietatem effet, ut Livius inquit, tollere, fervare autem quemadmodum Xenophòn fcribit, cum in
aliis omnibus, tùm verò in viro Principe, res præclariffima. Regis Ungariæ Matthiæ II. Coronatio. &c. Pag. 23.

„ Tous lefquels privileges avec autres plufieurs ont été octroyés ja-
„ dis, non tant pour la liberté & fûreté du Peuple, que pour la commo-
„ dité du Prince & établiffement de fon Etat. Car iceux bons Princes
„ du tems paffé, confidérans quelle eft la convoitife des hommes, &
„ à quoi conduit la tyrannie des Miniftres les Cours des Souverains, finon
„ en un tems au moins en un autre; & fi le Prince ne le fait, ce feront
„ fes Gouverneurs & Confeillers qui l'exécuteront & lefquels, foit n'y
„ penfans point, ou conduits de malice, ou pour leur profit particulier,
„ tournent la volonté du Prince à fuivre la perverfité de leur damnable
„ confeil: pour ces raifons, dis-je, fut inventé & choifi par les anciens
„ & fages Princes & Sujets entr'eux, ce moyen & cette forme de Gou-
„ vernement, compofé & mêlé de Monarchie, Ariftocratie & Démo-
„ cratie tout enfemble .... lequel établiffement étant fondé fous la
„ majefté dë la Loi, les Ducs de Brabant ont confirmé le leur par octroi
„ de privileges qui fe gardent & doivent être obfervés comme Loix
„ faintes & autentiques. Et de ceci s'eft fait & compofé un Etat tel,
„ où le Prince retenant fa Majefté & prééminence, & le Peuple chacun
„ fon rang & dignité, fon repos & affurance, que le tout fe maintient
„ en paix & union réciproque & perpétuelle, & laquelle quafi impoffible
„ qu'elle foit annullée (s).

Heureux pays, fi ces fages Réglemens y font encore obfervés, fi les
habitans font à l'abri des voies de fait, fi les Lettres de Cachet y font
inconnues.

„ Le Prince maintient en la plus grande partie de cet Etat des Pays-
„ Bas..... un Confeil fous fon nom & autorité, que communément on
„ appelle Parlement, comme à Malines & ailleurs, & en Brabant on lui
„ donne le nom de Chancellerie. C'eft au Parlement à faire garder &
„ obferver les privileges, franchifes, offices, bénéfices & provifions
„ octroyés par le Prince: mais avec condition que les privileges & juris-
„ dictions particulieres du lieu n'y foient intéreffées aucunement. Devant
„ ces Juges Souverains font appellés non-feulement tous les Officiers &
„ Miniftres de la Province pour efter à Juftice; ains encore y ajourne-t-on
„ le Roi même, au nom duquel répondent l'Avocat & Procureur Géné-
„ raux; fi bien qu'on ne fait point, d'autorité, ni autrement, tort à per-
„ fonne. Ains eft avenu en Gueldres, que le Roi Philippe ayant perdu
„ un procès d'importance contre le Seigneur d'Anholt comme il n'y eut
„ aucun Huiffier ni Commiffaire qui voulût mettre l'Arrêt à exécution,
„ le Roi même, (ah jufte Prince!) le fit réellement exécuter (t).

„ Les Etats fe trouvant à Bruxelles, ne s'affemblent d'ordinaire tous
„ à la fois, ains l'une Province après l'autre .... où, préfent le
„ Gouverneur, le Préfident, ou bien un Confeiller d'Etat propofe au
„ nom

(s) *Guichardin*, Defcription des Pays-Bas, *Pag.* 153, 154.
(t) Ibid. *Pag.* 49.

„ nom du Prince ce qu'il veut & demande .... lors les Deputés deman-
„ dent délai pour délibérer .... & .... chacun membre à part & au
„ nom du pays, qui l'a envoyé, donne fa réponfé par écrit. Que fi le
„ Prince ne s'en contente, il tâche par raifon de juftifier fa caufe, &
„ les induire à faire felon fon intention; d'autant que (fuivant leurs pri-
„ vileges) le Prince ne les peut forcer ni faire qu'avec la raifon: & en
„ ce quartier n'a point lieu (ainfi qu'il a en plufieurs endroits) cette voix
„ tyrannique: *fic volo, fic jubeo*; ainfi me plait, & je l'ordonne: deforte
„ que, quand bien tous les Deputés auroient ottroyé quelques cas au
„ Prince, & qu'une feule ville, comme feroit Anvers, s'y oppofât,
„ elle cafferoit tout cet accord & cet octroi; d'autant que les Députés
„ octroyant ainfi, le font avec condition que les autres Etats y condef-
„ cendent d'une même volonté ..... & advient telles fois que .....
„ y obftant la différence des avis, rien n'eft accordé au Roi de fa deman-
„ mande lequel pour l'heure eft contraint de prendre patience, & n'en
„ plus parler; ains attendre une occafion plus opportune ..... que fi
„ c'eft en deniers que le fait confifte, l'ayant accordé, on délibere depuis
„ avec la volonté & confentement du Prince, d'où c'eft qu'on pourra
„ lever & recueillir ces deniers qui lui ont été octroyés (v)".

Quoique tous ces droits portent le nom de privileges, il ne faut pas les
regarder comme des faveurs précaires que le Prince accorde quand il
veut, & qu'il révoque de même. Ce font des efpeces de Capitulations &
de Traités conclus entre le Prince & les Etats, qui font fignés de lui &
de tous ceux qui compofent les Etats.

Ainfi au mois de Septembre 1312. Jean Duc de Brabant ayant affemblé les Etats de fon pays, il y fut fait plufieurs Réglemens dont il promit
l'obfervation pour lui & fes fucceffeurs à toujours (x).

Les Brabançons regardent tellement ces droits comme facrés, comme indépendans de la volonté arbitraire du Prince, qu'au mois de Juillet 1313. les habitans de Louvain & de Bruxelles firent entr'eux une al-

Jean Duc de Brabant fait le même ferment, & les habitans de Louvain & de Bruxel. les promettent de s'op-pofer au Duc s'il vouloit s'en é-carter.

(v) Ibid. *Pag.* 54.
(x) *Menfe Septembri anni fequentis, Joannes Dux nofter, cùm ægritudine gravari inciperet,
celeberrimum nobilitatis ac populi Brabantici concilium convocavit: quo præfente, hæc faluta-
ria Reipublicæ jura ac privilegia conceffit, promifitque, pro fe pofterifque fuis in perpetuùm
nullum deinceps tribututm exigendum; nifi Ducem filiosve fuos, Equeftri ordini adfcribi, con
jugium inire, aut bello capi contingat: fingulis fubjectorum Brabantiæ jus ex æquo ac privilegiorum formâ dicendum: chartas privilegiorum inconfultis Ordinibus non mutandas: fingulas
urbes in fuâ libertate confervandas: eligendos è militari ordine quatuor, populares decem, videlicet à Lovanio tres, Bruxellâ totidem: Antuerpiâ, Thonis, Levid, Bofcho unum; ab his
poft vigefimtum quemque diem Cortebergam conveniendum, corrigendumque fi quid injuriâ ab
aliquo probatum fuerit, decornendum demùm quidquid Reipublicæ utile invenerint: eorum
fententiæ non folùm potentiffimo cuique, verùm & Duci ipfi acquiefcendum, ab iifdem facramen-
tum exigendum, fefe pauperi ac diviti æquè judicium facturos. Qui conventûs Cortebergen-
fis decretis non obediret, pro perduelli habendum &c. Privilegium hoc figillis fuis ratum fecerunt, omnes qui concilio aderant, Joannes videlicet Dux, Gerardus &c. Divæus rerum
Brabanticarum, Lib. 13. pag.* 140.*

liance avec promeſſe, que ſi le Duc vouloit y donner atteinte, ils s'y op-
poſeroient de toutes leurs forces (y).

En 1423, Arnould Duc de Gueldres, confirme les privileges de la
ville de Nimegue. Il établit ſon pere Gouverneur du Duché de Gueldres,
du conſentement des Etats, à condition que ni ſon pere ni lui, ne pourroient rien faire qui concerne la Province, ſans le concours de ſeize perſonnes qu'ils choiſiront, & que tout ce qui ſera fait ſans elles, ſera abſolument nul.

Il promet de ne ſe point marier, de ne point établir de Tribunaux &
d'Officiers, de n'aliéner aucun domaine, ſans l'agrément des Etats. Il
s'oblige à n'établir aucuns Gouverneurs de Places & Châteaux qui
ne ſoient naturels du pays; & ils s'obligeront par écrit & par ſerment,
de remettre ces Places entre les mains des Etats, en cas que le Duc vienne
à mourir ſans enfans. Le Duc ne leur fera rendre compte qu'en préſence des Députés des Etats.

Tout ce qui concerne la monnoie ſera réglé avec les Etats, & il n'y
ſera rien changé à leur inſçu.

Les Lettres finiſſent par une clauſe portant renonciation à tous les moyens que les Droits Civil & Canonique pourroient fournir pour y contrevenir, & le Duc s'oblige ſous la foi de Prince, à tenir ce qu'il vient
de promettre (z).

L'Auteur qui rapporte ces Lettres, fait mention auſſi de pluſieurs
conditions impoſées par les Etats du Pays au Pere du Duc Arnould, lorſqu'il avoit été déclaré Régent & Gouverneur du pays pendant la minorité de ſon fils.

Dans le ſerment prêté par Philippe II. à la ville de Nimegue, il promit
d'entretenir toutes les conventions faites par ſon pere dans la ville de
Venloo. Voici ce que c'eſt que ces conventions.

Guillaume II. Duc de Gueldres ayant fait ſa paix avec Charles-Quint
en 1543, il fut convenu entr'eux qu'il céderoit à l'Empereur le Duché
de Gueldres & le Comté de Zutphen, déliant les habitans de ces Provinces
du ſerment de fidélité qu'ils lui avoient fait. En exécution de ce Traité
les Etats de Gueldres furent aſſemblés à Juliers. Le Duc Guillaume les
dégagea effectivement de leur ſerment; & ils le délierent à leur tour de
tous les engagemens qu'il avoit contractés envers eux (a).

Arnould Duc de Gueldres accepte les conditions que lui impoſe la ville de Nimegue.

(y) *Menſe Julio ejuſdem anni Lovanienſes & Bruxellenſes fœdus inter ſeſe percuſſerunt,
cujus præcipuæ conditiones hæ fuéré; ſi cives aliquos utriuſque urbis inter ſeſe controverti contingeret, per utriuſque ſenatum compeſcendos fore: utramque urbem alteri defendendis contrà
quemlibet juribus ac privilegiis auxilio fore: ſi jura alterius à Duce imminuti contingat, omnibus viribus alteram ad poſſibilitatem: neutram admiſſuram ut terminis Brabantiæ quidquam
adimatur &c.* Ibid. Lib. 14. pag. 144.

(z) *Excipiuntur hìc atque excluduntur inventiones omnes novæ omnesque prætextus atque
effugia, quæ vel Eccleſiaſticum vel Civile jus ſuppeditare poſſint; promittimusque nos Arnol-
dus Dux Gelriæ ac Juliaci ac Comes Zutphaniæ nos ſingula ſuperiùs ſcripta capita fide bonâ
& ſub honore noſtro principali ſervaturos, nec permiſſuros contrarium.* Pontanus, Hiſtoriæ
Gelricæ, Lib. 9. pag. 419. 420.

(a) *Poſtquàm igitur Guilielmus Dux, ſubſignatis, ut dictum, tabulis in Leges juraſſet;*

Quoi de plus propre à prouver la réciprocité d'engagement, le Contrat finallagmatique entre le Souverain & les Sujets?

On reconnut enfuite l'Empereur & fes héritiers pour le véritable & légitime Duc de Gueldres. On lui prêta ferment de fidélité. L'Empereur de fon côté, ou le Prince d'Orange en fon nom, jura de leur être bon Prince, de les gouverner fuivant leurs Loix & leurs franchifes, & de conferver leurs privileges, dont on lui préfenta certains articles pour les confirmer par l'impreffion de fon fceau (b). On y voit la promeffe de l'Empereur de les traiter comme doit faire une bon Prince, de maintenir tous leurs privileges, de ne leur donner que des Gouverneurs du pays, d'y établir un Confeil Souverain, de ne point évoquer les caufes hors du pays &c.

Charles-Quint en prenant poffeffion du Duché de Gueldres prête ferment de gouverner fuivant les Loix du Duché.

On fit trois doubles de l'acte qui fut dreffé. Charles-Quint en figna deux de fa main, les fcella de fon grand fceau, & ils furent remis aux Députés des Etats. Ils fignerent le troifieme qui fut réfervé pour l'Empereur (c). Quoi de plus femblable encore à ce qui fe paffe entre des Particuliers, qui font entre eux une convention?

Le Prince d'Orange établi Gouverneur de la Gueldres, parcourut enfuite les différentes villes pour fe faire reconnoître en cette qualité. Il prêta partout au nom de l'Empereur le ferment de gouverner fuivant les Loix, de protéger les habitans, de maintenir leurs privileges, franchifes &c. (d)

Et eum mox Cæfar, reddito ex pactis eifdem Juliaco, & quæ eòdem fpectabant, in integrum reftituiffet, agere exindè cum Gelria proceribus ac civitatibus feorfim cœpit. Et primo quidem Juliaci Dux Gulielmus in coram Cæfare præfentibus Baronibus & qui ab Ordine Equeftri Ducatûs Gelriæ ac Comitatûs Zutphaniæ ut & civitatibus miffi acceffiffent, nimirum . . . . cunctos eos oc univerfos à dicto fibi Sacramento liberat: & illi viciffim immunem ac liberum pronunciant Ducem à pactis omnibus ac promiffis, quæcunque eifdem feciffet. Pontanus, Hiftoriæ Gelricæ, Lib. 12. pag. 833.

(b) *Hinc Barones iidem Ordoque Equeftris ac delegati jam memorati in verba Cæfaris jurarunt, eique ut & hæredibus ejus fidem, obfequium ac reverentiam prout fubditos decebat polliciti fuère: & Cæfar, vice verfà, fuo & hæredum fuorum nomine Baronibus, Equeftri Ordini ac civitatibus addixit ac juravit, aut ejus nomine Aurlacus Princeps, quem Gelria præfecerat, clementem fe ipfis Principem fere, feque eos juxtà immunitates, confuetudines ac vetera ipforum ftatuta, & ipfos ipforumque privilegia afferturum perpetuò firmaturumque, idque fecundùm capita à Baronibus ordineque Equeftri ac civitatibus Cæfareæ Majeftati, ut ea probaret firmaretque propofita, quæ & manu figilloque Cæfaris probata obfignataque his proximè habentur fubdita, in modum, ut fequitur.* Ibid.

(c) *Quò autem promiffa hæc firmiora forent, ac in perpetuum durarent, tres eorum codicilli ejufdem argumenti confecti junt. Quorum binis Cæfar Carolus, Romanorum Imperator &c. fuà manu fubcripfit, ac eosdem figillo fuo majori obfignavit: hi delegatis traditi. Tertium exemplum fignatum per delegatos fuperiùs indicatos: qui præcipuè fuère . . . . . ut in ufum ejus Majeftatis refervetur.* Ibid. pag. 805.

(d) *Et id poftquàm Neomagi peregiffet etiam in cæteris Gelriæ oppidis præftitit, fanctè ac manu, ut moris eft, Evangelii facro codici admotâ juravit, addixitque Confulibus, Scabinis Senatuique, ac civibus nomine Cæfaris, ejus fcilicet Majeftatem eos ut fidos atque obfequentes fubditos, fecundùm ac penès jura, politiam, immunitates, privilegia ac confuetudines, quæ apud ipfos antiquitus pacificè ac tranquillè obtinuiffent, relicturum confervaturumque, tùm & defenfurum eofdem adverfùs vim omnem, aliaque onera injuriafque, ut decet ac par eft, clementem ac fidum Principem protegere fuos, ac defendere.* Ibid. pag. 836.

Tant de promeſſes & de ſermens réitérés ſeroient-ils illuſoires? Lorſ. qu'un des contraĉtans viole ſon engagement, il ne peut plus en exiger l'accompliſſement de l'autre partie. Trouve-t-on quelque choſe dans le Droit Naturel, ou dans le Droit Divin qui tire les Princes de la regle ordinaire à cet égard?

Les Etats de Hongrie avoient la même idée du Couronnement de leur Roi. L'exercice de ſon autorité dépendoit du Couronnement, & même du Couronnement fait d'une certaine maniere, & avec une certaine ſolem-nité. Cela paroît réſulter d'un Décret qu'ils ont publié le 17. Juillet 1440.

Après la mort d'Albert Roi de Hongrie, qui ne laiſſoit qu'un enfant poſthume, les Etats élurent unanimement pour Roi Uladiſlas Roi de Po-logne. Eliſabeth, veuve d'Albert qui avoit donné ſon conſentement à cette élection, y eut apparemment regret auſſitôt. Elle fit couronner ſe-crétement ſon fils, né poſthume, alors âgé de trois mois. Elle lui fit mettre ſur la tête la Couronne qu'on employoit ordinairement dans cette céré-monie, & la fit cacher enſuite (e).

On ſeroit preſque tenté de rire, en voyant les Etats d'un Royaume regarder comme un grand malheur l'enlevement d'une Couronne qu'ils avoient coutûme de mettre ſur la tête de celui qu'ils choiſiſſoient pour Roi. Ils prennent cependant la choſe au plus ſérieux. Ils y déliberent pluſieurs jours. Ils regardent le Royaume comme étant mis par là en pé-ril, comme n'ayant point de Chef (f).

Ce qui les raſſure c'eſt que le Couronnement des Rois dépend de la vo-lonté des Peuples; que ſa force & ſon effet conſiſte dans l'approbation qu'ils y donnent à ſa qualité de Roi. Ils ordonnent en conſéquence que Ladiſlas ſera ſacré avec une autre Couronne (g).

(e) *Tempore intermedio præfata Domina Eliſabeth Regina ex adverſo æmulorum, & veriùs exterorum hominum, inteſtini belli viam potiùs aperire quàm præcludere cupientium, facta con-ſilio, & præſumptam intentionem removens, ſatagenſque & volens hoc Regnum & nos Re-gimini infantuli, dicti quondàm Domini Alberti Regis, nati poſthumi, hoc eſt, poſt ejus obi-tum in lucem editi, parùm noſtri & Regni ejuſdem neceſſitati ſuccurrere potentis, ſubjicere, ad impediendumque prætatæ electionis & coronationis utile opus, toto niſu anhelans, ſubla-tâ clandeſtinè de caſtro Wiſſegrad coronâ illâ, quâ hactenùs Reges Ungariæ coronari ſoliti ſuê-re, pridem antè dictum infantem vix adhuc trimeſtrem, præter omnium noſtrûm voluntatem ad hoc ſpontè concurrere debentium, atque contrà conſuetudinem hùc uſque in ſimili retentam, ab-ſentibus etiam omnibus apparamentis ſacris, nec non gladio, ſceptro, pomo & cruce legationis ſanctiſſimi Stephani primi Regis noſtri multò amplitùs in perniciem quàm utilitatem noſtram, cùm eddem coronâ ſublatâ coronari (ſi ſic dignum eſt) fecit & procuravit, atque ipſam continuò coronam, proh dolor! vice verſâ recludens ad locum hactenùs nobis incognitum, in crudele omnium noſtrûm derogamen transmiſit ſeu aſportavit. Corps Diplomatique du Droit des Gens, Tom. 3. part. 1. pag. 89.*

(f) *Ob hoc nos nunc alterâ vice in multitudine tam copioſâ, quantâ memoria omnium præ-cedentium Regum coronationis tempore non comprehendit, congregati, maturâ plurium d'erum deliberatione habitâ, ex qua corona illâ ſuprâtacta praviâ ratione, ut opus erat, tàm facilè ex nunc haberi non potuit, volentes & conſultiùs cupientes neceſſitati noſtræ & regni hujus, cujus pro nunc confinia per inſultantium inimicorum Paganorum videlicet, & aliorum mor-ſus aſperos continuò lacerantur, opportunè prævidere. Ibid.*

(g) *Conſiderantes etiam potiſſimè, quòd ſemper Regum coronatio à Regnicolarum voluntate*

Les Etats doutent même que ce Couronnement, quoique fait par leur ordre, ait affez d'efficace. Ils lui donnent expreffément la même vertu, que fi on avoit mis fur la tête la Couronne ordinaire. Ils lui accordent expreffément l'exercice de tout le pouvoir qui appartient au Roi de Hongrie, & qu'il auroit reçu de plein droit par le Couronnement dans la forme ordinaire (h).

Craignant que le prétendu Couronnement du fils du Roi Albert ne foit une occafion de trouble, ils le déclarent nul. Ils prononcent enfin des peines contre ceux qui méconnoîtroient l'autorité de Ladiflas fous prétexte qu'il n'a pas été fuffifamment couronné (i).

L'Hiftoire des troubles & des guerres civiles d'Angleterre dans le fiecle dernier eft connue de tout le monde. A Dieu ne plaife qu'on approuve la fanglante exécution de Charles I, ni qu'on l'attribue à la Nation entiere avec toutes fes fuites! Notre deffein ici n'eft pas de juftifier ni de condamner tout ce qui s'eft paffé alors, nous nous bornons à pofer quelques principes.

Le 27. Mars 1649, le Parlement publia un Edit par lequel il déclare

dependet, ac *efficacia & virtus coronæ in ipforum approbatione confiftit, videntes nihilominùs Regnum hoc idonei Regis feftinatione carere non poffe, eundem fereniffimam Dominum Wladiflaum Regem pari voto & communi defiderio aliâ coronâ aureâ operis vetufti Beatiffimi Stephani Regis Apoftoli & Patroni noftri in thecâ capitis reliquiarum ejufdem hùcusque multâ veneratione conferratâ, inftituimus, difpofuimus, & decrevimus debere coronari, quàm coronationem die hodiernâ, invocatâ fuppliciter Spiritus Sancti gratiâ, & ejufdem, ut pie credimus, inftinctu, cum peractione publicâ, & manifeftâ omnium illarum ceremoniarum quæ ad eandem & ejus efficaciam & folemnitatem concurrere debuerunt, induto præfato Domino Rege noftro illis omnibus paramentis, & indumentiis fanctiffimi primi Regis noftri, & oblatis eidem ac manibus fuis traditis, gladio, fceptro, pomo, ac cruce legationis ejufdem fanctiffimi Regis, nec non omnibus aliis neceffariis absque omni defectu, præter folam fublatam coronam prætactam, feliciter canfummavimus & præconceptum, aufpice Deo, conduximus effectum.* Ibid.

(h) (*Decernentes, prounnciantes, & declarantes per hæc fcripta, ipfam modernam coronam & coronationem, omnem illam virtutem & efficaciam, illudque robur per omnia habere & habituram, ac fi prætacta prior corona capiti dicti Domini noftri Regis fuiffet impofita, & per eandem, loco modernæ, hæc ipfa coronatio fuiffet expedita, ità quod ipfâ priori coronâ abfente, & fi eadem recuperari non potuerit, omnis deeft & efficacia, ac quodlibet fignaculum, myfterium & robur ejufdem in hanc modernam coronam intelligantur, & harum ferie de omnium noftrûm, quorum coronæ merita difcutere, probaroque & improbare intereft, voluntate cognofcantur effe transfufâ, dantes nihilominùs pari voluntate, & decreto tribuentes præfato Domino noftro nunc coronato Regi pleniffimam illam facultatem & poteftatis plenitudinem in faciendis gratiis ac donationibus & confirmationibus perpetuis, & ad tempus collationibus & locationibus honorum & officialatuum atque immunitatum officialibus & Baroniis Regni. Item in difponendis Prælaturis ac Beneficiis Ecclefiafticis tàm majoribus quàm minoribus, ac recompenfandis meritis fidelium quibuslibet quoque in infidelibus & delinquentibus, fecundùm uniuscujufque demerita, puniendum, nec non in faciendis, emendandis, & exercendis judiciis, exercendumque, agendum, dirigendum & concludendum omnibus his quæ ad Reges Ungariæ fuos prædeceffores, & eorum facultatem quomodolibet, confuetudine videlicet, aut pertinuerunt, ac fi idem præfata priori nunc fublata corona fuiffet, ut moris extitit, coronatus.* Ibid.

(i) *Ne autem refpectu & divulgatione prætacta aliæ coronationis (fi fic dicenda eft) nuper per præfatam Dominam Reginam, quoad antelatum infantem nobis ex tunc, ut prædiximus, inutilem factæ & habitæ, alicujus difcordiæ hoc in Regno materia generetur, eandem pari decreto tanquàm quæ præter omnium noftrûm voluntatem fpontaneam peracta eft, irritamus & caffamus ac nullius volumus effe & dici efficacia & virtutis.* Ibid.

le Prince de Galles & le Duc d'York, enfans de Charles I, & toute fa poſterité, déchus à jamais de tout droit au Gouvernement. Il va plus loin &
abolit pour toujours l'autorité de Roi. L'expérience a fait connoître qu'il
n'eſt pas néceſſaire d'avoir le nom & la puiſſance de Roi pour gouverner
l'Angleterre, & l'Irlande ; que cette Autorité Royale eſt pleine d'inconvéniens & de dangers, contraires à la liberté publique; que ceux qui en
font revêtus en abuſent preſque toujours, & préferent leur intérêt perſonnel à celui du Royaume qu'ils cherchent à réduire en ſervitude (k).

Le Parlement ordonne donc qu'à l'avenir la fonction de Roi, & l'autorité qui y eſt attachée, ne pourra être poſſédée par une ſeule perſonne,
telle qu'elle ſoit. On déclare coupables de haute trahiſon ceux qui tenteroient de les rétablir (l).

Le Parlement publia peu-après un Manifeſte pour juſtifier ſa conduite
envers Charles I. & l'abrogation de la Royauté. Il y établit d'abord que
l'origine de la Royauté en Angleterre vient de l'élection du Peuple, qui
a choiſi un Souverain pour le protéger & le défendre. L'Hiſtoire apprend que tous les Rois d'Angleterre, ou ſe font acquités fort négli-
gemment de ce devoir, ou qu'ils ont même cherché à écraſer le Peuple,
pour ſatisfaire leur cupidité & l'envie de dominer (m).

Après le détail des prétendus crimes de Charles I. & de ſes enfans,
on répond aux objections, dont la premiere eſt, qu'on ne peut priver

(k) *Et quoniam experientia ipſa docuit, ac quotidiè docet, Regium munus, potentiamque
& autoritatem ipſi inſitam in honeſtâ perſonâ, Provinciam huic Nationi & Hiberniæ impe-
randi gerente non neceſſariam, moleſtam, periculis plurimis implicatam, libertatique, & communi incolarum bono inſidioſam & pernicioſam eſſe; & maximâ ex parte conſuetudinem pravam
irrepſiſſe, ut Regia potentia, & prærogativa opprimatur, ac ad paupertatem redigatur, ipſi-
que ſubditi ſervitutis jugo ſubjiciantur; morem vero ex naturali hominum ad regendi libidinem poteſtatique, divitiarumque cupidinem profectum inoleviſſe, ut qui ejusmodi poteſtate
armati ſunt, libertatis communis diſpendio commodum quærant, & arbitrii proprii promotione
potentiæ ſuæ Leges ſubjiciant; undè facilè hæc regna in ſervitutem turpiſſimam incidere poſſent.*
Tragicum Theatrum Actorum & Caſuum tragicorum Londini publicè celebratorum. pag. 197.

(l) *Editum & decretum hoc à Parlamento præſenti ex autoritate ſuâ firmiter ſtabilitum
eſt, ac vigore hujus ſtabilitur, & editur, ut munus Regium, Supremaque Poteſtas Regia omni futuro tempore, in hâc natione, atque in hoc populo in unâ perſonâ conſiſtere, aut ab unicâ
aliquâ perſonâ exerceri, vel unicâ aliquâ perſonâ, quæcumque illa etiam fuerit, in nominatis
regnis eorumque ditionibus imperantis Regis officium, ſtylum, dignitatem, potentiam, aut
autoritatem, vel ulla Principis Galliæ jura, ſtatuta & conſuetudines habere aut poſſidere
non debeat.* Ibid.

(m) *Ed opinione imbuti ſunt, nullo pacto negare aliquem aut poſſe, aut velle, primam Regii muneris originem, atque inſtitutionem apud nationem hanc manaſſe ex unanimi conſenſu &
convenientiâ populi, à quo conſentiente Rex electus eſt, ut munere Regio fungens eos, à quibus electus eſt, ſecundùm jura conceſſa protegeret, eorumque ſecuritati, incolumitati ac feli-
citati patrocinaretur.*

*Omnes qui Hiſtorias noſtras lectione ſuâ percurrerunt, exactâ penſiculatione animum adver-
tant, quàm parùm non juſtitiâ ſolium adminiſtrandâ, ſed etiam debitâ pro ſubditorum ſalute
curâ gerendâ rerum ſuarum Reges illi fategerint, & quàm negligenter officio ſibi mandato
functi fuerint.*

*Quot verò, at quàm multi ſummo labore ac contentione in id unum incubuerint, ut poten-
tiæ ac ambitioni ſuæ propriæ indulgentes ſeipſos exaltarent, ac ſummâ ſubditorum ſuorum
expreſſione, calamitate & miſeriâ, ſanguinisque Chriſtiani profuſione cupiditati ſuæ de vaniſſimo
honoris & autoritatis titulo ambitioſiſſimè laboranti ſatisfacerent.* Ibid. pag. 266.

de la Couronne, les enfans qui y font appellés par le droit de la fuc-cession.

A cela on répond que le plus ancien droit au Gouvernement eft ce-lui du Peuple ; & que n'ayant établi le Prince & la forme du Gouverne-ment que pour fon propre avantage, il a droit d'examiner s'il lui eft utile de laiffer fubfifter cette forme de Gouvernement, & cet ordre de fuc-ceffion au Thrône (n).

L'expérience prouve que Dieu a répandu fes bénédictions fur les Ré-publiques, qui fe font formées par la deftruction du Régime Monarchi-que (o). L'Etat Républicain a d'ailleurs par fa nature des avantages cer-tains au-deffus de l'Etat Monarchque (p).

Après s'être beaucoup étendu fur les abus de la Monarchie d'Angleter-re, le Parlement ajoute que ce font ces abus & plufieurs autres raifons qui ont déterminé l'abolition du Gouvernement Monarchique, & l'éta-bliffement de la République (q).

On fçait que ce prétendu Parlement d'Angleterre n'étoit autre cho-fe que la Chambre des Communes. Auffi fon Decret n'a-t-il pas eu d'ef-

---

(n) *Sed eos Regni hæreditate excludere quibus titulus & corona jure hæreditario compe-tit , juftitiæ ex diametro repugnat. Ad hanc objectionem regerimus, rem firmam ac certam effe, quòd antiquiffimum jus ad populum pertineat, & qui fibi regendi jus tanquàm-maximum natu antiquiffimus jure ac merito arripit . . . . . Verùm ut populi autoritatem latiùs deduca-mus, certum ac manifeftum effe afferimus; ei autoritati & poteftati, quæ Regem aliquem in-ftituit, eundemque publicæ faluti cuftodiendæ & protegendæ præfecit, fi comperiat eum cor-ruptum atque ab æquitate averfum ad fubditos miferiis & anguftiis divexandos proclivem effe, omnis juftitiæ vigore liberum atque integrum erit de eodem pro lubitu difponere, & videre, nùm illum cujus electio fibi placuit, & quem præfectum inftituit diuturniore regimine conti-nuare, an verò regimen mutare; & in tyrannidis locum liberum, & nullis Regibus fubjec-tum ftatum reponere velit.* Ibid. pag. 281 , 282.

(o) *Deus aliis regiminibus & Rebuspublicis hujusmodi mutationem accipientibus largitus eft. Romani poft ejectos fuos Reges formâ regiminis in meliorem mutatâ per aliquot centum annorum feriem in longe profperiori rerum ftatu verfati funt, quàm cum Regum & Cæfarum imperio premerentur. Venetorum Respublica mille & trecentorum annorum fpatio florentiffimo & prof-perrimo ftatu hactenus utitur. Quàm longè Helveticorum & aliarum Nationum Respublica divitiis, libertate, pace & felicitate, alias terras ejusmodi ratione vivendi non fruentes, antecedunt ? Belgii unti provinciæ nobis vicinæ ad quantum divitiarum, libertatis, commer-ciorum & fortitudinis terrâque marique faftigium furrexerunt ab illo tempore, quo fervitutis jugo excuffo fe in libertatem vindicarunt ?* Ibid.

(p) *In Rebuspublicis juftitia rectè & ordine adminiftratur. Magnates tantam potentiam non habent, ut impotentiores & pauperiores opprimant. Pauperibus de alimentis neceffariis profpicitur ; civilium bellorum caufæ & occafiones præcaventur ; defenfio eft unanimis ; pe-culiares ambitiones, fucceffionumque jura (quibus multos jam annos hæc natio divexata fuit) ac fimiles incommoditates omnes remotæ periculis nullis ejusmodi ftatus liberos exponant ; con-fcientia omnis generis hominibus eft libera ; ad munera publica cuivis aditus patet. Sed è con-trario Monarchiæ noftræ tempus meditatione accuratâ fi percurramus, facilè animadvertemus, quâ injuftitiâ, quâ fervitute, & quibus injuriis vulgus oppreffum fit.* Ibid.

(q) *Omnes prædictæ, ut & alia magni ponderis caufæ & occafiones fubditorum corpus re-præfentantem conventum in Parlamento hactenus congregatum impulerunt atque moverunt, ut maximè neceffarium judicaret hujus nationis gubernationem mutare, atque à Regiâ & Mo-narchicâ regendi formâ, quæ perniciofis & damnofis confiliis, & machinationibus abundavit, ad Rempublicam liberam transferre, ut in pofterum tyrannico Regum jugo vacui fubditi, li-bero & naturâ convenienti jure frui queant.* Ibid. pag. 288.

fet, & Charles II. a-t-il fuccédé au Thrône de Charles I. fon pere. Mais en fuppofant les faits vrais , & le Decret émané véritablement de la Nation Angloife, qui pourroit lui faire un crime d'avoir changé une forme de Gouvernement, qui depuis fon établiffement n'auroit été utile qu'au Gouverneur ; & d'avoir préféré le bien du Peuple, à celui de la famille des Stuards. Ou il faut nier que tout Gouvernement eft établi pour l'intérêt du Peuple, ou il faut dire qu'il a droit de le changer quand fon intérêt le demande? Seroit-il raifonnable de le rendre victime de la commodité & de la fortune d'une famille particuliere , que lui-même a placée fur le Thrône , pour qu'elle veillât à fa défenfe?

Pourquoi, toutes les fois qu'il y a eu différens Prétendans à la Couronne , chacun d'eux s'eft-il empreffé de fe faire couronner dans la principale ville foumife à fon autorité? Pourquoi celui d'entr'eux qui eft demeuré paifible poffeffeur a-t-il fait réitérer la cérémonie de fon Sacre?

Le Couronnement des Rois étoit comme le figne du confentement de la Nation.

On connoit les troubles qui fuivirent la mort de Charles le Gros. Les uns vouloient placer fur le Thrône Gui, d'autres fuivoient le parti d'Eudes. Ceux-ci firent facrer Eudes à Compiegne, par Gauthier, Archevêque de Sens. Les autres firent couronner Gui, par Geilon Evêque de Langres. Rodolphe qui s'étoit emparé d'une autre portion du Royaume fut facré à Tulles par l'Evêque de cette ville (r).

Dira-t-on qu'Eudes n'a été établi que Régent du Royaume, qu'il a enfuite rendu volontairement à Charles le Simple?

Outre que tous les monumens prouvent la fauffeté de ce fait, il en réfulteroit que les Régens fe faifoient couronner, & par quelle raifon, finon parce qu'il étoit impoffible alors d'exercer la Puiffance Souveraine, fans le confentement du Peuple qui le donnoit dans la cérémonie du Couronnement.

On voit dans plufieurs monumens de notre Hiftoire, nos Rois qui vouloient affocier leur fils au Gouvernement , les faire facrer auparavant; & pourquoi, fi c'eft une vaine cérémonie ? Ne fuffifoit-il pas de déclarer par des Lettres Patentes, qu'ils entendoient partager le Thrône avec leur fils aîné, & lui communiquer l'exercice de la Puiffance Souveraine?

Dans quelle vue le pere de St. Louis prévoit-il le danger auquel fa mort expofera le Royaume ? Dans quelle vue fait-il jurer aux Evêques & aux Barons, qu'ils prêteront ferment de fidélité à fon fils aîné, comme à leur Roi, & qu'ils hâteront de tout leur pouvoir fon Couronnement? C'eft ce qu'atteftent plufieurs Evêques & grands Seigneurs , dans leur Lettre
écrite

(r) *Franci divifi, aliqui Widonem, qui partibus Fulchonis Archiepifcopi favebant; alii Odonem, inter quos Theodoricus Comes eminebat in regno ftatuere contendebant. Convenerunt itaque qui Odonem avocarunt Compendio Palatio, atque cum confenfu eorum qui fibi confentiebant per manus Waltheri Archiepifcopi benedici fibi in Regem fecerunt. Pauci verò ex Burgundiâ Widonem Lingonis civitate per Geilonem ejufdem civitatis Epifcopum Regem fibi creaverunt. At hi, qui ultrà Juram atque circà Alpes confiftunt, Tullo adunati Rodolphum nepotem Hugonis Abbatis per Epifcopum dictae civitatis benedici in Regem petierunt : qui & ità egit.* Recueil des Hiftoriens de France, *Tom. 8. pag. 86.*

écrite en 1226. à Thibault Comte de Troyes. Ils ajoutent, qu'il leur paroît à propos que St. Louis soit couronné à Reims, le Dimanche avant la fête prochaine de St. André, & ils invitent le Comte de Champagne à s'y rendre en personne (s).

Quel grand trouble cause dans le Royaume la mort du Roi, si son successeur est certain long-temps auparavant, si l'un est saisi de plein droit dans l'instant de la mort de l'autre? Ne seroit-ce pas méconnoître & outrager en quelque sorte la Loi du Royaume, que d'exiger des Grands une promesse de reconnoître le fils aîné pour Roi, eux qui ne pourroient s'en dispenser, sans être coupables des crimes de leze-Majesté & de rebellion? Qu'importe que le nouveau Roi soit couronné plutôt ou plus tard, si aussi-tôt après la mort de son Pere, il est revêtu de plein droit de l'Autorité Souveraine, sans aucun consentement du Peuple? Comment ne choisit-il pas lui-même le temps de son Couronnement? & pourquoi le jour en est-il réglé par les Grands du Royaume?

Les Rois d'Angleterre, malgré l'hérédité de ce Royaume, ne se regardoient comme Rois, qu'après qu'ils avoient été sacrés. Avant cette cérémonie, ils étoient Rois futurs. C'est ce qu'on voit dans la Lettre écrite à Henri II. Roi d'Angleterre, par Bernard ancien Prieur Général de l'Ordre de Grammont, au sujet de la mort de St. Thomas Archevêque de Cantorbery.

Ce Religieux lui rappelle le serment qu'il avoit fait prêt à être sacré par l'Archevêque de Cantorbery dont il rapporte les propres termes, & dont il lui reproche le violement (t).

Ces réflexions répondent d'avance à une difficulté, que quelques personnes ont voulu élever sur l'existence des Loix fondamentales, & tirées de ce que nos Rois possédant leur Royaume à titre de conquête, & ayant imposé la Loi aux Peuples vaincus, ils n'ont pu se soumettre à aucunes Loix fondamentales.

Quand même nos Rois posséderoient le Royaume à titre de

(s) *Significamus vobis quod die Martis proxima, post præteritum festum omnium Sanctorum, dum piæ recordationis Francorum Rex Ludovicus apud Montem Pancerii gravi valetudine corporis laboraret, timens de Regni Franciæ periculo post decessum ipsius, provida deliberatione, & pro habito salubri consilio, nos coràm se convocatos, & plures fideles suos attenté rogavit, & sub fidelitate quâ sibi tenebamur, nihilominùs adjuravit ut tactis sacrosanctis Evangeliis juraremus ibidem, quod si de ipso humanitùs contingeret, quatenùs possemus bonâ fide, fidelitates & hommagia faceremus Ludovico filio ejus majori, tanquàm Domino & Regi, procuraremus bonâ fide, quòd ipse quàm citò commodè fieri posset coronaretur in Regem; quod juramentum unanimi voluntate fecimus coràm ipso. Nobis igitur bonum videtur quòd idem Ludovicus coronetur apud Remos die Dominicâ proximâ ante instans festum beati Andreæ. Indè est quod vos affectuosè rogamus & requirimus, quatenùs præfatâ die eidem coronationi velitis personaliter interesse.* Thesaurus Anecdotorum, Tom. 1. Col. 937.

(t) *Recordare, Domine, quid acciderit tibi, ô Rex, cùm consecrandus esses per manus R. P. Theobaldi Archiepiscopi Cantuariensis die XX. Decembris, & quod professionem hanc in manibus Episcoporum consecrantium emiseris. Ego Henricus, Deo annuente, futurus Rex Angliæ, profiteor & promitto coràm Deo & Angelis, deinceps legem, justitiam, & pacem Ecclesiæ Dei populoque mihi subjecto. Et attende, quæso, quid & cui promisisti. Scriptum est enim: vovete & reddite. Et iterùm: Displicet Deo stulta & infidelis promissio.* Thesaurus Anecdotorum, Tom. 1. Col. 564.

Conquê-
te, ils
n'en fe-
roient
pas
moins te-
nus à
obferver
les Loix
fonda-
menta-
les pofi-
tives.

Quand le fait feroit vrai, & que notre Monarchie eût été dans fon principe la plus indépendante & la plus abfolue, elle auroit été néceffairement foumife aux Loix fondamentales naturelles, qui forment un mur de
féparation entre la Monarchie & le Defpotifme; & rien n'eût empêché
d'ailleurs que par des accords fucceffifs & volontaires, nos Rois fe fuffent affujettis, pour leur propre intérêt & pour le bien de la Nation,
à des Loix fondamentales pofitives.

Quelle qu'ait été la fituation de la Monarchie Françoife dans fon berceau, on ne citera aucune époque, où les filles aient été appellées, ou
plutôt n'aient pas été exclues de la fucceffion au Trône. Or cet ufage,
cette inftitution qui s'eft perpétuée de fiecles en fiecles, fans qu'on puiffe en marquer l'origine, ne fçauroit être regardée que comme une Loi
fondamentale pofitive.

Mais fans examiner fi ceux qui propofent l'objection, ont des mémoires
affez exacts fur les circonftances qui accompagnerent les conquêtes de nos
premiers Monarques, il faut qu'ils avouent que les Francs n'avoient point
été fubjugués par leurs Rois, & que rien ne fut plus éloigné de leur caractere, que de s'abandonner à la difcrétion de leurs Chefs. Tacite n'en donne pas cette idée, puifqu'il rapporte que les Rois des Germains n'a-
voient qu'une autorité limitée, & qu'ils faifoient plutôt ufage de la per-
fuafion, que de la rigueur du commandement (v).

L'Abbé de Mably met en queftion, fi dans le premier âge du Gouvernement François, le Chef portoit le nom de Roi ou de Duc; & après
avoir obfervé qu'il eft auffi indifférent de le fçavoir, qu'il importe de
connoître l'étendue de fon autorité, il ajoute qu'à en juger par le témoignage de Tacite, le Gouvernement des Germains étoit une Démocratie,
tempérée par le pouvoir du Prince & des Grands; que quand on ne trouveroit pas dans les monumens les plus anciens & les plus refpectables de notre Hiftoire, une Affemblée Générale appellée le Champ de Mars, &
un Confeil compofé du Roi & des Grands qui n'étoit chargé que du pouvoir exécutif, ou de décider provifionnellement les affaires les plus pref-
fées, on jugeroit fans peine par la fortune & les mœurs des François,
qu'ils devoient être fouverainement libres. Qu'un Peuple fier, brutal,
fans patrie, fans Loix, dont chaque Citoyen foldat ne vivoit que de bu-
tin, devoit avoir un Capitaine plutôt qu'un Monarque. Que les François pouvoient tolérer de la part de leur Chef quelques violences, atroces mêmes, parce qu'elles étoient dans l'ordre des mœurs publiques;
mais qu'une Autorité fuivie, raifonnée & foutenue eût été impraticable.
Que de quelque titre que le Général des François fût revêtu, la coutume
ne lui donnoit que quelques prérogatives, qu'il eût été dangereux pour
lui de vouloir étendre: qu'il recevoit les refpects d'une Cour fauvage, qui
ne pouvant ni le corrompre par fes flatteries, ni être elle-même corrompue par fes libéralités, le jugeoit toujours avec juftice. En un mot,

---

(v) *Nec Regibus infinita aut libera poteftas. . . . . . Rex vel Princeps audiuntur au-*
toritate fuadendi magis quàm jubendi poteftate. De Morib. Germ.

que le Prince, comme Roi, n'avoit point de Sujets, puifque, comme Général, il ne commandoit que des foldats qui combattoient pour leurs propres intérêts (x).

Si ce tableau eft fidele, quelle diftance n'y a-t-il pas de l'état primitif des Francs à l'efpece de fervitude où les Auteurs de l'objection feroient forcés de les réduire ; & quand on regarderoit le portrait comme furchargé ; au moins eft-il certain que les premiers Francs furent libres, & que l'autorité de leurs premiers Souverains fut tempérée par des Loix, dont la confiftance ne dépendoit pas d'une volonté arbitraire.

Se rejetteroit-on fur les Gaulois, victimes des conquêtes des Francs? L'Abbé de Mably prétend que les Gaules ne furent point réduites en fervitude, parce que les François n'avoient d'idées que de la liberté; qu'ils traitoient, ainfi que les autres Germains, leurs efclaves comme des hommes, & que la Tyrannie, bien différente du brigandage & de la violence, demande des vues & un art dont ils étoient très-éloignés (y). Mais fans fe jetter dans ces difcuffions hiftoriques, quelle preuve donneroit-on, (en fuppofant même que les Gaulois euffent été réduits à la condition d'efclaves) que nous ne defcendons pas des Francs libres & vainqueurs, & que nous fommes les enfans des Gaulois vaincus & ferfs? Qui oferoit après une révolution de tant de fiecles, difcerner la race de ceux qui furent fubjugués, & celle de ceux qui impoferent la Loi? Dès que les deux Nations confondues n'en font plus qu'une, & qu'il eft conftant par tous les monumens, que la Nation victorieufe n'étoit rien moins qu'efclave, qu'elle vivoit fous l'empire de Monarques dont la puiffance étoit tempérée par des Loix, dont l'équité faifoit leur regle, dont leur refpect pour elles affuroit l'obéiffance des Peuples par les fentimens d'attachement & de confiance; quelle indifcrétion n'y auroit-il pas à nous contefter les prérogatives des Francs, pour ne nous laiffer que le joug des Gaulois?

Qu'on y faffe attention; il n'en fut pas des conquêtes des premiers Rois Francs, comme de celles d'un Prince, qui, paifible poffeffeur de fes Etats, étend par la voie des armes fa domination fur des Provinces voifines. On conçoit que ce Prince Vainqueur peut impofer des conditions plus ou moins dures aux Peuples fubjugués, & qu'il en peut naître une différence entre les anciens & les nouveaux Sujets; mais les Rois Francs quitterent le Nord, pour fixer dans les Gaulés leur établiffement & celui de la Colonie qu'ils conduifoient. Leur Monarchie fut fondée au milieu des Gaulois, elle réunit & confondit les deux Nations qui déformais ne formerent plus qu'un feul Peuple. Paroîtra-t-il vraifemblable que l'autorité des premiers Rois, divifée comme les Nations qui compoferent leurs

(x) Obfervations fur l'Hiftoire de France, *Tom.* I. *pag.* 6. Boulainvilliers dans fon Hiftoire de l'ancien Gouvernement de France, foutient que l'Etat François dans fa premiere origine n'étoit rien moins que Monarchique, & qu'il ne commença à le devenir que fous le Regne de Clovis. Duhaillant & plufieurs autres ont enfeigné la même chofe. Loyfeau, *des Seigneuries. Ch.* 2, *n.* 24.

(y) Ibid. *pag.* 22.

Etats, fut autant abſolue ſur l'une, qu'elle fut limitée à l'égard de l'autre? Cette idée répugne à toutes les lumieres ordinaires. A peine pourroit-on le croire ſur des témoignages non ſuſpects.

Combien moins ſe prêtera-t-on à un ſi étrange ſyſtème, quand on apprend par l'hiſtoire, que Clovis, ce Prince d'une politique profonde, &
qui partageoit avec ſa Nation cet éloge écrit dans la Loi Salique : *Gens
Francorum fortis in armis profundaque in conſilio*, reſpectoit les Loix des
Peuples vaincus, parce qu'il ſçavoit que le moyen de gagner les cœurs de
ceux dont on envahit les provinces, eſt de ménager leurs Maximes & leurs
Coutumes? Grégoire de Tours remarque qu'on deſiroit avec ardeur de
ſe mettre ſous l'empire des Francs (z). Auroit-on aſpiré à vivre ſous une domination deſpotique, ou du moins dure, impérieuſe & ſans frein?

Comment enfin pourroit-on ſoutenir que, pour juger de la forme préſente de notre Gouvernement, on doit remonter à la conquête, qui fut
un titre en vertu duquel les Francs poſſéderent les Gaules, comme ſi,
dans le cours de plus de douze ſiecles, le Monarque & les Sujets n'avoient
pu, par un conſentement mutuel perfectionner le Gouvernement, & former par amour du bien public, de nouvelles Loix, des Réglemens plus
utiles? L'ordre de la ſucceſſion au Trône qui ſe ſuit inviolablement depuis pluſieurs ſiecles, ſuffiroit pour combattre cette fauſſe prétention. On
ne ſçauroit douter que la Couronne ne ſoit actuellement héréditaire &
indiviſible. Or, ce n'eſt pas certainement par les premiers Francs que
cette forme de ſuccéder fut réglée, puiſque ſous la premiere Race au
moins, le Royaume étoit électif, & ſe partageoit entre les enfans. Ce ne
ſeroit donc qu'en renverſant la foi qui eſt due à l'hiſtoire, qu'on pourroit chercher dans le droit de conquête, qu'on ſuppoſe être celui des
Monarques François, un obſtacle à toutes les Loix fondamentales.

Ainſi la France eſt une Monarchie, & une Monarchie tempérée : comme
Monarchie, elle a des Loix fondamentales *de droit* & eſſentielles ; comme Monarchie tempérée, elle a des Loix fondamentales poſitives. Les
premieres ſont une dépendance néceſſaire de la Conſtitution Monarchique : l'exiſtence des autres eſt prouvée par le témoignage des Auteurs, par la reconnoiſſance de nos Rois, par la diſpoſition même des
Loix, & par conſéquent par tous les monumens propres à la conſtater. Ces
deux ordres de Loix fondamentales obligent le Souverain. Les unes le
lient par le titre même de la Souveraineté, dont elles ſont des devoirs
& des conditions inſéparables. Il eſt tenu d'obſerver les autres par la force des engagemens, par le droit inviolable des conventions. Tous les
Publiciſtes décident que le Souverain n'a pas le pouvoir de déroger même
aux Loix fondamentales de la derniére eſpece (a).

(z) *Multi jàm tunc ex Galliis habere Francos dominos ſummo deſiderio cupiebant.* (Hiſt.
l. 2. n. 36.)
(a) *Ex his pactis fundamentalibus oritur obligatio, ut, ſecundùm illa imperans regimen in-
ſtituat.* Boehmer. Introd. ad jus public. univerſ. pag. 293.

Mais on fe tromperoit fi on reftreignoit les Loix fondamentales pofitives à celles qui concernent le Royaume entier, & dont tous les Sujets
ont intérêt de réclamer l'exécution. Rien n'empêche qu'il n'y en ait de
particulieres pour certaines Provinces. Le Royaume ayant étendu fes
limites par des progreffions fucceffives, quelques Provinces fe font réunies d'elles-mêmes au corps de la Nation; d'autres y ont été annexées par *Les fti-*
la voie de conquête. Les premieres ont. elles-mêmes diété les conditions *pulations*
de leur obéiffance; le fort des fecondes a été réglé par des Capitulations *faites*
& des Traités de paix. Or, les articles de ces différentes ftipulations *par les*
ont tous les caraéteres & toute l'autorité des Loix pofitives. Ces Loix *différen-*
font appellées fondamentales, parce qu'*elles font comme la bafe fur laquelle* *tes pro-*
l'édifice du Gouvernement eft élevé, & que les Peuples les confiderent comme ce. *vinces*
qui en fait la fûreté. Elles fe forment par *des Conventions*, & c'eft à ce titre *leur réu-*
qu'elles font obligatoires. Les ftipulations des Capitulations ont la mê- *nion à la*
me origine & le même objet; elles font l'effet de Conventions réfléchies *Couron-*
& folemnelles. Les Peuples y engagent leur fidélité à la charge de con- *partie*
ferver leurs Coutumes & leurs Privileges, & le Souverain promet de les *des Loix*
maintenir : ces Conditions font en même temps le gage de la foumiffion *fonda-*
des nouveaux Sujets, & la regle de la protection que leur doit le Monar- *menta-*
que; elles ont donc la nature & la ftabilité des *Loix fondamentales po-* *les po-*
fitives. C'eft auffi l'idée qu'en donnent tous les Publiciftes; & M. de *fitives.*
Fénélon ne crut pas devoir laiffer ignorer au Prince, dont l'éducation
lui avoit été confiée, que le lien de ces Capitulations forme un lien de devoir & de confcience. ,, Il ne fuffit pas de garder les Capitulations à l'é-
gard des ennemis, il faut encore les garder *religieufement* à l'égard des
Peuples conquis. .... Qui pourra fe fier à vous fi vous y manquez?
Qu'y aura-t-il de facré, fi une promeffe fi folemnelle ne l'eft pas? C'eft
un contrat fait avec ces Peuples pour les rendre vos Sujets; commencerez-
vous par violer votre titre *fondamental?* Ils ne vous doivent l'obéiffance
que fuivant ce Contrat, & fi vous le violez, vous ne méritez plus qu'ils
l'obfervent (b)".

Ces Maximes rappellent une belle parole du Roi Jean, ,, *que fi la bonne*
foi & la vérité étoient bannies de tout le refte du monde, elles devroient fe retrou-
ver dans la bouche des Rois". Je fouhaiterois, dit Mézerai, ,, que les
Rois euffent à toute heure devant les yeux, cette Sentence que le Roi Jean
avoit fouvent à la bouche (c)".

Un Publicifte moderne fe propofe une queftion qu'il regarde comme
très-importante.

,, Il appartient effentiellement à la Société de faire des Loix fur la ma- *Les Rois*
niere dont elle prétend être gouvernée, & fur la conduite des Citoyens: *ne peu-*
ce pouvoir s'appelle puiffance légiflative. La Nation peut en confier *vent pas*
l'exercice au Prince, ou à une Affemblée, ou à cette Affemblée & au *changer*
Prince conjointement, lefquels font dès-lors en droit de faire des Loix *les Loix*
fonda-
menta-
les.

(b) Direétions pour la confcience d'un Roi par M. de Fénélon, *diret.* 29.
(c) Hiftoire de France *in-folio,* t. 2. *p.* 460. Abrégé, *tom.* 4. *pag.* 132.

nouvelles, & d'abroger les anciennes. On demande fi leur pouvoir s'étend jufques fur les Loix fondamentales, s'ils peuvent changer la Conftitution de l'Etat. Les principes que nous avons pofés nous conduifent certainement à décider que l'autorité de ces Légiflateurs ne va pas fi loin, & que les Loix fondamentales doivent être facrées pour eux, fi la Nation ne leur a pas donné très-expreffément le pouvoir de les changer: car la Conftitution de l'Etat doit être ftable: & puifque la Nation l'a premiérement établie, & qu'elle a enfuite confié la Puiffance Légiflative à certaines perfonnes, les Loix fondamentales font exceptées de leur commiffion. On voit que la Société a feulement voulu pourvoir à ce que l'Etat fût toujours muni de Loix convenables aux conjonctures, & donner pour cet effet aux Légiflateurs le pouvoir d'abroger les anciennes Loix civiles & les Loix politiques non fondamentales, & d'en faire de nouvelles: mais rien ne conduit à penfer qu'elle ait voulu foumettre la Conftitution même à leur volonté; enfin c'eft de la Conftitution que ces Légiflateurs tiennent leur pouvoir. Comment pourroient-ils la changer fans détruire le fondement de leur autorité? Par les Loix fondamentales de l'Angleterre, les deux Chambres du Parlement, de concert avec le Roi, exercent la Puiffance Légiflative. S'il prenoit envie aux deux Chambres de fe fupprimer elles-mêmes, & de revêtir le Roi de l'empire plein & abfolu; certainement la Nation ne le fouffriroit pas; & qui oferoit dire qu'elle n'auroit pas le droit de s'y oppofer? Mais fi le Parlement délibéroit de faire un changement fi confidérable, & que la Nation entiere gardât volontairement le filence, elle feroit cenfée approuver le fait de fes Repréfentans (d)".

„ Le Prince, dit ailleurs le même Auteur, tient fon autorité de la Nation; il en a précifément autant qu'elle a voulu lui en confier. Si la Nation lui a remis purement & fimplement la Souveraineté fans limitations & fans partage, elle eft cenfée l'avoir revêtu de tous les droits fans lefquels le Souverain Commandement ou l'Empire ne peut être exercé de la maniere la plus convenable au bien public. Ces droits font ceux que l'on appelle droits de Majefté, ou droits Régaliens".

„ Mais lorfque la Puiffance Souveraine eft limitée & réglée par les Loix fondamentales de l'Etat, ces Loix marquent au Prince l'étendue & les bornes de fon pouvoir, & la maniere dont il doit l'exercer. Le Prince eft donc étroitement obligé, non-feulement à les refpecter, mais encore à les maintenir. La Conftitution & les Loix fondamentales font le plan fur lequel la Nation a réfolu de travailler à fon bonheur; l'exécution eft confiée au Prince. Qu'il fuive religieufement ce plan; qu'il regarde les Loix fondamentales comme des regles inviolables & facrées; & qu'il fçache que dès le moment qu'il s'en écarte, fes commandemens deviennent injuftes, & ne font plus qu'un abus criminel de la puiffance qui lui eft confiée. Il eft, en vertu de cette puiffance, le gardien, le défenfeur des

(d) Le Droit des Gens, ou principes de la Loi Naturelle, par de Vattel, *tom.* I. *liv.* I. *chap.* 3. §. 34.

Loix: obligé de réprimer quiconque ofera les violer, pourroit-il les fouler aux pieds lui-même ? (e).

Les Souverains qui n'ofent pas dire ouvertement qu'ils font au-deſſus des Loix fondamentales, cherchent à les rendre inutiles dans l'application. C'eſt ce que tentoit le Roi de Suede, & à quoi ont remédié les Etats aſſemblés en 1755. Il étoit obligé par la forme du Gouvernement, à fe conformer aux décifions prifes dans le Sénat, à la pluralité des fuffrages. Mais il prétendoit avoir feul droit d'interprêter ces Loix fondamentales, & de fuivre les mouvemens de fa confcience. Tout ce qu'on exigeoit de lui, comme une fimple exécution des Loix fondamentales, lui paroiſſoit en être une extenfion. C'étoit le but d'un Mémoire par lui prefenté aux Etats.

Les Sénateurs répondant le 7. Novembre 1755, à ce Mémoire du Roi, difent ,, qu'ils ont toujours infifté que leurs réfolutions, prifes à la ,, pluralité des voix, fuſſent valables auprès de S. M., tandis que S. M. ,, a prétendu que, pour donner à ces décifions faites à la pluralité ,, des voix, la force légiſlative, il falloit les foumettre à l'examen ,, particulier & gracieux de S. M.

,, En réfléchiſſant fur ces paroles, on voit clairement que S. M. re- ,, garde comme un droit appartenant à elle, d'examiner les avis, les ,, motifs & les idées propofées par les Sénateurs, de voir fi elles font ,, conformes à fon ferment & à fa confcience; de les recevoir enfin, ,, ou de les rejetter conformément à cet examen. Si tel étoit le droit ,, de S. M., il arriveroit que la confcience de S. M. feroit la Loi du ,, Royaume de Suede. La confcience eſt fondée fur les idées qu'un ,, chacun fe fait, & ces idées font différentes chez prefque tous les ,, hommes. Par cette raifon la Révélation Divine fixe la confcience des ,, hommes aux commandemens qui y font prefcrits; & dans les affai- ,, res politiques, cette même confcience eſt liée par les Loix du Peu- ,, ple & du Royaume. Ce font là les feules regles d'après lefquelles on ,, doit examiner les objets qui concernent le Gouvernement. On ne ,, trouve aucun exemple d'un Peuple libre qui ait voulu faire dépendre ,, fon fort de la confcience de celui qui gouvernoit; & chez nous il ,, eſt arrêté que le Royaume doit être gouverné, non pas felon la con- ,, fcience du Roi, mais felon les Loix''.

Le Roi a publié des Obfervations fur cette réponfe des Sénateurs. Ils y ont répliqué. La grande Députation des Etats a donné fon avis, & les Etats eux-mêmes ont prononcé, & ont décidé que le Roi étoit obligé aux décifions arrêtées dans le Sénat à la pluralité des fuffrages (f).

Le Bret établit expreſſément l'impuiſſance dans laquelle eſt le Roi de violer les Loix fondamentales du Royaume. C'eſt dans fon Réquifitoire pour l'enregiſtrement des Lettres d'Henry IV, portant union de fon

(e) Ibid. *chap.* 4. §. 45 & 46.
(f) Actes de ce qui s'eſt paſſé de plus remarquable à la Diete de Suede en 1755 & 1756.

Domaine privé à celui de la Couronne. Il parle d'abord de la Déclaration contraire de Louis XII, & dit qu'elle ne fut approuvée de tous, comme étant faite contre la Loi du Royaume. Il parle enfuite en ces termes :

„ Il nous faut tenir pour certain qu'entre les Loix fondamentales
„ de cette Monarchie, celle-ci eft une des principales, qui veut (com-
„ me nous avons dit) que toutes les Terres & Seigneuries que poffe-
„ dent nos Rois, foient aquifes à la Couronne, fitôt qu'on leur a mis
„ le Sceptre en main, & qu'ils ont pris poffeffion de la Royauté, com-
„ me s'ils lui en faifoient un don en faveur de ce mariage politique,
„ qu'ils contractent avec elle par les cérémonies de leur Sacre; & pour
„ récompenfe de ce que de fa part elle leur donne la jouiffance de fes
„ droits, de fes autorités, & de tous fes honneurs. Et d'avantage que
„ cette Loi eft l'une de celles que nos Rois font tenus de garder & d'ob-
„ ferver par le ferment qu'ils font en leur Couronnement, & qui eft le
„ feul ferment qu'ils font durant tout le tems de leur regne.

„ Car bien qu'ordinairement les Rois ne foient affujettis qu'aux
„ Commandemens de Dieu & aux Loix de la Nature, & non pas aux
„ Ordonnances que leurs Prédéceffeurs ont faites, fi ce n'eft par
„ bienféance; néanmoins quant à celles qui regardent l'établiffement &
„ la confervation de leur Couronne, il n'y a point de doute que par leur
„ ferment ils ne foient obligés de les entretenir (g)".

Le Bret convient que cette Loi de l'union du Domaine privé a été inconnue fous les deux premieres Races; & felon lui, Hugues Capet eft l'Auteur de cette Loi fondamentale. C'eft fûrement la faire remonter bien haut.

Il eft arrivé de grands changemens dans la plupart des Gouvernemens. Les uns ont été faits légitimement du confentement des Peuples. On a fubftitué de nouvelles Loix fondamentales à celles qui avoient eu lieu jufques-là. D'autres ont eu pour principe unique l'ufurpation des Souverains. L'Hiftoire fournit des exemples de l'un & de l'autre.

„ La Couronne d'Efpagne fut élective fous les Goths. On y parvenoit
„ fouvent par l'injuftice, par la violence, par les affaffinats. L'élection
„ étoit au commencement fort tumultuaire, tant pour la qualité des
„ Electeurs, que pour la forme qu'on y gardoit. L'une & l'autre furent
„ réglées par le Concile de Toléde.

„ Mais elle a été héréditaire depuis Pélage jufqu'à préfent. A
„ compter de fon regne, les Efpagnols ont toujours fuivi pour la
„ fucceffion à la Couronne la Loi des Majorats qui leur eft particuliere.
„ Elle fut établie du tems de la Reine Jeanne dans une Affemblée d'Etats.
„ C'eft un fidéicommis perpétuel. La regle la plus infaillible qui s'ob-
„ ferve dans ce pays-là pour les Majorats, c'eft que tant qu'il refte une
„ perfonne de la famille du Teftateur, elle eft préfumée appellée à la
„ fucceffion, quoiqu'elle ne foit pas nommée par le Teftament, au lieu
„ que

(g) De la Souveraineté du Roi, *Liv. 3. chap. 4.*

,, que dans nos fubftitutions Françoifes on ne fait pas d'extenfion d'une
,, perfonne à une autre.

,, Pour la fucceffion à la Couronne d'Efpagne, on obferve d'abord la
,, ligne, & enfuite le degré, en forte que dans la même ligne le plus
,, proche du dernier Roi mort, eft celui qui lui fuccede. Après la ligne
,, & le degré on garde l'âge & le fexe. Ainfi les aînés font préférés aux
,, cadets, & les mâles aux femelles, mais toujours dans la même ligne
,, & au même degré....

,, Lorfque fous Ferdinand III, dit le Saint, neuvieme Roi de Caftille,
,, on commença la compilation des Loix d'Efpagne, qui fut achevée
,, fous Alphonfe V furnommé le Sage fon fils, il n'y avoit pas un feul
,, Etat de tous ceux qui font ou qui ont fait partie de la Monarchie d'Ef-
,, pagne, qui n'eût paffé par les femmes dans des Maifons étrangeres, fi
,, l'on en excepte le peu qui étoit encore occupé par les Maures, &
,, dont les filles ont également hérité depuis ce tems là. . Voici les ter-
,, mes de la Loi qui fut alors portée.

,, Les defcendans en ligne directe hériteront toujours du Royaume ;
,, & pour cette raifon, s'il n'y a point d'enfans mâles, la fille aînée
,, fuccédera à la Couronne. Si le fils aîné meurt avant que d'avoir pu
,, hériter, & qu'il laiffe de fa femme légitime fils ou fille, lui ou elle doit
,, avoir l'héritage, fans qu'il paffe à aucune autre perfonne ; mais s'il arri-
,, voit que toute cette lignée, tant mafculine que féminine, vînt à man-
,, quer, le plus proche parent doit hériter du Royaume, pourvû qu'il
,, en foit capable, & qu'il n'ait rien fait qui doive le lui faire perdre".

,, Une Loi fi précife a été obfervée depuis la compilation, avec la
,, même exactitude qu'elle l'avoit été auparavant" (h).

Il faut avouer cependant que la plupart des changemens qu'on a vu
arriver dans les Gouvernemens, ont eu pour principe la violence em-
ployée par les Princes, pour étendre les bornes de leur autorité par la
deftruction des Loix fondamentales. L'Hiftoire en fournit beaucoup
d'exemples.

,, Les Etats de Caftille compofés de trois Ordres avoient autrefois une
,, très grande autorité, & le privilege de ne pas combattre hors de leur
,, Patrie. L'ancienne forme dura jufqu'aux premieres années du regne de
,, Charles-Quint, qui étant Roi d'Efpagne & Souverain de diverfes au-
,, tres Provinces, ruina le pouvoir de ces Affemblées, à caufe qu'il ba-
,, lançoit le fien, dans les fecours qu'il prétendoit tirer de ce Royaume
,, pour les guerres de Flandres, d'Allemagne & de Hongrie, où il étoit
,, engagé. Il voulut, au retour de fon voyage de Sicile & de Sardaigne,
,, après la prife de Tunis, faire impofer dans les Etats de Tolede un
,, tribut nouveau que l'on appelle Sifa. C'eft comme un tarif fur les den-
,, rées néceffaires à la vie. Il trouva une forte oppofition dans la Cham-
,, bre des Seigneurs, & il prit la réfolution de caffer abfolument ces

(h) Science du Gouvernement par de Réal, *Tom.* 2. *pag.* 94, 97.

„ Affemblées, afin d'ôter ce qui pouvoit mettre obftacle à fes volontés.
„ Il donna ordre au Cardinal Tavera, Archevêque de Tolede & Préfi-
„ dent du Confeil de Caftille, d'aller en cette derniere qualité dans la
„ Chambre des Seigneurs de fa part, & de leur faire commandement de
„ fe retirer. Ces Affemblées nommées *Las Cortès* en Caftille prirent
„ par ce commandement abfolu une forme nouvelle. Les Archevêques
„ & les Evêques n'y furent plus appellés; les Grands & les principaux
„ Seigneurs en furent pareillement exclus, & le nombre ancien des
„ Députés du Peuple fut réduit à celui des Procureurs ou Envoyés de dix-
„ huit villes particulieres. Ces feuls Députés, au nombre de trente fix,
„ favoir deux pour chacune de ces villes, ont compofé depuis ce tems-
„ là ces fortes d'Affemblées, fans que ni les Prélats, ni les Grands Seigneurs
„ y aient paru (i).

„ Il y avoit en Arragon des Loix qui avoient été faites pour affurer
„ les libertés du Peuple, & pour mettre un frein à l'Autorité Royale. On
„ appelle le Code, où elles font contenues, *le force de Sobrarde*, d'un
„ lieu du même nom où le commencement de ces Loix prit naiffance
„ dans le neuvieme fiecle.

„ Ce Code n'eut d'abord que peu d'articles. Les deux principaux
„ étoient I. Que le Roi ne pourroit rien faire, ni pour la paix, ni pour
„ la guerre, fans le confentement d'un Confeil compofé de douze *Ricos*
„ *ombres*, c'eft-à-dire, de douze hommes riches & confidérables dans le
„ pays. II. Que ces *douze Ricos ombres* feroient de leur côté ferment
„ de veiller à la confervation du Roi, & de l'aider dans tout ce qui re-
„ garderoit la défenfe & le Gouvernement de l'Etat. On ajouta en divers
„ tems d'autres articles à ce Code, & principalement des Loix que les
„ Arragonnois emprunterent des François & des Lombards, fous le Pon-
„ tificat de Grégoire VII, Le Peuple d'Arragon en étoit venu par degrès à
„ établir un Magiftrat appellé *le Juftice-Maieur*, dont l'autorité étoit éga-
„ lement reconnue du Roi & du Peuple. Sa puiffance étoit eftimée fupé-
„ rieure à celle du Roi, lorfqu'il s'agiffoit d'interprêter les Loix. Quel-
„ quefois même ce Magiftrat avoit jugé les Rois d'Arragon, comme les
„ Ephores jugeoient les Rois de Sparte, & comme le Confeil des Dix
„ juge le Doge de Venife. La maniere de l'inauguration des Rois d'Ar-
„ ragon étoit extrêmement finguliere: *nous qui valons bien autant que vous*,
„ difoit au nouveau Roi, au nom de tous les Citoyens, ce Juftice affis
„ fur un trône, *& qui avons plus de pouvoir que vous, nous vous faifons notre*
„ *Roi, à condition que vous garderez nos privileges & nos franchifes, autre-*
„ *ment nous nous en retractons, car entre vous & nous, il y a un homme qui*
„ *commande au-deffus de vous.* C'étoit le Juftice.

„ Philippe II fut le premier Roi d'Efpagne qui donna une atteinte
„ marquée à ces grands privileges des Arragonnois, en faifant faire
„ le procès au Juftice comme criminel de Leze-Majefté. Philippe V les

(i) Ibidem. *Tom. 2. pag.* 102.

„ a entiérement abolis. Le Royaume d'Arragon & celui de Valence,
„ qui avoient auffi le droit de *mal fervir*, s'étant déclarés contre Philippe
„ V dans la guerre de la fucceffion, furent foumis par la bataille d'Al-
„ menza. Ce Prince dérogea à leurs libertés, ufages & coutumes, &
„ ordonna qu'à l'avenir ils feroient gouvernés felon les Loix de Caftille ;
„ que la monnoie de Caftille y feroit introduite, & que les actes publics
„ y feroient écrits en Langue Caftillane. Peu de tems après le Monar-
„ que, en faveur de ceux de fes Sujets qui étoient demeurés fideles,
„ habilita les Arragonois & les Valenciens à poffeder des charges dans
„ le refte de la Monarchie. Les Catalans, dont les privileges étoient
„ affez confidérables, perfifterent plus long-tems dans leur révolte, mais
„ après la prife de Barcelone, ils furent également réduits à la con-
„ dition des autres Citoyens (k)".

Qui ne feroit révolté d'une telle conduite, & comment les Rois d'Efpagne pourroient-ils poffeder légitimement un pouvoir qu'ils n'ont acquis que par violence? Ils n'ont eu d'autre motif que celui de devenir
maîtres abfolus, & d'acquérir un pouvoir fans bornes. C'eft ici le cas de
dire avec Burlamaqui : s'ils ne pouvoient fe réfoudre à n'avoir qu'une
autorité bornée, il ne tenoit qu'à eux de réfufer la Couronne; s'ils l'acceptent une fois à ces conditions, ils ne font plus les maîtres de chercher dans
la fuite à les anéantir, ou de travailler à fe rendre abfolus. Ne diroit-
on pas que les moindres limitations du Pouvoir Souverain font un abus
& un fcandale qu'on ne peut trop tôt faire ceffer, & que quelques foibles
barrieres font contraires à la nature du Pouvoir Souverain?

On prétendra fans doute que les Peuples ont approuvé ces innovations
par leur filence.

On pourroit le foutenir, s'il exiftoit un tribunal commun entre eux
& le Prince. Mais contre la force ouverte & la main armée ils n'avoient
évidemment d'autre reffource que la guerre. Leur fera-t-on un crime de
n'y avoir pas eu recours?

Ces faits, & tous les autres du même genre, ne prouveront que l'injuftice des Souverains. Une Autorité, qui n'a pour principe qu'une pure voie de fait, ne deviendra jamais légitime; & tant qu'on voudra confulter la raifon & la juftice, on demeurera convaincu que les Princes
ne peuvent donner atteinte aux Loix fondamentales, fous la foi defquelles
on les a choifis pour commander, on leur a juré obéiffance.

On dit ordinairement que Louis XI a mis les Rois hors de Page. Ils
n'y étoient donc pas auparavant; & étoit-ce une chofe monftrueufe qu'ils
n'y fuffent pas? Etoit-ce un de ces défordres crians qu'on ne peut trop tôt
faire ceffer? On ne prétendra pas fans doute que les Prédéceffeurs de Louis
XI euffent laiffé ufurper par le Peuple un pouvoir qu'ils avoient eu, &
qu'ils devoient conferver fans altération. Si leur autorité avoit été jufques là bornée, elle avoit été telle depuis l'établiffement de la Monar-

*Réfle-
xions fur
la con-
duite de
Louis
XI.
qu'on dit
avoir
mis les
Rois
hors de
page.*

(k) Ibidem. *pag.* 103.

chie. Le Gouvernement n'avoit été confié à notre premier Souverain qu'avec des limitations.

Or de quel droit Louis XI a-t-il franchi toutes les barrieres, qui jusques à lui avoient reſtreint l'Autorité? En cela il a manifeſtement entrepris ſur les droits de la Nation; & depuis quand la Juſtice permet-elle d'enlever le bien d'autrui? Un Roi qui ſeroit coupable de s'emparer ſans cauſe juſte du bien d'un Particulier, pourra-t-il légitimement ravir les droits du Corps entier de ſes Sujets?

Dieu n'a jamais déclaré qu'il ne devoit y avoir ſur la terre que des Monarques pleinement abſolus. Les principes de la ſaine raiſon, ceux du Droit Public ne l'exigent pas. Les Peuples ont pu ſe ſoumettre à la forme de Gouvernement qu'ils ont jugé la plus utile pour eux. Ils ont pu, dans cette forme de Gouvernement à laquelle ils ſe ſont attachés, mettre plus au moins de modifications à l'Autorité qu'ils ont donnée ſur eux mêmes. Le Prince, qui ne les reſpecte pas, viole manifeſtement ſa promeſſe & ſon ſerment.

„ Dieu, *dit de Réal*, ne ſe déclare pas plus pour une forme de Gouver- „ nement que pour une autre. Il a laiſſé aux Légiſlateurs & aux Peuples „ la liberté du choix (1)".

On n'a point fait d'injuſtice au Roi en ne lui confiant qu'un pouvoir borné. On pouvoit ne lui en confier aucun, & choiſir à ſa place une autre perſonne, une autre famille. Il n'a été revêtu de la Puiſſance Publique que ſous condition d'en uſer de telle ou telle maniere, d'en renfermer l'exercice dans certaines bornes. Ou il eſt obligé de le faire, ou tout engagement, toute promeſſe de ſa part ſont illuſoires, & il n'eſt lié ni par les Loix Naturelles, ni par les Loix poſitives Divines.

Perſonne ne ſoutiendra ſans doute que cette extenſion de l'Autorité, cette converſion de la Monarchie limitée en Monarchie abſolue, ſoit utile aux Peuples. On renonceroit au bon ſens, en faiſant regarder la Nation Françoiſe comme plus heureuſe depuis Louis XI, qu'elle ne l'étoit ſous Charlemagne. Il eſt évident que Louis XI & ſes Succeſſeurs n'ont travaillé que pour eux-mêmes au détriment de leur Peuple. Or on a vu qu'un Roi ne pouvoit faire juſtement que ce qui étoit utile à ſes Sujets; & que celui qui ne cherchoit qu'à s'enrichir à leurs depens, à s'élever ſur leur ruine, méritoit un nom fort différent.

Ainſi quand on dit que Louis XI a mis les Rois hors de Page, on atteſte que la Monarchie Françoiſe avoit été juſques-là une Monarchie limitée. Le Peuple n'a conféré depuis aucun pouvoir au Roi. On ne voit pas pourquoi Dieu l'auroit revêtu d'une puiſſance nouvelle malgré le Peuple. Il ne peut donc avoir été qu'injuſte uſurpateur, raviſſeur violent de droits qui ne lui appartenoient pas, & que la Nation s'étoit réſervés. Un droit acquis par la force peut-il devenir légitime, lorſqu'elle n'a pas ceſſé?

Qu'entend-on d'ailleurs par ces mots: *avoir mis les Rois hors de Pa-*

(1) Science du Gouvernement, *Tom. 1. pag.* 385.

ge? Cela-fignifie-t'il que Louis XI a rendu fes Peuples plus heureux? Car c'eft par là qu'il faut juger des vues & des actions des Princes. C'eft la regle unique à confulter. Or que nous difent fur ce point les Hiftoriens?

„ Louis XI en fon vivant, à caufe d'aucuns perfonnages qui étoient à „ l'entour de fa perfonne, comme Olivier le Diable, dit le Dain, fon Bar-„ bier, Jean de Doyac, & autres plufieurs, lefquels il croyoit plus que „ gens de fon Royaume, fit durant fon regne beaucoup d'injuftices, „ maux, & violences, & tellement qu'il avoit mis fon Peuple fi bas, „ qu'au jour de fon trépas étoit prefqu'au défefpoir. Car les biens qu'il „ prenoit fur fon dit Peuple, donnoit & diftribuoit aux Eglifes en grans „ penfions, en Ambaffades, & gens de bas état & condition, auxquels „ pour les exhauffer, ne fe pouvoit tenir de leur donner argent, biens „ & poffeffions, en telle façon qu'il avoit donné & aliéné la plupart „ du Domaine de fon Royaume (m).

Peut-on faire l'éloge d'un Prince, qui n'a étendu fon pouvoir au delà de toutes bornes & contre toute régle, que pour l'employer à un tel ufage?

Les variations furvenues dans les différens Gouvernemens depuis leur origine ne préfentent que l'abus fait par les Souverains de la patience de leurs Peuples. Il ne fera pas moins vrai dans le droit, qu'ils ne peuvent donner atteinte aux Loix fondamentales.

Ce feroit fe précipiter dans une autre erreur que de réferver aux feules Loix fondamentales la ftabilité comme un caractere qui leur fût propre. Il eft de la nature des Loix fondamentales pofitives, qu'elles ne puiffent être abrogées par le Prince, & fans le confentement de la Nation, parce qu'elles font l'effet de pactes ou conventions, qui ne fçauroient être changés que de l'accord réciproque des Parties contractantes. Mais fi le Monarque qui feul a la fanction des autres Loix, a feul l'autorité de les abroger, ce n'eft pas une raifon pour rendre ces Loix fragiles, varia-bles, & le jouet arbitraire des circonftances (n).

Toute Monarchie doit avoir des Loix *fixes*; un Royaume dont la Lé-giflation n'auroit aucune confiftance, feroit le théâtre du défordre & de la confufion. M. Boffuet regarde l'inftabilité des Loix comme le pronoftic d'une chûte prochaine des Empires. „ En général, les Loix ne font pas Loix, fi elles n'ont quelque chofe d'inviolable....... l'attachement aux Loix & aux anciennes Maximes affermit la Société, & rend les Etats immortels. On perd la vénération pour les Loix, quand on les voit fi fouvent changer: c'eft alors que les Nations femblent chanceler comme troublées..... l'efprit de vertige les poffede, & leur chute eft inévita-ble...... c'eft l'état d'un malade inquiet qui ne fçait quel mouvement fe donner..... on tombe dans cet état, quand les Loix font variables, fans confiftance, c'eft-à-dire, quand elles ceffent d'être Loix (o)".

Les au-tres Loix ne doivent pas être abrogées par le Roi feul.

Il ne peut y déroger tant qu'elles font uti-les à l'Etat.

(m) Chronique ajoutée à celle de Monftrelet, *pag.* 77. *Edition de* 1603.
(n) Charondas Légiflateur des Thuriens ordonna que quiconque voudroit abolir une vieille Loi, ou en établir une nouvelle, fe préfentât dans l'affemblée du Peuple la Corde au Cou; afin que fi la nouvelle Loi n'étoit approuvée généralement, il fût étranglé in-continent. *Diodore de Sicile Liv. XII. C.* 4.
(o) Politique, *liv.* 1. *art.* 4. *propof.* 8.

Qui dit une Loi, dit une Ordonnance, une inſtitution permanente. Les Théologiens la définiſſent un commandement commun, juſte, ſtable, & dirigé vers le bien public par le dépoſitaire de la Puiſſance Publique: *Præceptum commune , juſtum & ſtabile ad bonum publicum , ab. eo qui communitatis curam habet , promulgatum* (p). Elle eſt *commune* , par ce que les ordres privés ne ſont point des Loix, & que la Loi doit établir une regle générale (q). Elle eſt *juſte* , parce qu'on ne ſçauroit ſéparer l'idée du juſte de celle de la Loi, & il entre dans l'ordre de la Juſtice, que la Loi n'excede pas le pouvoir de celui qui commande (r). Elle eſt *ſtable* ou *perpétuelle* , parce qu'elle ne doit être changée que quand elle ceſſe d'être utile. Le but de la Loi eſt de procurer le bien public, & elle n'atteint pas ce terme néceſſaire ſi elle n'a point de conſiſtance ; l'effet naturel des variations fréquentes en cette matiere eſt d'exciter les plaintes, de donner lieu aux troubles (ſ). Enfin il faut qu'elle ſoit dirigée pour l'avantage public, parce que l'intérêt particulier n'en ſçauroit être le motif & l'objet. Les Légiſlateurs tiennent leur puiſſance de Dieu, & ce n'eſt pas pour leur profit perſonnel, mais pour celui de l'Etat & des Sujets dont ils ſont les peres, qu'elle leur a été communiquée (t).

Il entre donc dans la notion même de la Loi, qu'elle ait une exiſtence fixe, qu'elle ait dans ſon fond une eſpece de perpétuité, que ſon exécution conſtante aſſure la fin d'utilité que le Légiſlateur s'eſt propoſée. *Les Loix ne ſont pas Loix , ſi elles n'ont quelque choſe d'inviolable.*

Domat diſtingue deux ſortes de Loix, les unes naturelles, & les autres arbitraires. Mais „ *toutes ces Loix ont une autorité fixe & réglée* ; ... comme c'eſt la Juſtice & l'autorité des Loix qui leur donnent la force qu'elles doivent avoir ſur notre raiſon , il eſt important de conſidérer quelle eſt la Juſtice & l'autorité des Loix naturelles, & quelle eſt la Juſtice & l'autorité des Loix arbitraires.

„ La Juſtice univerſelle de toutes les Loix conſiſte dans leur rapport à

(p) Continuateur de Tournely, *tom.* 9. *ch.* I. *pag.* 2.

(q) *Dicitur* publicum *ſeu* commune , *quia præcepta privatæ perſonæ impoſita, non ſunt leges.* Hinc leg. 8. ff. de legib. Jura non in ſingulas perſonas, ſed generaliter conſtituuntur. (*Ibid.* pag. 3.)

(r) *Dicitur juſtum : neque enim lex dicenda eſt quæ juſta non fuerit, ut bene ait Auguſtinus* , l. I. de lib. arb. cap. 5. *Et verò triplex ex parte legiſlatoris conſiderari poteſt juſtitia, nempè legalis imperans, commutativa, & diſtributiva. Legalis quidem, ut bono communi profit ; commutativa, ut legiſlator pro iis ſolùm leges ferat qui à ſe dependent ; pro iis verò non plus ſtatuat quàm ſtatuere poſſit : inane enim eſt præceptum ſuperioris qui ſuam excedit poteſtatem : ac demùm diſtributiva &c.* (Ibid.)

(ſ) *Dicitur* ſtabile *ſeu* perpetuum, *quia lex ſemel lata durare debet quandiù ſtabit communitas cui imponitur, niſi abrogetur, aut mutatis circumſtantiis, noxia vel inutilis fiat. Ratio eſt , quia finis legis eſt commune bonum ; atqui commune bonum efficaciter procurari nequit per leges quæ firmæ non ſint ; mutatio enim frequens clamores communitatis & turbas ciere ſolet.* (Ibid. pag. 4.)

(t) *Dicitur* ad bonum publicum ; *lex enim nullo privato commodo, ſed pro communi utilitate conſcripta eſſe debet. Et verò legiſlatores Miniſtri Dei ſunt, nihilque habent poteſtatis niſi quod ipſis datum eſt deſuper : atqui Deus ſuam principibus poteſtatem non ceſſit, ut privatis ſerviant commodis , ſed ut ſubditorum, quos pro filiis habere debent, commoda procurare nitantur* (Ibid. pag. 5.)

l'ordre de la Société dont elles font les regles; mais il y a cette différence entre la Juſtice des Loix Naturelles, & la Juſtice des Loix arbitraires, que les Loix Naturelles étant eſſentielles aux deux premieres Loix &
aux engagemens qui en font les ſuites, elles font eſſentiellement juſtes,
& que leur juſtice eſt toujours la même dans tous les temps, & dans tous
les lieux. Mais les Loix arbitraires étant indifférentes à ces fondemens
de l'ordre de la Société, deforte qu'il n'y en a aucune qui ne puiſſe être
changée ou abolie ſans les renverſer; la Juſtice de ces Loix conſiſte dans
l'utilité particuliere qui ſe trouve à les établir, ſelon que les temps & les
lieux peuvent y obliger. L'Auteur ajoute que *nous avons en France*, comme partout ailleurs, *l'uſage des Loix Naturelles & des Loix arbitraires* (u)".

La ſtabilité des Loix naturelles eſt inhérente à leur ſubſtance, puiſqu'elles font juſtes en tout temps & en tout lieu, & que ce qui eſt juſte doit
toujours ſubſiſter. Si les Loix arbitraires, n'ayant pas un rapport néceſſaire aux fondemens de l'ordre de la Société, peuvent être abolies, elles ne doivent l'être que lorſqu'elles ceſſent d'avoir l'utilité particuliere
qui les a fait établir; & quoique la conſiſtance de ces deux eſpeces de
Loix ne ſoit pas la même, il eſt vrai des dernieres mêmes, qu'elles ont
une ſtabilité proportionnée à la qualité de leurs motifs, & de l'intérêt
que peut y avoir l'Ordre Public.

Notre objet n'eſt point de rechercher quelles font les Loix naturelles,
ni de diſcerner parmi les arbitraires celles dont l'exiſtence eſt plus ou
moins ferme, plus ou moins aſſurée, plus ou moins inviolable. Nous nous
bornerons à obſerver que nous avons des Loix, dont les motifs font ſi importans, & l'utilité ſi évidente, que, malgré l'étendue & l'indépendance
du Pouvoir Légiſlatif qui réſide dans la main de nos Rois, jamais l'équité
du Trône, ni l'amour qu'ils portent au bien public, ne leur permettront
de les abroger.

Ne doit-on pas mettre, par exemple, au nombre des Loix qui ſubſiſtent, pour ainſi dire par leur propre vertu, celle qui déclare les étrangers
incapables de poſſéder des Offices ou des Bénéfices dans le Royaume, &
celles qui défendent de donner les échoites & confiscations avant qu'elles ſoient prononcées en Jugement? Conçoit-on quelque révolution qui
puiſſe faire diſparoître les raiſons ſolides qui font le fondement de ces
Loix? Si quelquefois il peut être utile qu'un étranger ſoit pourvu d'un
Bénéfice ou d'un Office, on lui accorde une diſpenſe; mais qu'on leve
la prohibition générale prononcée contre les étrangers, l'intérêt public
s'y oppoſera toujours, parce que le danger de voir les Offices ou les Bénéfices les plus importans fur la tête de Sujets autres que les François,
ſubſiſtera dans tous les temps.

Il faut porter le même jugement des Loix qui aſſujettiſſent à la viſite
ou à l'inſpection de l'autorité publique les Bulles de Rome. L'article 77
des Libertés porte, que cet uſage doit être ſoigneuſement obſervé, *afin de
ſçavoir ſi en icelles y avoit aucune choſe qui portât préjudice, en quelque manie-*

En gé-
néral les
Loix
doivent
être ſta-
bles. Il
y en a
pluſieurs
qui doi-
vent être
irrévoca-
bles par
leur na-
ture,
parce que
dans
toutes
ſortes de
circon-
ſtances
le bien
public
s'oppo-
ſera à
leur ré-
voca-
tion.

(u) Traité des Loix, *chap.* 11.

re que ce fût, aux droits & libertés de l'Eglise Gallicane & à l'autorité du Roi.

C'eſt ce qui ne paroîtra pas moins ſenſible par rapport aux diſpoſitions ſi ſouvent réitérées des Ordonnances qui ont défendu aux Juges d'avoir égard aux lettres cloſes dans l'adminiſtration de la Juſtice; ou du moins à celles qui ſeroient contraires aux Loix & à l'équité.

Si nous en croyons Grimaudet, on doit regarder comme immuable l'uſage où ſont nos Rois d'avoir un Conſeil. „ Par ces exemples, nous connoiſſons, dit cet auteur, que les Rois qui n'ont cru conſeil, ne ſe ſont point rendu plus grands & magnanimes; au contraire ils oñt été plus téméraires, & le plus ſouvent ont perdu leurs Etats; là où ceux qui ſe ſont ſoumis au conſeil ont heureuſement régné, & agrandi leurs ſeigneuries; ſans que l'on puiſſe leur reprocher qu'ils ont diminué leur puiſſance pour avoir obéi au conſeil, non plus qu'en l'homme l'on ne doit dire que tort lui ſoit fait par raiſon qui le guide & conduit à faire les choſes qui ſont de vertu, & réſiſter à ſes paſſions; ou qu'elle l'empêche de faire les choſes qui ſont honnêtes & loiſibles. En ce Royaume, de notre temps , de nos peres & majeurs, nos Rois ont eu leur conſeil légitime, à l'avis duquel ils ſe ſont tellement ſoumis, que le Roi Louis XII, dit le Pere du Peuple, en une Ordonnance par lui faite, déclare que c'eſt l'office d'un bon Roi que d'être ſujet à Conſeil , & l'exprime par ces mots: Avons enjoint, dit-il, à notre Chancelier, & lui défendons très-expreſſément, que quelque choſe que lui puiſſions dire ou écrire au contraire, par importunité de pourſuite, ou autrement, que les lettres qui ſeront délibérées par notre Conſeil, ſoient ſcellées & expédiées ſelon & ſuivant ce qui en ſera conclu par Conſeil; ce qui eſt très-ſaintement ordonné (v) ".

Concevra-t-on jamais que par le changement des circonſtances, & la révolution des ſiecles, il puiſſe être utile au Public de révoquer l'art. CXI de l'Ordonnance d'Orléans , qui défend d'obtenir des Lettres de Cachet pour ſéqueſtrer des filles , & les épouſer malgré leurs parens; les diſpoſitions de l'Ordonnance criminelle , qui ne permettent pas d'arrêter les domiciliés ſur de ſimples ſoupçons; qui veulent que les Priſonniers ſoient promptement interrogés ? On citeroit mille autres Loix ſemblables. Dira-t-on à cet égard, que c'eſt au Prince ſeul à juger de ce qu'exige le ſalut de l'Etat ? Il vaudroit autant dire, que le Prince eſt ſeul doué de raiſon dans ſon Royaume; ou que les Peuples lui doivent faire aveuglément le ſacrifice de la leur.

Si ces Loix, & un grand nombre d'autres, ſont & ſeront toujours néceſſairement ſalutaires ; s'il eſt impoſſible d'imaginer une poſition du Royaume dans laquelle leur diſpoſition fût nuiſible; ſi leur abrogation cauſera néceſſairement du dommage dans tous les temps; il n'eſt pas au pouvoir du Monarque de les renverſer.   Il n'a pas droit de faire ce qui eſt préjudiciable à la Société civile.

Vaſquius, Auteur Eſpagnol , enſeigne que la puiſſance du Gouvernement a été établie pour l'intérêt de ceux qui ſont gouvernés, & dès-là,

_____

(v) Oeuvres de Grimaudet, 3e. Opuſcule Politiq. *page* 493.

là, il eſt contraire à ſon inſtitution de la tourner à leur préjudice (x). Voici la conféquence qu'il tire de ce principe.

La Puiſſance Souveraine étant établie pour l'avantage du Peuple, c'eſt ſur ſon bien que doit en être réglé l'uſage. Donc le Prince ne doit pas facilement contrevenir aux Loix poſitives, qui ſont utiles à la Société, ſoit en les abrogeant totalement, ſoit même en diſpenſant de leur exécution. Il ne doit le faire que quand il a pour cela un juſte ſujet, quand il y a lieu de préſumer que le Peuple aſſemblé conſentiroit à la révocation ou à la diſpenſe (y).

C'eſt par là que l'Auteur du Songe du Vergier écarte les privileges accordés par nos Rois aux Eccléſiaſtiques.

„ Je ſçai pour vrai & le vous ottroie que pluſieurs privileges vous
„ ont été donnés & ottroyés par les Rois & autres Seigneurs terriens,
„ mais vous devez ſavoir que en ce que tous les Gouverneurs de la choſe
„ publique font, ſoient Rois ou autres, ils doivent avoir toute leur pen-
„ ſée & intention au ſalut de la choſe publique, & en tant ils doivent
„ préférer le bien & le ſalut de la choſe publique à leur propre ſalut. Et
„ pourtant il appert clairement que les Lais ou autres Gouverneurs de la
„ choſe publique ne peuvent autre choſe donner ou ottroyer, qui ſoit
„ préjudiciable au profit & ſalut de la choſe publique. Poſé doncques que
„ les Rois vous aient donné de grace aulcuns privileges, c'eſt à ſavoir
„ pour en uſer en tant qui ne tourne en préjudice de la choſe publique,
„ non pas pour en uſer en préjudice du ſalut de la choſe publique, car ce
„ ne fut oncques ni ne peut être de la voulenté des Rois, qui les privi-
„ leges vous ont ottroyés, que en préjudice du ſalut commun vous en
„ peuſſiez uſer. Et pour ce dient les decréts & les Loix quant ung privi-
„ lege eſt ou commence à être préjudiciable au ſalut de la choſe publi-
„ que, il doit être rappellé & mis à néant (z) ".

Ces principes peuvent nous paroître d'abord extraordinaires, par l'ha-bitude où nous ſommes de voir nos Monarques diſpoſer preſqu'arbitrai-rement des Loix. Ils ſont cependant d'une évidence qui frappe les eſprits

---

(x) *Obedientia eſſe intelligitur limitata, quatenùs utilitas & honeſtas ipſorum ſubjecto-rum depoſcit, & non ultrà; cum ipſorummet ſubditorum, non etiam regentium, ob utilitatem, hæc ſubjectio & obedientia nata. Introducta & conceſſa fuerit, nec dubium ſit, quin ea quæ cujuſquam utilitatis cauſâ inducta fuerint, eâ utilitate ceſſante, ceſſent; nec ultrà, nec citrà illam utilitatem rectitudo conſiſtat.* De Succeſſionibus, tom. 2, lib. 1, Præfat. n. 10.

(y) *Cùm autem ſive Principi ſive cuique privato aliena commiſſa ſunt, abuti, aut prodi-gere non licet; præſertim, quandò ad utilitatem ipſius concedentis & committentis con-ceſſio fit: ut eſt in Juriſdictionis commiſſione. Imperium enim & Regnum, nihil aliud eſt quàm ſuprema illa Juriſdictio. Ergò & cives in Populum, & Populus in Principem cùm ſummam tantùm Juriſdictionem contulerit, & præterea nihil, eaque ad ipſorum committen-tium & concedentium utilitatem aptanda ſit & regulanda; ſupereſt, ut leges etiam poſitivæ ad Populi, de quo agitur, utilitatem latæ, non facilè per Principem poſſint transgredi, per modum, ſive revocationis totalis, ſive etiam diſpenſationis; ſed tunc demùm quandò adeſt juſta cauſa, ex qud & cives populo, & populus Principi veroſimiliter id conceſſuri eſſent* Ibid. n. 46.

(z) *Chap.* 34.

Tome I. Zz

attentifs. Il n'eſt pas permis au Prince de penſer à lui. Le bien du Royau-me doit être l'unique objet de ſa ſollicitude. Il peut tout ce qui lui eſt utile; il ne peut rien de ce qui lui nuit. Sa puiſſance eſt en cela ſem-blable au pouvoir Eccléſiaſtique, fait pour édifier, & non pour détruire. Ce qu'on diroit d'un Evêque qui voudroit abroger par autorité une diſci-pline ancienne, ſage, utile au ſalut des ames, eſt vrai d'un Prince qui veut détruire par puiſſance abſolue, des Loix qui ſubſiſtent depuis plu-ſieurs ſiecles, qui ont procuré & procurent encore de grands biens.

On peut abuſer de cette doctrine, & de quoi n'abuſe-t-on pas? Ce ſe-roit en abuſer que d'y chercher un prétexte de révolte; que de rendre chaque Particulier juge du mérite actuel des Loix qui par leur objet ſont ſujettes au changement. La crainte de l'abus n'empêchera jamais de dire que le Prince ne doit pas, ne peut pas juſtement abroger une Loi qui ſubſiſtant depuis long-temps, produit encore des effets ſalubres, & qu'il n'a pas droit d'exiger l'obéïſſance aux ordres qu'il donne à cet égard.

On reſſerreroit donc trop le privilege de la ſtabilité, en le reſtreignant aux ſeules Loix fondamentales. Toutes les Loix ſont perpétuelles & ir-révocables de leur nature. Elles conſervent cette faveur, juſques à ce qu'elles ſoient devenues nuiſibles; & un grand nombre par leur nature mê-me ſont incapables de le devenir. Quant à l'abrogation des Loix fonda-mentales, il y a dans le Souverain un défaut de pouvoir. La révocation de celles qui ſont encore ſalutaires, renferme l'abus du pouvoir dont la Loi ſuprême eſt le ſalut du Peuple, & qui ne peut avoir été établie que pour ſon bien.

On peut fortifier ces principes par la doctrine de Vattel, qui tiendra lieu de récapitulation de tout ce qui a été établi dans ce Volume.

„ La Souveraineté, dit-il, eſt cette Autorité Publique, qui commande dans la ſociété civile, qui ordonne & dirige ce que chacun y doit faire pour en atteindre le but. Cette Autorité appartient originairement & eſſentiellement au Corps même de la Société, auquel chaque Membre s'eſt ſoumis, & a cédé les droits qu'il tenoit de la Nature, de ſe conduire en toutes choſes, ſuivant ſes lumieres, par ſa propre volonté, & de ſe faire Juſtice lui-même. Mais le Corps de la Société ne retient pas toujours à ſoi cette Autorité Souveraine. Souvent il prend le parti de la confier à un Sénat ou à une ſeule perſonne. Ce Sénat ou cette perſonne eſt alors le Souverain.

„ Il eſt évident que les hommes ne forment une ſociété politique, & ne ſe ſoumettent à ſes Loix, que pour leur propre avantage & leur ſalut. L'Autorité Souveraine n'eſt donc établie que pour le bien commun de tous les Citoyens; & il ſeroit abſurde de penſer qu'elle puiſſe changer de na-ture en paſſant dans les mains d'un Sénat ou d'un Monarque. La flatte-rie ne peut donc diſconvenir, ſans ſe rendre également ridicule & odieu-ſe, que le Souverain eſt uniquement établi pour le ſalut & l'avantage de la Société.

„ Un bon Prince, un ſage conducteur de la Société, doit être bien

rempli de cette grande vérité, que la Souveraine Puissance ne lui est confiée que pour le salut de l'Etat, & le bonheur de tout le Peuple; qu'il ne
lui est pas permis de se chercher lui-même dans l'administration des affaires; de se proposer sa propre satisfaction ou son avantage particulier;
mais qu'il doit rapporter toutes ses vues, toutes ses démarches au plus
grand bien de l'Etat & des Peuples qui lui sont soumis. Qu'il est beau
de voir un Roi d'Angleterre rendre compte à son Parlement de ses principales opérations; assurer ce Corps représentatif de la Nation qu'il ne se
propose d'autre but que la gloire de l'Etat & le bonheur de son Peuple,
& remercier affectueusement tous ceux qui concourent avec lui à des
vues si salutaires! Certainement un Monarque qui tient ce langage, &
qui en prouve la sincérité par sa conduite, est le seul grand aux yeux du
sage. Mais dès long-temps une criminelle flatterie a fait oublier ces Maximes dans la plupart des Royaumes. Une troupe de lâches Courtisans per-
suade sans peine à un Monarque orgueilleux, que la Nation est faite
pour lui, & non pas lui pour la Nation. Il regarde bientôt le Royaume comme un patrimoine qui lui est propre, & le Peuple comme un troupeau de bétail, dont il doit tirer ses richesses, & duquel il peut disposer
pour remplir ses vues & satisfaire ses passions. De là ces guerres funestes, entreprises par l'ambition, l'inquiétude, la haine ou l'orgueil. De
là ces impôts accablans, dont les deniers sont dissipés par un luxe rui-
neux, ou livrés à des maîtresses & à des favoris. De là enfin les places
importantes données à la faveur, le mérite envers l'Etat négligé; & tout
ce qui n'intéresse pas directement le Prince, abandonné aux Ministres &
aux Subalternes. Qui reconnoîtroit dans ce malheureux Gouvernement
une autorité établie pour le bien public? Un grand Prince sera en garde
même contre ses vertus. Ne disons point avec quelques Ecrivains, que
les vertus des Particuliers ne sont pas les vertus des Rois; Maxime de Politiques superficiels, ou peu exacts dans leurs expressions. La bonté l'a-
mitié, la reconnoissance sont encore des vertus sur le Trône; & plût au
ciel qu'elles y fussent toujours. Mais un Roi sage ne se livre pas sans discernement à leurs impressions: il les chérit, il les cultive dans sa vie privée, dès qu'il agit au nom de l'Etat, il n'écoute que la Justice & la saine
Politique: & pourquoi? Parce qu'il sçait que l'empire ne lui est confié
que pour le bien de la Société; qu'il ne doit point se chercher lui-même
dans l'usage qu'il fait de sa puissance. Il tempere sa bonté par la sagesse, il
donne à l'amitié ses faveurs domestiques & privées; il distribue les charges & les emplois au mérite; les récompenses publiques aux services rendus à l'Etat: en un mot il n'use de la Puissance Publique qu'en vue du
bien public. Tout cela est compris dans ce beau mot de Louis XII:
,, *Un Roi de France ne venge point les injures d'un Duc d'Orléans* (a)".
Par une suite de ce principe fondamental, l'Auteur, dans un autre

(a) Le Droit des Gens, ou Principes de la Loi Naturelle, par de Vattel, *tom.* I. *liv.* I.
chap. 4. §. 39. 1758. 2 *vol. in 4to.*

Ouvrage s'éleve fortement contre l'expreſſion de *Royaume patrimonial.* On appelle ainſi celui dans lequel le Souverain eſt maître de choiſir ſon Succeſſeur : il exiſte ſans doute des Royaumes de ce genre; mais on a tort de les regarder pour cela comme le patrimoine du Prince; c'eſt ce que de Vattel ſoutient après pluſieurs autres Jurisconſultes.

„ Il ſeroit à ſouhaiter, dit-il, que l'on proſcrivît généralement cette appellation de Royaume, ou d'Etat patrimonial : elle ne ſert qu'à perſuader au Prince qu'il peut diſpoſer de l'État ou du Peuple qui lui eſt ſoumis, comme il diſpoſeroit d'un champ ou d'un troupeau de bétail. La choſe même déſignée par ce terme, ne peut avoir lieu par l'établiſſement de la Société, qu'autant que le Peuple, en déférant l'empire à quelqu'un, aura eu aſſez de confiance en lui pour lui donner le pouvoir de faire paſſer cet empire à un autre, s'il trouve que cela ſoit convenable au bien de l'E. tat. Et de-là il paroît que l'expreſſion de *Royaume patrimonial* n'eſt pas juſte. Le patrimoine d'un homme eſt une choſe qui lui appartient en propre, & dont il peut diſpoſer comme il le trouve à propos pour ſon avantage particulier. Ce qu'il ſe doit à lui-même l'oblige bien à n'en faire qu'un uſage raiſonnable; mais il n'eſt tenu de faire attention qu'à ſoi-même lorſqu'il en diſpoſe : il n'en doit compte à perſonne, & s'il en uſe mal, il ne fait tort qu'à lui-même. Peut-on dire la même choſe d'un Roi à qui on aura confié le droit de tranſmettre l'empire à un autre? Peut-il regarder dans ce tranſport, à ſon avantage particulier, & ne doit-il pas au con. traire ſe diriger uniquement par des vues priſes du bien public? On ne lui a certainement confié que le droit de juger de ce qui eſt le plus convenable au bien public.

„ Le Peuple ſeul, j'entends le Peuple entier & unanime, poſſede l'Empire comme véritablement patrimonial, parce que c'eſt ſon bien propre; qu'il peut & qu'il doit même en diſpoſer pour ſon avantage particulier. A parler exactement, la pluralité même du Peuple ne poſſede point l'empire comme patrimonial; elle a ſeulement le droit de repréſenter la Société entiere, en vertu des conventions ſuivant leſquelles l'avis de la pluralité doit paſſer pour le ſentiment de tous. Et une preuve que la majeure partie ne poſſede point la Souveraineté comme un patrimoine, c'eſt qu'il ne lui eſt pas permis d'en uſer pour ſon avantage particulier, à l'exclufion des autres Citoyens. Si les trois quarts des Citoyens vouloient ſe ſervir de l'Autorité Publique pour priver les autres de leurs biens, pour les réduire en eſclavage ou pour les faire périr, ceux-ci ſeroient-ils obli-gés de le ſouffrir? Toute idée de patrimoine, lequel eſt deſtiné à l'avantage particulier du maître, eſt incompatible avec l'idée de l'Empire ou du Gouvernement qui ne doit jamais ſe rapporter qu'au bien & au ſa-lut du Peuple (b) "

On ſent en effet que la permiſſion donnée au Prince de choiſir après lui

(b) Queſtions de Droit naturel, & Obſervations ſur le Traité du Droit de la Nature de Wolff, par de Vattel, *pag.* 342, 357.

fon Succefleur, ne change en rien la nature de fon autorité. Il n'en a pas plus pour cela qu'il n'en auroit dans un Royaume électif héréditaire. Comment appeller fon patrimoine une Couronne, une Puiffance dont il n'a que l'ufufruit ?

Qu'on ouvre tous les livres des Jurifconfultes, tous les Réquifitoires des Magiftrats François, ils foutiennent unanimement que le Roi ne peut aliéner fon Domaine, ni démembrer fon autorité ; & ils fe fondent tous fur ce qu'il n'en a que l'ufufruit ; fur ce que la propriété en appartient à l'Etat, à la République.

M. de Bélloi, Avocat-Général au Parlement de Touloufe, nous a confervé une Maxime de Charles V. ,, Il avoit fouvent en bouche ce que nous lifons de plus ancien de l'Empereur Adrian, qu'il vouloit voirement être Roi en fon Royaume, à condition qu'il fçavoit bien que ce dont il jouiffoit n'étoit pas à lui en particulier, mais à la République & à la Couronne qu'il portoit (c) ".

,, Il n'y a, difoit M. Briffon, Avocat-Général, Loi plus utile, plus fructueufe, plus falutaire au Peuple, ni qui plus ait fait profpérer & fleurir notre Royaume, lequel autrement, & fans cette fage providence de nos anciens Rois, eût été piéça diffipé, énervé & démembré en pieces, & ne l'euffions pas tel qu'il eft, fi par ce bon établiffement, l'entretenement duquel ils jurent à leur Sacre folemnellement, ne fe fuffent eux-mêmes lié les mains pour l'aliénation de leur Domaine, lequel ne leur eft pas baillé en pleine propriété, de façon qu'ils n'en peuvent pas difpofer à leur plaifir & volonté, ni en fruftrer & priver leurs Succeffeurs (d) ".

Le Premier-Préfident de Selve difoit à François I. en 1527, à l'occafion du Traité de Madrid ;

,, Quant eft du Duché de Bourgogne, y a des raifons pour lefquelles led. Sieur ne le peut ni doit bailler. Car c'eft la premiere Pairie de France, qui eft inaliénable, & ne fe peut mettre hors de la Couronne ; & fi ledit fieur l'avoit baillé, il auroit baillé un des principaux boulevards de fon Royaume...... Davantage, ledit fieur ne le pourroit faire, car il eft tenu d'entretenir les droits de la Couronne, laquelle eft à lui & à fon Peuple & Sujets ; à lui comme le Chef, & aux Peuples & Sujets comme aux Membres ; & eft un mariage fait avec ledit Sieur & fes Sujets ; & le droit de ce mariage eft que ledit Sieur eft tenu de garder & d'entretenir & conferver les droits de fa Couronne (e) ".

Almain, Théologien François, décide que le Roi ne peut abandonner fon Royaume, ni les Provinces qui en font partie, à une Puiffance étrangere ; & cela, parce que le Royaume & la Puiffance Souveraine appartiennent non à lui, mais au Peuple (f). C'eft fur cette Maxime fans doute,

(c) Edit d'Henri IV fur l'union de fon ancien patrimoine au Domaine de la Couronne ; enfemble l'interprétation d'icelui par Pierre de Belloi, Avocat-Général au Parlement de Touloufe : *Epît. dédic. à Henri IV.*
(d) Chenu. Notables & fingulieres queftions de Droit, *queft.* 2.
(e) Cérémonial François, *tom.* 2. *pag.* 495.
(f) *Rex Franciæ non habet autoritatem refignandi regnum, neque provinciam datam fifco*

qu'a été fondée la réfiftance des Grands & du Peuple, foit à l'aliénation de quelques Provinces, foit à la diminution de l'Autorité Royale ; on en verra dans la fuite quelques exemples,

Si on demande à Dumoulin pourquoi le Roi ne peut aliéner les droits de la Couronne, il répond qu'il n'eft pas propriétaire de fon Royaume, mais feulement adminiftrateur ; & que la propriété du Domaine appartient à la Couronne & à la Dignité Royale, dont il n'a que l'exercice pendant fa vie (g).

„ Si les Loix des Fiefs, dit le Fevre de la Planche, en défendent le démembrement; leur décifion ne doit-elle pas être appliquée à ce patrimoine facré; avec d'autant plus de raifon, que nos Rois n'en étant que dépofitaires & adminiftrateurs, & n'en jouiffant qu'en ufufruit, font obligés de le tranfmettre à celui qui leur fuccede (h)".

· Inutilement multiplieroit-on les citations, pour établir une vérité écrite par-tout, & reçue dans tous les pays. On voit par là avec combien de raifons de Vattel s'éleve contre l'expreffion de *Royaume patrimonial* dont il eft facile d'abufer.

Il examine fi le Peuple peut donner l'Empire defpotique. „ Il faut, dit-il, obferver fur cette propofition : 10. Que le Peuple ne peut donner l'Empire defpotique (*Imperium herile*) que par le confentement unanime de tous les Citoyens ; car les hommes, en formant une fociété, font convenus de fe gouverner en commun pour l'avantage commun de tous. D'où il fuit que la Société peut décider à la pluralité des voix, de ce qui convient le mieux au bien public, & établir telle forme de Gouvernement qu'elle juge la plus avantageufe. Mais ce doit toujours être un Gouvernement, c'eft-à-dire, une adminiftration des intérêts communs, dont le but effentiel eft le falut & le bien de la Société; or le Defpotifme a pour but principal l'avantage particulier du maître. Donc il n'eft point un Gouvernement civil : Donc le contrat de fociété ne met point la pluralité en droit de l'introduire. Chaque Particulier en contractant une fociété civile, a eu intention de conferver fa liberté naturelle & fes biens, & c'eft même pour les mieux affurer, qu'il eft entré dans cette fociété. D'où il fuit encore évidemment, qu'il n'a pas voulu confier au corps de cette fociété le droit de le livrer à l'efclavage.

„ 2⁰. Si le Peuple avoit confenti unanimement à recevoir un maître, ou defpote, & à devenir efclave; cet engagement feroit valide pour tous ceux qui l'auroient contracté; mais il ne pourroit lier leurs enfans, lefquels tiennent de la Nature une liberté dont il n'a pas été au pouvoir de leurs peres de les priver. La génération fuivante pourroit donc révoquer ce que la précédente auroit établi à cet égard (i).

---

alteri dare. Regnum enim non eft regis, fed communitatis, & ipfa poteftas regia eft illius communitatis. *Ideò non poteft ad libitum refignare. De patrimonio poteft, fed non de regno.* Almain circà decif. Guilielm. Okam. c. 15.

(g) Sur la Coutume de Paris, §. 2, *Glof.* 4, n. 17. §. 3, *Glof.* 4, n. 16.

(h) Traité du Domaine, *liv.* XII. *ch.* 1. n. 1.

(i) Queftions de Droit Naturel, &c. *pag.* 253.

„ La liberté civile, dit ailleurs Vattel, eft cet Etat dans lequel les Citoyens, jouiffant de leur liberté naturelle dans ce qui n'intéreffe pas le bien public, font foumis à un Gouvernement réglé par les Loix, & non à un pouvoir arbitraire; cette liberté en vertu de laquelle le Prince ne peut commander que fuivant les formes & les Loix établies, & non pas abfolument comme il lui plaît. En ce fens la liberté civile n'eft détruite que par un Gouvernement defpotique. Sous un Gouvernement abfolu & illimité, elle eft réduite à ce qui refte aux Sujets de leur liberté naturelle dans tout jufte Gouvernement; fçavoir de n'être Sujets que par rapport aux actions qui intéreffent le bien public (k).

„ Je ne fçais, ce font encore fes termes, fi l'on raifonne d'une manie-re bien folide, en envifageant l'Empire, ou la Puiffance Souveraine, comme une chofe qui étoit originairement dans le Domaine du Peuple, & en y appliquant tout ce qu'on a démontré du tranfport de domaine & de propriété. Outre que l'Empire eft fort différent, & dans fon but & dans fa nature, des biens proprement dits & des droits utiles, qui ne fe rapportent qu'à la fortune; il faut obferver que l'Empire ne fe trouve chez le Peuple que par la convention de particuliers libres qui fe font unis en fociété. L'intention des hommes, en s'uniffant ainfi, n'a point été de renoncer à leur liberté naturelle: mais trouvant de l'avantage à agir à forces réunies, ils ont voulu ne plus former enfemble qu'une même volonté; & font convenus que l'avis du plus grand nombre pafferoit pour la volonté commune de tous. Cette volonté commune a bien pu décider enfuite, que l'on commettroit le foin du Gouvernement à un feul homme, & qu'on s'en fieroit à fa vertu & à fa fageffe; mais elle n'a pu que lui en confier l'exercice, & non lui tranfmettre le droit lui-même comme un propre. C'eft un dépôt dont la propriété demeure toujours à la Société, parce que cette Société n'a pu l'aliéner. Elle n'en avoit pas le droit; les Particuliers qui l'ont formée, étant feulement convenus que les réfolutions fe prendroient en commun, & n'ayant jamais eu intention de fe dépouiller de leur liberté même, mais feulement d'en reftreindre l'exercice à l'égard des actions qui intéreffent la Société. Or la Société aliéneroit leur liberté, fi elle donnoit à un autre l'Empire comme un droit poffédé en propriété, & non point comme une fonction dont on lui confie l'exercice.

„ Aucun Citoyen ne pouvant être cenfé avoir renoncé à fa liberté que jufqu'au point néceffaire pour former une fociété bien réglée, cela doit faire la mefure du droit & du pouvoir de la pluralité. Puis donc qu'il fuffit évidemment, pour atteindre à ce but, que la pluralité ait le droit de confier à un feul & à fes defcendans l'adminiftration de la Puiffance Souveraine; elle n'a pas celui de la donner en propre quant à la fubftance, comme un patrimoine dont le Prince pourroit faire ce qu'il lui plairoit, & qu'il feroit en droit d'adminiftrer pour fon avantage particulier, plutôt que pour celui du Peuple (l).

(k) Ibid. *pag.* 341.
(l) Ibid. *pag.* 323.

Fin du Tome premier.

ADDITIONS.

A la page 27 de la 1ere Part. du Tome I. après le 1er alinea.

Commander aux autres, c'eft être chargé de faire leur bien, comme le mari celui de fa femme, le pere celui de fes enfans, le maître celui de fon ferviteur.

Obéir à un autre & lui être foumis, c'eft avoir un homme chargé de veiller à nos intérêts, de prendre notre défenfe, d'être notre protecteur envers & contre tous (m).

De cette véritable idée du Pouvoir, & de l'Autorité, il fuit. que celui qui eft à la tête du Gouvernement, eft le défenfeur de la vie & des biens des Citoyens. Ils ont droit tous en général & chacun en particulier, d'exiger qu'il les protege contre les ennemis du dehors & du dedans. Il eft le Tuteur, le Pere univerfel de tout fon Royaume. Quelle eft la queftion que ce principe ne décide pas? Demandera-t-on encore après cela s'il peut fe jouer arbitrairement des Loix, mettre des impôts à difcrétion, exiler, emprifonner à fon gré, s'emparer de tous les biens comme étant à lui?

Un Roi n'eft plus à lui, mais à fon Etat, au bien duquel il doit veiller jour & nuit, fans épargner fes peines, fes fueurs, fes travaux, fes dangers.

Seroit-ce pour annoncer ce dévouement entier des Souverains, qui n'ont plus d'autres droits, d'autres honneurs, d'autres défirs, d'autres intérêts que ceux de l'Etat, que les Souverains en montant fur le Thrône, quittent ordinairement les furnoms & armes de leur famille, pour ne plus porter que ceux de l'Etat, à la tête duquel on les place? (n)

N'eft-ce pas encore par la même raifon, que les Peuples veulent avoir tous les foins du Monarque fans partage, que plufieurs d'entr'eux ont ftipulé qu'il ne pourroit fe charger du Gouvernement d'aucun autre Etat, ne réunir aucune autre Souveraineté? C'eft ce que fentoit parfaitement Louis Roi de Hongrie lorfqu'il fut élu Roi de Pologne. Les Polonois le preffoient de fe rendre à leur invitation, & les Hongrois l'y engageoient. Croyez-vous, difoit-il aux uns & aux autres, qu'il foit utile à deux troupeaux féparés d'avoir un feul berger? Peut-on gouverner deux Royaumes, fans que l'un & l'autre en fouffrent? (o)

Saint

(m) *Imperant qui confulunt: ficut vir uxori, parentes filiis, domini fervis: obediunt autem quibus confulitur: ficut mulieres maritis, filii parentibus, fervi dominis. Sed in domo jufti viventis ex fide, & adhuc ab illá cælefti civitate perigrinantis, etiam qui imperant, ferviunt eis, quibus videntur imperare? Neque enim dominandi cupiditate imperant, fed officio confulendi; nec principandi fuperbiá, fed providendi mifericordiá.* S. Auguftinus de Civitate Dei, Lib. 19. cap. 14.

(n) La Roque, Traité de l'origine des Noms, *chap.* 24. à la fuite du Traité de la Nobleffe.

(o) *Auditâ ille legatione aliquandiù, quid faceret, deliberavit, cunctanti, cùm & noftri orando, & Ungari proceres fuadendo inftarent, tandem refpondit: non fatis intelligere, neque hos quid fuadeant, neque illos quid petant. E neutrorum enim id re fore, ficuti ne duobus quidem gregibus expediat unum habere Paftorem. Satis & abundè effe negotii, uni populo præeffe. Duas Respublicas vix ullâ ratione fine alterutrius, five adeo utriufque malo & incommodo ab uno adminiftrari poffe.* Cromerus de origine & rebus geftis Polonorum, Lib. 13. pag. 331.

Saint Thomas examine fi la fédition eft toujours un péché mortel, & il décide l'affirmative. Il s'oppofe les louanges qu'on donne à ceux qui délivrent le Peuple du joug de la tyrannie, ce qui ne peut pas fe faire fans exciter une diffention.

Saint Thomas répond à cette objection, que le Gouvernement tyrannique n'eft pas jufte, parce qu'il n'eft par rapporté au bien commun, mais à l'avantage particulier de celui qui gouverne. Le trouble caufé dans ce Gouvernement, ne peut donc pas être regardé comme féditieux, à moins qu'il ne fût de telle nature qu'il ne caufât plus de mal que l'oppreffion tyrannique. C'eft le Tyran lui-même qui eft véritablement coupable de fédition, lui qui entretient la divifion pour affermir fa domination (p).

Explication du paffage de SAMUEL *dont les Partifans du Defpotifme ont coutume de fe fervir pour étayer leur fyftême.*

Ce paffage déja expliqué à la *pag.* 208. du *Tom. Ier.* demande encore une explication plus détaillée, vû l'abus qu'on en fait. Le préjugé & le defir de flatter ont pu feuls obfcurcir un texte dans lequel tout Lecteur impartial ne voit qu'une énumération des abus du Pouvoir ; & fuppofé qu'il s'élevât quelques doutes dans fon efprit fur le vrai fens de ce texte, le moyen qui s'offriroit d'abord à lui, feroit de lire plufieurs Chapitres du livre de Samuel pour y trouver la folution de cette difficulté. Ce n'eft pas ainfi que raifonne l'efprit de parti ou l'envie de dominer. Le paffage eft fort commode pour les Defpotes & pour les flatteurs ; il feroit fâcheux qu'il n'eût pas le fens qu'ils lui donnent ; conféquemment ils aiment mieux ne pas douter. *A la page* 208. *Tom. Ier.*

Pour éviter cet excès, nous allons rapprocher les divers endroits du Saint Prophete, & nous efpérons convaincre les Lecteurs que le fens que donnent à fon texte les Partifans du Defpotifme, eft entiérement contraire à celui qu'il avoit en vue. On y verra de plus quel eft le droit des Peuples, & ce qu'ils peuvent exiger de leurs Souverains.

Nulle Autorité Royale n'eft venu plus clairement de Dieu que celle de Saül. Car lorfque le Peuple Juif veut l'établir, il s'adreffe à Samuel en lui difant : *Etabliffez un Roi fur nous. Conftitue nobis Regem.* (1. Reg. c. 8.). C'eft Dieu lui-même qui indique Saül à Samuel : *Ecce vir quem dixeram tibi, ifte dominabitur populo meo.* (ibid. 9. 17.) Si Samuel lui donne d'avance l'onction, c'eft en lui difant que le Seigneur le facre pour être établi fur fon héritage en qualité de Prince. *Ecce unxit te Dominus fuper heredi-*

(p) *Ad tertium dicendum, quod regimen tyrannicum non eft juftum: quia non ordinatur ad bonum commune, fed ad bonum privatum regentis: ut patet per Philofophum in 3. Politicorum, & in 8. Ethi. Et ideò perturbatio hujus regiminis non habet rationem feditionis; nifi fortè quandò fic inordinatè perturbatur Tyranni regimen, quòd multitudo fubjecta majus detrimentum patitur ex perturbatione confequenti, quàm ex Tyranni regimine. Magis autem Tyrannus feditiofus eft, qui in populo fibi fubjecto difcordias & feditiones nutrit, ut citius dominari poffit. Hoc enim tyrannicum eft, cum fit ordinatum ad bonum proprium præfidentis, cum multitudinis nocumento.* S. Thomas in Summâ 2. 2. Quæft. 42. Art. 2.

Tome I. Aaa

tatem fuam *in principem* (ibid. 10. 1.). Si Samuel affemble le Peuple, c'eſt
pour tirer au fort, & le fort étant tombé fur Saül, Samuel alors dit au
Peuple: *Vous voyez quel eſt celui que le Seigneur a élu. Videtis quem elegit Dominus* (ibid. 10. 24.).   Enfin Samuel dit au Peuple : j'ai établi un
Roi fur vous : *conſtitui ſuper vos Regem*: & cet établiſſement étoit certainement, l'ouvrage de Dieu, puiſque Dieu lui-même l'aſſûre en difant : Je
me repens d'avoir établi Saül Roi. *Pænitet me quod conſtituerim Saül Regem*
(ibid. 15. 11.) Cependant la vérité Divine qui ne peut être contraire à
elle-même, avoit prédit par Moïfe que ce Roi & la Loi qui détermine-
roit ſa puiſſance, feroient établis par le Peuple à qui il parle en ces
termes: „ Lorſque vous ſerez entré dans la terre que le Seigneur Dieu
„ vous donnera, que vous en ferez poſſeſſeur, & que vous y habiterez,
„ enfin que vous direz: *J'établirai un Roi ſur moi. Conſtituam ſuper me*
„ *Regem*, ainſi que toutes les Nations qui m'environnent en ont un:
„ *Alors vous établirez* celui que le Seigneur votre Dieu aura choiſi du
„ nombre de vos freres, vous ne pourrez faire un Roi qui ne ſoit point
„ votre frere en prenant un homme d'une autre Nation; *non poteris*
„ *alterius gentis hominem facere Regem qui non ſit frater tuus.* Lorſqu'il ſera
„ établi, il ne multipliera point le nombre de ſes chevaux, & ne remè-
„ nera point le Peuple en Egypte enorgueilli de ſa cavalerie. . . . . .
„ Il n'aura point pluſieurs femmes, qui puiſſent ſéduire ſon cœur, ni
„ des thréſors immenſes d'or & d'argent; & ſon cœur ne s'élevera point
„ pour ſe livrer à l'orgueil de la domination ſur ſes freres, mais il ne
„ s'écartera ni à droite ni à gauche, afin que lui-même & ſa race regne
„ long-tems fur Iſraël. (Deut. 17. 11. &c.)
C'étoit donc au Peuple qu'il appartenoit par l'ordre même de Dieu
de s'établir un Roi quand il le croiroit néceſſaire, & de fixer les bornes de ſa puiſſance. Il ne lui étoit interdit que de pouvoir choiſir un
étranger, & de faire un Roi qui ne fût pas ſon frere, ou de lui attribuer
une puiſſance arbitraire & ſans frein légitime. C'étoit lui nommément qui
devoit déterminer & le nombre des troupes & l'étendue des Finances qui
conviendroient à ſon Roi, même après qu'il ſeroit établi; *cumque fuerit conſtitutus.* C'étoit lui enfin qui devoit donner à ce même Roi une
puiſſance fraternelle, lui interdire la domination orgueilleuſe ſur ſes freres, & lui preſcrire la Loi du Royaume dont il ne lui ſeroit pas permis de
s'écarter.
Voyons maintenant ſi Dieu a ôté ces droits à ſon Peuple, & ſi au contraire il ne lui a pas permis de les exercer dans toute leur étendue. 1°.
C'eſt le Peuple qui révoque la puiſſance de Samuel, & qui demande un
Roi comme en ont toutes les Nations (2 Reg. 8. 5.) c'eſt-à-dire un
Roi qui les juge, & non qui les opprime, un Roi qui les nomme ſes freres comme faiſoit David: *Audite fratres mei, & populus meus* (1. Paral.
18. 2).
2o. Samuel s'afflige de cette demande peu conforme à la confiance
que le Peuple devoit avoir en Dieu, mais qui n'excédoit point la réponſe
qu'il en avoit reçue. Que dit Dieu? *Ecoutez la voix du Peuple, en tout ce qu'il*

vous propofe (ibid. v. 7.) *écoutez fa voix* (ibid. v. 9.) je le répéte, mais faites lui faire des férieufes réflexions & mettez fous fes yeux la conduite du Roi qui doit régner fur lui.

En conféquence Samuel propofe au Peuple de confidérer l'idée d'un pouvoir arbitraire, & fans frein qu'il lui décrit fort au long par cette réflexion frappante: *& vous ne ferez pour lui que des efclaves, vosque eritis ei fervi.* (ibid. v. 17.) C'étoit le vrai moyen de rappeller ce Peuple aux leçons fages de Moïfe; mais Samuel y ajoute une menace encore plus effrayante de la part de Dieu, au cas qu'il ait affez d'aveuglement pour expofer fa liberté aux caprices d'une puiffance illimitée: c'eft de ne point l'écouter un jour à venir, quand il feroit enfin tombé dans cet efclavage, par fon imprudence. Et pourquoi une telle menace? finon parce qu'en pareil cas un Peuple offenfe Dieu d'autant plus griévement qu'au lieu de fe choifir un vicaire de Dieu fur terre, il fe donne l'idole abfurde d'un Dieu mortel.

„ En ce jour avenir, dit Samuel, (preuve certaine qu'il n'avoit pas
„ propofé le droit véritable du Roi, mais l'abus dans lequel ce droit dé-
„ généreroit avec le tems,) „ en ce jour avenir vous éleverez vos cris
„ de la face de votre Roi que vous aura élu. (c'eft-à-dire vous deman-
derez à Dieu d'être le vengeur des injuftices dont je viens de parler, car on ne crie pas vers lui contre ce qui eft jufte). „ *Et clamabitis in die*
„ *&c.* & le Seigneur ne vous exaucera plus alors, parce que vous aurez
„ demandé ce Roi, *& non exaudiet* &c. (ibid. v. 18.).

Dieu n'ôta donc pas au Peuple le droit qu'il lui avoit laiffé par la bouche de Moïfe de s'élire un Roi du nombre de fes freres, & c'étoit formellement par lui que Saül devoit être élu.

Le Peuple fans doute n'étoit pas affez impie pour répondre à cette menace qu'il renonçoit à l'efpérance d'être exaucé de Dieu lorfqu'il crieroit vers lui contre l'oppreffion de fon Roi, il n'y renonça jamais. Ainfi la réponfe que fit le Peuple ne pouvoit tendre qu'à conferver une efpérance fi prétieufe en fe mettant hors du cas d'une menace qui ne pouvoit être frivole.

A Dieu ne plaife, dut-il dire, que nous méritions un pareil anathême, en élifant un Roi avec une puiffance arbitraire, contre l'ordre exprès de Moïfe, & en nous expofant par là à la fervitude future dont vous nous peignez les fuites funeftes. Telles chofes pourroient-elles tomber dans notre intention? *Nullement*, affûre le Peuple, *nequaquam* (ibid. v. 19.), & il le prouve auffitôt en éloignant toute idée d'efclavage par la définition d'un Roi légitime & qui ne puiffe être un Tyran.

„ Ce fera, dit-il, un Roi qui fera établi fur nous, & nous ferons
„ comme toutes les Nations (qui ne font point comme des troupeaux
„ d'efclaves, mais des Sociétés libres): & notre Roi nous gouvernera
„ felon la Juftice (conformément à l'idée de Gouvernement que nous
„ donnent nos Juges), & il marchera à notre tête, & il combattra pour
„ nous dans nos guerres". *Rex enim erit fuper nos & nos erimus ficut om-*

nes gentes: & judicabit nos Rex noster, & egredietur ante nos, & pugnabit bello pro nobis. (ibid. v. 19. &c.).

Les Ifraëlites ne vouloient certainement pas dire, ni qu'ils feroient efclaves, ni que toutes les Nations fuffent dans l'efclavage. Il favoient que les Egyptiens n'étoient pas efclaves de leurs Rois, & que Pharaon avoit été puni de la maniere la plus terrible, pour avoir exercé la tyrannie contre les enfans d'Ifraël en particulier, & Samuel lui-même le leur rappelloit (Chap. 10.); par conféquent ils prétendoient établir un Roi légitime qui n'eût des droits à prétendre qu'à raison de l'utilité publique, & non pour fon utilité perfonnelle, fuivant que le tableau fait par Samuel le fuppofoit. C'eft pourquoi ils rejetterent par un feul mot tout ce que préfentoit ce tableau, foit comme injufte abfolument, foit comme fuppofant le défaut d'une fin légitime par le rapport injufte à la feule utilité du Roi.

Ils exercerent donc par là le droit que leur avoit laiffé Moïfe de prefcrire les devoirs du Roi & d'en circonfcrire la puiffance. En effet la Loi du Regne fut dreffée, *écrite en un livre & dépofée devant le Seigneur* (Ch. 10.) dans une Affemblée du Peuple.

3°. Dans cette même Affemblée le Peuple approuva le choix du Roi en criant: *vive le Roi* (ibid. 10.); & ceux à qui Dieu toucha le cœur fuivirent Saül.

L'année fuivante on confirma l'élection de ce Roi; & *le Peuple*, dit l'Ecriture, *le fit Roi devant le Seigneur*, c'eft-à-dire d'un vœu unanime & fans réclamation, & pour en remercier Dieu, on immola des victimes pacifiques. *Eamus in Galgala* &c. Ch. 11. v. 15. Enfin Samuel dit lui-même au Peuple: vous avez maintenant à votre tête votre Roi que vous avez choifi & demandé: *nunc ergo præfto eft Rex vefter quem elegiftis & petiftis.* (ibid. c. 12.) Il eft donc certain que le Peuple avoit choifi Saül, & qu'il l'avoit établi fon Roi, comme il eft auffi certain que Dieu avoit fait ce choix & cet établiffement. Mais comment Dieu l'avoit-il fait? C'étoit par le moyen même du Peuple dont il avoit mu les volontés au gré de la fienne, *quorum tetigerat Deus corda.* (ibid. c. 10.) Et Samuel n'en fait pas de doute, puifqu'après avoir dit au Peuple qu'il *avoit choifi & demandé le Roi*, il ajoute auffitôt: vous voyez que le Seigneur vous a donné un Roi; *ecce dedit vobis Dominus Regem* (ibid. c. 12.)

L'Efprit St. fournit lui-même cette explication. 1°. Au fujet de Salomon, ce fut David qui l'établit Roi, *Regem conftituit Salomonem filium fuum.* (1. Paral. 23.) Cependant ce Prince dit à Dieu, vous m'avez établi Roi en place de mon Pere. *Conftituifti me Regem pro eo.* (2. Par.) Adonias qui avoit été fruftré du thrône dit de même que David avoit établi Salomon Roi. *Rex David Regem conftituit Salomonem* (3. Reg. 1.), & il n'en dit pas moins enfuite que Dieu avoit établi ce Prince fur le thrône. *A Domino enim conftitutum eft ei regnum.* (ibid. 2.) Salomon enfin explique comment cela doit s'entendre en difant: je fuis monté fur le thrône fuivant l'ordre de Dieu. *Sedi fuper thronum Ifraël, ficut locutus eft Dominus.*

(2. Paral. 6.) David en le plaçant fur le thrône, avoit donc été l'exécuteur de la volonté de Dieu.

20. L'Ecriture Ste. prouve ailleurs que le Peuple eft également l'exécuteur de cette volonté de Dieu, quand il rejette ou qu'il choifit un Roi, c'eft ce que l'on voit au fujet de Roboám & de Jéroboam. Le Peuple s'étoit affemblé à Sichem pour y procéder à l'élection de Roboam & le faire Roi. *Congregatus erat omnis Ifraël ad conftituendum eum Regem.* (Reg. 3. c. 12.) Mais ce Prince ayant déplu aux dix tribus, elles fe féparerent de celle de Juda qui lui obéit feule ; & elles fe choifirent Jéroboam pour Roi ; *& conftituerunt eum Regem fuper omnem Ifraël.* (ibid. v. 20.)

Cependant le Roi de Juda ayant armé contre ce dernier, Dieu fit dire à cette armée par fon Prophete Séméï ; ne combattez pas contre vos freres les enfans d'Ifraël : *que chacun retourne dans fa maifon, car c'eft moi qui ai fait ce dont il eft queftion.* [*Non afcendetis neque bellabitis contrà fratres veftros filios Ifraël ; revertatur vir in domum fuam, à me enim factum eft verbum iftud.*] (ibid. v. 24.)

Eftius, (q) après St. Auguftin, s'eft fervi de ce trait d'Hiftoire pour prouver que les Peuples ont le droit de dépofer leurs Souverains, & que les Grands & les Principaux du Peuple peuvent exercer ce droit. Effectivement, n'eft-ce pas une chofe remarquable que le premier exemple d'une révolte contre un Souverain que Dieu lui-même avoit défigné & qui par le confentement unanime du Peuple avoit fuccédé à fon Pere, n'eft-ce pas, dis-je, une chofe remarquable, que ce premier exemple foit rapporté dans l'Ecriture fans être blâmé, & même que Dieu ratifie l'action du Peuple en difant : *A me factum eft verbum iftud.* C'étoit, ce femble, l'occafion d'inftruire le Peuple Juif, & en fa perfonne les autres Peuples du devoir des Sujets envers leur Roi. Cependant l'Ecriture au lieu de blâmer cette révolte, l'approuve. C'étoit fans doute pour apprendre aux Souverains ce qu'ils devoient craindre s'ils abufoient du pouvoir, & aux Peuples ce qu'ils devoient faire, lorfque les Souverains mettroient à bout leur patience par des exactions injuftes & par la tyrannie.

Ainfi il réfulte clairement de tous ces textes que Dieu n'oblige point les Peuples de fouffrir un abus du pouvoir porté à l'excès ; que les Peuples ont le droit de choifir leur Souverain, & d'établir une forme de Gouvernement ; qu'ils ont celui de dépofer le Souverain, lorfqu'il veut renverfer la forme du Gouvernement ; enfin que s'il eft vrai que Dieu établit les Rois, il ne le fait point d'une maniere immédiate & à l'exclufion des Peuples.

C'eft pour cette raifon que S. Pierre place les Rois & les Magiftrats dans l'ordre des établiffemens humains, *fubjecti eftote omni humanæ creaturæ.* Soyez foumis aux Puiffances de création humaine. St. Aug. appelle ainfi les Puiffances féculieres. *An fortè nec talia poteftates iftæ humanæ creationis permittantur curare ? Propter quid ergò gladium portat qui dictus eft*

____

(q) *In Sententiarum lib.* 2. *dift.* 44. §. 2. *pag.* 397.

Minifter Dei? [lib. 1. contrà Parmen. c. 16.] C'eft par là qu'il les diftin-gue des Puiffances fpirituelles. Hincmar [Opufcul. Tom. 2. pag. 698] dit: *Vectigal &c. conftitutionis humanæ principibus reddamus.*

A la pa-ge 276 de la 1ere Part. du Tome I. Avant le 1er ali-néa. Peut-on prendre fans péché le bien d'autrui ? C'eft une queftion que St. Thomas examine. Il s'objecte la coutume des Princes qui le font fans fcrupule. Seront-ils donc tous damnés (r) ?

Le Saint Docteur décide que tout Particulier qui prend le bien d'autrui eft coupable de rapine. A l'égard des Princes, la Puiffance Publique leur a été confiée pour être les gardiens de la Juftice. Ils ne peuvent employer la force qu'autant qu'elle le permet, foit au dehors contre les ennemis, foit au-dedans contre les méchans. Si fans refpecter la juftice ils emploient leur pouvoir à dépouiller les Citoyens, ils font coupables de rapine & tenus à reftitution (s). Leur conduite ne differe en rien de celle des voleurs. Ils font même plus coupables, étant établis pour empêcher les injuftices (t).

Part. I. du Tome 1er pag 463. On peut d'autant moins oppofer aux François leur longue patience, que l'Hiftoire nous la fait voir dans prefque tous les Peuples. Ils ont pref-que tous fouffert très long-temps avant que de réfifter, même avant de fe plaindre.

,, Lorfqu'une jufte Adminiftration s'eft une fois établie, que le Peuple
,, s'y eft accoutumé, & que l'on n'introduit pas des innovations trop
,, brufques, le Peuple n'eft point porté à la troubler, ni à fouhaiter
,, d'y apporter le moindre obftacle. Il n'en vient certainement à la ré-
,, fiftance que bien tard, & endure fouvent mille duretés, avant que d'en
,, faire reffentir aucune de fa part. Les Romains fouffrirent long-tems les
,, ufurpations, les infultes, & la tyrannie du dernier Tarquin, avant que

---

(r) *Terrarum principes multa à fuis fubditis violenter extorquent: quod videtur ad rationem rapinæ pertinere. Grave autem videtur dicere quod in hoc peccent: quia fic ferè omnes Prin-cipes damnarentur. Ergo rapina in aliquo cafu eft licita.*

(s) *Quicumque per violentiam aliquid alteri aufert, fi fit privata perfona, non utens publicâ poteftate, illicitè agit, & rapinam committit: ficut patet in latronibus. Principibus verò po-teftas publica committitur ad hoc, quòd fint juftitiæ cuftodes. Et ideò non licet eis violen-tiâ & coactione uti, nifi fecundùm juftitiæ tenorem: & hoc vel contrà hoftes pugnando, vel contrà cives malefactores puniendo. Et quod per talem violentiam aufertur, non habet rationem rapinæ, cùm non fit contrà juftitiam. Si verò contrà juftitiam aliqui per publicam poteftatem vio-lenter abftulerint res aliorum, illicitè agunt, & rapinam committunt, & ad reftitutionem tenentur.*

(t) *Ad tertium dicendum, quod fi Principes à fubditis exigant quod eis fecundùm juftitiam debetur, propter bonum commune confervandum, etiam fi violentia adhibeatur, non eft rapina. Si verò aliquid Principes indebitè extorqueant per violentiam, rapina eft, ficut & latrocinium. Undè dicit Auguft. in 4 de Civitate Dei, remotâ juftitiâ, quid funt regna, nifi magna la-trocinia? quia & latrocinia quid funt, nifi parva regna? Et Ezech. 22. dicitur: Principes ejus quafi lupi rapientes prædam. Undè & ad reftitutionem tenentur, ficut & latrones. Et tantò gravius peccant, quàm latrones, quantò periculofius & communius contrà publicam juf-titiam agunt, cujus cuftodes funt pofiti. St. Thomas in Summâ. 2. 2. Quæft. 66. art. 8.*

„ de le chaffer, & ils n'en feroient pas fitôt venus à cette extrêmité
„ fans le viol & la mort tragique de Lucrece. Les Hollandois endurerent
„ la tyrannie d'Efpagne, jufqu'à ce qu'elle fût devenue infupportable.
„ Lorfque le Roi Philippe eut fauffé fon ferment folemnel de gaieté de
„ cœur, détruit leurs anciennes libertés & leurs Loix, répandu leur
„ fang comme un implacable ennemi & les eut traité comme des
„ chiens, il étoit tems qu'ils lui montraffent qu'ils étoient des hommes,
„ & des hommes libres, malgré les tentatives continuelles qu'il faifoit
„ pour les rendre efclaves. Ils combattirent heureufement pour la gloire
„ immortelle de cette Nation, qui s'acquit une parfaite indépendance du
„ Roi d'Efpagne: à la perte infinie & au déshonneur éternel de ce
„ Prince.

„ Les Suiffes gémirent long-tems fous le joug pefant de la Maifon
„ d'Autriche. Ils endurerent une fuite de fouffrances & d'indignités
„ trop grandes & en trop grand nombre, pour ne pas pouffer à bout la
„ patience humaine : tant leurs Gouverneurs devenoient infolens &
„ cruels; tant ceux qui étoient ainfi gouvernés avoient de douceur &
„ de foumiffion! A la fin ils fortirent de leur affoupiffement, ou plutôt
„ leurs Gouverneurs les irriterent de maniere qu'on ne put plus les ap-
„ paifer. Cependant ils ne porterent leur vengeance qu'au point de fe
„ mettre à couvert pour l'avenir. Ils ne répandirent prefque point de fang
„ de leurs Tyrans, & de celui de leurs impitoyables exacteurs, ces Gou-
„ verneurs d'Autriche qui avoient tant répandu de celui de cette Na-
„ tion. Ils conduifirent ces voleurs déchaînés jufqu'à leurs frontieres,
„ les congédierent fains & faufs, fous le ferment qu'ils en exigerent de
„ ne plus retourner dans les terres des Suiffes. Peut-on voir plus de len-
„ teur à réfifter? Rien de plus doux que la conduite de cette généreufe
„ Nation, fi long-tems maltraitée. Leur courage & les mauvais traitemens
„ qu'ils avoient reçus, leur firent prendre la réfolution de ne plus fe fou-
„ mettre au pouvoir de l'Empereur.

„ Ce n'étoit pas un petit fujet, un égarement paffager, ou un empor-
„ tement à l'avanture des Gouverneurs, qui obligea les Hollandois &
„ les Suiffes de chaffer les leurs. L'oppreffion, la violence étoient uni-
„ verfelles, conftantes, faites de propos délibéré, & alloient en croiffant.
„ Tel eft le naturel des hommes, furtout de ceux qui font en place, qu'ils
„ aiment mieux commettre deux fautes que d'en rétracter une, comme
„ le Chancelier Clarendon le remarque avec raifon. Ils font quelque
„ fois une feconde faute pour faire voir qu'ils n'ont point de honte de
„ la premiere, mais qu'ils font réfolus à braver ceux à qui ils font
„ des chagrins, à faire connoître leur mépris pour le Peuple, & combien
„ ils fe mettent au-deffus de la crainte & de la réforme. Quelques-uns
„ ont pris plaifir à rafiner fur la cruauté pour fe donner du plaifir, &
„ par moquerie, comme celui de Suiffe qui, après avoir long-tems inful-
„ té & maltraité les pauvres Sujets, croyant que il manquoit quelque
„ chofe à leur fervitude, pour la rendre complette fit placer fon bon-
„ net fur le Marché, & obligea tous les paffans de le faluer, & pour
„ punir un de ceux qui avoient manqué de rendre le refpect qu'il

„ devoit à ce bonnet, il fit mettre une pomme fur la tête du fils de ce
„ criminel, & obligea le pere de la percer d'un coup de fleche à une
„ certaine diftance. N'étoit-il pas tems de fe défaire de ces inftrumens
„ de cruauté (v)?

Tome 1er
Partie
1ere. Pa-
ge.467.
Avant
le 2d
alinéa.

On invoque la prefcription en faveur des Rois, la poffeffion où ils
font de mettre des impôts à leur volonté, de donner arbitrairement des
Lettres de Cachet, de faire recevoir par force des Loix nouvelles &c.

Mais où a-t-on vu que la prefcription dénature le crime, & le trans-
forme en droit?

On ne peut douter que ce ne foit un crime de la part d'un Souverain,
de faire dégénérer en tyrannie un Gouvernement légitime. C'eft un
crime dont Dieu le punira féverement en fuppofant qu'il ne puiffe pas
l'être par les hommes. Or la poffeffion la plus longue, la plus paifible de
commettre le crime, lui en fait-elle perdre le nom? Ne l'aggrave t-elle
pas au contraire, ne le rend-elle pas d'autant plus grand, qu'il dure
depuis plus long-tems?

Écouteroit-on un efclave, qui pour avoir tenu long-tems fon maître en prifon, prétendroit être devenu libre, & avoir acquis fur fon
maître le droit de vie & de mort?

Écouteroit-on un ufurier, un affaffin, un voleur, qui afpireroient à
l'impunité, parce que dans leur famille, on auroit toujours commis
tranquillement ces crimes, de pere en fils? Loin qu'une telle poffeffion
fe foutînt par fon propre poids, on devroit fans doute fe hâter de la faire ceffer.

Si depuis deux ou trois fiecles, les Peuples font opprimés, il y a deux
ou trois fiecles qu'il fe commet un crime, directement contraire à la fin
de tout Gouvernement, & qui ne peut pas par conféquent être devenu
un Gouvernement légitime.

S'agira-t-il de quelques ufages qui n'ont rien d'effentiel, qui font rem-
placés par un autre ufage à peu près auffi utile; on pourroit peut-être
alors tolérer la prefcription, toujours fubordonnée au falut du Peuple,
à qui tout cede?

Mais il eft queftion de la propriété des biens, de la liberté des perfonnes, de la fûreté de la vie. Le Roi pourra dépouiller fes Sujets de tous
leurs biens, même fans prétexte; il pourra arbitrairement exiler à 200
lieues dans un méchant village le Citoyen le plus innocent; il pourra
tout cela parce que fes prédéceffeurs l'ont fait. On ne le perfuadera à aucune perfonne fenfée. Ses prédéceffeurs fe font rendus coupables d'un
très grand crime. Ils ont violé les obligations les plus indifpenfables de
la Royauté. Il n'eft permis de fe rappeller leur conduite que pour la dé-
tefter, & en réparer les fuites.

On ne prefcrit pas contre le Fifc, contre les droits de la Couronne. A
qui appartient ce Fifc, cette Couronne? Tout le monde convient que le
Roi

(v) Difcours fur Tacite de Gordon, *Tom. 3. Difcours 9 Sect. 6.*

Roi n'en a que l'administration, qu'il n'est pas propriétaire, que la propriété appartient à l'Etat, au Corps de la Nation. C'est donc pour l'intérêt
du Peuple entier, plus encore pour celui du Roi, que les droits du Fisc
font imprescriptibles. Concevra-t-on après cela, que l'administrateur de
ce fisc puisse prescrire les droits du Peuple, lui qui n'est affranchi de la
prescription que pour l'avantage de ce même Peuple?

Et qu'on ne dise pas que le Peuple ayant pris patience depuis des siecles,
il est censé avoir consenti à l'oppression, & qu'il en a résulté un changement dans le Gouvernement, qui de Monarchie tempérée, est devenue
Monarchie absolue & despotique.

Jamais la plus longue patience, le consentement le plus exprès, ne lé-
gitimeront une injustice, & ne changeront la nature des choses. Le Despotisme n'est point un Gouvernement, mais une oppression, une violence,
une Tyrannie. Des voies de fait quoique continuées pendant long-tems,
font toujours des voies de fait, & ne peuvent jamais aboutir à un Gouvernement légitime. On a cédé à la force, ou par esprit de modération
& de retenue, ou par intérêt, ou par crainte d'un mal encore plus grand.
La force n'en est pas moins force, & elle exclut toute prescription.

Que penseroit-on d'un Evêque qui voudroit excommunier tous les Fideles, sans autre motif que sa volonté, & qui se fonderoit pour cela sur la
coutume de ses prédécesseurs, dont il voudroit faire la Loi du Diocese? On
l'exhorteroit sans doute à ne pas marcher sur leurs traces. On lui diroit que
l'abus le plus invétéré ne l'emporte pas sur les regles essentielles du Gouvernement Ecclésiastique, qui par sa nature, n'est que douceur, charité,
justice; qu'il y a une excès criant à frapper de la plus redoutable peine, les
Chrétiens qui n'en méritent aucune; & que s'il vouloit recueillir le bénéfice de sa prétendue possession, il s'exposeroit à une déposition très juste.

La regle est la même vis-à-vis du Souverain. Il est établi pour le bien
de l'Etat. Il n'y a, à proprement parler, qu'une seule Loi, qu'une seule regle, qu'une seule coutume, le *salut du Peuple*. Tout ce qui lui est
contraire, Ordonnance ou Usage, doit nécessairement être réformé, subsis-
tât-il depuis mille ans. La longue possession qu'on allegue prouve la modération du Peuple, qui ne s'est pas plaint, ou qui s'est borné à de simples Remontrances. Cette tranquillité de la Nation n'a point changé
les qualités. Le Roi est toujours Roi, c'est-à-dire toujours Chef, Protecteur,
Défenseur de la Nation. Ce n'est même qu'en cette qualité que la possession dont il se sert, lui est acquise. Il répugne au sens commun qu'un homme soit le gardien, le vengeur de la vie, de la liberté, des biens des Particuliers, & qu'il puisse les dépouiller, les surcharger d'impôts, les em-
prisonner, les exiler, les écraser en un mot par caprice, & par esprit de
domination, & qu'il fasse tout cela par le droit de sa place.

„ Les Parlemens étoient anciennement en France, comme ils sont au-
„ jourd'hui en Angleterre, les dépositaires des droits & de la liberté du
„ Peuple. On ne levoit point d'impôts nouveaux, avant que les Déclara-
„ tions du Roi eussent été vérifiées dans tous les Parlemens. Ces Assem-
„ blées avoient le droit de Remontrance. Le Procureur ou l'Avocat-
„ Général, qui étoient la bouche du Parlement, parloient au Roi con-
„ tre le Roi avec une liberté généreuse; ils déployoient en faveur du Peu-

„ ple une éloquence vive, animée par des raisons solides & fondées sur
„ l'équité. On écoutoit leur voix, & souvent même ils obtenoient ce qu'ils
„ demandoient, ou du moins une partie. Mais l'autorité des Parlemens s'af-
„ foiblit à proportion que celle des Rois devint plus grande. Les Cardi-
„ naux de Richelieu & Mazarin qui jetterent les fondemens du Despotis-
„ me, donnerent de violentes atteintes à cette autorité. Enfin Louis
„ XIV. Eleve du dernier, acheva de la ruiner, en ordonnant en 1667.
„ que les Déclarations seroient enregistrées avec soumission, sauf aux
„ Gens du Roi de faire ensuite des Remontrances, qui devenoient inuti-
„ les, puisqu'il ne restoit aucun pouvoir à ceux qui les faisoient (x).

Dira-t-on que cet acte de violence de la part de Louis XIV. a opéré
une révolution dans le Gouvernement François, & que la Nation y a consenti ? Il faudroit pour cela croire qu'elle est privée de raison. Par quel
motif, dans quelle vue auroit-elle subordonné toutes les Loix au caprice du Souverain ; auroit-elle consenti à n'en avoir plus aucune ? Il n'en existe plus en France, si le Roi peut les révoquer à son gré ; & il le peut sans
doute, s'il suffit pour cela de publier un Édit dérogatoire, qu'il fera exécuter à main armée ; si cet Édit dérogatoire tire toute son efficacité de
sa seule volonté, sans aucun concours de la Nation, sans qu'il soit même
permis de faire des représentations.

Lorsque le Régent a rendu en 1715. la liberté des Remontrances avant
l'enregistrement, il a fait cesser un acte de Despotisme, il a tiré l'Etat
d'une situation violente, sous laquelle il gémissoit depuis soixante ans.
Il a rétracté une injustice. Il a rendu à la Société l'usage d'un droit
qu'elle n'avoit pas perdu, & qu'elle ne peut pas perdre.

Le sort des François seroit triste, si par des actes de violence exercés
sur les Magistrats, les droits de la Nation étoient pour jamais anéantis.
Les Parlemens ont défendu sa liberté par zèle, par devoir, par intérêt,
quoiqu'ils ne fussent pas ses Représentans naturels & ses Délégués. Elle n'a
pas été subjuguée avec eux. Elle pourra en s'assemblant rentrer dans l'exercice de ses droits, dont elle tolere depuis long-tems la suspension.

Il falloit anciennement son consentement exprès, pour mettre des impôts, & s'il a été nécessaire, il l'est encore. Si au lieu de réunir les E-
tats, on s'est contenté de faire enregistrer dans les Parlemens les Loix
Bursales, c'est une premiere innovation qu'elle a tolérée. Si depuis, cet
enregistrement a dégénéré en vain cérémonial, s'il a été commandé par
la force, si même on a imposé des subsides par Arrêts du Conseil, par
des ordres particuliers, par de simples Lettres missives, ce sont d'autres
entreprises sur lesquelles elle a gardé le silence. Dans tout cela elle a été
purement passive, l'amour naturel du Monarque a soutenu la patience Françoise. Elle n'a jamais consenti à rien ; elle désavoue ceux qui auroient parlé
en son nom. Elle n'a jamais voulu donner plus d'autorité à Louis XIV.
que n'en avoit Henri IV, ni à celui-ci plus qu'à Louis XII. Aucun
miracle n'a attesté de nouvelles effusions du Pouvoir Céleste. Pourquoi
donc de regne en regne chaque Prince étend-il ses droits, & entreprend-
il ce que son prédécesseur n'osoit pas faire ? Louis XIV. a imposé le dixieme avec crainte, doutant s'il avoit droit de le faire ; & il avoit raison

(x) Annales des Provinces-Unies, de Basnage, année 1673. n. 24.

d'en douter. Par combien d'acceſſoires cet impôt a-t-il été groſſi depuis? Les Parlemens ont plié ſous les volontés abſolues, ſous les tranſlations, les exils, les empriſonnemens réitérés. La Nation les plaint, les eſtime, comme des Citoyens qui ont ſouffert pour elle; elle ne s'eſt jamais expliqué. Qu'on l'aſſemble, qu'on lui demande ſon avis ſur les rapides progrès du Deſpotiſme, ſur les atteintes continuelles données à la propriété des biens, à la liberté des perſonnes, on verra ſi elle y conſent; ſi elle entend légitimer par ſon approbation le Gouvernement arbitraire, dont elle eſt la victime, & qu'elle ſupporte par prudence?

Combien n'y a-t-il pas eu d'autres changemens dans le Gouvernement de la Suede? En 1680. les Etats de ce Royaume renoncerent à la liberté dont ils avoient joui juſques là, & donnerent à Charles XI. le pouvoir abſolu de la Souveraineté. Ils ne tarderent pas à s'en repentir. Après la mort de Charles XII. Ulrique Eléonore ſa ſœur fut appellée au Thrône en 1718. renonça pour elle & ſes ſucceſſeurs à la Souveraineté, & les Etats dreſſerent en conſéquence, de concert avec elle, une forme de Gouvernement, qui a été ſuivie juſques à l'année derniere, qu'on en a établi une autre.

A la page 267 de la ſeconde Partie du Tome 1er après le premier alinéa.

Quelqu'un dira-t-il que toutes ces Loix ne peuvent pas mériter la qualité de Loix fondamentales, parce qu'elles ne remontent pas à la fondation, & que le Souverain eſt maître de s'en jouer à ſon gré. La datte ne peut rien ajouter à leur autorité, dès que ce ſont des conditions impoſées à la collation du ſceptre, & ſous leſquelles l'Autorité Souveraine a été acceptée.

Après avoir poſé des principes ſi évidens l'Auteur s'en écarte par une inattention qui lui eſt échappée.

A la page 282 de la ſeconde Partie du Tome 1er après le troiſieme alinéa.

» Dans les cas ordinaires, quand l'Etat peut ſuivre la regle établie, ſans
» s'expoſer à un danger très grand & manifeſte, il eſt certain que tout
» deſcendant doit ſuccéder, lorſque l'ordre de ſucceſſion l'y appelle, de
» quelque incapacité de régner par lui-même qu'il puiſſe être atteint.
» C'eſt une conſéquence de l'eſprit de la Loi qui établit la ſucceſſion. Car
» on n'y a eu recours que pour prévenir les troubles, qui ſans cela ſeroient
» preſque inévitables à chaque mutation. Or on n'auroit pas beaucoup
» avancé vers ce but, ſi à la mort d'un Prince, il étoit permis d'examiner
» la capacité de ſon héritier, avant que de le reconnoître. Quelle porte
» ouverte aux uſurpateurs, ou aux mécontens! .... C'eſt pour éviter
» ces inconvéniens, qu'on a établi l'ordre de la ſucceſſion; & on ne
» pouvoit rien faire de plus ſage, puiſque par là il ne s'agit que d'être fils
» du Prince, & d'être en vie, ce qui ne reçoit point de conteſtation, au
» lieu qu'il n'y a point de regle fixe pour juger de la capacité ou de l'incapacité de régner. Quoique la ſucceſſion ne ſoit pas établie pour l'avantage particulier du Souverain & de ſa famille, mais pour celui de l'Etat,
» le ſucceſſeur déſigné ne laiſſe pas d'avoir un droit, auquel la juſtice
» veut que l'on ait égard. Son droit eſt ſubordonné à celui de la Nation, au ſalut de l'Etat; mais il doit avoir ſon effet, quand le bien public ne s'y oppoſe pas.

» Ces raiſons ont d'autant plus de force, que la Loi ou l'Etat peut ſuppléer
» à l'incapacité du Prince, en nommant un Régent comme cela ſe pratique dans les cas de minorité. Ce Régent eſt revêtu, pour tout le tems de
» ſon adminiſtration, de l'Autorité Royale, mais il l'exerce au nom du Roi".

Dans cette derniere déciſion l'Auteur ſemble n'être pas conſéquent.

eſt évident que le ſalut public qui eſt la Loi ſouveraine, exige que les rênes du Gouvernement, ſoient entre les mains d'un Prince capable de les tenir. Comment après cela peut-on dire, qu'à la mort du Roi, il n'eſt pas permis d'examiner la capacité de celui qui eſt appellé à lui ſuccéder, qu'il doit monter ſur le Thrône, quoiqu'incapable de régner, ſauf à nommer un Régent.

Quand cette incapacité ſurvient dans le cours du Regne, ce peut être le cas d'établir une Régence. Mais lorſque dans l'inſtant de la ſucceſſion ouverte, l'héritier préſomptif eſt incapable, pourquoi lui confier une autorité, dont il ne peut qu'abuſer au détriment de la choſe publique?

On ne voit rien qui empêche d'appliquer ici les regles du Droit Privé. C'eſt l'inſtant de l'ouverture de la ſucceſſion qui décide de la capacité de l'héritier: celui qui eſt incapable alors, eſt exclus pour jamais de l'hérédité. Un homme qui dans l'inſtant de la mort de ſon parent eſt aubain, ou dans les liens de la mort civile, eſt privé pour jamais de la ſucceſſion qui paſſe aux autres héritiers du même degré, ou du degré ſuivant. Pourquoi ſuivra-t-on d'autres principes, dans une circonſtance où il s'agit du plus grand de tous les intérêts, du ſalut de l'Etat entier?

On retomberoit, dit-on, dans les inconvéniens qu'on a voulu éviter, en établiſſant la ſucceſſion héréditaire. Mais on doit ſuppoſer qu'une Nation entiere ſe conduit ſagement, qu'elle ne ſe décide qu'en connoiſſance de cauſe, & par la vue de ſon plus grand bien. Ayant eu des motifs ſages pour rendre la Couronne héréditaire, elle ne s'écartera pas de cette Loi par des conſidérations légeres; en s'y laiſſant entraîner, elle ne feroit tort qu'à elle-même. On ne pourroit pas l'accuſer d'avoir commis une injuſtice en raviſſant le bien d'autrui. On a vu qu'il n'y avoit point ſur la Couronne de droit de propriété proprement dite, que tout étoit ſubordonné à l'intérêt public. La Nation ſe ſera trompée, en croyant que le fils du Roi défunt n'étoit pas capable de la gouverner. On le ſuppoſe contre toute apparence. Elle aura mal uſé de ſon droit, mais n'aura uſurpé celui de perſonne.

La minorité eſt une incapacité momentanée qui ceſſera avec l'âge, dans un Prince peut-être doué des plus rares vertus. La démence dans laquelle tombe un Prince en poſſeſſion de la Couronne, peut n'être qu'une maladie de quelque tems; & dans ces cas il eſt raiſonnable d'établir une Régence proviſoire. Mais ſi la démence précede l'ouverture de la ſucceſſion, qu'on ait lieu de la regarder comme un état ſtable, la Nation eſt-elle obligée de courir le double riſque, ou d'être conduite par un Prince imbécille, ou d'être pendant un grand nombre d'années ſous une Régence?

Au lieu d'un Prince malade de corps ou d'eſprit, on en ſuppoſe un infecté de tous les vices, dont la conduite pendant la vie de ſon pere, a ſcandaliſé tout le Royaume, dont les ſentimens & les diſpoſitions bien connues préſagent les plus grands maux, il ne ſera pas au pouvoir d'une ſociété d'hommes libres, de les prévoir & de s'en préſerver, en ſe donnant un autre Chef, & cela uniquement parce que ce monſtre eſt fils du Roi défunt?

On le croira difficilement, & c'eſt cependant la conſéquence de la Maxime, qu'on ne doit pas examiner la capacité de l'héritier préſomptif du Thrône. C'eſt une Maxime échappée à Vattel, & qu'il n'auroit pas avancée, s'il avoit été ferme dans les principes inconteſtables qu'il venoit de poſer, & qui lui fourniſſent encore la déciſion d'une queſtion célebre.

FIN de la IIIe Partie & du Tome I.

www.ingramcontent.com/pod-product-compliance
Lightning Source LLC
Chambersburg PA
CBHW061115220326
41599CB00024B/4048